Z+968.
B-3.

LES OEVVRES MESLEES D'ESTIENNE PASQVIER.

CONTENANS PLVSIEVRS discours moraux, Lettres amoureuses, & matieres d'Estat, comme aux deux precedens volumes.

TOME TROISIESME.

A PARIS,
Chez IEAN PETIT-PAS, ruë S. Iacques, à l'Escu de Venise prés les Mathurins.

M. DC. XIX.
Auec Priuilege du Roy.

ANDRE' DV CHESNE
TOVRANGEAV,

Au Lecteur.

COMME la plume de cest Autheur n'a iamais esté oiseuse, ains diuersifiee selon la diuersité de ses ans, aussi sur son premier auenement au Palais, voyant vne flote de beaux esprits de la France, qui s'estoient voüez à la celebration de l'Amour en nostre vulgaire par leurs Poesies, il les voulut contrecarrer par ses Proses. Et sur cette opiniõ bastit le Monophile, des Colloques d'Amour & Lettres Amoreuses, accõpagnees de quelques Ieus poetiques. Ce sont les fleurs de sa primeuere dont i'ay voulu faire ce bouquet, que i'ay aussi enioliué de quelques fruits de son Esté, & Autõne: Car pour te bien dire (Lecteur) encores qu'arriué sur sõ aage plus meur il ait receu cest honneur d'estre employé aux plus grands & signalez Plaidoyez de nostre temps, toutesfois cela n'a pas empesché, que de fois à autres il n'ait tracé quelques vers par maniere de passetemps, selon que les occasions se presentoient, voire n'ait induit plusieurs beaux esprits de le suiure à la trace. Tesmoins les Ieux Poëtiques de la Puce, & de la Main, des Grands Iours de Poictiers, & de Troyes, és annees 1579. & 1583. Tout cecy ne luy estoit qu'vn rafraichissemēt à ses plus serieuses estudes, dont il t'a fait part, tant par ses Recherches de la France, que lettres Françoises & Epigrammes Latins. Ie me promets que si ses ieunes fleurs esparses çà & là, t'ont esté autresfois agreables, estant maintenant reduites en vn corps, elles te seront d'vne plus souëfve odeur. Sous cette esperance ay-je voulu donner à ce mien Recueil le nom des *Oeuures meslees d'Estienne Pasquier*, où j'ay outres le premieres gayetez compris plusieurs autres pieces, qui depuis se sont escoulees de sa plume. Et croy que ie n'en seray par luy desaduoué. D'vne chose te prie-je, vouloir jetter l'œil dessus, & ne t'arrester pas seulement à l'intitulation qui semble de petite apparence, mais aux termes & aux matieres desquelles ie te promets autant de plaisir & profict que ton affection en pourroit desirer.

OEVVRES CONTENVES
au present Recueil.

Le Monophile.
Colloques d'Amour.
Lettres Amoureuses.
Ieus Poetiques.
Pastorale du Vieillard amoureux.
Congratulation au Roy Charles 9. sur la paix
  par luy faite entre ses suiects en Aoust. 1570.
Diuers Sonnets selon les affaires du temps.
Epitaphes.
Versions Françoises du Latin, les vnes, vers
  pour vers, les autres par imitation.
Vers François mesurez.
La Puce, ou Ieus poetiques sur la Puce faite
  aux Grands Iours de Poitiers l'an 1579.
La Main, ou Ieus Poetiques faits sur la Main
  de Pasquier aux Grands Iours de Troyes
  l'an 1583.

ODE TIREE DES OEUVRES POETIQVES

D'Estienne Iodelle svr le Monophile de Pasquier.

Ne verray-je point que ma France
S'estonne de son siecle heureux,
Mais de son siecle mal-heureux,
Qui n'a de son heur cognoissance?
Verray-je point cét an nouueau,
Que le Latonien flambeau,
Qui va reuoir son Ganimede,
Chasse auecques les ans passez,
Les ans à tout iamais chassez,
Le mal dont ce mal nous procede?
  Verray-je point qu'il te regarde
(O ma France) encor vne fois
Gouster la douceur de ses Loix,
Qui seule de l'oubly te garde?
Loix que le Prince Delien
Sur son couppeau Thessalien,
Entre ses sçauantes sœurs donne,
Loix qui mieux te couronneroient
Que quand les Rois adiousteroient
L'autre couronne à leur couronne.

Pourquoy parmy noſtre ignorance
Semez-vous (ô doctes eſprits)
Tant d'œuures, ſi pour voſtre prix
Vous n'auez que la repentance?
La terre qui vous a portez,
La terre que vous exaltez,
Ialouſe de voir vos loüanges
Se faire maiſtreſſes des ans,
Engloutit ſes propres enfans,
Pitié meſme aux terres eſtranges.

Mocquons nous Lyre, ie te prie,
Mocquons nous des ſeueritez
De ces vieux ſourcils deſpitez,
Par qui toute œuure ſe deſcrie,
Que ſeruira, dit vn vilain,
C'eſt œuure de menſonge plein,
Qui le peuple à menſonge incite?
O vilains voulez-vous encor
Deſſous le maſque de Neſtor
Celer vn difforme Therſite?

Mocquons nous ma Lyre, & me chante
Que de ce vieil ſiecle doré,
Ce ſiecle pour l'or adoré,
I a la ſaiſon nous eſt preſente,
Le Ciel ſeul retient ſon honneur,
Le Ciel de France le bon-heur:
L'or qui a la terre pour mere,
Veut clorre au ventre maternel
Deſſous vn cercueil eternel,
Tous ceux qui ont le Ciel pour pere.

Tant l'ambition execrable,
Loin de la vertu ſe tenant,
Hait le bien d'autre part venant,

Que de sa faim insatiable:
Ce qui de son gibier n'est pas
Ne sera iamais son repas:
Et comme l'asne courbé laisse
Les fleurs pour manger les chardons,
Reiette les celestes dons
Et sa seule fange caresse.

 Mocquons-nous ma Lyre, & broquarde
Ces autres Cinges qui mal-nez,
Pendant vn chacun à leurs nez,
Sous vn demy ris que l'on farde
De quelques gestes courtisans:
Ceux cy par mines desprisans
Les bonnes choses qu'ils n'entendent,
Se vont naurans de leur cousteau,
Mesmes de leur propre cordeau,
Deuant les doctes yeux se pendent.

 Mocquons nous, Lyre dauantage
De ceux-là qui mesme entre nous,
Estant l'vn de l'autre ialoux,
Blasment l'vn de l'autre l'ouurage:
Et bien qu'ils celent au dedans
Leurs poisons sans fin remordans,
Ils appastent de leur mouëlle,
L'enuie qui dedans se paist,
L'enuie qui sans fin leur est,
Et leur amie, & leur bourelle.

 Mais qui nous fait ores ma Lyre,
Changer tellement nostre son,
Que la douceur de ma chanson
Se tourne en aigreur de Satyre?
Pasquier destourne nous du riz,
Pasquier entre les bons espris,

De la France vne gloire rare,
R'adresse vers toy nostre voix,
De toy seul parler ie deuois,
Mais sans fin ce mal-heur m'esgare.
  Si nostre France n'estoit telle
Que tu peux voir dedans mes vers,
France combleroit l'Vniuers
Ja ja de ta gloire immortelle,
Pour auoir si bien mis au iour
De ton Monophile l'amour:
Mais helas, helas! nostre gloire,
En France n'aura point son cours,
Si le temps rechangeant tousiours
N'a mesmes sur France victoire.
  Sus doncq' faucheur, que l'on s'emplume,
Raze tout, prend l'affaire en main,
Et tant, que contre nous en vain
Se puisse obstiner la coustume:
Si tu fais vn tel changement,
Ja nostre Pasquier iustement
Vaincra d'vne eternelle vie,
L'ignorance, le gros soucy
L'ardente ambition aussi,
Le ris, & l'escumeuse enuie.

ESTIENNE PASQVIER
AV LECTEVR SVR LES
discours du monophile.

 M y puisque de mon liure
Tu veux repaistre tes yeux,
Lors que le loisir te liure
Vn soin non ambitieux,
Ia ne permette le Ciel
Qu'ores ton esprit me hume
Le miel de mon amertume,
Ou l'aigre-doux de mon miel.
 Icy tu verras la force
D'vn Dieu qui se rend vainqueur,
Quand par ses traits il amorce
Vn mal prudent, qui son cœur
Prodiguant à l'abandon
D'vn extreme amour se lie,
Et de sa prompte follie
N'a que regret pour guerdon.
 Si parfois par allegresse
I'ay quelque propos tenu,
Et si par fois en detresse
S'est mon liure entretenu,

Amy ne t'en esbahy,
Mon iugement, & ma plume,
Sont forgez dessus l'enclume
D'vne que i'aime, & hay.
 Ainsi que l'aspre colere
Rauissoit ma passion,
Ainsi me veyoit-on braire,
Reglant mon affection,
Comme il plaisoit à l'obiect,
Qui feit esgarer mon style
Sous le nom d'vn Monophile
Dans si redouté subiect.
 En ce lieu icy quelque chose
Que i'aye osé mettre au vent,
Tousiours a esté enclose
Dans mon penser bien auant
Celle qui de ses beaux yeux,
Depuis mon adolescence
Me feit perdre cognoissance
De mon pis, & de mon mieux.
 Et toutesfois ie me vante
D'elle puiser ma valeur
Au meilieu d'vne tourmente:
Car qui sçait si mon mal-heur
Hardy deffiant les ans,
Au lieu d'obscurcir ma gloire,
Fera luire ma memoire
Dans le iour des mieux disans?
 Ainsi la docte pensee
Bute à la posterité,
Ainsi est recompensee
L'œuure qui l'a merité:
Quant à ce que i'ay escrit

*Ie ne veux point que l'on pense
Qu'vne si haute esperance
Se loge dans mon esprit.
   Ie veux seulement que celle
Qui se nourrit en mon cœur,
Descouure quelque estincelle
Du moindre de ma langueur:
Et toy qui liras les tours
Qu'Amour cache en son visage,
Tu te puisses faire sage
Par mes folastres discours.*

Genio & Ingenio.

Extraict du Priuilege du Roy.

LOVYS par la grace de Dieu Roy de France & de Nauarre, A nos amez & feaux Conseillers les gens tenans nos Cours de Parlemēt, Preuost de Paris, Baillif de Roüen, Seneschaux de Lyon, Bordeaux, Thoulouse & Poitou, & leurs Lieutenās, & à tos nos autres Iusticiers & Officiers qu'il appartiendra, Salut. Nos bié-aimés Sonius & Petit-pas, marchans Libraires & Imprimeur en l'Vniuersité de Paris, nos ont fait remōstrer qu'il ont recouuert vn liure intitulé, *Les œuures meslees d'Estienne Pasquier, & sa suite,* lequel ils feroient volontiers imprimer, mais ils craignét, qu'apres l'auoir exposé en vēte, autres Imprimeurs & Libraires de cestuy nostre Royaume le voulussent semblablement imprimer, ou suscitassent les estrāgers à ce faire, & par ce moyen frustrer lesdits Sonius & Petitpas de leurs frais & mises. Pour à quoy obuier, & afin qu'ils se ressétét du fruit de leur labeur, il nos ont tres-humblemét supplié & requis leur permettre faire imprimer ledit liure en tel charactere & volume que bō leur semblera, & interdire à tous autres Libraires & Imprimeurs de l'imprimer, & aux estrāgers d'en apporter, vendre ny distribuer en aucune maniere que ce soit, & à ces fins leur octroyer nos lettres necessaires. Nous à ces causes desirant l'aduancemēt de la chose publique en cestuy nostre Royaume, & ne voulāt permettre que lesdits suppliās soiēt frustrés de leurs frais & mises, vos mādōs & enioignōs par ces presentes que vous ayez à permettre, cōme noº permettōs ausdits Sonius & Petit-pas, imprimer ou faire imprimer ledit liure, vēdre & distribuer iceluy, sās qu'aucū autre le puisse faire durāt le terme de six ans, apres qu'il sera paracheué d'imprimer, sans le cōsentemēt desdits Sonius & Petit-pas, sur peine aux contreuenans de vingt cinq liures tournois d'amende pour chacun exemplaire, applicable moitié à nous, & l'autre ausdits suppliās, confiscation d'iceux, despens, dommages & interests. De ce vous donnons pouuoir & mandement special, nonobstant oppositions ou appellations quelconques, pour lesquelles ne voulōs estre differé. Donné à Paris le seiziesme Iuin, l'an de grace mil six cens dix-neuf, & de nostre regne le dixiesme.

Par le Roy en son Conseil.

PAVMIER.

Et scellé du Grand Seau de cire iaune.

AVX DAMES.

Comme iadis d'vne grande victoire
Se bastissoient trophees triomfans,
De plus en plus les temples estoffans
Des hautains Dieux ornements de leur gloire.
　Dames en vous, qui comme l'on doit croire
Representez ça bas les Dieux puissans,
J'ay consacré mes esprits, & mes sens,
Et le meilleur qui soit dans ma memoire.
　Non pour honneur, non pour los, non pour or,
Non pour vouloir brauer les ans encor
I'ay faict voler ma plume par ces traces:
　De mes desseins estes le seul reduit,
Et ne requiers de mon œuure autre fruit
Qu'vn œil guidé d'vn rayon de vos graces.

Genio & Ingenio.

LE PREMIER LIVRE
DV MONOPHILE.

EV de temps apres le voyage d'Allemagne, & la glorieuse entreprise du Roy, tant pour l'illustration de ce siecle que de la posterité, les ennemis ayans leué le siege de Mets, auec leur grande honte & confusion: quelques Gentils-hōmes voisins (voyans tout le danger de guerre pour ceste annee estre dehors) voulurent retourner de compagnie en leurs maisons, attendans nouuelle occasion de s'employer. Estans doncques eux de retour, & les bien recueillis de leurs femmes, ayans par quelques iours donné ordre à leurs affaires plus domestiques, delibererent desrobber tous les plaisirs dont ils se pourroient auiser, par frequentations mutuelles. Et pource qu'ils cognoissoient le terme de leur repos bien bref (comme tout asseurez de la continuation des guerres) establirent entr'eux vne loy de se visiter par tour: Laquelle estoit, que les maris n'alloient des-acompagnez de leurs femmes, à ce que les vns, & les autres participassent par

Visitation & festins par tour.

A

vne communauté à tel bien. Mesmement, d'autant qu'il y auoit plusieurs ieunes Gentils-hommes non pourueus : celuy qui festoyoit les autres, estoit contraint & obligé côuier à leur festin les plus honnestes & mieux disantes Damoyselles qui se trouuassent celle part: afin que chacun d'eux peust prendre auec elles contentement en tout honneur : esperans par ce moyen se payer en partie des arrerages du bon temps, que fortune leur auoit tenu en espargne depuis le commencement des guerres. Ainsi prindrent-ils quelque temps leurs esbats auecq' tous les plaisirs & recreations de ce monde : Toutesfois par-ce que tous n'estoient conformes, fust pour le regard des meurs, ou des ans, aussi choisissoit chacun son plaisir selon sa complexion & nature. Les vieux s'adonnans par fois à contemplations plus seantes & conuenables à leur aage, & les ieunes à tous exercices concernans le fait des armes, ou toutes telles manieres de passetemps qu'ils se pouuoient excogiter. Là se rencontrerent, entre autres, trois ieunes Gentils-hommes d'eslite, non seulement bien aguerris & experimentez aux armes, mais aussi és bonnes lettres & sciences, ausquelles ils auoient employé grande partie de leur ieunesse. Ces trois (braues & estimez entre tous les autres) pour ne se monstrer exempts de chose qui plus correspondoit à leur aage, sembloiét bien faire estat d'aymer : ce neantmoins, comme sont les opinions des hommes diuerses,

Descriptiõ des trois personages introduits aux presens dialogues.

Du Monophile.

chacun en son endroit selon sa particuliere affection: l'vn d'eux aymant en telle extremité que toutes ses conceptions s'adressoient seulement à sa maistresse (celuy veux-ie nommer par vn nom couuert Monophile, pour quelque cause qui me meut.) L'autre qui pour n'estre en telle perfection passionné, se monstroit gracieux & courtois aux Dames, tenant sans comparaison plus du party du courtisan que de l'amour (lequel ie desguiseray soubs le nom semblablement d'vn Glaphire.) Et le dernier plus ieune que les deux autres, d'vn cœur gay & François estant adonné à toutes, sans faire estat d'vne seule (ie le veux nommer Philopole.) Ie croy que ces trois, estans diuers en iugemens, demonstroient par exterieurs effects, l'interieur de leurs pensées. Glaphire posé, caressoit les Damoiselles par honnestes entretiens, ayant d'autant bonnes parties en soy que Gentil-homme de la troupe. Philopole au contraire plaisant, ouuert & ioyeux, folastroit auecques elles d'vn si naïf entregent, qu'à peine eust on peu iuger lequel des deux retournoit plus à gré aux Dames, ou Glaphire en son honnesteté, ou cestuy en sa gayeté & allegresse, tant estoient & l'vn & l'autre accōpagnez de bonne grace. Mais sur tous estoit Monophile pensif & resueur, tellement que son œil pouuoit donner ample tesmoignage de la passion qui le possedoit. Qui m'estoit vn singulier plaisir & consolation, pour le voir nauré au vif du mesme dard, dont ie me sentois seul (ce me sembloit) au parauant blessé:

Monophile
Glaphire
Philopole

A ij

Le premier Liure

toutefois n'estoit pour lors si facile me iuger tel. Car m'estant en ce lieu transporté, par le moyen d'vn Gentil-homme mien amy, pour gouuerner celle qui de long temps tient mon cœur en sa possession, ie n'auois occasiõ d'estre melancolique comme luy, pour se representer deuant mes yeux ma maistresse, laquelle de bon heur, estant en ceste compagnie, me faisoit non seulement oublier toutes les perplexitez que pour elle (hors sa presence) i'endurois, mais aussi moy-mesme, pour ses gracieux propos, entrelacez d'vnes ie ne sçay quelles œillades, qui à mon aduis auoient puissance faire trespasser par mesme moyen cent & cent millions de personnes: voire & les dieux mesmes s'ils se fussét voulu incorporer, pour prester l'œil à ceste humaine Deesse. Tel ou semblable deffault rendoit le pauure Monophile si perplex, que ie pense que les prairies, esquelles se sequestrant souuent il faisoit part de ses doleances, prenoient compassion de ses piteuses voix & clameurs. Car plus il voyoit nos ieux continuer en ioye & liesse, plus se rengregeoient ses douleurs, estant pour l'heure frustré (ie ne sçay par quel desastre) de ce dont despendoit le comble de sa felicité. Or aduint que, continuans ainsi nos esbats, & faisãs nostre seiour en la maison d'vn des Gentils-hommes plus apparens, en la maniere accoustumée, se meurent pendant le disner plusieurs propos du hault & inuincible courage de nostre Roy, & ensemble de la deliurance de toute la Germanie sans coup ferir, pour la

La presence d'vne Maistresse resiouit l'Amoureux.

Du Monophile.

crainte seulement de celuy, auquel l'vniuers est promis. Pendant tous lesquels discours, furent par les plus anciens personnages diuinement deduites choses, soit du fait d'vne Republicque, soit de l'estat de nostre vie : mais sur tout de ceste humaine fragilité, en laquelle lors que plus pensons estre au dessus de toutes affaires, souuent par mistere diuin nous en trouuōs autant esloignez, cōme en estimions estre pres. Et entre autres cōmuns propos fut assez longuemēt disputé, d'où vient que nous voyons eschoir par maints exemples oculaires, qu'vn Capitaine qui tout le temps de sa vie aura par hazardeuses entreprinses prosperé, se trouuera, mesmes estant venu sur l'aage (auquel par vn long vsage il doit auoir plus d'experience) à vn instant ruiné, voire par le moyen d'vn ieune homme, lequel par le cours de nature deust estre moins que luy esprouué & experimenté en tels actes, cōme si fortune fust lasse de le vouloir fauoriser. De maniere que sur ce pas fut estimé Alexādre en toutes ses felicitez bien-heureux, par-ce que sur la fleur de son aage, donna fin par vn mesme moyen à sa vie & ses prouesses, non ayant encor senty les aspres morsures de fortune, qui veritablement à la longue luy eust autant preparé de mal cōme à beaucoup d'autres de son rang. Et s'entretenant ce discours de main en main, se trouua authorisé par diuersité de raisons. D'autāt que les aucuns remettoient la coulpe de tels deffaux, non à fortune, ains à nous mesmes, qui nous sentans esleuez & comblez

Discours touchant le fait humain.

Question. D'où vient qu'vn Capitaine venu sur l'age est souuent moins fauorisé de fortune.

Alexandre estimé bien heureux pour estre mort en la fleur de son age.

A iij

de toute felicité, bien souuent nous oublions nous de sorte, qu'aueuglez de tant de bonnes fortunes, nous allentissons en nous mesmes, sans preuoir que l'esprit des autres hommes est tousiours vigilant pour attaindre à tel but & degré, où durant nostre ieunesse par vne assiduë vigilāce, nous nous estiōs acheminez.

Annibal abastardi aux delices de Capoue. Verifians ceste raison par vne infinité d'exemples, mesmes par celle d'Annibal, lors qu'il s'abastardit aux delices de Capoue. Toutefois les autres passans plus outre en atribuoient toute la cause à Nature, laquelle en toutes choses de ce monde croist selon nostre portée petit à petit, iusques au degré d'extremité, auquel estant paruenuë, commence tousiours à decliner, & prendre quelque decadence. En façon qu'il semble que successiuement nous tous iouyons à boutehors. Chose non seulement aueree par les hommes, ains és plus *Monarchies sujetes à l'age cōme les hommes.* grandes Monarchies, esquelles l'on trouue l'aage d'enfance, de virilité, & puis apres de vieillesse, qui les conduit à leur ruine. Parquoy estans en cecy guidez par les instructiōs de Nature, ne falloit trouuer estrange si les hommes, ausquels pour quelque temps les affaires auoient si bien succedé, venans en aage decrepit, encore qu'ils augmentassent en conseil, amoindrissoient toutesfois aux faueurs de la fortune. Ainsi furent deduits tels propos par ces Gentils-hommes anciens, qui sembloient taisiblement pronostiquer quelque chose du temps present : toutefois auec vne telle sobrieté, que qui n'eust esté bien ententif, à peine eust-il peu descouurir quelle part tendoient leurs raisons. Et bien qu'ils ne fussent par quelques-vns entendus, si furent-ils ouïs auecq'vne singuliere attention, chacun y asseyant son iugement à part soy, ainsi que mieux luy sembloit. Et continuoient encore leurs propos, se taillans assez de matiere pour ouurer toute cette apres-disnée, quand les nappes leuées, Philopole peu soucieux pour l'heure de telle philosophie, adressant sa parole vers vne Damoyselle ioignant laquelle il estoit, luy dist: Que ne ressemblons nous, ma Damoyselle, ces bons & anciens Capitaines, lesquels apres vn long maniemēt & administration d'affaires de leurs Republiques se despouillans de leurs estats, & abandonnans leurs villes, choisissoient la vie chāpestre, pour vacquer tout le reste de leur tēps, au repos & contentement de leur esprit? Car ainsi ay-ie apris que firent iadis Cincinat, Curie, & par long interualle de temps apres, ce grand Empereur Diocletian. Mais si la ville leur fut prison, que deuons nous ores faire, veu qu'au milieu des champs (lieu de repos & tranquillité) sentons encore les trauerses de ce monde? voire qu'en ce petit repas en auons plus passé & apris, que tous ces grans personnages, pendant leurs plus grandes affaires? A laquelle parole la Damoiselle se souriant (côme bien aprise qu'elle estoit, tant en bonnes façons & manieres, comme en plusieurs autres negoces incogneus à l'ordinaire des femmes) luy respondit, Ie ne sçay pas mon Gen-

Capitaines anciens amateurs de la vie champestre

til-homme, qu'en iugez, si ay-ie pris vn singulier plaisir, les escoutant. Vray que ie ne doute point, que tels discours ne se rapportent assez mal à vostre aage, lequel à mon iugement se delecteroit beaucoup plus à voltiger, escrimer ou mener quelque cheual à raison, que de prester icy l'aureille. Surquoy Philopole: Trouueriez vous doncques estrange, ma Damoyselle, que sans interrompre leur deuis, nous prissions la route de quelque prairie, là où pourrions choisir nostre ayse, en chose qui nous seroit aussi conuenable, comme à ces vieux Gentils-hommes, deuiser en telle maniere, de propos qui ne nous concernent en rien? Comment, seigneur Philopole, repliqua là Charilée (tel sera pour ce coup son nom) estes vous encor' à sçauoir que ie me delibere vn iour dresser escole de Philosophie? A ce mot se prit à rire & l'vn & l'autre: en maniere que Glaphire, qui d'vn autre costé la ioignoit, ialoux de leur commun plaisir, & s'informant de l'occasion de ce ris: En bonne foy, dist-il, ma Damoiselle, vous ne deuez esconduire ce Gentil-homme, pour vostre honneur, en requeste si fauorable, qui vous est autant qu'à luy auantageuse. Et pour mon regard si ie pensois ma compagnie vous estre en ceste partie aggreable, ie fournirois de bien bon cœur d'vn tiers, non pour tenir le ieu ou seconder, ains pour naqueter sans plus, ou bien marquer les bós propos, que je pense que tiendrez premier que vous departir. Ie voy bien (respondit Charilée, qui para-

Charilée.

uanture n'eſtoit moins que ces deux Gentils-hommes ennuyée de tous les propos paſſez pendant ce diſner) que i'auray beaucoup plus d'acqueſt, vous accorder à tous deux du premier coup ce que deſirez, que voulant vſer de trop longues conteſtations, eſtre neantmoins contrainte à la parfin condeſcendre à vos volontez. Vous ſerez doncques & l'vn & l'autre par moy en ceſt endroit obeïs : non toutefois quant à vous ſeigneur Glaphire, pour naqueter comme vous dites, ains pour m'ayder & deffendre encontre le ſeigneur Philopole, là où il pretendroit iouer ſes ieux, comme il eſt bien bon couſtumier. Ainſi apres pluſieurs proteſtations faictes de la part de Philopole, de ne rien entreprendre au deſauantage d'elle, ſe leua la Damoyſelle, & enſemble ces deux Gentils-hommes, leſquels (apres vne honnorable reuerence à toute la compagnie) la conduiſans ſoubs les bras, ſe tranſporterent en vn boſquet, où de prime face rencontrerēt le pauure Monophile penſif en extremité, duquel Glaphire prenant compaſſion pour le martyre qu'il enduroit, & Philopole ſe mocquant, n'eſtimant amour ſi vehemente qu'vne folie, delibererent l'accoſter. Combien, diſoit Charilée, que ie ne fais aucune doute, que le deſtourner d'vn tel penſer, ne luy ſoit autant grief que choſe qui luy pourroit auenir : connoiſſant le ſemblable de ceux qni l'ont eſprouué, eſtans en telles alteres. Ce neantmoins fūt entr'eux conclu, nonobſtāt telles remonſtrā-ces, paſſer outre. Or eſtoit ce lieu ſi bien com-

Description du lieu où furēt tenus les presens discours.

party, & à l'auantage de ceste compagnie, qu'il sembloit que nature se fust delectée à le bastir, pour seruir vn iour de bon reposoir à si honnestes personnages. Car là estoit vne gallerie assez longuette, si bien compassée par l'entourement & couuerture des arbrisseaux, que l'aspre chaleur du soleil, ny la vehemence des vēts ne luy eust sceu donner aucune moleste ou attainte: & le petit tapis d'herbe verde entremeslée d'vne infinité de fleurettes, donnoit tel cōtentemēt à l'œil, que les oysillons mesmes par leurs degoisemens & ramages, faisoient prou cognoistre en quelle reuerence & estime leur estoit ce temple vmbrageux, lequel ce nonobstāt se sentoit beaucoup plus magnifié de l'honneur que luy faisoit Monophile (luy communiquant ses secretes & plus deuotes pensées) que non de tous les auantages que nature luy eust ottroyez. Parquoy se trouuant ce destour assez commode pour leur deuis, s'adressant Charilée à ce pauure passionné, & entreprenant la parole sur sa compagnie, luy dist. Vrayement, seigneur Monophile, ie ne me puis assez complaindre de vous, vous voyāt mener vie si solitaire & dolente, en ces champs solatieux, qui non seulement pour leur bellesse vous doiuent inuiter à quelque ioye & plaisir; ains pour l'honorable compagnie que voyez icy se recréer de plus en plus. Et neantmoins tant plus nous augementons nostre ioye, & plus vous donnez lieu, ce me semble, à vos douleurs. Qui me fait soupçonner ou que estes enuieux de nostre commun plaisir, ou bien qu'estes troublé d'vne desplaisance insupportable: laquelle toutefois s'il vous plaisoit communiquer, ie croy qu'il n'y a celuy de nous, qui ne s'estimast tresheureux d'en porter part, & n'en pense estre desauouée de ces deux miens compagnons. Mais bien, dirent Philopole & Glaphire, seroit-ce le plus grand bien qui nous pourroit auenir. Ma Damoyselle, respondit Monophile, ie vous en mercie bien humblement, & vous pareillement mes Gentis-hommes: Vous asseurant que s'il y auoit douleur en moy, à laquelle (vous la communiquant) pussiez donner ordre, me rendriez trop vostre redeuable d'y vouloir prester l'aureille. Toutesfois ie vous prie estimer telle solitude, que vous me voyez tenir, n'estre causée par accidēt, ains par vn sot naturel, dont à moymesme ie veux mal. Vous en direz ce qu'il vous plaira, dit Philopole, si ne me sçauriez vous faire entendre, qu'autrefois ne vous aye veu plus dispost & allaigre que n'estes pour le present, & ne puis autrement croire qu'il n'y ayt quelque anguille soubs roche, laquelle ne voulez descouurir, qui ainsi vous tourmente l'esprit. Tant mieux seigneur Philopole, respōdit Monophile: car ores qu'ainsi fust, si pourroit elle estre telle que la taisant mon mal demoureroit en son entier, la descouurant s'accroistroit d'auantage, ny plus ny moins que d'vne playe esuentée, ou d'vn malade, auquel l'air est interdit. Adoncques Philopole: Ce n'est, dit-il, pas, sauf correctiō, tout vn. Car bien que les maladies du corps ne requierent l'eslon-

Maladies de l'ame en quoy & combien differentes de celles du corps.

gnement de la maison, au contraire, celles qui concernent l'esprit (comme i'ay tousiours entendu des medecins de l'ame, qui sont les Philosophes) demandent estre mises au vent, pour leur guarison. De maniere qu'és grandes passions d'amour (dont ie croy à voz façons que sourd tout vostre mal) encor qu'ils ayent desiré trois choses, estre seul, secret, & soucieux, si n'ont-ils en telles matieres prohibé auoir vn autre soy-mesmes, auquel on peult seurement reueler & descouurir les passions de son ame: pour donner par ce moyen secours à mille petites occurrences & alteres, qui nous tombent en l'esprit d'heure à autre, ou par vn faux soupçon, ou par vne crainte, que quelques-vns appellent ialousie, sans laquelle l'amour ne peult non plus estre, qu'vn corps sans ame. Monophile le voyant entrer au champ où plus il se delectoit (qui estoit parler de l'amour, ores que de là sourdist tout son malheur) commença à reprendre ses esprits, & come sortant d'vn profond somne, vouloit se mettre sur les rangs: quand par bonne fortune, moy, qui pour nourrir vne heure mes pensées m'estois illecq' retiré, sans aucunemét me douter de leur entreprise, les voyant en ceste altercation, me iettay dans vne touffe d'arbrisseaux, peur d'interrompre leur deuis. Et parce que pour l'heure m'estoit beaucoup plus aggreable le taire que le parler, ie deliberay en attédre l'issuë, qui fut telle que pourrez aprédre par le present discours. Car Monophile se voyant ayguillonné & semons par plusieurs

prieres, de descouurir sa douleur, luy qui n'e-
stoit vn seul brin beste, & pour n'estre veu retif en si honneste cōpagnie, soudain interrompant sa longue taciturnité, leur voulut bien
dōner à cognoistre en quelle estime il auoit
l'amour, & qu'à luy seul en appartenoit le parler. Car pour vous en dire le vray, ie croy, qu'-
hōme ne se trouua oncques plus martyrisé d'a-
mour que Monophile, ne qui plus le fauorisast
en ses cōmuns deuis & propos, tant se sentoit
perdu en son tourment. Et tellement en estoit
ialoux qu'il pensoit celuy seul estre digne d'en
parler, qui en son cœur en sentoit les pointures & ayguillons, ou pour le moins les auoit
quelque temps sentis : & non à vn tas de rado-
teux & mal façonnez Philosophes du temps
passé, ou de ie ne sçay quels muguets, qui n'en
descouurirent iamais que l'escorce: car à telles
gens on interdisoit du tout le parler. Comme *A qui il*
iadis nous lisons des prestres, qui pour n'estre *appartient*
leurs sacro-saincts misteres prophanez, n'en *de parler*
laissoient le maniemēt aux estrangers. Parquoy *d'Amour.*
luy, cōme vray ministre d'amour, voulant sonder le gué d'auantage aux propos de Philopole, qui au iugement de la compagnie auoit assez bien parlé, luy dist. Tels Philosophes, seigneur Philopole, en ont iugé comme aueugles de couleurs : aussi leur est il pardonnable,
si peult estre, ils en ont dit choses impertinētes:
Veu mesmement qu'ils faisoient profession de
ne succomber à l'amour, & n'ayans esprouué
elles algarades que dites estre en moy, à peine qu'ils sçeussent considerer les moyens de

s'y sçauoir bien gouuerner. Ie ne sçay que vous en estimez, seigneur Monophile, respõdit Philopole, mais quant à moy telle est mon opinion, qu'il est beaucoup plus facile aux gens, qui mettent toute leur estude en contemplation, iuger de telles affaires, qu'à ceux qui estans dans ce Dedalus, se treuuent si egarez, que tant s'en fault qu'ils sceussent ce qui leur est necessaire, que mesmement nous leur voyons souuent perdre sens, cerueau, & esprit, voire la souuenance d'eux mesmes.

Cõparaisõ des Medecins & Auocats auec les Philosophes traitans de l'amour.

Aussi vous sçauez que pour acquerir bruit de bon medecin, n'est requis auoir esté long téps malade; ny pour estre excellent aduocat, auoir eu plusieures procés en son propre & priué nõ, ains au contraire au moyen des mouuemens & perturbations qui tombent aux esprits des hommes, par commune ordonnance des medecins, n'est permis au medecin, soy penser ou mediciner par son seul conseil, & à l'aduocat deffendu de postuler en sa cause, comme par vn desuoyement d'esprit luy estant incõneue. Et aussi d'autant qu'auons le iugement beaucoup plus sain aux affaires estrangeres qu'aux nostres. Ceste comparaison, dist Monophile, n'apparoistroit du premier coup impertinente, toutesfois au cas qui s'offre, ie vous prie, seigneur Philopole, me dire, ne seroit-ce chose

Qui sont ceux de qui on doit prendre conseil & instruction en amour.

superfluë, donner conseil en amour à ceux, qui estans exempts de ses loix, n'auroient besoin en cest endroit d'aucun amonnestement ou precepte? Or si pour ce regard telle Philosophie demoureroit vaine & inutile, ne se-

Du Monophile.

toit l'homme beaucoup plus sot & ridicule, qui n'ayant fait preuue de la Geometrie, deuant vn Ptolomée donneroit precepte de cest art? l'hôme qui en l'oratoire voudroit instruire vn Ciceron, ou bien vn Annibal en l'art militaire, celuy qui iamais n'auroit manié armes, n'auroit administré conduite d'vn exercite, ne seroit il vn Phormion, c'est à dire vne beste & vn grossier, tel que cestuy Phormion fut estimé par Annibal, lors que trop presomptueux, il voulut endoctriner ce bon Capitaine, en l'art auquel il estoit plus versé? Combien doncques, se rendra ce precepteur plus digne de mocquerie, qui voudra instruire celuy, qui estant bien auant dans l'amour, plus en apprendra à vn instant, par soy mesmes, que non par tous les liures de tels quels Philosophastres non experimentez en tels œuures? A vostre aduis auquel des deux presteriez vous plus de foy, ou à vn Amadis de Gaule representé par noz Romans pour vn exemplaire de vraye & loyale amour, ou à vn Xenocrate, auquel tant s'en fault qu'il eust aucun nez pour sçauoir sentir la vraye odeur de l'amour, qu'à bon droit il fut comparé a vne pierre, pour s'estre trouué vne nuict en la compagnie d'vne femme, belle par dessus les autres, sans luy auoir iamais (nonobstant toutes caresses) touché. Et puis ordonnez qu'vn tel nous establisse preceptes pour nous gouuerner en cest art. Et vouloit passer plus outre, mais Charilée, le frustrant de son entreprise: Si ne vous souffriray-ie, dist elle, franchir ce

Amadis exemplaire de vraye & loyale amour.

Xenocrates blasmé pour ne s'estre voulu accommoder aux volontez d'vne femme encore que belle.

pas, sans que premier me satisfaisiez à vn poinct. Et puis que noz propos de l'vn à l'autre sont tōbez si auāt, ie lairray arriere le motif & poursuite de voz disputes, fondées (me semble) pour entendre la cause de vostre perplexité : remettant à voz bonnes & sages discretions la resolution de ce, dont vous vous tourmentez en vain : En quoy peult estre, seigneur Monophile, ie me rendray bien des vostres, mais non au procés que ie me promets vous intenter, si vous ne changez d'opinion. Toutesfois pour autant que ceste cause n'est pas de petite estenduë, reposons nous vn peu sur ceste herbe, premier que ie vous descouure ce dont ie vous veux accuser, en la presence de ces deux miens compagnons, qui pourront iuger si à tort ie me rends partie contre vous. Ainsi se mettant vn chacun à son ayse, selon que le lieu le fauorisoit en mieux, & faisant placets d'herbe verde, continua Charilée, d'vne assez douce aspreté, sa parole en ceste sorte. C'est doncques à vous à qui i'en veux seigneur Monophile, si vous ne iouez autre rolle, en ce que sur voz derniers propos, me semblez à tresgrand tort auoir blasmé ce Philosophe Xenocrate, pour ne s'estre voulu accommoder aux volontez d'vne femme, bien qu'elle fust fauorizée en toute perfection de beauté. Vous voudriez doncques maintenir qu'vn homme se trouuant en tel accessoire, seroit digne de mocquerie se departant sans executer son affaire. Quoy? ne sçauez vous que cestuy Xenocrate auoit son cœur

dedié

dedié à autre Dame, & l'ayant, trouueriez vous si estrange, comme en faictes le semblant, qu'il se fust gouuerné en telle maniere, pour estre loyal à l'endroit de celle dont il estoit seruiteur? Ceste parole proferée de telle grace, causa vn doux murmure parmy ceste petite troupe: D'autant qu'il n'y auoit celuy d'entr'eux auquel ne fust assez cogneuë l'austerité de ce vieillard qu'elle disoit amoureux. Toutesfois pour satisfaire à sa demande, Philopole preuenant Monophile, luy respondit. Comment doncques, ma Damoyselle, ores que le seigneur Monophile l'eust pris en telle sorte, & qu'il fust vray ce que vous dites, vous sembleroit neantmoins ceste opiniō erronée? De ma part i'estimerois cestuy bien sot (quoy qu'il se publiast porter Amour en quelque lieu) lequel se trouuant aux endroits lairroit enuoler l'occasion, pour puis, estant irreparable, ne la pouoir recouurer. Vous le dites tout au plus loing de vostre pensée, dist la Damoyselle, & vous seigneur Monophile que vous en semble; prestez vous foy à son dire? Ah! ma Damoyselle, respondit-il, ia Dieu ne permette que telle parole sorte iamais de ma bouche, & où l'esprit l'auroit seulement pensée, ie la voudrois reparer auecq' telle penitence, que vous autres mes Dames me voudriez ordonner. Aussi n'eusse-ie pretendu reprendre Xenocrate pour vn tel fait, en tant que son affection eust esté vouée à autre saincte, car en ce cas tant s'en faut qu'il eust encouru reprehension aucune, que ie le repute

Si les amoureux doiuent executer leur volonté en toutes occasions et à l'endroit de toutes femmes.

rois au contraire digne d'vne grande louange, pour auoir consacré son cœur à vne seule, ferme & perpetuellement stable, comme vn rocher au milieu des vagues & ondes. Et quant à ce que dit le seigneur Philopole, tant s'en faut que ie luy adhere, que grandement i'abhorre & deteste telle opinion. Si est-elle, dist-il, fondée sur bonnes & anciennes loix, mesme extraicte des registres du temple de Venus, à Rome. Desquelles la teneur portoit ample & expresse permission, d'executer sa volonté, en l'endroit de toutes où l'occasion s'offriroit. Aussi ay-ie pour moy la coustume, qui desja est tant inueterée dans l'esprit des hômes, qu'il me seroit loisible auoir recours à elle, là où la loy me deffaudroit. C'est doncques à bon escient, dit Charilée : or crains-ie grandement que vostre loy ne troueroit lieu en chapitre, bien qu'elle fust emprainte au temple de Venus, pour n'auoir esté publiée par tout le temple, ains seulement à ceux qui faisoient demeure en la nef, & non aux autres qui auoient choisi leur residence dans le cœur: lesquels pourront pretendre, la loy n'estre generale, ou en ce default alleguer cause d'ignorance. Et à ce que ne recouriez à la coustume (ainsi comme vous menacez) vous sçauez telles corruptelles de meurs, acquises par vne vsance deprauée, ne meriter nom de coustume : autrement faudroit par mesme raison dire, les vices esquels sommes enclins depuis le peché de nostre premier pere, auoir gaigné nom de coustume valable & legitime, pour vmbrager & couurir les delits que com-

Temple de Venus à Rome.

mettons. Ce propos esbranla tellement Philopole, que sans mettre de là en auant autre question sur les rangs, trouuerent en cest endroit prou de matiere à demesler. Et pource, luy rechargeant Charilée contre le party de loyauté : Ie vous diray ma Damoyselle, repliqua-il, ie croy que quand vous & moy voudrions entrer en ce combat, nous trouueriós tous deux bien empeschez, qui emporteroit le dessus. Par ce qu'il se trouuera autant plus de faute de vostre costé, que du mien. Et pense estre vne chose autant desplaisante à Dieu, donner son cœur à vne seule femme, côme à plusieurs, ie voulois dire d'vn poinct d'auantage : car estant cest Amour extreme, d'hommes à femmes, & surpassant tous autres, bien souuent delaissons l'amour de Dieu, pour faire nostre Dieu en elles. Chose si vulgaire par exemples, qu'il me semble n'estre besoin en faire aucun recit : seulement vous priray-ie, vous representer vne infinité de grands personnages, lesquels tant qu'ils se gouuernerent par vn grand nombre de cócubines, iamais ne tomberent en opprobre, mais lors qu'ils se reglerent par vne tant seulement entrerent en telle confusion, que vous pouuez voir aux histoires : tant furent rauis & transportez en leurs esprits. Aussi par vne raison naturelle, toute chose esparse & dissipée n'est iamais si aspre que celle qui est en vn amassée. Parquoy ne voyez vous, ma Damoyselle de combien il est meilleur faire conte de toutes Dames en general, que soubs vn

Amour extreme des hommes enuers les femmes fait souuēt delaisser ce luy de Dieu.

B ij

vmbre de loyauté s'aneantiſſant auprès d'vne, ſe rendre à tout le monde vne buté à riſee? Sur ce poinct Monophile, auquel eſtoit la cauſe de loyauté autant ou plus affectee qu'à la Damoyſelle, vſant en ſon lieu de reuenge, priſt en ceſte maniere la parole. Voyez ie vous ſupply, ma Damoyſelle, par quelle rethorique ce Gentil-homme nous veut pallier vn vice ſous vne grande couuerture, qui eſt Dieu. Que ne diſiez vous par meſme moyen, ſeigneur Philopole (pour vous ſatisfaire en vn ſeul mot) le mariage n'eſtre bon, tel comme auiourd'huy obſeruons & en auons loix eſcrites, ains qu'à l'imitation Mahommetique, faudroit auoir pluſieurs femmes en meſme temps à ce qu'employans tout noſtre cueur en vne, miſſions par aduenture en oubly l'amour de Dieu? Soyez doncques voſtre Iuge vous-meſmes, & vous condamniez de l'erreur auquel ores eſtes tombé par voſtre reſolution: & tel, que preſque vous auoyſinez de ces anciens Ciniques, qui en leur ſotte imagination de Republique, entre leurs autres conceptions, voulurent les femmes en general eſtre communes. Laquelle opinion, neantmoins fut touſiours bannie de toute cité bien ordonnée & digerée. Mais qu'eſt-il de neceſſité que ie m'eſtende en contemplations eſtranges? n'auons nous noſtre cité Chreſtienne, qui nous admoneſte en cecy? Ne liſons nous en toutes pars eſte requiſe la conionction d'vn à vne? Voire meſmes encor' que les ſecondes nopces fuſſent admiſes de droit diuin, & humain, ſi

Pour la loyauté.

Femmes communes entre les Ciniques.

ne se trouuerent-elles iamais si agreables, ny à Dieu, ny aux hommes, que les premieres, pour ceste communication corporelle distribuée en plusieurs lieux. Aussi quand Adam entra en ce monde, Dieu ne luy bailla-il sans plus vne femme, laquelle il voulut tirer de ses oz, pour nous apprendre, & certifier de l'incroyable amitié que deuons porter à noz femmes ? iusques à nous commander abandonner pere & mere (ausquels neantmoins tout droit de Nature nous ordonne obeissance) pour adherer l'vn à l'autre. Et pourtant il me semble, seigneur Philopole, qu'à tres-grād tort nous voulez vous frustrer de ceste extreme amitié d'vn à vne, laquelle Dieu a tant, & tant, non recommandée, ains commandée. I'enten bien que sur ce pas m'alleguez, là estre faite mention de mariage, & noz propos prendre leur cours de l'Amour simple: mais pour le moins vous auise-ie, que là où pretendez, en l'opinion que soustenez encōtre ma Damoyselle, vous murer de quelque vmbre de vertu, se trouuera en la sienne vne plus vraye & naifue image du diuin, qu'en la vostre. Ce neantmoins si fault-il que ie vous die, que c'est à mon grād regret (& Dieu m'en soit pour tesmoin) qu'il faille que nous constituyons vne double espece d'amour, l'vn gisant au mariage, l'autre dehors. Au temps premier que tous mariages s'exploitoient soubs vn mutuel Amour, ainsi que Dieu l'ordonna, n'estoit ceste distinction entre les hommes : mais quād par vne coruptelle de temps ils cō-

Quelle est l'amitié que les hōmes doiuēt porter à leurs femmes

Le motif des troubles de mariage

Le premier Liure

Introductiō des douaires pour l'entretien des Republiques.

mencerent à forligner, adoncques aussi commença ceste difference d'aymer. Ce fut en l'introduction des douaires, lors que les Legislateurs, d'vne assez mauuaise consideration, pour inuiter les hommes à ceste conionction reciproque (où neantmoins estoient naturellement enclins) les establirent és Republiques. Car pour ceste mesme raison furent contraints ordonner infinies loix aux adulteres: D'autant que cognoissans le mal, où par leur indiscretion ils estoient tombez pour auoir priuez les mariages en partie de leur accoustumée amitié (au supplement de laquelle auoient inuentez les douaires) leur fut necessaire, pour entretenir au moins mal qu'ils pourroient leur Republique ja deprauée, trouuer nouuelle medecine: Qui fut la cohercion de ceux qui enfraindroient tels mariages, bien que par leurs constitutions, ils les eussent rendus corrompus. Et qu'il soit ainsi que ie dy, vous le

Nulle loy de l'adultere establie à Sparte, & pourquoy.

trouuerez aueré par la Republique de Sparte, en laquelle ce bon Legislateur Licurge, n'establit aucune loy de l'adultere, pour ne le rendre à ses citoyens cogneu. Mais qui leur rendoit non cogneu? estoit-ce que les aiguillōs de Nature ne tombassent en leurs esprits, aussi bien qu'en l'entendement de tous peuples? Non, non, ie vous aduise messieurs, ains ceste excellente ordonnance sans plus, par laquelle ce grand Legislateur & Philosophe, deboutant les dots de sa Republique, voulut les mariages se paracheuer par vne seule

& cordiale amitié. Ainsi ne se faut-il esbahir, si ceux qui pour le iourd'huy se celebrent, se brassans seulement soubs vne attente d'argent, se trouue ceste difference en Amour: au grand interest bien souuent, & preiudice des maris, qui pour ne s'estre addressez à leurs vrayes & entieres moitiez, voyent souuentesfois leurs femmes s'addonner à celuy qui semble que les cieux luy ayent dés le commencement destiné. Or où tend doncques tout ce discours? ie veux dire que si en mariage (qui pour le iourd'huy ne se fait que par appetence du bien) l'on estime se deuoir garder loyauté, non moins deuons nous faire le semblable hors mariage, voire & à l'endroit de la Dame mariee, si paraduenture il eschet que celle part nostre affection se transporte. Quoy? si ie disois d'auantage, serois-ie de vous repris? car on ne me sçauroit faire entendre, que le lien des loix Ciuiles puisse plus que celuy des loix de Nature: Et toutesfois ie ne passeray plus outre, ains me retraindray en cecy. Vous aduisant seulement que celuy qui d'vne vraye & non feinte Amour, s'est voué en quelque endroit, se doit porter, voire se portera enuers toutes autres Dames, pour le regard de la sienne, plus que ne fit Xenocrate (dont nos propos preignét leurs cours) enuers la bonne Dame Phryné. A l'heure Philopole, plus pour esueiller la compagnie, que pour autre occasion, toutesfois d'vne assez bonne grace, luy respondit. Ie voy bien Seigneur Monophile, qu'en nous se trouuera verifié le commû dire, c'est qu'vne fable attire l'autre. D'autant que plus vous aduancez, & plus me semonnez à vous respondre, non seulement au poinct duquel a pris fondement ceste presente question, mais aussi en beaucoup d'autres: ausquels si ie voulois entrer, ie crains que vous & moy nous missions à nostre aise en vn bourbier, duquel l'issue seroit par trop difficile. Si ne demeureray-ie pour ce coup muet en chose si fauorable. Et combien qu'il semble que les passages de mariage, qu'ores auez mis en auant, pour rendre vostre amitié d'vn à vne plus authorisee, ne concernent gueres noz propos, si vous satisferay-ie en cest endroit si ie puis. Ie m'auoisine, dites-vous, d'vn Mahommet, qui approuua plusieurs femmes en mesme temps, ou bien d'vn ancien Cinique qui voulut toutes les femmes estre communes. Laissons leurs noms, ie vous supply, par le moyen desquels me voulez rendre odieux. Car qui vous a apris, seigneur Monophile, le mariage d'vn à vne estre meilleur, que celuy d'vn à plusieurs, sinon la loy? laquelle neantmoins si par maniere de dispute il nous est loisible mettre hors (comme sont noz pensees libres) estimez vous, que ce dernier mariage ne se munisse de deffence, tout aussi bien que le vostre? Car si entre tous animaux Nature voulut créer le seul homme, vray sociable, nous apprenant (pour entretenir ceste humaine societé) nous reünir l'vn à l'autre, me voudriez vous ores nier que l'vnion ne soit plus grande, d'vn seul auecq' plusieurs, qu'a-

L'Homme seul vray sociable.

du Monophile.

necq' vne seule femme ? Toutesfois, seigneur Monophile, ie ne suis de ceste opinion. Car outre que nous en auons loy escrite, qui en cest endroit nous lie, & la pensée & la parolle, à dire le vray, l'vnion de tels mariages demeureroit imparfaite. Pource, qu'en ceste maniere, se trouueroit l'homme auantagé au desauantage de la femme : car estans reciproquement tous enclins aux aiguillons naturels, qui seroit celuy de nous, qui pourroit iamais vacquer au contentement d'elles toutes ? Ainsi seroit ceste vnion defectueuse, non toutesfois despourueuë d'aparence & superficie de raison. Mais quel besoin, de nous estendre aux mariages, auecques lesquels nostre dispute n'a rien commun, sinon d'autant que ne pouuant mieux verifier vostre belle loyauté, vous estes voulu d'iceux sur le commencement ayder, & toutesfois recognoissant vostre faulte, sur la fin de voz propos, les auez abandonnez, vous rengeant contre leur party. Car quant à ce que m'auez mis sus, de la communion des femmes : ie n'approuue pas, seigneur Monophile, la communion (en laquelle toutesfois ie me pourrois remparer, non d'vn Cinique seulement, ains d'vn Stoique, de tous ces peuples iadis appellez Massagetes, & encore paraduenture d'vn Platon) mais en suis autant eslongné, comme vous par vostre opinion, vous en rendez approchant. Que pretens-ie doncques soustenir ? C'est que beaucoup plus est pernicieux en vne Republique, celuy qui prend son adresse à vne Dame ma-

Communio de femmes entre quelques peuples.

riée (comme estimez) pour en faire son propre & particulier, & plus voisin de ces folastres Ciniques, que l'autre qui sans arrest prend son vol en tous lieux, où le vent luy donne en queüe: Chose que me promets vous monstrer, & que par ce moyen i'espere, que vous mesmes, vous impropererez le tort, qu'à tresgrand tort me donnez. Or de soustenir simplement, qu'il seroit bon que les fêmes fussent communes (comme estimoient ces Ciniques) on sçait que ce sont propos: ny plus ny moins que ceux, qui se rompent le cerueau à disputer, & sçauoir si la cômunauté des biens seroit plus prouffitable au genre humain, que la diuision, que pour le iourd'huy obseruons. Car quel prouffit est-ce de mettre en controuerse, vne chose qui ne peut tomber en vsage? Ce neantmoins ce sont trouuez plusieurs gens, desquels és vns pleut la communion des biés, és autres celle des fêmes. Mais auant que passer plus outre, ne fut plus estimée cette cômunauté de biens, en l'ancienne Republique des Lacedemoniens, où les furts & larcins furent permis, qu'en Rome, en laquelle les larrons furent punis ou au double, ou au quadruple? Ie ne sçay pas qu'en iugerez: mais de ma part il me semble, que tout homme de bon iugemēt, en ce condescédra à mon dire. Doncques descendons maintenant des biens aux femmes (qui semblét auoir quelque simbolisation de l'vn à l'autre) & ainsi trouuerons nous, à laquelle des deux Republiques se rend vostre opinion plus conforme. Vous approuuez la

Larcins permis, & punis en diuerses republiques.

loyauté, & mesmement voulez qu'vne femme mariée s'addonne à son amy seul : n'est-ce à l'imitation d'vn Licurge, vouloir par vn occult larcin pratiquer à soy vne chose qui neātmoins appartient par loy à autruy ? Voyez quelle confusion vous-mesmes (sans y penser) introduisez, ne laissant rien particulier aux hommes, sinon celuy où vostre naturel vous pousse. Et apres auoir gaigné vne Dame, persistant non à la loyauté que dites, ains à vne sotte opiniastreté, voulez qu'à tousiours-mais vous demeure. A mon iugement, seigneur Monophile (outre cest erreur de communion, où estes inaduertemment tombé) comprenez-vous assez-mal l'ordre de toute nature. Car si toutes choses de ce monde ont leurs saisons, esquelles successiuement tombent de l'vne à l'autre, n'est-ce par mesme moyen, raison, qu'estans paruenus au but où pretendons, cedions nostre lieu à vn autre? Si les quatre saisons de l'année se trouuoient en ce different, que l'vne s'estant emparee de nous, ne voulust (son terme expiré) donner sa place à vne autre, comme le printemps à l'esté, l'esté à l'automne, & l'automne à l'hyuer, n'estimeriez-vous s'aprocher toute la ruine du Monde ? Il faut par influence celeste, que chaque chose preigne sa vogue : & voyons mesmes, les bien grandes Monarchies estre tombees d'vn peuple à autre, par vne entresuitte des choses, & d'vn Assirien au Mede, d'iceluy au Perse, puis au Grec, puis au Romain, & encor' de rechef au Grec. De maniere qu'à tort vous penseriez vous

Entresuite & vicissitude de toutes choses.

proposer vne eternité en ce monde, ny vne volonté perdurable, tant que resterez sur la terre. Car ne le permet nature, laquelle pour nous apprendre, combien luy estoit aggreable ceste grande varieté, se voulut diuersifier en cent milions de sortes, pour nostre vsage. Et non seulement és choses qui concernoient nostre vsage : mais en infinies autres mutations, dont elle s'est reserué le nombre. Et voyons mesmes cette premiere substance, laquelle Dieu se progetta rendre en ce monde incorruptible, prendre neantmoins diuerses formes, selon le progrés du temps. Et vous, seigneur Monophile, mal recognoissant la Nature, ains quasi la despitat, voudriez tousiours demourer vn. Dauātage quelle professiō d'honeur & loüange faites vous, quand iusques là abastardissez vostre esprit, qu'ayant pratiqué vne Dame, ne vous osez aduéturer à plus grāde entreprise? Vrayment tousiours estimeray-ie en vn homme, la vigilance, qu'il peut mettre en la conqueste d'vn tel butin : Mais aussi l'auoir conquesté, demeurer si peu hardy, de ne se hazarder à plus hautaine victoire, me semble le fait d'homme peu vaillant & magnanime. Pourquoy doncques sera l'homme si aneanty, qu'il vueille terminer son esprit en vne seule, veu que plus il en conquerra, & plus demourera en reputation & estime? Si Alexandre se fust seulement proposé, se maintenir dans ses fins & limites, fust-il iamais paruenu à cette vniuerselle Monarchie? Mais quoy? encores n'estoit-il cōtent, ains vouloit employer

Magnanimité & grand courage d'Alexandre.

du Monophile.

les victoires à entreprises plus hazardeuses, si par puissance humaine il eust sceu excogiter plusieurs mondes. Aussi vn bon cueur est trop grand, pour se contenter de bien peu. En quel mespris est doncques celuy qui borne sa gloire d'vne seule, sans se deliberer de l'estendre vne autre part? Iamais ie n'improuueray en telles choses, entreprendre vn peu librement sur les terres, & marches d'autruy: mais se l'approprier à iamais, il me semble que ce seroit nous oster vn trafique & commerce entre les hommes, pour le commun entretenement de ceste humaine societé. La fable ne vous est incognuë, que cest ancien Orateur proposa au peuple Romain, pour le reünir & lier auecque les Senateurs, lors qu'il leur represéta l'humain corps, lequel sans doute prendroit fin, sás vn ayde naturel & trafique, que les mébres ont l'vn en l'autre. Ainsi furent en toutes Republiques introduites les véditions, emptiós, locations, & d'abondant les prests, emprunts, & precaires, sur lesquels sans plus ie pretend me fonder. Et voire en telle maniere qu'en recognoissance du bien que ie reçoy, les maris d'vne autre part, reçoiuent mille courtoysies & gratieusetez de moy, desquelles autrement ils ne seroient participans. Car pourquoy? la raison ne veult elle pas que tout ainsi que familierement i'emprunte sur eux pour vn téps, aussi pour le moins, en recognoissance d'vn tel bien, ie leur en sçache bon gré? Où vous autres qui mettez toute vostre estude à vous rendre à vne seule, tout le plaisir que receuez,

Fable de l'aide naturel de tous les mébres du corps humain.

est la brefue mort & depesche d'vn pauure & innocent mary. Ne cognoissez vous doncque à l'œil, quelle perturbation introduisez par voſtre raiſon, accompliſſant voz larcins d'vn homicide: au contraire quel bien & vtilité ie vous aporte par la mienne, motif d'vne plus grande liaiſõ & vniõ entre les hõmes, que les loix meſmes par leurs menaces & cõmãdemẽs.

Philopole ayãt donné fin à ſon propos, ce ne fut ſans grande riſée de toute la compagnie. D'autant que tout ce diſcours s'eſtoit trouué accompagné d'vne ſi naifue gayeté, qu'on ne ſçauoit s'il parloit ſeulement pour plaiſir, ou bien qu'ainſi il l'eſtimaſt. Au moyen dequoy Charilée, n'ayant encor' acheué ſon rire: Vous eſtes grand guerroyeur & conquerant, ſeigneur Philopole, diſt-elle, & par aduanture plus grand que ceſtuy Alexandre, duquel vous dites imitateur, i'entens és proueſſes, éſquelles voulez apliquer voſtre eſprit: Leſquelles neantmoins abaſtardiſſez en partie par le fait de marchandiſe, que ſur la fin de voz propos vous vantez exercer parmy voz braues entrepriſes. Et crains qu'elles ne vous ſoient non plus honorables, qu'à celuy qui de noble deuient marchand. Mais aduiſez, ſeigneur Philopole (& m'en croyez) eſtant ſi hardy trafiqueur qu'empruntiez à ſi hault intereſt que lors que ſerez en ce degré de mariage, il ne le vous faille payer auecq vne vſure illicite. Car ainſi le voit on eſchoir iournellement: auſſi eſt-ce, ce que l'on dit: qu'il ne fault faire choſe, dont l'on n'attende le ſemblable de quelque autre. Et pour vostre regard seigneur Monophile, combien que ie n'eusse en deliberation de m'entremettre en vostre querelle (vous voyant tenir mon party) ains vous la laisser poursuiure à vous deux selon vostre bon plaisir: si est-ce que ie crains que vous accordant tout le reste, ie ne me rende des vostres, en ce que desirez nostre Amant se maintenir d'vne parfaicte loyauté enuers la Dame mariée. Si vous eussiez dit que le mary eust deu se porter enuers sa femme, d'vne integrité telle qu'il la desire en elle, vous ne eussiez esté en cela par moy desdit. Mais qui vous accorderoit, que celle qui est ia en ce nœud de mariage, doiue porter respect & reuerence à autre homme, qu'à celuy auquel sinon Nature, pour le moins les loix Ciuiles l'ont liée? Et ne luy estant permis franchir telles bornes, qui sera celuy si hardy, qui ose auecq' vous maintenir, qu'elle doiue auoir aucun esgard de loyauté enuers les autres estrangers, ausquels elle ne doit porter qu'vne amitié generale? Car encores qu'il y ait apparence de contenter ceste affection, par ce que Nature nous y encline, si la fault-il moderer, puis qu'ainsi il a pleu aux loix: & ne fust-ce que pour vn entretien politique. Autrement nous introduirions vn grand Chaos, ne pouuans discerner soubz l'ombre de ceste amitié mutuelle, auquel se deust attribuer la femme, ou à celuy qui ayme parfaictement n'estant mary, ou au mary qui seulemét s'est induit prédre femme pour occasion d'argent. Si n'en se-

La femme doit aymer son mary seulement, & luy garder loyauté.

ra-il ainsi de mon consentement : car encores qu'au mary n'y ait toutes les choses, pour lesquelles on peult estre attrait à l'Amour, si le doit la femme aymer seulement, d'autant que c'est son mary. Et à mon aduis, ne trouueroit icy lieu, la subtilité de celuy, lequel ayant induit vne femme à confesser, que plus luy agreeroit le beuf, la maison, le champ de son voisin, s'ils estoient meilleurs que le sien, voulut successiuement conclure (la pensant auoir enchestrée dans ses rets) que plus elle aymeroit son voisin, s'il se trouuoit de meilleure paste que son mary. Certes il erroit grandement pour la diuersité de raisons. Car la femme, bien que celuy auquel elle est pourueuë, ne soit riche, bon, ny beau comme tous les autres, ou que sans aucune amitié elle se soit conionite auecq'luy, si se doit elle en luy seul temperer & refrener : Et aproprier sur ce, la response que fit vne bonne matrone de Rome à son mary, lequel se courouçant contre elle, pour autant que par vn si long espace de temps, ils auoient ensemblement vescu, sans toutesfois l'auertir d'vn vice d'haleine, qu'on luy auoit en compagnie reproché. En bonne foy mon amy (respondit elle) ie pensois que tous les autres vous ressemblassent en cest endroit. Ainsi fault il que toute femme n'imagine dans soy mesme, plus grande beauté ou bonté qu'en la personne de son espoux. Voire que si d'auanture il eschet, que par aueuglée concupiscence elle se rende en ceste part retiue, si doit elle neantmoins prendre conseil de raison, pour corrompre

Pudicité remarquable d'vne anciene matrone de Rome.

du Monophile.

pre, non ce à quoy sa nature, mais sa desordōnée volonté l'a poussé & incité. Autrement, si vostre dire trouuoit lieu, on le pourroit adapter aux autres choses iniustes, quād par vn sot mouuement elles nous retournent à gré? Chose toutesfois qu'il ne faut iamais permettre: & nous ont esté baillées les loix pour nous seruir d'vne bride à noz apetits charnels, lesquels nous ne pourrions bien souuent maistriser, sans la crainte que nous auons d'encourir punition. Et pour ce fut approuuée és Republiques la cohertion des adulteres, pour ceux qui delinqueroient contre les statuts de mariage: seulement pour obuier à ceste fragilité humaine, & non pour la cause qu'imposez aux douaires, lesquels tant s'en fault qu'ils troublassent les mariages, qu'au contraire leur donnerent acheminement. Quoy? si ie vous mōstre, seigneur Monophile, par raisons presque inuincibles quils ont esté necessaires pour l'entretenement de ceste societé humaine, & par vne bien bonne & meure deliberation, ne me confesserez vous, encore que pour la seule consideration du dot se fust commencé le mariage, qu'il ne faut pourtant l'enfraindre en aucune sorte ou maniere? Ie ne dy pas que si estions en cest aage doré, auquel fut la premiere institution de mariage, ie ne trouuasse vostre dire tresconforme à la raison : & que tant seulement deurions nous lier auecq' noz femmes en leur faueur, sans aucun autre respect. Parce qu'en ce premier temps n'estoient les gens oppressez d'vne telle varieté d'affli-

Cohertion des adulteres à quelle fin aprouuée és Repub.

Douaires introduits pour l'entretenemēt de la societé humaine.

C

ctions & pauuretez comme sommes pour le iourd'huy. D'autant que sans aucun labeur & peine, ils viuoient au bon plaisir de la terre qui non encores coustumiere ny lasse d'apporter fruicts, ne vouloit estre cultiuee, comme depuis l'a requis. Au moyen dequoy sans aucun discord auoiét toutes choses en commun, rien n'estoit distinct ny separé l'vn de l'autre. Et partant leur estoit-il loysible en telle affluence de biens, prendre femme seulement à leur plaisir, & telle que bon leur sembloit. Ainsi que voyez pour le present, grands seigneurs, qui ont puissance de nourrir & entretenir leurs femmes. Mais quant à nous, ausquels nature n'a esté si prodigue à departir & eslargir ses biens & thresors, il me sémble qu'encores nous auroit elle bien mal pourueus d'entendemét, si sans autre consideratiõ que l'amour, entriõs en ce lien de mariage. Ne fault-il viure auecques sa féme? Quand ie dy viure, i'entens s'entretenir moyennement en son estat, soy alimenter, nourrir enfans & sa famille, se secourir aux maladies qu'il n'en vienne inconuenient: & de toutes telles peines le seul fais regorge au mary. Car ainsi l'a ordonné ce grand & souuerain iuge du ciel par vne grande preuoyance. Voulez-vous donc ruiner vous, & toute vostre maison, par vne vaine & sotte opinion qu'aurez empreinte en vostre esprit, & possible au plus grand tort du monde ? Si en celle Lacedemone, par vous en vos propos alleguee, eust esté le peuple si depraué comme estoient les gens de Rome, lors que par

Cõmunauté de biens au premier temps.

leurs sages Iurisconsultes les douaires trouuerent lieu: ie croy que cestuy Licurge, entre tous bons Legislateurs tant estimé, n'eust vsé d'vne moindre sagesse & prudence enuers ses Lacedémoniens, que les autres Magistrats enuers tous les autres peuples. Car le Legislateur est à l'endroit de ceux qu'il veut former & instituer, ainsi que le bon medecin à son malade, auquel souuent il permet vser de mauuaises viandes, pour luy donner goust des bonnes. Et s'il le vouloit tant restraindre à vne obseruation de ses estroits preceptes & regimes, plustost luy aporteroit mort que santé. Ainsi se conformans bien souuent les Legislateurs aux volontez de leurs subiects, est necessaire leur permettre choses mauuaises, en vne deprauité & corruption de meurs, pour les acheminer aux bonnes. Comme voyez aux douaires, lesquels pour ceste raison ont esté trouuez necessaires au mariage, qui n'est qu'vne commune societé. Et si entre marchands est permis pour entretenir leur traffique, que l'vn parfournisse aux frais, en contre-eschange de l'autre qui preste son industrie, que deuons nous estimer en ceste association d'homme à la femme, en laquelle (cõme ores ie vous disois) tout le fait de ceste humaine pratique despend du cerueau de l'homme? En bonne foy, seigneur Monophile, il seroit tresmal seant & conuenable (encores que ie parle au desauantage de mon sexe) que ce double fais & fardeau regorgeast dessus vous autres (i'entens & que prestissiez voz peines, & aportissiez les escuz) &

Legislateurs comparez aux Medecins.

C ij

qu'à la seule femme fust delaissé le contentemét & plaisir, sans aucune solicitude, que celle où volontairement elle se voudroit adonner. Ne voyez vous doncques par ce peu que i'ay deduit, comme par vn grand auis fut besoin que les douaires eussent leur cours aux mariages? et estans ainsi necessaires, si ne fault il toutefois par vne abusiue nature, que l'homme ou la femme (transgressans tout ordre de droit) pretendent violer les loix de chasteté ordonnées és mariages. En cest endroit finit Charilée, quand Monophile non contant, luy repliqua. Ce propos tombe fort bien en vostre bouche, ma Damoyselle, toutesfois n'a pas long temps, me trouuât en compagnie de braues gens, où s'esmeut telle question que celle qui à present s'offre, quelqu'vn ayant discouru toutes les mesmes raisons que vous venez de proposer, se rencontra vn Gentil-homme de bon esprit, lequel ayant longuement presté l'aureille à ce discours, ne le voulut laisser passer sans luy donner quelque atteinte, que ie suis trescontant vous reciter sur le champ, puis que l'occasion le requiert. Ie trouue (dist-il, repliquât à celuy qui auoit tant parlé) vostre dire fort bon: & encor' le trouuerois-ie meilleur n'estoit que l'amour est par dessus tous voz statuts & ordonnances humaines. Et sçauez que là où nature parle, il fault que la loy se taise, mesmes lors qu'elle y contreuient. Que ainsi soit, à vostre auis sçauroient toutes noz loix mondaines, par toute leur grande puissance, tant que residons sur la terre, desnouer la proximité de parentage que nous auons l'vn à l'autre? Par-auanture trouuerez vous, que pour aucune faulte ou delict elles nous frustreront quelquefois du droit, qui sembloit nous appartenir, au moyen de la parentelle : mais non de la consanguinité dont nous sommes ensemblement dés nostre natiuité conioints. Par-ce que nature seule & non les loix y ont ouuré. Ainsi en vn mariage, qui seulemét sous ombre de douaires s'entreprend, ne pensez point messieurs, que la loy qui l'a ainsi permis & toleré, ait peu en aucune sorte desuoyer le cours de nostre vraye nature. Non point que ie voulusse ouurir vn tel Caos és Republiques qu'on penseroit : l'obeissance & reuerence est deuë aux maris par vne obligation ciuile : mais par vn lien naturel la singuliere amitié que nous portons à noz amis. Et croy mesmement que les loix (encore qu'elles n'en ayent rien à l'ouuert determiné) n'ont ce neátmoins esté taisiblement mal contentes de telles amitiez reciproques. Car si iadis (comme encores pour le iourd'huy) elles ont tousiours excusé, en la chaude colle, executer la vengeance en celuy qui nous outrageoit, iusques à commettre meurdre (autrement bien punissable) pour l'occasion sans plus d'vn naturel appetit, qui nous induit à ce faire : que deuons nous estimer de l'amour, lequel (n'estant que la mesme nature) nous contraint, contre noz volontez bien souuent, à aymer en aucuns endroits? Et possible que la peine des adulteres (seul & vnicque remede des mariages) ne fut à l'encon-

Des Mariages qui se font seulement pour argent.

C iiij

Peine des adulteres pour quelles gens fut premierement introduite.

tre de ceux introduite, qui d'vne affection violente vouent leurs cœurs à vne Dame, ains pour ces petits mignons & muguets qui (quasi d'vn propos deliberé à tromper) preignent leur adresse en tous lieux, ny plus ny moins que de ceux, qui d'vn guet apens se vangent de leurs ennemis. Ainsi comme peult estre trouuerez aueré en vne Republique d'Athenes, en laquelle pour vn temps (si quelques autheurs dient vray) estoit permis à la femme, ne pouuant conceuoir de son mary, susciter sa generation en vn autre sien affectionné, moyennant que le fruict qui en naistroit fust estimé du mary. Or à vostre auis s'en trouuoit la Republicque plus troublée pour cela? Non ie vous asseure Messieurs, ains en demeuroit cent & cent fois plus en son entier. Par ce que satisfaisans à leurs ordonnances ciuiles, ils côtentoient par mesme effet, celles que la seule

Amitié reciproque requise entre les mariez.

nature (sans autre chose) leur apprenoit. Non pourtant que ie ne fusse plus ayse, que desracinant de nous ceste opinion de douaires, seulement entrissions en ce ioug de mariage, par vne seule amitié, pour nous oster toutes telles occasions. Car quant à ce que l'on pourroit maintenir, auoir esté necessaires pour vn estat politique, tant s'en fault que ie le croye, qu'au contraire ie pense estre le seul fondement de toutes les perturbations (au moins de la plus grande partie) qui viennent aux gens mariez. Dites moy, ie vous supply, d'où despend cest entretenement, sinon d'vne amitié reciproque, que nous nous deuons l'vn à l'autre? La quelle fut exterminée par ceste inuentiõ malheureuse. Car si peult estre il eschet que portant bien bon amour à vne fille de basse estofe, par vn mouuement naturel ie m'accompagne d'elle en mariage, ne dira soudainemẽt ce peuple, en ce par moy auoir esté commis vn exemple de vraye folie? ne m'abhorrerõt mes amis? ne me fuiront tous mes parens? Comment? (dirontils) luy qui estoit de noble lignée, & si bien aparenté, s'estre mis en lieu si bas (voyez de grace que peult ceste impressiõ de douaires) & nonobstant ne cognoistront qn'en ce auray trouué mon paradis, où en vn autre serois tombé en vn enfer: Car & l'vn & l'autre sont compris soubs ce nom de mariage. Mais si par vne auidité d'auarice ie m'adresse à vne Dame fort opulẽte en bien, vous verrez à l'instant ceste aueuglée ignorance, me louer, estimer, congratuler de ce qu'elle estime tout mon bien, qui est mon extreme dommage. Il a beau viure (dira ceste populace) sans prẽdre peine, son mariage est de quinze à vingt mille liures. Mais dira l'autre vn peu plus sage & accort: Si ne voudrois-ie pour tous les escus de ce monde (bien que ie sois pauure & chetif) auoir espousé telle femme pour viure en telle peine & seruitude. O temps! ô meurs! doncques trop deprauées, ausquelles il fault que l'argent vsurpe le nom de mariage, & la conionction des personnes soit appellée seruitude. Or qui cause tel malheur? N'est-ce l'auarice, à laquelle noz ancestres ouurirent la porte, lors qu'ils admirent les douaires? Et

C iiij

puis esmerueillez vous & debatez, auecq vne infinité de voz plus subtiles raisõs, si vne Dame, froissant la porte de voz loix, outre son accoustumé mary, trouue bien souuent vn amy, & le mary au reciproque, iouë semblable personnage enuers sa femme, Car si (comme voulut en sa Republicque de Sparte ce droiturier Licurge) vn chacun s'adressoit à celle où reposoit son entiere deuotion, nous osterions toutes les peines & trauaux, que voyons ce iourd'huy regner entre tous les humains. Qui seroit beaucoup meilleur, que non ceste commodité que vous mon Gentil-homme, ores nous auez alleguée de l'administratiõ de famille. Ce n'est pas le tout, ce n'est pas le tout, Messieurs, de trouuer voye aux mariages, si vous ne les associez d'vne mutuelle amitié. Et ne seront oncques les citez heureuses, iusques à ce que reprenans la route de noz premiers ancestres, establissiõs noz mariages sur vn cœur, par le moyen duquel, & non autrement banirons non seulement tous les deffaux de telles conionctions, ains mesmes d'vne Republicque : laquelle ne tendant qu'à perpetuelle cõcorde, à peine qu'elle en puisse iouïr, se trouuant entre l'homme & la femme simulation secrete au lieu de vraye amitié. Et s'il est ainsi que de ceste copulation maritale, soit prouenuë à la file, ceste vniuerselle police (par ce que du commencement n'estant le monde que diuisé en l'vnion de deux personnes, il multiplia du depuis petit à petit, en vilages & villes closes.) certes estant le fondement de telles liaisons corrompu, aussi fault necessairement que l'edifice soit ruineux. Et à dire le vray, ie croy que de ceste corruption des mariages (qui sans plus se fōt pour argent, estans l'homme & la femme au demeurāt mal conformes) vient la cause, pourquoy nous verrons ordinairement, tant d'inimitiez & rācunes entre les freres & seurs: d'autant qu'estans composez d'humeurs diuerses & non accordantes, il est difficile qu'entr'eux, non seulement ils s'accordent, mais aussi bien souuent en eux-mesmes se treuuent & sentent combatus de deux diuerses qualitez & contraires, qu'ils empruntent des peres & meres. Or n'est-ce toutesfois icy le vray poinct où ie pretens, pour ne m'estre commise és mains la reformation de noz meurs: mais ie veux dire que pour y donner vn iour ordre, & banir de nous ceste corruptelle de douaires, peult estre ne sera-il hors propos à la Dame, s'estant ainsi mariée, auoit vn amy de reserue, auecq' eternelle asseurance de luy garder entiere foy & loyauté. A la charge de seruir aux autres d'vn bon & fidele exemple, de ne se marier aux biens, ains à celles ausquelles l'amour les destine. A tant mit fin à son parler ce brusque Gentil-homme, auecques vn assez grand aplaudissement de toute l'assistance: pource qu'il n'y auoit aucun, qui y pretendit interest. Or ne sçay-ie si à bon escient, ou en ieu il refera tels propos. Toutesfois, ayant longuement debatu, par vne infinité de trauerses, ses raisons en mon esprit, ie ne voulu tellement

Cause des rancunes & inimitiez qu'on void ordinairement entres freres & seurs d'où procede.

faire mon prouffit du sien, que ie ne me reseruasse la liberté de le desdire. Car quant à ce que si asprement il maintenoit, l'amour passer toutes ordonnances humaines, vrayement fouruoioit-il fort en la question qui s'offroit: car qui seroit celuy si esblouy, qui ne cogneust à veuë d'œil, le mariage n'estre ordonné par les humains, ains par establissement diuin, & inuenté par l'Eternel, comme seul & vnique moyen de la conseruation de nous autres? Ainsi d'aproprier chose si haulte à nostre humanité fragile, n'y auroit ordre, ains demeureray bien en ceste part cy des vostres, ma Damoyselle, non seulement eu esgard à cest entretenement que vous nous auez allegué: mais aussi bien d'auantage pource que Dieu le commande, qu'il fault que la femme ne se accommode à autre qu'à celuy auquel l'Eglise l'a liée. De sorte, qu'encores que l'amour ne fust entre elle & son mary, si fault-il se forcer soy-mesme & contraindre son naturel, pour viure en eternelle paix. Toutesfois aussi s'il auient, que ce mariage soit du nombre de ceux qui sõt si deffectueux, que l'amour ne s'y puisse mettre, à foy d'hõme de bien, ma Damoyselle, ie ne puis que ie n'excuse, & ne trouue assez legitime, ce que disoit ce Gentil-homme, de se ranger vers vn amy. Et où le trouuerez mauuais en premier lieu i'ay la nature qui prend ceste cause pour moy: aussi ne me fauldra le mariage, lequel (au lieu de m'accuser) luy-mesme s'il pouuoit parler, se feroit en ma faueur & à cause de moy, partie pour auoir

Mariage ordonné par establissement diuin.

esté par ce mary deffraudé soubs vne promesse d'argent, de son vray manoir & heritage, qui est l'amour. Ainsi à bon droit pourra il dire auoir esté contre raison vendu : Et si possible me contraignez moy-mesme prendre la cause en mon nom, sans appeller aucun garand: Ne voyez vous és Republicques bien ordonnées (puis que vous estes voulu ayder de l'ordre d'vne Republique) estre permis beaucoup de choses, par-ce qu'il semble que la necessité le requiert, lesquelles toutesfois autrement seroient estimées mauuaises? Ie vous laisse doncques à penser le surplus, d'autant *Beaucoup de choses permises par necessité, qui autremēt sont estimees mauuaises.* que ce passage me semble assez chatouilleux, mesmes pour les gens mariez. Or face Dieu, qu'ils ne soient en cest estrif: tous choisissans vne femme, que la nature leur destine, & non que l'argent leur moyenne. Autrement s'ils s'en trouuent mal, en remettent la coulpe sur eux. Lors Glaphire, qui pendant tout ce discours s'estoit tenu tout à quoy : A present, dist il, cognois-ie en nous verifié, ce qu'autrefois disoit le poëte Horace, de trois personnages *Trois personages de diuers gousts descrits par Horace.* par luy conuiez à vn banquet, tous trois de diuers gousts, tous trois de diuers apetits, & tous trois de difficile contentement: mais plus à mon auis le tiers. D'autant qu'au premier plaisoit le doux, au second l'aigre, & à cestuy n'agreoit ny l'vn, ny l'autre, tant estoit de delicate complexion. Ie pourray possible en cecy le ressembler, voulant trouuer moyen entre les deux extremitez, que ie voy si bien par vous debatues. Car à ce que i'ay peu apprendre de vos querelles (comme vn propos conduit l'autre) de l'amour simple (ainsi l'auez vous appellé) estes descendus au mariage. En l'amour maintenez, seigneur Monophile, l'vnion de seul à seule, sans aucunement enfraindre le deuoir dont sommes obligez à nos Dames: & en l'amour, à vous, seigneur Philopole, plaist le contraire. Et cest amour, seigneur Monophile, permettez desborder aux mariees, bien que par droit de mariage elles ne nous touchent en rien ce qui ne plaist à ma Damoyselle: en assignez tout le deffaut aux doüaires, lesquels nous desnuët de l'amitié, qui en tels actes seroit requise, & voulez les mariages s'executer sous le titre sans plus d'amour. Or quant à moy, Messieurs, entant que touche le premier poinct, ie ne presteray foy, ny à vous seigneur Monophile, & moins encore à vous, seigneur Philopole: non pour aucun desir que i'aye de vous contrarier, mais parce qu'estans les iugemens des hommes diuers, vn chacun a loy de penser tout ce qui luy plaist. Et pour le regard du second, qui concerne l'affection maritale (de laquelle pour sa dignité ie suis deliberé parler, premier qu'entrer en ceste seruitude d'amour, que nous auez denotée) il me semble, seigneur Monophile, que côbiē que vous compreniez en partie le motif des troubles de mariage, si est-ce que trop bastissez vostre edifice sur nature: Car de nous frustrer en tout des doüaires, comme vous seigneur Monophile voulez, il me semble assez estrange: d'autant que encor

que nous n'en deuions faire cõpte clos ny arresté, ains qu'il soit seulement requis nous
marier pour la conseruation de nous-mesmes *Les doüai-*
en nostre espece, si en deuons-nous vser quasi *res seruent*
comme d'vn ayde, & ornement pour l'auenir. *d'ayde &*
La volonté donc ques pourquoy nous en- *ornement*
trons en ce lien de conionction mutuelle, est *au maria-*
pour donner à nos futurs enfans, l'estre: mais *ge.*
les doüaires, pour leur trouuer (& à nous
aussi) le bien estre. Or faut il qu'en cest endroit
nous nous arrestions, & demeurions d'accord
auecq' ma Damoiselle, qu'il n'est loisible à aucune personne faire estat de loyauté enuers
la femme mariée, fors & excepté à son mary.
Car combien que les affections (comme celles
de l'amour) semblent estre infuses en nous
par vne influence celeste, qui volontiers vsur-
peroit la domination sur nous, si doit-elle estre *Les passiõs*
refrenée par la raison, qui nous fut baillée à la *doiuẽt estre*
semblance de celuy qui domine sur tout le *refrenees*
monde, parce que tout ainsi que l'vniuers n'est *par la rai-*
qu'vn grand corps, auquel il semble que les *son.*
astres tiennent le siege des passions : d'autant
que ny plus ny moins qu'elles en nous, aussi
eux par leur cours, & confrontemens reglent
en tout, la bride de ce grand animal, que nous
appellons le monde. Pour laquelle proximité
les Romains d'vne bonne grace donnans &
aux astres & aux passions, communs noms, les
appellerent indifferemment, mouuemens.
Et toutesfois encores que telles puissances
soient estimees tenir en partie le gouuernement de ce rond, si est-ce que nous voyons le

tout estre demouré en la main de celuy, qui (comme vne raison vniuerselle de ce grand corps)s'en est reserué la totale superintendence. Ainsi deuons nous dire de l'homme, lequel estant vn petit monde, composé en sa qualité comme vne image de l'Vniuers, ores que bien souuent semble estre enclin à quelques propensions naturelles prouenans(comme maintiennent quelques-vns) de l'astre sous lequel il est né : si constitua neantmoins nature, vn throsne en son cerueau, auquel la raison presidant, domineroit en son petit regne sur ceste influence des cieux, qui sembloit le destourner de quelque operation vertueuse. Partant, encores que vostre amour participe tant de la nature, comme vous dites, si fault il terminer noz actions en la loy : laquelle bien que selon vostre iugement ne corresponde à raison, pour quelque cause qui vous meult, si est-ce que la mesme raison vous apprend à y obeïr. Pource qu'ainsi vous est commandé, par ceux qui peuuent vous commander. Ainsi estans les adulteres deffendus, non seulement de ce temps, ains de toute ancienneté & memoire, ne faut qu'il tombe en noz pensees porter amour à celles, que la loy voulut pour autruy destiner. Ce neantmoins, parce que nos inclinations naturelles sont si libres (comme vous, seigneur Monophile auez deduit) resteroit seulement trouuer vne guide pour conduire icy la raison, & obuier à ces deffaux qui tombent és mariages, par l'occasion de ces amours estranges, sur lesquels auez assez lon-

L'homme composé comme vne image de l'Vniuers.

guement discouru. En quoy vous & moy demeurerons encor pour ce coup differens: Parce que pour y trouuer remede, voulez telles conionctions s'exploiter, par ce reciproque amour, qu'estimez instinct de nature, que les aucuns nomment en meilleur terme, passion: & au côtraire, ie pése telles affectiós vehementes ne deuoit tomber en mariage, ains l'amitié seulemét, qui procede de la raison. Car si vous guidant par cest extreme amour que figurez, pésez oster aux fémes mariees, ces intéperances ausquelles pretendons remedier, aussi sera-il necessaire que nos passiós ne varient, & que estans transportez d'affection à l'endroit d'vne personne, tousiours demeurions fermes & stables. Ce que toutesfois nous voyons ordinairement deffaillir. Ainsi encores par vostre vehemente ardeur n'osteriez-vous à la longue des fantasies, ny des hommes, ny des femmes ces defectuositez que trouuez. Et n'empescheriez que plusieurs qui ont l'esprit assez libre (que ie ne die volage) ne peussent par vn trait de temps ficher aussi bien leur amour en autre endroit, comme du commencement au vostre. Au moyen dequoy i'eusse trouué bien meilleur, si pour garentir les mariages (chose que ie veux discourir, deuãt l'Amour duquel nous parlions) & entretenir en ceste amitié & loyauté, les eussiez estimé se deuoir faire & commécer, non par ceste Amour dont parlez, qui est trop volage: mais par bonne & meure deliberation, par vn conseil pris d'vne longue main: bref cognoistre premier qu'aymer, &

Les affections vehementes ne doiuent tomber en mariage.

Les mariagesse doiuêt bastir sur bonnes mœurs.

entrer en cest indissoluble anneau de mariage. Et tout ainsi qu'vn bon gédarme, lors qu'il s'equippe, pour prendre la route d'vn camp où il delibere faire monstre de ses forces & prouesses, premier qu'acheter coursiers, les court, les picque, en fait essay par tous moyés: s'il y treuue quelque tare qui luy desplaise, ne les prend : s'il les treuue bons, pour aucun grand pris qu'on les luy face, ne les veult laisser sortir hors de ses mains : Aussi en ceste bresue course de vie, laquelle deliberons parfournir auecq' noz femmes, en toute consolation, en toute ioye & plaisir, me semble requis & necessaire contépler, non point d'vn Amour dont possible à la vanuole sommes frappez, ains d'vn bon & sain entendement peser les meûrs & conditions de la Dame, à laquelle nous nous voulons lier, considerer sa parenté, sa premiere nourriture dés son enfance: car ainsi la choisissant trouuerons moyen de luy faire entretenir la chose qui plus doit estre recommandée: c'est son honneur, qui est l'hōneur, & gloire du mary, comme celuy du mary, est le seul honneur de la femme. Le gendarme examine son cheual auecq' si grande consideration, duquel du iour à lendemain il se peut deffaire : & nous n'examinerons point noz femmes d'vn bon & meur iugemét, auec lesquelles deuons continuelle residéce & demeure iusques à la mort ? Nous lisons les mariages au téps passé, auoir pris dissolutiō pour bien petites occasions : Les vns auoir repudié leurs femmes, pour s'estre trouuees desuoilees

Dissolutiōs de mariages pratiquees le temps passé pour bien petites occasions.

du Monophile. 49

lées parmy le peuple: autres, pource qu'elles s'estoient assises en vn theatre au desceu de leurs marys: autres pour auoir esté aux bains publique. Telles gens, sans point de faulte, auoiét moyen se releuer des peines du mariage: mais nous estans auiourd'huy, tát par droit humain que diuin, ceste liberté tollue, que deuós nous cósiderer en ceste haute entreprise, qui apres doit redonder, ou à nostre extreme felicité, ou au cime de tout tourmét & malheur? I'ay souuent ouy dire au sot peuple, que qui se propose mariage doit deliberer y entrer les yeux bádez: mais si i'auois autant d'yeux cóme l'ancien Argus, ou cóme le ciel a d'estoilles, me mariant, ie ne les estimerois suffisans pour les y bié employer. Tant me semble chose grande & de haulte speculatiue ce lien. Et ne trouuay oncques, à ce propos, bonne celle consideration des anciens Romains, qui à douze ans permirét marier les filles, & les hómes à quatorze: *A quel age il est bon de se marier.* ayás seulement egard à l'habitude du corps, & non de l'esprit: & estimans qu'en tels aages l'homme & la femme se pourroient coupler ensemblement, pour la multiplication de ce monde. Ils permirent à l'homme aliener son corps, & à la femme du semblable, en l'aage de quatorze & douze ans: & toutesfois en tous autres contracts, leur interdirent l'alienation de leur bien, deuát l'aage de vingt cinq ans. Ils disoient les mariages, en tout & par tout, se deuoir faire par vn seul consentement d'esprit: ce neantmoins les permirent en si peu de cognoissance & distinction du bien & mal.

D

ny de ce qui leur agreoit. Car l'enfant (mefmement en tel aage) eſt comme le ſion qui ſe
plye en toutes ſortes & à tous vents, & treuue tous obiets bons, ſelon que ſes premiers
mouuemens le guident. Et luy ſemblent pluſieurs choſes bonnes, leſquelles par ſucceſſion
de temps il deſdaigne, abhorre, & a en contemnement. Plus me plairoit, & cent fois plus
me plairoit ceſte inſtitution de Platon, qui en
ſa Republique n'admettoit l'homme au mariage, ſinon en l'aage meur, qu'il eſtimoit tré-
te cinq ans, & quant à la femme, qui pluſtoſt
ſe meurit que l'homme, en l'aage de dix-huict
à dix-neuf ans. Et ſi peult eſtre telle reigle vous
ſembleroit trop eſtroicte, choiſiſſez le temps
en l'homme auquel le penſiez venu en plaine
maturité, & alors qu'il peut ou doit auoir
entiere cognoiſſance de ce qu'il penſe luy e-
ſtre prouffitable. Voila la cauſe pourquoy noz
Iuriſconſultes voulurent auecq' vn meilleur
aduis que celuy dont à ceſte heure ie parlois,
qu'aucun mariage ne ſe fiſt, ſans le conſeil des
parens. D'autāt qu'eſtans enclins à noſtre bien
autant & plus que nous meſmes, ne nous vou-
droient addreſſer à femme, qu'ils n'eſtimaſſent
noſtre grand bien & honneur. Car ſi ainſi cōme le prenez, ſeigneur Monophile, les mariages ſe font, c'eſt à dire, par Amour, qui n'eſt
qu'vne paſſion interieure qui nous tourmente, encores que pour le commencement tel
mariage ne nous retourne qu'à toute ioye &
plaiſir, ſi eſt-ce qu'ayans attains à noſtre dé-
ſordonné deſir, s'enſuiura vne eternelle peni-

Enfants comparez au ſion qui ſe plie à tous vents.

Les Mariages ne ſe doiuēt faire ſans le conſeil des parens.

du Monophile.

tence(dernier vlcere des playes de noſtre eſprit) laquelle rongera de ſorte noz entendemens, que nous trouuans fruſtrez de ce grãd
plaiſir que nous nous promettions en elles,
nous trouuerons entrez au labirinthe de malheur, que nous meſme à noſtre grande confu-
ſiõ, nous ſerons pourchaſſez. Vous aurez femme, ce vous ſemblera à voſtre plaiſir, penſant
trouuer tout contentemẽt en elle : mais quoy?
ſi elle eſt lubrique, ſi impudique, ſi deſobeiſ-
ſante à vous, ſi iniurieuſe, ſi meſchante, telles
facheries ne viendront elles en contrepoix de
voſtre fraile contentement? Si cognoiſſez vne
fois qu'elle vueille diuiſer & diſtribuer le plaiſir, qu'à vous ſeul eſt deu, ne trouuerez vous
qu'à bon droit ſerez deceu de voſtre vaine
penſée, & que pour tout guerdon en porterez la repentance, qui eſtoit deuë à vne ſi temeraire legereté? Bien-ſouuent vn doux bai-
ſer receu d'vne Dame, mettra en vous telle
poiſon, & vne petite œillade vous cauſera
plus de venin, que la veüe du Baſiliq: de maniere que vous trouuerez mourir ſur pieds,
pour ne pouuoir trouuer ouuerture à la mort.
Or ſi pour attaindre & paruenir à l'accompliſſement de voſtre deſir, entreprenez baſtir a-
uec ceſte Dame vn mariage ſi de leger, ne penſez vous point vn iour vous en repentir à loi-
ſir? C'eſt vne choſe naturelle, toutes choſes
ptendre diſſolution dont elles ont pris commencement: Les corps humains ont pris leur
origine de la terre, en laquelle ils retournent:
biens mal acquis mal definent: Amitiez com-

D ij

mencées auec si aspres legeretez, ne sont de longue entretenue ny durée: là où celles qui sont appuyées sur fondemens de Vertu perdurable & eternelle, iamais ne furent ruineuses, que par la separation du corps & de l'ame. Et telle doit estre l'Amour d'vn bon & loyal mariage, pour trouuer l'vn à l'autre perpetuelle beatitude. Ca l'Amour, dont vous, seigneur Monophile, parlez pour vn commencemét est grand voire en toute extremité, qui fait qu'il n'est de longue durée. Celuy que ie descouure en mariage, en commencé par les moyens que ie dy, haulse de plus en plus ses aisles, & se treuue au dernier iour (auquel faut que l'vn de nous paye le tribut à Nature) plus grand cent fois que la premiere nuict en laquelle il nous fallut sacrifier à l'Amour, soubs la conduite du maistre des ceremonies Himenée. Et diray d'auantage (tant suis contraire à vostre opinion) que c'est la chose que l'homme doiue plus craindre, que de tomber en mariage és mains de celle, que par Amour il a longuement poursuyuie. Car là où lors il faisoit estat de serf & esclaue, & pour tel se maintenoit enuers sa Dame, au contraire estant lié de ce nœu non separable, il a toute superintendence & domination sur elle: à laquelle toutesfois elle ne se peult que par grande difficulté ranger, considerant la préeminence qu'elle auoit gaignée sur l'hôme au parauant ce mariage. Ainsi là où par le passé ils se portoient vne amitié reciproque, tombent l'vn & l'autre en haines demesurées. Par ce que tous deux

Quelle doit estre l'amitié d'vn bō & loyal mariage.

Qu'il n'est bon contracter mariage auec celles qu'on a longuement poursuiuies par Amour

du Monophile.

veulét iouir de leus droits: l'homme qui plus n'a cure du dernier poinct où tant il pretendoit, & pour lequel tant il se desguisoit, desire estre mary & de nom & de fait: la femme au contraire veult entretenir l'ancienne accoustumance de seruitude, à laquelle s'estoit cest homme (non encor' mary) soubmis. Sans faulte quand ces deux differens de maistrise concurrent ensemblement, iamais ne se treuue concorde. D'auantage cósiderons si la femme au precedant le mariage a esté si sotte de se soubmettre à la volonté de l'hóme, en quelles embles pourra elle de là en auant mettre son mary: quand auecques le temps refroidissant ceste inconsiderée chaleur, il viendra remettre en sa memoire les priuautez dont elle aura vsé enuers luy, sans aucune obligation, sinon volontaire & legere: desquelles il pourra soupçoner qu'enuers vn autre elle sera aussi prodigue & liberale cóme enuers soy. Qu'il soit vray, nous voyons iournellemét aduenir que les choses qui pour vn temps nous semblent bonnes, venans à maturité de cóseil, les trouuons aussi ridicules, comme quelquefois les auiós euës en estime: & en est la cause, que aueuglez de noz passions, ne pouuons en ce premier feu discerner le bié du mal. Rié n'est au fol impossible, transporté d'vn ardent desir: & rien n'est au sage possible du premier coup, iusques à ce qu'auecq' longue meditation, il ait songé à l'entreprise qu'il brasse. Rien n'est à l'amant impossible pour paruenir à son intention, mais sa grande colere refroidie il

Femme qui se preste à son futur espoux en quel dáger elles exposé.

D iij

treuue en fin de cõpte auoir seruy d'vne grande fable & risée à tout le peuple. Et quand il a à son commandement la chose que plus il appetoit, lors commence il à chanter autre chanson, & cognoistre que pour rien il s'est tourmenté l'esprit, & pour vn poinct de peu de merite, par aduenture pour son regard, & toutesfois grand, pour le respect d'vne femme, qui en ce fonde & constitue le deuoir de son honneur. Or ne cognoist-il telle chose, premier que par plusieurs prieres il ait rendue la femme en sa pleine puissance: mais quand il en entre en cognoissance (comme estant en ce mariage) adoncques repute-il sa femme plus que folle, pour s'estre ainsi abandonnée à sa mercy, au precedãt aucune obligation, & que par mesme moyé elle se pourra de là en auãt à autres prostituer. Qui sera vn tel tourment à tous deux, que mieux leur vaudroit ne s'estre iamais mariez. Parquoy il me semble beaucoup meilleur (& possible en ce ne seray-ie de vous desdit) establir son mariage sur vne bonne information de meurs & conditions de vostre femme, qui vous donne contentement à tousiours, mais, que sur vn bref & passable plaisir, qui puis apres vous retourne en vn plus grand martyre & desplaisance, que le commencement n'en auoit esté ioyeux. Et estant ce mariage ainsi fondé, ie m'asseure que l'homme en receura tãt d'ayse, que ce seul plaisir estrangera de luy tous autres. Car pour le regard de la femme, bien seray-ie semblablement d'aduis, que les parens d'elle ne choysissent vn

Bons & loyaux mariages sur quels fondemẽs doiuẽt estre establis.

du Monophile.

homme seulement d'or. Et remets icy en memoire vne galente responce de ce braue Themistocle, quand il dist que beaucoup plus il aymoit marier sa fille à vn homme souffreteux & necessiteux d'argent, qu'à de l'argent, qui eust affaire d'vn homme. Car à bien dire, sans comparaison aucune, plus louable est le pauure petitement aquestant, que le riche & opulent, extremement despensier. Ie ne veux doncques que le pere soit si mal conseillé, de mettre en lieux sa fille, sinon où la vertu le guydera, ny qu'à la discretion d'elle, il se reigle & conforme aucunement. La friande encore trop imbecile, non sçachant discerner son bien: pour auoir vne fois deuisé auecq' quelque flagorneur, pour chose de ce monde ne le voudra abandonner: mais helas! ne nous sert en cecy d'vn oculaire exemple la Medee qui laissa pere & mere, & le meilleur de ses estats pour suyure vn desloyal Iason? n'en auons nous bon tesmoignage par l'Oenone abandonnée de Paris? L'homme trompeur bien souuent, par vnes faintes sollicitations, se publira seruiteur affectionné d'vne Dame, que pour elle il seiche sur pieds, & que si le mariage d'entre eux deux ne s'ensuit, plus tost luy sera la mort aggreable, qu'vne si penible vie: la pauurete non accoustumee à telles attaintes, l'aymera de tout son cœur, & voudroit ia en soy mesme le mariage bien cõsommé, pour en receuoir tous plaisirs (ce luy semble) mais à mon aduis tous les malheurs & encombres que l'on sçauroit excogiter. Se trou-

Medée & Oenone delaissées de leurs Amås.

D iiij

ua il oncque homme, qui pour vne entrée, bien que son cœur fust adonné aux escus, & non à sa fiancée, toutesfois ne luy fist aussi beaux acueils, comme à sa plus parfaite amie? Et si on lisoit dans luy, on le trouueroit du tout aliené d'elle. Nature bailla aux hommes la face (ce semble) pour leur seruir de masque & sçauoir desguiser leurs pensees. Tel fait à l'vn beau visage, lequel dedans soy luy machine vne traitreuse & malheureuse mort, & est bien sage celuy qui peut euiter les aguets de son mal-vueillāt ennemy. A plus forte raison doncques comment pourra discerner ceste ieune fille, celuy qui l'ayme, en si grande dissimulation de tout ce monde! Mais posons le cas que l'homme qui la pretend en mariage l'ayme sans fiction, fault-il qu'Amour tombe en l'esprit d'vne si tendre creature? Nature crea la femme les yeux bas, & à l'homme donna les yeux esleuez, voulant par ce nous faire entendre que la femme ne soit audacieuse, haulser les yeux, ains tousiours les auoir enclins en terre, à ce qu'elle ne peust iuger de la contenance des hommes. Et si desia elle est capable de sçauoir que c'est Amour, par mesme moyen peuuent entrer beaucoup d'autres malices en sa teste, desquelles n'est besoin qu'elle soit participante. Car ie souhaite vne fille simple, & telle qu'entrant en ce mariage, elle ne cognoisse le bien ou mal, pour puis apres se façonner du tout aux complexiōs de son mary, & n'en aprendre, sinon que ce qu'il luy plaira. Que si telle elle est, & que

Face à quel fin dōnée aux hōmes.

Fēme creée les yeux bas, l'homme les yeux esleuez, & pour quoy.

Quelles filles sont les plus propres pour la perfectiō d'vn mariage.

ses pere & mere luy choisissent tel mary qu'ils luy verront estre propice: ô que heureux & heureux sera ce mariage! ô que plaisant & aggreable à Dieu & au monde! ô que lon pourra dire ceste couple d'amans estre entrez en vne felicité temporelle, qui les conduira en vne perpetuelle! Enseignera ce mary sa femme, & elle aux volontez de luy en tout & par tout se conformera: & ainsi prenāt l'habitude de ses meurs, obuiera ceste femme, aux inconueniens & scandales que tant nous redoutons és mariages, se gardans ces deux moitiez ainsi liees, reciproquement loyauté, auecq' vn Amour non feint, plustost que par vne demesuree volonté, telle que nous auez deduite. Car si pour aucun autre respect, l'hōme entre dans ce mariage, qu'il n'ayt hardiment regret, si par vne espace de temps, sa femme se forge vn amy: Lequel toutesfois ie ne veux estre si restraint & reserré enuers sa Dame & maistresse, comme vous, seigneur Monophile, desirez. Qui sera pour retourner sur les erres de la loyauté par vous mise cy dessus en auant. Mais premier qu'entrer en ce chāp, pour ne vouloir mesler chose si profane que l'Amour, auecq' ce sacro-sainct mariage, ie vous supply, ma Damoyselle, nous descourir ce qu'en pesez. A ce, Monophile quasi cōme non content: car sur toutes les choses de ce monde il auoit l'Amour en recommandation: Vous nous auez, dist-il, seigneur Glaphire, pourchassé propos vn peu esloignez des nostres, ne sçay à quelle occasion. D'autant que

Que le mariage se doit fōder surun Amour.

mon intention n'estoit, lors que ie conseillois
à l'homme, qui se vouloit marier, s'addresser à
sa vraye partie, mettre en jeu vn tel poinct, sinon à la trauerse, voire sans y penser: non sous
espoir d'y faire longue demeure, toutesfois
puis qu'il vous plaist nous y arrester, aussi ne
l'ay-ie à contre-cœur. Et me semble que si bien
eussiez entendu mes raisons, les eussiez euës
en plus grand' estime, que celles qu'ores n'ous
ont par vous esté discourues : se trouuant autant de distinction entre les deux côme du vif
auecq' le mort, pour estre vostre mariage assis
sur vne consideration volontaire, ou plustost
artificielle, & le mien sur vne inclination naturelle, laquelle ne pouuons enfraindre. Et
tout ainsi que les lyens naturels sont moins
denouables, que ceux que nous voyons lyez
par vn certain artifice, aussi fais-ie bien mon
compte, mon mariage estre trop plus asseurément fondé, que le vostre. Et pour ne vous
ennuyer par vn trop long entretien, dites-
moy, seigneur Glaphire, ne voyez vous iournellement eschoir tant de diuorses & simultez
entre la femme honneste, entre la femme chaste & pudique, & son mary ? I'ay veu & cognois Dame, sage & prudente, si iamais en fut
vne, toutesfois son mary si discordant auecq'
ses complexions, que pour toutes caresses &
acueils qu'il receut d'elle, si ne se peut-il oncq'
induire à luy porter affection maritale. Et
qui luy en eust demandé la cause, n'eust allegué impudicité ou lubricité aucune, laquelle il ne cognoissoit en elle, ains seulement

que iamais de bon cœur ne l'auoit aymee. Vous me iugerez cet homme digne de grande reprehension, par ce que la vertu attrait à soy, mesmement les gens incognus. Mais toutesfois aduisez qu'ayant ma femme telle que l'auez portraite, i'aymeray la chasteté & vertu dont elle sera pourueue, & non sa propre personne, tant seulement par ce que mon esprit n'y peut entendre: i'estimeray & honoreray en ma femme, celle prudence dont Dieu l'aura accomplie, mais non elle qui de soy me desplaira. Ie suis maintesfois tombé en compagnie d'hommes & femmes sur la dispute de mariage, & entre autres communs propos, bien souuent oyois esmerueiller, & vns, & autres, de ce qu'ils voyoiët beaucoup d'hommes & femmes mariez, s'y entretenir ensemblement par vn si doux & aggreable accord. Car (disoient-ils) si telle femme ou homme fust tombé entre mes mains, nous eussions esté incompatibles, ainsi que l'eau & le feu. Qui rendoit doncques ces deux si concords, qui diuisez, mal eussent esté assemblez auecq' les autres? C'estoit vn amour, vne conformité, c'estoit vn naturel fraternisant entre eux deux, qui n'eust peu conuenir auecq' les autres. Car requerez d'vne telle perspectiue, vne perfection de meurs, en vostre femme, de laquelle vous serez possible denué & depourueu, ne pensez iamais vous entretenir auecq' elle non plus que le Lyon auecques l'Aigneau, qui de sa nature est benin, & l'autre superbe & outrageux. La femme par mille moyens vous tas-

La vertu attrait à soy, mesme les incognus.

chera gaigner, & par vne infinité d'obeyssances, elle qui sera sage, sçaura fort bien suporter vos imperfections, vous pensera à soy attraire, & rien ne prouffitera son penser. Ainsi manquera ce mariage (sinon du costé de la femme) pour le moins de la partie du mary, parce que vostre cœur ne sera à elle adonné. Iamais ce naturel ne nous change, & comme disoient les anciens Philosophes, qui cuide changer sa Nature, peine autant que les Geans du temps passé, qui vouloient guerroyer les Dieux. Bien pourrons nous dissimuler pour vn temps ce que couurons en la pensee, & par vne fainte hypocrisie nous porterons tous autres que ne sommes : mais à la longue, encore faut-il que ceste nature ait son lieu, & se demonstre à veuë d'œil. Là où quand cest Amour y est vne fois empraint, tant s'en faut que l'homme & la femme mal conuiennent entr'eux, qu'encores que l'vn & l'autre n'ait richesse, l'vn & l'autre n'ait ces mœurs que tant souhaitez, si sera la femme au mary chaste, pudique, riche, & telle qu'il n'y restera reproche. Quoy? ne vaut-il pas mieux viure en telle sorte & plaisir, encores que l'vn soit trompé & deceu de son opinion, qu'estant ainsi que vous dites, demourer en perpetuelle peine & tourment? Cest amour nous esblouit tellement les esprits, que rien à l'endroit de celles qu'aymons ne nous est mauuais, prenons toutes choses en bien : & ceste sagesse que souhaitez, est de si delicat estomach, que rien ne luy tourne à gré, & fust la femme la plus

Le naturel iamais ne se change.

grande Iudith ou Penelope de ce monde.

Adoncq' la Damoiselle les voyant ainsi acharnez: Il me semble (dist elle) qu'à tort nous tourmétons les esprits, en chose ambiguë, bié que la matiere le merite. Mais pour demourer contens l'vn de l'autre, ie trouue bon que chacun demeure en son opinion, puis qu'elle est si vray-semblable, & aprochante du vray. Nous voyons beaucoup de choses pratiquees, & bien propices en vn lieu, lesquelles toutesfois en autre endroit seroient tresdisconuenables, pour la varieté des mœurs & façons des habitans. Ainsi estans tous deux de diuers aduis, chacun demeure en son opinion, sans en vouloir suplanter son compagnon. Ie croy que s'il falloit que vous, seigneur Monophile, abandonnissiez vostre prise (ie veux dire vostre Dame) pour espouser la plus riche femme du monde, ce vous seroit chose trop penible: & autant qu'au seigneur Galphire, s'il luy conuenoit seulement en choisir vne pour son bien, ou seulement pour vn Amour. Parquoy prendrez contentement en vous mesmes, de ce qu'en pensez. Et vous, seigneur Glaphire, persisterez en vostre promesse, touchant la matiere d'amour, de laquelle nous auez fait vne ouuerture, mais ie ne sçay comme presque, las & fasché de vostre longue peregrination, auez voulu faire vne pause: laquelle ie vous prie interrompre, pour l'enuie que i'ay de vous escouter.

Il semble ma Damoiselle, respondit Glaphire, que me vouliez prendre à pié leué. Et si ie

Resolution des propos cy-dessus passez.

ne vous cognoissois, ie penserois que fussiez comme ces delicats creanciers, qui en deffaut d'estre payez à iour nommé, soudain enuoyét sergent en queuë à leurs debteurs. Ie vous satisferay doncques si ie puis : mais à la charge que receurez ma monnoye en payement, pour telle qu'elle sera : car autre ne vous bailleray, que celle que i'ay dãs mes coffres. Et puis que me semonnez si auant: si bien ie suis memoratif en ce propos encommencé, le seigneur Monophile maintient l'amour d'vn seul à vne seule, & au cõtraire le seigneur Philopole veut aymer en plusieurs lieux. Ie feray doncq' en cecy ce que de vous, ma Damoiselle, i'ay tout sur le chãp apris, & feray s'il vous plaist, maintenu & gardé en mes droits, aussi bien comme eux deux. Car de faire si bon marché de son corps, & l'abandonner à la premiere (cõme desire le seigneur Philopole) me semble n'estre chose bonne : aussi tenir la bride si estroite, & se proposer vne telle Idée de fermeté, que vous, seigneur Monophile, voulez, ie n'y puis bonnement condescendre. Mais sça'vous quoy? Plus me plairoit vne moyenne voye, à l'imitation des Iurisconsultes, és choses plus contentieuses. Ie ne vous nieray pas, que le principal poinct d'Amour, & auquel vn chacun doiue plustost entendre, ne soit la loyauté enuers sa Dame: toutesfois cognoissant ceste grãde fragilité qui est en nous, pour estre tous hommes, & participer encore plus de l'humain que du diuin (estans nos esprits voilez & empeschez de ceste masse charnel-

Glaphire sur la loyauté qui se doit pratiquer en l'Amour.

du Monophile.

le)ie veux dire que si par aduanture, & ainsi que voyons ordinairement eschoir, il aduient qu'il faille m'absenter d'vne longue absence de ma Dame, & par cas fortuit ie tombe en quelque autre femme, à laquelle ie face plaisir de mon corps, n'y aura aucune faute, & si faute s'y trouuoit, seroit neātmoins excusable. Par ce que persistant tousiours d'vne mesme volonté enuers elle, & accōplissant seulement sur l'heure mon vouloir, pour satisfaire à vn certain apetit, auquel naturellement sommes enclins, pour quelque chose suruenuë, ne trāsporteray mon cœur à vne autre auecques telle desordonnee volonté, ains retenant tousiours ma Dame & Déesse pour telle que ie la doy, seule la reuereray, tant absente comme presente: & tout ainsi qu'vn soleil retiēt tousiours sa clarté & netteté, bien qu'il entre en vn esgoust, ainsi diray-ie de celuy qui parfois visitera vne autre, ne luy estant affecté. Bref, pour ne vous tenir longuement suspens, l'amitié gisant au cœur (& non à ces petites intemperances naturelles) ne me semble estre violee, par vne necessité, forcee d'vn instinct causé de nature. D'auātage considerez quel tort elle peult receuoir, pour vn peché commis à la desrobee, qui au iugement des bons compagnons est à demy pardōné. Non toutesfois (quelque chose que ie propose) qu'il faille soubs l'ombre d'vne telle necessité, lascher la resne à sō plaisir à toutes heures. Car lors à bō droit se rendroit-il reprehēsible & accusable, cōme peu, ou du tout nonchallant de sa maistresse. Et sont beaucoup de choses pardonnables pour vne fois, qui venans à vsance, meritent reprehension griefue.

A ce propos Monoph. Nous lairrõs doncq' les mariages, dist-il, à ceux qui y pretédét interest, & retournerõs à l'amour, sur lequel nous estiõs entrez: auquel encores n'estes vous si prodigue de vous-mesmes, seigneur Glaphire, côme estoit le seigneur Philopole, & possible vostre opiniõ pourroit trouuer lieu entre le cõmun peuple, comme aussi representant vn ie ne sçay quoy de populaire, voilé d'vne honneste couuerture. Mais n'estans icy pour disputer selon le vulgaire, ains exactement des choses, ie vous diray ce qui m'en sẽble, si par vous m'est permis passer outre. Or sus doncques, dist Charilee, ie vous garentiray en ceste cause, voire plegeray, si besoin est. Voire mais ma Damoyselle, repliqua Glaphire, on tiẽt que les femmes ne sont receuables és iugemens pour telles causes. Ce sont, dist elle, les sottes loix des hommes, qui pour s'authoriser d'auãtage l'ont ainsi voulu: mais quant à nous, qui demãdons à nous regler selon la ligne de verité, ie croy qu'elles n'auront lieu entre nous pour le present. Remettons telle dispute à autre temps, dist Monophile: ie dy doncques & maintiẽ que celuy qui fait professiõ de vraye amitié, doit tellement lier & refrener ses concupiscences charnelles enuers toutes autres femmes, que tant s'en fault qu'il accomplisse aucun desir, que dites estre naturel, que la volonté de ce faire ne luy tombera en l'esprit. Et ne me

Opinion de Monophile touchant la loyauté.

ne me sçauroit-on faire à croire, que qui passe
telles bornes, ayt dedié son cœur entier enuers vne. Car en ceste cause ne me plairoit vn
Scipion, qui au sac d'vne ville ne voulut veoir
quelques souuerainement belles filles qu'on
luy publioit, craignant exercer contre raison,
aucune desordonnée volonté enuers elles. Cestuy par ce seul effect demonstroit, son cœur
n'estre en possession d'autruy. Et plus m'agre-
roit Alexandre, qui apres la deffaite de Da-
rius, voyant sa femme, filles & Damoyselles
estre toutes soubs sa main, ne leur voulut non
pas toucher, ains iouer aucun tour qu'il pen-
sast leur pouuoir tourner à deshonneur. Non
toutesfois que ie voulusse asseurer, que son esprit tendist ailleurs: mais encores seruira cest
exemple pour vous monstrer, que posé qu'il
fust exempt de toute passion amoureuse, que
deura doncques faire celuy, duquel toutes les
pensees doiuent estre vouees à vne? Mais bié
au contraire, dist Philopole, car gens qui ayment estans plus esguillonnez de telle enuie,
que les autres, ne pouuans bien souuent paruenir au but de leurs attentes enuers leurs
Dames mieux aymees, sont cótraints trouuer
autres adresses, pour passer ceste chaleur, où
par le moyen d'elles ils sont entrez. A ce propos respondit Monophile, ie vous allegueray
non vn Pyramus patron de loyauté, mais vn
mien compagnon que possible cognoissez, lequel estant extremement trauaillé pour vne
Dame, apres luy auoir fait lóguement la cour,
& receu d'elle plusieurs gratieusetez & cares-

E

ses : auint que se trouuant vn iour auecq' elle, forcé d'vne extreme passion, luy requit le poinct auquel on dit qu'vn chacun pretend en amours. Ce que toutesfois pour lors ne luy eſtát accordé, par vn gracieux refus accōpagné d'vne certaine esperance pour le futur, ie vous laisse penser en quelle colere estoit entré ce pauure poursuiuant: qui fut telle, qu'au sortir de là, sa resolution fut d'aller pourchasser quelque nouuelle proye, pour assouuir sa volonté: Laquelle ce nonobstant, estant sur les lieux, se trouua si refroidie, que tout confus, il s'en retourna ainsi qu'il estoit venu. A vostre auis celuy là ne monstroit-il quelle puissance a l'amour? & telle qu'encores que le voulussions, si ne nous permet-il passer les bornes de raison. Que dis-ie le voulussions? veu que n'en sçaurions auoir la volōté, & me semble que cestuy dōt ie vous parle, bien qu'il meritast quelque louange, si ne le mettray-ie au dernier degré des vrays amans: pour luy estre seulemét tombé en fātasie chose si sotte, que celle qu'il vouloit entreprendre. Quoy? si l'vn d'eux (comme lisons dans quelques autheurs dignes de foy) par l'espace de six moys couché auec celle où reposoit toute son affection, sans toutesfois la toucher, pour n'estre desobeïssant à sa Dame, qui ainsi l'auoit commandé, ne se pourra vn vray Amant, pour la seule souuenance du plaisir qu'il reçoit songeant en sa Dame, en qui vit toute sa vie, abstenir de se conioindre auecques vne autre, encore que l'occasion s'y offrist? Ie ne m'estendray lon-

Obeissance remarquable d'vn Amāt enuers sa Dame.

guement en propos, encore que ie vous peusse alleguer aucuns que possible cognoissez: desquels Dieu seul tesmoignera, si se trouuas auecques femmes bien affectionnees enuers eux, & où pour l'occasion du lieu & du temps pouuoient acquerir marque sur elles, oncques voulurent cueillir du fruict du iardin qui leur estoit ouuert: seulement pour la souuenance de leurs maistresses, qui leur causoit plus de plaisir que tout le reste du monde.

Acheuant Monophile ceste parole, les larmes luy sortirent des yeux (cōbien qu'il les dissimulast au moins mal qui luy fut possible) qui asseura la cōpagnie qu'il parloit sans plus de luy. Toutesfois Philopole ennemy de telles amours, feignant ne l'auoir entendu, luy dist. Seigneur Monophile, ie croy que tous voz propos sont comptes, non point de nostre temps, ains de ce premier aage, que lon appelloit doré, auquel les hommes (si nous croyons à Hesiode) demouroient en enfance l'espace de cent ans. Car telles gens que nous descriuez pourroient demeurer deux cens ans en vie, qne viuans en telle maniere, demeureroient en reputation, & de bestes, & d'enfans, lesquels pour n'auoir cognoissance d'aucune chose, & pour l'impuissance de leur aage, il faudroit apasteler. Car à tels les fault-il comparer, ou bien à vn Tantale, qui au milieu des eaues, se laissoit mourir de soif, en la plus grande alteration du monde. Or se rendront telles fables à quelques-vns (peult estre) croyables, mais non à moy. Aussi

Age doré

E ij

ne me suis-ie proposé, repliqua Monophile, ie vous persuader, toutesfois si vous estiez nõ par moy, ains par vous-mesmes bien & duëmét instruit & informé de l'obeïssance & seruitude qu'en amour nous portons à noz maistresses, pour crainte de les offenser, possible sans aucune doute, vous induiriez vous à mesme opinion que la mienne. Mais tel deffault fera que chose que lon en pourroit mettre en auant, ne vous sebleroit (non plus qu'à beaucoup de gens, qui iamais n'en firent espreuue) que mõstrueuse & non faisable. Mais pour ne seiourner plus longuement à ce propos, & retourner à vous, seigneur Glaphire (auquel ie pense en partie auoir satisfait, touchant ceste necessité que disiez estre en nous naturelle) dites moy ie vous prie, quel scandale, quel esclandre sortira, permettant que suiuant vostre opiniõ, soubs pretexte d'vn (ie ne diray quel) desordonné apetit, soubs ombre d'vne longue absence que nous publiez, vueillez deffrauder vostre Dame de ce qu'à elle seule appartient? Ne voudriez vous l'vnion de noz cœurs fonder que sur vne seule presence, cõme si entre absens l'amour se diminuoit? Ie ne le permettray, ie ne l'endureray iamais, ains à l'oposite il me semble que l'absence tellement nous tourmente les esprits, qu'estans par ce moyen frustrez de ces solatieux propos, de ce gracieux œil de noz Dames, plus les aymerons, plus les souhaiterons, plus les desirerons: tant s'en fault que pour cela nostre affection viéne en diminution ou decadence. Et

De la presence & de l'absence en amour.

qu'ainsi soit, telle raison est tirée du fond de la Philosophie, que plus apetons choses moins à nostre commáde, que celles que du tout auós à l'abandon. Et possible est-ce la cause, pourquoy beaucoup de gens estiment les Italiens estre plus fermes & persistans en leur amour (à mon iugement neantmoins assez sotz en cest endroit) d'autát qu'ayás seulement iouïssance de la veuë, & non communication des propos, tousiours s'accroist en eux le feu & desir, leur estant interdit passer plus outre. Ainsi est il de l'absēce. Non pourtát veux-ie inferer la presence moyenner decroissement ou diminution aucune. Mais vous receuez tel contentement en la presence, que tout martyre, toute douleur passee vous est nulle, au regard du plaisir que prenez auecq' vostre Dame, & elle du semblable auecq' vous, pour participer l'vn de l'autre de voz bons & amiables propos : & au sortir d'elle, sentez vostre cœur si affligé, pour estre priué de la participation d'iceux, que vostre feu s'augmente de plus en plus, & le desir de retourner vers elle. Ce que ie croy nous a voulu figurer l'autheur d'Amadis de Gaule en son huictiesme : lors que Niquée se representant deuant les yeux dans le mirouer d'acier son Amadis de Grèce, sentoit telle ioye en son cœur, que tous autres plaisirs ne luy estoient rien pour le regard de cestui-cy : mais dés qu'elle en fut destituée se trouua si perplexe & denuée de tout plaisir, que toutes les ioyes precedantes s'anullerent en vn instant par ceste seule pri-

Amour des Italiens quel.

Le premier Liure

Amitié remarquable de Penelope enuers son mary.

uation. Le semblable fut-il en Anastarax, pour ne plus iouïr de la presence de sa Niquée. Ie demande aussi, la Penelope sollicitée par tant de gens, altera-elle en rien le deuoir de l'amitié enuers son mary, pour la lõgue absence de vingt ans? Et toutesfois ne sçauroit-on dire, qu'elle fust induite à ce faire, soubs crainte de son mary, parce qu'en tel interualle, & de lieux, & de temps, elle eust peu celer sa faulte. Qui doncques luy causoit telle chose? Vne extremité d'amitié qu'elle auoit en sõ mary, qui l'épeschoit de fouruoyer ou à dextre, ou à senestre. Et tout ainsi que disoit ce bõ Seneque, encores que ie sceusse mon peché deuoir estre secret, non point au monde seulement, ains à Dieu mesme, si ne voudrois-ie pecher, par la seule haine de peché, aussi ce vray amant (quelque chose qu'il vous en plaise dire) ores qu'il sçache son forfait ne deuoir tomber en cognoissance de sa Dame (chose toutesfois de trop difficile asseurance) si ne tombera il en tel inconuenient que vous dites, pour la parfaite amitié qu'il portera à sa Dame. La presence nous cause dõcq' vn plaisir, vn contentemẽt en toute perfection: mais l'absence vn insatiable desir enuers noz Dames, suffisant moyen pour nous reuoquer de toutes autres tentations. Voire que ce seul desir, ce seul souuenir d'elles (pour estre extreme) nous ostera toute souuenãce d'autre chose. Et tel tourment prouenant d'vne telle absence, surpassera sans cõparaison tous plaisirs que lon pourroit imaginer en toutes autres femmes du monde. Si qu'à dire ce qu'il m'en semble, tel amour est en soy si passionné, qu'il nous fait oublier toutes autres passions, qui nous pourroient choir és entendemens, nous rendans à demy diuins. De sorte qu'encores que bien souuent par nostre grande fragilité ne nous pouuions distraire de ces intemperāces dont parlez (bien que Dieu le commāde) estans de cest amour munis, ores que tous les plaisirs du monde se representassent deuant noz yeux, si ne choperons nous d'vn seul pas. Et pour le regard de ce que sur la fin de vostre discours auez mis en auāt, l'amour ne gesir qu'au cœur, & non à ces inclinations naturelles, dont necessairement sommes frappez: vrayement vous n'estes du tout hors propos, & pouuiez ce me semble sur ces erres alleguer cest Apophthegme qu'on attribuë à Ælius Verus Empereur Romain, lequel pour couurir ses actes lubriques & voluptuaires, disoit n'estre permis par honnesteté maritale, abandonner ses passions à l'endroit d'vne sienne espouse: partant luy estre loysible prédre son deduit auecques autres femmes publiques, pour ne souiller ce mariage qui estoit nom de dignité, & non pas de volupté: Aussi pouuez vous appliquer, que pour ne contaminer ce precieux manteau de vraye amour, vous estoit licite en faire autant, à l'endroit de celles, esquelles n'auiez aresté vostre cœur. Et toutesfois encore vous restraignez-vous, & ne desirez l'abandon en telles choses, ains quād par violence naturelle estes forcé de ce faire. Or me dites, seigneur Glaphire, si auiez espousé vne femme, non pour amour que luy voulussiez, ains seulement pour la grãdeur de ses biens (comme disiõs n'agueres les mariages prendre leur commencement) à vostre auis, si telle femme presentialement vous portoit affection & obeissance, neãtmoins en cachette s'adonnoit à quelque autre, telle chose vous sembleroit-elle supportable? Ce ne seroit pas tout vn (respondit-il) d'autãt que toute femme se doit borner & conformer seulemét au plaisir de son mary, & non au reste du peuple. Mais encore, demãda Monophile, ne vous sembleroit vn tel acte insupportable? Plus encores que ne dites, respond Glaphire. Et toutesfois vous n'auriez espousé vostre fémẽ (repliqua Monophile) que soubs pretexte de son bien, sans aucun deuoir d'amitié. Que diriez-vous doncques si celle laquelle il semble que les cieux vous ayent ordonné, faisoit prest de son corps à vn autre, ne vous seroit-ce la plus grand' fascherie, moleste, & desplaisance qui vous pourroit auenir? De ma part encor que ie ne sois soucieux de m'informer de telles choses, si fay-ie bien mon cõpte, que ce seroit la plus grãd' playe dõt ie pourrois estre nauré. Ne pensez doncques point, seigneur Glaphire, que le reciproque ne se trouue à vostre Dame, & que ne luy soit vn grand creuecœur toutes & quantes fois qu'apliquez vostre entédement à tel œuure en autre endroit. Et posé qu'elle en deust estre ignorante, si ne faut-il q pretédiez iöuer tour à vostre maistresse, que ne voudriez qu'elle exerçast enuers v

du Monophile. 73

A quoy le seigneur Philopole : Cestuy est encores vn poinct qui donneroit lieu à question. Et par-auenture vous en liureray-ie tantost la guerre, seigneur Monophile: Parce que ie trouue assez estrange, que vouliez faire marcher d'vn mesme pas l'homme & la femme. Toutesfois ie remettray ce que i'en pense à autre heure, pour me descharger à present contre le seigneur Glaphire, qui pour trouuer lieu à son dire, nous veut donner à entendre amour ne faire residence qu'au cueur, & non en ces intemperances naturelles, qu'il dit nous tomber és esprits. Veritablement, seigneur Glaphire, il me semble que nous voulez tout à rebours instruire de la force & vertu d'amour. Car qui fut oncq' cestuy amant qui n'aymast pour ceste fin, laquelle tant eslongnez & bannissez du parc d'amour? Quelle est (à vostre auis) la cause qui nous induit aymer Dames, sinon ce dernier contentement que pretendons trouuer en elles ? Car si vostre opinion a lieu, pour vous bien dire, ie ne sçay qui nous inuite à aymer d'vn si fort & extreme amour, plustost les femmes que les hommes. Et ay leu & releu beaucoup de liures concernans ce mesme fait, mais oncques n'en tomba vn en mes mains, auquel l'amant à la parfin n'ait requis à sa Dame le poinct que nous appellons fruict de vie, lequel seul à mon auis est le motif & seule fin de ceste extreme amitié. Que dy-ie le seul motif? Veu que c'est le mesme amour, n'estant amour autre chose, que desir de iouyssance. Voire que tousiours m'a semblé peu entendu

L'opinion de Philopole touchant l'amour.

La fin & motif de l'amour est la iouissãce.

en ceste matiere celuy qui voulant blasonner
sa Dame fit en faueur d'elle ce Sonnet.

Elle eut les yeux du Soleil radieux,
  De ses cheueux Phebus la couronna,
  D'vne main blanche Aurore l'estrena,
  Dont le blanc lis deuiendroit enuieux.
Elle rauit mon ame par ses yeux,
  De ses cheueux mon cueur enuironna,
  Et vn tel coup de sa main me donna,
  Que prest ie suis d'en laisser ces bas lieux.
Le Ciel hautain luy ottroya ce bien,
  De me voler ce qui lors estoit mien,
  Le Ciel hautain ne me le sçauroit rendre:
Des yeux, des mains, des cheueux mon mal naist,
  Es yeux, és mains, és cheueux mon bien est,
  Et d'autre part guarison ne puis prendre.

  Grand est certainement & gracieux l'effet
de l'œil, main, & cheueux, mais non de telle efficace qu'en eux puissions trouuer l'assouuissement des tourmens que nous souffrós. Quoy
doncques? Vous l'aprenderez par celuy, qui
deplorant ses amours apetoit vn poinct d'a-
uantage, à l'exemple du Dieu Mars, quand il
paruint à la plaine iouyssance de sa Venus.

Trop desastré s'estima le Dieu Mars,
  Lors que prenant deduit auecq' sa Dame,
  Fut descouuert de Sol, & par les ars
  Du Dieu boyteux tomba en si grand blame:
Moy trop heureux qui viuant dans la flame
  De Cupidon, suis consommé & ars,

Sentant braser dedans mon corps vne ame,
Par vn doux ris, par vns frians regards:
Estraint ie suis d'vn nœu, & fay mon conte,
Que par Phœbus mes amours sont cogneus,
Dont ie me dy cent fois encor' heureux.
Mais d'autre part, ô moy trop douloureux,
Pour ne pouuoir encourir mesme honte,
Que receut Mars auecques sa Venus.

Cestuy, seigneur Glaphire, ne tendoit-il au blanc où nous tous deuons en amour viser? Car à dire le vray, encores qu'vnes œillades prouenans de bonne grace, nous soient en extreme contentement, si ne sont-elles rien au regard de la iouyssance, à laquelle il faut que toutes nos pensees se dressent: & tellement s'y dressent, que i'estime celuy bien desnué d'entendement, qui pour autre consideration pretend porter amour aux Dames. Il vous sied tresbien, seigneur Philopole, dist Monophile, & vous part de bien bonne grace aux propos que nous auons encommencez entrelasser la poësie, qui semble du tout affectée, & des apanages d'amour. Et vous remercie d'autre part, en ce que pour fauoriser en partie mon opinion, m'auez voulu prester vostre ayde: sans lequel toutesfois ie croy que le seigneur Glaphire, ayant ouy mes raisons, fust condescendu à mon dire, estant de soy trop deffensable. Et pense que sur ce pas luy & moy demeurerons d'accord, pour le party de la loyauté. Mais non pas vous auecques moy, bié que par vne grande ingratitude ie recognoisse assez mal le

Dispute de la puissance d'amour & de sa nature.

bien que m'auez presenté. Pour autant que tref-mal me femblez comprendre toute la nature d'amour. Car en ce feray bien des voftres, que l'amant doiue appeter la chofe que tant auez en recommendation: mais ie veux maintenir contre vous (& vous prie, feigneur Philopole, le prendre de la part de celuy, qui parle du vray amant) qu'aymer feulement pour ce refpect, n'eft vraye amour ny perdurable. Comme le voyons par effect en beaucoup de gens, qui pour s'eftre propofé feulement ce but, ayans eu l'accompliffement de ce où ils pretendoient, deuiennent foudain auffi froids comme efchauffez à pourchaffer l'execution de leur fotte volonté. Auffi cognoiffent-ils affez mal fa nature, la difpofant feulement fur vn contentement fi fraifle, eftant chofe fi diuine & admirable: & le poinct après lequel ils fe rangent, fi paffable, & de nulle entretenue. Bien vous diray-ie vne chofe, que nature pour la multiplication de ce grand Vniuers, par vne grande fapience, mit en nous les aiguillons, que quelques-vns voulurent à bon droit appeler brutaux: d'autant qu'ils nous eftoient communs auecq' tous autres animaux: & non feulement auecq' eux, ains quafi auecques les arbres, & chofes non fenfitiues, lefquelles femblent fertiler pour la pullulation de leurs femblables. Cefte ardeur à la verité fut en nous autres neceffaire: autrement toft euft trouué fin toute cefte ronde machine. Voila pourquoy precipitans nos volontez, & guidans nos affections par ces defordonnez apetis, que la ne-

Qu'aimer feulement pour la iouiffance n'eft vray amour.

cessité mit en nous, portons à la communauté des femmes, quelque estincelle d'affectiō plus vehemente qu'aux hommes, & elles du semblable à nous. Côme nous pouuōs voir à l'œil par vn exemple ordinaire : parce qu'oncques ne se trouua si mal façōné personnage (& m'en deschargeray sur sa foy & conscience) qui naturellement ne receust, estans les choses cōformes, plus de contentement en son esprit en cōpagnie de femmes, que d'hommes. Car encore se resiouit nostre nature en elles, se voyāt par la conionction de l'vn à l'autre immortalisee. Ainsi par ce seul moyen se treuue vne affectiō fort ardente, que nous portons tous ensemble à toutes femmes : mais non cette amitié particuliere d'vn à vne, de laquelle nous parlons, qui à mon iugement gist en cause plus arduë, que celle que nous proposez. Et de ce m'en rapporteray à quelques gens de bon esprit, aymans de telle affection leurs Dames, qu'encores que grandement ils pretendissent attaindre à ceste extremité, si est-ce qu'ayās deduit beaucoup de choses en eux, se tenoient pour trescontens & satisfaits auoir sans plus la iouyssance de la veuë, de la presence, & du parler. Pource que tant s'en faut qu'ils estimassent cestuy poinct estre cause de leur amour, que grandement ils craignoient qu'y estans paruenus, leur amour vint en quelque alteration ou changement. Quoy ? ne dit aussi communément le populaire, qu'ayans acquis ceste barre sur vne Dame, ia commence l'amour à prendre fin & decadence, & que meilleure en est la chasse, que la proye? Et de fait vous trouuerez, s'il vous plaist prendre la chose à son vray poinct, que contentement est si court & incertain qu'au mesme instant qu'il naist, il perit, ainsi qu'vn amy commun de nous tous a voulu assez à propos, representer par ce Sonnet.

> O sot desir trop vainement perdu!
> O lourd discours d'vne vague pensée!
> O esperance en riens recompensée!
> O temps volage à credit despendu!
> O ame! ô sens pour neant esperdu!
> O foy par moy trop folement iurée!
> O liberté sans prouffit coniurée!
> O fraisle bien longuement attendu!
> O cieux cruels! ô grossiere nature!
> O fier destin! ô peruerse influence!
> O playe estrange! ô estrange pointure!
> O peu d'esprit! ô peu de cognoissance!
> Si ce bien là pour qui ce mal i'endure,
> S'esuanoüit des lors de sa naissance.

Et certes à bonne & iuste occasion celuy là deploroit sa fortune, ayāt estably tout le fondement de son amour sur la iouissance. Car à bien dire, tout ainsi que ceste iouissance est chose de soy transitoire & qui meurt (comme dit ce Sonnet) en naissant, aussi ceux qui bastissent leur amour sur ce seul subiet, trouuēt ordinairement, ayant attaints à l'accomplissement de leurs desirs, que ce qui estoit la seule source & origine de leurs desirs, en est l'en-

Que la iouissace est l'amortissemēt de l'amour.

tier & vnique decroissement. D'autant qu'appuyant leur bastiment sur vn fondement trop fragile, se resoult la matiere en soy: se trouuans bien souuent tels sots amans (apres auoir eu ce qu'ils pourchassent) aussi deceus de leur entreprise, comme leur pensée estoit vaine. Or maintenant ie vous demande: seigneur Glaphire, encore que deux vrais amans ne fichent leurs esprits en ce contentemét dont parlons, estimez-vous toutesfois si paraduanture il eschet que l'vn d'eux face prodigalité de son corps en autre endroit, que cela ne soit auec vn grand regret de sa Dame, si peult-estre elle le sçait? Ie dy cecy pour autát qu'establissant vostre Amour sur le cœur, estimez ces intemperances naturelles (ainsi les appellez-vous) ne toucher ou blecer en aucune sorte les amans: & quant à moy, telle est mon opinion (& en ce conforme à la vostre) l'Amour faire sa seule & vraye demeure au cœur, l'Amour ne se susciter pour telles intemperances, ains pour quelque autre cause plus grande, comme bien tost ie deduiray: ce neantmoins l'vn des deux amans ne pouuoir faire part à autruy, sans nostre extreme desplaisir. Et pourquoy doncq? pour autant que la vie des deux amás depend du tout l'vn de l'autre, viuant du tout l'homme en la femme, & elle du semblable en l'hóme. Parquoy ils seroient tous deux grandemét marris, qu'autres qu'eux s'ingerassent de donner plaisir, non seulement tel que celuy où Nature admonneste, ains en toute partie, à leurs Dames, ou à leurs Seigneurs.

Tout le contentement de l'amant despend du contentement de sa dame.

Et toutesfois ils s'y espargnent pour leur reciproque regard, aymans trop mieux se repaistre d'vn doux & emmiellé desir, par cet apetit qu'ils en ont que d'vne sacieté, cueillás le fruit l'vn de l'autre. Voire & vous diray dauantage: que tant sommes voüez en elles, elles en nous, tât nous plaist le plaisir que nostre faueur leur moyenne, que si par songe il eschet, qu'en leurs imaginations, elles se trouuent trompees, pensans auoir eu part en nous: d'autant que nous voyons estre motifs d'vn si grand bien, nous en receuons autant de ioye en noz cueurs, cóme si eussiós esté presens à l'execution de nos volontez. Car, pour vous dire le vray, le plaisir ne nous stimule point tant en nous, que l'enuie qu'auons d'estre cause de celuy, dont participeront nos maistresses. Estans nez pour elles & non pour nous, viuans en elles & non en nous, mourans en nous, pour nous trouuer vifs en elles. Aussi le bien que nous nous promettons receuoir d'elles, ores qu'en extremité il soit grand, si ne vient-il en telle perfection, que celuy qu'esperons leur pourchasser. Ainsi ne doutez qu'il n'y a celuy en amour qui ne soit fasché à outrance, que sa pretenduë moitié trouuast contentemét en autre homme qu'on sçache dire: non pourtant que leur amitié (cóme n'agueres ie disois, & encores de rechef dy-ie) soit fondee sur ce bastiment. Vray que nous apetons ce poinct. Nous l'apetons certainement, par ce que Nature pour bien grand' cause nous l'a apris: mais l'apetant, vne trop grande ardeur d'Amour nous aprend à nous en retraire,

retraire, & ne le prendre quelquefois, estant à noſtre commande. Que diray-je plus? Encores qu'il n'y euſt eſperance d'aborder à ce commun port, & que ma Dame m'euſt de tout poinct debouté de ceſte attente accouſtumée, ſi perſiſtray-ie touſiours en mon Amour engraué, auſſi bien qu'au parauant. Mais à la charge toutesfois que ie me puiſſe aſſeurer, que non par faute d'amitié, ains pour plus grāde raiſon qui ſert à l'entretenement de noſtre Amour, elle ſe ſoit induite à m'eſconduire en telle ſorte. Car ſi pour autre occaſion, dont i'en puiſſe auoir cognoiſſance, comme pour ſe rendre plus affectionnée à autruy qu'à moy: alors veritablement, n'en decroiſtra mon Amour, ains s'accueillera telle triſteſſe dedans moy, que viuant ſur terre ie mourray de cent & cent mille mors. Par ce que ſeul ie deſirerois eſtre en poſſeſſion de luy donner le contentement qu'elle apete, plus en contemplation d'elle, que de moy. Que ſi ſeulement mon Amour n'aſpiroit qu'à ce but là, iamais ie ne repoſerois premier qu'en auoir bonne yſſue. Et neantmoins l'apetant ie ne le deſire, ne le deſirant ie l'apete, quaſi comme vne affection extrinſeque, au regard de celle que i'ay en elle. Qu'eſt-ce doncques que ce vray Amour, qui d'vn ſi doux tourment, paſſionne tant le monde? Ie le vous diray s'il vous plaiſt. Les anciens Philoſophes, qui par vne grande perſpectiue, penſerent attaindre à l'intelligence de la Nature, imaginans l'Amour eſtre vne excellente Idée, qui en tout outrepaſſoit l'humaine con-

F

sideration, nous figurerét vne Androgine: Par laquelle ils voulurent entendre vn homme composé du masculin sexe & feminin, lequel estant en sa perfection, s'orgueillit d'vne presumption outrecuydée à l'encôtre des Dieux: au moyé dequoy fut depuis miparty en deux: Ainsi disoient ces anciens l'homme aymant penser se racointer à sa moytié, laquelle s'est esgarée. Mais que ceste reunion de moytiez ne s'entende de la conionction des corps, ains d'esprits, c'est chose trop manifeste. Par ce que ceste superficie de corps que nous voyôs en nous-mesmes n'est pas l'homme dôt nous parlons, ains vn organe sans plus de l'homme que nous couurons en nous-mesmes. Car ainsi, voyons-nous dés le commencement de ce monde, Dieu nous auoir tous formez à sa semblance: qui fust tousiours non voyable, & separée de toute masse corporelle, iusques au temps de l'accomplissement de ses promesses. Or fut-ce l'ancien Platon, qui premier mit ceste opinion de l'Androgine en auant: & combien que ie ne sois pas du tout acertené, qu'il entendist la seule conionction des esprits, si m'ose-ie bien asseurer qu'il nous figura tel miracle, pour nous representer quelque chose de celeste dans l'Amour. Et peut estre en disputa-il en telle sorte, comme celuy, qui ayant voyagé toute l'Egypte, auoit eu communication par les prestres de la loy, de l'histoire de Moyse en son Genese. Mais que nous est-il besoin recognoistre ceste Androgine és Grecs & forains Philosophes, qui seulement

Le corps n'est que la superficie de l'homme.

par fendasses entreuirent le Soleil, veu qu'en auons la vraye lumiere chez nous? Et que tout ce qu'ils en parlerét, ce fut par vn larcin, que depuis ils desguyserent, pour n'estre veus rié emprunter des autres nations estranges, lesquelles ils appelloient toutes Barbares? L'Androgine vraye & vnique, est celle qui nous fut représentée, non par histoire fabuleuse, ains par miraculeux effet, en la personne d'Adam: lors que ce grand Architecte de toutes choses, d'vne hautaine sapience, & à luy seul reseruée, voulut d'vn corps & d'vn esprit bastir deux corps & deux esprits. N'est doncques ceste amitié diuine, & plus celeste que tout le commun ne presume? Car si vous voulez que, passant outre, ie vous declare plus à plain (vous ayant en peu de paroles descouuert ce miracle, si excellent, soubs lequel est contenue l'image de la vraye amitié) comme depuis Dieu a permis que nous nous aymissions l'vn l'autre, la cause pourquoy nous aymons: asseurez vous, seigneur Philopole, que ie ne me trouueray moins perplex & esperdu, que celuy qui ayant entrepris la dispute de la Nature de Dieu, la remettoit tous les iours, du iour à l'endemain, cóme chose incomprehensible à noz esprits. Car, ô bon Dieu! qu'est-ce qu'Amour? Le diray-ie estre moyenné d'vne similitude de meurs? Le diray-ie prendre sa source d'vne constellation & influence de mesmes ascendans, soubs lesquels nous sommes nez? Non: car en l'vne, & autre maniere, il faudroit par infaillible consequence, que tout homme ay-

Discours du Monophile sur la nature d'Amour.

F ij

mant ne fuſt trompé en ſon Amour, & trouuaſt obiet reciproque: ie veux dire, que tout homme aymant fuſt aymé. Apuiray-ie ceſt Amour ſur vne meſme education & nourriture enſemblement? encores moins: car la nourriture mutuelle cauſe bien vne habitude, & quelque eſtincelle de priuauté entre deux perſonnages: mais non vn cœur, non vn eſprit. En bonne foy, ſeigneur Philopole, conſiderant en moy-meſme, cette grande diuinité dont nous parlons, ie me trouue ſi ſurpris, qu'il me ſemble auoir beaucoup meilleur coté, iuger ce qu'Amour n'eſt point, que cuidant eſleuer ma penſée plus haultement, vouloir voler en ſa demeure, pour vous deſcouurir en ſon naïf, la force dont Nature l'a muny dés le commencement de ce monde. Et tout ainſi que celuy qui pretend comprendre quel eſt ceſtuy grand fabricateur de nous autres, vient à diſcourir en ſoy-meſmes ſes grandiſſimes miracles, toute ceſte ronde machine, ce commun entretien de l'vniuers: puis ayant paſſé & repaſſé tous ces diſcours en ſon eſprit, trouue en fin par la grandeur de tels effets, ce grand Dieu n'eſtre comprehenſible, ains ſurpaſſer toute humaine conſideration. Ainſi qui ſe promettroit entendre au long, quel eſt l'Amour, luy conuiendroit en particulier deduire tous ſes admirables effets, puis reſoudre & terminer, n'eſtre choſe dont la cognoiſſance puiſſe tomber en noz eſprits. Que diray-je doncques eſtre l'Amour? Or pregne-il ſon eſſence, ou d'vne influence celeſte, ou d'vne conformité de mœurs, ou d'vne habitude &

Definition de l'Amour ſuiuant l'opinion de Monophile.

conuerfation mutuelle, fi dir ay-ie toufiours & maintiendray encontre tous, l'Amour eftre vn ie ne fçay quoy, lequel eft beaucoup plus facile fentir & fuporter au cœur, que de proferer par parole: qui tellement nous lie & vnit les efprits, que nous caufant vne perpetuelle mort, nous fait reuiuifier en vn autre, nous faifant oublier nous mefmes, pour nous fouuenir de nous autres nous mefmes: & qui par diuine puiffance, nous eftraint d'vn fi fort & eftroit lien (reuenans à la premiere Androgine de noftre Adam) qu'il met deux efprits en vn corps, & par vn mefme miracle, fait que deux efprits, foient faits vn efprit en deux corps. A voftre aduis ceftuy n'eft-il fouuerain & plus qu'extreme miracle? Et afin qu'entriez en meilleure intelligence de mon dire, fans penfer que ce foit fable: n'eftce auoir vn efprit en deux corps, quand l'homme & femme n'apetent chofes diffemblables, ains fe conformans en mefmes volontez & affections, ne fouhaitans finon ce qui plaift à l'vn, ou à l'autre des deux amans? Et toutesfois eftant vn efprit en deux corps, fe treuuent enfin, par vne finguliere metamorphofe & efchãge, eftre deux efprits en vn corps. D'autant que ma Dame, eftant paifible poffefferefse de mon cœur, & moy au reciproque du fien, ie m'eftime par mefme effet, pofseder le mien & le fien, & elle le fien & le mien. Parce que fi ie fuis dit feigneur du fien, qui eft entier maiftre du mien, ne puis-ie à bon droit eftre dit feul poffeffeur de noz deux cœurs? Ainfi fommes tous deux priuez de deux esprits & deux cœurs, lesquels neantmoins l'vn & l'autre auons en nous. Et puis qui sera celuy qui dira la cognoissance de l'Amour pouuoir tomber en noz esprits? C'est pourquoy les bons peres & Philosophes, entre les Demós qu'ils establirent (seuls selon leur iugement instigateurs de noz œuures & pensemens) appellerent l'Amour Demon, quasi nous voulans donner à entendre, estre vne chose poussée d'vn instinct naturel, & quasi d'vne recognoissance & impression que nous auons de nostre ancienne image sans autre consideration. Chose que vous pourrez descouurir par vn oculaire exéple. Car tout ainsi que nostre entendement vacile, lors que rencontrons quelqu'vn de noz vieux amys, lequel ne pouuõs recognoistre, pour sa lõgue abséce: toutesfois nous rasseurans en nous, à la parfin voyons estre celuy mesme, qui pour le commencement nous auoit rendus si douteux: parquoy nous acostás de luy, auecques vne asseurance accópagnée d'infinies caresses & festoyemens, estimons le iour bien heureux d'vne si heureuse rencontre: Ainsi retenans quelque notion de ceste vieille habitude, qu'il semble qu'eussions és cieux (s'il faut parler en Philosophes) du premier coup que voyons celle où nostre naturel nous pousse, commençons tous esperdus à rentrer en cognoissance (& non encores bien asseurez, ains sentans quelque petite estincelle de l'ancienne conionction) puis petit à petit nous fortifians en nous mesmes, quasi comme ayans pour le seur retrouué l'obiet auquel le ciel nous voua, nous delectons, esgayons, familiarisons & prenons tout plaisir & contentement en son esprit. Ie ne dy pas toutesfois, qu'estans tels caracteres dans nous engrauez, & ces deux amans conioincts d'vn esprit par ce ie ne sçay quel bien qu'ils n'entendent, car ainsi m'a l'Amour apris le dire, apres par vne longue vsance, nous ne desirions la conionctiō du corps l'vn de l'autre, qui est cest apetit que nature a mis en nous autres en general, voire & ne le trouuions toutesfois meilleur en noz dames qu'en toute autre fême qui soit, pour ceste grande simpathie & liaison qui est entre elles & nous. Que si paraduenture il aduient apres vn tel commencement, & poursuite d'vne si galante amitié, que nous entrions en iouissance, tant s'en fault (au moins ainsi me le semble) que cest Amour tombe en quelque defaillance, que tousiours trouuera accroissement de plus en plus. Là où si du commencemēt il n'eust esté qu'à acquerir ce poinct (que le peuple appelle dernier) en ayant fait la conqueste, soudain se fust cest amant refroidy. Ainsi oncques ne trouuay bon ny perdurable cest amour, si amour se doit appeller, qui seulement se repose sur ce poinct. Ny semblablement aprouueray l'opinion de celuy qui pour estre trop paoureux, craignant la grand' ardeur de son amour prendre par ce moyen fin, n'osa oncques supplier sa Dame pour ce regard. L'amour est doncq' vne puissance, qui gist entre les deux extremitez vicieuses, n'appuyant

F iiij

son origine sur ceste volupté commune, mais aussi qui à la longue ne la veult du tout reiecter, ains admettre. Qui est la cause (comme ie croy) pourquoy toutes noz loix pontificales à la consommation d'vn vray mariage (auquel deuroit gesir le but de vraye amitié) ne requierent que le consentement des parties: Considerant ce vray Amour de mariage, ne deuoir estre fait que pour vne conformité d'esprits, & non par apetence charnelle.

A ceste parole mit fin Monophile, quand la Damoiselle le fauorisant grandement, luy dist. Ie vous enten, seigneur Monophile, vous voulez dire que tout ainsi que les archers, tous dressent leurs fleches en vn blanc, non tant à cause de ce blanc, qui de soy est bien peu de chose, que pour autre plus grand respect, qui est l'honneur, lequel ils tiennent abscons dans leurs testes: ainsi encores que vostre amant tende à ce poinct de iouissance, si est-ce que ce n'est la fin pourquoy principalement il ayme. Or n'en serez vous par moy desdit pour ce coup, trouuant voz propos si conformes & consonans au vray, que si le mesme Amour sortoit de son temple pour en disputer, il ne pourroit plus naifuement viser au but de telles affaires. Et à bien dire ie croy que par vostre bouche, en ce lieu se rendent les oracles de Cupidon, desquels, seigneur Monophile, soyez establi archiprestre.

A ce mot sembla le clair Phebus vouloir obscurcir les rayons de son beau visage, pour baigner vn peu la terre de ses pleurs,

& d'vne tendre rosée. Toutesfois pour toutes ses atteintes n'eut sçeu offenser en aucune sorte ces quatres vaillans combatans. Car le petit Dieu Amour, quasi d'vne prouidence diuine, les auoit si bien remparez de murailles, & couuertures des arbres, dont ils estoient entourez, que pour rien n'eust esté en la puissance du Soleil, les endommager d'vn seul poinct. Au moyen dequoy, apres vne petite pause, reprenant Chariléesa parole, & la liant auecq'ce qu'elle auoit proposé au parauant: Toutesfois, dist-elle, si Cupidon vous doit porter faueur pour voz propos, ie ne sçay pas si le Soleil en demeurera content. Car il semble vouloir estaindre le feu qu'auiez en nous allumé de la diuinité d'Amour. Paraduenture le fait-il pour vne enuie : voyant que ce petit puissant Dieu plus nous esclaire dans les cœurs, que luy qui est estimé l'astre le plus lumineux, pour esclairer sur l'vniuers. Sauf vostre grace, ma Damoiselle, dist Glaphire, le seigneur Monophile luy a reduit en memoire ses anciennes amours, desquelles il ne se peult souuenir, sans nous faire part de ses larmes, remettant en son esprit, la grande ingratitude qu'il receut de sa Dame Daphné, apres vne infinité de merites. Ie l'excuse doncq', dist Chariléé, mais ie me promets bien, quelques pleurs qu'il vueille espandre, ne partir premier de ce lieu, que noz propos n'ayent pris plus long trait & autre issue. Et ce pendant tousiours demeureront en moy les vostres, seigneur Monophile, esquels semblez auoir diuinement satisfait à la diuinité d'Amour, & aux moyens, non comme l'amant se doit porter, ains comme sans y penser volontairement se maintient. Que vous en semble, mes Gentils-hommes, ne donnerez-vous voix à mon dire ? Mais Philopole peu soucieux de toutes telles contemplations, & qui plus se plaisoit en toutes cõpagnies, où il se rencontroit, mettre les fémes aux ambles (i'enten en colere) s'il pouuoit, desirant brasser à la Damoiselle vne nouuelle lutte, & conuertir ses armes, non contre le seigneur Monophile, ains taisiblement contre elle, d'vne assez bonne grace luy respondit en ceste maniere. Volontiers ma Damoiselle, presteroy-ie consentement aux paroles du Seigneur Monophile. Car par ce moyé me rendroy-ie aggreable, à luy premierement, & en second lieu à vous, qui tellement l'approuuez : mais puis que si auant nous sondez, i'en descouuriray librement & en bref ce que i'en pense. I'ay assez longuement presté l'oreille à ce qu'il luy a pleu mettre en auant, & entre plusieurs de ses discours, ay trouué les aucuns bons, autres passables, & les autres assez lourds & fascheux. Mais sur tous me suis tousiours arresté que le principal but où il visoit estoit à nous faire trouuer bõne la loyauté de l'homme à femme. Et biẽ que pour l'enuie que i'eusse de ne donner occasion à la discontinuation de voz propos, seigneur Monophile, ie vous aye laissé passer ce poinct, auquel tant nº publiez la foy, si est-ce que voº voyant ores vn peu de repos, ie me delibere entrer en camp contre vous (& ainsi vous l'auois-ie promis) en ce que d'vne assez bonne rhetorique, pour respondre au seigneur Glaphire, l'auez estably iuge en sa cause, sçauoir si au cas où sa Dame auroit forfait en son endroit, il receuroit aucun contentement. Esperant par tel moyen, luy tirant les vers du nez, le rendre confus en son dire. Or puis que d'vne si grande courtoisie, vous estes voulu rendre sindic & procureur general de la communauté des Dames, ie croy que ne trouuerez estrange, si moy du semblable esmeu d'vne affection naturelle, delibere me porter protecteur pour maintenir en son entier le droit & party des hommes. Qui sera tel, que i'espere vous faire tant cognoistre par mes iournees, qu'encores que la loyauté soit requise de la femme à homme, si ne faudra-il penser les hommes estre obligez à telles loix, quoy que la femme le soit. Ie vous mercie de bien bon cueur dist Glaphire, puis que de si bonne volonté, & sans aucune priere, il vous a pleu entreprendre la deffense de ma cause. Mais puis que si liberalement vous estes offert à me faire ce plaisir, le seigneur Monophile se peut bien asseurer, que combien qu'au combat que luy voulez liurer il emportast le dessus de vous, si aura-il encores prou d'affaire à se deffendre, en ce qu'il maintient l'Amour ne gesir qu'en vne chose, laquelle il ne peut expliquer. Car toutes telles Idées non expliquables, ne me semblent tomber en l'Amour.

Lors ie qui (comme ie vous ay dit) par cas d'auenture eſtât entreuenu ſur leurs deuis, me tenois illecques à requoy dãs l'eſpeſſeur des arbriſſeaux, en deliberation d'exercer pluſtoſt mes oreilles que ma langue, les voyant paſſer ſi à la legere des derniers propos du ſeigneur Monophile, & voulant ſuppléer à leur deffaut, conclu en fin en moy-meſme, rompre ma premiere entrepriſe. Parquoy ſortant de ce lieu, ſans autre reuerence plus profonde, que ſi toute l'apres-diſnee i'euſſe eſté entremeſlé parmy eux, leur dy en ceſte ſorte. Ces deux poincts vrayment meſſieurs, trouueront lieu de controuerſe digne de ceſte compagnie, & auſquels faut que le ſeigneur Monophile pour ſon honneur prepare réſponce. Autrement pourroit-il perdre en vn inſtant la grand' reputation, que de tout temps il a acquiſe en voſtre endroit. Et ſi peut eſtre il m'eſt par vous autres permis ſeruir encores d'vn combatant, volontiers me ioindray-ie auecq' les ſeigneurs Glaphire, & Philopole. Et pour ce eſguiſe ſi bon luy ſemble & ſa langue & ſon eſprit : car il n'a beſongne faite. Adoncq' la Damoiſelle, enſemble toute ceſte compagnie, bien eſtônee de ſe voir ainſi ſurpriſe à l'impourueu ? Comment diſt-elle, ſeigneur Paſquier, qui vous euſt penſé en ce lieu? mais, en foy, qui vous y ameine tant à propos ? A quoy ie luy reſpondy. Par le Dieu d'Amours, ma Damoiſelle, ie ferois bien empeſché le vous dire, & ne m'en trouue moins que vous eſbahy. Vray que voulant donner lieu bien auant à mes penſees, à cauſe de celle

du Monophile. 93

Déesse que cognoissez sous l'entiere puissance & gouuernement de laquelle toutes mes forces reposent, ie ne sçay par quel bon vent i'ay esté icy poussé: où vous voyant tous entrez en telle deuotion, ay pris vn singulier plaisir en la poursuite de vos propos lesquels ie me deliberois n'entrerompre, sans l'occasion que m'en a presté le seigneur Monophile, qui contre l'opinion du seigneur Philopole, vous a voulu faire entendre l'Amour n'estre apetence de conionction corporelle. Ce que ie ne luy puis accorder, encores que parauenture, ma Damoiselle, en ce faisant ie contreuienne d'vn bien peu à vostre volonté. Vous nous dressiez doncq'ceste embusche, dist Charilee: or vous en pouuez-vous bien aller ainsi comme estes venu. Car si la compagnie me croit, premier que permettre vous auancer, on vous imposera silence: estás ia tous les propos du seigneur Monophile passez & emologuez en nostre cour: mesmes auec celuy qui y deuoit pretendre plus grand interest que vous, qui est le seigneur Philopole, lequel n'y a côtreuenu. Surquoy Philopole (apres toutesfois que ceste petite bande m'eut par quelques caresses festoyé pour ma venue tant inopinee) à moy ne tienne, respondit-il, qu'il n'entrepreigne pour l'amour de moy ma deffense. Et si peut-estre i'ay laissé couler les propos du seigneur Monophile, sans y donner quelque attainte, ce n'a toutesfois esté que i'y voulusse adherer, ains seulement pour l'enuie que i'auois de luy brasser autre querelle, comme ie me delibere, ceste cy ayant pris son cours. Pourtant, ma Damoiselle, ie vous pry ne me vouloir alleguer au preiudice de moy-mesme, & que pour ma negligence ie ne perde point ma cause, si elle se treuue fauorable. Iamais ie ne l'entreprendray seigneur Philopole, luy respödy-ie: car pluſtoſt aymerois-ie me taire tout le reſte de ma vie, auecques le contentement de ma Damoiſelle Charilée, qu'encourir ſa malegrace, pour vne ſeule parole. Mais elle me reſpondit: Voſtre courtoiſie, ſeigneur Paſquier, vous impetrera audience, mais à la charge qu'il n'y eſcherra replique, ſi poſſible mettez en auantpropos, au deſauantage du ceux de ſeigneur Monophile. Car plus nous agréent les ſiens (fuſſent-ils nuz, & deſpourueus de raiſon) que les voſtres, au ſubiect que nous propoſez, accompagnez d'vne infinité d'arguties. A quoy luy ayant reſpondu, qu'autre loy ie ne demandois, que celle qu'il luy plairoit m'ordöner, fut par Philopole repliqué, qu'elle n'auoit ceſte puiſſance deſſus ceſte compagnie, & apres quelques petites paroles & altercations reciproques: Or la doncques, diſt-il, adreſſant vers moy ſa parole, ſeigneur Paſquier: car en vous repoſe ma protection.

Autre diſ-cours ſur la matiere d'amour.

Ce n'eſt voſtre protection que i'entreprens, ſeigneur Philopole, reſpondy-ie, ains celle meſme de l'Amour, & à l'encontre de celuy, qui pour ſe vouloir rendre ſon trop affectionné protecteur, le voulant par ſes ſubtilitez viuifier, nous l'a cuidé amortir. En quoy ce neantmoins ie l'excuſe, & en remets la seule coulpe sur l'amour, lequel ores qu'il se vueille rendre à nous familier & communicatif, autant qu'autre chose du monde, choisissant sa demeure en noz cœurs, si ne veult-il qu'on le cognoisse, ains va couurãt de plus en plus sa nature: en laissant seulement à vn chacun le iugement, selon sa particuliere affection. Car l'amour estant comme vn Polipe, qui change de diuerses couleurs, selon ses diuers obiects, chacun en ceste matiere diuersifie son opinion, selon la varieté des passions qui sont en luy. Si est-ce qu'en telle diuersité, ne se trouua oncq' amant, qui ne pretendist au dernier poinct de iouïssance, plus ou moins selon que la passion qu'il enduroit le transportoit. Car tout ainsi qu'en toutes choses nous pretendons à quelque but, aussi fault-il qu'en amour y ayt vne certaine fin, où nostre esprit s'arreste. L'homme trauaille pour manger: le capitaine, ou bon soldat se met au hazard de la mort pour acquerir au pris de son sang, marque d'honneur parmy le monde: l'auanturier va à la guerre pour auoir part au butin. De sorte qu'il n'y a operation, voire si legere soit elle (n'estoit qu'elle procedast d'vn homme tout insensé) où nous esperions descocher noz fleches à coup perdu, & sans auiser quelque fin: laquelle ne prouient que d'vne cupidité qui tombe en nous: & dont d'autant plus sommes tourmentez, que plus y fichons nostre cœur. Pourtant est-il necessaire en amour y auoir vne fin: & encores que nous sentions en cest endroit affectez selon la varieté de noz passions, si faut-il y auoir vne cause generale, & dont, & pourquoy nous aymōs. Toutesfois à ce que ne soyons abusez par le moyen de l'equiuoque qui sourd de la proximité des causes, premier que passer ce pas, entendez, seigneur Monophile, que tous Philosophes maintiennent, comme certainement il est vray, en toutes les choses de ce monde, y auoir deux causes principales, l'efficiente, & la finale. Celle nommétils efficiente, dont la chose est : & la finale celle pourquoy, & en faueur dequoy la chose est. Ces mots peut estre, sembleront tenir de leur scholastique à quelques petits delicats, si est-ce qu'ils sont necessaires en la question qui s'offre, & à tout homme qui veut entendre à la connoissance du vray. O que trois & quatre fois est heureux celuy, qui cognoissant ces deux causes les peut distinguer l'vne de l'autre! C'a esté cōme ie pēse, ce qui vous a fait si lourdement choper. Car pour oster de l'impression des gens, que ceste apetence charnelle n'estoit la cause dont nous aymons, auez voulu *Quelle est* maintenir estre vne chose accidentaire. Ce que *tant la cau-* neantmoins est certain, estre de la vraye & pu-*se efficiente* re substance d'amour. La cause efficiente, & *que finale* dont nous aymons vne Dame, est veritable-*de l'amour.* ment cest instinct que dites naistre en nous, quasi par permission du ciel : mais la fin pourquoy nous aymons, est pour attaindre à l'entiere iouyssance. Ainsi vn chacun de nous ayme, pour vn iour estre iouyssant : & la cause qui l'induit à plus apeter ceste conionction auecq' sa Dame, qu'auec toute autre personne, vient de ce de ce ie ne sçay quoy, que dites estre facile sentir qu'exprimer : lequel imprimons en nous d'vne certaine opinion qu'en conceuös: faisans vn peslemesle de raison auecques la passion. C'est ce dont nostre mere commune nous a voulu distinguer de tous les autres animaux, lesquels sans aucune discretion de ce qui leur plaist, ains meus sans plus de ce premier mouuement, qui est en eux pour la conseruation de leur genre, s'adressent tous indifferemment à leurs femelles. Ainsi ne sçauent que c'est aymer : car en eux default l'opinion, cause qui engendre l'amour. Bien est vray que aucuns voulurent dire, qu'ils en auoient quelque imagination & estincelle, toutesfois pour n'auoir iamais esté beste, ie m'en raporte à ce qui en est: aussi n'est-ce pour les bestes que ie parle, ains pour les hommes aymans. Lors Philopole faignant n'y penser: Si auois-ie tousiours entendu, dist-il, que les amans estoient bestes. Ie ne sçay quels amans (luy dis-ie) mais ie me puis bien vanter pour auoir honnoré, & encor honorer vn Dame, d'vn idiot estre deuenu mieux apris, que ie n'eusse sçeu faire par tous les preceptes du Courtisan. Toutesfois pour ne m'eslongner de mon propos : ie seray dócques bié des vostres, seigneur Monophile, en ce que dites l'Amour naistre de cest instinct naturel, restera seulemét à prouuer entre vous & moy, & deduire par quelques moyens suffisans, si la seule fin de l'amour regarde à la iouïssance. En quoy si par commune opinion du peuple il me falloit fortifier, certainement,

G

seigneur Monophile, vous n'emporteriez le dessus, ains vous fauldroit du premier coup abandonner, & camp, & armes. Car qui est celuy en ce monde (hors mis vous) qui n'ayme pour ceste fin? Toutesfois pour ne me vouloir asseurer sur iugement si fragile, ie vous supply dites moy, si l'amitié d'hōme à femme ne pretendoit qu'à l'esprit, pourquoy nous sentirions nous agitez en icelle, tantost d'vn tourbillon de ioye, & à l'instant de douleur, puis tout soudainement de crainte, & en celle d'homme à hōme ne sommes ainsi tourmentez: sinon que en ceste cy, nous nous tenons tous contans & satisfaicts, d'estre d'eux sans plus aymez, ce que cognoissans auons ia touché à nostre pretendu: mais en l'autre, outre l'esprit accōpagnons noz desirs d'vn espoir, qui nous promet quelque iour cest heureux port de iouïssance? Dauantage dites moy, si cest amour se guidoit seulement par vne liaison & cōionction d'esprits, ne deurions nous par raison naturelle plus aymer celuy que Dieu voulut faire en tout & par tout à nous semblable, que non la femme laquelle il voulut bastir d'vn degré plus basse que nous? Or eschet-il ordinairement le contraire, & aymons sans comparaison plus la femme que l'homme. Voire que nous voyons par cest amour feminin, auoir este violée & rompuë la loy de vraye amitié, qui estoit de l'homme à homme. Ie vous pourrois en cecy faire recit d'vn Tite & Gisippe: desquels Tite combien que de toute ancienneté fust affectionné enuers Gisippe, & tellement affectiō-

Quelle est plus violente ou l'amour ou l'amitié.

L'amour de l'homme a sa femme plus violent que l'amitié qui est entre les hommes.

né, que pour mourir il n'eust voulu de sa volonté rien entreprendre au desauantage de son amy, si se trouua-il si forcené de l'amour, que forçant tout rampart de ceste amitié ia de lōg temps inueterée, ayma de telle furie la future espouse de son amy, que sans l'ordre que Gisippe y sçeut donner, sa ruine se preparoit. D'autāt qu'en son ame il sentoit deux extremitez toutes contraires : mais l'vne plus forte que l'autre : C'estoit l'amour, dont il estoit si extremement outré, qu'ores qu'il s'en voulust deporter en faueur de l'amitié qu'il auoit en Gisippe, si n'estoit il en sa puissance y donner aucun remede, sinon par la seule mort, à laquelle il se resoluoit. Vn semblable exemple vous pourrois-ie alleguer d'vn fils de Roy (recité, si ie ne m'abuse, par Iustin) lequel violant tout droit des hōmes, & de nature, se trouua si solicité & espris, pour vne sienne marastre, qu'ecores qu'il portast à son pere toute obeissance de fils, si ne se peut-il iamais guarentir d'vn tel mal, sinon par l'acccomplissement de son desir, ou si la mort ne luy eust apporté medecine. Qui causoit donc tels outrages en ces deux hommes (outrages puis-ie appeller, brisans par toute force tout droit d'amitié & nature) sinon qu'en l'amitié d'homme à homme n'y a que conformité d'esprits, en cest amour gist vne simpatie entremeslée & de l'esprit, & du corps ? Quand ie dy du corps, i'entens ceste copulation charnelle, seule fin de nostre amour. Et qu'il soit vray : tout ainsi que en toutes choses, estans paruenus à nostre but

G ij

auons en nous contentement & satisfaction bien grande, aussi par ce seul moyen, ces deux cy-dessus nommez, attaignirent à l'assouuissement de leurs passionnez desirs. Et non seulement ces deux: mais tout autre, estant arriué à ce tant desiré poinct de iouyssance. Car au lieu où au par-auant nous sentions perplex & esperdus en ces extremes desirs, estans abordez à ce port, cessent en partie les trop violentes passions, & prend l'amour en nous nouuelle forme & habit selon que nostre nature s'y dispose, demourant tousiours toutesfois en son essence d'amour. Voila pourquoy fut figurée par les Ethniques cette mesme Androgine dont auez voulu disputer, quand les deux parts & moytiez desassemblees, taschét à se racoupler. A l'imitation de laquelle, quelque Poëte de ce temps, dans vn epithalame, escrit les ames estre là sus accouplées ensemblément.

Leans estoit le repos
Des esprits de tous les hommes,
Desquels, maugré l'Atropos,
Estions faits, tels que nous sommes.
Tous deux à deux attelez,
Hors mis qu'estans appellez
(Ainsi que fut l'Androgine
Sur nostre prime origine)
Par la volonté des dieux,
Sommes distincts l'vn de l'autre,
Et d'vn mypartis en deux,
Ainsi est la moytié nostre
Vn temps de nous deschaînee.

du Monophile.

Vray que petit à petit,
Commençans de nous cognoistre,
Sentons en nous l'apetit
De nous reioindre, s'accroistre,
Si que par mesme amitié
Reprenons nostre moytié,
Et ainsi qu'au lieu celeste.
Viuions vn deux sans moleste,
Ainsi prenans nos deduits
Auecq' vn autre nous mesme,
Là où mieux nous sentons duits,
Viuons en plaisir extreme,
Et ioye desordonnee.

A laquelle opinion vous mesmes volōtiers fussiez condescendu (n'eust esté la crainte que auiez de vous entretailler) quand nous auez confessé, l'Androgine estre l'apetence de reünir les deux moytiez esgarées : Et si peut estre voulez venir à celle que Dieu dés le commencement de ce monde nous proposa (dont auez pensé faire vostre prouffit, mais toutesfois à credit) ne nous fut en icelle, par termes beaucoup plus expres ordonné, que fussions deux esprits en vn corps & vne chair, qu'vn esprit dedans deux corps? Vray que ie ne veux pas dire, que pour former l'Androgine, l'vn & l'autre ne soient requis : mais c'est pour vous monstrer, que si desirez vn esprit seulement en deux corps, rendez ceste nostre Androgine defectueuse & imparfaite. Car quant à ce que pour donner fueille à vostre dire, sur l'issue de voz propos (quasi pour la bōne bouche) nous

G iij

auez voulu feruir de vos loix en ce qu'ils requierent le feul confentement pour baftir les mariages: que veux-ie dire autre chofe, finon que ce confentement prouenant de cefte conionction d'efprits non commune, fait & engendre ceft amour: mais la communication des corps le parfait & le confomme: Ainfi l'entendirent noz loix, & voyez en tous endroits, maintenir la vraye fin de mariage, eftre la multiplication de ce monde. Et fi fuis encor' en grand doute comment ils voulurent prendre ceftuy confentement dont parlez. Par-ce que nous voyons auoir efté permis aux hommes & femmes fe marier, voire en l'aage d'indifcretion, & où il femble n'y auoir grande connoiffance, moyennant qu'ils euffent pouuoir de cohabiter. Si qu'il femble qu'elles ayent entendu par ceftuy confentemét, vne propenfion mutuelle à cefte conionction des corps. Qu'ainfi ne foit, nous le voyós, veu qu'vn mariage fe peut rompre & defnoüer à la volonté de l'autre, fi l'vne des parties fe treuue en ceft endroit froide & maleficiee: ce qu'autrement n'euffent permis, ny les loix de noz Papes, ny de nos Iurifconfultes, aufquels i'en remets cefte difpute. Seulement vous fuffife les mariages fe former par ce confentement que dites, mais fe fermer par le contentement reciproque des corps. Et parce que femblez eftimer l'Amour eftre trop celefte, pour fe fonder en chofe qui trop participe feló voftre auis du terreftre: voyez en quel erreur vous tóbez & mal recognoiffez le grád heur qui eft en l'Amour,

Confentement au fait des mariages comme il le faut entendre.

pour tendre seulemét à vne si heureuse fin, par laquelle nous est moyennee l'immortalité en noz mortels corps, par la propagation de nous autres en nos séblables. Vray qu'en ce poinct cy nature fit ainsi que la sage & discrete mere, laquelle cognoissant le bien qui est necessaire pour le futur à son enfant (dont il ne peut auoir cognoissance pour son bas aage) par dōs, par presens, par vn doux & amiable parler, & autres telles petites amorses qui plaisent à ce petit mignon, l'aleche & induit (sans toutesfois qu'il y pense) à s'acheminer au but, qu'elle s'est en soy-mesme progetté : iusques à ce que par vn lōg progrés de téps & venant l'aage plus meur & parfait, se treuue cestuy fils venu au poinct de la chose qui plus luy estoit necessaire, au grand contentement, & de luy & de sa mere: ainsi ceste sage mere nature s'estant en soy proposee la multiplication de ce monde, plante en nous dés le commencement de nostre aage, telles petites seméces d'amour, nous amorsant l'vn à l'autre, par ce pretendu plaisir. Mais à quelle intention? est-ce sans plus pour l'estincelle de ce plaisir qui nous est commun auecque tous autres animaux? Non, non, seigneur Monophile, ains pour nous rendre comme ie vous disois (& vous-mesme l'auez à la trauerse confessé) immortels en nostre mortalité. Et vrayement nous cache-elle ce secret, par le voile du premier plaisir qui s'offre en ceste communication mutuelle. Mais à la fin, estans paruenus plus outre, cognoissons encore par vn plus grand & ite-

Pourquoy nature a mis en nous l'apetit de iouyssance.

G iiij

ratif plaisir, que ceste fin tendoit à plus haute fin, qui estoit, auoir enfans: esquels (comme ayans attaint tout nostre dernier but) naturellement nous nous plaisons & resiouïssons plus qu'en autre chose terrienne. Or est-il ainsi, que ceste fin est vne fin interminable, & qui ne treuue point de fin. Parce qu'oncques nature ne se fascha ou lassa d'auoir enfans. Ainsi se renouuelle tousiours en nous la cupidité du plaisir, & par mesme moyen le desir, lequel n'est pas si passionné d'autant qu'apres la iouyssance, nous nous trouuons asseurez d'y trouuer vn prompt remede, ce que nous n'osions pas affermer auparauant. Ainsi là où deuant, nageyons entre l'esperance & la crainte, viuons apres en asseurance d'auoir ce poinct, où tous noz pensemens se dressoient. Si bien que tousiours demeure l'Amour, mais prend diuerses qualitez: parce que si au precedant se nommoit desir garny d'vne esperance, puis apres s'appele desir accompagné d'vne asseurance. Ie veux doncques dire que l'A-
Diffinition d'Amour. mour (pour bien diffinir amour qui tourmente ainsi les hommes) est vne passion, conceuë d'vne opinion, prouenant d'vn certain instinct qui s'imprime dedans nous, tendant à la conionction corporelle de l'vn à l'autre. Amour sera doncques vn instinct, comme vous, seigneur Monophile, maintenez, mais toutesfois vn instinct accompagné du desir de se reioindre: & semblablement le desir tousiours marchant auecques l'instinct. Et par ce moyen trouuerons peut estre lieu de satisfaire

à quelques-vns, qui à cause de ceste apetence qui se rencontre en cest endroit, voulurent maintenir, l'amour ne deuoir acquerir tel nom iusques à plaine iouïssance. Certes combien que ie ne face grande profession des termes, estant de vous entendu, si me semblent tels personnages auoir grandement sur ce fouruoyé: car encores que ne soyons entrez en ce poinct de iouyssance corporelle, si se treuue-il autre chose, de laquelle en nous-mesmes iouyssans, acquerons le nom d'amåts enuers nos Dames: c'est ceste naturelle impression & idee de leur meilleur, que nous couurons dás noz esprits, au moyen de laquelle, nous les aymons plus que les autres. Car, à bien dire, de cest instinct depend principalemēt l'amour: parce que peu souuent il marche en ieu, qu'il ne se garnisse tousiours de l'appetence naturelle qu'auons de nous reünir. Là où souuentesfois appetons ceste operation de nature en plusieurs femmes sans les aymer neātmoins, ains quasi conduits & menez par vne brutalité, & sans autre consideratiō que de passer nostre colere. Mais pour retourner sur mes erres, qu'Amour soit vne passion, ie croy que n'en faites doute, au moins nous l'auez-vous assez apris pendant tout vostre discours. Et quant à ceste communication des corps, si n'en demourez contans, si en pense-ie toutesfois auoir dit ce que la necessité requeroit. Vray que pour le regard de l'instinct, encore qu'il ne se puisse bien bonnement descouurir, si n'y a-il celuy de nous qui ne sçache, que naturellement nous sommes plus adon-

D'où procede principalement l'amour.

nez à quelques personnes, qu'aux autres. Et comme ainsi soit que nos iugemens naturels soient diuers, aussi adonnons-nous nos cœurs chacun en particulier, comme nostre nature nous guide. De là sourd la diuersité d'opiniós: de sorte que quelques-vns voulurent dire, la verité estre submergée aux profonds abismes des puys. D'autant qu'vn chacun de nous iuge, non selõ la verité, ains comme son instinct le pousse. Ainsi encore que ie ne puisse declarer dont prouienne cest instinct (sinon de nostre nature, parce qu'autant se trouuent d'inclinations, comme d'hommes) si est-ce que ie cognois bien, que c'est ce seul & vnique, qui donne ouuerture à l'amour. Et si peut estre se rencontrent plusieurs à aymer vne mesme Dame, c'est qu'ils sont ensemble approchans de quelque commune influence. Or ay-ie baillé ceste diffinition à l'amour, combien que ie *Autre espe-* sois bien seur, y en auoir vn autre espece, qui *ce d'amour.* semble tenir de nature, & toutesfois ne procede de cest instinct dont parlons. Comme voyõs ordinairemẽt escheoir, qu'encores que de nous-mesmes ne soyõs enclins enuers plusieurs personnages, si est-ce que bien souuent contre nos propensions, nous nous sentons induits à leur porter affection, pource sans plus qu'ils nous la portent. Et dit-on en commun prouerbe, l'ingratitude estre trop grande en l'homme ou femme, qui estans aymez ne veulent rendre le reciproque. Cestuy est veritablement vn amour: mais non si vif comme l'autre dont nous parlons, & pour bien dire, retirant plus sur pitié que sur l'aymer. Ainsi est il à vn chacun familier se ressentir du mal d'autruy (voire par fois de noz ennemis, lors que les voyons affligez) & non pourtāt qu'il y ayt vne affection, telle que l'amitié que nous auons en quelques certains personnages, où nostre naturel nous porte. Aussi ne me semblant ce dernier amour, qu'vne ordinaire compassion que nous prenons de ceux, lesquels voyons en nostre faueur tourmentez, ne l'ay voulu comprendre soubs cette diuinité dont parlons: de la perfection de laquelle, combien que ie n'aye parauanture disputé tout au long, & que ie ne sois asseuré auecq' quel contentement pourrez recueillir mes propos, si me tiés-ie pour trescontant du peu qui vous a pleu me ouïr. Vous auisāt toutesfois que quelque chose que i'aye mis en auant, ce n'est d'aucune mienne contemplation, ains de ceux, qui pour l'auoir moins que moy esprouué, en entendoient mieux la nature. Car pourriez-vous bié estimer, qu'en la seruitude où ie suis, pour celle Dame que sçauez, i'eusse en moy telle liberté, de pouuoir discerner, non seulement ceste matiere, ains quelque chose que ce fust?

Lors Charilée, me respondant auecques vn assez gracieux ris, sans toutesfois faire semblāt de m'accorder aucune chose: Qui vous en a donc tant apris? me dist elle. Suffise-vous, ma Damoyselle, respondy-ie, que ie le tiens de gés, qui l'entendent mieux, que ceux qui estans en ceste obscure prison, ne peuuent cognoistre celuy qui les a rendus si captifs. Si n'en demeurerez-vous plus authorifé pour cela (repliqua elle) car vous-mefme dés l'entrée de voftre difcours auez donné fentence contre vous: quād nous auez voulu aprendre que ceux qui deduifent l'amour, n'en fçauroient autrement parler, que fuiuāt leurs paffiōs particulieres. Mais s'ils n'en ont fait efpreuue, encore fe rendēt-ils moins croyables, pour en parler, cōme clercs d'armes. Parquoy en tout euenement ne pouuez vous eftre de nous creu.

A ce mot Monophile, à qui ia pefoit fe taire fi longuement, luy refpondit. Pour vous, ma Damoyfelle, pouuez vous donner affeurance de ne luy adioufter foy: mais non pour ces deux autres Gentils-hommes. Et pource ie vous fupply bien humblement ne trouuer eftrange, ores que ce foit contre voftre ordonnance, fi pour me deffendre en ma caufe, ie veux donner refponce au feigneur Pafquier, en faueur duquel feulemēt, & non pour l'amour de moy, ie croy qu'ayez eftably la loy de non repliquer. Encore moins ferez vous creu, dift-elle: Contentez vous fans plus l'vn & l'autre, luy d'auoir eu audience contre noftre volonté, & vous du contentement qu'auons prins en voz propos, lefquels n'ont befoin d'autre deffence, que celle qu'ils ont ia euë. En bonne foy ma Damoyfelle, luy dis-ie, vous eftes trop partiale, & pour auoir la caufe du feigneur Monophile trop affectée, peult eftre vous-mefmes ne ferez pas creuë. Pource ie vous prie, ne luy interdifez point la parole, pour dire ce qui luy plaira. Ce propos sortit de moy auecques vne telle contenance, que Monophile tout fasché, pesa que ie le deffiasse, seulement pour vne asseurance que i'eusse, qu'il ne me pourroit satisfaire. Au moyen dequoy, quasi demy indigné, plusieurs fois voulut vser de reuenge: mais Charilée, faignant de se courroucer: Vous suffit-il pas (dist-elle) que le seigneur Pasquier est vn supernumeraire, & nõ naturalisé en ceste nostre compagnie? Ce n'est en son endroit qu'ainsi il vous fault arrester, ains me sembleroit plus seant pour vostre honneur, que remissiez en memoire le combat, que n'agueres vous ont presenté ces deux autres Gentils-hommes. Aduisez doncques seulement à vous tenir sur voz gardes : car si leur pouuez satisfaire, vous ferez beaucoup pour vous. Ce sera doncques pour vous obeïr, ma Damoyselle, respondit-il. Or s'estoient tenus, pendant tous ces menus propos, Glaphire & Philopole sans mot dire: parquoy Philopole ayant assez, ce luy sembloit, escouté: Ie vous prie (dist-il) ma Damoyselle despouiller toute affection, & atribuer l'honneur à celuy qui l'a merité, sans tant vous formaliser, comme vous faites. Allez, allez seigneur Philopole, respondit-elle, n'estes-vous de la partie? Ie vous prie seulement parfournir à vostre entreprise, en ce qu'auez mis sur les chãps deuãt la venuë de Pasquier, pour puis (ayant acheué) donner lieu au seigneur Glaphire, au poinct qu'il a entamé. Vous dressez tresmal la partie (dist Monophile) & semble, ma Damoyselle, que sous pretexte de me vouloir porter faueur, pretendiez à ma totale ruine, par-ce que ne me permettez entrer en chāp contre vn seul, & toutesfois esmouuez ces deux Capitaines cy pour me combatre à toute outrance. C'est trop parlé, dist-elle, vous en trouuerez plustost l'issue par bonne executiō, que le commencement par telles petites demarches. Sus doncques, seigneur Philopole, puis qu'auez ouuert le pas à la noyse, desployez toutes voz forces, pour nous donner à cognoistre si serez aussi bon executeur, comme bon entrepreneur: d'autant que vous me semblez auoir choysi (à vostre esciant) fardeau assez pesant, & dont, si ne vous gardez, sans y penser succomberez. Car qui seroit si hebeté qui auecq' vous vouslust dire, la loyauté n'estre requise en vn homme comme en la femme?

Si la loyau- Ma Damoyselle, respondit Philopole, pour
té est autāt vous dire le vray, ie crains que voulant fa-
requise en uoriser & ayder l'opinion du seigneur Gla-
l'homme phire, ie ne me moyenne vn grand tort. Tou-
comme en tesfois puis que si auant me solicitez en l'ac-
la femme. quit de ma promesse, ie commenceray mon propos lequel ne sera point long, ains seulement pour monstrer au seigneur Monophile (sauf le meilleur aduis neantmoins de toute ceste compagnie) que quant à ce qu'il demādoit, si nous receurions aucun contentement de noz Dames faisans communication de leurs corps auecques autruy: & que le semblable deuons nous estimer d'elles, nous abandonnans à autres, il me semble ceste comparaison

n'auoir lieu. Non qu'en ce ie vueille deprimer le sexe feminin, pour extoller le nostre : mais on sçait de toute memoire, les femmes n'auoir esté coloquées en tel degré de liberté, que les hommes : & estre permis aux hômes beaucoup de choses, que non aux femmes. Ie n'allegueray l'administration de Republiques, maniement d'armes, exercitation d'estats politiques, desquelles ont esté deboutées comme inhabiles & non suffisantes à se faire. Mais aussi ont desiré noz anciens, vne certaine pudicité en elles : laquelle seule ils ont estimé, au suplement de ce dont toutes noz loix, tant naturelles, que ciuiles, les auoiét priuées. Ce qui n'a pas tant esté requis en l'homme, comme n'estant si fragile & lubrique que la femme. Au moyen dequoy Nature y obuiant par bons & raisonnables moyens, a imputé en la femme à impropere, ce qu'en l'homme a presque retourné en louange. Or qui de telle loy me demamderoit plus ample raison, à peine que ie la puisse dire, sinon que Nature nous l'a dictée. Aussi ne suis-ie destiné pour vilipender vostre sexe, duquel i'estime en partie mon heur & ma vie dependre (& disoit ceste parole, descouurant sa mocquerie.) Suffise vous qu'estant telle chose imprimée de tout temps dans noz esprits par vne naturelle inclination, il me semble n'estre besoin adapter en vn endroit, ce que lon pourroit aproprier à l'autre. Vrayemét (dist Charilée) vous en parlez assez sobremét, sans rien toutesfois obmettre. Mais quoy, seigneur Monophile, nous lairrez-vous en si beau chemin, sans estre de vous secourues? Certes i'en appellerois, mesmes me semblant soubs ceste generalité, estre comprise & interessée cette Déesse, que iournellemét adorez, quelque part qu'elle reside, & fust-ce dans vostre cœur. Et quant à moy, ie sçay bien que i'aurois à dire, n'estoit que lon n'est receu d'aduocacer en sa cause: Aussi que tel acte nous fut iadis deffendu, par voz belles ordonnances. Ma Damoiselle (respondit Monophile) n'a pas long temps qu'auez obuié à cela, lors que nous auez fait entendre, que n'estions point en iugement si scrupuleux: aussi qu'opugnant le seigneur Philopole, ne serez reputée maintenir vostre propre cause, mais bié la mienne, puis qu'il vous plaist me faire tant de faueur, d'ainsi l'estimer. Or doutoit fort Charilée, entrer en tel camp, par ce que iamais ne se mettoit en telle dispute (que celle qui sur l'heure s'estoit, à la suscitation de Philopole, representée) sans outre-passer vn petit les bornes de raison, & se mettre à courir la poste, tant luy estoit ceste cause affectée. Au moyen dequoy Philopole pour l'ayguillonner d'auantage: Ie voy bien (dist-il) que pour ce coup demeurerez par faulte d'vn bon Cheualier, si vous-mesmes n'entreprenez la deffense de vostre querelle, qui est de soy si hazardeuse, qu'à bon droict ne veult le seigneur Monophile passer la lice, pour entrer en ceste iouste, craignant d'estre desarçonné.

A quoy elle, d'vne face toute transformée

en

en vermeil, pour le sang qui illecq' estoit monté, donnant assez d'apparence de la colere : Non, non (repliqua-elle) seigneur Philopole, ne pensez emporter la victoire d'vne querelle si auantageuse de mon costé, pour estre si iniuste du vostre. Et bien que par vostre entendement, pensiez renuerser l'imbecillité du mien, si combatray-ie vostre dire non soubs l'apuy des forces de mō esprit (qui est nul) ains pour la validité de la cause, qui de soy-mesme se deffend sans orateur ou aduocat. Et puis que de ceste liberté que vous estes estudié attribuer à l'homme, estes descendu en plusieurs autres propos, assez lointains de la question qu'auiez en vostre esprit imaginé : aussi ne veux-ie faire mon compte vous satisfaire en ce dont la presente dispute s'est meue, ains à tout le surplus de voz raisons : A ce que ne pensiez m'auoir rien presté, à credit, & que ie ne vous vueille payer en monnoye, d'aussi bō ou meilleur alloy que la vostre. Car s'il vous plaist considerer profondement la difference de noz deux causes, ie suis seure (& n'est ma fantasie vaine) qu'y trouuerez autant ou plus de distance, comme de l'image peinte, à la creature viue. Par ce que voz raisons estās fondées sur opinions mondaines, les miennes ne s'aydent & munissent que de la vraye & seule Nature. Laquelle comme vous pensez ne nous a exterminées de tous actes vertueux & louables non plus que les hommes, quelques cas qu'ayez voulu dire. Et qu'ainsi soit, representez vous deuant les yeux vne administration

Defence en faueur des femmes.

H

de République, vn gouuernement de police, n'auez-vous la Semiramis, la Tomiris, & infinies autres dont i'ay maintesfois ouy parler: qui non seulemét par sagesse feminine, si bien establirent leur Monarchie & Royaume, mais aussi par vne prouesse plus que virile, guiderent de sorte leurs faits d'armes, que leur posterité en abruy & bruira tant que le monde sera monde? N'auons-nous aussi vne Penthasilee? n'auons-nous les Amazones, pour ce mesme respect de guerre? N'auez-vous en la poësie Sapho, & mesme de nostre temps, haute Dame & Princesse, feu de bonne memoire Marguerite de Valois? en Italie, vne infinité d'autres, dont les œuures reluisent entre tant de bons & loüables esprits? Demandez-vous l'eloquence fondement & apuy de toute Republique bien ordonnee? ne celebrent les anciens la Cornelia? la Hortensia? qui si bien s'en sceurent ayder entre les Romains, que par le commun accord des bien-disans, attaignirent au parangon des plus grans Orateurs de Rome? Et est chose trop asseuree qu'encor' en eust-on trouué en ceste part dauantage, sans l'enuyeuse loy des hommes, qui cognoissans le grand esprit des femmes, despourueu neantmoins de force corporelle (ainsi que nous voyons ordinairemét les petits poissons estre deuorez par les grands) leur interdit plaidoyers & administration d'estats politiques. Mesmes nous publians de si fragile esprit, iusques à nous deffendre donaisons, & alienations de nos biens, sans l'expres consentemét de noz maris. Et nonobstát ce vous voyez les bonnes & grandes maisons iournellement decliner & ruiner par la bestise ou prodigalité des hommes, au contraire l'augmentation & entretenement d'icelles, proceder du bon mesnage & sagesse des hommes. Qui me fait penser que là où il leur seroit loisible apliquer leurs esprits à tels negoces que les vostres (si ainsi est que l'ordre d'vne Republique fraternise auecques celuy d'vne maison) par mesmes moyens elles pourroient guyder & dresser les affaires d'vne ville. Et pour me deporter des exemples des Etniques: voulez-vous estat plus grand que le pontificat de Rome? auquel toutesfois nous auons leu vne femme soubs habit viril, s'estre maintenuë autant galamment que la plus part de ceux qui depuis luy ont succedé. Mais quoy? encore fut-il necessaire, & à elle, & à la sus-mentionnee Semiramis pour contenter le monde, & obuier à ceste opinion du vulgaire, se desguiser sous vn habillement d'homme: sous lequel tant qu'elles furent masquees, rien ne leur estoit mal fait; tout vertueux, tout magnanime: mais incontinant qu'elles tomberent en la cognoissance des hommes, & qu'on les recogneut pour femmes, à vn instát fut amortie & estainte leur prouesse, vaillantise, vertu, & sainteté, qui tant s'estoient en elles trouuees recommandables. Tant a esté & est grande l'enuie des hommes encontre nous: lesquels cognoissans que possible par la sagesse des femmes pourroiét perdre tout leur credit (à l'imitation

H ij

des tyrans, qui defont & deſtruiſent tous ceux dont ils craignét) nous ont fruſtrees de la poſſeſſion qui nous appartenoit, comme à eux. Ie ne doute point que ſur ce ne vous aydiez, que l'vne & l'autre des deux femmes par moy cy-deſſus alleguees, deſcouurit à la parfin ſa folie, l'vne par lubricité qu'elle pretendoit en la perſonne de ſon fils, & l'autre par ſa groſſeſſe: car tel eſt le commun dire des hommes, qui par ceſte ſeule raiſon penſent triompher de nous autres. Mais ô quel diuin argument! ô quelle ſubtilité digne de tout voſtre ſexe! comme ſi ceux, leſquels plus vous celebrez par voz eſcrits, ſoit en vaillantiſe ou ſageſſe, ne ſont tombez en tels deſarrois & defaux! Ie n'allegueray voſtre Hercule, par le moyen duquel à bon droit vous pourriez vous vanter auoir occis tous les monſtres de ce monde, ſi luy-meſme ſe fuſt tué lors qu'au lieu de ſa maſſue on luy vit manier le fuſeau. Ie n'allegueray voſtre idolatre Salomon, ſeul parangon toutesfois (comme on eſtime) de toute ſapience humaine: trop & trop en bruyent les hiſtoires. Laiſſons doncques ſi ſottes opinions, autant deſauantageuſes à vous cõme à nous: Voire ſi de bien pres conſiderez, plus en voſtre preiudice, ayás eſté creez de Dieu (comme en tous lieux publiez) d'vn cerueau plus ſain & ſolide, que tout le reſte du monde. Et pource, retournant à mon propos de l'opinion, & de la Nature: voulez-vous plus ſage Philoſophe que Socrates? lequel toutesfois ne ſe taiſoit de l'iniure

& tort qu'on nous faisoit nous reputant capables de toutes vertus & sciences, comme les hommes. Demandez-vous vn autre Socrates, Licurge, qui par ses loix accoustumoit les femmes à tous faits d'armes, & autres tels exercices que vous autres estimez virils : au lieu desquels neantmoins n'auõs pour recompense que la quenoüille? Quoy? si ie vous monstre qu'au temps passé en Licie, les hommes exerçoient tous les actes, que pour le iourd'huy estimez feminins, tel exemple ne sera-il suffisant pour vous donner à cognoistre telle chose ne gesir qu'en opinion mondaine? Il ne faut doncques point, seigneur Philopole, penser que Nature nous ayt priuez nõ plus que vous autres de tels actes, ains vostre tyrannie sans plus, estans noz esprits susceptibles de toutes telles sciences que les vostres. A l'heure Philopole: Vous m'induisez presque à le croire, dit-il, encore que ce soit quelque peu contre ma volonté. Mais vostre parole fortifiée & munie de si viues raisons & exemples, lesquels iamais ie ne me fusse persuadé tomber en teste de femme, me feront estre parauenture des vostres. Et vous diray d'auantage (dist-il d'vne grace assez honneste) que par moy en ma Republique, serez quelque iour installée, pour presider, non és choses concernans le fait des femmes (comme iadis fit Heliogabale Empereur Romain, à sa mere) ains és affaires & negoces plus ardus & necessaires, pour l'entretenement de mon Estat. Il y en a de trop plus capables que moy pour tel effet, respondit-elle quand seriez en ceste peine. Vray que ie ne say doute, que ne trouuiez estrange, reuenant à la commune opinion de la populace, le peu que i'ay discouru : si vous veux-ie bien aduiser, qu'encores que par vous hômes nous soit defendue & prohibée la lecture des bons autheurs, i'y employe toutesfois la meilleure part de mes heures. Aussi pour cômuniquer quelquesfois auecques gens doctes, & nourris en toutes bonnes lettres & disciplines. Ie croy, ma Damoyselle, dist Monophile, qu'il n'y a celuy en ceste compagnie, qui ne trouue voz propos bons, côme procedans d'vn bon cerueau. Et certes pour authoriser vostre dire, sans chercher exemples forains, vous deuiez seulement vous mettre en champ & pour exemple, affin de confondre l'opinion de ceux qui si temerairement vilipendent vostre sexe. Car en ce eussiez seruy d'vn bô Achilles pour toutes les autres. Et quant à moy, pour vous donner à cognoistre de côbien suis different de vostre opinion, ie dy & croy asseurement (suyuant ce que si bien auez maintenant deduit) telle auoir esté la cause, pourquoy les Poëtes du temps passé, attribuans à toutes choses du monde leur propre & peculier Dieu, ne les voulurent desgarnir de Déesse. Et establirent au fait de la guerre vne Bellone aussi bien que le Dieu Mars, vne Pallas sur la science comme vn Mercure, Iunon sur les richesses aussi bien qu'vn Plutus, en l'Amour Venus comme vn Cupidon, & sur la poësie les neuf Muses, tout ainsi que le Phœbus : nous voulans monstrer soubs le manteau de poësie, les esprits des femmes, comme des hommes, estre capables de tous arts & sciences, & autres choses qui peuuent tomber en l'esprit de l'homme. Voire & d'vn poinct d'auantage: d'autant que Nature leur deffaillant en force corporelle, les auroit voulu recompenser en abondance d'esprit: n'estant empesché, ny voylé d'vne si pesante masse de terre comme nous, mesme estans yssues de matiere plus purifiée que ne sommes, pour auoir pris leur origine de nous, & nous immediatement de la terre grossiere, & sans aucune forme. Qui est veritablement vn mistere qui nous doit assez figurer, quel chef d'œuure voulut faire Nature, lors qu'elle nous bastit la femme. Car tout ainsi que l'on voit dàs les alambicqs, s'extraire de matieres grossieres, eaux soueues & delicates; non pas en si grand' quantité: aussi estant ceste femme quasi alambiquée de ce corps massif de l'homme, tira quant & soy le meilleur, ne luy laissant rien de reserue, que le terrestre (qui fut la force, commune à tous animans) & s'emparant du hault & magnanime courage en toutes choses vertueuses. Surquoy adiousta Philopole: vous dites vray: car Dieu ayant voulu tirer ceste femme des parties où reposent les passions en nous, en voulut desgarnir l'homme, pour en façonner la femme. Parquoy l'ayant pourueuë d'vne aigre & vehemente colere, & d'infinies passions, fut par mesme moyen besoin la destituer de force. Autrement se fust trou-

Beau discours sur la premiere origine des femmes.

H iiij

ué en elle vn animal plus violent & furieux (& dist Philopole ceste parole l'accompagnant d'vn soubris de bône grace) que le Lyon, qui dedans soy ronge vne perpetuelle ferocité. Ce sont propos, repliqua Monophile: d'autant que Nature, ayant mis en ceste femme vn si excellent courage, & ne voulant defaillir en cest endroit en aucune partie, ne la voulut par mesme effect munir de telle chaleur que nous autres, pour la rendre en ce haut cueur plus attrempee. Parce que comme nous voyons les ieunes gens plus temeraires & enflambez que les autres, & quasi demy furieux, pour l'abondance du sang & de la chaleur qui domine en eux: au contraire les vieillards estre beaucoup plus posez, d'autant que la fontaine des passions, qui en partie tire sa nourriture du foye, commence à diminuer & deuenir imbecile: aussi desirant ce haut Dieu descouurir son inestimable puissance en la personne de la femme, la voulut rendre par ceste defectuosité de chaleur, comme l'on peut voir à l'œil, aussi aduisee en sa ieunesse, que les plus vieux & anciens de tous les hommes. Vray que pour estre garnie d'vn pur sang & subtil, tousiours demeure en elle le courage, mais non courage temeraire, comme de nostre aueuglee ieunesse, ains en tout & par tout conduit par vne certaine prudence. De sorte que si de bien pres regardez, trouuerez les meilleures & principales Monarchies, auoir esté instituees, ou conseruees, par la sagesse ou magnanimité des femmes, ou

Republiques instituees ou conseruees par les femmes.

pour le moins par leur moyen quasi d'vne influence celeste: & au contraire, celles qui par le moyen des hommes trouuerent acheminement, de nulle ou petite entretenue, ou bien dés leur premiere entrée auoir pris nom de tyrannie, combien que ie n'ignore qu'il n'y ait regle si generale qui n'emporte son exceptiõ. Et afin, ma Damoyselle, que ie ne repasse par voz traces, en celle Semiramis, dont tant à propos vous estes voulu ayder: n'ouurit elle toutefois le chemin, pour rendre ses successeurs Monarques en vn païs d'Assirie, iusques à vn Sardanapale, qui par ses ordes & monstrueuses voluptez ferma la porte à ses subiets, donnant occasion aux Medes d'enuahir l'Empire sur eux? De laquelle seconde Monarchie, toutesfois ie ne suis deliberé parler, pour le peu d'estime qu'en font tous les Historiographes. Mais si nous voulons descendre aux Perses, quelle chose leur apresta commencemens pour dominer sur tant de peuples, sinon la brauade des femmes? Lors que toute ceste nation (soubs la conduite d'vn Cyrus) se voulant garentir par la fuite, de la fureur d'Astiage Roy des Medes, les femmes honteuses de l'infamie de leurs hommes, sortans de la ville, en laquelle ils pretendoiét se sauuer, se represéterent au deuant, & se rebroussans tout à plain, leur demanderent s'ils vouloient rentrer au lieu dõt ils auoiét pris leur naissance: au moyé dequoy tous confus, retournás face aux ennemis, les rangerent d'vne si viue façon qu'ils des mirent à vauderoute. Et de là en ayant eurent tousiours du meilleur se faisans paisibles possesseurs de la plus grand' partie du monde. En memoire dequoy, & quasi pour eternel Trophée, fut ordonné que dés qu'vn Roy entreroit dedans la ville, dont les femmes estoiét si valeureusement sorties, il bailleroit à chaque citoyenne de ce lieu, quelque certaine sôme d'argent, ainsi que la loy portoit. Quoy? ne fut ceste Monarchie par le moyen d'Alexandre, transportée aux Macedones? Voyez doncques, ie vous suply, de quelle durée elle fut: prenant commencement en luy, & en luy mesme terminant. Et pourquoy doncques? par ce que contre l'ordonnance des cieux, luy comme homme, auoit voulu entreprendre de subiuguer tout ce monde. Ainsi se trouua à vn instant quasi par eschantillons diuisé l'Empire, que celuy que nous reputons plus vaillant de tous les autres, auoit auec si grands trauaux & fatigues conquesté. Mais que fault-il que ie m'arreste en cest endroit? quelle Republique se trouue plus magnifique que la Romaine? laquelle leuant la teste sur toutes autres, se peult vanter auoir esprouué toutes manieres de gouuernemens politiques. Qui fut toutesfois la source de son ancien estre, sinon les bônes matrones de Troye? lesquelles abordées vers la coste d'Italie, estans leurs maris allez au pourchas des victuailles, toutes d'vn cômun accord pour leur repos, & quasi profetisans non seulement leur grand bien, ains de toute la posterité, s'aduiserent de brusler leurs vaisseaux & nauires. Ce qu'ayans mis à execution, par le conseil d'vne nommée Rome (en commemoratiō duquel faict la ville de Rome emprunta depuis son nom) donnerent occasion aux Troyens, de dresser en ce lieu leur residence. Ainsi commencerent à establir Roys, lesquels sortissans diuers noms & qualitez, comme d'Albanie, puis de Rome, se trouuans par succession de temps abusifs, encor' permit le destin, qui couuoit en soy nouuelle forme de Republique, que par le moyen de Lucrece violée par vn Tarquin, se changea ceste Monarchie en vn estat populaire, tel comme depuis fut obserué par l'espace de plusieurs ans. Or fut à la verité, telle espece de Republique introduite, non par sagesse ou conseil des femmes: mais encore voulut Fortune, que sur elles tombast le sort, pour instituer ceste ville en autre forme plus prouffitable pour le commun. Et toutesfois, comme ne peult aucune chose eternellement demeurer en son entier, venant cette Republique en corruptelle, par les ambitions & faueurs des Potentats: la peruersité de leurs meurs requerant nouuelle police: fust suscité Iule Cesar qui par vne haulte hardiesse, peruertissant & preposterant toutes les loix anciennes, retourna l'ordre de ceste ville en Monarchie: mais quelle Monarchie dirons-nous? ne fut cest Empire Romain vne perpetuelle tyrannie, desguisée quelquesfois & masquée par la bonté de quelquesvns, qui contre leur volonté, estoient semons & appellez à ceste dignité d'Empereur? Aussi n'estoit-ce pour

Rome d'oû ainsi nōmée

Monarchie de Rome changée en estat poupulaire par le moyen des femmes.

les hommes que les cieux apprestoient telles reformations. Et afin que ie ne m'estrange des bornes de nostre France, ne s'est trouuée depuis six vingt ans en ça vne pucelle, qui (mandée par prouidence diuine) seule se trouua suffisante pour nous garentir du ioug de la seruitude, soubs laquelle il sembloit que nous autres fussions iadis tous reduits. En façon qu'il semble que Dieu ait reserué aux femmes la meilleure partie des victoires, pour ne nous laisser iouir que du peu de leur demeurant. Voyez doncques, ie vous pry messieurs, si à tort tous noz ancestres voulurent deprimer ce sexe, pour penser donner illustration au nostre, lequel (pour ne desguiser verité) de cinq cens ou mille pas pres n'aproche de son excellence.

France garentie de seruitude par Ieanne la Pucelle.

Adoncq' Charilée: Ie vous en sçay bon gré dist-elle, & ne fouruoyez en rien de voz bonnes & louables coustumes, aussi ne vous eusie oncques qu'en reputation & estime d'homme courtois. Toutesfois pour paracheuer ma carriere, & parfournir au surplus du pourparler de Philopole: lequel tendoit à prouuer, la chasteté estre plus requise aux femmes qu'aux hommes: Ie sçaurois volontiers de vous, seigneur Philopole, par quelle loy auez plustost receu tel priuilege, que nous autres? Est-ce par la loy diuine, qui abhorre autant le peché contraire à chasteté, en l'homme, qu'en la femme? Est-ce par statut humain? lequel ne sçauriez alleguer en mon preiudice: autrement soubtiendrez en

Que la loyanté est autant requise en l'hôme que en la féme.

ceste cause, l'estat de iuge & de partie. Et toutesfois puis qu'ainsi vous est aggreable ie ne contreuiendray à vostre dire : Non pourtant que ie vueille tel aduantage (car ainsi l'estimé-ie) estre causé par obligation ou loy naturelle, comme semblez maintenir, ains par vne certaine honnesteté, laquelle les femmes se proposans deuant les yeux, se sont tousiours plus estudiées à contregarder leur honneur & chasteté, que les hommes, qui à toutes heures & propos s'imputent à grand louange, prester leurs cœurs à credit. Or si par nostre prudence & sagesse, auons appris à refrener & cohiber noz concupiscences charnelles, & vous autres hommes estes en possession immemoriale d'aualer les resnes à voz desirs à l'abandon, & à l'endroit de la premiere qui s'offre : si ne permettray-ie toutesfois qu'en matiere d'amour, ayez aucune prerogatiue par dessus nous : ains diray plus (s'il est requis en ceste part que nostre dispute s'estende aux opinions du monde) que, puis que par le commun consentemēt du peuple, la femme est tousiours estimée auoir le dessus & auantage sur celuy qui luy fait la cour (estant appellée maistresse, luy seruiteur) tel doit beaucoup plus craindre forfaire à l'endroit de sa Dame, que non pas elle enuers luy. Car ainsi me sera-il permis vous combatre en ceste part. Qu'il soit vray, n'est-il raisonnable que le maistre aye plus de licēce & liberté en tout & par tout, que celuy qui fait l'estat d'vn seruiteur ? Et toutesfois pour ne vouloir adherer à si erronée opinion, quant à moy, ie ne me puis & ne veux persuader, qu'en amour l'vn puisse ou doiue auoir plus de puissance que l'autre. Le tout desirant estre mutuel & reciproque: & ne l'estant, desia commence amour à faillir, & manquer d'vn pied, & à peine que iamais il sortisse le sommet de perfection. Car là où la femme n'est en son endroit si troublée ou tourmentée que l'homme, ou au contraire l'homme que la femme, bien qu'ils se cherissent l'vn & l'autre, tant s'en fault que telles caresses meritent le nom d'amour, que c'est pure & vraye simulation, menée par vn ie ne sçay que l'ayguillon, qui n'est neantmoins de duree. Pensez vous que ie face conte de celle femme, qui voyant vn pauure amant passionné, extremément pour son amour, tantost le caressera pour mieux l'attraire dans ses lacs, puis soudain changeant de chance, tournera la charuë contre les beufs, luy dardera vn cil d'œil accompagné d'vn ris friant, & à l'instant receura mille bonnetades de luy, sans daigner aucunement tourner sa veuë vers luy. Tât s'en fault que ie prise ou loüe tel acte, que s'il me estoit permis presider en ceste cause (comme m'a voulu establir le seigneur Philopole) ie le exterminerois & bannirois de la compagnie de toutes honnestes Dames. Ie ne nie pas que par fois ne soyons contraincts receuoir telles perturbations en amour, qu'il nous est impossible telle-fois a, accueillir ou caresser noz Dames, ou amis, ainsi que de coustume : mais telle chose ne doit tomber en nostre cognoissan-

du Monophile.

ce, & proceder par vn faint artifice, pour mieux leur donner martel, ains par vne certaine inftigation naturelle, fufcitée d'vn extreme amour, foubs lequel fouuent font comprifes, crainte, & douleur. Ie dy cecy meffieurs, contre l'opinion de ceux, qui me femblent temerairement pretendre quelque inegalité en amour, laquelle iamais ie n'admettray, & ne permettray que la femme foit appelée maiftreffe de l'homme, que femblablement il ne foit dit paifible poffeffeur, & feigneur du cœur de la Dame. Et par mefme moyen maintiens-ie, quelque cas qu'il plaife au feigneur Philopole, n'eftre plus loyfible à l'homme, qu'à la femme, foubs pretexte d'vne fotte opinion conceuë entre les hommes, fe communiquer en plufieurs endroits.

A quoy ie furadiouftay: Opinion la pouuez vous bien appeler, ma Damoyfelle, & non nature, quelque chofe que tout le vulgaire en eftime. Et pour le vous monftrer plus à veuë d'œil, feigneur Philopole, ie vous fupply confiderons vn Solon vray imitateur de nature: ne permet-il par fes loix (comme quelqu'vn de cefte compagnie difoit n'a pas long temps) à la femme non pouuant conceuoir de fon mary, fufciter fa generation par autres moyens & aydes? Et toutesfois vous dites eftre chofe fi naturelle, que la femme ne participe que d'vn feul. Qui vous allegueroit vne Chipre, païs auquel les filles gaignoient leurs douaires à la fueur de leurs corps, diriez vous noftre couftume eftre pluftoft fondée fur na-

Que l'honneur des Dames ne gift qu'en opinions.

ture, que celle là ? Si ie vous allegue vn Platon qui voulut en l'vne de ses Republicques, les femmes estre communes, n'asseurerez vous vostre dire sur mondaine opinion ? veu que ce grād Philosophe pensoit en tout se regler selō les raisons de nature ? Or ne me plairoit telle loy, dist la Damoyselle (bien que peut estre elle se trouuast soustenable, mais à cause de la confusion des enfans, pour ne les pouuoir reconnoistre en ceste qualité) non plus que le requisitoire des bonnes matrones de Rome du tēps de Papirius, qui pretendoient auoir deux maris. Telles souhaitoient par trop satisfaire à leurs desordonnez apetits. Vous voyez toutesfois, dist Philopole, à quelle instance ces bonnes Dames importunerent le Senat pour ce regard. Et encor' nesçay-ie si elles se fussent contentées de deux maris, ains croy qu'elles fussent à la lōgue tombées au mesme desarroy, où cheurent toutes ces femmes qui passerent par les mains de ces deux Cheualiers errans, Astolphe, & Ioconde, representez dans cest excellent Homere Italiē Arioste. Vous vous abusez, repliqua Charilée, si toutes ces Dames eussent esté esprises de tel amour dont nous parlons, iamais elles ne fussent succombées. Et à dire le vray, vn seul bien-aymé & affectionné nous causera plus de contentement, que cent autres par maniere d'aquit. En voulez-vous meilleur exemple que du lieu mesmes qu'alleguez ? Cest Astolphe & Ioconde ne choisirent-ils pas en fin de ieu vne Dame, pour eux deux par mesme accord en elle se contenter, &
neantmoins

neátmoins vn petit quidam qui en ce les auoit
preuenus, quoy qu'ils fussent diligens & entendus à leur affaire, leur facha l'herbe sous les
pieds. Et pourquoy? l'amour y auoit ia fait par
ses embusches, conqueste. Mais encor' tel propos ne me touche, & ne veux sortir hors les
rangs de ma dispute encōmencee, qui tend seulement à ceste fin, que cōbien que ie ne vueille
la femme estre à vn chacun communicable, si
ne veux-ie pourtant que pensiez telle chose se
causer plus par vne naturelle raison, qui vous
doiue estre auantageuse en nostre preiudice,
que par vne bonté & sincerité de cœur qui là
nous guida: & depuis s'imprima de sorte és
esprits de tous les hommes, qu'ils estimeret
forfaiture en cas qu'y contreuinssions. Chose
toutesfois qui nous doit redonder, non à tel
dommage que nous voulez moyenner, ains à
tout honneur & prouffit.

Sur ce Glaphire : A vostre honneur, dist-il, *Dont vient*
redonde-elle veritablement, ma Damoysel- *que la fem-*
le : mais quant à moy, ie croy telle loy n'a- *me caressee*
uoir iamais esté constituee, qu'à nostre tres- *se tient sur*
grande confusion. Et ne voy point autre cho- *ses gardes.*
se pourquoy vne femme soit caressee, & cour-
tisee par tant d'honnestes personnages, sans
pouuoir attaindre au dessus de leurs desseins
& progets, sinon sous l'ombre de ceste malheureuse loy, faite en despit, & de l'homme, &
de la femme. D'autant que la femme craignant
encourir blasme & deshonneur enuers le
monde, ne s'ose departir à ceux qui luy font
l'amour, sinon par tresgrande astuce. Ie ne

I

sçay comme l'vn & l'autre conceuez ceste opinion, dist Philopole, toutesfois il me semble qu'au propos sur lequel nous sommes, Nature seule nous y instruit, & nos humaines ordonnances. L'exemple de tous animaux nous en peut en cecy rendre sages, esquels voyons le masle tousiours poursuiure la femelle, sãs que elle (sinon pour la longue poursuite) se rende à luy volontaire. Qui nous peut assez apprendre qu'il ne faut la femme estre si familiere en telle chose, que l'homme. Vous en penserez tout ainsi qu'il vous plaira, repliqua-elle, toutesfois puis que desirez vous endoctriner par les bestes, aydez-vous de la Tourterelle, & suiuez en ce son exéple, laquelle (soit le masle, soit la femelle) ne s'atribue aucune prerogatiue au desauantage de l'autre. Et là où ne vous agreéra tel exemple, vous en pourrez abuser tout ainsi qu'il vous plaira, & cognoistrez en fin du ieu quel guerdon & recompense receurez de celle à qui seule faindrez dedier vostre cœur, si iamais elle s'en peut apperceuoir.

A ce mot mit fin la Damoyselle, non ennuyee du long parler, ains parce que Philopole d'vne legereté assez prompte luy entrerompit son propos. Chose non moins desplaisante au reste de la compagnie qu'à moy mesme, qui admirant la promptitude & le sçauoir de ceste Dame, quasi tombant en extase : O cerueau (dis-ie lors en moy-mesme) non point feminin, ains plus que diuin & celeste! à present nous fais-tu cognoistre, & en murmure qui voudra, par la splédeur de ton esprit, que non seulement donneras embellissemét à ton sexe, ains obscurciras le peu de lumiere, qui estoit resté au nostre. Et combien qu'en tout ce traité, ie ne me sois en partie proposé que seruir d'vn bon & fidele secretaire à si honneste compagnie, sans iouer autre personnage: Si est-ce que desirant faire prouffit à vn chacun en ce que ma possibilité s'estend, puis que ce lieu le requiert, ie ne veux passer ce pas (& peut-estre ne sera-il hors propos) sans vous prier, mes Dames & Damoyselles, qui faites profession & de l'honneur & de vertu, vous mirer & prendre exemple en ma Charilee. Vous rendans aussi curieuses de sçauoir, comme elle s'est fait apparoir à ceste heure, par les discours qu'elle nous a poursuiuis. Vray que ie ne fay doute, que possible entre autres propos, quelques-vns ne soient estimez mal employez en sa presence, pour l'honneur & pudicité de son sexe, comme aussi d'auoir esté le premier motif des propos qui en faueur de l'Amour furent lors mis sur les champs: mais ie maintiendray pour elle, n'estre moins loüable vouloir descouurir la proprieté de l'Amour, auquel nature nous cache vn taysible enseignement, dés le commencement de nostre aage, que par vn saint artifice nous instruire & enseigner vn orateur, ou medecin, lesquels quelquesfois furent dechassez & deboutez des Republiques, comme peruertisseurs & corrupteurs, l'vn des corps, & l'autre des esprits & bonnes meurs. Là où l'Amour estant empraint & en-

Aduertissement aux Dames.

Le premier Liure

L'Amour domine sur toutes choses.

graué en nous d'vn si excellent maistre & ouurier, tousiours a eu domination sur tous : par luy eut le monde naissance, en luy eut accroissement: par luy arbres & choses non sensitiues semblent prendre leur augmentation de l'vn à l'autre. Qui sera donques celuy qui trouue mauuais le desir que ma Charilee auoit, de sçauoir sa condition & nature ? Qui sera aussi ce mal raboté personnage, qui ne cognoissant le bien que de moy il reçoit pour auoir enregistré leurs discours, m'impute à vice, le peu que i'en ay escrit? Ie ne suis encor' à péser que ceux qui de moy aurót cognoissance, ne disent ces propos estre mal conformes à l'estat, que de tout temps ie me suis progetté de suiure. S'ils ne sont seants à l'estat, pour le moins sont-ils conuenables à mon aage, qui deuant son téps ne veut participer de vieillesse. Ains me mets au rang des plus heureux de ce monde, puis que ç'a esté le bon plaisir du puissant Dieu amour, me choisir de si bonne heure des siens, pour m'instruire & accoustumer à ses armes: lesquelles me seront plus supportables à l'auenir, que si sur le temps auquel m'eust esté besoin vaquer à quelques autres faciendes, m'eust fallu estre de sa suite. Pésez qu'il est bien seant à vn vieillart faire l'amour! Et toutesfois mes Dames, croyez moy cóme celuy qui pour rien n'entreprendroit vous mentir, & qui le sçait par maints exéples, Amour est de si estrange & bragarde nature, que si le mesprisons sur noz tendres ans, lors que comméçons entrer sur l'aage, desployant de tout poinct ses for-

L'Amour ne souffre qu'on le mesprise.

ses, nous fier d'vne si aspre pointure, pour faire apparoir sa puissance, qu'à la tres-grãde moquerie de ce monde faut que marchions sous ses estendars. Et si est d'vne si douce clemence qu'apres auoir eu à sa soude dés la ieunesse vn bon & loyal seruiteur, quand il le cognoist venir à plus grande maturité (à l'imitation des bons soldats antiques qui apres plusieurs bõs & aggreables seruices faits à la Republique, estoient affranchis, & immuns de tous tels faits de la guerre) il luy donne quelque relasche & consolation: pour se monstrer n'estre si impiteux & cruel, comme beaucoup de gens l'estiment, lesquels si ne l'ont esprouué, en feront quelque iour l'essay. Et de ce en suppliray celuy Dieu, qui fut le premier suscitateur de faire employer ma plume à ses armes, si aucun mal-vueillant se rencontre qui les treuue de mauuaise digestion.

Mais où me pers-ie icy, & egare-ie en chose parauenture vn peu aliene de mon but? En bonne foy pour ne me vouloir mettre en oubly, presque me suis-ie oublié: & ne sçay en quel poinct ie laissay mes combatans, sous l'intention de vouloir moy-mesme deffendre. Si ie ne m'abuse, la plus grand' partie des propos qui sont passez, me semblẽt s'estre arrestez sur ce poinct de loyauté, laquelle Philopole ne vouloit estre si requise en l'homme, comme en la femme. A cause dequoy Charilee d'vne assez petite colere, luy auoit souhaité tomber quelque iour en femme, qui de luy n'eust aucun mercy. Mais Philopole, espe-

Discours sur la loyauté.

tant luy rendre change de mesme monnoye, luy respondit. Ie suis, ma Damoyselle, graces à Dieu, hors ces termes, & n'y voulus oncques entrer. Parce que tousiours telle a esté mon opinion que c'estoit chose impossible faire d'vn commun vn particulier & propre, & que là où la femme auroit esté tant hardie, de faire part de son corps à aucun, le semblable pourroit elle faire à l'autre, puis à vn autre, & ainsi à l'vniuersel. Mais Monophile prenant encontre luy la querelle : He Dieu ! (dist-il lors) ia ne vous permetray en ma presence, si auantureusement blasphemer, sans vous remettre en bône voye. Comment donc, seigneur Philopole, l'entendez-vous, faire d'vn commun vn propre ? Cestuy est le commun erreur du peuple, qui pense sacrifier amour, par ceste seule raison. Comme s'il estoit impossible que loyauté peust iamais seiourner en la teste d'vne femme. Qui vous allegueroit sur ce vne infinité d'honnestes Dames, lesquelles nous lisons dás les histoires, auoir consacré leur honneur en vn seul endroit, ie croy que tiendriez cela pour faux, ou telles Dames pour môstrueuses. Pour monstrueuses dy-ie, les estimeriez-vous : vous qui en voz propos, iamais ne passastes tel destroit : mais quant à ceux, qui y habitent, ie me feray bien fort pour eux, qu'il n'y a celuy qui ne presume plustost la loyauté en sa Dame, que trahison, ou forfaiture. Aussi tel argument ne me semble valable, pour impugner le vray amour. S'ensuit-il, ie vous supply, que si mon cœur s'est adressé en vn endroit, il se doiue pour ceste cause diuiser en diuers lieux? mais au contraire il me semble, que d'autant que naturellement il s'est encliné en vne part, cela seul est suffisant obstacle, pour le distraire de tous autres endroits: ayant imprimé dans soy ce vray amour duquel n'agueres no° parlions. Voire, que pour vous dire le vray, ce degré de priorité, à mō auis est seule cause, pourquoy nous voyons iournellement tant de paures amans souffreteux ne toucher au but de leurs intentions, parce que temerairement ils adressent leurs vœux & offrandes à Dames, qui estoient vouées à autres saincts. Pour ne tomber doncques en tel danger (dist Philopole se souriant) il vault beaucoup mieux m'en deporter, ainsi que i'ay fait au passé: parce que de ma nature ie suis impatient, n'ayant ce que ie demande, ou s'il me fault faire l'amour, ie la feray aux endroits, où ie n'auray occasion de me plaindre. Vous en parlez tout à vostre ayse (dist Monophile) & ceste seule parole nous donne assez ample demonstrance, que ne sçauez que c'est amour. Vous ne voulez point *L'amour* aymer, dites vous, & si aymez, voulez choisir *n'est en* Dame, qui soit à vostre commandement. *nostre choix.* Pleust ore à Dieu, seigneur Philopole, que le choix en fust en noz puissances. Vous ne voulez point aymer, & toutesfois lors que penserez estre le plus esloigné de l'amour, vous en trouuerez si surpris, que maugré vous, serez matté de telle sorte, que changeant de propos vous fauldra faire penitence du blaspheme où maintenant estez trop indiscrettement

I iiij

tombé. Et qui pis est, rencontrerez si mal, que aymant à outrance & desesperément, peult-estre ne serez aymé. Voila le pis, respondit Philopole, que i'y treuue, qu'aymer (comme dit le vaudeuille) sans party. Ce neantmoins si est-ce chose seure, quelque cas que disiez, que ie ne m'induiray si tost aymer vne femme laide, que celle que verray douée d'vne extreme beauté, & bonne grace. Pour autant que naturellement plus nous appetons le beau, que le laid. A quoy Monophile : vous dites vray, dist-il, mais gardez que voulant entrer és regles de Philosophie, ne choppiez en l'equiuoque. Car l'on ne vit iamais amant, qui ne trouuast ses amours belles. Et bien que se treuuent les aucunes Dames plus excellemment parfaites, que les autres, si croy-ie que le petit Berger, ou paysan, ne voudroit abandonner sa Catin, pour toutes les Dames de France. Et pourquoy doncques? pource que celle part son cœur repose ; pour ce que cette seule, en sa simple rusticité, luy apparoist plus belle & excelléte, que tout le reste des autres qu'on luy pourroit presenter. Ainsi doncques peult estre n'est-il moins studieux que vous de la beauté: mais son esprit estant fiché & arresté en vn endroit, par vne opinion qu'il en a conceuë (come n'agueres nous deduisoit le seigneur Pasquier) encores que toute l'inciuilité, & discourtoysie du monde residast celle part, si ne luy semblera le tout partir que de bon lieu & bonne grace. En voulez vous meilleur exemple, que celuy de l'Angelique, figurée dans l'Arioste en son Furieux? Elle qui auoit esté aymee, poursuiuie, & caressee par vne infinité de plus braues & meilleurs Cheualiers de l'vniuers, sans d'eux auoir aucun mercy: en fin lors que plus elle se pensoit exempte de passió, se trouua si forcee pour vn petit Soldat, non cóparable d'vne minime auecques les autres, qu'elle mesme eust volótiers fait le deuoir des hommes aux femmes, qui est, le requerir. Que voulez vous doncques?

Et vouloit Monophile poursuiure son propos: mais Philopole luy trencha chemin. Ie vous supply, dist-il, seigneur Monophile, ne passez plus outre: car il semble que douties en moy vne chose, dont vous-mesme nous voulez icy offusquer, c'est l'equiuoque. D'autant que par cest exemple qu'alleguez, ne nous voulut iamais enseigner autre chose l'autheur du Furieux, sinon la naturelle inclination de la femelle, n'estre de choisir le meilleur (comme fait l'homme) ains tousiours s'adresser au pire. Ainsi que nous voyons la Louue entre vne infinité de Loups, choisir tousiours pour sien, celuy qu'elle vera moins refait de toute la compagnie. Au semblable verrez vous la femme dissimuler, vne Penelope, premier que se rédre bien-veillante de quelque honneste personnage, mais aux lieux les plus couuerts & cachez se soubsmettre à la volonté de quelque valet d'estable, ou quelque souillart de cuisine. Or si ainsi prenez, pour le regard des femmes seulement, ceste inclination, & opinion, dont tant nous auez par-

Sur ce que l'on dit que la femme s'adresse au pire.

lé, bien me rendray-ie des vostres : mais non autrement. Pardonnez-moy, seigneur Philopole, repliqua sur ce Monophile, vous, & tous ceux qui mettez sur les champs la Louue (au desauantage de la femme) entendez assez mal sa nature. Car au lieu que l'aleguez en detestation de ce sexe, il me semble, cestuy estre l'animant entre tous les autres, qui plus nous apprend à aymer, & à la complexion duquel plus nous nous deussions ranger (si l'aymer estoit en nostre puissance.) Sçauez vous pourquoy? Parce ce que la Louue poursuiuie par plusieurs Loups, veritablemét entre vne infinité de corriuaux, choisit pour le sien le plus maigre, & plus deffait. Mais quel? celuy qui premieremét à elle se sera adressé, lors qu'elle entre en sa chaleur, celuy qui par vne lógue poursuitte & infinité de trauaux, se sera mortifié en telle sorte, que vrayemét meritera-il le nom de plus laid: mais aussi en recompense de sa peine, estre receu au par-sus de tous les autres. A la mienne volonté qu'ainsi le pratiquassent les Dames, qui preignét tout leur esbat & deduit au tourment & martyre d'vn pauure affligé amāt. Chose en verité detestable, & à mon iugement abominable deuant Dieu, & deuant les hômes. Mais quoy? encores à tresgrād tort luy impropererons-nous ce vice. Car en cela, la peult garantir Cupidon, qui seul vole & desrobbe noz cœurs, lesquels il surprend aux embusches, pour puis apres s'en faisant maistre, en disposer à son plaisir. Ainsi entrera en ieu ce petit Dieu, & se mettant de la partie, alleguera que non aux Dames (qui tombent en tels inconueniens que descriuez) en sera la coulpe imputable, ains à luy seul, qui à nostre desceu entame les meilleures & plus saines parties de nous, pour puis ne trouuer conualescence, sinon celle, & en celuy qu'il luy plaist nous ottroyer. C'est la cause pourquoy des anciens fut peint archer sans yeux, parce que n'ayant esgard aux qualitez des personnes, il nous oste bien souuent la veuë, & tellemét aueugle noz esprits, que sans aucune consideration, abandonnons noz cœurs en tels endroits, dont le peuple bien souuent en murmurant, s'en estône, comme estans indignes de nous : Mais non cognoissant que la faulte n'est de nostre mouuement, ains de ce petit paillard larronneau, qui par mines se sçait emparer de noz cœurs. Et non pourtant, seigneur Philopole, que si quelques-vnes tombent en cest accessoire, il faille soubs noz propos comprendre vne generalité de femmes, ainsi que me semblez faire. Car si ainsi estoit, voyez en quel desarroy nous tôberions : certainement en tel, qu'il sembleroit que iamais hôme d'honneur & valeur ne fut aymé d'vne femme, ains seulement ceux qui meriteroiét noms de poltrons. Doncques cent mille Gentils-hômes, doncq' vne infinité de braues gens ne furent iamais aymez ? Cela n'est-il oculairement abhorrent de toute marque de verité ? Bien vous diray, se pouuoir faire que le plus vaillant & preux Cheualier de ce mõde, le plus accôply en toute grace & vertu, mette son amour en vn lieu à fauses enseignes,

& sans receuoir quelque grace : se pourra faire aussi, que sans marchander lōguemēt, il reçoiue le guerdon de ses merites. Mais c'est tout ainsi qu'il plaist au Dieu Cupidon, qui dedans sa trousse porte deux sortes de sagettes, aucunes enferrees d'or, & les autres de plōb. Celles là, pour gaigner & amollir les durs cœurs de ses subiects, & celles-cy, pour les rendre rogues, reueches, & du tout contreuenans aux volontez de ceux qui nous veulent mieux. Laquelle fiction ne nous voulut oncques apprēdre autre chose, sinon que l'vn se sent en vn mouuement batu & abatu pour quelque chose qu'il veoit en l'autre, qui d'vn ie nesçay quel instinct l'attrait à soy, & en l'autre n'y trouué rien, dōt il puisse adherer à son amour. Adōcq' Glaphire : A ce coup, dist-il, me voulez vous couper broche. Comment doncques? respondit Monophile. D'autant que ie faisois mon estat, dist Glaphire, apres le propos du seigneur Philopole, ne vous laisser en requoy (cōme ie vous auois promis) pour auoir maintenu, l'amour ne se causer que d'vne certaine chose, laquelle ne ponuiez bonnement exprimer. Et quant à moy ie pēsois, suiuāt ce qu'autrefois m'auoient enseigné quelques anciens Philosophes, Amour ne depēdre que d'vne apetēce de beauté. Sur quoy Monophile, adressant vers moy sa parole: Ceste cause ne depend point tant de mon chef (dist-il) que du vostre. Parce qu'en la definition que nous auez donnée en l'amour, vous-mesmes luy auez attribuee ceste nature. Et pource il me semble, seigneur Pasquier, puis que no9 l'auez pésé pourtraire de fonds en comble, qu'il vous touche & affiert (& non à moy) l'expliquer plus amplement. Seigneur Monophile, luy respódisie, ceste apres disnée vous est deuë. Seulement ie vous pry recognoistre l'heur que Fortune vous a moyenné, pour auoir gaigné la faueur de celle, qui est destinee pour iuger de noz propos: laquelle tant s'en fault qu'elle vous y contreuienne, que plustost faisant l'estat de Iuge, exercera-elle encore celuy d'vn bon Aduocat, pour vous deffendre. Lors Charilée riant: vous en pourriez mourir, seigneur Pasquier: Monophile est de tel merite, que ie ne pése estre trompee si ie luy porte faueur. Mais Monophile luy respondit: ma Damoyselle ie me doute fort, que l'amitié que de vostre grace me portez, esblouisse en cest endroit vostre bon & sain iugement, lequel ce neantmoins ie vous pry reseruer à mon absence. Mais pour ne detenir le seigneur Glaphire trop suspens, puis que vous, seigneur Pasquier, ne voulez entreprendre ce discours, ie tascheray luy satisfaire au poinct qui s'offre de la beauté, de laquelle il pense l'Amour prendre son commencement, & non de cest instinct que nous auons mis en auant: Toutesfois deuant que nous eslongner, ie vous pry nous descouurir ce qu'entendez, & comment imaginez ceste beauté en vostre teste. Ie le vous diray, dist Glaphire, mais pour le vous mieux & plus clairement expliquer, entendez, seigneur Monophile, que la beauté ne gist seulement au corps,

Discours sur le beau

ains à l'esprit : celle là appelle lon beauté simplement, & ceste cy bonne grace, qui non seulement gist en bonnes façons & manieres de faire exterieures, ains en la vertu : ny plus ny moins que celle du corps, non seulement aux traits & lineaments du visage, mais aussi en vn bon compartiment & proportion vniuerselle de tout le corps. Estant doncques en peu entendue la beauté, cōme en est la vraye significatiō : mon aduis est que sur les premiers iours qu'Amour se veut iouer de nous, sentons quelque estincelle de ceste beauté qui est en noz Dames : chose que depuis, & par succession de temps s'empraint tellement en nous, que perdons cognoissance non seulement de toutes telles choses, ains de nous-mesmes. Et ainsi que se trouuent diuersité de beautez, ainsi chacun s'enclinant selon son particulier entendement, à l'vn plaist l'esprit, à l'autre le corsage, à cestuy le visage, à l'autre le parler : mais sur tous l'œil a puissance, autour duquel Cupidon vole & voltige auecques cent mille vire-voltes. Or en ce poinct cy suis-ie certain & resolu, que ce qui est laid ne nous plaist, & ne me pourray induire à aymer celle, qui sera desauantagée en toutes ces qualitez là. De maniere qu'vne contrefaite ou tortue, ne se rendra point aymable, & croy qu'elle n'aura ceste faueur, de rencontrer aucun qui se die son seruiteur. Voilà où ie vous attendois, dist Monophile : par ce que, suyuant vostre propos, il semble que vouliez establir quelques especes de beauté : chose neantmoins non faisable.

A la verité il fault bien que ie vous confesse, & soys d'accord en ce auecques vous, vn chacun pretendre au plus beau : mais de constituer qu'vne chose se doiue dire plus belle que l'autre, pour aymer, c'est vn euident erreur. D'autant que chaque femme trouue vn amant, qui se rend autant passionné en sa faueur comme pourroit faire vn autre à l'occasion de quelque Dame, selon vostre iugement plus belle. Car si vostre opinion auoit lieu il faudroit dire celle seule acquerir seruiteur, qui a vne partie de telles proportions & ordonnances que nous auez ores deduites. Ainsi plus en auroit elle, & plus se rendroit aymable : combien que verrez le contraire la plus part du temps eschoir. Qu'ainsi soit, representez vous deux Dames, desquelles l'vne soit par le commun iugement du peuple accomplie en toute extremité, & l'autre moyennement belle. Si par cette beauté que dites estiós attraits, ne serois-ie pas plustost du party de celle, qui est belle selon la commune renommee, que de l'autre ? Toutesfois vous verrez aussi tost aduenir, qu'Amour fera son seiour (pour sçauoir vaincre les hômes) en celle qui ne sera tant douée, qu'en l'autre où lon pensera Nature auoir employé le meilleur de toutes ses forces, pour la rendre parfaitement belle. Dites moy de grace, seigneur Glaphire, ne cognoissez vous pas celle Dame, pour l'Amour de laquelle vn vostre, & mien grand amy, fait tant de bons tours, soit du corps, soit de l'esprit ? Ie croy que presque presumez ce que i'enté. Or me dites s'il vous plaist, de quel don de grace iugez-vous que l'ait auantagee Nature? Ie sçay ce qu'autresfois m'en auez dit. Ce neantmoins, ie vous pry voyez de quelle hardiesse cestuy tant affectionné amant, l'a celebree par ses vers: mais plus encore en son esprit, dont souuent m'en esmerueillant en fais moy-mesme risee.

   Quand i'orneray en toute extremité,
L'extremité dont ma Dame est pourueue,
Pas ne croira cil qui ne l'aura veue,
Qu'en terre y ait si grand' diuinité.
   Mais qui verra sa parfaite beauté,
Lors il croira chose qu'il n'eust pas creue,
Et publira ma plume trop recreue,
Pour parfournir à ceste deité:
   Car la faisant nature sans pareille
Sur son beau corps feit un chef de merueille
Puis l'ayant fait le modelle en rompit:
   Et pour monstrer plus en elle sa force
Le demourant du sexe corrompit,
Pour n'estre au prix de Madame, qu'escorce.

Voyez en quel blaspheme, par ceste extreme amitié, il est doublement tombé, tant pour vilipender ainsi tout le surplus du feminin, qui ne luy semble rien, pour le regard de sa Dame, que pour luy attribuer loüange, dont neantmoins (s'il falloit peser Amour pour telle beauté dont parlez) selon le iugement de tous elle n'a aucune parcelle. Mais oyons-le en autre endroit.

De la

du Monophile.

De la louer qui a la hardiesse,
Il luy conuient faire comme Zeuxis,
Et entre tant de beautez choisir six,
Les appliquans dessus ceste Déesse.
 Car pour monstrer du diuin la grandesse,
Le pourtrait fault tirer de ses sourcis,
Des deux Soleils, dont les Dieux sont pensis:
En autre part ebauté n'a point d'adresse.
 Que si quelqu'vn meu d'vn zelle indiscret,
Met son pinceau en œuure si parfait,
Il en fera vne Venus d'Apelle:
 Mais pour autant que louange trop lente
Se pourroit mettre en matiere trop belle,
Il vaudroit mieux imiter le Timante.

Il veult donques à ce coup imiter le Timante, pour ne pouuoir attaindre par son pinceau, à l'exellence de sa Dame, laquelle ce neantmoins il est contraint pourtraire tout au long depuis le chef iusques aux pieds, en vn autre Sonnet, que ie luy ay auec les deux precedens desrobé.

 O teste heureuse, où gist si grand cerueau!
O langue heureuse, où naist ceste faconde!
O nez heureux, dans qui ce musq abonde!
O yeux heureux, où gist ce clair flambeau!
 O toy heureuse & trop heureuse peau,
Qui as dans toy tout le plus beau du monde!
O pieds heureux, qui par la terre ronde
Portez sur vous vn si digne fardeau!
 O vous heureux tetins, lieu sauoureux!
Par où liqueur si souefue est passée,

K

Qu'on en bruira par tout à l'aduenir:
Mais toy heureux corps, heureux des heureux,
Qui dedans toy tiens ceste ame enchassée,
Que l'vniuers ne sçauroit contenir.

La voila doncques bien extollée, magnifiée, & belle à l'endroit de celuy que vous sçauez, sur laquelle toutesfois si vous & moy asseions noz iugemens, en iugerions tout autrement. Qui cause doncques ce beau en elle, sinon cest instinct dont nous parlons, qui a reduit cestuy nostre compagnon en telle extremité, qu'il estime sa maistresse estre la mesme beauté ? Voiez doncques, seigneur Glaphire, comme nous tous tendons au beau: & ce beau n'estant autre chose, que là où nous guydent & conduisent noz inclinations naturelles: fault par infaillible consequence, telles inclinations estre motiues de l'Amour. Car de vouloir specifier, cóme quelques vns pretendent l'excellence de l'œil gesir au verd ou au noir, le grand ou petit corsage estre les plus estimables, ce sont vrays & excellens abus, suscitez des affections que portons plus aux vnes qu'aux autres. Et par ce qu'ainsi les estimons, voulons qu'vn chacun se conforme à noz volontez. Et pour vous dire le vray, ayát longuement resué & rauassé en ce, ie vous iure, que ie me trouue en fin de compte bien perplex pouuoir iuger & discerner, si le beau est le motif d'Amour, ou l'Amour cause de ce qui nous semble beau. Et apres plusieurs tracassemens en mon esprit suis forcé de dire que la

Vn chacun tēd au beau

Si le beau est cause de l'amour ou bien l'amour cause du beau.

perfection d'aymer, est seul moyen de nous faire apparoir les aucunes choses plus belles que les autres: d'autant que le seul beau est ce qui nous plaist & agree. Et si par exemple plus familier le voulez apprendre, fut-il veu iamais vn pere qui ne trouuast ses enfans beaux, bié qu'au iugement d'vn chacun, Nature les eust rendus imparfaits. Qui les luy faisoit doncques si beaux, sinon l'Amour? l'Amour, dis-ie, auquel Nature, & non autre chose l'induit. Le semblable est-il en noz Dames, & nous fault tousiours reuenir à nostre instinct, qui seul fait, & que nous aymons noz Dames, & que les trouuons plus belles. Voire & encore d'vn poinct d'auantage que le pere à l'endroit de son enfant. Par ce que par vne longue absence, ne le recognoissât comme fils, & despouillant ceste affection paternelle, il l'aura en telle estime que le commun. Là où du premier coup, & ensemble toutes les fois qu'asseions noz veuës sur noz Dames, nous sentós en elles si esperdus, & tellememt esblouis, qu'il est hors de nostre puissance, pouuoir aucunement terminer, qui nous esmeut à leur Amour: Voire & fussent-elles laides en perfection, si demeurent leurs caracteres tellement en nous imprimez, par ce ie ne sçay quel instinct, que maugré nous, & les aymerons, & nous sembleront les plus accomplies de ce monde.

Ie n'auois iamais digeré en moy ce discours, dit lors Glaphire, cóme ie fais maintenát: mais vous en auez tant dit en peu de paroles, que tres-volōtiers ie vous en passe condemnation.

K ij

Et me faites resouuenir d'vne gayeté d'vn de nos amis qui n'est pas grandement esloignee de vostre opinion.

Ne te voyant, quand ie t'aymois,
Le mois me duroit vne annee,
Et vne heure mal fortunee
Me duroit vn iour, voire trois :
Maintenant plus tu ne me vois,
Pour s'estre mon amour tournee,
Et si ie te voy, ma iournee
Me dure tout autant qu'vn mois :
Toutesfois tu es aussi belle
Que lors que ie te iugeois telle,
Mais i'en ay mon amour osté :
La beauté certe n'est point mere
De l'amour, ains l'amour est pere
De ce qu'on appelle beauté.

A l'heure Philopole : C'est la où ie vous attendois (dit-il,) & me rends à ce coup des vostres, seigneur Monophile, dist-il, d'autant qu'encores que ie sois seur que plusieurs Philosophes de nom, ayét esté d'auis, que la beauté fut le seul & vnique motif de l'Amour (comme anciennement vn Platon, & apres luy vn Plotin) si me semble-il qu'en cecy ils estoient grandement eslongnez de leur compte. Voulez-vous doncques que ie vous die rondemét ce que i'en pense? Certainement i'estime & est mon iugemét tel que la beauté n'est point de telle efficace au fait de l'amour comme est la varieté. Ce qui m'induit à le croire, c'est que

Que la varieté est de plus grande efficace en l'Amour que la beauté.

quelque beauté que vous vous soyez progettée d'aymer, si le ieu vous a esté tant fauorable qu'en ayez receu l'acomplissement de voz desirs l'espace de cinq ou six moys, elle vous est indiferente, & commence de là en auant n'estre non plus respectee que les autres, soit que ce malheur nous aduienne, ou pour vne satieté que nous apporte la iouyssance, ou pour vn contemnement que nous cause la satieté. Au contraire ie ne veis iamais personne qui se lassast de la varieté, voire ne fut tresaise d'abandonner ceste beauté imaginaire qui luy est acquise, pour paruenir à vn changement, encores que ce changement soit peut estre de moindre merite. Tellement que contre l'opinion de tous ces anciens (ie ne diray Philosophes, ains escoliers) ie tiens pour vne regle infaillible que la varieté fait cent & cent fois plus d'operations en l'Amour que la beauté. Chose que ie vous verifieray, non par petites fleurettes, dont les amoureux transiz se repaissent, ains par vne demonstration trescertaine qui naist de la nature d'Amour : lequel les anciens souz l'image de Cupidon voulurent figurer en vne perpetuelle enfance, pour nous enseigner que deslors que l'opinion d'vn Amour vieillit en nous, c'est sa mort. Or la beauté non seulement se ternit, petit à petit en nos Dames, mais aussi s'enseuelit dans nos pensees sans y penser. Au contraire la varieté ne vieillit iamais en l'homme, elle y est tousiours ieune, de quelque aage & qualité que soyons: & tout ainsi que la nature mere commune de nous, vit en elle & par elle (car si elle ne se diuersifioit par les saisons nous r'entrerions dans cest ancien Chaos, duquel l'ordre de ce grand Vniuers fut escloz) aussi fait l'Amour son fils aisné. Et atantie ne me repentiray iamais de croire qu'elle a beaucoup plus de puissance sur luy, que toutes ces beautez volages que l'on celebre a credit, brief voulez-vous rendre l'Amour passager, bastissez-le sur vne beauté perissable: le voulez-vous rendre perdurable il le faut, croyez m'en il le faut establir sur la varieté laquelle ne se change iamais en nous, quelque changement que nous esprouuions de nos aages. Ce que ie pense auoir fidellement representé par ce Sonnet duquel ie veux renuier sur celuy du seigneur Glaphire.

Ie le soustien, car i'en sçay la science,
Que si l'Amour ne tend qu'à volupté,
Ie ne croiray iamais que la beauté
Engendre en nous sa celeste influence:
 Ou si elle est cause de son essence.
(Comme l'on dit) ie tiens pour arresté
Qu'il n'y a riens que la varieté
Qui le maintienne en sa toute puissance.
 Mettez en œuure vn obiect le plus beau,
Cela vous plaist de tant qu'il est nouueau,
Et vieillissant peu à peu il vous lasse.
 Mais le plaisir qui prend commencement,
Puis son progres, sur vn doux changement,
Pour ne vieillir iamais il ne se passe.

A ceste parole se print à rire toute la compagnie, fors & excepté Monophile, lequel cóbien qu'il se mist par plusieurs fois en deuoir

de vouloir rabatre ce coup, si en fut-il empesché par les autres : soit qu'ils estimassent
qu'à vn discours si folastre il n'y escheoit de
responce, ou bien par vn taisible remords de
leur conscience, d'autant qu'ils pensassent la
verité estre telle. Toutesfois pour en enseuelir
la memoire, respondant au seigneur Philopole, ie luy dy. Bannissons ie vous prie ceste
heresie de noz propos : Par ce que iamais elle
n'apporta aucun aduantage à l'Amant. Parquoy encores que la trouuissions veritable, si
ne deuoit elle estre publiée, pour l'interest
que tout bon seruiteur a d'estre veu loyal enuers sa maistresse, & elle en cas semblable enuers luy. Afin ce téps pendant que ie vous die
que vous auez tresgrand tort de mesurer tous
les autres à vostre pied. Adōcq la Damoyselle
estimant qu'vne responce si froide, equipolast
à vn consentement. Vous en mocquez (me
feit elle) seigneur Pasquier, & semble à vous
ouir parler que vouliez aucunement adherer
à l'opinion de ce Gentil-homme si mal apris:
Ie vous supply vous en taire, & donner ordre
seulement de vous maintenir & conseruer en
la reputation que nous auons acquise de vous.
Au demourant pour laisser ce propos en arriere, plain de schisme & diuision, & retourner à
vous, seigneur Monophile: A la verité combiē
que ie vous aye toute ceste releuée assisté, si ne
vous puis ie passer lettre de la beauté que nous
figurez. Car à ce que ie puis recueillir de voz
propos, vous nous voulez façóner vn Amour,
gisant beaucoup plus en songe, qu'au vray.

K iiij

Toutesfois encore est il necessaire, qu'il y ait quelque cas qui soit dit beau, consistant à la pure verité, & non en l'opinion des hommes, ainsi que semblez maintenir. Vrayement l'ayie maintenu, ma Damoiselle respondit Monophile, & encores le maintien-ie. Non pourtãt que i'entende vous nier, qu'il n'y ait quelque chose qui en soy doiue estre dite belle: mais si elle est, ie dy que c'est le seul Createur, qui en a la cognoissance. Et si par son ineffable grace, il en veut distribuer aux hommes quelque estincelle, ne pensez point, ma Damoyselle, qu'il soit en nous de le cognoistre: tant est nostre esprit offusqué, & appesanty de ceste paste terrestre. Certainement il fault que tous ensemble confessions, qu'en toutes choses y a vn vray: mais qui est celuy si hardy, qui ose *Pourquoy* tant s'asseurer de l'auoir oncques trouué, sinõ *nous est o-* ce seul Dieu, qui semble se l'estre reserué, vou- *stée la vraye* lant que ce nom à luy seul, & non autre de- *cognoissáce* meurast? Telle fut nostre punition, depuis la *du beau.* faute du premier homme, qui de là en auant s'est tousiours continuée de pere en fils. Car là où au parauant estoit nostre nature non corrompuë, saine & non empeschée des tourbillons que nous sommes contrains sentir, voire estant (par maniere de dire) la bonté mesme: du depuis venant par ce delit à corruption, se resentant encore de sa premiere felicité, luy est seulement restée l'apetence d'y rentrer, c'est de vouloir penetrer à ce bon & beau (qui simbolisent ensemble) sans que toutesfois de noº mesmes y puissions iamais attaindre. Ce fut la

du Monophile.

cause possible, pour la quelle quelques notables persónages voulurent iadis vsurper le nō de Philosophes, nō point de sages, s'osans seulement promettre estre zelateurs & inuestigateurs de Sapience : laquelle neantmoins oncques ils ne peurent trouuer par tous leurs defers si y logismes, ains tous parlans de ce hault bien (auquel nous tous pretendons) chacun d'eux en disputa à part soy, selon sa particuliere intentiō. Qui doncques s'en fit possesseur? celuy qui (cognoissant l'incōprehensible haultesse de Dieu) cōfessa par vne extreme foy, ne pouuoir attaindre à la cognoissance de ceste haulte cognoissāce, qui seulemēt gist és mains de l'Eternel & Souuerain. Car encores que Nature no' ait tous rendus participans d'vne ame en soy raisonnable, pour tascher à cognoistre le vray, si l'accompagna-elle quant & quant des passions, qui luy empeschent en beaucoup ses meditations celestes. Ainsi disoient les anciens Platoniques, nostre ame auoir trouué en nous deux sieges, l'vn desquels ils colloquerét au ceruēau, qui est la raison, & l'autre és parties inferieures laquelle ils nōmerent cupidité. Et bien que celle qui gist és parties plus nobles doiue auoir le dessus de l'autre, cōme plus sage & preuoyāte, si est-ce qu'estāt chatouillée par ces flateuses & tromperesses passions, leur cōmuniquant ses secrets, & quasi taisiblement coniurant encōtre soy, se soubmet bien souuēt à leur mercy, à sa tresgrand' cōfusion : tant participōs de ce terrestre. Qu'il soit vray ce que ie dy, voyons nostre premier pere Adam : qui est

Des parties de nostre ame.

celuy qui euſt deu eſtre plus deſnué de toute humaine paſſion (en ſon innocence) que luy? Car encores eſtoit ceſte noſtre nature humaine en ſa plus grande perfectiō. Quoy? ne ſe laiſſa il toutesfois plus tranſporter par cōcupiſcēce, que guider par la raiſō, lors que trop ambitieux, il ſe rendit deſobeiſſant & contreuenāt à la volōté de Dieu? Cōſiderōs encores de plus pres és choſes que voyons à l'œil: qui eſt, ie vous pry, l'effet qui nous rēd ſeparez des beſtes, ſinon ceſte ſeule raiſon, laquelle toutesfois voyōs en mille perſonnes tellement eſgarée, que plus ils ſemblent participer du beſtial, que de l'hōme? Teſmoins en ſont les furieux, teſmoins en ſont les enragez & inſenſez: ce neantmoins iamais ne deffaillit en eux telle cupidité qui fait reſidence en nous tous: qui me fait pēſer, que lors que ce grād Architecte ſe propoſa baſtir l'homme, il le voulut eſtablir moitoyen entre le diuin & le brutal. De maniere que du tout ne l'a voulu rendre ignorāt du paſſé, ou non preuoyāt l'aduenir: mai auſſi ne luy a permis voler par les aiſles de ſon eſprit à conſideration qui à luy ſeul concernoit, telle qu'eſt la cognoiſſāce du vray, ains s'eſt contēté de noſtre ſeule foy & creance. Ainſi ne deuez vous trouuer eſtrange, ma Damoiſelle, ſi en la beauté dont nous parlons, noſtre iugement vacille. Car auſſi bien ſe pratique celà en tous autres actes humains. Choſe que i'eſtime ſe faire par grande prouidence diuine (meſmes en la queſtion qui s'offre) à ce que celles, qui des aucuns ſont eſtimees laides, aux au-

L'homme moitoyen entre le diuin & le brutal.

tres appardissent belles, pour n'estre du tout delaissées: car aussi bié sont elles propres pour la multiplication de ce monde, que celles qui sont en reputatiō de plus belles. Et faut neantmoins que pensiez, encore qu'en ceste opiniō Amour se rende commun auecques toutes autres choses mondaines, auoir neantmoins quelque naturel en soy, dont il se réd tout celeste. Car hors mis cest vniuersel entretenement de police, qui procede de l'uniō de noz cœurs (duquel à present ie ne parle) i'ay tousiours entendu de ceux qui imaginoient la beatitude celeste, que le contentement, qui plus se presente en ce manoir supernel, est vne contemplation perpetuelle de ceste diuine essence, qui nous fait oublier nous-mesmes. Or sçay-ie bien qu'il ne fault apliquer si haultaine similitude au subiet dont nous parlōs: mais toutesfois s'il nous est permis imprimer en noz cœurs vn image de ce diuin, ie dirois volontiers que l'impression qu'auons en nous de l'Idée de noz Dames, nous rauit tellement en elles, que non seulement nous fait estimer toutes les ioyes de ce monde trāsitoires, mais nous oste mesme la cognoissance de la cause pourquoy nous aymons, nous mirans seulement en elles, ny plus ny moins que pour contempler trop entētiuement le Soleil, perdons à sa clarté la lueur de noz propres yeux.

L'extase qui est en amour.

A quoy la Damoiselle: Ie veux bien tout ce que dites, repliqua-elle, & que pour l'imbecilité de noz entédemés, ne nous est loysible voler iusques à ce vray: & croy mesmement, que ce est la cause de la diuersité des loix, toutes contraires en diuers lieux. Si faut-il neantmoins que me confessiez en la question de beauté, y auoir des choses, qui par commun consentement de tous peuples, sont approuuees belles. Car qui contre l'vniuersel iugement se voudroit opiniastrer, le bossu ou tortu estre plus beau, que ceux que nature voulut creer droits & parfaits, ne le iugeriez-vous non seulement despourueu de sens, mais de veuë? D'autant qu'il faut que nature opere en cest endroit, puis que ceste impression est demouree de tout temps inueteree dans nos esprits. Ie ne parle point des choses eslongnees du sens cōmun, dist Monophile, ains des cōmunes & indiferentes. Car puis que Nature nous a tous voulu creer droits, ie mets hors de ma question encommencee, toute telle sorte de gens dont parlez. Et veux dire seulement que ne nous trouuans point deffectueux en noz mēbres, autrement qu'il a pleu à Dieu nous ordonner en general, de quelque proportiō que nous nous trouuions compartis, nous sommes assez suffisans pour estre aymez. Parce que tout le reste des accidens qui nous suruiennent, ne se font apparoir à nous, beaux, ou laids, sinon selon la diuersité de noz humeurs, qui nous induisent à le croire. Mesme que vous voyez estre trouué en vn téps, quelque cas beau, qui en l'autre se monstre tres-vicieux. Si donc ceste generalité varie selon la diuersité des temps, trouuerez-vous, ma Damoiselle estrange, que nos esprits pour ce re-

du Monophile.

gard, se trouuent en particulier differens? Car quát aux Dames qu'ores nous auez alleguées, à peine encor' que ie ne croye, en telle diuersité d'opinions, qu'elles ne trouuent quelque amy. Vray que non pas si frequent que les autres, pour estre plus eslongnées de nostre commune Nature. Vous fouruoyez tous deux grandement, dist Philopole, iamais Nature ne procrea chose si rare, que pour admiration. Et combien que par le corps, telles femmes ne se rendent à nous aymables, si est-ce que l'esprit se trouue tousious en elles coustumier, de satisfaire à ce deffault. Par ce que oncques Dieu ne se trouua si auare enuers aucun personnage, que s'il luy a voulu deffaillir au corps, au suplement de ce, ne l'ait voulu recompenser en quelque excellence interieure. Et de ce pouuons nous prendre enseignement des choses inanimées, entre lesquelles nous voyons la vigne plus tortue & contrefaite, que toute autre sorte de bois, contenir presques en sa vegetatiue, l'esprit & ame de tous nous autres. C'est tresbien deuisé à vous, dist la Damoiselle, & quand autre parole ne sortiroit oncq' de vous, si seroit-ce encore assez pour trouuer abolition à tous les blasphemes, esquels toute ceste apresdinée estes assez legerement tombé. Puis addressant vers toute la compagnie sa parole: Ie vous supply, messieurs, dist-elle, que ce propos de Philopole ferme le parler d'Amour, duquel le seigneur Monophile semble auoir voulu triompher. Et puis que par son moyé il

Des personnes imparfaites au corps.

est tellement creu : ie croy qu'il ne seroit impertinent, que doresnauant missions ordre, par maniere de deuis, à le vouloir abaisser, sans luy permettre plus par nostre moyé s'esleuer. Car en cest endroit ie serois bien de mesme opinion, que cest ancien Capitaine Athenien, lequel interrogé, s'il ne luy tomboit à plaisir aprendre l'art de memoire: mais bien plustost d'oubliance, dist-il. D'autant qu'à son iugemét il retenoit bien plus toutes choses en son esprit, qu'aprises il n'oublioit. Mais sur tout si vne chose qui est en nous vne-fois engrauée, ne s'efface sans grande peine, s'estant l'Amour de nous saisi, il est presque impossible que par esprit humain le puissions de nous diuertir. Et pource ne seroit-il moins vtile, apprendre les moyens d'euader d'vn tel lieu, comme de sçauoir les causes pour lesquelles on y entre. Adonc Glaphire: Ie serois, peut estre bien de vostre aduis, respondit-il, mais gardons que voulans faire vne course sur Amour, le serain ne nous donne à doz, qui nous pourroit plus offéser, que ne sçauriós aporter de moleste, ou fascherie à celuy auquel voulez denoncer la guerre. Et pource trouuerois beaucoup meilleur pour le present faire vne bonne retraite, qu'vne dangereuse saillie. A la charge toutesfois, s'il plaist à la compagnie, de retrouuer demain du matin ceste voye, pour apprendre si la fraischeur de la rosée nous pourra donner autant de contentement, comme ceste apresdinée. Ce conseil fut trouué bien bon par toute ceste petite bande. Car desia commençoit la nuit de les menacer bien fort, & s'approchoit le temps, auquel (apres auoir repeu l'esprit de bons & gracieux discours) falloit donner ordre à la nourriture du corps. Ainsi se departirent de ce lieu: mais soubs esperance de s'y retourner le lendemain: comme ils firent, ainsi que vous pourrez entendre.

Fin du premier liure.

LE SECOND LIVRE
DV MONOPHILE.

ELLE fut vrayment vne loüable coustume, que nous voyons auoir esté familiere à ces vieux peres du bon téps, lesquels d'autát que plus ils recognoissoient leurs œuures dignes de recommendation eternelle, d'autant choisissoient-ils patrons de plus haute condition, sous la conduite desquels venoient plus hardiment en lumiere. Et pour ceste cause consacrans & leurs noms, & leurs liures aux Dieux seulement, & aux Muses, donnoient assez clairement à entendre, que le but où ils aspiroient n'estoit mis en chose mortelle. Mais à vostre auis, ma Dame, si tous ces grands personnages retournoient auiourd'huy au monde, estimez-vous point, qu'estant les cóplexions des hommes changees, ils ne changeassent aussi tous d'vn commun accord de façons ? De ma part ie m'asseure bien, que laissans leurs Dieux & Déesses, ils chercheroient nouueaux protecteurs. Aussi à dire le vray, si nous considerons de bien pres, & parangonnons leurs aages auecq' le nostre, nous trouuerons, leur auoir esté bien facile en vser en telle maniere. Parce que

Le II. Liure du Monophile.

que n'ayant de leur temps l'or & l'argent telle vogue comme le voyons auiourd'huy, estoit celuy bien estimé sur tous, ores qu'il fust de basse condition & estoffe, lequel par sa vertu & science faisoit monstre de son esprit. Mais estans pour le present, & depuis assez bonne memoire, reduits en telle extremité, que les bons & excellens entendemens ne peuuent gaigner loüange, sinon accompagnez de richesses, ne faut aussi trouuer estrange, si ceux qui depuis leur succederẽt à escrire (bien qu'ils se rangeassent au mesme poinct d'immortalité qu'eux tous) voulurent reclamer les Princes, ausquels (comme ministres des hauts Dieux & distributeurs de leurs biens) firent part du meilleur que le ciel leur auoit ottroyé, pour estre par mesme moyen participans de leurs liberalitez & grandes magnificences. Chose qui par succession de temps a gaigné tel lieu en nous, que non seulement à eux adressons la plus grand' partie de nos œuures; mais aussi semble la valeur de noz esprits despendre de leurs volontez, comme du seul poinct & centre, auquel tous noz pensers se dressent. Ainsi voyons-nous par les liures, en quelle abondance florirent à Rome les hommes doctes & sçauans du temps de l'Empereur Auguste, conseruateur des bonnes lettres & disciplines : au contraire quelle sterilité se trouua de telles gens, lors que les Gots, ennemis de toute humanité & science, regnerent sur l'Italie. Vous en esmerueillez-vous, ma Dame ? nous tous sommes amorsez au bien

L

faire, soubs vne esperance d'honneur, lequel estant vilipendé, s'il n'est emplumé de richesse, aussi s'estudie vn chacun, s'accommoder au bon plaisir de celuy, duquel il attend prouffit. Et toutesfois si fault-il que ie descouure librement ce que i'en pense: trop ne se peult recompenser celuy qui s'employe à bien escrire. Parce que les vaillantises qui se treuuent és grans seigneurs, ne peuuent prendre vol plus hault, que celuy qui leur moyenne vne plume bien façonée: laquelle par prescription de tout temps, a acquis ce priuilege, d'abesser les haultes prouesses si bon luy semble, & aux plus basses donner exaltation. Ce que cognut fort bien le magnanime Alexandre, quand il regretta estre despourueu de trompette, telle que fortune auoit ottroyé à Achille, en la personne d'Homere. Qui a rendu, ie vo' supply (il fault que ie profere cecy auecq' mon grand regret) noz histoires tant cachées, sinon le peu de soucy de noz Roys, lesquels faisans trop de profession des armes (quasi plus soucieux du present, que de l'auenir) tindrent si peu de conte des lettres, qu'aucun ne s'y arresta? Aussi est presque demourée enseuelie la memoire de nostre belliqueuse France. Les Roys donnans la vie aux esprits, & les esprits en contrechange leur aprestant immortalité. Or commençons nous (graces à Dieu) changer de chance, par le moyen de ce clement Roy François, que Dieu absolue, lequel ne s'est acquis moins d'honneur, d'auoir le premier aboly les vieilles traces de ses an-

La louange de ceux qui s'employent à bien escrires.

eftres, que pour nous auoir laiſſé vn ſi excellent ſucceſſeur, bon diſpenſateur comme luy, de ſes biens, à ceux qui s'en rendent dignes, Qui me fait eſtimer, que verrons vn iour noſtre France floriſſante, faire honte à toutes nations eſtranges, qui ne nous ſeront que barbares, tant en bonnes manieres de faire, qu'au bien parler & eſcrire. Deſia voyons nous noz Poëtes auoir entrepris vne ligue contre les ans quaſi à l'enuy l'vn de l'autre : deſia gaignent noz hiſtoriographes païs, deſia volent parmy le monde vne infinité de liures, prenans leurs cours de bons eſprits. Entre leſquels, ma Dame, encore que ie me tienne ſeur, n'attaindre iamais à aucun degré, pour auoir eſté nature en moy trop auare de ſes threſors, ſi vous veux-ie bien auiſer, que ſi oncques aucun fruict ſort de ce mien petit iardin, vous ſeule l'aurez planté: d'autāt que tout ainſi que les autres ſe propoſent & Roys & Princes, au contentemēt deſquels ils terminent tous leurs eſprits, auſſi vous ſeule fuſtes l'eſtoille, & ſerez tant que viuray, pour m'acheminer à bien faire; & n'eſtime moins telle guide que les Muſes du temps paſſé tant inuoquées par les Poëtes. Vous ſeule eſtes la Déeſſe que i'implore, & implorant, ne pretens en vous autre bien, que celuy que vous meſmes vous pouuez promettre en moy. Et toutesfois encore que toutes mes œuures preignent leur adreſſe vers vous, ſi ne me ſuis-ie propoſé, vous faire pour ce coup offre de la preſente matinée, ny enſeble des propos, qui pendant icelle furent

L ij

à nostre confusion poursuiuis. Lesquels ie n'eusse iamais entreprins mettre en lumiere, n'eust esté que tout ainsi que la iournee de deuant s'estoit employee auecques vn tel repos & contentement d'esprit que ie souhaitois, aussi pense-ie que celle qui fut ce iourd'huy passee, bien que ce fut à nostre grand desauantage, toutesfois pourra apporter tel fruict à quelques-vns qui s'y voudront arrester, que si des discours precedans ils demourerent mal contans, peut-estre accepteront-ils ceux-cy en recompense & supplément de l'iniure qui leur pourroit estre faite : si iniure se doit appeller chose si iuste & veritable, côme celle qui en faueur de l'amour, fut par nostre Monophile deduite. Et partant en ce traité pourront trouuer quelque satisfaction : mais non pas moy, qui non seulement sçay mauuais gré à Charilee, au pourchas de laquelle furent moyennez tels propos, & pareillement à Glaphire, qui nous les a discourus, mais d'vn poinct d'auantage à moy-mesme, pour auoir appliqué ma plume en subiect si odieux, & tât abhorrent de toute equité & raison. Aussi à dire le vray, en resteray-ie beaucoup plus coulpable & reprehensible, qu'eux tous. Car encores à la Charilee est pardonnable ceste faute qui par vne appetence naturelle de sçauoir (commune à vous autres, mes Dames) s'euertuoit à comprendre toutes choses de bien en mieux : & à Glaphire les deduire au plus pres de sa pensee. Et pour mon regard ie proteste, que si quelque matiere se traite à l'encontre de ce Dieu, duquel ie suis vray esclaue, ce sera tout au rebours de ce que i'en pense & estime, ains par vne certaine hypocrisie, à laquelle ie me suis resolu, & obstiné pour ce coup, pour parfournir au surplus de ma deliberation. Ce ne me sera doncq que coruee, & ressembleray ces bons & anciens precepteurs, qui nous acheminãs au contenement de l'hõneur par leurs diuines exhortations, se preparoiẽt vn sentier à vne gloire immortelle: ainsi voulant amortir és autres hommes, au progres des propos de nos quatre chãpions, les vrayes racines d'Amour, les reuiuiferay de plʾ en plus dans moy-mesme. Vous auisant toutesfois, ma Dame, qu'encores qu'ils se fussent determinez, non à la ruine d'amour, ains à la mienne totale, si est-ce que ie ne sçay par quelle ordonnance diuine, ne peurent venir à fin de leur maligne volõté. Faisans (si biẽ y prenez garde) plus de professiõ de menaces, que d'effect. De maniere que ie me promets que peu s'en sentira l'Amour offensé. Et vous diray biẽ d'auantage (tant me pleut le peu que pendant ce temps fut par Monophile deduit) qu'encores de ceste matinee luy veux-ie ottroyer l'honneur, comme du iour de deuant. Vous priant tresaffectueusement recueillir ses propos entre les autres (auec quelques-vns des miens) cõme la rose parmy vne infinité d'espines. Et ce pendant sans faire aucun conte de toutes leurs medecines, les lairrons tout à leur aise poursuiure le dessein de leur entreprise: Qui estoit se retrouuer le lendemain du matin au lieu qui tant

L iij

leur auoit esté fauorable : où venuë l'heure de l'assignatiō, to⁹ quatre se rassembleret, & moy aussi du semblable, le tout, ainsi qu'entre nous auoit esté capitulé. Mais ne fusmes si tost arriuez que Philopole selon son accoustumée liberté, ne se vouslut ingerer de caresser Charilée, non de propos accompagnez de quelque honneste entretien, comme est l'vsance de tout homme faisant estat de l'honneur, ains par attouchemens trop hardis : Voire à mettre la main au poinct que toute femme doit auoir en plus grande recommendation : quand la Damoyselle toute indignée, d'vne contenāce assez farouche luy dist : Ie ne doute point, seigneur Philopole, que la grande priuauté dont i'ay vsé enuers vous, me commettant en ce lieu si solitaire & indeu, és mains de vous quatre ieunes Gētils-hommes, ne soit, peult estre, cause de celle que voulez exercer en mon endroit : toutesfois si ainsi est, i'espere trouuer bō saufcōduit en vostre foy, & celle du seigneur Glaphire, soubs l'asseurance desquelles i'apris hier le chemin : lequel si encore pour le iourd'huy ie continuë il me semble que ne le deuez trouuer estrange, ains l'imputer à la grande honnesteté, que me suis tousiours asseurée reposer entre voz mains, & en la sauuegarde de laquelle ie me submets. Vous auez raison, ma Damoyselle, dist Glaphire, d'ainsi le penser de nous, autremēt nous feriez-vous bien grād tort. Nō toutesfois que puissions en tout respondre & satisfaire à ceste opinion de courtoysie, que vous vous promet-

tez en nous (de laquelle aussi ne pretendons-
nous estre du tout desgarnis) mais pour le
moins vous puis-ie asseurer, non seulement
pour mon regard, ains pour ces trois miés cō-
pagnons (quelque chose que Philopole se
vueille monstrer dereglé) n'y auoir homme en
ceste compagnie, qui ne s'estudiast vous pourchasser tout honneur. Et de ce vous en pouuez
vous sur nous reposer, comme de la part de
ceux, qui sont to⁹ vostres. Ie l'ay tousiours ainsi pensé, respondit elle, ce neantmoins ie ne
puis autre chose dire de Philopole, sinō ce que
i'en voy: Dōt toutesfois ie le prie bien fort se
deporter, autrement il me donneroit occasion
de me plaindre de luy en toute honneste compagnie. Voire mais, ma Damoyselle, dist Philopole, trouueriez-vo⁹ si mauuais, veu que la
iournee passee fut consacree & dedice à la cō-
memoratiō de l'amour, si ce iourd'huy vous &
moy luy faisions sacrifice, par vn reciproque
plaisir que pourrions l'vn & l'autre prendre?
Ainsi demoureroit entierement parfaite la de-
dicace de ce lieu. Et disoit ceste parole d'vne
si elegante grace, qu'il n'y eut celuy d'entr'eux,
qui peut contenir le rire: hors mis la Damoyselle qui faignant n'entendre où il visoit: Le
sacrifice, dist-elle, que nous ferons, sera que
tout ainsi qu'hier nour estudiasmes à l'exaltation & accroissement d'amour, mettrons pour
le iourd'huy peine à le vouloir massacrer. Ainsi sera bel & gentil ce sacrifice, & tel qu'à mon
iugement, par cest œuure rendrons ceste matinee plus meritoire, que ne furent ces grans

L iiij

& superſticieux ſacrifices,iadis par les anciens
celebrez, pour l'amendement de leurs faultes
& pechez. En quoy tref-volontiers ſouhaite-
rois vne Ariadné, qui par ſa ſubtilité enſeigna
à vn pauure perdu Theſee les moyens & aſtu-
ces,pour ſortir d'vn tel Dedalus, côme celuy
que nous figura Monophile, bien qu'il eſtimaſt le faire en tout à ſon auantage. A quoy
ie luy reſpondy. Vous auez doncques dormy
ſur ce coſté, ma Damoyſelle, & perſiſtez encore en l'animoſité, ſur laquelle hier nous de-
partiſmes l'vn de l'autre? Qui euſt iamais eſtimé qu'à voſtre inſtigation & conſeil, ſe deli-
beraſt noſtre amant forcer les portes d'vne ſi
honneſte priſon,pour eſperer ſe reduire en liberté? Ie vous diray, ſeigneur Paſquier, diſt
lors Philopole,bien ſouuent le mauuais traitement qu'on reçoit de ſon amy, ou ſa Dame,
occaſionne les gens d'en ſortir, ou pour le
moins à mettre peine de ce faire : & quant à
moy ie ne vouldrois pas iurer,que ma Damoyſelle Charilee ne fuſt peult eſtre ſur ces termes. De telle choſe, repliqua-elle,ne vous en
rendray-ie conte pour le preſent : ſi ne vous
fault-il trouuer eſtrange,ſi ie (qui peult eſtre,
ay en quelque recommendation les pauures
amans, veu meſme que noz propos le requierent) eſmeue d'vne naturelle compaſſion, leur
ſouhaitte pluſtoſt liberté,que ceſte eſtrange &
tenebreuſe priſon, en quoy ie les voy marty-
rez. Non que tels propos preignent leur adreſſe vers moy (côme iugez) ains parce que touſiours i'ay eſtimé, qu'encore que le plaiſir que

*Les incom-
moditez de
l'amour.*

l'on reçoit en amour, soit grand en extremité, au respect des autres, voire sans comparaison, si m'a il tousiours semblé, n'egaler en son endroit d'vn seul poinct la minime partie des douleurs & tourmens, qui de là preignét leur source & origine. Mille suspicions, mille ialousies, vne infinité de craintes, sans lesquelles amour ne chemine, à vostre auis ne causent-elles telles peines, qu'à vn homme de sain cerueau & bon entendement, ne fust plus cher n'entrer iamais dans ce fort? De ma part ie pense qu'oncques amant ne se trouua iouïr d'vne heure de bõ temps, qu'il ne l'ayt acheteé, & deuant, & apres la iouïssance, auecques vsure illegitime: deuant, par-ce que l'amant n'est encore paruenu à l'asseurance de ses desmesurees affections, & ne sçayt qui luy en escherra: apres, pour la peur & crainte qu'a celuy qui iouit, que la proye ne luy eschappe. Vray que le parfait amant & qui est asseuré, ne doit entrer en tel vmbrage. Mais qui est l'asseuré amant? qui est celuy qui se peust dire acertené de la volonté de sa Dame, comme de sa propre foy & cõstance? Ie ne vous allegueray le parler du peuple, auquel pour l'honneur de sa maistresse (lequel il doit plus auoir recommandé que soymesme) il fault que cestuy amant satisface. Estát le monde du iourd'huy si farouche, ie ne diray point maling, que pour voir trois ou quatre fois vn ieune homme familiariser auec vne femme, soudain il entre en quelque soupçon & opinion: laquelle parauenture n'est pas faulse. Quelle peine donc ques pésez vous que c'est à celuy qui du tout s'est voüé à vne Dame, satisfaire à sa volonté, & empescher les langues du populaire? Car à bien dire, cest amour rendant les hommes taciturnes & pensifs, fera plustost descouurir voz passions, que si à son de trompe les alliez publier par la ville. Quoy? n'estimez-vous rié vn refus, apres vne longue poursuite? n'estimez-vous vn faux raport, soit ou de vous à vostre Dame, ou de vostre Dame à vous? Tel rabaioyene surpasse-il tous les plaisirs que pourriez imaginer en amour? Lesquels encores que ils soient grans, sont neantmoins en soy perpetuellement accompagnez d'vne intrinseque melancolie. Ie m'estendrois plus auant à deduire les occurrences qui tombent en amour, desquelles i'ay vne infinité, verifiees par exéples, n'estoit que ie craindrois faire tort à vous autres messieurs, qui trop mieux entendez telles affaires que moy, comme les ayans pratiquees. Bien vous diray-ie vne chose, qu'oncques ne trouueray amoureux, bien qu'il eust attaint à l'accomplissement de la chose qui plus luy venoit à gré, que s'il aymoit parfaitement, ie ne trouuasse ordinairement perplex, melancholique & fasché, bref qui apres auoir longuement consideré l'effect de l'amour, ne me confessast y auoir plus de fiel & amertume, que de miel. Lors Glaphire: Vous ne vous esgarez pas loing du vray, dist-il, & pour ceste mesme cause, quelques anciens Philosophes faignirent l'amour prendre naissance de Pore & Penie, c'est à dire d'afluence, & indigen-

du Monophile.   171

ce; pour nous figurer les amans au plus grand contentement de ce monde estre neantmoins miserables, par vne desuoyee concupiscence & insatiable cupidité: Voire que celuy qui a iouïssance, ne demeure encore contant. Voila pourquoy, respondit la Damoyselle, ie souhaiterois cest amant trouuer quelque yssuë à l'amour, si trouuer nous la pouuions.

Sur ce poinct Monophile, seul protecteur de ce petit meurtrier, qui luy causoit tout sõ mal: Ie ne sçay dist-il, ma Damoyselle, qui vo° meut entrer en ces termes: vous qui estes femme si sage, & qui par vne longue vsance auez acquis tel bruit entre toutes persõnes de bon esprit, si est-ce qu'à ce que ie puis recueillir de voz propos, ie croy que voulez ressembler celuy qui pour vn petit contentement qu'il se promettoit, reuoyãt sa patrie, contemna vne immortalité, à luy par les dieux proposee. Ie dy cecy, pour autant que souhaitez vn amant sortir d'amour, pour quelques petites perturbations qui luy tombent en l'esprit, lesquelles bannies de nous, estimez l'homme trop heureux. Ie vous supply, ma Damoyselle, qui est celuy qui iamais se trouua desnué de telles passiõs? qui est celuy qui en tout ce rond corps de l'vniuers, au plus grand contentement de ce monde, se trouua oncques contant? Ie m'esbahy comme par mesme moyen ne souhaitez ne procreer iamais enfans, parce que d'autant que les aymons plus que les autres, d'autant nous aportent-ils plus de moleste & fascherie. Ne craignons nous, desirons, esperons, &

Les choses qui nous apportẽt plaisir, apportẽt aussi desplaisir.

tourmentons cœur & corps en leur faueur? Defirons les veoir grads, paruenus, & fupport de noftre vieilleffe, & là employons toute noftre eftude: Craignons qu'ils ne reçoiuent mal au corps, ou à l'efprit, par mauuaifes conuerfations: nous tourmentons extremement, & quafi nous refentons du mal qu'ils fentent. A maniere que fi voulez balancer les angoiffes que fupportez pour ceux que mettez en ce monde, auecques les plaifirs qu'en receuez, ie ne fçay lequel des deux fe trouuera emporter l'autre: & toutesfois vo⁹ fçauez que l'extreme amour qu'auons en eux, fait oublier le tourment & trifteffe dont ils font caufe. Et eft impoffible que des chofes dont receuons extremes contentemens, par fois auffi n'en receuiós grandes douleurs & amertumes. Y a il chofe en ce mõde qui nous tourne à plus grãd plaifir que le feu? par luy toutesfois font les magnifiques palais, & citez arfes & confommees. Ne me confefferez-vous l'eau, eftre grandement prouffitable & vtile pour cefte neceffité humaine? ce neãtmoins par elle feule la plus part des grãdes richeffes periffent, lefquelles nous fubmettós à fa mercy. Or fi pour tels accidens & mefauentures, qui quelquefois nous font caufez par ces deux elemés, vouliez nous fruftrer d'vn tel bien, voyez, ie vous prie, en quel defarroy mettriez cefte machine ronde. Ainfi eft-il de l'amour, duquel nous voulez defpouiller, pour quelques martyres fans plus dont il s'accompagne, non confiderant le grãd bié & prouffit qu'il cache en foy. Que ne fou-

haittez vo' auſsi (à ce que ie ne paſſe pl' loing)
que l'homme ne naiſſe, parce qu'eſtant entré
en ce monde, il endure infinies & inſupporta-
bles miſeres? Car ſoubs tel deſtin ſommes-
nous nez, & d'autant que ſommes grands, &
eleuez au plus hault degré de felicité, d'autát
ſentós nous plus aigrement les pointures de
faſcherie. De ſorte que ie m'eſmerueille grandement comme vous, ma Damoyſelle, ne diſ-
courez en vous meſme, que tout ainſi qu'a-
mour par fois nous cauſe vn extreme & parfait plaiſir, ainſi eſt-il raiſonnable, que par autrefois il nous bate d'vne eſtrage & viue maniere. Parce que ſi le plaiſir en eſtoit petit en
vn temps, auſſi en ſeroit en autre ſaiſon la faſcherie plus petite. Car Dieu a ainſi conioinct
& peſé l'vn auecq l'autre, pour ne nous vanter eſtre heureux de tout poinct, & a donné
la faſcherie au contrepois du plaiſir. Lequel
toutesfois eſt ſans comparaiſon (& ne vous
deſplaiſe ſi ie le dy) plus grand au poinct dont
nous parlons, que les angoiſſes qu'y ſup-
portons. Car les pleurs & larmes que nous
eſpadons en amour, ne ſont par nous iectees,
ſinon comme participás de l'humain, ſubiect
à toute infirmité, à toute calamité: & les plaiſirs qu'en auons, nous rendent demy eſgaux
aux celeſtes. Auſſi à dire le vray, amour nous
redroit en ceſte baſſe terre beatifiez, n'eſtoient
les petites trauerſes qui s'offrent quelquesfois en luy. En quoy ſe deſcouure appertemét
vne grãde prouidence diuine qui (pour nous
manifeſter noſtre humanité) voulut accompa-

gner ceste grande abõdance de ioye, de quelque estincelle de douleur. Non pourtant que il faille que si petites algarades soient de si grãde efficace, que pour elles soit besoin nous desnuer d'vne si grand' beatitude: Mais fault parmy telles destresses esprouuer le cœur d'vn vray & loyal amant, ny plus ny moins que l'or au feu: car qui tousiours seroit nourry entre ses voluptez, telles qu'il souhaiteroit, sans sentir aucune aygreur de fascherie, à peine que iamais il peust sauourer le doux fruict qu'il y auroit au iardin de volupté. Mesmement semble que pour son augmentatiõ il soit necessaire l'entrelacer de quelques petites douleurs. D'autant que pour bien assaisonner vne viande, n'est seulement besoin de sucre & choses doucereuses, ains de beaucoup d'espisseries, qui de soy sõt difficiles à digerer: mais meslees auecques autres drogues, luy apportent bien bõ goust, qui autremẽt seroit fade. A dõc Charilee: Vrayemẽt, seigneur Monophile, repliqua-elle, ie me desdirois volontiers, tant sont voz raisons persuasiues, & pleines de bonne grace, n'estoit que pour vous seul qui d'vne force volontaire viuez soubs ce ioug d'Amour, i'en trouue vn milion, qui par ameres complaintes maudissent le iour & heure, que iamais meirent le pied dans ce dangereux chasteau. Et bien qu'ils cognoissent leur ruyne à l'œil, si se sentent-ils tellemẽt pris à la glu, que pour conseil qu'ils entrepreignent, ou pour aucun effort qu'ils facent, ne se peuuent depestrer, non plus que le cerf encheuestré dãs les filets, du Monophile. 175

lequel plus tasche a euader, & plus s'enuelope soy-mesme. Ie ne puis dōcques péser (dist Philopole interrompant ce propos, parce que sur toutes choses estimoit l'amant brutal) pourquoy Nature nous ait donné vne ame raisonnable pour nous distinguer des bestes, si l'homme est si despourueu de raison qu'il entre à sa volonté en vn lieu, dont puis apres à sa grande confusion il ne se puisse retirer. Car encore est excusable le petit oyseau, & s'en doit plaindre seulement à Nature, qui l'a despourueu de cognoissance, quand par doux chāts & attraits il tombe aux aguets de l'oyseleur, dont puis apres reçoit ou sa mort, ou captiuité. Mais cestuy homme se perdant à son escient, pour sur le tard se repentir sans y pouuoir donner ordre, en quoy le doit-on separer de tous les autres animaux, sinon de l'exterieure face, soubs laquelle il couure vne par trop grande bestialité? Et vouloit cōtinuer ce propos: toutesfois Charilée, le voyant entrer en termes trop chatouilleux: Ha seigneur Philopole, heureux estes vous, dist-elle, qui iugez à vostre aise des coups & fausses demarches: toutesfois si estiez entré en ceste escrime, tout rusé & hupé que soyez, parauēture ne les destourneriez-vous. Mais sçauons quoy? Vistes-vous iamais nautonniers entreprendre vn long voyage, & se commettre à la volonté de la mer soubs vne attente de beau temps, qui de prime face leur rit: lesquels toutesfois singlans en plaine mer, (se trouuans bien souuent frustrez de leur premiere esperance) sont tellement

Comparaison d'vn amoureux auecq' le nautonier.

agitez de l'orage & la tempeste, que nonobstant toute leur industrie, sont contraints abandonner le vaisseau à la mercy des vents & vagues, sans y pouuoir donner ordre? Ainsi pouuons-nous comparer cest amant, qui souuentesfois indiscretement, voire lors que plus il pensera estre en seureté, à la conduite de quelques œillades qu'il receura d'vne Dame, se mettra auecques tous les plaisirs & contentemens de ce monde, dans ceste grand' mer d'Amour, dont toutesfois à la parfin s'en repentira à loysir. Qu'ainsi soit, ie l'ay apris par vn chant, que quelquesfois i'ay entendu d'vn personnage, qui à mon iugement auoit passé tous les destroits & angusties d'Amour. Pour no⁹ le represéter par ses vers en telle perfection que ie pense que la Venus, en ce qu'elle fut comprise par Apelles, ne fut point plus pourtraite en son naïf, que cestuy nous en a donné pleine intelligence, par la nauigation & naufrage que de soy-mesmes il descrit. Dont toutesfois ie suis sans plus contente vous reciter quelques huitains, tant pour estre ce chât d'vne trop longue estédue, qu'aussi pour n'estre memoratiue que des principaux traits. Et peult estre par son exemple excuserez-vous vn amant, combien qu'assez chaudement il soit entré dans ce gouffre, dont apres il ne peut sortir.

Qui me fera ce coup cy
Mettre en pleine mer la voyle,
Pour descouurir le soucy,

Que

Que dans mon esprit ie voyle?
Qui sera celuy des cieux,
Et de la diuine troupe,
Qui par vn doux vent en pouppe
Me rende à port gratieux?
　Quel Neptune à mon secours,
Quel Dieu faut-il que i'embrasse,
Pour parfournir tout le cours
Du long chemin que ie brasse?
Ie voy le flambeau desia,
Qui à sa claire venue,
Semble foudroyer la nue
Qui tant mon cœur vmbragea.
　Auant doncq' gentils Nauchers
Ores que la mer est calme
Voguons sans craindre rochers,
Emportons l'honneur & palme
Sus tout marinier passant,
Que voulons-nous autre ayde,
Puis qu'auons pour nostre guide
Ce Soleil resplandissant?
　Sus mon desir en auant
A ceste nouuelle emprise,
Qu'on mette voiles au vent,
Sus espoir que tant ie prise,
Sus ma haute volonté,
Sus fermeté, sus priere
Toy honte tien toy arriere,
Auecques desloyauté.

Quoy? quelle nauigation se trouua oncques
entreprise d'vne plus grand' gayeté, ny mieux
garnie de Nautonniers, que celle-cy? Le tout

M

à cause de ce Soleil, qui sembloit promettre quelque serenité de temps. Toutesfois si ce ioly entrepreneur se trouue en fin trompé & deceu de son opinion, ie m'en raporte bien à luy. Seulement oyons le encore en sa grande prosperité, apres quelques autres poincts par luy passez, auecques vne grande satisfaction d'esprit, lesquels ce neantmoins ie laisse.

Voyez icy le troupeau
De Nymphes, & de Nayades,
A la lueur du flambeau
Nous donner cent mille aubades,
Si qu'il semble s'animer
Pour faire honte à la Dame,
Qui iadis trouua son ame
Dans l'escume de la mer.
  Icy se voit l'vnion
De tous elemens ensemble,
Icy la perfection
De toutes choses s'assemble!
O flambeau digne d'honneur!
Flambeau qui nous sert de guide,
Flambeau qui regles la bride
De nostre ioye & bon heur.
  Nous ne craindrons te suiuans
D'encourir aucune entorce,
Et se trouuassent les vents
Auec toute leur force.
Sus doncques amis flottons,
Paracheuons nostre poindre,
Bien tost nous nous verrons ioindre
Au port que nous souhaitons.

O bien & plus que bien heureux amant, si la iournaliere fortune ne luy eust ioué tour d'escrime, dont de toute ancienneté elle en a appris l'vsage. Escoutons le dõcques au demeurant, pour voir si cest extreme plaisir luy aura prosperé de bien en mieux.

Dieux marins de quel costé
Voy-ie surgir ceste nue,
Qui obscurcit la clarté,
Dont estoit entretenue
La trop ardente chaleur
De nostre ineuitable astre:
Dieux gardez-nous du desastre,
Et d'inopiné malheur.

Voyez comme à petits traits,
Ce mal fortuné augure
Nous va rechangeant les rais
Du beau temps en nuict obscure:
Dieux ayez en nous esgard,
Ceste noire nue & sombre,
Las! nous promet quelque encombre,
Si fortune ne nous gard.

Elle est desia au milieu
De l'estincellant visage,
Le vent la single en ce lieu,
D'vne foudroyante rage.

Et ainsi va tout le demeurant de ce chant, duquel comme ie vous ay dit, ie ne me puis bonnement ny tout au long recorder, si me souuient-il fort bien, que c'est vne continue deploration de la misere, dont pour lors, il

M ij

estoit tourmenté par infinies trauerses & indignitez qu'il souffroit en Amour maulgré luy. Iusques à ce qu'en fin, ayant esté agité de toutes sortes d'orages, il est contraint confesser le dernier periode de son malheur : quand il dit estre tombé au profond gouffre de Caribde & de Silla, femmes monstrueuses comme sçauez, & coustumieres de changer en formes brutales, tous ceux qui par l'impetuosité des vents sont iectez en leur destroit. Ainsi, deplorant son estrange sort, est-il forcé de dire.

Ie cognois ia mes façons
Prendre diuerses manieres,
En oyant les traistres sons
De ces douc'-aspres sorcieres:
Plus ne se voit sur moy nerf
Qui n'ait ia la nourriture,
Voire la mesme nature
Que l'on voit tenir au cerf.

Et pour estre moins encors,
Ains plus tenir du ramage,
Ie voy autour de mon corps
Encor couler vn plumage,
De maniere que ie sens
(Helas pitié trop insigne!
Se transformer en vn cigne
Tous mes esprits & mes sens.

Comme cerf doncq' ie seray,
Et comme l'oyseau qui chante
Par vn chant desesperé,
Aux eaux sa mort violente,

Jusqu'à ce qu'il plaise aux Dieux
Me permettre que i'espreuue
Le remede qui se treuue
Dans le fleuue oublieux.

Ne voyez-vous comme par vn faux desir, & vne vaine esperance (dont sur les premiers iours qu'il voulut faire voyle, il se paissoit) le plaisir & consolation qu'il se promettoit: toutesfois en fin de ieu, en quelle deffiance & desespoir il est tombé, veu qu'il n'a refuge qu'en la mort, en laquelle à peine peut-il trouuer medecine? Que vous sembleroit doncq' de celà, seigneur Philopole, quand les plus fins se treuuent ainsi trompez par les douces amorces de cest Amour? Lequel, comme hier nous disputions, s'estant de nous emparé, nous oste toute cognoissance, & de luy & de sa Nature, sentans dans nous vne flamme, qui nous consomme les entrailles, beaucoup moins amortissable, que ce perpetuel feu de la montagne de Sicile. Et ores que nous procurions tous moyens pour l'estaindre, si n'est-il en nostre puissance: tant est fort & indissoluble ce nœu de parfaite amitié. Et qui pis est, verrez bien souuent escheoir, qu'vn hõme ayant esté à vne longue poursuite d'vne Dame, laquelle parauenture ne sera moins touchee de son Amour, que luy aiguillonné pour elle: elle toutesfois vergongnée d'vn stimule d'honneur, ne luy ozer commettre entre mains ce qu'il demande. Ie vous suply faire iugement de vous-mesmes, si cestuy amant parauen-

M iij

ture fonde là son but (comme nous disoit le seigneur Pasquier, bien que ie ne le vouluſſe croire, mais toutesfois pose le cas) en quel trauail doit passer sa vie cestuy tant passionné? Or quelle medecine voudriez-vous ordonner à ce malade? non que ie pretende que pour aucun refus il ne soit touſiours tel enuers sa Dame cóme au paſſé: mais trouuons luy par gentilleſſe quelque drogue, par laquelle luy faiſans oublier ſes paſſions, ce neantmoins ne luy facions diſcontinuer ſes Amours. Ainſi ferós en luy viuifier le plaiſir, qu'il aura à ſonger en ſa maiſtreſſe, & aſſopirons les douleurs qui luy cauſent cent mille morts.

Voſtre diſcours (diſ-ie lors) eſt hautain, nous demandant vne choſe non faiſable, qu'aymer ſans aucune paſſion : & ne ſeroit moins facile, extraire des quatre elemens ceſte quinte eſſence dont les Philoſophes anciens diſoient noz ames prendre ſource, qu'eſperer ſatisfaire d'vn ſeul poinct à voſtre deſir: lequel à la verité ie loüe & eſtime grandement, comme prouenant d'vn bon lieu & bien affectionné enuers les pauures miſerables. Mais il eſt autant poſſible qu'vn Amour ſoit ſans paſſion, comme vn homme viuant ſans ame, vn Soleil ſans lumiere, vn feu ſans chaleur, vne eau ſans humidité: leſquelles choſes ny plus ny moins qu'elles leur ſont ſi naturelles, que ſans elles en leur particulier ne peuuent eſtre l'homme, le Soleil, le feu, & eau : ainſi ne marcha iamais Amour ſans ſes compagnes les paſſions. Partant me ſemble que ce ſeroit choſe par trop impertinéte, de vouloir disputer d'vne Idée en nos esprits, qui ne fut & ne peut estre, ains faut accommoder noz propos en choses non impossibles : autrement seroit perdre le temps, & la parole. Et pour le regard de ce que nous proposez vne femme qui fait son estat d'aymer, & toutesfois veut maintenir son honneur, pour le moins ce qu'elle pense son honneur, encores que tel cas aduenant, il soit bié difficile qu'Amour sortisse iamais son plein & entier effet: si seroy-ie icy bien de mesme aduis que fut l'amoureux poëte, que pour vn, ny deux, ny trois refus, ne se faudroit tenir esconduit, ains iusques à l'importunité soliciter de plus en plus sa Dame. Car ores que pour vn temps elle face doute s'abandonner à nostre mercy, soubs crainte de faire playe à cest honneur, si ne me sçauroit on persuader qu'en son esprit elle ne reçoiue vn extreme contentement, pour se voir priee & requise de celuy que plus elle honnore & reuere, & ensemble pour la chose que plus elle apeteroit sās ce répart de vergongne: qui n'est neātmoins si fort, qu'à la longue ne se rōpe & abate par vne vehemence d'Amour, qui passe toutes autres forces & vertus mōdaines. Aussi que la raisō y est tres expresse, principalement au cas qui se presente, parce que cest honneur ne gist qu'en l'opinion des hommes, & cest Amour s'extrait & tire principalement des regiftres de la Nature, qui à ce nous inuite & induit. Et afin que ne trouuiez mon propos estrange: si noz ennemis se rendent à nous affables par nostre humi-

Quel ordre on doit tenir, pour paruenir à la iouissāce.

lité & prière : si les bestes brutes priuees de toute cósideration raisonnable, se rédét à nous familieres par noz doux attraits & allechemés : que deura en fin faire ceste cy, qui nous a en recommendation, qui nous cherit, qui no² ayme plus que soy-mesme? Pésez-vo² la féme n'estre susceptible d'Amour autant & d'auantage que l'hõme? voire iusques à s'estédre à choses interdites & desfédues? N'ayma Bilis son frere, Myrrha son pere, & la pauure Pasiphaé ne fut elle esprise pour vn Taureau? Et toutesfois ne ouistes (au moins ainsi le croy-ie) iamais parler de féme, tãt fut elle transportée, qui fist l'office de demãdeur, ains que surprise d'vne certaine honte, ne vouluft estre requise : & encores requise, ne fist doute de l'accorder. Partant ay-ie tousiours ouy dire à gens esprouuez & experimentez en tels actes, le meilleur estre ne requerir que bien peu, mais requerant, lascher par vne si honneste audace, la bride à ses passiõs, que lon se trouue emparé & saisi de la chose tant desirée. Et à dire le vray beaucoup de choses se prennét honnestemét, que nous n'oserions requerir sans nostre tresgrãd desauantage & hõte. I'en feray iuges messieurs les gés ecclesiastiques, & aduocats : mais principalemét en ceste affaire, enlaquelle les paroles, toutes couuertes qu'elles soiét, sõt beaucoup plus honteuses & difficiles à digerer, que l'effect. Et croy tel estre le seul & vnique moyen, pour paruenir à chef de son dessein : lequel bien pratiqué, à mõ auis que peu s'en trouuerõt escõduits. Car quãt à moy ie ne vy & ne leu iamais d'amas (hormis quelques-vns de petit nōbre, nez soubs vn trop grād desastre) qui en fin de compte ne soient arriuez à bon port.

Alors Philopole: Vostre raison me semble bonne (dist-il) & pour l'auerer d'auantage, seulement vous diray ce mot: c'est, que si les Dames estoient si farouches comme elles en font le semblant, & comme beaucoup de pauures sots pensent, on ne les verroit si popines & bragardes, comme les voyons à present. Car, à vostre aduis, qui a introduit ce petit passefilon, ceste vertugale premierement, puis la vasquine bien troussee, ceste buste & au temps passé ces petits mignōs patins, & vn tas d'autres affiquets, dont les femmes se sçauent si bien aiencer, sinon pour complaire aux hommes, cō plaisans, estre apetees? Ie dy apetees de sorte qu'il semble, que telles curiositez soient inuentees au suplement de la bouche, laquelle n'osant exercer son office pour requerir, auroient esté en ce deffault introduites telles petites mignardises tant familieres à toutes femes. Ie m'en raporte (luy respō dy-ie) à ce qui en est, toutesfois il pourroit bien estre, seigneur Philopole, que prinssiez les matieres trop crues, ainsque pour plus grāde permission que ne pensez, tomba la femme en si grande curiosité, puis qu'ainsi vous plaist la nōmer. Par ce qu'elle estāt creée seulement pour l'ayde & plaisir de l'homme, il est vray-semblable que Dieu ait en elle mis ceste opinion, à ce qu'elle s'estudiast nō tant de cōplaire à soy, que de dōner cōtétement aux yeux de

Que la femme se fait popine pour complaire à l'homme.

celuy, en faueur duquel auroit esté cóposee. Qu'il soit vray vous trouuerez que la ieune pucelle semble affecter ceste mignotise, pour estre plus conuoitee de ceux qui pretendront à son mariage. Et pour ceste mesme cause permettoit Licurge en sa Republique aux filles marcher desuoylees, pour estre desirees & veues. Aussi par mesme moyen, tasche la féme agreer non au populaire, ains à son mary, à qui du tout elle s'est destinee. Nous lisons de ce bó Empereur Auguste, qu'vn iour voyant sa fille paree à l'aduantage, & outre la cómune vsance, encores que telle vanité ne luy vint à gré, si ne voulut il pour l'heure descouurir ce qu'il en pensoit. Au moyen dequoy le dissimulant à vn autre temps cómode: la trouuant vne autrefois en habit plus simple & modeste, & plus conuenable (ce luy sembloit) à l'honnesteté de son sexe: Or cóbien, luy dist-il, est plus seant à la fille d'Auguste tel habit que non celuy dont ces iours passez vous desguisates! A quoy elle, comme bien aprise & en tédue: Ne vous en esmerueillez, monseigneur (respódit elle) le contentement de mon mary m'inuitoit lors à ce faire, & ores veux-ie satisfaire au vostre. Si ceste responce fut bonne & digne de la fille d'vn tel Empereur, certes vous seul l'estimerez. Autant en disoit presque ceste bonne Dame Esther, quand elle protestoit deuant Dieu, que les somptueux paremens, dont par fois elle vsoit n'estoient que pour rendre cótent ce grand Roy Assuere, qui l'auoit choisie pour sienne. Ie dy cecy, encores que ie

Pourquoy ont trouué lieu és femmes les grãdes parades d'habits.

m'eſlongne de noſtre but, toutesfois puis que par voſtre moyen y ſômes tombez, pour mon-ſtrer qu'à grand tort ſe donne improprè à la femme vſant de ſumptueux habits, quand l'e-ſtat le requiert, & le mary y preſte conſente-ment. Car là doit du tout fonder ſa fantaſie, & non au plaiſir des eſtrangers qui ne la doi-uent en rien toucher. Autremét ſeroit (s'il fault parler en verité) non reprehenſible, ains gran-dement puniſſable. Le ſemblable n'eſt pas de la veufue côme de la mariée ou fille à marier, d'autant qu'elle ne doit plus pretendre auoir obiect à contenter. Et ores que d'vn trop aſpre deſir elle vouluſt entrer en matiage, ſi eſt-elle pl' agreable & à Dieu, & au monde, en ſa ſim-ple ſimplicité & nonchallance. Car les larmes qu'elle doit iecter, & les regrets que pendant ſa viduité doit auoir pour la mort de ſon def-funct mary, luy doiuent ſeruir d'aſſez bonne bride, pour la retirer de toute pompe. Et à ce-ſte imitatiô diray que la féme, en l'abſence de ſon eſpoux, n'en doit moins faire, par ce que durant iceluy temps elle a perdu celuy qui luy cauſe toute telle façon de faire.

Et qui empeſche, repliqua Philopole, que les filles ne ſoient autant & plus louables en leur modeſtie, que les veufues ? Ne pal-lions point, de grace, leur penſee : Nous ne ſommes point, nous ne ſommes point en la Republique de Sparte : ce temps porte tou-tes autres façons & autres manieres de viure. Et toutesfois quelque cas qu'il vous plaiſe dire, ſi ne trouuaſtes-vous oncques que ce

La ſuper-fluité exte-rieure d'ha-bits iuge de l'interieur de la féme.

grand personnage Licurge, fōdateur de si bonnes loix, permist iamais à la fille (quoy qu'elle marchast sans voile) tel desguisement d'habits, comme le voyons en vsage. Car à bien dire, si pour ceste consideration de mariage telle vsance se pratique, comme vous, seigneur Pasquier, presumez, n'est-ce chose ridicule? Veu que beaucoup plustost toutes filles gaigneront mary, s'abstenans de telles manieres, que s'en aydans. Car si pour sagesse & honnesteté, elles se rendent plus aymables, à la verité celle est plus estimee, qui moins hantant auecques le monde, moins se rend subiecte au langage du populaire, & estime-lon celle qui est en habits dissolue, pareillement en complexions dissolue: parce que nous asseions noz iugemens sur ce que nous voyons à l'œil. Chose que bien descouurit ce bon Capitaine Lisandre, auquel ayāt quelque tyran de Sicile enuoyé plusieurs accoustremens precieux, pour seruir de lustre & parade à ses filles, les refusa sagement, adioustant à son refus vne responce memorable, qu'en telles façōs de robes gisoit plustost leur deshonneur que l'ornement. Aussi n'est celuy estimé Cordelier, ny Iacobin, qui auecques habits balaffrez, va vagabond parmy le monde, ains celuy qui, hantāt les cloistres, se regle selon la forme à luy prefixe par vn S. François, ou Dominique. Ainsi au iugement de tout le monde, ne sera la fille chaste en si grande superfluité d'habits, & moins par vne mesme raison, trouuera-elle de marys. D'autant que la chasteté est chose si precieuse &

recõmandable, soit en la fille ou en la femme, qu'aussi tost se cõtamine-elle en vestemés, œil ou pésee, cõme au fait. Et où vne fille péseroit en moy trouuer mary pour estre si brauement atiffee, se trouueroit y auoir aussi peu de part, cõme ie la iugerois peu participer du chaste. Quel besoin est-il desguiser icy les affaires? telles petites piperies ne furent iamais mises sus, que pour attaindre au dernier poinct. Car tousiours a esté à Dieu plus aggreable la femme en sa simple modestie, ou sa modeste simplesse, qu'en telle insolence trop curieuse : laquelle voyons autresfois auoir esté d'effendue aux sages matrones de Rome, cõme seul malheur & encombre de leur Republique : ainsi que depuis fut verifié par exéple, lors que petit à petit vint mettre son siege en ce lieu. Aussi est le mary bien iànin (s'il fault venir à celle qui est mariee) qui non content de ce dont Nature a doué sa femme, la veult rendre desguisee (& autre qu'elle n'est) au peuple. Si elle est belle, n'est elle assez louée en sa beauté naturelle? si elle est laide, pourquoy contreuenant à la volonté de Dieu, la veux tu faire autre qu'il ne l'a voulu creer? N'est-ce pas pour soubmettre toy & elle au parler de tout le monde, & te faire enregistrer en ceste grande cõfrairie, à laquelle tous gens mariez sont subiets? Tu sçaiz que le parler du monde est si prompt & auantageux, & tu luy bailles occasion de te blasonner d'auantage. Et diray plus, non seulement luy bailles occasion de te poindre, mais aussi de faire la cour à ta femme, la voyant si mignonne & popine. Si nous n'en auions les exemples tant anciens que modernes, i'aurois raison de m'en taire: mais qui fut cause de la ruine & destructiõ des anciés Rois de Rome? ne fut-ce le mary mésme de Lucrece, en presence de Tarquin vint à tellemét la loüer & exalter, estant pour lors absente, que le plus dur cœur du monde eust esté pris de son amour? Et quel besoin estoit-il entrer en telles disputes, de chose qui luy estoit peculiere & non concernant autruy? Puis que tu es seul participant du bien & du beau de ta femme tel qu'il est, qu'as tu que faire le publier & faire tomber au desir & concupiscence de ce monde si attractif? Il fault que telles gens ie compare à cest ancien Candaules, qui d'vn esprit assez mal cault, voulut mõstrer sa femme nuë (au deceu d'elle) à vn Giges qu'il estimoit son amy: lequel en recognoissáce de si gráde priuauté, se trouua tellemét feru de l'amour d'elle, que par apres mist le mary à mort, pour entrer auecq elle en mariage: mais possible m'abusé-ie, & telles gens ne fault comparer à vn Candaules, qui receut tel loyer de son desmerite. Car au contraire ceux-cy plus heureux que sages reçoiuent à credit mille caresses & bonnetades en faueur d'elles, ausquelles beaucoup d'honnestes personnes font l'amour. Et ainsi sont-ils aymez d'vn chacun, pour ainsi farder leurs femmes. Qui semble autant abhorrent & de Dieu & de raison, comme telles gens qui le permettent sont dignes d'estre dits grosses bestes &

du Monophile. 191

animaux. Mais à bien considerer, à tort me tourmenté-ie l'esprit d'vne chose, qui nous est si auantageuse, & preiudiciable aux maris. Facent doncques tels badaux & permettent tout ce que bon leur semblera, & nous encores comme Cheualiers errans ferons telle conqueste sur leurs femmes que pourrōs. Car d'estimer qu'en faueur d'eux soient telles sumptuositez & mignardises en vsage, ce sont belles simulations & couuertures inuentees par les femmes pour couurir leur lubricité: cōme le sceut tresbien pratiquer celle mesme Iulie fille d'Auguste de la responce de laquelle vous estes voulu ayder. Et voº diray biē plus (voyez en combien de parties ie suis differēt d'auecq' vous) moins à mon auis se rendroit la vefue accusable en cest habit immodeste, que la fille ou la femme, lesquelles dites pour grand' raison se maintenir en telle sorte. Parce que luy estāt plus seant faire l'amour & auecques plus grand' seureté, aussi luy est-il plus conuenable se desguiser par toutes manieres de brauades qu'aux deux autres, dont l'vne est ordinairement esclairee d'vn fascheux pere ou d'vne mere, & l'autre d'vn vmbrageux mary. A quoy ie voulu adiouster: Et la femme veufue de tout le commun populaire, qui en elle fiche tous ses yeux, d'autant qu'elle n'a plus le pretexte dont elle se puisse voiler, qui estoit le mary, auquel il est plus facile imposer (pour l'affection dont bien souuent il se laisse transporter à l'endroit de sa femme) qu'au peuple, qui au fait d'autruy a plus d'yeux qu'il n'y a d'e-

A laquelle des femmes il est plus seant faire l'amour.

ftoilles au ciel. Vous dites vray, repliqua Philopole, mais encores sçauez vous que les commoditez soit du parler, soit d'executer sa volonté, ne se desrobbent si familieremét auecq les femmes mariees, qu'auec les veufues qui ne despendent que de leur chef. Ainsi leur estant plus propre aymer (tāt pour auoir ceste grande commodité, qu'aussi pour estre plus chaudes & aspres à tel mestier, duquel la fille n'a encores fait essay, & la femme mariee trouue satisfaction telle quelle en son mary) leur est bien mieux auenant, vser d'habits conuenables à cest amour, qu'aux deux autres.

A l'heure Charilçe: Vostre raison, dist-elle, auroit lieu qui vous accorderoit la curiosité d'habits estre inuentee pour donner occasion à aymer: Si ne vous l'accorderay ie, estāt chose trop indifferente. Mesme qu'il me semble estre bien chatouilleux (nonobstant quelque chose qui vous en plaise, seigneur Philopole, à ce que d'vn mesme trait ie satisface aux propos que cy dessus auez passé) iuger d'vn interieur, par vne apparence exterieure: & dit on en commun prouerbe, que les plumes ne font l'oyseau, & que deuons asseurer nostre renommee sans plus sur nostre vertu. Car tout ainsi que le froc ne rend l'homme plus sainct ny deuot, aussi pour estre vne femme propre ne doit on l'estimer lubrique, & quelque cas que le sot peuple en soupçōne, estāt nostre cōscience saine, bien peu deuons nous faire cōte des malignes lagues du monde, lesquelles on ne sçauroit refraindre. D'auātage vous sçauez que

que la Dame qui contre l'vsance & coustume tascheroit à s'acoustrer, seroit en tous lieux publiée pour hypocrite : & n'encourroit moins de blasme (puis que telles sont noz façons, ausquelles il se faut ranger) celle qui entre tant de pompes voudroit faire la reserree, que l'autre qui par vne estrange nouueauté entre vn million de recluses vseroit de trop grandes pompes. Parce que toutes telles nouueautez, de leur entree sont odieuses : mais par vn long trait de temps sçauent si bien gaigner païs, qu'elles ne se treuuent d'autre digestion, que les autres manieres de faire. D'autant que telles petites chimagrees ne gisent qu'en opinion des hommes. Et pour-ce ne faut-il seigneur Philopole, trouuer estrange, puis que telles façons petit à petit se sont trouuees bonnes & decentes, si nous toutes en general & d'vn commun accord les prattiquons, les aucunes d'vne mauuaise volonté, & les autres sans y mal penser: ains parce qu'ainsi l'on en vse. Aussi n'y a-il chose tant bonne soit-elle, laquelle si voulez retorquer en mal, ne s'y puisse tout aussi bien adapter, comme au bien : & fust-ce l'Euangile mesme, laquelle (ainsi comme vous voyez) nous accommodons selon que nos volontez, & affections nous poussent. Partant, seigneur Pasquier, sans plus faire icy de seiour, & sortans de ce touffe trop espais, ie vous supply reprendre vostre route encommencee. Autrement si n'y obuiez, nous nous pourrions par trop esgarer, sans pouuoir rentrer sur noz brizees.

Qu'il ne faut asseoir son iugement sur choses indifferentes.

Adoncq' moy reprenant la parole : Ie dy dócq, ma Damoyselle, qu'il seroit impossible que d'vne femme bien aymante, en fin l'on ne vienne à bout, & qu'on ne la meine à raison: nonobstant quelque impetuosité ou tourbillon de vent, qui pour vn temps nous empesche surgir à bon port. Toutesfois il ne vous faut prendre mon propos, sinon en tant que l'amour est entre les deux parties reciproque, comme nous presuposons. Car là où il deffaudroit d'vne part (comme il peut auenir par preuention de quelque autre, ou bien que les personnes ne nous plaisent) on se pourroit rompre & teste, & esprits, sans que iamais on y paruint. Chose neantmoins que ie ne voudrois maintenir iusques au feu : parce que les Chasteaux que bien souuét l'on pense inexpugnables, en fin l'on voit se rendre subiuguez. Sçauez-vous, dist lors Philopole, comme ie voudrois pratiquer telles Dames? Vous oyant parler de chasteaux, il m'est souuenu d'vn commun dire de Philippe de Macedone, lequel aux assauts des villes qu'on pensoit imprenables, demandoit si vn asne chargé d'or y eust peu entrer : car asseurez-vous disoit-il, s'il y entre, que Philippe y entrera. Voulant par ce remonstrer, que ce qu'on ne peut gaigner par amitié, ou par force, se peut dompter par argent, qui est le Roy de toutes choses & qui seul commande aux hommes. Ie croy qu'il n'y a femme tant vertueuse soit elle, laquelle ores qu'elle ne soit frappee du coin d'amour, & que là ne se puisse attraire, que l'argent ne parfour-

Faire l'amour auec l'argent.

nisse à ce deffaut, qui est d'vne nature plus atrayante, que n'est l'aymant enuers le fer. Iamais, respondy-ie, seigneur Philopole, telle iouyssance ne vaut rien, & moins encor' l'amour, mené sous vne telle esperāce. Non plus que de ceux qui par breuuages & potions amatoires, veulent forcer le naturel de leurs Dames pour les induire à aimer. Car l'amour, ne gisant qu'au cœur, peu vaut la iouyssance du corps, qui n'est vray possesseur du cœur. Et où la femme se lairroit gaigner soubs ce pretexte d'argent, ie la reputerois pour publique, quelque grāde Dame que ce fust: Ains au contraire il me semble que tant s'en faut qu'elle doiue porter faueur à vn tel amant, que plustost l'aura-elle en hayne pour se voir estre en reputation de vilaine enuers luy, d'autāt qu'il pense que plus elle face conte d'argent, que de l'amitié ou honneur: chose qui ne peut tomber en la pensee de femme, qui est tant soit peu de bon cœur. Aussi est-ce la cause pourquoy quelques-vns debatans à laquelle des deux Dames appartenoit faire l'amour: à la genty-femme ou bourgeoyse: voulurent dire la genty-femme estre plus propre, comme celle qui seulemēt pour son plaisir, sans aucun regard d'argent, aymoit. Toutesfois ie craindrois que telles gens eussent peu tomber en erreur. Car de toutes tailles se rencontrent bons leuriers, & se treuuent autant de bourgeoyses contemnans l'argent, comme de genty-femmes. Voire mesme qu'il sembleroit (non pas que ie le vueille dire) que la genty-femme se rendist en cest endroit plus suspecte, si elle n'estoit riche a suffisance. D'autant que l'estat de l'vne, pour estre grand & de sa nature oyseux, a tousiours plus affaire d'argent, que n'a celuy de la bourgeoyse, qui auec vne petitesse s'entretient gaillardement & sans si grande difficulté. Quant à moy i'estime que ny l'vne ny l'autre de ces Dames (pour auoir le cœur assis en trop bon lieu) mette plus son affection en la richesse, qu'aux personnes. Et pource, si parauenture il auenoit que l'homme aymant sans estre aymé voulust auec vn ferme propos poursuiure son entreprise, qui tend à la iouyssance: le meilleur moyē qu'il puisse auoir pour y aborder, est, ce me semble, par vne infinité de merites & seruices donner clairement à entédre à sa Dame la grand' amour qu'il luy porte. Parce que nature nous apprend tenir cōpte de ceux qui bien nous veulent, tout ainsi qu'estre desireux de vengeance en la personne de celuy qui nous pourchasse quelque tort. Mesme que tout ainsi que Dieu pour auoir formé l'homme d'vne matiere plus massiue, le voulut accompagner d'vne force, dont il defrauda la femme: Aussi pour auoir fait la femme d'vne nature plus tendre & subtile, la voulut rendre familiere de misericorde & pitié.

La femme d'vne nature reueche. Vous vous abusez, dist Philopole: car en toutes les autres choses, la féme semble estre misericordieuse & pitoyable, en ceste-cy se réd plus reueche & farouche, que ne sont les bestes brutes: Voire si maligne, qu'il semble qu'elle se baigne & complaise au mescontentement de celuy, qui luy porte affection, tousiours l'entretenant & alaitant d'vn vain espoir en sa presence, & en l'absence faisant de luy grande risee. Et comme dit quelqu'vn de noz amis, en vn sien chant qu'il en a fait:

 Tantost d'vn faint entretien
Le sçaura à soy attraire,
Puis d'vn offensif maintien
Ne taschera au contraire,
Qu'à le getter des arçons:
Plus muable en ses façons
Qu'vn Prothée, se paissant
(Comme l'oyseau rauissant)
En son cœur, & son martyre,
Pour puis estant en tourment,
Sçauoir seulement comment
A soy elle se retire.
 Ainsi permettant voler
Son esprit à la vanuole,
Se laisse l'homme couler
Soubs les esles d'vne fole,
Qui n'ayant compassion
De sa sotte passion.
Ains se nourrissant au mal,
De ce grossier animal,
Qui pas ne le peut cognoistre,
Luy fait faire mille estris,
Mille bons iours, mille cris,
Comme s'il venoit de naistre.

 Ie ne dy cecy sans cause, asseuré que la plus part des Dames, ores que le cœur soit du tout lié & destiné en vn endroit, si est-ce que si elles se sentent caressees par quelques honnestes Gentils-hommes, qui d'elles se soient enamourez : d'autant qu'elles sont soucieuses estre veuës auoir plusieurs seruiteurs à leur poursuite (seul tesmoignage ce leur semble, de leur beauté & bonne grace) feront caresses en particulier à vn chacun d'eux, & telles que les plus fins penseront auoir part en elles. En façon que s'entretenans d'vne sotte & vaine esperance, procedant d'vne infinité de fantaisies, entrent bien souuét d'vne fieure tierce en chaud mal, auquel apres ne peuuent donner remede. Or pensez-vous, seigneur Pasquier, que pour ceste extreme ardeur, elles entrét en plus grande pitié? Si vous le pensez, vostre pensement est bien eslongné du vray. Parce que tant plus elles vous troueront tourmenté, & plus vous voudront tourmenter, sans neantmoins vous donner congé, qu'auec esperance de retour. Sur ce poinct Glaphire : Ie suis, dist-il, de mesme auis auecq' vous : & me semble que le seigneur Pasquier se deuoit arrester en ce qu'au commencement il conseilloit, à celuy qui n'est point aymé, se desister du tout de son entreprise. Toutesfois ie croy, que s'il veut dire la verité, son conseil est plus pour tromper ceux qui desirent estre trompez par les doux apasts & amorses de pitié, que pour aucun autre regard. Pource qu'il me confessera estre meilleur (& m'en raporteray à son serment) premier qu'entrer plus auant dans ce labirinth, s'en retirer de bien bonne heure, lors que cest

amant non aymé, n'a encores perdu cognoiſſance de ſon mal, & premier que les paſsions
preignent plus grand' auantage deſſus luy.
Car l'amour (ainſi que dit celuy meſme qu'o-
res nous auez allegué,)

Par noſtre folie naiſt,
En elle prend ſa paſture,
Et ſans elle iamais n'eſt:
Puis augmentant ſa nature,
Petit à petit s'accroiſt,
Et de telle ſorte croiſt,
Que ny plus ny moins que l'œil
Ne peut attaindre au ſoleil
Quand vers le midy s'auance,
Ainſi tant plus hault le fol
Laiſſe à l'amour prendre vol,
Plus en perd-il cognoiſſance.

Voire que tout ainſi qu'au progrés & ſuite
du ſoleil, ceſte fleur que nous appellons Sou-
cil, ſe guide & œuure tant plus le ſoleil tend au
midy, eſtant vers le matin cloſe & fermée: ainſi s'ouuriront touſiours de plus en plus noz ſou-
cis & penſees, ſi du premier coup n'obuions &
reſiſtons à ceſt amour. Voulez vous ſimilitude
plus apparente que du feu materiel, auquel ſi
ne preuoyez lors qu'il s'eſt pris en quelque endroit, il s'accroit de peu en telle ſorte, qu'à
peine auecques toutes les eauës l'eſtaint-on,
combien que du commécement ſans aucune
difficulté il eſtoit amortiſſable? Ainſi fault-il
amortir ceſte flâme naturelle ſans aucun de-
lay, quand la voyõs gaigner païs ſur nous. Car

là où en tel temps peu d'eau suffira pour l'estaindre, au contraire si par elle nous laissons subiuguer, les grádes rauines ne se trouueront suffisantes pour la deschasser de no^9. Et où par petites gelees & froidures l'espererións effacer, cóme par ialousies ou autres mauuais recueils trouuerons finablement telles petites algarades n'estre que (cóme l'eau des mareschaux) renouuellement de nostre feu & amour. Et afin que vous ne pensiez mes propos s'estédre seulement vers celuy, qui ne trouue amour reciproque en sa Dame: ie ne veux à luy seul adresser mon conseil, ains à tout autre qui pretendra entrer dessoubs ce ioug d'amour. D'autant que si vne fois il se laisse alecher par ses traistreuses amorces, il luy sera impossible pouuoir au vray discerner la vraye amante de la fausse, tát pour estre trop esblouy en sa passió, que pour se sçauoir plusieurs fémes desguiser en tant de sortes, qu'il no^9 est presque impossible (voire hors l'amour) pouuoir cognoistre vn faux-semblant. Ie dy dócques & maintiendray celuy estre beaucoup pl^9 sage, qui encores que parauáture il pése receuoir quelque guerdó & loyer de sa Dame, neátmoins du tout s'en exempte dés le commencement, sans aucunement captiuer son esprit. Et cóbien que iouïssance soit de telle saueur, que peult-estre ne trouuerez goust à mes propos: n'estimez vous rien, sans que ie vous represente mille passions tombás en l'amour, ia discouruës par ma Damoyselle Charilée, vne perte & consommatió de téps, vne solitude perpetuelle, vn destourbement de toutes bonnes affaires, pour vacquer à cest amour? Cestuy estimeray-ie bien heureux, qui est iouïssant en amour: cestuy estimeray-ie plus heureux qui du tout l'aura abandonné, sans sentir ses aspres morsures. Et côme disoient quelques Philosophes anciens, celuy estre bien fortuné qui iamais ne nasquit: son plus prochain estre celuy qui est enfant morné: Ainsi reputeray-ie celuy au nombre heureux, qui chassant toutes occasions, ne sera iamais entré en amour: & l'accompagnera l'autre, qui y aura mis vn bout de pié, mais bien tost, craignant s'eschauder d'auantage, l'aura retiré à son honneur & proufit. Et toutesfois qui vouldra entreprendre d'aymer, soubs le voile de telle esperance qu'vn chacun qui ayme se propose, ie conseillerois bien plustost à l'hôme de robbe courte, de suiure tel chemin, qu'à celuy de robbe longue. Non qu'en cecy ie vueille riẽ deroger plus à l'vn qu'à l'autre: les estimant tous deux d'vn mesme degré, chacun en leurs qualitez, mais d'autant qu'il me semble l'estat de celuy de robbe courte (qui sont les armes) estre plus recommendable à l'amour, que celuy de robbe longue, la profession duquel gist principalement en l'estude, du tout incompatible auec l'amour. Et ne se peult le Gentil-homme tant desuoyer de ses bonnes entreprises que cestuy: ains semble ceste chose estre bien souuent cause de l'adextrer & aguerrir, pour la seule souuenance de sa Dame: à laquelle pour complaire & agréer, s'efforce de plus en plus apprendre mille hon-

A qui il est meilleur faire l'amour au gẽtilhõme ou à l'hõme de robbe longue.

nestetez & galantises, du tout concernans les armes, pour luy donner tesmoignage de ses adresses, soit à la lice, & à la bague, à voltiger, escrimer, saulter, baller, & autres tels exercices qui rendent l'hôme plus allegre & dispost: lesquels semblent prendre leur prime source & origine (au moins leur plus grand accroissement) pour estre bien venus & accueillis des Dames qui nous portent quelque faueur. Tellement qu'il semble estre presque necessaire à telles gens, pour mieux se duire aux armes, vacquer quant & quant à l'amour. Et pense que ce fut la cause pourquoy les Poëtes nous peignirent au temps passé, vn Mars & vne Venus prenans ensemble leurs esbats. Chose qui depuis nous a esté representée par tous romans, soient Espagnols, soient François. A telles gens, ie n'interdiray doncq' grandement faire l'amour si bon leur semble: mais quant aux autres, tresinstamment les suppliray s'en deporter, & sur les premiers iours que l'amour se pensera saisir d'eux.

De l'excellence des Poetes de nostre têps qui ont escrit d'amour.

Mais au contraire, dist Philopole: car dont procede vne infinité de tant de braues esprits qui iadis furent estimez, & encores de tant d'autres qui pour le iourd'huy reluysent entre les hommes, comme la Lune entre les estoiles, sinon pour s'estre trouuez rauis de ceste amoureuse flamme? Voyez ie vous supply entre les Italiens vn Petrarque, vn Sannazar, vn Bembe: & pour ne m'eslongner de mon temps, ny de mon païs, vn Ronsard, vn Bellay, vn Tiart: desquels chacun en particulier, s'accómodant à diuers ftiles (ainfi que leur naturel les pouffe) fe font rendus fi parfaicts, qu'il femble que la poëfie, qui n'agueres faifoit refidence en Italie, fe foit voulu tranfporter en cefte contree, pour y faire eternelle demeure. Car quant aux autres, combien qu'ils n'ayent ce tant defiré Genius (pour fe compofer plus aux façons & imitation d'autruy, que de fuiure leur nature) fi meritent-ils grande louange & immortalité de nom. Or de toute cefte compagnie, qui eft celuy qui ayt attaint à cefte perfectió, finó par le moyen d'amour? En maniere qu'il femble, que tout ainfi que l'amour n'euft efté rien fans eux, auffi n'euffent ils efté rien fans luy: & que s'ils n'euffent efté par fes doux apafts perdus, tous euffent efté perdus dans les obfcures tenebres de la nuict. Ainfi me femblez-vous trop partial, vouloir deffrauder l'homme d'eftude de l'amour. Ie meure, feigneur Philopole, repliqua Glaphire, fi iamais ces perfonnages que nous venez d'alleguer, fe trouuerent amoureux, & m'en rapporteray au iugement du feigneur Monophile, s'il luy plaift dire ce qu'il en penfe. Ce iugement feroit affez hazardeux, dift Monophile: toutesfois s'il nous eft loyfible balancer les autres au poix de noftre efprit, ie croyrois qu'il feroit affez difficile que l'homme furpris en amour, peult auecques vne telle brauade defcouurir vne fi haultaine conception, comme celle que tous ces Poëtes noº ont voulu reprefenter par leurs efcrits. Pource que le paffionné a les fens & fentimens fi

Si les Poëtes defcriuans leurs paffions doiuét eftre reputez vrays amans.

esperdus, qu'il seroit presque impossible, non que l'esprit, mais que la main peut exercer bien & deuëment son office. Parquoy pensé-ie que pour faire monstre de leur grande viuacité en vn subiect qui outrepasse toute humaine consideration, chacun d'eux ayt choisi sa chacune, à la louange & poursuite de laquelle il ayt employé la meilleure & plus saine part de ses escrits. Si pour ce regard seulement, dist Philopole, ainsi comme vous presumez, il me semble, seigneur Monophile, que ils se seroient fait trop grand tort. Par-ce que en autres mille matieres dignes de recommendation, ils eussent peu appliquer leur plume, auec plus grand bruit & renommée, que faignans adorer vnes Dames, se declarer en elles idolatres. Comme si leur iugement fust si bas que du tout il despendit des femmes, ne pouuans sans elles estre aucune chose. Vous ne sçauez encores (dy-ie lors entreprenant sur Monophile) qu'ils feront. Ne precipitons point, seigneur Philopole, noz iugemens à la volee: car toutes ces grâdes amours qu'ils ont voulu en eux desguiser, soubs la conduite de Poësie, en l'aage ieune auquel ils sont, nous promettent quelques œuures plus grands, venans à plus grande maturité & perfection d'ans. Mais vous sçauez que chaque temps emporte quant & soy son deduit. Ainsi ne fault-il trouuer trop estrange, si accommodans leurs escrits au subiect qui semble estre du tout voüé à la ieunesse (en laquelle à present ils viuent) ils se sont proposez faire les passionnez

dedans leurs œuures, pour seruir d'vn bon mi-
roüer à tout le monde? Si aux gens faisans profession d'aymer, pour se mirer & recognoistre
en ce que dans eux ils liront: si aux autres ab-
horrans l'amour, pour le detester d'auantage
à leur exemple. Quelle matiere requerez vous
doncq plus conuenable, tant pour eux (estans
dispensez d'autre estude en l'aage dispos où
ils sont) que pour l'vtilité commune? Combié
que ie m'asseure bien, veu la grandeur de leur
cerueau, qu'ils couuent encor' sous leurs
toicts quelque chose digne d'eternelle memoire, dont quelque iour nous aurons part.

Surquoy repliqua Glaphire: Il me semble
que tous ces propos ne touchent gueres les
nostres. Ce neantmoins ie croy (quelque
chose que lon en pense) que qui demande-
roit raison de leurs escrits à tous ces Poëtes,
ils diroient que le subiect qu'ils ont traité
est le plus braue & hautain thesme qu'ils se
fussent sceu proposer, D'autant que l'amour
se trouue d'vne si haulte puissance, que les
choses plus haultaines, voire les dieux du
temps passé, se laissoient mener en triomphe
soubs ses arrois & estandars. Or quant à moy,
si pour n'auoir esté attaint de son dard, ains
pour descouurir les passions qu'il cache en
soy, ils ont voulu mettre la main en vne telle
matiere, d'autant les estime-ie plus grands,
que la chose est plus difficile, i'enten si bien
parler de l'Amour, sans en auoir fait l'espreuue. Mais si pour l'auoir esprouué, ie les priray
de rechef pour vne bonne fin & conduite, non

decines re la adie mour. seulement de leur estude, mais aussi de leur repos, s'en deporter le plustost que faire pourront. Et en sera le moyen bon, si n'estant encores priuez de leur sain entendement, ils se persuadét de iamais ne pouuoir venir à bout: & où ils pourroient attaindre, toutesfois la iouïssance qui est la fin où lon pretend, n'estre qu'vne opinion de plaisir, causé d'vne affectiõ que portons plus à vne femme qu'à l'autre: & qu'au vray toute femme est femme. Vray que telle medecine n'est pas des plus stables & constantes de ce monde. Par ce que celuy qui aura empraint vne opinion d'vne femme dans sa teste, me dira n'estimer en rien iouïssance, sinon à cause de l'affection qui est extreme enuers sa Dame. Et si de bien pres considerez, vous trouuerez qu'il n'y a aucune cõparaison du plaisir qu'on reçoit d'vne femme publique, & à qui on ne porte qu'vne affectiõ triuiale, au pris de celuy que lon trouue en vne sienne bien aymee. Au moyen dequoy ie trouuerois beaucoup meilleur, que celuy qui voudra tromper l'Amour, se propose du premier coup vn desespoir de iouïssance. D'autant que pour nous garentir des passiõs, entre

Deux moyẽs pour nous garentir des passions. lesquelles l'amour regne, se trouue double medecine: L'vne, quãd noº laissans guyder par la raison pure & simple, despouillons toutes affections, sans leur donner lieu en nous: L'autre, quand les passions ayans gaigné pays sur nous, bataillons contre noz propres volõtez, faisans vne guerre intestine en nous mesme, soubs la conduite de raison, accõpagnee toutesfois de quelque oposite passion. De la premiere vsa l'vnique Socrate, lequel s'estant armé par vne grand'Philosophie, d'vn perpetuel contentement de toutes choses, pour prosperité, ou mesauanture quelconque, iamais ne changea visage. Or est ce remede estrange. Car estant composée nostre ame du raisonnable, & passible, à peine que quelquefois les passions n'emportent la raison à vau l'eau. Parquoy, il fault en diligence auoir recours à la secõde medecine, quand la raison enuelopée des passions, ne s'en pouuant de soy-mesme quasi bonnement despetrer, prend ayde par vne contraire passion: laquelle combien que de soy ne fust bonne, toutesfois se laissant en cest endroit maistriser par la raison, & quasi luy seruant de Dame d'honneur ne peult estre dite mauuaise: d'autant que les affections ne sont malignes, sinon entant que côtre l'ordre de nature elles veulent dominer la raison. De ceste medecine s'ayda le Philosophe Carneade, lors qu'il nous admonnestoit pendant noz plus grandes liesses, nous resentir des calamitez de ce monde, afin que tenans par ce moyen la bryde à ceste ioye effrenée, temperissions l'vne par l'autre. Ainsi souhaitoit Philippe Roy de Macedone, le iour qu'on luy aporta nouuelles de la naissance de son fils Alexandre, & de deux victoires par luy diuersement obtenues, que fortune luy entrelaçast ce grand ayse de quelques petites trauerses pour ne s'esleuer trop hault. Et le sage Anaxagore, bien qu'il prist vn singulier plaisir en la vie d'vn sien enfant (comme nature l'a prenoit) si est-ce que ceste extreme ioye moderee d'vne perpetuelle crainte de nostre fragilité, luy rendit la mort de luy moins fascheuse, quand il recogneut l'auoir engendré pour mortel. Ces deux voyes vrayemét sont dignes de recommendation, pour se sauuer de telles sortes de furies. Toutesfois quant à la premiere, bien qu'és autres affections elle puisse gaigner lieu par vne continue meditation, si ne m'ose-ie asseurer qu'en amour elle trouue place. Estant vne passion si subtile, que plustost la voyons entrer dans nous, que nous en soyons aduertis. Voire mesmement que Pallas qui est deesse de Sagesse, tomba vn iour à l'impourueuë és reths de Venus & Cupidon chassans. Et pource nous faut-il recourre au second moyen. Et puis que voyons cest Amour n'estre conduit que d'vn desir empenné d'vne esperance, luy faut couper les aisles, par vn desespoir d'attaindre au poinct qui nous tourmente. Toutesfois ne se trouueroit ce desespoir suffisant, qui ne luy bailleroit la raison pour sa conduite, c'est la volonté d'en sortir. Parce que plusieurs amans desirans en extremité, desesperent bien souuent de paruenir où ils pretendent : Ce neantmoins tant s'en faut que par ce moyen ils euadent, que plus ils entrent és alteres : & semblablement n'est requis entrer en ceste deffiance pour quelque mauuais recueil qu'on ait receu de sa Dame (car si pour ce regard, soudain par vne artificielle œillade d'elle, r'entreroit

l'amant

l'amant en sa maladie) mais persistant en ce ferme vouloir de sortir de ceste obscure & tenebreuse prison, luy faut premierement pourpenser, que la femme ayant ce dernier point en trop grande recōmendation (cōme le seul repos de son honneur) iamais ne le voudra lascher, & où elle l'abandonneroit, qu'elle ne merite d'estre aymee, commettant ainsi à la mercy d'autruy l'vnique merite de son corps, se descouurant par ce moyen d'vne legereté trop volage. Ainsi qu'en l'vne ou l'autre sorte la poursuiuroit-il en vain : & passant encores plus outre, remettre deuant ses yeux les malheurs & fascheries ordinaires chambrieres d'Amour, se faisant par le fait d'autruy sages. Qui luy sera vne bride, qui peut estre, luy temperera en partie l'extremité de ses desirs. Mais il faut que telles cōsiderations tombent en son esprit dés le commencement (comme i'ay dit & redit) & lors qu'il peut cognoistre le gouffre où il se pourroit submerger, si bien tost il n'y donnoit ordre: car si d'vn long trait il se laissoit mastiner par ses passions & furies, Amour est de telle sorte, que prenant force par noz pensees, nous crucie d'vne si viue maniere que nous voulās mal à nous-mesmes, & auecques cognoissance de nostre perte, aymōs celle que sçauons se repaistre en nostre trauail & martyre, & voulans sortir de ce mal, à grād peine pouuons nous discerner, si le sortir nous est plus prouffitable que de viure en telle peine: cōme quelquesfois i'ay compris dans ce mien Sonnet, que vous entendez à present.

La femme doit sur tout conseruer le dernier poinct.

Q

Quand reuiendra que prenant mon deduit,
Pourray reuoir quelque bon iour de feste?
Quan reuiendra, ce temps, que dans ma teste
Pourray vouloir le bien qui mieux me duit?

Cruels pensers, qui tant & iour & nuict
Sus moy iettez foudre, orage, tempeste:
Cruels pensers, qui tant me rendez beste
De conspirer vostre mort, qui me nuict:

Car tout ainsi comme le Dieu qu'on vit
Jadis frustré de sa diue puissance,
Ayans meurtry les ouuriers du tonnerre.

Las! vous perdant, l'astre sous lequel i'erre
Tirant mon mal d'vne plus haute essence,
Me rauiroit tout l'heur qui me rauit.

Considere doncq' ce moyen plustost que tard, deuant que ce feu petit à petit le consomme, & le contournant en son esprit, peut estre, aussi facilement sortira-il de ce destroit, qu'il y estoit entré. Lors Philopole: Ce remede (dist-il) seroit singulier pour ceux qui le pourroient pratiquer: mais quant à moy, i'en sçay vn autre cent fois plus prompt & expediant que le vostre. Et quel doncques? dist la Damoiselle. Ie le dirois volontiers, respondit-il, n'estoit que ie crains, que le disant ne le vouliez pratiquer. A cela ne tienne, dist-elle, *Autre moyen de Philopole pour s'exempter de l'Amour.* que ne nous en faciez part, si c'est chose qui vaille: car ie croy qu'il n'y a celuy en ceste compagnie, qui n'ait l'estomach assez fort pour le sçauoir bien digerer, & en vser s'il est bon. C'est, repliqua Philopole, comme vn Cheualier errant, & maintenant perpetuellement l'honneur de toutes Dames, passer sa fantaisie en tous autres endroits, que celuy dont l'on est frappé: car tout ainsi que pour guerir la morsure d'vn Scorpion, est requis tuer sur le champ cette beste qui nous a causé le venin, ou bien en ce deffaut vser d'huille alambiquee d'autres scorpions, aussi me semble que là où pour guerir nostre mal, ne pourrions trouuer medecine en celle qui en seroit le motif, il faudroit prendre son addresse en toutes autres, qui par vn progres de temps nous feroient perdre ceste douleur. Vray que ie suis asseuré que tels propos ne vous plairont, seigneur Monophile, qui hier par vos discours imputiez à improperé à celuy qui seulement de la pensee voudroit forfaire enuers sa Dame: mais quant à moy, tant s'en faut que i'y trouue forfaiture, qu'au contraire il me semble celuy estre le seul moyen de bien & parfaitement aymer, sans m'eslongner que bien peu de vostre opinion: car si cest Amour, comme dites, vient d'vne puissance celeste, voulez-vous meilleur moyen pour cognoistre celle qui vous est deue par les astres, que changeant de l'vne, & l'autre, tomber à la parfin en celle, en laquelle plus vous plaisez & trouuez de contentement. Ainsi disent tous Philosophes Genetliaques pour cognoistre nostre bon & suiure nostre influence, estre requis changer d'habits, de noms, & de diuerses contrees, & en celle nous arrester où rencontrons nostre meilleur, sans par trop nous opiniastrer en lieu, auquel

O ij

si voulions prosperer, faudroit faire retrograder la reuolution des cieux qui s'encline en nous autre part. Et pource, seigneur Monophile, seroit-ce vne grande bestise à tout homme de bon esprit, asseruir son esprit d'vne si estrange façon, qu'il ayme mieux se ruiner d'heure à autre aupres la femme qui ne luy est destinee, que de chercher son alibi auecq' vnes & autres, la faueur desquelles il gaignera du premier coup, parce que le ciel les luy aura reseruees: & pour mon regard si ie me trouuois en telles alteres (que Dieu m'en gard) ie ne craindrois beaucoup en vser. Et affin que ne pensiez que ie me mocque, voicy la recepte que ie porte penduë à mon col qui me garentit de cette folle maladie.

Nous ne preschons que de l'ingratitude
De celle à qui nous vouasmes nos cœurs,
Que de tourments, de haines, de rancueurs,
Que de prison, & que de scruitude:
  O sot mestier temps perdu, sotte estude,
De trompeter d'vn costé les rigueurs,
D'autre corner ses penibles langueurs,
Viure & mourir sous si folle habitude?
  Pour brizer l'huis d'vne telle prison,
Apren de moy cette sage leçon,
Leçon que i'ay par long vsage aprise.
  D'vn seul obiect ne repay plus tes yeux,
Quant est de moy pour aymer en tous lieux,
I'ay dans l'amour retrouué ma franchise.

Ceste consideration de Philopole prouenant d'vne si haute perspectiue, pour donner couuerture à l'opinion qu'il entendoit mieux par effect que par parole, faisant quelque peu rire la compagnie, soudain fut par la Damoiselle repliqué: Ie le croy, dist-elle, sans qu'en iuriez, & pense que n'estes à esprouuer vostre remede, ne qu'il y ait homme en la cōpagnie, qui pour ce regard en portast meilleur tesmoignage. C'est tout au rebours, ma Damoiselle, respondit-il : car asseurez-vous que ie ne m'abastardy iamais iusques à me publier seruiteur d'vne seule, parce que ie penserois estre trop ingrat & discourtois enuers tout le reste du sexe, pour vne seule, abandonner l'Amour d'vne infinité d'autres, qui possible meritent autant ou plus estre obeyes, que celle où ie consommerois corps & temps. Mais au contraire, luy respondy-ie: car en aymant vne parfaictement, seriez cent fois plus gracieux & courtois enuers les autres : là où les voulant toutes contenter, toutes les mescontentez : & ne faut que pensiez la courtoisie d'autre part prendre sa source que de l'amour (c'est la cause, dist Philopole, d'vne voix basse, pourquoy ie ne me repen pas beaucoup n'entendre nō plus à ma cour que ie fay, pour ce que elle se vend trop cher) & qu'ainsi soit, dis-ie continuant mon propos, auisez tous les romans & histoires meslees de telles affaires, vous trouuerez les plus parfaits & loyaux amans, estre ceux qui mieux exercent la courtoisie à l'endroit de toutes autres, & fust-ce seulement pour l'honneur qu'ils portent aux femmes, en faueur de leur seule Dame: de maniere que verrez plusieurs hōmes par vne

Que l'Amour fait les gens courtois.

beſtiſe naturelle, lours & badaux : leſquels ny par bonnes lettres & ſciences, ny par bons & honorables aduertiſſemens de leurs ſages precepteurs, ny par vſance & conuerſation de gétils-hommes, ne peuuent eſtre induits à l'honneur, auquel toutesfois le ſeul Amour les eſperonne tellement, que comme ſi de nouueau ils fuſſent paſſez par l'alambicq, & mis en nouuelle fonte, d'autant deuiennent-ils courtois, comme auparauant ruſtiques, en quoy ils eſtoient parangons. Auſſi eſt-ce le commun langage du vulgaire, que pour façonner vn ieune homme, il luy ſeroit preſque cóuenable ſe mettre ſous les aiſles d'vne Dame, à laquelle il fiſt l'Amour, comme moyé ſuffiſant pour attaindre à toute ciuilité & honneur. Par ce qu'eſtans ſurpris d'vne philaſtie & Amour de nous meſmes, ne pouuons cognoiſtre nos fautes, deſquelles nos Dames bien ſouuent nous aduertiſſent : & à leur ſuſcitation, eſtudions à nous corriger, & changer, prenans tel chaſtiment beaucoup plus à gré de leur part, que ſi tous les preſcheurs en chaire nous en aduertiſſoient. Et cóbien que (l'Amour eſtát vne fois empraint dans vne Dame cóme en l'homme) c'eſt choſe trop aſſeuree qu'elle ſera auſſi aueuglee aux façons de ſon amy, que luy meſme, & que cette grand'amitié luy empeſchera de deſcouurir beaucoup d'imperfections qui ſont en luy (leſquelles vn autre pourroit voir à l'œil, ny plus ny moins que des peres & meres à l'endroit de leurs enfans) ſi eſt-ce que l'enuie & affection qu'auons d'agreer & complaire à noz Dames bien aymees, nous feruent de bonne & fidelle efcorte, pour nous guider & conduire à toute voye d'honneur. Et tout ainfi qu'vn bon Capitaine, voulant affaillir vne ville, ne met feulement fon efperance en fes gés (qui eft toutesfois fon plus grand appuy) ains luy eft neceffaire le canon & autres grands vtenfiles de guerre, ainfi fe propofant ce vray amant gaigner le cœur de fa Dame, ne luy met feulement en auant fon Amour pour la vaincre, qui eft le plus grand poinct de tous, ains inuentera mile honneftetez & gaillardifes, pour attaindre au deffus de fon entreprife : & comme voyez ceft ancien poëte en fon art d'Aimer, nous voulant inftruire celuy qui doit faindre l'Amour, luy bailler les plus grands preceptes du monde en ceft endroit, verrez le vray amant, vfer de telles inftructions voires plus grandes, fans aucun artifice, finon celuy qu'il apprendra du feul Amour lequel nous fert d'vn bien bon protocole, pour iouer vn tel perfonnage. Ie n'enten point toutes ces chofes, repliqua Philopole, & fi plus auát ie m'y fondois, pluftoft en parlerois-ie par cœur que par liure, pour n'en auoir fait l'effay: mais parce que ie ne me reigle point tant par liure en cecy, cóme en ce que moy-mefme ie cótemple : (& contemple auec le pl' grád plaifir du monde) ie vous fupply dite moy, quelle marque de courtoifie recognoiffez-vous en ces amoureux tranfis, finon vne folitude perpetuelle, vne alienation d'efprit, vn contemnement de toutes autres chofes, hors mis de

De la feule contenance de quelques amoureux tranfis.

celle vers laquelle s'adreſſent ſes penſees cõme meſmement n'agueres nous aprit le ſeigneur Monophile? Et puis dites, ſeigneur Paſquier, que telles gens qui ont en horreur tout le monde, ayent vn ſeul brin de ceſte honneſteté, que dites eſtre tant exquiſe en vn amãt. Et à ce que ne penſiez que i'en parle comme vn clerc d'armes, ie ſuis quelquefois tombé en gens ſi paſſionnez, qu'ils contemnoient non ſeulement le monde, ains ſe deſplaiſoient à eux-meſmes. Choſe dont leurs Dames vn peu plus ſages & auiſees, eſtoient meſmemét honteuſes. Et eſtans quelquesfois par elles repris de telles faultes, alleguoient ces pauures ſots pour toute excuſe, ne s'en pouuoir exempter, & ne leur plaire autre choſe que la preſéce de leur Dame. Certainement pigeons ſi farouches eſtoient trop difficiles à apriuoiſer, & tants s'en fault qu'ils apriſſent quelque entregét hõneſte, que cõme beſtes deſnuees de tout iugemét naturel, ils perdoiét toute côtenãce: Si en la preſence de leur Dame, & qu'il y euſt quelque hõme preſét, qui leur empeſchaſt cõmuniquation de propos auecq' elles, contournoient ores d'vn coſté, ores d'vn autre, pour n'auoir autre moyen ſi en l'abſence (par ce que rien ne leur agreoit que leur Dame) iamais ne ſe fuſſét cõtenus en vne place ny cõpagnie, & euſt-elle eſté la pl' hõneſte que l'on euſt ſceu rencontrer. Et ſi par force ils euſſent eſté contraints de demourer, tout leur entretien eſtoit vne longue taciturnité: de fait que ſe rendans ridicules à vn chacun, ſe faiſoient eſtimer tels qu'ils eſtoient, ie dirois ſots, n'eſtoit que ie craindrois deſplaire à quelques vns d'entre nous, leſquels ce neantmoins ie ſuply ne prendre rien mauuais de ma part. Et puis que ſi auāt me ſuis tranſporté en ce propos, bien me plairoit, ſeigneur Paſquier, plus qu'autre choſe, vn poinct qu'auez auecq' aſſez grand' viteſſe paſſé, auquel ſemblez donner conſeil aux ieunes gens faire l'amour, pour ſe renger & conformer à vne honneſteté ciuile. Vrayement tel aduis n'eſt que treſbon & y preſtant conſentement, ſēblablemēt conſentiray-ie auecq' le ſeigneur Glaphire, lors qu'il conſeilloit à vn homme d'armes faire le ſemblable, pour aprēdre mille petites gentilleſſes, cōpagnes de toute ciuilité. Et ſi m'eſtendray plus auant: car encores ne fermeray-ie la porte aux bonnets ronds & gens de robbe longue. Par ce qu'ores que l'eſtude ſoit leur principal manoir, ſi ne leur eſt-il deſconuenable ſçauoir telles petites courtoiſies, combien que ie ne ſouhaite que du tout ils s'y employent. Et pour y paruenir (ſuiuant ce que vous, ſeigneur Paſquier, diſiez) facent doncq' l'amour ſi bon leur ſemble, mais toutesfois ſe donnans garde de meſprendre: & que penſans faindre l'Amour (ce que i'enten faire l'Amour) ne tōbent en ceſte rage & folie de Cupido. Voila le vray but & moyen, pour paruenir à telles honneſtetez: voilà la vraye voye pour complaire non ſeulement à toutes Dames, ains à toutes gens & perſonnes de quelque qualité qu'ils ſoient, & non ſe laiſſer ſi indiſcrettement aller, que l'on vienne en

Que meilleur eſt faindre l'Amour que d'aymer.

mescognoissance non seulement des autres hômes, ains de sa persône propre, côme nous auons veu és liures en la personne d'vn Salomon, d'vn Hercules, & d'vne infinité d'autres de bon esprit, lors qu'ils furent priuez de ceste passion : mais y estans entrez si changez, que plus sembloient participer du brut animal, que de l'homme. Si tels eussent esté biē sages & prudens, plustost eussent-ils feint l'Amour, que de se renger à l'Amour : & plustost eussent rendu l'Amour à eux captif, que de se rendre à luy esclaues : & ne fussent tombez au parler de tout le monde à leur grande confusion. Mais quoy? tels accidens sont vrais apennages d'Amour, & n'est que chose ordinaire à celuy qui met le pié dans ce labyrinth, de sage prendre l'habitude d'vn fol, perdre la cognoissance de soy, du monde, & de Dieu. Là où celuy qui par vne prudence & astuce sçaura trencher du passionné, & s'addoner aux honnestetez requises pour gaigner le cœur des Dames, il aura mille auantages sur celuy, qui se fera bien auant plongé en l'Amour. Premierement sera si sage, de ne se laisser vaincre des passions. D'ailleurs ne derogeât à son sexe, ne permettra qu'vne fēme se puisse vāter l'auoir surmōté, & quasi mené en triōphe (côme vn serf) auecq' grāde ignominie de s'estre laissé succōber par chose si fragile que la femme, laquelle Dieu n'a creée que pour adioinct, & adminicule des hommes. D'auantage fera tant par sa prouidence, qu'il n'encourra mauuais bruit enuers le peuple, soit pour sa Dame, ou pour soy. Ce que le perplex amant ne peult aucunement euiter, voire lors qu'il pense estre le plus couuert. Et qu'il soit vray, ie vous pry considerer lors qu'on mettra seulemēt sa Dame en chāp, ne le verrez-vous soudain changer de couleur, luy mesme l'exalter & extoller sur toute creature viuante, & en entamant les propos rougir & ternir ensemblement, donnant entiere cognoissance, que celle part il a arresté son cœur & sa pensée? Qui est la cause pourquoy les anciens figurent l'Amour tout nud, par ce que facilement, & sans aucune difficulté il se manifeste à tous. Ou au cōtraire celuy qui d'vn faint artifice, d'vn bel entretien & acueil, sçaura faire semblant à l'Amour, ne parlera que bien sobrement de celle, qu'il se sera proposé accueillir sur toutes les autres : & en parlera si necessité le requiert auecq' vne telle prudence que le plus soupçonneux du monde n'en sçaura penser aucun mal; cherchera sa maistresse, donnant à entendre se trouuer en tel endroit pour vn autre grād respect. Quoy n'estimez-vous point, que la femme, qui plus doit auoir son honneur cher que toutes autres choses du monde, n'ait en meilleure estime, & ne tienne plus de compte de cestuy que d'vn ie ne sçay quel casanier, qui tant s'oublie soy-mesme, que mesmement met en oubly la reputatiō de sa Dame? Et si ces raisons ne vous semblent suffisantes pour vous monstrer que le passionné amant n'est si aggreable à la femme, cōme celuy qui faint l'Amour: cōtemplons, ie vous suply, de plus pres le naturel d'vne femme(ce que toutesfois ie vo⁹ pry, ma Damoiselle, ne prendre en mauuaise part de moy : car non à vous, que pour vostre vertu ie mets hors de ce nombre, ains à la commune des sottes s'adressent ces miennes paroles) considerons doncq' de grace le naturel de la femme, est-ce s'accómoder à la volonté de celuy qui plus l'a en recommendation, ou bien à celuy qui plus la cherit & caresse? De ma part ie sçay, & le voy iournellement, celuy estre le mieux venu, qui mieux la sçaura gouuerner de quelques gratieux propos, qui mieux luy sçaura gratifier, qui mieux luy fera la cour, bref qui mieux sçaura la gratter par quelques douces flatteries, & entretenir d'honnestes & exterieures caresses. Car quant à l'interieur, la femme si peu que rien s'en soucie, quelques cas qu'elle desire vne loyauté(dont possible elle n'a tache) laquelle toutesfois elle ne tient en si grád' cure & soucy, que superficielles ceremonies. Ains vous diray bien plus, que là où elle vous verra plus passionné pour elle, moins olle en tiendra de cópte: & vous voyant refroidy, alors s'eschaufera en elle l'Amour & affection enuers vous. Estant du tout l'esprit feminin contrariant & contreuenant à noz volontez. Si doncques il est ainsi (comme certainement il est, par la mesme confession des femmes) qu'ordinairement la femme prenne son plaisir à entretenir de coruees le vray amant, ne vault-il pas beaucoup mieux l'y entretenir elle mesme? Et vrayement fault il qu'auecq' nostre tresgrande honte & vergongne, i'accuse les hommes d'vne trop grande lascheté, de nous laisser ainsi vaincre à la volonté des femes, qui si bien sont aprises & coustumieres de nous lauer, & comme si estiós du tout despourueus d'entendement, ne leur sçaurions rendre contre'eschãge. Faisõs dõcq' cõme elles, & à mauuais ieu bõne mine, auec vn milion de courtoisies & gaillardises : lesquelles si nous sçauons pratiquer, & qu'elles entendent que ce soit en leur faueur, les accõpagnans d'vne escorse de loyauté, ie m'asseure que celle sera bien estrange, qui en fin ne se rende à nous facile. Aussi seroit la femme bien farouche & mal priuee, qui ne tiendroit côte de l'homme gratieux, courtois, modeste en fait, respectueux en parole, posé en tous mouuemens, faisant profession d'auoir en recommendation tout ce qui plaist à sa Dame, auecq' vne aduertance qu'il a de tenir secret non seulement toute chose qui importe, ains iusques aux petites faueurs qu'il reçoit de sa maistresse. Lesquelles choses sçaura tresbié faire celuy que ie vous ay figuré, & non l'autre qui par vne grande brutalité, se réd risee à tout le monde, pour s'aneantir aupres la femme qui se plaist à luy desplaire, parce qu'elle luy plaist tant: mettant toute son estude (le voyant ainsi esblouy) à le rendre plus aueuglé & entretenir de bayes, par vne emmielée parole dont elle le sçaura mieux ensorceler, que la Silla ou Circe par leurs doux & ensorcelez chants. Ce que ie vo° prie de rechef, ma Domoiselle, ne trouuer mauuais de moy, par-ce que tousiours telle a esté mon opinion, laquelle ie croy que n'estes marrie si ie mets en auãt, d'autãt que ie ne pense rien faire sans vostre congé & licence.

Ces propos toucherent au vif l'vn de nostre cõpagnie. Car à les ouïr ainsi deschiffrer, qui seroit celuy si hebeté & despourueu d'entendemẽt, qui n'estimast que Philopole quasi d'vn propos deliberé, ne voulust picquer Monophile, qui estoit blecé à outrance du mal qui fut en tout ce discours detesté? Or veult-il vser de reuange. Parquoy d'vn ris demy-coleré, luy dist: Asseurez-vous seigneur Philopole, que sans l'amitié que ie vous porte, & reuerence que ie doy à toute ceste compagnie, ie dirois que par le passé nous auriez longuement desguisé vostre naturel, ou biẽ que pour le present seriez deuenu grand corrupteur de Republique en laquelle voulez introduire vne si fainte hypocrisie, masquee de telle magie, qu'il n'y a si honneste femme, qui ne se trouuast surprise par voz astuces & moyens. Ie vous prie beau sire, gardez qu'il ne vous en mespreñe autant, comme à l'autheur qui fut banni & depossedé de son païs, pour nous auoir voulu instruire vn si cauteleux amoureux, comme celuy que soubshaitez. Et vrayement (dist Charilee) là où telle chose auiendroit, ie voudrois prendre la cause pour luy:

De la simulation de la plus part des Dames. Non que ie vueille permettre ses propos trouuer lieu en la generalité des femmes: mais ie ne trouueray estrange que son conseil s'exerce en l'endroit de celles, qui malicieusement s'imputent à gloire & honneur, emmarteler les pauures gens, asseurément dignes non de reprehension, ains de griefue & extraordinaire punition. Et pour dire la verité on en trouue si grand nombre de telles, que presque me semon-ie à croire grand' part de ses propos: ores qu'ils tendent à nostre grād desauātage. Mais quoy? vous verrez pour le iourd'huy ma Dame la popine en entretenir ores vn, ores l'autre, puis vn tiers, par vn faux semblant palié d'vne honnesteté, & de celuy qui plus sera en son endroit affectionné, ne tenir autre compte sinon comme d'vn asnier, car ainsi le nommera-elle. De sorte que ie n'entre point en merueille, si beaucoup de gens suiuāt vostre auis, seigneur Philopole, taschent à se desguiser enuers les femmes, puis qu'elles mesmes leur en apprenent le chemin: & que tout ainsi qu'elles par faintes caresses, sçauent allecher & attraire beaucoup de gens à soy, aussi par contreruse en treuuent beaucoup d'autres de bon esprit qui leur rendent bille pareille, & ayans impetré sur elles ce qu'ils demandent, les submettent à l'ignominie de tout le monde. Aussi y en a il plusieurs (dist lors Monophile, protecteur de l'honneur des femmes) qui à tort detractent d'elles, se vantans bien souuent auoir mis tout le corps où iamais n'eurent tant de credit d'y pouuoir mettre vn seul pié: pour vne vengeāce sans plus d'vn refus bien assené: ou que comme la plus part du monde met son but en ostentation, s'en treuuent beaucoup qui pour acquerir reputation de braues hommes, se publient bien souuent gou-

uerner & auoir faueur de telle, de laquelle ils n'eurét iamais parole bien digerée. Au moyen dequoy ie feray d'auis & confeilleray toufiours à vne femme, premier qu'abandonner chofe qu'elle ne pourra puis apres reuoquer, y auifer à deux & trois veuës. Parce que fi la femme du commencement de ce monde par vne legere creance fut caufe de l'erreur don noftre premier pere fut deceu : pour le iourd'huy nous en fçauons trefbien exercer la végeance, fe trouuans cent milions d'hommes & perfonnes, qui fe tournent à grand louange de tróper par belles mines & femblans vne pauure & fimple femmelette. Et le pis encor' que i'y trouue, eft qu'incontinant qu'auons imaginé vne femme en noftre efprit, penfons qu'elle nous foit deuë, quafi par obligation, laquelle foudain voudrions mettre en execution. Et fi parauenture pour affeurer fon honneur elle ne veult códefcendre à ce dót l'importunons, verrez vn petit mignon tantoft luy bailler le nom d'vne ma-dame la fucrée, d'vne madame la rufée, qui pluftoft choifiroit admettre en fa bonne grace quelque quidam de nulle valeur, qu'vn fi ioly cópagnon & de telle prife que luy. Nous nous abufons, feigneur Philopole, & vous & moy, fi ainfi le penfons. Car à la femme eft referuee la liberté de fe deffendre, & à l'homme la puiffance de l'affaillir : à la femme eft baillee aureille pour ouïr, à l'hóme langue pour requerir. Et tout ainfi qu'il vous eft loyfible la requerir, auffi eft-il en elle vous efconduire. Et qui plus eft, s'il falloit que
à tous

à tous propos la femme s'abandonnast, quelle prerogatiue auroient ceux qui seroient premiers en date ? quel auantage meriteroient ceux qui par vne perfection d'amour, & par vne longue poursuite, seroient en possession de leurs corps, & de leurs esprits ? Ce ne seroit sans point de faute raison que les depossedissiez d'vne chose tant meritée. Et si d'auenture il auenoit que conceussiez quelque douleur pour tel refus, peut estre que iustemét & non sans cause vous seroit deu. Alors Charilee: A ce que ie voy, seigneur Glaphire, dist-elle, si vous n'entreuenez sur ceste querelle, le seigneur Monophile iouera quelque mauuais tour au seigneur Philopole. Mais pour leur faire & à l'vn & à l'autre oublier leur maltalent, ie vous prie y donner remede, par la continuation du propos que nous auez encommencez pour le remede de nostre amant.

A ceste parole Glaphire, qui pédant tout ce discours estoit deuenu fort bon auditeur, quasi sortant d'vn profond somne, apres auoir vn bien peu hesité au parler: Croyez, dist-il, seigneur Monophile que vos propos, ensemble ceux de ceste cópagnie, me rauissoient tellemét en eux, que non seulement ie m'estois esgaré aux miés, ains en moy-mesme. Et vous supplye ne les discontinuer, tant me semblent de bóne grace. Mais bien vous les vostres (respondit Monophile) ausquels ie serois trés-marry, que les nostres entreuenus apportassent prescription. Que voulez-vous, repliqua Glaphire, que ie vous die, en chose si difficile ? D'autant

P

Continuation des remedes de l'amour.

qu'en la matiere proposee, ie sçay bien qu'il est beaucoup plus expediant, iamais n'aymer: mais de donner remede prompt à celuy qui est ia enuenimé de ce mal, c'est à Dieu & non à autre qu'il en fault querir conseil. Toutesfois si encor' me semonnez donner medecine à cestuy: comme n'aguere ie disois, sorte bien tost de ce pas ce pauure amant, premier que se rendre plus miserable. Car, ayant obuié aux commencemens, ne luy fauldra medecine de forte digestion, pour le remettre en sa nature. Mais s'il y est tellement engraué que pour toutes ses forces il ne puisse venir à bon port, & comme tantost nous disions, vueille, & n'en puisse sortir, pour vous dire ce qu'il m'en semble, vne bonne & longue diete, vne absence bien loingtaine satisfera à ce deffault. Et voudrois icy pratiquer le remede que Galien, & autres souuerains medecins disent estre propre à la peste, qui est, fuir tost, & loing, & tard retourner. Et là où le fuir tost deffaudroit, qui est beaucoup le plus prompt, pour le moins auoir son recours aux deux autres.

Le souuerain remede d'amour.

Tel moyé vous semblera pour le cōmencemét grief, si est-il vn des plus souuerains remedes dont lon vse en ce danger. Car si la presence nous cause tel tourment, veritablement l'absence seule nous pourra apporter entiere guerison & medecine. Ha, dy-ie lors, seigneur Glaphire, pas ne lairray passer ce poinct. Comment? que l'amour par absence prenne aucune diminution? tant s'en fault que ie le croye, que telle chose me semble le boutefeu & augmentation d'amour, & comme maintesfois i'ay entédu de pauures passionnez, toutes autres douleurs par absence perdent leur cours, ceste seule plus s'en augmente. Ie vous diray, seigneur Pasquier, respõdit Glaphire, ie croy bien que sur les premiers iours de nostre absence, sentons telle aygreur & amertume en nostre esprit, que trouuons vn iour plus grand que tout le reste de l'année (& est ceste chose conforme à ce que le seigneur Monophile hier sur le milieu de noz deuis asseuroit) mais à la longue, soyez seur qu'il n'y a si grand amour, qu' il n'y a si grand' douleur, qui ne s'estrange, & se trouuassent tous les amoureux du monde pour me maintenir le contraire. Mais en ce remede fault vser d'vne bien grande patience. Car si pour vn, deux, trois, quatre mois vous absentez, & puis tombez en la presence de vostre Dame, autant vous vauldra & prouffitera ce peu d'absence, comme si iamais n'en auiez vsé. Parce que ceste presence nous cause telle alteration, que non seulement oublions toute nostre premiere entreprise, ains s'allume le feu en nous plus vehement cent fois que celuy du precedant. Tous medecins craignent grandement la recheute, Et tout ainsi qu'vn malade auquel est interdit l'air, s'esuantant deuant le temps, tombe en plus grosse fieure, que celle dont au premier estoit frappé: ainsi sera-il de cestuy malade amoureux. Car s'il n'est bien confirmé & fortifié en soy premier que se trouuer en la presence

Vne longue absence grand reme le cõtre l'Amour.

P ij

de sa dame, autant luy prouffitera l'absence comme rien. Mais estant bien muny & hors de toute passion, qui se fait par vne longueur de temps, alors pourra-il à son ayse & sans crainte, se rencontrer auecq' elle: & non toutesfois par trop : car il n'est pas moins dangereux manger trop d'vne bonne viande, à vn estomach delicat, que bien peu, d'vne mauuaise. En maniere que tout ainsi que n'estant encor' du tout guery de l'Amour, tant soit peu de veuë, luy eust porté grande nuisance, aussi apres sa guerison entiere, vn trop ententif regard, luy pourroit apporter trop de moleste. D'autant qu'à dire le vray, ie ne sçay comment les yeux de nos dames nous sont pires cent fois que ceux du Basilicq' : par lesquels, on meurt d'vne seule mort, & par ceux-cy de mille & mille tous les iours, sans pouuoir neantmoins mourir. Nous estans toutes les meilleures parties d'elles plus venimeuses, que les morsures d'aspics. Car au lieu où telles parties leur seruent de grand lustre & ornement, au contraire elles ne reluisent (ce semble) en icelles, que pour nostre ruine & totale destruction. Pour le moins, ainsi me l'a apris quelqu'vn bien enamouré d'vne dame en vn sonnet, auquel loüant les vertus & singulieres beautez d'elle, deploroit par mesme moyen son malheur.

Les deux beaux yeux de sa teste sacree
Sont deux Soleils: & ses cheueux dorez
Sont les rayons des Soleils decorez:

La bouche estant pour les Dieux consacree.
Que dis-ie Dieux? cest œil qui tant m'agree,
N'a du Soleil les rayons coulourez,
Du basiliq' sont ses bords entourez:
Car luy sans plus mon ame a massacree,
Et ses cheueux, sont les liens, les las
Dont (sans penser) m'atrapant à sa chace,
M'enuelopa de mil' & mille helas.
La bouche aussi où naist ce ris friant,
Las c'est le pis du pis qu'on me pourchasse,
Me faisant viure & mourir en riant.

Quoy? n'est-ce pas receuoir aussi mauuais traitement qu'vn Promethee, en qui iournellement le foye renaissoit, apres que le cruel oyseau de Iupiter en auoit pris sa refection & pasture? n'est-ce pire qu'vn Sisiphe, qui sans cesse, & sans donner fin à son trauail, tournoit & retournoit sa pierre? Ie ne compareray telles passions à vn Promethee, ou Sisiphe, ains à l'horrible monstre Hidra, auquel se renoueloient sept testes, lors qu'Hercule luy en auoit trenché vne. Soit doncq' sage & prudent celuy qui de soy veut bannir telles passions. Car plus de peine y aura, estans en luy enracinees, à les rēdre à soy subiuguees, que n'eut ce vaillant Hercule contre les forces de ce monstre. Et pourtant se donne bien garde cest amant, qui par vn long trait de temps se sera absenté de sa dame, de la racoster puis apres que bien peu. Car par vn doux cil d'œil, & par vne honneste parole, pourroit en luy en vn instant renouueler plus de cruelles furies, que celles csquelles par vne longue main penseroit auoir donné fin. Et ce faisant, ie suis seur qu'auecq' le temps trouuera moyen à ceste demesuree douleur: Ie sçay bien, seigneur Pasquier, que mes propos ne trouueront pas lieu en vous, non plus qu'au seigneur Monophile, n'ayans l'vn & l'autre iamais fait espreuue d'vne telle medecine: mais ne faites aucune doute, bu'amour à la fin ne vieillisse, & ne preigne quelque diminution, aussi bien que toutes choses. Ne voyez-vous vne terre bié fertile, par faulte d'estre cultiuee, à la parfin tomber en friche? Ne voyez-vous les Republiques par faute de bon entretenement, venir par succession de temps en decadence? N'estant doncq' cest amour entretenu de ses nerfs, & de ce qui mieux le nourrit en sa gresse, qu'estimez-vous qu'il en soit? Toutes choses ont leur ply, & toutes choses ont leur vogue, Partāt doit bien auiser & considerer vne Dame auecq' bonne & meure deliberation, en quel danger & hazard elle entre, lors qu'elle se soubmet à vn homme: puis que par opinion du cōmun peuple elle n'a que ce thresor à garder. Et non seulement, cōme n'agueres vous disiez, seigneur Monophile, pour les desguisemens des hommes, qui est bien bonne consideration, mais aussi en l'endroit de ceux qui pour quelque temps seroient bien affectionnez enuers elles; d'autant que les volontez des hommes sōt variables, & que les plus sages sōt pour le iourd'huy plus muables : parce qu'ils sont hōmes, fragiles, & debiles en leur conseil. Et puis que

En quelle recommendation la femme doit auoir son honneur.

à si grand instance, vous, ma Damoyselle, auez voulu que missions à ceste heure nostre estude en l'amortissement de l'amour, ie me sentirois vser d'vne trop grand' ingratitude, voulant espargner mō cōseil à celles qui peult estre n'en ont que faire: c'est à toutes hōnestes Dames, ausquelles ie veux bien remōstrer (encores que ce soit à mon grand desauātage) que la chose que plus elles doiuent craindre, soit à l'endroit de leurs bien-aymez, ou enuers les estrangers, est laisser perdre le pié & le dessus, qu'elles auoient gaigné sur eux. Car à biē parler la femme est ainsi que le tendre verre, qui en sa fragilité est net, pur, & munde, & auquel vn chacun se plaist, quand il est en son essence: mais lors qu'on le voit cassé, tombe au mespris & contemnement d'vn chacun: ainsi la femme ayant permis rompre en elle, ce qu'elle deuoit tāt precieusement contregarder, d'autant que au par-auant estoit de tous estimée, autant se trouue-elle à son grand regret d'vn chacun vilipendée, mesme de ceux qui se publioient ses esclaues: lesquels ayans acquis sur elle telle barre, gaignent le nom de maistres & seigneurs. L'histoire vo⁹ est assez notoire de l'ancienne diuisiō de l'homme, lequel de son premier estre, nayssant auecq' quatre pieds, autant de mains, & deux testes, fut miparty par les dieux, dont d'vne part fut fait le masle, & en l'autre trouua la femelle son nom. Or ay-ie leu en quelques fort antiques autheurs dignes de foy, que ce grand Dieu Iupiter ayant approprié à vn chacun d'eux leurs propres &

P iiij

particulieres qualitez, entre autres choses dignes de recommendation, donna la garde de virginité à la fille, & celle de chasteté à la femme pour leur seruir d'vn bon & asseuré pauois, contre les assaux de ce monde. Quelle peines doncques pensez-vous qu'il escheye à la femme pour vne telle mesgarde? Ie ne doute point que ne trouuiez ces propos tres-mal assis en moy, d'autant qu'il vous semblera que ie sois enuieux de nostre commun bien & prouffit: mais aduienne ce que aduenir en pourra: car aussi bien me suis-ie resolu donner mon auis à la femme, comme à l'homme, & fust-ce en nostre preiudice. A laquelle sans passer plus outre, ie supply ne franchir le sault d'amour. Parce que si l'aymer est dangereux à vn homme, pour les passions qui luy sont occurrentes sans plus: beaucoup plus est dommageable à la Dame, qui sent les mesmes trenchees: & d'auantage, interesse & outrage grandement sa renommee, que plus elle doit fauoriser que soy-mesmes, & de laquelle ne tenant cõpte, à peine qu'elle se pourchasse aucun bien. Ie croy que ce seul pensement la doit reuoquer de beaucoup de sottes entreprises, esquelles elle pourroit trop aueuglément tomber. Et si peult estre telle crainte n'est assez suffisant obstacle pour l'en distraire, qu'elle oste toutes occasions qui pourroiẽt en elle allumer quelque estincelle de feu si ardẽt, par le moyen duquel elle pourroit puis apres se perdre totalement & consommer. Ne preste l'œil ny l'aureille à ceux desquels elle se craindra. Aussi la vergongne feminine desire porter bas sa veuë, pour ne desirer aucune chose. Car si par vne folle presumption elle veult tant esperer de soy, que de se promettre victoire sur l'amour, comme se pensant trop impassible, pour ne se laisser par luy ranger, se trouuera quelque iour aussi inopinément surmontee, comme à la legere vne si outrecuidee opinion se sera emparée d'elle. Les moynes se ferment & releguent aux cloestres, & les hermites meinent vie austere & solitaire dans les espoisses forests, pour fuïr les ayguillons de la chair : & qui sera la femme si presomptueuse, qui se promette la domter entre les delices de ce monde, si elle mesme ne s'en bannit? La femme rit, parle, deuise auecques les ieunes gens, pense n'estre point conuoytee, par-ce qu'elle n'apete point: Et toutesfois ne songe pas qu'elle couue en soy sa ruine, par telles familieres conuersations & deuis. Beaucoup meilleur luy seroit, & pour son extreme prouffit, se deporter de toutes telles compagnies : sans permettre faire de si pres les approches au fort qu'elle seule peult deffendre, & non autre : puis qu'en ce seul chasteau gist l'vnique asseurance de son honneur. Mais sur tout se garde bien de vouloir escouter celuy qui auecq' vne vmbrageuse parole, ou par corruptelle de dons, vouldra desrobber son grand bien, ainsi que l'oyseleur par ces doux chants l'oyselet, ou le pescheur par ces petits apasts le poisson. Car toute ville qui endure sommation auecq' assez grand propos, semble vouloir cósentir à sa perte, pour tomber en la puissance des ennemis. Et d'auantage vous sçauez rien n'estre impossible à celuy qui souhaite pour paruenir à ses fins : & est chose trop difficile que femme tant desirée se puisse garantir des embusches de l'aueuglée ieunesse. Il falloit que ces propos prinssent leurs cours en moy, pour demourer les Dames vn bien peu satisfaites d'vn bon vouloir & grande obligation que i'ay en elles. Vous asseurant que se maintenans en telle sorte, elles accroistront grandement leur bruit, & sera bien necessaire à ceux qui trop temerairement sont prodigues de leur liberté s'ayder du peu de conseil, que cy-dessus leur ay baillé : ou se pouruoir eux-mesmes de quelques autres, qui leur sembleront meilleurs : ne m'estant proposé au peu que i'ay discouru m'accommoder au contentement d'vn chacun (qui me seroit vn trop grand fais & pesant) ains seulement descouurir en bref le remede, que i'ay tousiours estimé propre pour la santé d'vn amant : qui est l'absence, auec vn ferme propos de iamais ne s'acheminer à sa Dame. Or est tel remede causé plus par vn artifice & industrie, qui en cela nous conduit, que par nostre naturel mouuement : mais ny plus ny moins que par vos discours, seigneurs Monophile & Pasquier, nous auez appris, non point les moyens d'aymer, ou comme il se falloit par vn art gouuerner en amour, ains les subtilitez & manieres, comme ce petit larronneau se sçauoit saisir de nos cœurs, quand moins pensions estre des siens: ainsi vous veux-je amener autre moyen, non comme par conseil deuõs euader d'amour, mais comme quelquefois sans y penser sommes contraints l'abandõner. C'est le desdain, desdain, dy-ie, tout puissant pour faire chasser cest amour. Et est ceste chose trop certaine & verifiee : comme mesme nous appert par plusieurs exemples. Toutesfois tout ainsi que le seigneur Pasquier nous deduisant l'amour, le disoit sembler prendre diuerses natures, selon la diuersité des passions: ainsi prend ce desdain diuers effects, selon la qualité des amans, ores plus, & ores moins, selon que l'aigreur nous touche. Et si peut-estre voulez sçauoir dont prend ouuerture ce desdain, bien que n'en aye oncques fait l'essay, si le vous veux-ie deriuer de deux diuerses sources & fontaines. La premiere doncques sera (laquelle à la verité me semble estre de grande efficace) quand apres vne longue poursuite de nos Dames, & vne infinité d'obeyssances, cognoissons l'ingratitude de celles (ausquelles auions consacré nos cœurs) qui pour faire risees de nous (comme peu chaillantes de la seruitude qu'auons en elles) pregnent leur esbat & deduit à nous iouer tour qui tende par trop à nostre desauantage. Lequel encores que difficilement l'imprimions en nostre fantasie, & par maniere de dire, voyans ne le voulions veoir: si est-ce que venant depuis petit à petit en nostre cognoissance, c'est chose trop asseuree qu'ordinairement cest amour prendra le ply d'v-

Autre moyen par lequel Amour trouue fin.

ne haine, beaucoup plus grande que n'estoit celle amitié. Le Regnier (descouuert par Boccace en l'vne de ses iournees) nous y seruira d'vn tesmoing. Or si ce desdain est dāgereux, lors qu'il est en sa chaulde colle, trop mieux l'ayme-ie croire, qu'en faire preuue : pour le moins m'asseuré-ie bien que par luy maints preud'hommes vindrent en telle agonie & extremité qu'ils en donnerent la mort par vn furieux & enragé despit à leurs Dames, & bien souuent tout d'vne main à eux-mesmes. Aussi est-ce chose naturelle (comme disoit le seigneur Pasquier) que tout ainsi qu'aymōs ceux qui bien nous veulent, aussi voulons mal à tous ceux qui nous le veulét. A maniere que le glorieux & superbe n'aymant autre que soy-mesme, aussi est-il de tous hay, hormis de soy. Et est la cause, à mon auis, pourquoy les anciens Iurisconsultes mettoient entre leur droit de gent, ceste appetence de vengeance, parce que naturellement elle tombe en tous esprits humains : & encores que de droit diuin elle soit deffenduë, si est-ce qu'à peine nous en pouuons nous exempter, tant nous est naturel & doux, vomir nostre venin à l'encontre de noz mal-vueillans. Ainsi n'est-il de merueille si vne femme nous ayant à soy attraite par ses charmes & ensorcellemens, cognoissans apres, par quelques exterieurs actes, l'inimitié qu'en nostre deffaueur elle couue, conuertissions nostre esprit au chemin, où elle nous sert de guide. Ceste sera doncq' la premiere espece de ce desdaing, qui est de grande puisfance, & cent fois plus grande que l'autre que ores ie veux alleguer, qui prouient d'vne certaine imagination que conceuons en noz esprits: ou bien par vne creance legere des faux raports qui nous sont faicts de noz Dames, ou de noz amis. Cestuy desdain à la verité n'est si precipité que l'autre, toutesfois ayant pris son ply en nous par succession de temps, a presque autant de vigueur & efficace. Et l'appelle lon pour le commencement ialousie: laquelle ores que sur le premier de son aage ne soit que renouuellement d'amour, si est-ce que croissāt petit à petit en nous, venant à degré de perfection, se mue & change du tout, & laissant ce nom de ialousie prend & vsurpe celuy de desdain en beaucoup de personnages. En beaucoup dy-ie: car non en tous: D'autant que biē souuent l'affection est si grande, qu'elle nous cōtraint quelquefois le digerer maugré nous, & tousiours reside quelque estincelle de l'Amour que portions à noz bien aymez ou aymees. Au demeurant ie pense qu'il se trouuera assez d'autres manieres de desdains (comme celuy qui à la longue se cause par vn resolu refus) toutesfois pour ne les auoir encore bien ruminez en ma teste, ie suis trescontent les passer sans en parler. Suffise vous qu'encores en ay-ie plus dit que ie ne m'estois progetté. A l'heure le seigneur Philopole:

A ce que ie voy, dist-il, le seigneur Glaphire a mis grād peine à noº deduire les moyēs par lesquels Amour prēd fin: mais encores me vāte-ie que si i'eusse entrepris tel fais, ie fusse beaucoup mieux venu (& en peu de paroles) à bout d'vne si braue entreprise. Il allegue vne longue absence accompagnee d'vne enuie de sortir de cest Amour, vn ie ne sçay quel desdain, causé par plusieurs effets: mais si ne touche-il point au blanc : & vous auise que tels remedes n'entrent en comparaison auecq' les miens : lesquels s'il vous plaist entendre, ie les vous diray en peu. Il me semble que cestuy Asclepiade medecin du temps passé, ne fut iamais approuué de la commune des autres, parce qu'en ses opinions il affermoit, l'art de medeciner les gens se pouuoir maintenir en son entier sans aucunes potions & medicamens composez, ains seulement disoit cinq choses estre necessaires, l'exercice, vomissement, repos de nuict, promenement, & vne bonne & longue diete. Ces remedes asseurément ne se trouuoient impertinens pour ceux qui estoient en santé, sans attainte de maladie: mais à ceux qui d'vne longue fieure eussent esté attenuez, ie ne sçay en quoy ils eussent sceu prouffiter. Ainsi ceste longue diete & absence, que le seigneur Glaphire nous propose, ie ne sçay si elle trouuera lieu en ceux qui sont ia frapez & touchez à mort. Et quant au desdain que proposez, parce que tel remede est plus fortuit & casuel qu'autrement, ie lairray en ce operer la Nature des amans, tout ainsi qu'elle se pourra comporter : & pour mes moyens ie suiuray la commune des medecins, vous apportant medecine & potion, en laquelle heberge la seule & entiere guarison

Mocquerie de Philopole contre les remedes d'Amour.

de cestuy nostre malade. Ie suis doncques d'aduis que tout homme se sentant trauaillé d'Amour boiue de l'eau de ce fleuue Lethe, autrement appellé oublieux, lequel ma Damoiselle Charilee nous a remis en memoire vers la fin de son naufrage. Et si tel moyen ne luy semble bon, pourra prendre sa route vers le cercle de la Lune, où peut estre il retrouuera grande partie de son sens esgaré, depuis le temps qu'il mit le pied dans les marches de Cupidon. Mais si ce chemin luy semble vn peu trop fascheux à defricher, pourra en ce pratiquer le conseil des medecins, & vser vn peu d'Helebore, herbe, du tout dediée à tels folastres dont nous parlons. Car si iamais gens furent despourueus de cerueau, les amans certes le sont: & si despourueus, qu'ils ne se peuuent reduire en la voye dont trop à l'estourdy ils sont sortis. Et pour mieux confesser la verité, ie ne puis bonnement discerner si telle chose plustost procede de leur sotte indiscretion, que de l'astuce des femmes, tellemét attrayante le cœur des hommes, qu'il semble (& disoit ceste parole Phlopole en riant pour voir qu'en diroient Charilee, & Monophile son protecteur) le diable s'estre voulu en elles incorporer, pour tromper gens, non de basse & infime condition, ains ceux qui par longue vsance auoient acquis noms de sages, & reputation par tout ce monde. Lors Monophile recueillant ces paroles assez aygrement: Vous estes merueilleusement partial, dit-il, veu que pour assener parole si mal digeree, estes voulu sortir de nos bornes sans aucune occasion: si ne pouuiez-vous mieux toutesfois descouurir nostre bestise, que par les propos que tenez. Car d'autant sommes-nous plus grossiers, d'ainsi nous laisser subiuguer par la féme, & elle plus sage de s'en sçauoir garentir. Combien qu'il n'en soit ainsi: car si quelques vns par femmes sont tombez en l'oprobre & irrision du monde, aussi s'est trouuee vne Medee, vne Philis, vne Dido, & vne infinité d'autres pauures femmelettes, qui par la tromperie de leurs faulx & desloyaux Iason, Demophoon, & Ænée, se sont rendues fables & à leurs contemporains, & à leur posterité. Pourtant ne me semble-il raisonable qu'ainsi, & à tort desprisiez ce sexe, duquel depend nostre heur, nostre bien, & felicité: sans lequel ne pouuós estre, sans lequel ne pouuons viure, & sans lequel nous ne serions. Il est vray (repliqua Philopole) car c'est vn mal necessaire. Encor' estes-vous plus mal embouché, dist Monophile, & vous seroit plus seant tenir autre party que ne faites. Mais vous seigneur Glaphire (dist-il addressant vers luy sa parole) quelque chose que Philopole se soit estudié rompre voz propos, ne les discontinuez, s'il vous plaist.

Mais la Damoiselle, voyant que le Soleil auoit ia haussé ses rayons, de façon que nostre trop longue demeure eust peu donner quelque moleste au surplus de la compagnie qui estoit coustumiere (pendant ce peu de temps que fusmes aux champs) faire son repas

de

de bonne heure: Vous vous faites tort, dist-elle, seigneur Monophile, d'ainsi esbranler seigneur Glaphire, en matiere à mon iugement si peu à vostre auantage: veu mesmement que le temps semble vous auoir voulu porter faueur, s'estant ainsi auancé, & quasi precipité pour donner conclusion à noz propos: ausquels si parauanture i'ay trouué acheminement, aussi veux-ie bien à ce coup interceder pour Amour, duquel i'ay plus de pitié, qu'il n'a compassion de ceux qui implorent sa mercy. Et ainsi nous departans, ie croy qu'il n'y aura celuy de nous, qui ne demeure satisfait: Glaphire, d'auoir en peu tant discouru: nous, pour auoir eu part à ses tant agreables propos, & vous, seigneur Monophile, d'en voir l'yssue si briefue: & au surplus, quant au reste de la compagnie, pour ne se donner fascherie de nostre trop longue demeure. Alors Philopole: Vous auriez raison, ma Damoyselle, si ie vous accordois vostre dire: mais vous osez-vous bié tant promettre, principalement pour mon regard, que i'en reste si contant, cõme en faites le semblant: me voulant quant & vous frustrer des braues discours qu'icy se passent entre nous: lesquels i'estime cent fois plus que toute la nourriture que nous pourrons tantost prendre, d'autant que l'esprit est plus singulier que le corps. Si auroit (repliqua la Damoyselle) l'esprit prou d'affaire, & deuiendroit bien maigre sans la refection du corps: Mais bien plus gras, dist Philopole, au moins le voyez vo⁹ par les hõmes qui sont à ieun: cõ-

Q

prenans en peu d'heure beaucoup plus que les autres par vne longue espace de téps. Parquoy puis que par raison naturelle deuons auoir ores les sens plus promps & deliberez, que doutez vous, seigneur Glaphire, poursuyure la route encommencee de voz discours: Vous ne me voulez espargner, respondit-il, & toutesfois vous voyez que desia me commence la parole à broncher & vaciller, encores que ie n'aye dit chose qui soit de grand' importance.

Sur ces entrefaictes par cas fortuit suruindrent quatre ieunes Gentils-hommes de la bande, qui nous cherchoient pour disner, lesquels ayans esté par nous informez des propos qui illecq' s'estoient entre nous passez, apres plusieurs regrets par eux faits de ce que Fortune ne les auoit plustost en ce lieu acconduits: Quoy doncques? (dist quelqu'vn d'entr'eux) sera-il dit que nostre venue soit cause de vostre depart, sans que puissions participer du peu qui reste? Ie vous diray, dist la Damoyselle, nous y pourrons recouurer tout à loysir toute ceste apresdisnee. Dieu m'en gard respondit Glaphire: telle matiere ne me reuient point à cœur, & ne puis en cest endroit me forcer aucunement. Mais si d'auanture il vous est agreable auoir le plaisir de quelques bons deuis: tout ainsi qu'vne partie d'hier & du iourd'huy a esté disposee, au subiet le plus commun, & qui plus nous est affecté: ainsi, voyans les armes familiariser bien fort auecques l'Amour, aussi y estant le temps fort addonné, pendant que nous trouuons icy en requoy, peut estre ne seroit-il hors de propos, de disputer de l'estat d'vn bon Capitaine. L'occasion y est forte prompte: car, combien qu'aucun de nous, pour estre en aage trop ieune, n'ait encores esté employé à tel exercice, au moyen dequoy n'en pourroit si bien ny subtilement deuiser, si pourros-nous en cecy estre en partie guidez par ces bós & vieux Gentils-hommes, qui sont en nostre compagnie, lesquels comme ie croy ne nous esconduiront en requeste si honnorable. Si le peu qu'auoit discouru Glaphire s'estoit rendu aggreable, ce conseil ne fut trouué moins digne de recommendation, & depuis communiqué au surplus de la troupe, qui n'auoit assisté à noz propos: mais entendans nostre bonne deuotion, se deliberaura vn chacun à par soy faire monstre de son meilleur, mesmes les plus anciens de la bande, lesquels pareillement informez de ceste honneste entreprise louerent fort ceste bonne volonté. Ainsi ayans le iour ensuyuant chágé d'hoste, s'aquitérét tous en la question proposée au moins mal qu'il leur fut possible, à laquelle apres auoir donné fin, aussi fermerent leurs ieux & esbats, prenans l'adresse du camp, soubs espoir de mettre leurs deuis à bien bonne execution.

Fin du second liure du Monophile.

Q ij

COLLOQVES
D'AMOVR.

245

PREMIER COLLOQVE,

AMOVRETTE.

LA DAME ET L'AMANT.

LA DAME.

Ommandez ie vous pry à vos mains d'eſtre d'orenauant plus ſages, pour le moins de n'eſtre ſi ſaffres. L'AM. Mais vous commandez à vos yeux de faire tel commandement à mes mains, qui n'ont autre puiſſance ſur ſoy, que celle que leur donnent vos yeux: voire que d'eux procede toute la folie ou importunité de mes mains. LA DA. Le commandement en eſt deſia fait de ma part, reſte à exploicter le voſtre. L'AM. Quel commandement voulez-vous que i'execute ſur mes mains, puiſque ie n'ay cõmandement ſur moy-meſme? LA DA. He vrayement cela vous ſiet mal, & ne me fuſſe iamais perſuadée qu'euſſiez eſté ſi mal appris: Comment, de me moleſter d'auantage? L'AM. Mais il vous ſiet bien plus mal eſtant fille, de me ſolliciter de plus en plus à ce faire. LA DA. Pour Dieu oſtez ceſte ſollicitatiõ de voſtre teſte: car iamais ie n'y penſay: Et ſi ſous ceſte fole per-

Q iij

fuasion vous continuez vos pourfuites, vous vous abufez grandement. L'AM. N'en rougiffez point ie vous pry : car encor' cefte rougeur me feroit nouuel efperon. LA DA. I'entends bien, vous faites voftre prouffit de tout, fi n'en fera il pas ainfi croyez m'en: Mais voulez vous impofer cefle à voz mains? L'AM. Vous auez raifon de leur commander, comme fi elles euffent oreilles pour receuoir voz commandemens. Penfez vous que nature les ait douées de la perfection d'ouïr, veu que vous mefmes qui eftes entre toutes belles accomplie, faillez mefmement en cefte partie? LA DA. Vous me voulez doncq' publier comme celle qui n'a ouye? L'AM. Ie ne l'oze pas bonnement affeurer, mais la prefumption que i'en pretends, c'eft qu'à toutes les requeftes que ie feme deuant vous, comme fi feuffions en vne tour de Babylone, à chaque propos tournez la charrue contre les beufs. LA DA. Cela ne prouient de l'ouye, ains du default de voftre langage, que ie trouue fi eftrange & hors la commune vfance de nous autres filles, qu'il peult aduenir qu'à iceux ie ne vous refponde que des bayes, comme ceux que ie n'entends pas. L'AM. Ie vous diray, pour les vous donner à entendre, il fault que ie ioigne ma bouche tout au plus pres de la voftre. Et en cefte façon proufiteray-ie en double forte. L'vne en fatisfaifant par ces baifers reciproques au contentement de mon ame. L'autre vous donnant par là à entendre (comme fi euffiez les aureilles vnies & collées à la bouche) les propos que ie

vous tiendray. Car ainsi ay-ie quelquefois a-
pris que font les Dames d'Italie enuers nous
autres François, pour nous enseigner leur Toscan. L A D A. Quoy doncq', serez vous tousiours importun? vous venez des mains à la
bouche: En bonne foy si ne cessez, vous me
contraindrez vous interdire non seulement le
toucher, mais aussi vous fermer la porte. L'A M.
Si ne me sçauriez vous empescher, quelque
bannissement que m'ordonniez, que ie ne sois
auecq' vous, & qu'absent, voire dormant, ie ne
pratique enuers vous, trais de plus grande priuauté, que ceux dont i'vse à present. Aussi ie
vous suply, belle Dame, pourquoy voulez vous
permettre que quelques vns de voz membres exercent leurs estats & offices: & estes
si auaricieuse des autres, que comme craignant de les perdre, ne les voulez metre en
vsage. A la langue, permettez le deuis: à
l'œil, le veiller & dormir, & quelquesfois
tyrannizer dessus moy: aux pieds, le marcher: à la main, faire tel debuoir que la necessité le requiert: Et toutesfois voulez tenir la bouche en friche, qui est si planturu-
reuse en baisers, que pour vn que i'y seme-
rois (si vous me permetiez ce faire) i'en ferois
renaistre cent autres, lesquels par traite de téps
fructifieroient en telle quantité & grandeur,
qu'ils engendreroient vn Amour de plus grád
effet & valeur, que celuy qui fut iadis figuré par les poëtes & peintres. Car pour vous
dire la verité, colans noz bouches l'vne à
l'autre, par la communication de noz alei-

nes : simbolizant auecq' noz cœurs ie souflerois mon ame dedans la voſtre, & vous la voſtre dans la mienne: Et ainſi ſans y aduiſer, nous ſeparans l'vn de l'autre, ſi demeurerions nous touſiours vne ame meſlee en deux corps. L A D A. C'eſt la cauſe pour laquelle cognoiſſant par voſtre propos meſme l'Amour des hommes n'eſtre que vent, ie ſuis treſaiſe de me tenir ſur mes gardes. L'A M. Mais pour autant qu'il eſt en nous inſpiré d'vne celeſte influence, voila pourquoy il ne fault que d'vn preſumptueux iugement, vous eſtimiez retifier contre la volonté du ciel. L A D A. Encores monſtrez vous par cela que tout voſtre amour n'eſt que ſonge. L'A M. Songe le pouuez vous appeller puiſque ie ne reçoy qu'en dormant le bien que ma ſeruitude merite. En quoy ie trouue que pour vray ce ne fut point ſans raiſon que quelques vns eſtimerent l'Amour eſtre extrait de l'obſcurité du Chaos. Veu que ſoit preſent ou abſent, les plus grandes faueurs de l'Amour ſe trouuent dans les tenebres de la nuict, comme recognoiſſant encores le lieu de ſa vieille demeure. L A D A. Voyez de grace quel honneur vous faites à ce bel oiſeau, de le rendre ſi familier & approchant du Chaos. L'A M. Il eſt encores plus que ie ne dis: parce que comme l'ancien Chaos, il ne demande que toute confuſion & mixtion de l'vn à l'autre. L A D A. Ie ne ſçay pas à quelle fin vous le dites, ſi voy-ie bien que vous impoſez à l'intention des Philoſophes qui voulurent iadis maintenir, l'Amour estre descendu du Chaos. L'AM. Ie n'ay que faire des Philosophes, ie suis Philosophe en mon art. LA DA. Vous ferez doncques fort bien d'exercer vostre Philosophie apart vous. L'AM. La Philosophie que i'exerce ne demande point la solitude, & ne puis Philosopher sans la communiquation de vous qui estes l'astre sur lequel ie dresse tous mes aspects, & à la conduite duquel ie voy tous les mouuemens de mon ciel. LA DA. Voulez vous tousiours vous mocquer? L'AM. Mais vous? LA DA. Ce n'est pas de ceste heure que vous en sçauez la leçon. L'AM. Ie ne sçay pas si c'est de ceste heure que vous en sçauez l'vsage, mais ie m'asseure que si ie suis le premier sur lequel faictes vostre apprentissage, vous estes desia rendue si bonne ouuriere, que ceux qui succederôt à ma place, n'aurôt point occasion de faire risee de moy. LA DA. Ie ne desire point pour vous dire le vray, prester longuemét l'aureille à propos si legers & de nul effet. L'AM. L'effet y seroit si vouliez. LA DA. Mais dites moy beau-sire, est-ce de ceste heure, que sçauez que tout mon but est de vacquer à ieusnes & oraisons? L'AM. Quát aux ieusnes, vous m'en faites prendre le train malgré moy. Et pour le regard des prieres & oraisons, i'y suis ententif plus que vous. LA DA. Mais les miennes s'adressent à Dieu. L'AM. Et les miennes s'adressent à vous: Bref nous sommes tous deux conformes. L'AM. Vous pensez m'atraper dans voz rets par vne subtilité de langage. Si vous deuez vous asseurer que si gaignez de paroles, vous n'aurez le dessus de l'effet. L'A M. Et bien, vous en serez doncques quitte. LA DA. Il ne fault point que j'en sois quitte, veu que toute quittance presupose obligation : Et ie pense que si ie m'ingerois plus auant, ie payerois vne debte à laquelle ie ne suis tenue. L'A M. Et certes si voulez nier l'obligation qu'auez en moy, les effects de l'extreme amitié que ie vous porte, vous doiuent aprendre le cõtraire: qui sont tels que sans pareille affection & reciproque ne vous sçauriez garentir d'vne marque d'ingratitude. LA DA. Aussi ne veux-ie pas nier que ie ne vous ayme beaucoup. L'A M. Mais il faut que vostre amour en toutes parties coresponde auecq' le mien. LA DA. De cela ne vous passeray-ie condemnatiõ pour ceste heure. Car mon honneur & autres telles considerations emologuees par les loix des hommes, m'en ferment en tout le passage. L'A M. C'est le lieu commun de vous autres. LA DA. Et ce que vous dites, aussi l'ay-ie mille fois ouy rechanter de tels personnages que vous. L'A M. Mais nature me l'a apris. LA DA. Et la loy me l'a enseigné. L'A M. Nature vault mieux que la loy. LA DA. Vostre nature est brutale sans la loy. L'A M. Vostre loy n'est qu'vn fard ou bien pour mieux parler, qu'vn masque. LA DA. Et vostre nature, si elle ne reçoit pollissure, par les preceptes & commandemens de la loy, est vne chose lourde & brusque. L'A M. Ie voy biẽ que c'est : vous voulez tromper le temps, & pendant que ie m'atache au deuis, ie perds vne belle saison. LA DA. Et quelle? L'A M. De retourner fur mes arres, & voir fi au lieu des paroles, ie pourray aprofiter mes mains pour l'vfage de voftre fein. LA DA. Et ie fçauray vne autresfois employer les miennes, à vous faire vifage de bois, puis qu'eftes fi opiniaftre. L'AM. Tout le mal qui eft en moy, prend fa fource & origine de vous, par ce que fi ne vous opiniaftriez de voftre cofté à m'eftre rebelle, ie ne m'opiniaftrerois du mien, à vous importuner fi fort: mais l'opiniaftreté du refus me caufe le requerir d'auantage. Parquoy tous deux fommes en faulte: vous à me donner occafion de requerir, moy, à l'empoigner promptement: vous à m'efconduire, moy à vous importuner. Vray que la faulte eft trop plus grande de voftre part, que de la mienne. Attendu que ie vous importune pour raifon des grandes beautez qui fe voyent reluire en vous, & fans aucune caufe prenez occafion de refus. LA DA. L'opinion qu'auez conceüe de voftre valeur, & nō pas de ma beauté, quoy qu'il vous en plaife dire, vous font entrer en ces embles. L'A M. Penfez vous que ie fois fi mal aduifé, que ie vueille parangonner le peu de ce qui eft en moy, auecq' la grandeur de voz excellences? LA DA. Si vous ne penfez me valoir, doncques à tort & fans caufe me pourfuiuez vous, auecq' telles importunitez: & au contraire ie ne fuis point hors propos vous refufant. L'AM. Ha mauuaife, vous prenez tout à contrepoil, & ne confiderez que mon amour fuplée le default des merites que vous pouuez attendre de moy. LA DA. Ie suis tant bercee de telles harangues que i'enfile ceste amitié auec celle de tous vos semblables, pour en faire apres vn iouet. L'AM. Et bien vous en rirez quant à present : mais ce pendant vous apprendrez pour l'issuë de nos propos, que l'amour commence par rire. LA DA. Et qu'il se finit par ire. L'AM. Non, mais que ne voyez gueres d'amants, qui sur vn commencement ne seruent à leurs dames de mocquerie : laquelle par succession de temps se tourne en compassion : & de ceste compassion en vne passion & amitié, dont puis apres on esprouue ordinairemét tels effects que la mienne desire. LA DA. Et bien vous en demeurerez sur ce pied.

SECOND COLLOQVE.

L'OEIL ET LE DEVIS.

LA CROIX, VALENTINE,
POIGNET.

Vis que doncques vous vous obstinez en vn si ferme propos, & que sans esperance de respit, m'auez clos le passage, au lieu auquel faisoit son seiour toute ma deuotion, ie vous supply, ma Damoiselle, me dire, quel poinct vous estimez estre le plus excellét sur lequel ie doiue fonder & asseoir le peu de contentement qui me reste. VA. Voicy venir le seigneur Poignet, qui vous en donnera meilleure resolution que moy. CR. Seigneur Poignet ie vous prie m'oster ce scrupule de ma teste: Ie porte singuliere affection à vne Dame à laquelle il m'est par son commandement interdit, aspirer au but, auquel vn chacun en amour doit aspirer: Maintenant ie demandois à ma Damoiselle Valentine, quelle est la chose en laquelle ie doiue me pourchasser plus de contentement, m'estant ceste porte fermee. PO. Vous seul sçauez trop mieux que moy la resolution de vostre demande: Parce qu'estans vos humeurs non accordans auec les miens, vous est aggreable vne chose qui parauenture me reuiendroit à contrecœur. Ainsi en vain tascheroy-ie satisfaire à vostre requeste, & suis d'aduis qu'en ce poinct vous seul preniez conseil de vous-mesmes, & de vostre affection. Mais sçauez-vous qui m'a ameiné en ce lieu? Ie viens de ce pas d'vn endroit, où entre autres propos de l'amour, quelque homme de bon esprit a voulu mettre sur les rangs, lequel est le plus aggreable le deuis auecq' sa Dame sans la veuë, ou la veuë sans le deuis. Toutesfois parce que ceste question ne s'est point trouuee resoluë, i'ay pensé que ie trouuerois icy quelque bonne resolution: A laquelle ie vous semonds, & l'vn l'autre, puis que fortune m'a tant appresté de faueur, de vous rencontrer tous deux si à propos. VA. Ceste question seigneur Poignet, me semble vaine. Parce qu'à mon iugement, il n'eschet point qu'on se trouue en compagnie, où l'on puisse veoir sa Dame, que lon n'y ayt aussi moyen de communiquer auecq' elle: Et croy qu'il n'aduint iamais auoir cōmunication du deuis, sans cōmunication de la veuë. P O. Sauf vostre grace ma Damoyselle: Car n'aduient-il pas souuent que pour le respect de quelque grande compagnie, ou parauanture pour ne donner cognoissance de noz amours, nous nous espargnons à la parole, & toutesfois nous employons les œillades en supplément de ce deffault? Au contraire ne peut il pas aduenir que par ialousie d'vn mary la veuë nous soit interdite, pour detenir par maniere de dire sa femme en captiuité, & neantmoins par quelques subtils moyens (desquels n'est iamais l'amour desgarny) puissiōs cōmuniquer de propos? L'exemple nous y est formée, par la nouuelle de Boccace, en la personne de Philippe: lors que sans plus, par vn petit pertuis, auoient luy & sa Dame, moyen de donner l'vn à l'autre à entendre leurs reciproques pensées. V A. Vous auez raison seigneur Poignet, & parauenture n'en estoy-ie pas du tout eslongnée: Parce que ie reputois en moy la force de l'amour si grāde, qu'il eut esté impossible pouuoir supporter l'vn sans l'autre. A laquelle donc des deux opinions seigneur de la Croix, portez vo⁹ plus de faueur? C R. Quant à moy ma Damoyselle, ie suis pour le party de la veuë, sans le parler. P O. Et moy pour le parler, sans la veuë. V A. Il me semble que vostre question se pourra fort bien terminer, si en la deduction d'icel-

le chacun pour son regard remõstre quelle est plus grande la puissance, ou de l'œil, ou de la parole. Et ainsi ayant vn chacun de vous apres son discours, parfourny sa carriere, lors sera-ce à moy de iuger, qui aura emporté le dessus.
P O. C'est donc soubs vostre arbitrage, que tous deux remettons l'issuë de ceste dispute.

C R. Vous me prenez veritablement à l'impourueu, seigneur Poignet, mais non à descouuert toutesfois. Par quel bout donc donneray-ie entrée à ce propos, sinon par les ministres des dieux & poëtes, lesquels pour leur diuinité, semblent auoir quelque communication auec les corps celestes pour iuger des choses bonnes, ou mauuaises, que nous voyons en ces bas lieux? Or si leur authorité me vault en cest endroit quelque chose, qui est celuy si hebeté qui ne descouure apertement en quelle estime ils ont l'œil, à la deduction duquel ils s'esgarent en telle sorte, qu'il n'y a partie sur la femme qu'ils adorent auec plus grande humilité ? Dont procedent ie vous prie, ces ordinaires traits dans leurs liures, clair flambeau, estoille, feu estincellant, & autres telles manieres de dire si familieres dans leurs œuures, sinon pour la reuerence qu'ils portent à ceste clarté, qui seule semble esclairer dedans leurs cœurs & pensées ? De sorte que tout ainsi que nous voyons ce grand soleil prester sa lueur & lumiere, non seulement pour esclairer, ains pour entretenir par sa chaleur ceste vniuerselle machine : aussi semble ceste clarté, qui estincelle dessoubs le front de noz Dames, &

Discours en faueur de l'œil contre la parole.

esclairer, & entretenir, & nourrir tout le meilleur qui se trouue dedans nous. Voila pourquoy est cest œil estimé par ces diuins poëtes, soleil, & le soleil en contr'eschange, est par eux-mesmes appellé l'vnique & grand œil de ce monde: Voire qu'il semble que le peuple mesmes pour vne semblable raison se soit occultement induit, à le nommer, le seul œil: Que si leur symbolization est telle: vous esbahissez vous seigneur Poignet, si tout ainsi que les animaux s'adonnent à la veneration de ce grand astre, qui nous departit sa lumiere, esmeus d'vn instinct de nature: semblablement nous tous en ce bas manoir, recognoissans non quelque image ou portrait, ains la fraternité & proportion, que ces deux astres ont ensemble, i'enten l'œil, & le soleil, tous d'vn commun accord adonnions noz pensees, non à la contemplation, ains veneration de cest œil, aussi bien que de ce soleil? Mesmement qu'il semble qu'en plus grande reuerence deuiez auoir l'vn que l'autre: Parce que si de la chaleur du soleil est en nous entretenuë cette partie de nostre ame, que nous nommons vegetatiue, & par l'œil, est la sensitiue affectée: d'autant deuons nous auoir en plus grande recommendation cest œil, que ceste celeste lumiere: Parce que la sensitiue est plus digne d'estre estimée, que non l'autre, qui nous est pour sa vilité, commune auec les choses inanimées, chacune selon sa nature. Grande est doncques ceste puissance, de laquelle semble despendre vne partie de nostre ame: Mais encore

core plus grande se trouuera, quand non seulement entre les hommes & femmes, qui ont cognoissance d'eux-mesme, se trouuera ceste vertu dominer: mais aussi quand nous descouurirons les animaux, auoir quelque participation de ce feu, enuers nous autres. Quoy? vous est incognuë la puissance du Baselic, qui par son seul regard meurtrist & tuë l'homme, qui se represente à luy? Vous est incognuë la puissance du loup, lequel pour auoir assis premierement sa veuë sur vous, vous fait à l'instant changer la parole? Il a veu le loup, dit nostre commun langage: chose non seulement auerée de nostre temps, & entre nous autres François, mais aussi en Italie, si nous voulons adiouster foy à ce grand Pline. Et vrayement telle est l'energie de cest œil, que le mesme Pline recite qu'au mesme païs, y eut iadis vne famille, portant en son regard telle force, que qui s'amusoit à la contempler trop ententifuement, en demeutoit soudain malade. Aussi nous voyons par effect, la veuë d'vn homme viciée, apporter aux yeux des regardás, la mesme maladie dont les viciez sont touchez. A la verité si l'œil malade a ceste puissance natifue, pensez vous que l'œil serain n'ayt mesme force en soy, pour rasserener les esprits de ceux qui y prennent garde? Et parauanture fut-ce la cause pourquoy iadis les poëtes, nous representerent vn Lynx penetrant par regard les murailles, pour nous figurer ceste puissance de l'œil, qui semble penetrer dedans noz pensees. Et non seulement pene-

R

trer, mais aussi nous seruir d'vn mirouer, pour nous mirer & recognoistre en la pensee d'autrui. Aussi ne descouurons nous pas par l'œil nostre ioye, ou nostre tristesse? dont mesmement sont issuës par vne certaine instigation de nostre nature, ces communes formes de dire pratiquees entre nous autres: Il a l'œil triste, l'œil riant, guilleret, friant, & autres de telle marque. Et pour passer encor plus outre, ne se descouurent seulement les passions de nostre ame, mais aussi les dispositions de noz corps, quand en nostre commun langage nous disons, Il a l'œil de malade, il a bel œil, lors que nous voulons arguer, que vn homme ne doit sentir aucune partie de soy mal affectee, comme si cest œil fut vn signal, ou enseigne du reste qui est en nous. Lesquelles communes manieres de parler ne sont tirees en vsage, sinō à cause de l'effect, qui sourd de la puissance de l'œil. Que veux-ie dire puissance? veu qu'en quelques histoires nº lisons d'vn, qui par obstacles du maniment de sa langue n'auoit iamais eu pouuoir de cōmuniquer par paroles auec le mōde, lequel ce nonobstāt ayant contemplé vne dame, se trouua tellemēt espris, qu'à l'instant sans aucune autre medecine, recouura ceste parole, qui de tout tēps n'auoit en luy esté ouuerte? Tel est le miracle de l'œil, soit agissant, soit patissant: agissant, quād noz dames par attraits, vnissent miraculeusement noz cœurs en elles: & patissant, lors que nostre œil, communiquant ceste beauté qu'il contemple, à nostre cœur, fait en nous de merueilleux miracles & effects. Chose trop verifiee par exemples : Entre lesquelles toutesfois ie vous supply remarquer ce mal gracieux rustault de Boccace, qui oncq' ne se sceut façonner, sinon par la presence d'vne Dame, qui engendra en luy vne singuliere metamorphose de meurs & complexions. Cest œil nous est messager des perfections de noz Dames; cest œil traffique noz cœurs, & s'accordant d'vne singuliere harmonie auec noz pensées, nous transporte du tout en la contemplation de celle qui nous a rauis. Mais que fault-il seigneur Poignet, que ie m'estende contre vous en plus longs propos pour l'œil contre la parole, veu qu'en ceste partie, nature mesme vous combat ? Ce qui est facile à prouuer, appropriant l'vn & l'autre à leurs obgets. Quel est doncq' l'obget de la langue ? n'est-ce l'aureille ? sans laquelle, à la verité, peu nous prouffiteroit la parole, & demeureroit toute vaine. Or est-il ainsi qu'en la distribution des sens, tous phisiciens & naturels voulurent comparer l'œil au feu, & ceste aureille à l'air. Que tout ainsi que le feu se rend superieur à l'air, aussi ne vous fault esbahir, si l'œil surmonte en tout ceste aureille: Laquelle mesmement nature, pour nous descouurir ce secret (bastissant en nous ceste masse corporelle) voulut establir d'vn degré plus bas que l'œil. Ne voyez vous d'auantage qu'en tout le reste des choses, esquelles par nostre artifice & necessité voulumes imiter nature, combien nous nous estudiasmes à no^{s}

R ij

en rendre plus prochains, lors qu'en toutes sortes d'edifices & bastimens, nous n'en estimons la structure (quoy que superbe & hautaine) si elle n'est accompagnée par mesme moyen, d'vn beau regard, & belle veuë? Voire qu'aux lieux plus sombres & obscurs, tousiours loge & reside tristesse, & à ceux qui sont plus clairs & apparens, toute ioye & recreation. Qu'apporte quant & soy l'hyuer, sinon humeurs melácoliques, pour l'eslongnement du soleil, qui est obscurcy de nuées? Au contraire que nous moyenne l'Esté, sinon toute alegresse, à l'occasion du soleil, qui lors plus nous fauorise? Telle est la puissance de cette vniuerselle lumiere, ny plus ny moins que celle, qui reside dedans noz dames, tient en no^s le gouuernail de nostre ioye, ou tristesse. Par ce mutuel regard nous entretenons nous, l'vn en l'autre. Et encor' que n'ayons moyen de communication reciproque, pour quelque empeschement qui y soit, si est-ce que tousiours opere en nous cest œil, fidele entremetteur du cœur, pour communiquer le dedans de noz conceptions & pensees. Et qu'ainsi soit, ne voyez vous souuent les amans rauis d'vne extreme extase, perdre ensemblement la parole, & neantmoins en deffault d'icelle, s'aider de reciproques regards, qui seuls leur seruent de truchemens & ambassades, pour descouurir ce que la langue surprise, ne peut bonnement proferer? Ce sonnet nous en donnera certaine espreuue & tesmoignage, lequel i'ay quelquefois desrobbé, des passions d'vn mien

d'Amour.

amy, qui par auanture auoit autant apris les trauerses que brasse amour, comme homme que ie cognoisse.

Pour l'exalter suis debile & vain:
Car lors que plus à la louer suis chault,
Mon cœur voulant extoller ce nom hault
Vient pour parler, mais (helas) c'est en vain:
Puis comme ayant tout le sçauoir humain,
Ma langue veult suppléer ce deffault,
Mais à l'instant à ce supplément fault,
Et seulement a recours à la main,
Elle à l'esprit, & l'esprit comme chef
Voulant fournir à si haulte entreprise:
Est maulgré luy, contraint quitter la prise:
Adonc mes yeux voyans ce grand meschef
Comme motifs de ma premiere touche,
Viennent au lieu de cueur, esprit, main, bouche.

Qui sera pour trouuer fin à mon propos de l'œil, & vous permettre (Seigneur Poignet) entreprendre la deffence pour la parole, laquelle à mon iugement vous deffauldra au besoing, si vous ne vous donnez de garde.

p o. Ie m'esbahy seigneur de la Croix, puis que n° auez façonné l'œil, d'vne telle puissance, que seul il esclaire dans noz pensées, côme en ceste presente cause, par vostre seule veuë, ne nous auez donné à entendre, ce que couuriez dans vostre conception. Mais certes trop est petite sa puissance, veu mesmes que pour l'exalter, vous a esté necessaire auoir recours à la parole: Sur l'excellence de laquelle si

Discours en faueur de la parole contre l'œil

R iij

ie voulois courir à plain, pluſtoſt me deffauldroit le temps, que le ſubget. Car qu'eſt il de beſoing qu'en ceſt endroit ie me retire vers voz poëtes, vers leſquels vous eſtes voulu ranger, ſur l'entree de voz propos, ſi i'ay pour moy les orateurs, leſquels ſe rendent d'autant plus excellens que les poëtes, qui eſcriuent ſeulement par maniere d'eſbat & plaiſir, & ceux cy au meilleur ſens qu'ils ayent en eux? Et toutesfois pour vous monſtrer, que les poëtes n'ont en telle reuerence l'œil, qu'ils n'ayent eu en plus grande recommendation la parole: Ie vous prie dites moy, dont ont pris leur ſource & commencement, ces fictions de nous repreſenter vn Amphion, vn Orphée, attirans par leurs dous chants & muſique, non ſeulement les animaux, cruels, & deſpourueus de toute raiſon, mais auſſi les choſes inanimees, ſinon pour nous deſcouurir ſoubs l'eſcorce de leur poëſie la vertu de la parole? Par le moyen de laquelle (ſe trouuans ſur le premier aage, peuples farouches & ça & la eſpars) furent vnis aſſeblement, & inuitez à ceſte ſocieté ciuile, ſás laquelle toſt ſe ruineroit & prendroit fin, toute ceſte ronde machine. Que ſi telle fut la puiſſance de ceux qui ſceurent ſi bien pour leur temps harenguer, de ſemondre à vne liaiſon & concorde, vne ſi eſtrange barbarie, comme celle qui lors regnoit: quels miracles penſez vous que face celuy, lequel eſtant auecq' vne Dame, a moyen de luy deſcouurir les ſecrets de ſa plus deuote penſee? Car l'œil veritablemét a quelque vertu pour attraire : Mais que telle soit sa puissance, comme celle de la parole, ie m'en rapporteray seulement à noz anciens Gaulois, lesquels pour nous descouurir la vertu, que le bien disant a sur tous, nous figurerent vn Hercule (qui du depuis en toutes nations estranges, emprunta le nom de Gaulois) lequel par le moyen d'vne chaisne, qui estoit colée à sa bouche, & aux aureilles d'vne infinité de gens, les attiroit à soy, comme l'oyseleur par ses doux chants & attraits, alleche les oysillons. Que denote doncq' ceste feinte, sinon la force de l'eloquence, qui tellement nous rauit les esprits en elle, que maugré nous, tyrannise noz volontez à sa suite? Elle seule amolit noz cœurs, seule flechit & amadoüe les plus cruels, seule entretient en eternelle concorde les plus discords : Bref, meneles plus barbares à raison : Voire lors que plus penserons nous auertiner en nous-mesmes, & demourer seuls & entiers, en toutes noz opinions. Tesmoing sera l'Orateur, qui força vn Iule Cesar, resolu en son opinion, lequel combien que seulement voulut prester l'oreille à sa harengue, par vne maniere d'acquit, l'induisit ce neantmoins à le croire, & tout au rebours de son proget, pardonner à vn Ligaire. Mais si ceste vertu de bien dire, s'est reseruée superintendence & maistrise sur toutes choses terriennes, encores beaucoup plus l'a elle sur les passions, entre lesquelles vous sçauez quel siege vsurpe l'amour. C'est pourquoy s'estoupa le sage Vlixe les aureilles,

R iiij

entre les delices de Caribde & de Sylla, craignant estre assopy, par le moyen de leurs chats, & induit à leur amour, auquel l'œil ne le pouuoit en aucune façon esbrasler. Car pour vous dire le vray, cest œil que tant solemnizez, a veritablement puissance, mais entre ceux seulement, qui d'vne commune sympathie, s'accordent ensemblement: mais la langue affectionne les personnes & les contraint à aymer, encores que leur fantasie du premier coup ne s'y adonne. Qu'ainsi soit, peu sert l'œil d'vne Damoyselle, quelque gay & vif qu'il soit, pour nous semondre à son amour, si nostre humeur ne s'y accorde. Là où par frequentes prieres, & demonstrations de nostre esprit, lesquelles descouurons par le moyen de nostre langue, rendons bien souuent nostres, celles qui au precedant nous tenoient en grand horreur. Quoy? ne sçauez vous pas aussi que ces soufpirs & sanglots, que l'on desbonde de l'estomach, accompagnez de piteux propos & harengues, sont cent fois plus, que ces petites bluettes, que dites se viuifier dans les yeux? Lesquelles à la verité ie puis dire perires, comme les estincelles du feu, dés lors qu'ils commencent à naistre. Et pour ne m'arrester aux sanglots (grand moyen toutesfois, pour attendrir les cœurs les plus endurcis) quel plaisir receuez vous en amour (i'excepte tousiours le dernier poinct) plus grand que ceste parole, par laquelle deuisez auec vostre maistresse, du bien, du plaisir, & grand contentement, qui vous est par elle moyenné? Grand est certes, & insuportable le contentement, par lequel est loysible compter noz contentemens. Et toutesfois encores n'est-ce pas peu de chose, quand il nous est permis reciter les tormens & douleurs, dont nous sommes martyrisez à l'occasion de noz dames. Comme ainsi soit que ny plus ny moins qu'vn feu, enseuely dans les cendres, viuifie d'autant plus sa chaleur: aussi vne douleur celée, s'en augméte de plus en plus. Ie n'adiousteray les propos, qui ne touchent aux angoisses, ains seulement qui par risée, & par maniere d'esbat, sont mis en auant: Lesquels combien qu'ils soient de peu d'efficace, au regard de ceux qui sont du tout vouez à la deduction de noz passions, si se trouuent ils de plus grand raport, que n'est encores vostre œil: & quelquesfois bien appropriez au temps & lieu, impetrent ils mercy pour nous. Comme esprouua celuy, qui pour ceste contemplation nous dressa ce present sonnet.

Ie marqueray & d'vne blanche trace,
Et me sera ce iour là natalice,
Et tous les ans lors feray sacrifice
A toy ma dame, & à ta saincte face:

  Non point qu'adonc pensif ie te contasse,
Qu'en ta faueur mort viuant ie languisse:
Non qu'importun, dame ie te requisse,
Pour mon loyer, le dernier don de grace:

  Mais folastrant vainement en harengues,
Le Dieu qui tient puissance sur noz langues,
La mienne auoit tant à point desployée:

Que ie cognu (iouant ainsi mon rolle)
Par mille traits, que ma vaine parole
N'estoit en vain pour ceste heure employée.

Voyez ie vous pry, seigneur de la Croix, quel bien il se promettoit de ceste parole folastre : & tel que combien qu'il n'en parle point, si ay-ie depuis apris de luy, q̃ par ce seul moyẽ il attaint au dernier but & iouïssance de ses amours. Or pensez dõc quel fruict nous deuõs esperer, quand auec propos de merite, nous entrons en ieu, auec noz maistresses. Parquoy quant à moy, ie me fermeray en ce poinct, cõme vous en vostre sonnet : Et vous priray, ma damoyselle, en dire ce qu'il vous en semblera. VAL. Si vous vous arrestez en moy, ie vous diray ce que i'en pense. I'ay quelquefois apris qu'vn Philosophe renommé, interrogé quelle femme il falloit prendre en mariage, renuoya celuy qui luy demandoit tel conseil, vers ces petis mignons, qui estoient de l'aage du sabot pour en prendre sur ce, leur aduis. Suiuant cette mesme façon, ie suis tref-aise vous renuoyer vers les mesmes petits enfans, ausquels quand par ieu on leur demande que c'est qu'ils ayment le mieux de deux choses, desquelles on leur baille le choix, ils respondent que l'vne & l'autre. Et pource sur la question qui s'est inopinément presentee entre nous, puis que vous en venez a moy au conseil, ie vous respon, tout ainsi qu'eux, que i'ayme bien, & l'vn & l'autre : c'est l'œil qui a la parole pour truchemẽt, & la parole qui est esclairee par l'œil. Et si vous me coniurez plus outre, ie vous diray que l'vn n'est gueres sans l'autre, toutesfois plus morte est la parole sans la veue, que la veuë sans la parole.

COLLOQVE TROISIESME.

LA BEAVTE'.

Le Gentilhomme, la Damoiselle.

Le Gent. Ostez ie vous prie cette folle fataisie de vostre teste, que ce soit à vous seules de iuger des beautez de vos compagnes. La dam. Mais bien ostez de la vostre, que la cognoissance vous en doiue appartenir. Gent. A ce que ie voy, nous sommes appointez contraires. dam. Ie n'enten point cette cabale de mots empruntee des cohues de la France. Bien sçay-ie que vostre proposition contient vne incompatibilité en soy. N'y ayant rien si contraire au iugement que la passion : & vous Messieurs ne pouuez iuger de nos beautez que sur le moule de vos passions. Gent. Prenez garde que sans y penser, vous-mesmes ne vous condamniez sur ce pied. Ne pouuans asseoir iugement sur les beautez des autres Dames & Damoiselles, que ne soyez combatues d'vne taisible ialousie qu'auez contre elles : mais en bonne foy sur quoy iugez-vous, que ce ne soit à nous de iuger des beautez des femmes ? Car qui peut mieux recognoistre sa mere que l'enfãt. Or est ce vne chose tref-certaine que l'Amour estant l'enfant de la beauté, il faut conclurre que nul ne peut plus seurement iuger de la beauté des femmes, que les hommes, au cœur desquels leur amour fait son hebergement. Chacun d'eux abhorrant naturellement le laid, & adorant en son ame le beau. DAM. C'est la où ie vous attédois. Car si elle estoit ainsi que dites, il y auroit vne regle generale du Beau, à laquelle tous les hommes s'atacheroient sans exception & reserue. Mais dont vient que chacun se choisit diuerses maistresses ; Qu'aux vns, la brune, aux autres, la blanche, la maigre, la grasse, la grande, la petite est agreable, sinon que vous tous auez les yeux de l'esprit, & du corps bandez, au iugement que faites de celles, que vous vous donnez en bute? Et c'est pourquoy les Poëtes qui souz l'escorce de leurs fictions, nous voulurẽt sagement representer la verité des choses, figurerẽt l'Amour sans yeux. Nous voulans donner à entendre que l'Amant n'auoit point d'yeux en teste pour discerner le beau d'auecques le laid. Chose ainsi ordonnee par vn grand iugement de Dieu, pour la propagatiõ & auancemẽt de ceste humaine societé ; car autrement si sur vn seul modelle de beauté l'amour de l'homme enuers la femme eust esté bastie, la moitié du genre humain fust demouree en friche, par vn mespris & contemnement qu'eussions euz les vns des autres. GENT. A ce que ie voy, vous estes vn grand Philosophe. Et quoy? quand vostre opinion feroit de quelque merite, est-il dit que tous les hommes soient cõtraints de passer par l'alambic de l'Amour, pour esgarer leurs esprits de telle façon que publiez, & qu'en leur calme ils ne puissent sans passion asseoir iugement asseuré sur ceste affaire? DAM. I'en fay grand doute. Parce que si i'en suis cruë il est malaisé de iuger si la beauté induit les hommes à aymer, ou bien si l'amour fait trouuer les femmes belles. Tellement que le sage doit dire, non pas qu'vne femme soit belle absolument, ains seulement belle à ses yeux. GENT. S'il est ainsi que souftenez, il n'y a riẽ si certain que l'incertain en ce subiect. Or suz, puis qu'il est auiourd'huy permis aux fémes de philosopher, pourquoy ne me sera-il loisible d'vser de mesme priuilege? Vous me dites que la passion qui nous rauit particulierement en noz maistresses, nous oste la cognoissance du Beau en son general: Et moy en plus forts termes ie souftien, que la passion qui vous rauit, chacune en l'amour de vous mesme, empesche que ne puissiez iuger des beautez qui seiournent aux aultres. Et pour le vous faire paroistre, cõme ainsi soit que ce grand vniuers se maintienne par vne generale concorde qui doibt regner entre les humains, aussi toute amitié prend son commencement en chacun de nous enuers nous. Que si cette proposition est vraye, elle a principalement lieu aux Dames lesquelles sont non seulement enfolastrees, ains idolastres de soy-mesmes en l'amitié qu'elles se portent. Lesquelles se recognoissants auoir esté mises sur terre, pour l'vsage de l'homme (en quoy la beauté peut beaucoup,) se font accroire chacune endroit soy, que Dieu les en a doüées par dessus toutes les autres, & souz cette folle persuasion, les vilipendent & mesprisent. De maniere que si la regle est veritable qu'on ne doibt iamais iuger d'vne cause dont on est preoccupé, ou estre preoccupé de celle dont on veut iuger, la femme preoccupee en l'amitié de soy ne doibt estre admise au iugement de tel subjet. Et quand cest obstacle ne l'aueugleroit, il y en a vn autre non moindre, ains plus dangereux. C'est l'enuie, ou la jalousie, par le moyen de laquelle elles trouuent tousiours à redire, & s'aduátager en ce faisant, au desauantage des autres. Entrez ie vous prie en vous mesmes, & recognoissez si ce que ie vous dy est veritable, ou non. DAM. Vous iugez d'autruy par vous mesmes, & nous voulez attribuer les defauts qui se trouuent parauenture aux hommes. GENT. Vous n'estes hors de propos, & ainsi va-il de nos iugements en toutes choses. C'est pourquoy il faut que vous & moy iouyssions de nos opinions sans rien eniamber l'vn sur l'autre. Mais a la mienne volonté que laissant ces vaines disputes aux escoles, chacun de nous eust iouyssance de ses Amours. DAM. Bõ pour vous, mais non pour moy, qui ne fay profession de cest art.

COLLOQVE QVATRIESME.

IOVISSANCE.
L'AMANT, ET SA DAME.

L'AMANT.

SI ie ne m'abuſe, ma Damoyſelle, il y a tantoſt trois ans, que laiſſant cette liberté, à laquelle tout animât eſt naturellemēt enclin, ie choiſi pour tout mon heur la ſeruitude, qui du depuis par ſucceſſion de temps, a gaigné telle puiſſance ſur moy, qu'oubliant tout autre plaiſir n'ay receu aucun contentement en mon eſprit, ſinon celuy qu'il vous a pleu m'octroyer. En quoy toutesfois ie m'eſtimerois treſ-heureux, ſi ie pouuois ſeulement aperceuoir vne eſtincelle de voſtre affection, eſtre correſpondante au grand feu, qui me conſomme & embraſe. D A. Voſtre affection eſt bien grande mon grand amy, ſi me ſemblez vous toutesfois à treſgrand tort vous complaindre de la part de celle, qui n'eut iamais autre eſtude, ſinon par tous aggreables offices trouuer moyen de contenter & ſatisfaire à voſtre eſprit: & m'eſbahy beaucoup plus qui vous fait entrer en ces termes, d'eſtimer que l'amitié que nature voulut baſtir entre nous deux, ſoit pour

vostre regard seruitude, pour m'estre si auantageuse comme pensez. Si tel mot vous vient à plaisir, ie puis en contr'eschange dire, qu'au lieu d'vne claire lumiere, en laquelle au parauant ie viuois, i'entray par vostre moyen en vne obscure prison, de laquelle auez si subtilement embrouillé la serrure, qu'il m'est à preset impossible en auoir aucune yssue, voire & le voulussiez. A M. Vous auez toute puissance de dire ce qu'il vous plaira, & ne puis mieux en moy remarquer cette seruitude, qui tant m'occupe les esprits, sinon d'autant que ie sçay bien qu'auez toute iustice sur moy, & neantmoins si fault-il pour crainte de vous contreuenir, que maintenant contre mon sceu & volonté, ie vous accorde vostre dire: c'est la captiuité qu'alleguez. De laquelle estes autant eslongnée par effect, comme faictes semblant vous en approcher par paroles. D.A. Ia à Dieu ne plaise mon amy, que le cœur en cest endroit ne s'accorde auecques la langue. Vous mesmes qui par tant de paroles publiez vne seruitude, donnez assez grand tesmoignage, du peu d'amour qu'auez en moy: Et au contraire combien est grande l'affectiõ qui me transporte: Veu que iamais ie n'eusse ozé tant entreprendre, de vous desdire en la seruitude, qu'ores auez mis sur les rangs, & toutesfois contre vostre cõscience ne voulez permettre, que ie sois reputée vostre esclaue, ou prisõniere. A M. Ne vo9 en esmerueillez ma damoiselle: le traictement que de vous (depuis ma ieunesse) i'ay receu, me donne occasion de
le dire.

le dire D A. Comment traictement mon amy? voulez vous meilleur traictement, qu'vne entiere deuotiō, de celle qui depuis six ans, vous dedia cueur & pensée? A M. Pleust or à Dieu ma dame, pleust or à Dieu : Car si ainsi comme vous dictes estoit, ia ne me seroient tant familieres les trauerses qu'en vostre faueur ie supporte. D A. Ha moy & moy miserable! maintenant voy-ie fort bien, que le temps que i'ay employé à me vouloir rendre vostre, & vous en porter seure foy, par toutes manieres d'effects, est veritablement employé, mais employé sans recompense. A M. Ie vous suply ma-damoiselle, n'alleguer point recompense: car vous seule, sans autre vous rendez en ceste part deffectueuse, qui depuis tant d'ans en ça, n'auez voulu prendre à mercy celuy, qui pour n'estre plus sien, ne desiroit autre chose que de vous donner à cognoistre de combien il estoit plus vostre, sans que iamais en ayez tenu aucun conte. D A. Quel mercy pensez vous trouuer en celle, qui d'elle mesme n'a eu mercy, ains s'est tellement pour l'amour de vous animée encontre soy, que du meilleur qui fut en elle, c'est de son cœur, elle vous a fait sacrifice? A M. D'autant vous en demouré-ie plus redeuable, ma-damoiselle. Mais si est-ce bien peu de cueur, s'il n'est accompagné du corps, ny plus ny moins que ce n'est pas grand chose du corps, s'il n'a pour sa guide & compagnie le cueur. D A. Quoy? quelle partie de mon corps (au moins qui soit en ma puissance) vous feut iamais deniée? Vous fut

S

oncques le baiser, vous fut oncques la parole, ou tout honneste attouchement interdit? Gardez ie vous pry mon amy, que (comme les enfans d'Israel) non content de vostre manne vouliez prendre vostre nourriture & refection, en ce, qui pourroit & à l'vn & à l'autre, causer nostre totale ruine. A M. Ie reçoy vostre auertissement en payement: mais pensez vous que pour cueillir l'vn de l'autre ce fruict, que tout amant se pourchasse, nostre amitié reciproque vint en quelque alteration, ou decadence? D A. Ouy certes, mon grand amy, & vous-mesmes sans y penser, m'auez par vostre parole apris, que ce poinct où pretendez, ne deuoit entrer en amour. Par ce que si par vn instinct naturel, vous sur ce champ, l'auez couuert & pallié, soubs vne honneste parole: Combien, de grace, deuons nous abhorrer l'effect d'vne telle chose, dont le mot est de soy honteux? A M. Que cest argument ne vous destourne d'vne bonne volonté, ma-dam. D'autant que nous ne voilons ceste operation naturelle, soubs vn desguisement de langage, sinon pour monstrer, non qu'il faille abhorrer telle œuure, ainsi que semblez presumer, ains qu'aux lieux seulement plus couuers & cachez, fault donner lieu & contentemét à nous mesmes. D A. Tant mieux mon grand amy, mais pourquoy aux lieux plus couuers, si c'estoit chose raisonnable? Car le bon, comme vous sçauez, ne demande point l'obscur, ains veut entrer en lumiere, & cognoissance d'vn chacun: au contrai-

d'Amour. 275

re, ce qui est par nature mauuais, comme rougissant de soy-mesme, ne demande l'œil des personnes. A M. Ie ne vous puis respondre & satisfaire sur ce point, sans grandement accuser la commune sottie de nous autres, qui ainsi doutons apliquer nostre esprit és choses, qui de leur nature sont bonnes, & aux mauuaises nous accommodons librement. Voire que nous voyons la plus grand' partie des hommes, estimer dresser grand trophée, pour estre veus enuers le peuple grands batteurs & blasphemateurs. D A. Voila encores qui va bien : Car si tels actes que vous dictes, sont de leur nature mauuais, & neantmoins nous ne doutons les pratiquer deuant le peuple : Combien doncques est abhominable ce poinct, duquel estimez dependre le fruict de nostre amitié ? Par ce que si vous voyez vn homme blasphemer deuant l'œil du monde, parauanture le fait-il, ou pour estre induit de colere, ou bien qu'il estime en raporter quelque louange. Ce neantmoins si ne vistes vous iamais homme (hors mis vn brutal Diogene) qui entreprit de donner contentement de telle sorte, en la presence des gens, ains que tousiours n'ait cherché les courtines de la nuit, ou de la solitude, pour vaquer à ceste operation terrestre : Terrestre puis-ie la nõmer, d'autãt qu'elle n'a rien de commun auecques ceste diuinité, qui a vny noz esprits. A M. Si vostre raison auoit lieu, qu'vne chose, pour en vser en solitude, fust de sa nature mauuaise, ne seroit par mesme moyé ceste extremité d'a-

S ij

mitié que nous nous portons l'vn à l'autre, vicieuse, veu que n'auós aucun moyen de nous y entretenir seuremét deuant le peuple sinon par dissimulation, de laquelle pour nostre auātage & faueur estudiós à trõper ce peuple? D A. Voyez ie vous pry, quel tort nous nous sõmes tous pourchassez, de vouloir asseoir nostre amour sur ce fondement dont parlez, lequel estant vicieux, a quant & soy aporté ce preiudice à tous amans, de tenir ses amours couuertes, pour cacher par vn mesme accord, la desordonnée volonté, qui induit les hommes d'aymer. N'eust il pas esté meilleur & plus expediant, s'entretenir d'vne honeste affection, l'vn & l'autre, que se commettre au hazard du parler du peuple? Lequel voyant que de toute ancienneté, s'est inueterée ceste impression dedans nous, d'aymer seulement pour iouir, entre tout soudain en soupçõ, de quelque anguille sous-roche, pour veoir tant soit peu vn ieune homme conuerser auec vne dame. A M. Pensez-vous ce nonobstant, que pour vne telle conduite lon eust à la longue peu empescher les langues venimeuses des hommes? D A. En doutez vous mon amy? Les euenemens qui sont suruenus à l'amour ont aporté occasion pour en mesdire. Et toutefois ne pensez mon grand amy, qu'estant ma conscience saine, ie pretende couurir la perfection d'amitié que i'ay en vous, voire & en parle qui voudra. Adam pendant son innocence, alloit tout nud, sans doute ou aucune honte : mais lors qu'il se feut par son peché abastardy, n'ayant que vne personne pour obiet, si commença-il de rougir, & quasi se déffier de soy-mesme : & la Nymphe violée par Iupiter, descouurit sa forfaiture, quand toute honteuse n'osa auec la chaste Diane, entrer nue dans le baing. Ainsi ne me resentât de ce damnable aiguillon dont ie voy les autres estre à leur grand dommage poings, & en deust causer tout le monde, si faudra-il, & qu'au iour, & à la nuict, vous seul soyez le flambeau pour esclairer en mõ cueur, voire ce flambeau sans lequel ie n'aurois aucune lumiere. A M. Ne vous seroit-il pas plus seant, mettant fin tout d'vne main à mes grandes complainctes, & à ce parler du peuple, me donner contentement au poinct que tant & tant ie reclame, que mal asseurant vostre renõmée, tromper par vn mesme effect, & moy qui me repais de coruées, & tout ce commun peuple qui pense que i'aye en vous plus grande part que ie n'ay? D A. Quelle plus grande part demandez vous en moy, qu'vne sincere affection & non polluë? A M. Ce n'est pas comme ie l'enten. Ie dy seulemēt qu'il vaudroit mieux deuant le peuple taire l'amour que me portez, & demourer en bonne opinion enuers luy, m'accordant le poinct où ie preten, que d'encourir tant soit peu de mauuaise opinion, & neantmoins estre entiere & non coulpable. Par ce que cest honneur est la chose en tout le monde, que deuons tenir en plus grande recommandation. D A. Si cest honneur est tel comme vous dictes, ie m'esbahy doncques grandement, pourquoy auecque si grandes

S. iij

prieres & inſtances me ſolicitiez en choſe, que ſçauez m'eſtre tant deſauantageuſe. A M. L'effet ne tombe point tant en voſtre deſauantage, comme l'opinion qu'on en reçoit. Et pource, eſtre ſecret & couuert eſt fort requis & neceſſaire en telles choſes. D A. Il n'y a choſe tant ſecrette, qui à la longue ne ſe deſcouure. A M. Au contraire, il n'y a choſe ſi ouuerte, qui à la fin ne ſe cele & oublye. D A. Mais Dieu le ſçait. A M. Dieu ſçait veritablement & voit en quelle langueur vous me nourriſſez, d'heure à autre. D A. Vous ſeul la pourchaſſez. A M. Mais bien vous ſeule ma-damoiſelle, qui ſemblez prendre voſtre plaiſir au tourment que i'endure en voſtre faueur. D A. I'en appelle Dieu à teſmoin, & vous meſme vne autrefois, eſtant retourné à vous. A M. Ia Dieu ne me face ce bien ma-damoiſelle, de retourner iamais à moy. Car plus m'eſt aggreable la ſeruitude que pour l'amour de vous ie ſupporte, que toute autre liberté. D A. Veritablement ſeruitude pouuez-vous bien appeller celle en laquelle ores vous viuez, accompagnant voſtre amitié de ceſte apetence lubrique, & m'appeller tout d'vne ſuite maiſtreſſe. D'autant qu'en ce poinct cy domine en moy la raiſon, & en vous vne ſotte & deſordonnée paſſion. En quoy vous rendez d'autant plus ſerf & bas, que moy, que la paſſion ſemble tirer ſur le charnel, & la raiſon ne s'extraict & depend que de l'eſprit. A M. Si ſçauez vous bien ma-damoiſelle, l'amour eſtre choſe imparfaite, ſans ceſte copulatiõ mutuelle, & de corps, & de l'esprit. Pour le moins se descouurira à ce coup, que plus grande est celle amitié que ie vous porte, que non celle qu'à present vous vantiez me porter malgré tout le monde. Par ce que ne reposant vostre amour qu'à l'esprit, le mien est composé de l'vn & l'autre: i'enten du corps & de l'esprit. D A. Vostre amitié seroit diuine & monteroit iusques aux cieux, n'estoit qu'elle est apesantie par ce terrestre, qui l'empesche voler à son vray manoir: là où la mienne n'estát embrouillée de ceste paste, ains seulement s'amusant à la contemplation de voz perfections, se rend en ce poinct immortelle. A M. Mais ma-damoiselle, si vostre affection est si grande cõme maintenãt publiez, que ne vous oubliez vous au moins pour vn coup, pour donner sinon à vous, au fort contentement à celuy, auquel vous vantez estre destinée? D A. Aussi est-ce pour vostre contentement ce que i'en fay, & ne discordons l'vn de l'autre en rien, ains vous mesmes procurez l'eslongnement de vostre bien, par ce que ie suis asseurée, que vous accordant ce poinct, & n'y trouuant telle satisfaction comme peut estre vous promettez, commenceroit à diminuer nostre amitié: chose toutefois, que ie croy que ne souhaitez. A M. Au contraire le plaisir me rauiroit tellement, que d'vne amitié temporelle entrerois en eternité. D A. Vous mesmes vous abusez vous. Ce plaisir que tant estimez, est tant loingtain du temporel, ie ne diray de l'eternel, qu'au contraire dés sa

S iiij

naissance il se meurt. A M. D'autant qu'il est plus brief, d'autant se trouue-il plus extreme. D A. Mais d'autant qu'il est plus brief, & extreme, d'autant attire-il quant & soy plus de fascherie & moleste. A M. Faignez qu'il soit tel que vous dites, si me sera-ce par ce moyen voye de trouuer assouuissement à vn tres-ardent desir. D A. Si seulement sur vn appetit vain & fraisle, establissez vostre amitié, ne trouuez ie vous prie, estrange, puis que vous dites mon seruiteur, si comme Dame & maistresse, ie vous commande vous deporter de ce poinct, à la charge qu'en toute autre chose emporterez sur moy maistrise. A M. Ma Damoiselle, gardez ie vous prie que me comandàt ceste chose, ne vous esloigniez de l'authorité de maistresse, pour entrer aux termes d'vne tyrannie. Parce que lors que ie me rendy à vous, bien que mon intention fust me soubsmettre du tout à vostre puissance, vous laissát toute loy de me commander, si me reseruay ie celle liberté, encore que ne le voulussiez, de vous semõdre du poinct, auquel l'amour seul, & nature me donnent acheminemét. Et pource, encor' que voz forces soient grandes, & telles que ie les pense suffisantes pour renger à soy les dieux, toutefois n'estimez pouuoir commander à celuy qui domine sur tous esprits, & establir à vn vostre amant, autres loix que celles que l'amour luy dicte: autrement presumeriez me brider d'vne impossibilité. D A. Comment estes vous encore à sçauoir, que les miracles de l'amour se trouuent à ceux qui n'ayment point, impossibles? A M. Ie le sçay trop bien, ma-dame, & à mes propres cousts & despens, dont ie loüe Dieu: Toutesfois si bien prenez garde, tels miracles ne se practiquent, sinon en faueur de l'amour. Car si contre sa majesté estimez les pouuoir en moy exercer, ne seroit-ce à vostre aduis se trauailler & parforcer en vain? Veu que toute telle puissance que vous autres vsurpez sur nous, ne se faict que soubs le tiltre de l'amour. Parquoy, ma dam. puis que la force d'aymer n'est autrement moyennée, que soubs vne eternelle attente, de paruenir vn iour à ceste extremité de jouïr: Il fault de deux choses l'vne, au commandement que me faictes, ou que ie ne vous obeïsse en cest endroit, cóme chose du tout incompatible auecque l'amour: Ou bien que ie vous obeïsse. Mais voyez en quel desarroy, nous tomberons. Car si vne fois permettez s'estaindre en moy la grande ardeur, qui s'est dedans mon cœur allumée, par ceste estincelle de conionction mutuelle, c'est à dire que me fermiez du tout la porte à l'appetence de l'vnion, où tendent tous vrays amans: Certes il semble que vous voulez que tout d'vne mesme traite, ie m'exempte de l'amour que ie vous porte, & consequemment de la loy de seruitude, que i'ay en vous. Ainsi desirant vne mienne obeïssance, si de bien pres y aduisez, voulez doresnauát ne receuoir aucune mienne obeïssance. Que doutez vous doncque, ma-dame, accorder ceste faueur à celuy qui vous ayme, qui vous cherit, plus que foy-mefme? Puis qu'en telle operation gift la fin de tous ceux qui ayment. D A. Fin veritablement la pouuez vous bien appeller : car condefcendant à ce dont m'importunez, toft prendroit fin cefte commune amitié, que nature a forgée entre nous deux, pour feruir aux autres, d'exemple. A M. Laiſſons pour Dieu les equiuocques, qu'amour ne peut fupporter. Car fi telle eftoit voftre affection enuers moy, comme eft cefte ardeur qui m'embrafe, vous ne prendriez à contrepoil les paroles que ie vous tiens. Mais n'eſt-ce le commun malheur de tous amans, que qui pretend eftre payé d'ingratitude, il fault qu'il ayme extremément? A la mienne volonté, ma-damoiſelle, & à la mienne volonté, qu'en fatisfaction du peché, qu'ores, ſans aucun mien demerite, commettez encontre moy, vn iour rencontriez perſonnage, lequel eftant de vous ainſi aymé, comme maintenant ie vous ayme, vous face reparer le tort, & iniure que me tenez, par tel payement, que celuy que de vous à prefent ie reçoy. D A. Ie n'euſſe iamais eftimé que vous fuſſiez ainſi opiniaftré pour choſe de fi peu de merite. Ce neantmoins pluſtoſt permette le ciel que i'acquieſce à voftre volonté, bien que contre la raiſon, que de vous veoir ainſi deſconforter à toute heure. Pourtant ie vous ſupply mon amy, ne vous donner plus faſcherie : le temps & le lieu deſormais nous y donneront bon conſeil : aymant trop mieux vous contenter, que de me contenter moy-mesme. A M. Ha ma-damoiselle, de quelle maniere pourroy-ie iamais acquiter vne telle obligation ? ô combien sera grand le fruict, que nous recueillerons de ce paradis bien heureux ! D A. Quel fruict i'en rapporteray, ie ne sçay : bien sçay-ie qu'encores que contre mon vouloir me commandissiez quelque chose, m'auez tellement renduë vostre, que plustost pretendrois à ma totale ruine, que de vous desobeïr.

Fin des Colloques.

LETTRES
AMOVREVSES.

LETTRE
PREMIERE.

VI euſt iamais eſtimé que telle euſt eſté la ſottie d'vn homme, de non ſeulement eſtre fol, & auoir cognoiſſance de ſa folie, mais auſſi d'apeter que le monde en euſt cognoiſſance? Vrayement faut-il que l'extremité de folie ſe range dans tel cerueau : Et ce d'autant plus que nature nous inſtruit tous en general couurir nos deffauts & pechez. Il faut certes que ie confeſſe, que grande fut ceſte rage, qui s'imprima dans mon eſprit, lors que luy laſchay la bride, pour me ſoubmettre à la volonté d'vne femme, mais toutefois excuſable, m'eſtant ceſte faute commune auec tous. Maintenant qu'eſt il de beſoing donner à entendre à vn peuple, de quelle ſorte de paſſions & pointures ie fus nauré, ſinon pour deſcouurir plus apertemét ma beſtiſe? Excuſez pour Dieu ceſte faute, meſſieurs, & ne l'imputez à moy, ains à la force de mon deſtin, qui guide mes œuures celle part. Et bien que pour mon regard ie n'en attende aucun fruict, qu'vn mespris & contemnement de mon faict : si pourrez vous vous rendre sages par ma folie, quád recognoistrez par les lettres (discours certes de mes amours) d'vne effrenee affection, la fin s'estre cóuertie en vne desdaigneuse haine. C'est vne histoire, m'en croyez, vne histoire de ma folie, & ne dressay oncques ces lettres qu'ainsi ou qu'amour, ou que desdain les dictoit : Desquelles aucunes furẽt (peut-estre) enuoyees, les autres non, & les vnes & les autres seulement faites pour plaisir, furent basties soubs la charge de ces deux trahistres capitaines, qui à l'enuy ont cómandé sur mes esprits. Que pleust à Dieu que par esbat, & non aux despens, & de mon téps & de mó esprit, ie les eusse façónees. Pour le moins ne sentiroy-ie en moy l'amertume d'vn regret: d'vn regret dy-ie, non d'auoir esté amoureux (ia ne plaise à Dieu que parole si mal digeree, sorte iamais de ma bouche) mais d'auoir employé mes vœus à l'endroit de celle, de laquelle pour recompense ie n'ay receu que deffaueur. Ce neátmoins vous verrez de quelle sorte ie me suis esperdu & idolatré en elle. Voire vous diray plus, qu'encore est-ce icy le moins de ce que ie fey onques pour elle. D'autant que iamais basteleur ne feit faire plus de tourdions à vn Singe, comme elle a fait de mon esprit. Chose à la verité merueilleuse, ie ne diray point monstrueuse, qu'à la poursuite d'vn obiect, vn esprit se soit diuersifié en si contraires manieres. Or si tel fust vn temps son priuilege, d'ainsi se plaisanter de moy:

maintenant est-ce la raison, qu'vsant quelque peu de mes droicts, aussi ie me iouë de moy, & m'en iouant me submette au langage de tous les hommes, desquels les aucuns me prendront paraduenture à risée, & les autres à compassion. Mais quant à moy, ie proteste ressembler ceux qui ayans commis quelque faute, qui de soy n'est point pardonnable, taschent à trouuer quelque satisfaction pour vaguer nuds parmy le monde: Ainsi me prosternant à vn publicq, pour le moins pense-ie accomplir le deuoir de ma penitence: laquelle ne me sera point trop griefue, si ie puis aperceuoir vn pauure amant seulement, lisant ces presentes lettres, se donner telle consolation que tout miserable s'ordonne.

LETTRE II.

MA-damoiselle, si le malheur ne se fust formalisé contre moy, comme il a voulu faire par la rencontre que ie fey n'agueres de vostre presence, ie me pouuois estimer entre les heureux vn Phœnix. Par ce qu'au precedent, viuant en ma liberté, ie m'entretenois au bon plaisir de moy-mesme. Toutesfois, puis qu'il a pleu à fortune m'aprester tant de deffaueur, que de me ranger soubs vostre puissance, par la vertu de vostre œil qui commande à tout le monde, ie vous supply ne trouuer estrange, si ne me pouuant maistriser, ie suis forcé vous adresser ceste lettre, non soubs attente de quelque bien que ie puisse esperer en vous (ne l'ayant encore merité) mais seulement pour trouuer quelque allegeance à l'extreme douleur que i'endure : Laquelle par aduenture au rebours de mon intention s'accroistra d'auātage. D'autant que desirant vous donner à entendre le mal que pour l'amour de vous ie suporte, ie suis contrainct me masquer soubs vne lettre : & ressembler ceux qui pour descouurir leurs passions, se couurent neantmoins le visage : Ainsi ne m'osant presenter deuant vostre face, pour la crainte de ceste lueur qui offusque mes esprits, i'ay pris sans plus la hardiesse de vous escrire ce mot : & l'escrire en telle sorte, que par la teneur de ma lettre, ne descouuriez qui ie suis, ains seulement recognoistrez vne deuote affection, preste à vous faire sacrifice : Que ie vous supply accepter, & remarquer en vous-mesme, qu'entre tant de seruiteurs, lesquels nature a façonnez au moule de vos beaux traits, ne s'en rencontrera aucun qui vienne au parangon de celuy, qui ne s'ozant manifester par sa lettre, & moins encore par parole, se donnera à vous si bien à cognoistre par effect, qu'en receurez telle satisfaction, que non seulemēt les presens, mais la posterité en bruira : qui luy sera recompense de ceste estrange fortune, que ceste vostre beauté luy pourchasse. Et cependant, ma-damoiselle, ie vous pry receuoir vn cueur enchassé soubs ceste lettre, lequel vous est, & à present dedié, & encor vo° estoit consacré deuant le tēps de sa naissance.

Lettre

LETTRE TROISIESME.

JE commenceray à mon retour, par où i'acheuay dernierement. Sortāt de vostre belle ville vous futes la derniere des Damoiselles, dont ie pris congé ; arriué que ie suis à Paris, vous serez la premiere que ie salueray par la presente : mais d'vne salutation qui ne sonne qu'vne querelle, afin que me faciez la raison d'vn accident qui m'aduint lors en vostre logis. Parce que sans y penser ie perdy le plus precieux ioyau qui fust en moy, c'est mon cœur. De dire que me l'ayez desrobé ie n'ozerois, sachant de quelle façon vous traitez ceux qui vous offensent. De le vous redemander, encores moins : car s'il m'a abandonné de guet à pens, c'est vn mauuais garniment qui ne merite de r'entrer en grace auecq' moy. Si inopinement & sans malvouloir à son maistre, il s'est pourchassé nouuelle maistresse, certes il n'en est pas plus sage : & n'y a point de danger qu'il face pour quelque temps penitence de sa follie : mais s'il l'a fait par vne prudence, comme il y a grand subiect de le croire, ie veux dire par l'asseurance qu'il auoit de se trouuer mieux chez vous, que chez moy, en vain le voudroy-ie maintenant reclamer: d'autant que chacun naturellement aspire à son mieux. D'vne chose sans plus, vous veux-ie prier, de vous souuenir qu'il part d'vn bon lieu, & consequemment le vouloir traiter comme enfant de bonne maison, encores qu'il

T

se face maintenant esclaue. Vous ne vous repentirez ie m'asseure du bon traitement que luy ferez. Ie seray le seul qu'il faudra plaindre, d'auoir tout d'vn coup perdu, & vostre presence, & mon cœur : A quoy il n'y a pour le present qu'vn remede qui est m'honorer s'il vous plaist, de voz lettres.

LETTRE QVATRIESME.

SI vne chose bien affectée nous doit causer mescontentement, pour ne sortir tel effect que desirons : à vostre aduis, Madamoiselle, eus-ie point occasion de fascherie dernierement, lors qu'estant en vostre logis, & auec bien bonne deuotion de vous communiquer quelque affaire, ie n'eus moyen d'auoir part à voz bós propos? Vrayement i'eusse volontiers adonc souhaité (bien que côtre le debuoir de ma conscience) & encores souhaiterois quelque relique de maladie à vostre sœur, pour m'estre, comme dernierement, honneste couuerture de vous voir. Ce neantmoins en ce deffaut ie me suis deliberé y satisfaire par lettre, laquelle ie vous prie estimer au lieu de la presence, & comme vraye messagere du cœur. Et ce pendant auiser s'il y a chose où il vous plaise m'employer : Comme celuy qui ce faisant estimera se beatifier par merites, au Paradis de voz graces. Duquel encor que par seruices la porte me fut interdicte, si y penseray-ie auoir part, par la grande ardeur de la foy, que i'ay en vostre debonnaireté: A laquelle madamoiselle ie me recommāde d'vn cœur qui vous est du tout voüé.

LETTRE CINQVIESME.

MADAMOISELLE, par ce que dés le iour que ie me voüay à vous tout mon pensement depuis n'a esté que de la puissance d'Amour, auquel il semble que les cieux m'ayent par vostre moyen destiné, entre tous les discours qui m'ont esté plus familiers, ie me suis par fois auec assez grand merueille estonné, qui fait que veu que de toutes noz œuures l'honneur semble estre le seul ministre & gouuerneur, si voyōs nous neātmoins vne infinité de liures venir en lumiere soubs le nom & tiltre d'Amour, lequel entre les propos du vulgaire cognoissons à veüe d'œil estre vituperé de tous. A dire vray il semble que ceux qui desirent l'exalter par leurs escrits, s'estudient beaucoup plus au contentement de leur esprit, que de tout ce commun peuple, qui ne leur impute tel subiect à honneur, ains à grand blasme & improperé : & ne fay aucune doute que quelques vns lisans ce present traicté ne m'estiment d'vn grand loisir d'y auoir employé quelques heures, & les autres plus ententifs & desireux de lucratiue ne trouuassent beaucoup meilleur me voir amasser les escus en l'estat que ie poursuis, que practiquer quelques baisers de vous en recompense du labeur que i'y ay mis : mais tout ainsi qu'en toutes choses de ce monde ne se trouuent

T ij

les opinions des hommes conformes, auſſi ne preten-ie à ce coup me porter du party du populaire. Ains me delibere reſſembler celuy lequel ayant entrepris vne longue peregrination & voyage, ſoubs l'eſperance de voir la magnificence de Rome, ne ſe promet ſeulement viſiter ceſte excellente cité, mais premier qu'attaindre à ſon but prend plaiſir de contempler vn Turin, vne Bologne, vne Florence, & autres villes qui s'offrent à ſon chemin: Ainſi pourſuyuant en moy le deſſein où toutes mes penſées ſe dreſſent (duquel autresfois vous ay fait part en noz plus particuliers deuis) on ne doit trouuer eſtrange, ſi à l'imitation d'vn ancien Platon, ou de noſtre temps d'vn Bembe, i'ay vn peu voulu fouruoyer de ma courſe encommencee, pour m'areſter en la contemplation d'vne choſe où nature ſemble nous donner acheminement. Ie n'vſe de telle excuſe ſans cauſe: d'autant qu'ayant en moy conclu vous enuoyer le combat de trois vaillans champions ſoubs la conduite d'vne Amazone, me ſuis trouué ſi combatu en mon eſprit d'vne extreme crainte, & deſir, qu'à peine ſans voſtre ayde me puis-ie aſſeurer auquel des deux ie doiue donner la victoire. Car ſi d'vne part l'enuie que i'ay de contenter voſtre vouloir (qui eſt le mien) me ſemond à ceſte haute entrepriſe, me promettant aſpirer à plus grand bien que ie ne me ſçaurois promettre: d'vn autre coſté la crainte de ne complaire & agréer à la plus part de tout ce peuple, me rend ſi douteux & perplex, que me distrayant de ma premiere volonté, m'a presque mis en deliberation d'abandonner tout ce champ. Or à vostre aduis toutesfois qui sera celuy des deux, qui pour auoir plus de pouuoir en mon endroit, en emportera le dessus ? En bonne foy ie croy que tous ceux qui cognoistront la seruitude que i'ay en vous, s'asseureront que la moindre estincelle de la faueur qui est en moy par vostre moyen allumée, sera trop plus que suffisante pour abatre le grand frimas, qui se mettoit en deuoir de s'ensaisiner de mon cœur, & sera cest effect mis au calandrier de voz plus petits miracles, desquels exercez tous les iours vne infinité en moy : mais toutesfois auec ceste ruse, qu'en tout euenement n'en demeurerez scandalisée de ces scrupuleux hypocrites, par la couuerture de vostre nom, que ie me suis proposé passer soubs le voile de silence : aymant trop mieux vous donner à cognoistre l'estime en quoy i'ay l'amour par l'affectionné seruice duquel ie vous suis oblegé, & dont i'en porte lettres au cœur, que vous publiant par ce liure, encourir tant soit peu de mauuaise reputation du peuple : lequel neantmoins ie prieray ne prendre de mauuaise part le peu que i'en ay escrit. Par ce que si l'amour est de si mauuaise digestion comme en ses propos il maintient, & toutesfois de telle force, qu'il semble que tous en general luy deuions hommage vne fois en nostre vie, sans nous en pouuoir exempter, pour le moins pourra il prendre aduertissement par mon liure, des trauerses qui

T iij

nous font en luy occurentes, & par ce moyen mettre peine à le fuir. Ainsi que auons veu au temps passé maints Philosophes nous auoir baillé plusieurs preceptes, soit de gloire, soit d'auarice, ou du contemnement de ce monde, desquels ne nous eussent peu bonnement & tout au long endoctriner, sans nous defricher les secrets & natures que telles choses couuroient en soy. Soit doncq content en cecy ceste commune, & si aucuns par trop grande delicatesse, ou autres par vne aspreté trop aspre, ne veulent prendre mon excuse en payement, aussi n'est-ce à eux (pour ne desguiser mon intention) ausquels i'ay dedié cest œuure, ains aux miens : & tout ainsi que anciennement la plus part des Philosophes auoient leurs particulieres sectes, & que chacun d'eux en ensuyuant les enseignemens & memoires de leurs anciens precepteurs, escriuoient non aux autres, ains aux zelateurs sans plus de leurs sens & opinions : aussi ardant dans ce brandon d'amour, à vous seuls, mes amis, qui d'vne mesme flamme vous cósommez, s'adresse ce present discours, pour recognoistre en vous par effect les propos de mon galand Monophile, en vous prend mon œuure sa visée, en vous pense trouuer hebergement. Puis que vous & moy ensemblemét & d'vn commun accord, sommes rendus profez soubz la religion d'amour ; puisque vous & moy par vne honneste volonté auons fait vœu de loyauté enuers noz dames : puis que vous & moy brulons dans vn purgatoire pour paruenir & atteindre à vn heureux paradis. A vn purgatoire dy-ie, duquel vous seule, ma Damoiselle, me pouuez vn iour garentir, me rendant la vie non encores perdue, ains esgarée entre tant de trauaux, que sans vostre moyen & ayde iamais ne la recouureray. Et toutesfois l'estime ainsi bien employee, puis que c'est en vostre seruice, sans lequel ie ne pourrois viure, bien qu'il me cause mille morts. Et me suis tousiours persuadé, que puis que par vostre souuerain miracle ne m'auiez osté la facilité de parler, & d'implorer vostre mercy, ne me voudriez encor' desgarnir d'vne esperance de retrouuer vn iour par vostre moyen ma vie qui à present (comme la Salemandre) prend nourriture par les flammes. Et où par vne trop grande disgrace ne pourray attaindre à telle felicité, seray comme le Phenix qui seul (en ma loyauté) auray causé ma mort d'vn feu par moy trop folement allumé : ou comme l'indiscret Icare, qui pour audacieusement vouloir prendre mon vol trop hault, seray submergé és abismes & gouffres de tout mal-heur, & dira pour toute recompense ce populasse de moy, telle mort m'estre bien deuë, veu que seray tombé au fourneau par moy en ma destruction basty. He dieux quel piteux loyer & guerdon d'vn long & cordial seruice ! Sera doncq' par vous permis, ma Damoiselle, qu'vn loyal seruiteur, vn si affectionné amant tombe en tel opprobre du monde ? sera dit qu'aux dieux & deesses n'y aura plus misericorde, & vous par vostre seule exemple nous en porterez tesmoignage ? Ia à Dieu ne plaise qu'en

T iiij

beauté si excellente loge si grande cruauté. Et si ainsi estoit que choses si contraires s'accouplassent ensemblement, à bon droit pourrois-je peser se renouueller en vous ce vieux Chaos, pour ruiner & mettre en fin toute ceste ronde machine. Or n'en sera il ainsi, & ne tomberons si Dieu plaist sur ces erres : car encores trop se plaist nature à fabriquer belles creatures, desquelles elle vous a establi parangon, aussi bien que de douceur & pitié. Laquelle ie vous supply, ma-Damoiselle, exercer enuers vostre Monophile, les discours duquel ie vous ay voulu enuoyer comme vray pourtrayit & image de l'amitié que ie vous porte : Qui iamais ne prendra fin, tant que ceste pauure affligée ame sera residente en ce mien corps, & si apres la mort y a souuenance du passé, encores demeurera tousiours en vous, celuy qui est vostre tref-humble & affectionné seruant, Estienne Pasquier.

LETTRE SIXIESME.

IE m'esbatois dernierement auec quelques miens amis, & estoit mõ esbat tel, qu'apres vne longue suite du ieu, ie trouuay que cest esbat se tournoit à ma grand'perte. En façon qu'apres auoir employé tous mes cinq sens de nature (comme on dit) ie ne peu ce neantmoins trouuer en moy aucun moyen de recousse : Quand soudain remettant en ma memoire vostre grande beauté (voyez ie vous supply, ma Damoiselle quels miracles exercez en moy) toutes les fois que j'inuoquay vostre nom (vostre nom pourtant couuert, & celuy soubs lequel j'adore vostre diuinité) autant de fois rencontray-ie le hazard de la fortune s'encliner en ma faueur. Mais quoy? telle fut l'issue du jeu, que gaignant soubs vostre protection, ie me senty si perdu, que depuis ce temps ne m'est demouré espoir ou enuie de iamais me retrouuer. Que dy-ie toutesfois perdu, si ie me retrouue en vous? Damoiselle, qui d'vn mesme trait m'auez perdu & gaigné, si encores pour ce coup le son de mon bruict & clameur peut penetrer en voz oreilles, pour Dieu ne permettez se perdre celuy, en la perte duquel ne pouuez butiner autre chose que repentance à l'auenir: quand apres longues prieres & instances recognoistrez pour tout profit de vostre gain, auoir sans plus desarroyé & mis en fuyte l'vn de vos meilleurs seruiteurs.

LETTRE SEPTIESME.

IE ne desirois point de vos lettres, sachant que vostre main malade ne le permettoit, ains seulement quelques recommandations de bouche, par quelque malotru: mais puis qu'il y a tant de brauerie en vous de desdaigner en cette façõ vos amis, or sus encores que la trefue generale ait esté publiee par toute la France, si vous veux-ie denoncer vne forte guerre de vous à moy. Et vrayment ce ne fut pas sans raison qu'à nostre premiere entreueuë ie vous appellay gloire de Niquee. Car que le Ciel ample distributeur de ses graces, ait mis trop de belles & bonnes parties de l'ancienne Niquee en vous, il n'y a celuy qui ne le voye, & le voyant ne perde la veuë. Mais qu'à la suite de cela n'ayez aussi pris trop de gloire pour vostre partage, vos deportemens me le font maintenant paroistre. Ie sçay bien qu'enflee du vent de tant de principautez & grandeurs, qui vous vont voir en processiõ, mettrez à nonchaloir ce que ie vous escry. Ha pauure Angelique où es tu, qui poursuiuie d'vn Roland, Renault, Sacripaut, Ferragus, Rodomont, & infinis autres Princes, grands seigneurs & Caüaliers, mis sous pieds toutes leurs poursuites, pour t'atacher à vn petit Medor. Ce temps la se gouuernoit plus par deuotion, que ceremonie, me direz vous: Non non, ne pensez que Dieu ne me face raison du tort que me tenez. Estimez-vous que le mal de vostre bras prouienne de vostre corps? Il vient certes de plus haut. N'en attendez pas moins de vos yeux que sçauez si bien elancer. Ie vous prognostique en brief vn aueuglement. Mais pourquoy en brief? Puis qu'estes desia si aueuglee que mescognoissez vos meilleurs amis? Croyez que si ne reparez la faute, vous aurez vne trompette en moy, pour corner par tout l'vniuers vostre orgueil. Cette cy doncques est vn cartel de deffy que ie vous enuoye. Si voulez la guerre, elle vo' est ouuerte, si la paix, elle vous est aussi offerte. Bref vous receurez cette lettre de la part de celuy qui est enuers vous tout tel que desirez.

LETTRE HVICTIESME.

Vous ne voulez doncques receuoir mon cartel de deffy, qu'en qualité de mon ennemie, & lors que ne voudrez plus que ie viue, prenez garde qu'il n'y eust plus de danger l'acceptât en qualité de bonne amie. Parce qu'il y a tant de traits en vous qui peuuent perdre voz amis, que ie pense l'Amour n'auoir choisi aultre fort pour descocher ses fleches que dedans voz yeux. Toutesfois nepensez pas me piaffer: car contre tous ces auantages dont nature vous a doüée au des-auantage des aultres dames, & damoyselles, i'enten vous combatre d'aultres armes qui ne sont pas de moindre estoffe, ieveux dire d'vne ferme volonté & affection. Et i'ay apris des vieux guerriers en ce subiet qu'il n'y a point de plus belles & promptes armes pour renuerser l'opinion d'vne maistresse reueche, que de s'opiniastrer en la bien aymant. C'est pourquoy pensant ma querelle iuste, fondee sur vne infinité de raisons, qu'on peut lire en vostre visage, ie ne perdray vne seule occasion pour en auoir le dessus. Et desia me le promets-ie quâd ie côsidere que par vne nouuelle couhardie auez abandonné la bonne ville de Paris, pour vous blotir dans vne maison des champs, affin de m'oster tout moyen de vous assaillir: Toutesfois i'espere que le temps m'en vâgera; quelque faux pretexte qu'aportiez pour excuser vostre absence.

LETTRE NEVFIESME.

DE quel parfum, ma Damoiselle, charmastes vo9 le bouquet, que me donastes dernieremēt, par lequel il faut que ie meure? Vrayement ie ne puis penser que dedans ces petites fleurs si bien compassees ensemble, il n'y eust quelque influence de vostre diuinité : à l'odeur de laquelle ie ne me sens moins esperdu que iadis ces bons vieux peres, lors qu'ils entroient es alteres, pour prophetizer aux passants. Mais pourquoy esperdu en fureur! Veu que ce tant diuin bouquet prognostique ie ne sçay quoy de calme & bonace apres vne longue tormente? O bouquet que mille & mille fois ie fleure! O main qui me le liura, que cent mille fois ie baise! Mais toy bonne volonté qui acheminas ceste main d'vn cœur gay, & non hypocrite, ie t'adore, ie t'adore auecques toute humilité. Plustost me soit vne mort, & encore vne autre mort prochaine, que iamais ie te mette en oubly. Et prendra cettuy bouquet contre le cours de nature telles racines dedans moy, que i'espere par mon labeur le faire quelque iour plus croistre, que ne font ces grands chaisnes des forests qui apparoissent immortels. Tu croistras doncques mon bouquet, mais auecques telle intention, que reuerdissant par mes œuures, iamais ne se ternira en moy la memoire de celle qui te voulut composer de tant de fleurs, pour en amasser vn million d'autres en mon esprit, qui luy sont du tout dediees. Tu croistras & croissant cognoistra la posterité que quelquechose que les poëtes ayent iadis mensongé, rien ne furent pour ton respect, ny les arbres, ny les fleurs destinees pour la reserue de leurs dieux. Tu fus par ma deesse sacré : & d'autant t'estime-ie plus que sans parole, ny sans fable, as desia ouuert vn tel eschange en moy, que d'vn esprit sot & terrestre, auquel n'aguere ie viuois, ie sens quelque cas du celeste se viuifier dans mes os. Prens doncques ma deesse, prens doncques ceste vnique deuotion, recognoissance de ton bien fait : De toy ie tien mon meilleur, à toy aussi ie le voüe, & t'en presente la despouille, bien qu'elle n'entre en comparaison auecques la victoire que tu as gaignee sur moy.

LETTRES DISIESME.

Heureux vraiment cest ancien Chaos
Qui meslant l'air, le feu, la terre, & l'onde,
Souz soy couuoit cette machine ronde,
Dont feut l'Amour de l'vniuers esclos :
  Cruel celuy qui regne dans mes os,
Vn chauld, vn froid peslemesley abonde,
Ame immobile, errante & vagabonde,
Desir sans frein de tout espoir forclos.
  Or doucement mes pensées ie guide,
Puis tout à coup leur laschant toute bride,
Comme vn cheual eschapé ie bondy.

De moy ie fois furieux en moy mefme,
Et bien heureux malheureux ie ne m'aime
Pour trop aymer celle que ie ne dy.

O combien seroit trop & trop heureuse la condition de nous autres, si nous pouuions dresservoye à nostre passagere vie, sans no' arrester à l'Amour! Amour tu fuz le premier qui t'aduanturas de sortir de ce lourd & rude Chaos, pour façonner & mettre en ordre toute ceste ronde machine : mais tu entras en mon esprit pour y faire regner vn Chaos. Le ciel bien que d'vne loingtaine distance semble s'eslongner de nous autres, si voyons nous toutesfois par sa grande benignité se gouuerner toutes choses, qui naissent sur ceste terre : Le chaud, le froid, l'humide, le sec: encor' que par diuersitez de nature, se soient liguez l'vn contre l'autre, si les voyós no' neátmoins par vne naturelle concorde, entretenir cest vniuers: bref toutes choses de ce monde, par vn discord bien accordé, compatir l'vne auec l'autre: Moy seul entre les animaux, soient raisonnables, ou sensitifs, ne puis viure auec celle, sans laquelle ie ne puis viure : moy seul, moy seul, di-ie, ne puis durer auec celle, sans laquelle ie ne puis durer. Que puis-je donc souhaiter aultre chose, puis que tel est ce Chaos, qui gouuerne mes sentiments, sinon vn renouuellement du vieil & ancien Chaos ? Auquel, Amour, tout ainsi que premier en sortis, aussi premier te refermes, pour aculer & mettre à fin tout d'vn moyen, & ma vie, & mes miserables pensees.

LETTRE VNZIESME.

D'Où vient cela, ie vous pry, d'où vient cela, que plus ie me veux composer à tenir mes amours secrettes, plus ie les voy diuulguees & esparses parmy vn peuple? D'où vient encores cela, ie vous supply madamoyselle, que plus mon entendement se transporte & passionne pour vous, plus ie me trouue desnué, & plus vn peuple va presumāt qu'il y ait martel en ma teste : & au contraire, vous presumez que le deffaut de mes propos vienne d'vn deffaut d'amitié. Et si par aduanture il eschet que mon esprit se viuifie par la saffreté de vostre œil, entrez soudain en soupçon que ce plaisir me soit causé par vn autre qui m'ait fait plus de faueur que vostre cruauté ne m'octroye. O estrangeté de mon sort! Quel train voulez vous que ie tienne? Voulez-vous que tousiours ie parle ? ma-demesuree passion me le deffend. Voulez vous que tousiours ie me taise ? vostre œil, vostre face, vos façons quelquefois ne le veulent pas : Mais s'il vous vient plus à plaisir que ie me taise, ou que ie parle, & qu'en l'vn ou l'autre me vouliez establir loy, faites damoyselle, faites que les passions qui vous sont par fois repugnantes, & s'enuahissent de vous, n'eschangent en rien voz manieres : & lors comme ie croy, vous verrez qu'à la mesure & proportion de vostre clair

Soleil mes façons gayes se reigleront, comme la fleur de la Soucie à la suitte de ce grand Soleil qui esclaire par tout ce monde.

LETTRE DOVSIESME.

MA damoyselle, vous n'estes point ignorante qu'il y a tantost trois ans que fortune voulut guider en tel accez mes pensees, qu'oubliant mes anciennes façons ie me submis du tout à vostre mercy : Sous esperance vrayement d'arriuer quelque iour au port où tout nautonnier dresse ses voiles & vœuz pendant vne longue tourmente. Ce neantmoins ie ne sçay comment auez tousiours tellement tenu le gouuernail de ma volonté, que me singlant vers vn espoir, m'auez ancré en vne crainte : En maniere que quelque chose que i'eusse progetté en moy auec deliberation bien meure, soudain estoit effacee par la presence de vostre maiesté. Ainsi me fermiez le passage, me remettant deuant les yeux vostre honneur, & ensemble l'entretenement de nostre amitié, & autres telles raisons, non considerables en soy, pour le regard de l'amour, & toutesfois considerables en mon endroit comme venás de vostre part. Car en quel point pourroy-ie contreuenir, ou retifuer à vostre cómandement ? Toutesfois, ma Damoiselle, si deuez vous estimer que lors que ie mis ma puissance entre voz mains, vous ayant abandonné tout le reste, ce seul point demeura en moy : C'est

la puis-

la puissance & liberté de reclamer vostre aide.
Vous seule entamates la playe, & vous seule la
consoliderez. Estimeriez-vous que l'Amour
fut si ennemy à soy-mesme, que contre l'ordre
de nature, il ne dressast tousiours ses voiles vers
son seul fanal & dernier refuge de ses miseres?
Ie sçay bien ma Damoiselle, que le grand distributeur de ses graces vous en a fait si bonne
part, que si l'auiez entrepris pourriez tyranniser sur l'amour: Qui me donne plus grand loisir de repenser en moy-mesme la temerité que
ce m'est de vous addresser mes prieres. Mais ne
sçauez-vous pas aussi que les offrandes des
plus petits sont aussi agreables aux saincts, cōme celles des plus grands Princes? C'est pourquoy ie vous supply, ma deesse, auoir esgard,
non à la qualité: ains au cœur : & guidant vostre faueur & bonté, selon la proportion de
vostre excellence, ne desdaignez à mercy celuy
qui ne voudroit espargner sa vie en vostre seruice: Sa vie? ains mesmes son ame propre, laquelle ne trouuera onc contentement, sinon
celuy qu'elle espere, & se promet trouuer en
vostre paradis: Auquel si par longue & cordiale deuotion y a quelque acheminemét, ie pense que la porte ne m'en sera du tout close.

LETTRE TREZIESME.

MA Damoiselle, ayant passé quelques
iours en cette ville de Paris auec monsieur de la Croix vostre affectionné
seruiteur, & l'vn de mes meilleurs amis, ie pensay ne pouuoir faire chose plus pour mon

aduantage, que de luy donner à entendre par toutes voyes & manieres de côbien s'accroissoit de iour en iour pour mon regard cette amitié, qui est ia entre luy & moy conceuë de longue main. Or m'ayant descouuert toutes ses particularitez (comme à son plus cher secretaire) mesme de l'entiere seruitude qu'il a en vous, i'ay pensé ne luy pouuoir mieux côgratuler à son depart, que vous escriuant la presente. Non que ie ne fusse bien asseuré que des l'entrée de ceste lettre ne deussiez trouuer fort estrange, voire m'imputer à grande legereté d'esprit, la hardiesse que i'en ay pris: N'ayant de vous aucune cognoissance, que celle que i'en ay peu prendre par les discours qu'il m'en a faitz. Mais aussi m'asseuré ie bien que là où il y auroit aucune faute en cest endroit, de ma part elle trouuera quelque excuse & satisfaction en vous. Et ne fut ce qu'en faueur de celuy, lequel si au parauant i'ay eu en reputatiô d'hôme d'esprit, maintenāt l'estimeray-ie beaucoup plus & mieux apris, pour auoir adressé ses vœuz à l'endroit d'vne telle saincte où repose toute misericorde & pitié. Qui m'a fait plus hazardeusement mettre la plume au papier, esperant que toute ma temerité seroit couuerte & effacee, par vostre debonnaireté, soubs la protectiô de laquelle ie suis forcé me rendre vostre: Sans pretendre ce neantmoins faire tort à la Croix, de la volonté duquel disposez comme de la vostre. Mais vous sçauiez que si par vn commun accord de nature les volontez de luy & moy se sont vnies ensem-

blement, que luy s'eſtant voüé à vous, il me
ſeroit impoſſible m'exempter de voſtre ſeruice: A la pourſuite duquel i'eſpere me porter en
telle ſorte, que ceſtuy mien amy & moy diuiſe-
rons nos offices ſans aucune ialouſie: Luy, en
eſperance d'vn iour, auoir en vous telle part,
comme ſa deuotion merite: & moy en perpetuelle contemplation & plaiſir du contentement que ie penſe que receuez l'vn de l'autre
de vos affections reciproques, Auſquelles ie
pry Dieu vous donner tel accompliſſement,
que tout autre voulant faire eſtat d'amour apprenne par voſtre exemple aimer de penſee &
de cœur: duquel ma Damoiſelle, ie me recommande du tout à voſtre bonne grace.

LETTRE QVATORZIESME.

Vos lettres m'ont apporté plaiſir &
deſplaiſir tout enſemble. Plaiſir
voyant que vous eſtes ſouuenuë de
moy: deſplaiſir pour la colique dont
auez eſté tourmentee ainſi que m'eſcriuez.
Cette eſpece de maladie eſt appellee par le
commun peuple, colique paſſion, pour
eſtre l'vne des plus aigues de toutes les
autres. D'vne choſe vous veux-ie aduer-
tir pour le ſalut de voſtre corps, & de
voſtre ame. Les Medecins ſont d'aduis
que les maladies ſont cauſees par toutes
les humeurs peccantes de noz corps,

V ij

Or moy grād medecin de l'ame, i'estime qu'elles viennent des humeurs picquantes de nos ames. Dieu se ramentoit à nous par elles, afin de nous amender: mettez la main sur vostre conscience, & recognoissez si n'estes point cause de plusieurs coliques passiōs aux cœurs d'vns & autres honnestes Gentilshommes. De ma part ie vy en cette ferme foy que Dieu vous en a voulu chastier par vne colique passion du corps qui n'est qu'vne image de celle de l'ame. Ie vous en parle comme celuy qui faiz estat de vous aimer, honorer, & bien conseiller. Et toutesfois ie me doute que pour cela n'en amenderez vostre vie, tant estes obstinee en vostre peché, voire que lisant la presente vous en rirez, au lieu de la tourner a vostre edification. C'est pourquoy ie suis contraint vous annoncer vostre malheur à mon grand regret, qui ne sera pas moindre que de la punition des villes de Sodome & Gomorrhe, lesquelles pour s'estre rendues incorrigibles en leurs pechez furent arses de fonds en comble: ainsi prenāt vostre plaisir de bruler vne infinité de personnes, si Dieu n'a pitié de vous, ie m'asseure que vous mesmes serez quelque iour punie de mesme peine, & parauanture pour tel qui ne s'en souciera pas. Du premier ie n'en seray point marry: du second Dieu vous en gard. L'ancienne pratique d'Amour estoit, qu'il n'y auoit point plus grand charme pour gaigner le cœur d'vne maistresse reueche qu'en la bien aimant.

Qui fuit l'Amour, Amour le fuit,
Qui fuit l'Amour, Amour le fuit,

disoit nostre vieux Roman de la Rose. Mais maintenant comme nous viuons en vn monde renuersé, aussi s'est insinuee au millieu de nous, vne malheureuse heresie, qu'il faut desdaigner l'Amour par celuy qui veut estre aimé de sa Dame. C'est vne leçon que nous auons aprise d'Arioste en son Roland le furieux, sur laquelle i'ay tracé cette chanson dont le refrain de chaque couplet est,

Qui fuit l'Amour, Amour le fuit,
Qui fuit l'Amour, Amour le fuit.

Malheureux Amour dont procede,
Que plus ie m'abandonne au deduit,
Ou ta folie nous reduit,
Et moins ma Dame ie possede.
  Dont vient que d'vne feinte honte
Cette desdaigneuse me fuit,
Et qu'au contraire elle poursuit
Celuy qui d'elle ne fait conte?
  Il faut bannir de sa pensee
Que l'aimer à aimer induit,
Tel en fut autresfois le bruit,
Mais la saison en est passee.
  Aye d'Amour l'ame enflammee,
Cela pauure sot te destruit,
Vn autre en raporte le fruit,
Et toy seulement la fumee.
  Le chaud Amour enuers nos Dames

Une glace en elles produit,
Celuy qui au mespris est duit,
Allume vn brasier dans leurs ames.

Veux-tu sçauoir d'Amour la gloire,
C'est d'obscurcir ce qui reluit,
De changer en clarté la nuit,
Par vn esprit contradictoire.

Aussi des femmes la coustume,
C'est de fuir ce qui leur duit,
Et de choisir ce qui leur nuit,
Toutes faites sur vne enclume.

Dame, en qui le mespris habite,
Afin d'euiter tout circuit,
Puisque ton Amour tant me cuit,
Demourons tous deux quite à quite.

Qui suit l'Amour, Amour le fuit
Qui fuit l'Amour, Amour le suit.

Vous me direz que ie ioüe par cette lettre deux personnages incompatibles, de Theologien, & d'Amoureux. Ie ne vous ay pas dit que ie fusse Theologien, ains seulement medecin de l'ame : Et ie ne dy rien qui n'aporte medecine à vos opinions. Quant au surplus ie desire grandement sçauoir comme se portent les pourchas que l'on fait de vostre mariage. A Dieu

LETTRE QVINZIESME.

EN quelque façon que ce soit, vostre esprit est tousiours disposé à vous contenter le premier, & à vous rendre admirable à ceux qui ont cest honneur de vous frequenter. De moy ie vous trouue si riche, si heureux, & de si belle humeur, que ne vous deuez plaire qu'auecque vous mesmes. Or quant à ce que dites que vous croyez que le ciel m'a voulu punir par les douleurs que i'ay senties de ma colique, pour auoir comme ingrate, laissé de la passion à ceux, pour lesquels ie n'en veux auoir, ie l'aduoüeray. Mais ce sera à condition que croirez, s'il vous plaist, que priuee maintenant de la conference de vostre bel esprit, vous m'auez plus apporté de passions à souffrir, & de regrets qu'il n'en peut naistre és ames de tous les amoureux transis. Il ne faut doncques rien accuser que vostre vertu, & mon honneste desir, lequel certes i'assugetiray tousiours à seruir celuy qui pour son merite pourra autant acquerir de pouuoir sur moy, que vous en auez. Au regard de mon mariage, i'ay donné congé à quelques importuns, fors à vn que i'estime la plus belle image que ie puisse voir. Et neantmoins ie ne receuray en moy aucune opinion, que ie n'en aye premierement vostre bon conseil: me recommandant Monsieur à vos bonnes graces.

LETTRE SEIZIESME.

MA damoiselle, puis que d'vne si prompte volonté auez tant osé entreprendre sur vous & sur vostre honneur, que de soliciter en mon absence ce mien seruiteur, lequel mandastes hier querir, pour se trouuer auiourd'huy du matin à vostre leuer (qui est, comme il est facile à voir, & comme ie suis tref-asseuré, pour luy faire part de vostre meilleur) ie le vous ay bien voulu enuoyer pour ne vous desobeir, & semblablement la presente, comme cheualier d'honneur de toutes dames : entre lesquelles si par le passé ie vous auois tousiours en bonne estime & reputation, ie vous veux bien à present auiser que ie ne trouue ce tour bon ny honneste. Et m'en rapporteray à la commune de toutes femmes faisans profession de vertu. Ains me semble puis que si auant vouliez lascher les resnes à voz passions, que deuiez choisir heure plus deuë, sans encourir tel scandal, & vous adresser à homme de plus grand merite, & d'autre calibre, que celuy duquel ne sçauriez receuoir que toute honte & vergongne. Et combien que iamais ne m'entra en l'esprit vouloir chose que ie sceusse redonder à vostre desauantage, & où ie l'entreprendray, ce sera à mon grandissime regret: Toutesfois voyant que vous oubliez si auant, aussi m'oubliray-ie ce coup : Non sous aucune esperance de maculer vostre honneur, ains pour la seule en-

...ie que i'ay de le maintenir contre vous mesme, que ie voy si auantageuse à le prosterner. Ie ne doute point sur ces erres que ne me mettiez en ieu l'amour n'auoir acception de personnes. Car telle est la commune excuse des amans. Mais laissant telles disputes en arriere, qui me semblét gesir plus en la parole qu'él'effet, ie me suis resolu (pour la grãde obligation dont ie demeure redeuable enuers toutes les prudefemmes) prendre la cause de vostre honneur, à l'encontre de vostre desordonnée volonté : laquelle ie maintiendray contre tous à tresgrand tort vouloir tacher & maculer chose si precieuse à l'endroit d'homme de si peu de valuë. Ie ne sçay s'il s'offrira cheualier qui se mette de vostre party : toutesfois s'il s'en rencontre, il trouuera en moy homme qui l'en pourra faire repentir : tant est ma querelle iuste : enlaquelle si ie ne pensois vous porter plus de faueur & d'amitié, que vous mesme ne vous portez, iamais ne me fusse ingeré à la poursuiure. Pourtant vous suppliray-ie treshumblement ne m'en sçauoir maltalent. Car par ce seul effect pouuez vous assez amplement cognoistre en quelle sorte i'entreprendrois la defense de vostre honneur à l'endroit des estrangers, veu que contre vous mesmes ie m'estudie le deffendre. Et si ie ne puis impetrer tant de grace de vous, de penser que tout ce que ie brasse est seulement moyenné pour vostre aduantage, ie me soubmettray à la mercy du temps, lequel (comme i'espere) vous pourra quelque iour faire trouuer doux, ce que peut estre pour le present trouuerez de trop aigre digestion. Et de ce en suppliray-ie le haut Dieu, lequel seul ie priray tesmoigner de ma sincere affection. Vous protestant, madamoyselle, par celuy mesme Dieu que ie viens d'appeller à tesmoing, que ny maligne ialousie, ny outrecuidee volonté (quelque cas que de prime face il vous puisse sembler) ne m'ont appellé à vne si haute entreprise. Laquelle ie me delibere parfournir & mettre à fin, si Dieu plaist, incontinent que m'aurez mis homme sur le champ pour soustenir vostre querelle. Et sera l'issue de ce combat telle, qu'en tout euenement receuray vn extreme contentement. Car où il ne plaira à fortune fauoriser le succés de ceste mienne volonté: quelle extremité de plaisir pensez vous que ie receuray, me voyant vaincu & mis ius, pour retourner ceste victoire à l'illustration de vostre renom & louange? Et là où il plaira à Dieu m'enuoyer le dessus: Pour le moins vous pourrez vous vâter en tous lieux auoir vn seruiteur en moy, plus soucieux de vostre honneur que vous mesmes. Ainsi à bien bon & iuste droit me retiendrez vous des vostres. Ie m'estendrois sur ce, en plus long propos, si ie ne craignois encourir en vostre endroit l'opinion de grand parleur, & petit executeur. Or pour ne demeurer tel en uers vous, auisez (ma damoiselle) de rechef, cheualier propre pour se soubmettre au hazard de ce combat, auquel ie vous penseray defendre: car telle est la deliberatió de celuy qui vous est destiné de tout temps. Le cheualier du parc d'honneur.

LETTRE DIXSEPTIESME.

Endant que ie ne sçay autre chose faire que d'entretenir mes pensées (ma damoyselle, qu'il y a assez long temps qu'on ne voit) ie vous ay escrit celle chanson, tesmoignage de ma loyauté. Au surplus si en la lisant vous riez, aussi a fait son autheur la composant. Et ne l'a faite pour autre fin, sinon à ce que les dames recognoissans par icelle la seruitude qu'il a en elles, le prennent quelque iour à mercy. Ie vous escrirois d'auantage, mais quelques pensées qui me sont de nouueau suruenues, m'y donnent empeschement. Car apres vous auoir donné lieu, aussi faut-il pour mon acquit traicter les autres. Priant Dieu, ma damoiselle, vous donner autant d'arrest en vostre maison (afin qu'vne autrefois vous allant veoir, ie n'y aille à fausses enseignes) comme il y en a en mes amours, ainsi que vous pourra mieux apprendre la chanson que ie vous enuoye.

LETTRE DIXHVITIESME.

'Auois par quelque temps estimé que l'amitié que me portez estoit grande en perfection. Et ce qui m'induisoit à le croire, estoit que la commune frequentation que nous auions de l'vn à l'autre, m'auoit fait imprimer ie ne sçay quelle opinion de similitude de mœurs, qui se representoient en vous, comme en l'image de moy-mesme. Ie ne sçay certainement si ceste opinion estoit lors fausse, toutesfois l'extreme ardeur de l'amour que i'auois en vous me l'auoit ainsi fait accroire. Las! quantesfois ay-ie deduict non seulement en moy-mesme, mais en tout honneste lieu, la plus grand partie de vostre complexion & nature, la raportant à la mienne! Estimãt qu'il y eut quelque sympathie & symbolization ensemble. Elle est de telle & telle nature (disoy-ie) & ie n'en suis point abhorrent: Nature l'a voulu embellir de telle grace ou maniere, & par-aduenture recognoy-ie n'en estre du tout desgarny. Ha combien m'a esté tel pensement aggreable! Ie proteste le grand Dieu, & appelle en tesmoing cette amitié, laquelle ie sens maintenant se transformer en desdain, si bien souuent ce penser (bien que ce fust vn fantosme, comme depuis i'ay descouuert) ne m'a donné plus de plaisir, que tous les plaisirs de ce monde. Et toutesfois damoyselle, que i'ay tant aymée, (amour encore me force de t'appeler par ce nom, bien que tu ne le merites) i'estois tellement esblouy, que m'induysant facilement à croire telles conformitez, ie ne voyois ce neãtmoins la grande diuersité de noz sexes. Ha dames! ie vous supply permettez que i'vse de ceste parolle. Ie ne cognoissois vrayement que tu estois née femme, femme dy-ie non discordante de la complexion des autres, & preste à te descouurir telle à la longue, comme l'exemple m'en a fait sage, mais toutesfois sur le tard, & à mes propres cousts & despens: Tellement qu'en recompense du long temps que i'ay despendu apres toy, ne me reste que penitence. Et toutesfois si faut-il que ie le die (mais pourquoy neantmoins le dy-ie) que c'est par extreme force, qu'il faut que ie m'en ressente. Et bien que ie recognoisse à veuë d'œil, le tort que tu m'as pourchassé, non seulement de ceste heure, ains depuis le commencement de mon amour, pendant lequel téps tu t'es si bien sceu masquer, si m'en retiré-ie contre mon cœur & volonté : laquelle toutesfois (puisque c'est vn faire le faut) ie me delibere ranger soubs la conduicte de raison. A la charge que si maintenant ie ne bastis autre chose qu'vn regret dans mon esprit, qu'à la longue ie t'en dresseray vn semblable, encore que pour le present, esblouye d'vn sot orgueil, tu n'en ayes cognoissance.

LETTRE DIXNEVFIESME.

IE m'en desdy, madamoiselle, ie m'en desdy, & ne croy point que tel blaspheme entra iamais en mō esprit qui n'eus oncques en la pésee, sinon vous faire sacrifice de mon meilleur. Pourriez vous bien estimer que iamais telles parolles eussent pris source de moy? Iamais ne le permette le ciel, lequel dés le temps de mon enfance, me destina pour cognoistre & admirer les excellentes perfections

dont nature vous compoſa, pour puis les ayāt
deſcouuertes, vous ſeruir d'vn bon & fidelle
trompette enuers le peuple. Et ſi peut-eſtre il
eſt ſorty vn propos trop aigre de moy, permettez pour dieu ma deeſſe, que tout ainſi que l'a-
mour me moyenne par voſtre faueur vne infinité de plaiſirs, auſſi que par autresfois, con-
trebalançant ſes graces, il me rudoye & aguil-
lonne des ſes poignantes & redoutees morſures. Mais pourquoy toutesfois morſures?
Iamais, iamais ce propos ne prit ſon addreſſe
de moy. Et ſi parauanture il en eſt ſorti quelque eſtincelle, eſtimez de grace ma damoiſelle
que ma main lors endormie iouoit tout autre
rolle que ne luy dictoit mon eſprit. Car tant
que Paſquier viura, tant ſe publieront voz
louanges, auecq' eternelle aſſeurance d'vne
fidelle ſeruitude, laquelle il vous a iuree. Parce qu'eſtant tout transformé en vous, ne peut
autre choſe penſer, ſinon que de s'eſtudier à
l'accroiſſement de vous: penſant par vn meſme moyen vacquer à l'exaltation de ſoy-meſme. Et pource, puis qu'ainſi ont voulu les
Cieux, nous accoupler enſemblément, pour
vne paire de vrays amás: pour Dieu ne croyez
(ô mon tout) encor qu'il fuſt à preſumer, li-
ſant les precedentes lettres, qu'elles vinſſent
de ma part, qu'elles ſoient iſſues de moy. Car
ſi grande eſt l'affection que i'ay en vous, que
combien que les euſſe eſcriptes, ſi dementi-
roy-ie & meſcognoiſtroy-ie ma main: & ne
me pourrois faire entendre d'auoir eſuenté
ces mots, du tout eſlonguez de ce que ie pen-

se & estime. Trop grande est vostre excellence, trop grande est cette puissance, qu'auez conquise suz moy. Et telle que combien que ie veisse à l'œil, que me voulussiez pourchasser quelque tort, si ne me pourroy-ie semondre aucunement à le croire. Et ores que ie le peusse, la volonté en seroit du tout eslongnee. Quoy que ce soit ma damoiselle, ie vous prie abandonner le soupçon & mal-talent, que pourriez en auoir conceu: A la charge de me soubmettre à tel debuoir de penitence, qu'il vous plaira m'ordonner: Pour auoir seulemét esté motif de vous donner ouuerture à opinió si estrange, & loingtaine de nostre sacree amitié: Au dessous de laquelle auons appendus noz deux cœurs, pour seruir d'exemple & memoire à tout homme, qui voudra faire estat d'amour.

LETTRE VINGTIESME.

Douteuse loyauté! ô legereté trop constante! Qui eust iamais estimé, que d'vne ardeur si vehemente, la fin se deust conuertir en si passable fumee? Estoit-ce la promesse que tu me faisois, lors que distillant mon ame par tes yeux, tu me iurois que premier, & dés ta premiere enfance, i'estois entré en possession de ton cœur, & que tout le temps de ma vie i'en demeurerois emparé? Ha Cieux! punissez pour Dieu telle offense, & ne permettez que ma foy soit ainsi recompensee d'vne inconstance esuolee. Estoit-ce pour me rendre tien, que tu me tenois tels propos ? Las ! tu sçauois, & t'estoit trop manifeste, que tellement ie m'estois à toy dedié, que plus ie n'y pouuois estre. Estoit-ce dóc pour me nourrir & allaicter tousiours en vaine esperance? Ha! amour, amour, à la mienne volonté qu'ainsi eust permis mon destin, qu'autant m'eust esté difficile d'adiouster foy à tes sermens, comme il m'est maintenant estrage de me descheuetrer de tes lacs. Ie le sçay, & cognois certainement le tour que tu m'as brassé : ce neantmoins, encor qu'il soit trop manifeste & ouuert, si ne le puis-ie, ny ne veux imprimer dedans ma pensee. O que grande est la puissance d'vne amour engrauée de longue main ! Ie me plains doncques de toy Amour, ie me plains de toy, puis que telle est ta nature. Ta nature s'est trouuee en moy fantasque & bizerre, de me faire acroire chose, bien qu'elle fust esloignee de toute marque de verité, & toutesfois ie l'ay creuë, car tu me forçois de la croire. Et maintenant tu m'empesches de prester foy en chose que ie voy oculairement estre vraye. Mais si tes façons sont si fortes, ne doy-ie pas de beaucoup plus detester les complexions de celle, qui s'est ainsi sans aucun mien demerite, iouee de moy ? & par vn mesme traict detester encore les miennes, de m'estre ainsi laissé aller à l'abandon, & mercy de la plus desloyale femme, qui oncques nasquit soubs le Ciel ?

LETTRE

LETTRE VINGTVNIESME.

Elle a esté la grandeur de la passion que ie t'ay depuis assez long temps portee, qu'encore que ie m'asseurasse de la defectuosité de ton amour, au pris du mien, si n'ay-ie iamais voulu tant cōmander sur mes forces, que i'aye en aucune sorte estudié à m'exempter de mon accoustumee seruitude. Et de fait, tu sçais assez en combien de sortes & manieres ie me suis tousiours parforcé te vaincre, par infinité de seruices, & t'atraire à mō amour, auquel toutesfois le seul affectionné desir, que tu pouuois descouurir en moy sans autre consideration, te deuoit assez inuiter. Or ay-ie en cecy trouué fortune si peu fauorable, que ayant par long espace de temps vsé mes ans, & mon esprit apres toy, en recompense d'vn tel labeur, ie suis demeuré enuers toy, pour tout guerdon, en reputation d'vn sot. Certes vn sot me peux-tu biē estimer, de m'estre laissé aller si long temps à ta mercy: Quand ie dy à ta mercy, i'entens d'vne beste brute plus diuersifiee qu'vn Renard. Et non toutesfois vn sot si ie descouure les astuces, par lesquelles tu as sceu seduire en tes reths, non seulement celuy qui ne pretendoit en toy, que tout bien & honneur, mais aussi vne infinité d'autres plus fins, desquels tu dresses trophee par tes ruzes & meschācetez. Mais qu'est-il besoing que ie les recite, si elles mesmes se publient par tous endroits ? si elles-mesmes,

X

sans autre trompette, que la leur, se rendent cognuës à chacun? O moy doncques lors trop hebeté & esblouy par tes obscurs enchantemens, qui par l'espace de trois ou quatre ans, n'en ay descouuert que l'escorce, me laissant trainer en laisse, sous la conduite de tes trahitreuses œillades! Vrayement faut-il qu'à bon droit ie m'accuse, & desplore ma fortune: Mais toutesfois sous telle loy, que tout ainsi qu'estant par toy ensorcelé, ie desploiay vn temps mes forces en ta faueur donnant à entendre à vn peuple, beaucoup plus d'excellent en toy, que ny toy ny ta race, n'eut oncques: ainsi vomissant le venin que i'ay ramassé dedans moy, desgorgeray de telle fureur contre toy, que l'vniuers cognoistra, non seulement le tort que tu me tiés, mais aussi l'outrage, que i'ay fait à toute la cour d'hônestes Dames, & Damoiselles, t'enregistrant en leur nombre. Et combien que ie m'asseure bien, que peu te donneras de peine de ce que i'en escriray, ayant ia fait si grand bresche à ton honneur, que la plus abādonnee femme du monde est plus sogneuse de son fait & renommee, que toy: si me sera-ce vn plaisir, te faire apparoir pour telle que tu es, enuers ceux, lesquels auiourd'huy tu aueugles, par tes traits ensorcelez: Qui parauenture à mō exemple esleueront leurs esprits pour recognoistre en toy, par effect, ce qu'ils descouuriront par mes œuures. Ha sotte! estoit-ce ainsi en mon endroict, qu'il te falloit adresser, sous vn espoir d'en faire quelque iour risee? Tu mesurois trop peu mes forces, pour les vouloir arranger

auecq' vn ieune aubureau, auecq' vn quidã de
fotart, auec vn ie ne sçay quel gentillastre: desquels si auiourd'huy tu te ioues, peut-estre le
meritent-ils. Mais quant à moy tu pouuois
bien estimer qu'vn iour reuenant en moy, i'aurois ma reuãge à loisir, laquelle ie poursuiuray
auecq' l'extremité de vengeance. Et te pouuois asseurer, que si par le moyen de ma plume,
quelques-vns s'estoient induits à te porter reuerence, que toutesfois que ie voudrois, leur
en ferois perdre l'opinion. Laquelle ce nonobstant i'aurois, peut-estre, trop de peine a desraciner de leurs testes, n'estoit que desia tes meschantes manieres, desmentent vne partie des
escripts, que quelquesfois i'ay voulu pour
toy façonner. Soit doncques cette lettre premier poinct de mon amende honorable: & te
promets de cognoistre doresnauant, de combien te sera profitable, auoir pratiqué tes ieux
à l'endroit de celuy, qui ne pensoit qu'à te porter obeyssance. Lequel ayant descouuert tes
bons tours, te sera vn autre Regnier comme tu
verras par effect.

LETTRE VINGT-DEVXIESME.

IE n'eusse iamais pensé, que pour lieu
de si peu de merite, i'eusse oncques
conceu si grande douleur, comme celle
dont pour le present ie me sens si fort molesté.

Ceste chose veritablement descouure à veuë d'œil, ou l'extremité de mon desastre, ou la grandeur de mon amour, à l'endroit de celle qui n'en fut oncques capable. Mes dames, pardonnez moy: c'est à vous qui faites profession d'honneur, ausquelles se doit attribuer vn tel titre, & non à celle, laquelle au lieu de me rendre l'amour pareille, m'a payé en faintises & trahisons, desquelles depuis trois ans elle m'a entretenu. Toutesfois l'en doy-ie plustost accuser, que ma folie? luy doy ie improperer telle faute, plus qu'à moy-mesme? Amour, amour! c'est à toy qu'il faut que ie me complaigne, de m'auoir ainsi esblouy. Bien auoy-ie vn temps pensé que grande estoit ta puissance, mais qu'elle fit apparoir choses autrement qu'elles ne sont, ie ne l'eusse iamais pensé: ores à mes despens ie le croy, mais sur le tard. Que me reste-il donc maintenant sinon vn perpetuel regret de toute ma vie passée? regret? non certes: car à telle saincte ne faut presenter telle offrande, ains au contraire dois estimer ma fortune, d'entrer à present en cognoissance de mon bien, lequel par si long temps s'estoit de moy à fausses enseignes esgaré. Et toutesfois si ne puis-ie auoir tel commandement sur mes forces, de m'exempter de douleur. Non pas pour l'amour de toy Damoiselle desloyalle trahitreuse, mais pource que tel est le but de ma destinee, auquel il faut que ie me range. T'asseurāt que d'autant qu'en cette nouuelle mutation & alienation de nos cœurs, ie me baigne en pleurs & en souspirs, d'autant en demeurera mon esprit à la longue plus calme & tranquile.

LETTRE VINGTROISIESME.

Faudra-il donc, qu'en pleurs & gemissemens ainsi ie cósome mes iours? faut-il qu'en vn perpetuel enfer i'entretienne ainsi mes pensees? O que malheureux est celuy qui met son entente à l'Amour! bien l'auoy-ie vn temps appris, par plusieurs exéples & liures: à present le cognoy-ie à mes propres cousts & despens. Tant que i'ay esté en l'amour, au bon plaisir d'vne féme, tant a esté mon pauure esprit trauaillé, en infinies sortes & trauerses. Et ores que ie pretendois, pour le repos & contentemét de moy, m'en estranger, ores sens-ie les pointures de douleur plus aspres que ie ne feis oncques. Que doy-ie doncques estimer de mon esprit, sinon vn Chaos & meslange de toutes choses, veu que l'Amour & la haine conçoiuent en moy mesmes effects? Voire que si par fois l'Amour a fait que ie me plaignisse de toy, te voyát si froide à me rendre l'affection reciproque, maintenant desdain me commande à former plainte contre moy (non seulemét contre toy) pour m'estre tant eslongné de mon sens à credit. Ah malheur, & malheur encores vne fois! puis qu'il faut qu'vn pauure esprit se consomme & alábique en desmesurees passions. Ie cognois qu'en vain ie me tormente, & le sens, &

le cerueau, & que peu te donnes de peine de mes lettres, & toutesfois si faut-il que contre ma volonté encores ie t'adresse lettres. Ie sçay bien que t'escriuant ie renouuelle vne playe, que i'ay grand' enuie d'estancher, si faut-il ce neantmoins contre tout ordre de nature, que me blessant ie me guarisse, & aggrandissant ma douleur, s'amoindrisse, si bon luy semble. Ie desirerois volontiers te desplaire en quelque maniere : & vomissant ceste lettre le fais en intention de te causer fascherie. Ce nonobstant ie m'asseure qu'au rebours de ce que i'apete, te baigneras au plaisir que receuras, lisant mes douleurs & complaintes. De maniere que pour satisfaire à ma volonté, ie suis contraict de me desplaire. Que me sert donques la raison, qu'on me dit commander sur les hommes, si ma douleur la tient en bride? O animaux! ô bestes brutes de meilleure condition que nous autres! Puis que guidez par vn seul instinct de nature, esmeus seulement du present, vous multipliez l'vn en l'autre sans rõger dans vous vn Amour. Malheureuse nostre nature, laquelle pour s'estre emparee d'vn entendement raisonnable, d'autant s'est elle donnee, par la cognoissance des choses, plus de fatigue & moleste. Que si telle eust esté ma fortune, d'estre hebeté comme la brute, Amour, Amour, ny la sequelle d'Amour ne m'eust reduit en telles alteres. Que veux-ie dire hebeté? Mais moy, cent & cent fois plus hebeté, & despourueu d'entendemét qui non seulement suis tōbé en la mescognoissance de mon bien, mais de ma propre personne. De laquelle si i'entre ores en cognoissance, ie n'en remercieray ny le tour que tu me brassas, ny le desdain qui me semond à t'escrire, mais le temps, qui apres vne longue trainee m'a osté la taye des yeux.

LETTRE VINGTQVATRIESME.

Ais pourquoy me donné-ie peine pour chose de si peu de merite? C'est à toy dame traistresse & malheureuse, qu'il faut desplorer ta fortune, & non à moy. Car qui est plus heureux que moy, m'estant ainsi descheuestré des rets d'vne si grande sorciere? Et toutesfois tu sçais assez quelle perte tu fais en moy, par l'alienation de nos cœurs. Se trouua-il oncques ie te prie, amāt, ie ne diray point des tiens, i'enten de toute autre femme, qui ait plus fait pour maistresse, que moy pour toy? Ie n'ay point despendu mō corps, mon temps, mais le meilleur de mon ame en ton seruice. Souuienne t'en doncques, souuienne malheureuse, & recognois ta grand' perte: ayant eslongné de ton seruice celuy qui n'eut espargné sa vie pour te complaire. Et si tu es si esblouye en ton malheur, que dueil ne s'empare de toy : ô à combien plus de raison me doy-ie maintenant consoler, pour m'estre mis hors le ioug de la puissance de celle qui n'auoit cure de moy? Et toutesfois si ne peut tant

X iiij

la raison maistriser sus ma passion, qu'encores ie ne me dueille non pas à cause de toy, mais recognoissant le temps, que i'ay employé à la poursuitte d'vne femme, qui n'estoit d'aucun merite, sans neantmoins que par l'espace de trois ans, ie l'aye oncques sceu descouurir, Ie ressembleray doncques celuy lequel ayant esté quelque temps detenu d'vne grosse fieure estant reuenu en santé, n'est neantmoins fortifié que par vne traite de temps: Ainsi sortant du long trauail, duquel i'ay esté longuement possedé par ton venimeux miel, reprendray petit à petit mes forces; iusques à ce qu'estant de tout point rassis & consolidé, ie n'auray soucy ny de toy ny de toutes celles qui te ressemblent.

Fin des Lettres Amoureuses.

LES IEVS
POETIQVES
D'ESTIENNE
Pasquier.

A PARIS,

Chez IEAN PETIT-PAS, ruë sainct
Iean de Latran, au College de
Cambray.

M. DC. X.

AV LECTEVR.

IE te presente mes Ieus Poëtiques, & ne t'en presente que ce qui te viendra à gré de lire. Ils ne m'ont rien cousté, les escriuant, ie serois tres-marry qu'ils te coutassent quelque chose en les lisant: C'est vne idée d'Amour passant d'vn long entreget toutes les autres passions vulgaires de nos amoureux transis. Et certes ie ne sçay commét nous employons presque tous nos passetemps au ieu des Dames: les vns au vif, & à bon escient, les autres à petits semblants par escrits. Il n'est pas qu'à faute de l'vn & de l'autre, le commun peuple n'employe ordinairement vne partie de ses apresdisnées au ieu des Dames sur le tablier. Et tout ainsi qu'en ce ieu le hazard du dé s'en fait croyre principallement; quelque conduite d'esprit que nous y apportions, ainsi est il des deux autres ieux. Tel pense auoir acquis vne bonne part sur sa Dame, qui se voit emporté d'emblée par vn autre de moindre merite que luy: Au contraire tel pensoit estre loin du plat qui y atteint inopinément. Le semblable aduient-il aux escrits que nous consacrós à l'Amour. Plusieurs se promettent l'immortalité de leurs noms, en escriuant leurs saintes ou faintes passions, lesquels voient mourir leurs œuures deuant eux: & les autres qui ne les composent que par maniere de rizee, acquierent quelquefois la faueur des ans. Quel sera le hazard de mes Ieus Poëtiques (ainsi me plaist-il les nommer) ie ne m'en donne pas grãde peine. Tu y verras tantost vn ieune homme, pendant son aage d'innocence, esperdument idolastre en vn seul object; puis meurissant ses conceptions auec le temps, prendre pour sa liuree le changeant: de là, faire voile vers l'ambition: puis reuenir mal à propos sur ses anciẽnes brizees d'Amour, en vn aage qu'il sembloit n'y deuoir estre aucunement disposé: & pour conclusion deplorer en fin, & la misere de ce monde, & l'importunité de ses vieux ans. Mais en bonne foy, que dois tu iuger de ceste meslange? Si tu és homme d'entendement, tu diras que c'est vn theatre des affectiõs humaines que i'ay voulu representer sous ma personne. En vn mot ie laisse au grand Petrarque pour closture de ses amours, vn long repentir: & au pauure Tasso vne fureur d'esprit, dont il a esté trauersé, pour s'estre obstinémẽt aheurté à l'amour d'vne grande Princesse. Car quant à moy, ie veux qu'õ sçache que i'ay pris pour mon partage, vne liberté d'esprit, en descriuant ma seruitude: bref qu'en mes heures de relache, ie me iöue de l'amour, non luy de moy. Que si peut-estre tu estimes qu'en tous ces jeus il y a quelque bien-seance, fors en vne vieillesse amoureuse, quand ie seray logé à l'éseigne du vieillard, ie t'en diray des nouuelles. A dieu.

PREMIERE PARTIE DES IEVS POETIQVES.

LOYAVTÉ.

I.

Ien que mes vers grossement ie desploye,
Et qu'en ce lieu ie vous presente vn don
Non suffisant d'atteindre au parangon
Du plus petit que nostre France voye:
Si faut-il bien qu'vn sot Amour foudroye,
Et plume, & ame, & cœur de son brandon,
Puisque de moy ie voy le peu de bon,
Et toutefois ie le vous donne en proye.
Ie ne suis pas vrayement si mal appris,
Que ie ne sçache assez que mes escrits
N'ont merité vne immortelle vie:
Mais mon malheur veut que i'escriue en vain,
Mesmes d'Amour, afin que d'vne main
Vous cognoissiez doublement ma folie.

II.

Comme celuy qui d'vne blancque pense
Tirer tel heur qu'il s'est en soy promis,
Entre les mains de l'aueugle a remis
Tout le succez de sa douteuse chance:
 Ainsi au sort d'vne double puissance,
Dessous l'Amour aueugle i'ay soubmis,
Et sous les ans, le plus beau qu'auoit mis
Mon fol destin en moy dés ma naissance.
 Iamais d'Amour ie ne tiray butin,
Quoy qu'vn, & vn, & autre buletin
De mon meilleur dans sa trousse ie misse.
 Mais toy, ô cours d'vne posterité,
Si ma clameur ne te rend irrité,
Fay moy trouuer dans tes ans benefice.

III.

Amour estant, & Phœbus en dispute,
Lequel des deux estoit meilleur archer,
En cest estrif, vont mon cœur attacher
Dedans tes yeux, & le mettent en bute.
 Amour premier son arc turquois affute,
Et vn traict d'or au meillieu va ficher,
Phœbus apres vient le sien decocher
De si droit fil que mon cœur il debute.
 Déslors, deuot, ie me fis leur profés,
Et bien que d'eux soient diuers les effects,
Leurs coups pourtant sont d'vne sympathie.
 Du traict d'Amour ie feus à mort feru,
Et par Phœbus de la mort secouru,
Mais sans la mort ie n'aurois nulle vie.

IIII.

J'ay remarqué l'an, le iour, & la place,
Que me trouuant vis à vis de ton œil,
Tu enclinas vers moy ton doux accueil,
Embellissant d'vn teint rouge ta face.
  O Cieux astrez, ô terre quelle grace?
Je t'en appelle à tesmoin, clair Soleil,
Qui lors ialoux te brunissant de dueil,
Dans le couuert des nuës pris ta trace.
  Tout le vermeil estoit en elle & moy,
O Dieu moteur d'vn reciproque esmoy,
Ne permets point que d'vne sotte honte
  Nous nous soyons en ce teint conuertis,
Mais que d'humeurs semblables assortis
Nous l'ayons fait par l'ardeur qui nous domte.

V.

Quelle fureur, quelle extase, ou manie,
Quel tourbillon de nouueau m'a surpris?
Quel Dieu caché forcene mes esprits?
Quelle frayeur est-ce qui me manie?
  Par quel Demon est mon ame rauie?
De quelle erreur sont mes sens entrepris?
Quel labyrinth, quel dedale ay-ie pris
Pour passager ce brief cours de ma vie?
  Si c'est vn Dieu, pourquoy est-il garçon?
Si c'est vn feu, pourquoy suis-ie glaçon?
Si vn plaisir, pourquoy donc vi-ie en peine?
  Ou bien si c'est ce que l'on dit Amour,
Pourquoy faut-il helas! que nuit & iour
Auec l'Amour ie nourrisse la haine?

VI.

C'estoit le iour qu'à la Vierge sacrée,
Chacun suiuant des Prestres le guidon,
Faisoit deuot d'vn cierge ardent vn don
Lors qu'elle fit au temple son entree.
  C'estoit le iour que ie vis mon Astree,
Astree non, mais mere à Cupidon,
Portant vn cierge, ainçois vn grand brandon,
Dont à l'instant mon ame fut outrée.
  Quand ie la vey, ô qu'esperdu ie feus
Que de trauail en vn coup ie receus,
O que de mal dans vn bouillonnant aise!
  Tout le Soleil en ses yeux s'estoit mis,
Dans son flambeau vn petit Dieu ie vis,
Qui de mon cœur faisoit vne fornaise.

VII.

Tu auras doncq sur moy cest aduantage,
En menageant pour elle ton pinceau,
De contempler vis à vis tout le beau
Qu'elle emporta du ciel pour son partage.
  Et moy, pauuret, ie seruiray de page,
Et porteray seulement le flambeau,
Pendant que toy à l'ombre d'vn tableau,
Haleneras franchement son visage.
  Qu'à l'auenir il me soit reproché
Que tu te sois de si pres approché
De ma maistresse, à mon veu, i'en appelle.
  Va-t'en, ou bien pein mes affections
Dans le portraict de ses perfections,
Car mon amour passe les beautez d'elle.

Vn iour

Loyauté.

VIII.

Vn iour Amour se deguisa de face,
Et feignant estre vn enfant sans soucy,
Se vint parquer entre nous deux icy,
Pour nous iouër des tours de passe-passe.

Si prit nos cœurs, puis d'vne bonne grace,
De deux (dit-il) i'en feray cestuy-cy,
Et de cestuy, i'en feray deux aussi,
En ce subject c'est le moins que ie face.

Ainsi Amour iouant des gobelets,
Et toy & moy luy seruants de valets,
Il fit encor' vn tour d'vne autre sorte.

Car des deux cœurs, il me rauit le mien,
Et le logea dans toy auec le tien,
Pour m'affoiblir, & te rendre plus forte.

IX.

Soit qu'au matin se reueille l'Aurore,
Soit que Phœbus du iour distributeur,
Sur l'Vniuers espande sa splendeur,
Ou que la nuict ses rayons decolore :
Rien ne me plaist que ma belle Pandore,
C'est le seiour où se loge mon cœur,
C'est le Soleil qui me donne vigueur,
De tous obiects l'obiect seul que i'adore.

Penser en toy m'est plus qu'vne autre voir,
Te voir m'est plus qu'vn baiser d'autre auoir,
Et vn baiser plus que la iouissance,

Que si i'auois de toy ce dernier point,
Changer mon heur ô ie ne voudrois point
A tous les heurs d'vne celeste essence.

Y. Z. Aa. B B.

X.

Tu trouueras peut-estre ce papier
Estre tracé d'vne nouuelle sorte,
Car en effect pour escrit il ne porte
Que vers la fin ce seul mot de Pasquier.

Pour messager autre ie ne requier
Que mon Demon, c'est luy seul qui m'emporte,
C'est celuy-là qui en toy me transporte,
Du tout en luy tu te pourras fier.

Remplir tu peus ce papier, & y mettre,
Voire ma mort, car ce n'est vne lettre,
Que ie t'enuoye, ains seulement vn blanc:

Blanc cacheté d'vn costé de mes armes,
D'autre costé de mes pleurs & mes larmes,
Et que seeller ie suis prest de mon sang.

XI.

BLANCHE, mon cœur, quand de toy ie party,
Et pour les champs i'abandonnay la ville,
Ie m'apperceu qu'aussi-tost mal habile
I'auois choisi vn malheureux party:

Que m'en allant i'estois de moy sorty,
Deuenu fol, vagabond, inutile
Foible d'esprit, d'vn iugement debile,
De corps, de cœur, en tout mal assorty.

Ie me cherchay courant par les campagnes,
Or par les bois, ores par les montagnes,
Me retrouuer il m'estoit deffendu:

Ie vois, ie cours, vainement ie tracasse,
Mais reprenant en fin vers toy ma trace,
Ie me retrouue, où ie m'estois perdu.

XII.

Ie n'oze, & veux, tant l'Amour me maistrise,
Ie veux vers vous, mais ie n'y oze aller,
Ie veux à vous, mais ie n'oze parler,
Et fuiz couard, tout ce que plus ie prise.

D'vne peur froide est mon ame surprise,
Vostre bel œil en mer me fait singler,
Vostre chaste œil fait la voile caller,
Brief tout d'vn fonds mon bien & mal ie puise.

Si tu és chaud, dont vient Amour mocqueur
Que tu produicts vn glaçon dans mon cœur,
Et qu'au meillieu de tes flammes ie tremble.

Ou moins d'Amour & de crainte dans moy,
Ou il falloit en vous de mesme loy,
Moins de beauté & chasteté ensemble.

Chanson.

CE n'est point pour t'estrener,
Ce n'est pour te le donner
Que ce Colet ie t'enuoie,
Puisqu'au ieu ie l'ay perdu,
Et qu'il est loiaument deu,
Ne faut-il que ie le paye?

Si i'auois tant seulement
Perdu ce Colet, vrayement
Ie m'acquitterois bien vite,
Mais, las! d'auoir par malheur
Perdu quant & quant mon cœur,
Comment en seray-ie quitte?

Perdu mon cœur, non, helas!

Quatre ans a que ne l'ay pas
Quatre ans y a de ceste heure,
Que par vn cruel dessein,
Il s'enuola de mon sein,
Pour faire au tien sa demeure.

 Mais toy pour vanger mon tort
As voulu iurer sa mort,
Et pour son iournel seruice:
Voyant comme il m'a laissé,
L'as aussi recompensé
D'vn eternel sacrifice.

 Il estoit vers moy venu
Pauure, chetif, & tout nu
Pour se remettre en nature,
Mais quoy qu'il soit mal traicté,
Puisque traistre il m'a quitté,
Qu'il retourne à l'auenture.

 Puisque desloyal à moy,
Il s'est fait loyal à toy,
Par ta cruauté ie iure,
Qu'oncques ie n'auray regret
Que ce loyal indiscret
Pour son demerite endure.

 Qu'il apprenne desormais
De ne se iouer iamais
A Dame de tel merite,
Ou bien qu'il soit chastié,
Pour s'estre tant oublié,
Ainsi comme il le merite.

 Et toutesfois mieux luy vaut
Aspirant en lieu si haut,
Qu'à tousiour-mais il languisse,
Que si d'vn foible project

Loyauté.

Il se feust donné object
Plus bas, qui luy feust propice.

De toy il ne veut bouger,
Et tu ne le veux loger,
Mais au fort ce mal-habile,
Bien que tout luy soit rebours,
Sera logé aux fauxbourgs,
S'il ne loge dans la ville.

Pour te l'enuoier plus coint
Je l'ay mis en vn appoint
Que ie ne t'ose rescrire:
Ie te l'ay ce femmelet
Acoustré de ce Colet
Pour t'appareiller à rire.

Colet, ô qu'heureux seras
Quand tu t'appriuoiseras
De ceste gorge albastrine,
Quand detiré au matin
Tu toucheras ce tetin,
Et ceste large poictrine.

Heureux Colet, toy qui dois
Estre fraizé de ses doigts,
D'elle le seur secretaire,
Lors que son sein haletant
Ira tout esmeu sentant
D'Amour quelque douce altere.

Helas! que de mal ie voy
M'estre preparé par toy:
Car si folastre ie tâte
Ceste gorge de ma main,
Pour excuse tout soudain
On dira que ie te gaste.

Au moins que pour ce malheur,

B iij

Absent i'aye la faueur
De m'ozer à toy commettre,
Et qu'entre toy & sa cher
Madame sçache cacher
De moy mainte belle lettre.

Quand elle t'y aura mis,
Qu'adoncq' il luy soit permis
Que pour toy elle se fasche,
Non point pour ne te flestrir,
Ains sans plus pour ne souffrir
Qu'on touche à ce qu'elle cache.

Hé Dieu! que n'ay-ie ce bien
De changer mon heur au tien,
Qu'en toy ie ne me transforme,
Et qu'au lieu de ce bien cy
Quelque Dieu te donne aussi
En contr'eschange ma forme.

O combien ie baiserois
Ces pommes qui tant de fois
Ont de moy fait vn doux meurtre,
Sur lesquelles ie cueillis
De mes léures le blanc liz,
L'œillet, la rose, & le meurthre.

Va doncq Colet, & reçoy
L'heur qui m'estoit deu, quand moy
Prenant l'ombre de ton aise,
Il faut que pour m'assortir
Seulement au departir
Pour ma Dame ie te baise.

ELEGIE.

SI l'Amour se taisant ne portoit sa harangue
Plus belle que ne fait, ou la plume, ou la langue,
Et si d'un pauure amant terrassé de langueur,
Le piteux œil n'estoit aussi bon harangueur,
Comme furent iadis dans Rome ou dans Athenes,
Ces graues Cicerons & ces grands Demosthenes,
Ie voudrois d'un haut style ores vous discourir
Les morts dont à credit vous me faictes mourir,
Et entonnant mes vers d'une bien forte haleine,
Ie vous raconterois le trauail & la peine,
Les haines, les desdains, les souspirs, les sanglots,
Les desirs, les espoirs qu'auez en moy enclos,
Et les estourbillons, le Chaos, la tempeste
Que vous auez forgé pesle-mesle en ma teste.
  Mais puis que mon triste œil messager de mon cœur
N'a peu fleschir à soy vostre estrange rigueur,
Ie penserois en vain rebattre mesme enclume
Si ie voulois plonger en ce subiect ma plume,
Car que me peut valoir, qu'auec vn long discours
Ie vous couche l'estat de mes longues amours,
Si plus ma volonté vous a esté ouuerte
Plus contre mes assauts vous vous estes couuerte?
  Ie ne veux doncques point que ma langue, ou mon
    œil,
Ou ma plume vous soient truchements de mon dueil,
Il y a peu d'amants qui de plume ou de bouche,
Ou ne monstrent de l'œil le tourment qui les touche,
Et qui de l'vn des trois sçait par fois mieux vser,
Celuy sa dame aussi en sçait mieux abuser:
La bouche, l'œil, la main le plus souuent deguisent

Bb iiij

Les desseings où nos cœurs tout au contraire visent.
Mais moy qui ay pieça iuré la fermeté,
Par vn nouueau discours ay sans plus projecté,
Comme celuy qui est esloigné de tout vice,
De laisser à la bouche & l'œil leur artifice,
Et me plaist seulement au lieu d'vne langueur
Faire parler pour moy le temps, & la longueur
Qu'il y a que pour vous ie roule mesme pierre,
Et que sans recompense vn long amour i'enserre.
   Il n'y a point d'amant qui face sacrifice
De son cœur, qui aussi quant & quant ne languisse:
Mais que cinq ans entiers l'on ait encor' trouué
Qui ait l'aigreur d'amour comme moy esprouué,
Il n'y en eust iamais (il faut que ie le die)
Qui portast si long temps si forte maladie.
Tel se dit languissant eschauffé d'vn desir
Qu'il remue dans luy soubs l'espoir d'vn plaisir,
Lequel s'apperceuant frustré de son attente,
Aussi au long aller peu à peu il attente
D'abandonner le ieu & de quitter la place,
A celuy qui aura plus d'heur en ceste chasse:
   Heureux amant, heureux qui sous vn estendart
D'vn chef leger, se fait aussi leger soldart:
Car l'Amour comme on dit, est enfant & volage
Qui sa legereté descouure à son plumage:
Mais las d'où vient que moy sur tous amants chetif
Vueille contre les loix d'amour estre retif?
Pourquoy sur vn sujet en vain opiniastre
Faut-il qu'à tout iamais ie sois vostre idolastre?
Et que suiuant le train d'vn oyseau passager
Comme luy ie ne sois à tous objects leger?
   Ce n'est donc point l'amour, ainsi le veux-je croire,
Qui rapporte de moy ceste grande victoire:

Loyauté.

Il faut, il faut qu'en vous y ait ie ne sçay quoy
Plus grand que n'est l'amour qui me desrobe à moy:
Que Dieu vous ait doué d'vne plus haute essence
Pour operer en moy ceste estrange puissance.
 L'amour est vn desir que l'espoir scait forger,
Et lors que cest espoir se trouue mensonger,
Adonc voit on l'amour par vne continue
S'esuaporer d'vn feu en fumee ou en nue:
Et moy mil & mil fois d'vn espoir rebuté
Enuers vous ie suis tel que tousious i'ay esté,
N'ayant en rien changé ma passion (Maistresse)
Hormis d'vn court espoir en profonde destresse,
En larmes, en souspirs, en plaintes & ennuis,
En tourments qui me vont bourrelants iours & nuicts,
En vn dueil soubs lequel est mon ame asseruie,
En pleurs qui au cercueil confineront ma vie,
Pleurs à iamais iurez pour comble de mes vœux:
Car puis que le voulez, aussi moy ie le veux.
O discours fantasticq, ô folastre martyre,
I'ayme & ne sçay pourquoy sans espoir ie desire,
Ie pensois que soudain que l'Amour estoit né
Il estoit aussi tost d'autre Amour estrené,
Puis d'ailleurs ie croyois qu'vne bien-longue estude
Formoit en nos esprits toute telle habitude
Que celle où nous voulons nous duire & composer,
Et ce penser me fit plus hardiment oser.
 Goute apres goute l'eau les plus fors rochers caue,
Le Lyon orgueilleux deuient aussi esclaue,
Se faisant peu à peu comme son maistre humain,
Et le poulain lascif se rend duit à la main,
Bref il n'y a çà bas chose qui soit si forte
Que l'Amour ou le temps au long aller n'emporte:
Moy rebut de fortune entre tous ie pretens
N'auoir trouué secours, ny d'Amour ny du temps.

Mais comme la beauté, que nature fit vostre,
Est telle qu'vn soleil au millieu de tout autre,
Et que la fermeté est en moy si auant
Comme est vn roch battu des ondes & du vent,
Et comme en vous y a quelque vertu plus grande
Que le commun discours, qui à mon cœur commande,
Aussi veux-ie malgré & le temps & l'Amour,
D'vn esprit a heurté faire en vostre œil seiour,
Mettre la fermeté & beauté en balance:
Car si rare beauté, plus longue recompense,
Ne meritoit donner: mais si doresnauant
Mon seruice enuers vous n'est encore que vent,
Ainsi que quelque temps court de toute esperance
Je me bannis de vous d'vne bien longue absence,
Aussi party apres veux-ie pour reconfort
Non vne longue absence, ains vne prompte mort,
Puisque pour m'absenter mon mal ne diminue,
Mais que de plus en plus à la premiere veue
Il reuerdit en moy d'vn seul clin de vostre œil,
La mort sera le point extreme de mon dueil,
Et pour seruir d'histoire à tout amant fidelle,
Je veux sur mon tombeau l'ordonnance estre telle.

"Amant si tes pensers te donnent le loisir
"Entend de mes tourments cest vnique plaisir:
"Celuy repose icy qui de toute son ame
"Adora sans repos les beautez d'vne dame,
"N'ayant en ses desseins eu iamais autre loy
"Que de viure en sa dame, estant mort dedans soy,
"Et vit cinq ans sans fruit sa liberté rauie:
"Mais si vn long malheur accompagna sa vie,
"Pour recompense Amour il te requiert ce don,
"Que qui de ses Amours discourra le guerdon,
"Au moins qu'en le contant il ait cest heur, qu'il face
"Que toute cruauté de sa dame s'efface.

XIII.

Ronsard a qui la France fait hommage,
Pendant qu'icy d'vn bras audacieux
Faiz retentir nos gestes iusqu'aux cieux,
Faisant trembler souz ta plume nostre aage:
  Moy, ton Pasquier, non de maindre courage,
Mais non d'vn son autant industrieux,
Fay resonner les assaux furieux
De mes Amours & leur bouillante rage.
  Tu chantes haut les Monarques, les Rois,
Ceux qui sont nez pour establir leurs loix
De poix esgal sur toutes leurs Prouinces:
  Quand moy quittant humblement ces discours,
Ie chante bas le petit Dieu d'Amours,
Mais petit Dieu qui donne loy aux Princes.

XIV.

Ie te feray tous les ans vn grand vœu,
Heureux rideau, non que par ta presence
I'aye cueilly le fruit de iouyssance,
Las! arriuer a ce poinct ie n'ay peu:
  Mais bien i'ay pris hardy sous ton adueu,
Mille baisers de ma douce esperance,
Qui nous tenoient & elle & moy en France,
Brulans tous deux dedans vn mesme feu.
  O doux baisers, qui germez en ma Dame,
Les beaux souhaits que ie couue en mon ame,
Et qui les siens prouignez dedans moy:
  Face le ciel que par vostre entremise,
Baisers mignards, me soit bien tost acquise
L'heureuse fin de mon iournel esmoy.

XV.

Si i'ay d'Amour quelque sçauoir, ma Dame,
Par tes baisers & attrayans regards,
Ie recognois que comme moy tu ards
De mesme feu que celuy qui m'enflame.
　Et toutesfois tant plus ie te reclame,
Plus ie te suy chetif de toutes parts,
Plus tu me fuits, & moins tu me departs
De ce doux fruict qui possede mon ame.
　Pour paruenir à cest heureux plaisir
Ie te vien voir, poussé d'vn chauld desir,
Mais plus i'y vois, & plus tu me fais courre.
　Or sus fascheuse apprend de moy ce point,
C'est qu'au deduit d'Amours il ne faut point
Perdre le temps que l'on ne peut recourre.

XVI.

O songe doux, vray miracle du monde,
Entremeteur gaillard de nos souhais,
Qui au meillieu des tenebres nous fais,
Gouster tout l'heur de cette terre ronde.
　Ie corneray d'vne voix vagabonde
Par l'vniuers tes merueilleux effects,
Songe diuin, diuin songe qui sçais,
Donner la vie à vne mort profonde.
　Puisque par toy, i'ay plainement iouy
De ma moitié, ie veux tout esiouy,
T'auoir pour Dieu, mais non Dieu de mensonge:
　Et pourquoy doncq' n'auras tu place aux Cieux,
Si tout cela que ie voy de mes yeux
En ce bas estre, est seulement vn songe?

XVII.

En mes Amours deux choses ie desire,
D'auoir autant de puissance sur toy,
Que tu en as maistresse dessus moy,
C'est le premier des souhaits où i'aspire.
  En ce deffaut pour le moins ie desire
D'auoir autant de puissance sur moy,
Que tu en as maistresse, dessus toy,
C'est le second des souhaits où i'aspire.
  Par le premier ie me serois heureux
Et ioüyrois de ce bien plantureux,
Bien sur lequel pour toute autre ie t'ayme.
  Par le second ne pouuant estre tien
Ie deuiendrois desormais du tout mien,
Et ne serois valet que de moy-mesme.

XVIII.

Soit qu'en plaisir son esprit se transforme,
Soit qu'auecq' nous elle saute de riz,
Ou que son cœur soit de douleur espris,
Ou que son dueil en ioye elle reforme,
  Mes pensements sur le moule ie forme
De ses pensers, & si n'ay entrepris,
En mes desseins, de me porter qu'au pris
Qu'en ioye ou dueil ma Dame se conforme.
  M'accommodant du tout à son desir
Ie n'ay en moy iuré autre plaisir,
Que le plaisir où elle participe:
  Quelque couleur où son œil soit tourné,
Le mien en est tout soudain atourné,
C'est mon obiect, & ie suis son Polipe.

XIX.

Tant est l'humeur morne qui m'a transi,
Que de mon cœur vne fleur s'est esclose,
Non le blanc liz, non la vermeille rose,
Ains vne fleur que l'on nomme soucy.

A la soulsie esgale est cette icy,
Et l'vne & l'autre, vn Soleil se propose,
Iaune est la fleur qui aux iardins repose,
Iaune est la mienne, & me fait iaune aussi.

Mais l'autre s'ouure au matin, puis se bouche,
Quand le Soleil dans l'Ocean se couche,
Et comme luy close prend son repos.

Quand de ma fleur, telle est la destinée,
Qu'elle s'ouurit deslors qu'elle fut née,
Pour ne se clorre à iamais dans mes os.

XX.

Tout ce que peut octroyer la nature
De beau, de doux, de naïf, & mignard,
Elle le met en toy d'vn trait gaillard,
Pour t'honorer sur toute creature.

Amour dans moy graua la pourtraiture
De tout ce beau, d'vn si merueilleux art
Que ny le temps, ny de la mort le dard
Ne m'en sçauroient effacer la peinture.

Que tes beautez soient plus grandes en toy,
Qu'elles ne sont empraintes dedans moy,
Ie ne le veux, ni ne le sçauroir croire:

D'elles le ciel benin te couronna,
D'elles l'Amour mon cœur enuironna,
Pour balancer auecq' le ciel sa gloire.

Loyauté.

XXII.

Lors que deuot à tes pieds i'idolastre,
Te racomtant, ore vn plaisant esmoy,
Que tu fais naistre, & renaistre dans moy,
Puis aussi tost vn desplaisir folastre.
  Pour à ce coup parer, & le rabatre
Tu dis ainsi, Pasquier ie ne le croy,
C'est vn art feint, dont ie ne me decroy,
Art que tu mets en ieu pour me combatre.
  Ie te suis doncq' hypocrite! Or entens,
Dorenauant ie veux passer le temps
A te blasmer dedans ma Poësie:
  Quand tu verras telle eniance de vers
De ma façon courir par l'Vniuers,
Dy hardiment que c'est hypocrisie.

XXII.

Pour moyenner à son dueil allegeance
Ie luy ay mis mon Monophile en main,
Où lon peut voir de trois amants le train,
Qui visent tous à vne iouyssance.
  Vn seul obiect tient le premier en transe,
L'autre son cœur abandonne sans frein,
Le tiers du trop & moins faisant son gain,
Entre les deux met l'Amour en balance.
  A ces deuis Charilee interuient,
Qui lieu de iuge au meillieu d'eux retient,
Leur ordonnant le chemin qu'il faut suiure.
  Ce liure plaist à ma Dame, & le lit,
Tantost de iour, mais plus souuent au lit,
Pleust or' à Dieu que ie feusse mon liure.

XXIII.

Ie suis des Dieux celuy qui dans moy serre
Sous petit corps vne extreme grandeur,
Auecq' tout mal & desastre, grand heur,
Dedans la paix faisant marcher la guerre:
Qui dans le chaud vne froideur enserre,
Allambiquant du froid vne chaleur,
Peslemeslant dans les foibles, valeur,
Et les plus forts affoiblissant grand erre.
Ie suis de tous (disoit Amour) l'horreur,
Ie suis de tous en beau chemin l'erreur,
Seul qui à tous plaisamment sçay desplaire:
Tout esclairant: mais comme le Soleil
De ses rayons brillants esbloüit l'œil,
Aueuglant tout de ma lumiere claire.

XXIIII.

Mille sanglots dont mon ame est feconde,
Mille souspirs, mille ruisseaux aussi,
Qu'en moy accueille vn iournalier souci
Pour la flechir, de mon cœur ie desbonde.
Ma grand douleur nulle autre ne seconde,
Et pour tromper le mal dont suis transi,
De mille vers mes sanglots i'adouci,
Vers plus en pleurs detrempez, qu'en faconde.
Ainsi au cours de l'obscur de la nuit,
L'enfant poureux qui son chemin poursuit,
Sa froide peur par Vaudeuille enchante:
Ainsi au cours de mes sombres ennuis,
Lors que paoureux mes Amours ie poursuis,
Pour me tromper mes passions ie chante.

Chanson

CHANSON.

N'Agueres voyant ces beaux prez,
Tous diaprez,
Nous estaler à descouuert
Leur riche verd,
Et oyant des oyseaux les chants
Parmy ces champs,
Dames voicy en moy venir
Vn souuenir,
De voir toutes ces fleurs ternir.
　Ce bel esmail qui est espars
De toutes parts,
Mille & mille belles couleurs
De tant de fleurs,
Du printemps les riches tresors,
Disoy-ie lors,
Le broüillas d'vne seule nuit,
Nous les destruit,
Et d'vn tout en rien les reduit.
　Toutes les Roses au resueil,
Du clair Soleil,
Se reuestent d'habits mondains
Dans nos iardins,
Plus preignent leurs habits de dueil
En vn clin d'œil,
Nature par vn doux larcin
Dedans son sin,
Leur donne en vn iour vie & fin.

Cc

L'œillet n'est pas si tost venu,
Qu'il est chenu,
Tout aussi-tost espanouy
Qu'espanouy,
Le iour qui luy donne vn bel œil,
Est son cercueil:
Mais cette fleur qui de son sort
Cognoist l'effort,
Elle mesme vange sa mort.
   Car aussi tost comme elle naist,
Elle se plaist
D'estre pillee par les mains
De maints & maints,
Quand vn amoureux en iouit,
Ell' s'esiouyt,
De terre elle prend son habit,
Mais elle vit,
Par cil sans plus qui la rauit.
   Ainsi que seul ie contemplois
Ces belles loix,
Que nature exerce en tout temps,
Sur son printemps,
Des fleurs sur vos beautez sautant
En vn instant,
Dames voicy encor venir
Vn souuenir,
De voir vos grand' beautez ternir.
   Ces leures de corail, ce front,
Ce tetin rond,
Ce port folastre & fretillard,
Ce riz mignard,
Ce ie ne sçay quoy, & encor
Ce tresp d'or,

Loyauté.

Dont liez, maistresses, nos cœurs,
Ce sont les fleurs
Que vous arrosez de noz pleurs,
   Tout cela s'en va passager
D'vn vol leger,
Vne maladie, ou douleur
Prʾ l cette fleuʾ,
Et l'enleue aussi vistement
Comme le vent,
Estant ce beau à l'impourueu
Plus tost descheu,
Qu'en vous il n'auoit esté veu.
   Et vous armez vos grands beautez
De cruautez:
O folles vous ne voyez pas
Que tels appas
Vous causeront au departir,
Vn repentir,
Et mourrez de mesmes tourmant
Sur vos vieux ans
Que ieunes paissiez vos amans.
   Vous qui les fleurs representez
Par vos beautez,
Ainsi comme la fleur se rend
A qui la prend,
Laissez piller d'vn bras glouton
Vostre bouton.
Que la fleur, & cette chançon
De ma façon,
Dames vous soit vne leçon.

Cc ij

ELEGIE.

Contre moy ne falloit donner nouuel arrest,
Long temps a qui ie suis miserable, en l'arrest
De vos fieres beautez, & que vous ma maistresse,
Vous paissez impiteuse en mon dueil & detresse.
Long temps a que mes sens, & que ma liberté,
Chetif, ie captiuay sous vostre cruauté.
  Mais puisque ma cause est en ce poinct assortie,
Que soyez mon geolier, mon iuge, & ma partie,
Que geolier vous teniez contre toute raison
Mon pauure cœur captif dedans vostre prison:
Iuge iugez: partie aussi faites poursuite,
He! vrayment ma fortune est maintenant réduite
En vn piteux estat, & ne voy point comment
L'on me puisse affranchir de ce cruel tourment.
  Six ans sont que ie suis en prison inhumaine,
Sans que iamais ayez voulu prendre la peine,
D'entendre mon bon droit, ny d'aprendre pourquoy
J'ay passé tant de temps en ce penible esmoy.
Mais serré que ie fus par vous en prison seure,
Vous cruelle aussi tost brouillastes la serreure,
Et ne me permettant nullement de fouïr,
N'auez voulu pourtant aucunement m'ouir.
  Or maintenant que Dieu par sa bonté diuine,
D'vn moins fascheux instinct vostre esprit illumine,
Et qu'en me condamnant me faites la faueur
De m'ouir à present discourir mon malheur,
I'entre fort volontiers, maistresse, en cette lice,
Et mourant à vos pieds prens en gré le suplice,
Combien qu'on ne veit oncq condamner vn excez

Loyauté.

Auparauant qu'on eust grabelé le procez:
Toutesfois ce m'est peu, & gay la mort ie porte,
Puis qu'auecques ma mort i'ouure aux plaintes la porte
A l'homme malheureux, c'est vn soulagement
De pouuoir donner air à son fascheux torment.
Que vouleussent les Dieux qu'or en vostre presence,
Je peusse par conseil compter mon innocence:
Et certes ie serois en mon desastre vn Roy,
Ie viurois par ma mort: mais l'impiteuse loy
Ne veut que l'accusé, & mesmes de mon crime,
Soit garny de conseil en cette rude escrime.
C'est pourquoy bien ou mal, ie vous diray sans fard
Briefuement le motif de mon piteux hazard.

 Ie recognois Maistresse (& tant plus que i'y pense,
Tant plus fay-ie pauois de ma forte innocence)
Ie recognois vraiment que si oncq' ie meffeiz,
Ce fut lors que peu à peu fin, cruelle, ie vous veis,
Car soudain que mon ame à demy esperdue
Jetta sur vos Soleils estincellans, sa veuë,
Aussi tost aueuglé de vos flamboyans rais,
Mon esprit malmené fut surpris dans vos rets:
Ma liberté soudain de vos beautez esprise,
Dans vos sombres prisons, innocente fut mise,
Et depuis i'ay nourry au profond de mes os,
Par bisarres discours, peslemesle vn chaos,
Ie brule dans la glace, & dans le feu ie tremble,
Je couue vn mont d'Ætna & de Caucase ensemble:
Vers vous ie cours en poste, & demeure retif,
Ie suis en abondance escharcement chetif,
Ie veus vous gouuerner, mais ma langue flouette,
En vostre absence crie, & presente est muette,
Ie vogue en plaine mer, au plus profond d'vn puis,
Voulant & pouuant tout, rien ne veux & ne puis.

Cc iij

Hardy tout i'entrepren & coüard rien ie n'oze,
Bref on ne veit iamais telle metamorphose.
 Ie suis vn Ixion, Sisyphe, Phaeton,
Icare, Promethé, Tantale, & Acteon.
Ie suis vn Ixion cloué à vne roüe,
Et d'vne pierre en vain, Sisyphe ie me ioüe,
Ainsi que Phaeton folastre & sans conseil,
Cocher ie veux guider les chevaux du Soleil,
Comme Icare le sot, auecq'esles de cire
Voler iusques aux Cieux brusquement ie desire,
Et comme Phaeton, & comme Icare aussi
On me voit trebucher du haut en bas icy:
Au fil des eaux plongé, comme fut le Tantale,
Tout alteré de soif, aucune eau ie n'auale,
Et d'vne longue faim à demy consommé,
Pres des arbres fruictiers on me voit affamé.
Comme pour auoir veu Diane à l'impourueuë
Au meillieu d'vn grand bois dans vn bain toute nue,
Acteon le veneur fut en beste changé,
Aussi ay-ie de moy la raison estrangé,
Luy de ses chiens, & moy i'espreuue sans mesure
De mes outrez desirs la poignante morsure:
Ainsi comme l'oiseau de Jupiter se paist
Du cœur de Promethé, qui consommé renaist,
Ainsi suis-ie l'appas de cest oiseau volage,
De ce Dieu que l'on peint empanné de plumage,
Qui me mine, me poingt, me consomme, me mord,
Qui ores sçait forger de ma vie, vne mort,
Et ores de ma mort vne vie refaire,
Pour mouler sur mon cœur vn patron de misere.
Et puis par vostre arrest voulez pour fin de ieu,
Qu'on me voye mourir pour vous à petit feu:
Vostre iugement n'est qu'vn pourchas de mon aise.

Loyauté.

Puis que sans fin ie meurs dans vne grand' fournaise,
Tout ainsi que dans vous en toute extremité
Se loge de tout point cette diuinité,
Qu'on ne peut exprimer par vne humaine plume,
Aussi dedans mon cœur ce feu diuin s'allume,
Non point vn petit feu, ains vn ardent foyer,
Qui est de mes trauaux le malheureux loyer:
Et ne puis de mon mal en dire la racine,
Sinon pour auoir veu vostre beauté diuine:
Prenez des brodequins, choisissez des treteaux,
Faites dans moy couler vn roide torrent d'eaux,
Exercez si voulez sur mon corps tout martire,
Voila en peu de mots tout ce que ie puis dire:
Et pour conclusion si i'ay peché, il faut,
Que de vous soit issu tout le premier deffaut.
Si veux ie confesser qu'à bon droit on m'accuse,
Et qu'en vain ie voudrois icy m'armer d'excuse,
Car puis que le voulez ie ne me puis douloir,
Desirant conformer au vostre, mon vouloir,
Desia long temps y a, voire dès ma naissance,
Que le cruel destin donna cette sentence,
Ny ne puis esperer aucun allegement,
Encontre vostre arrest, & cruel iugement,
Fors que comme mon Roy me donniez vne grace
Sellee du grand seel de vostre bonne grace,
M'estant par vostre arrest, tout autre bien rauy,
Horsmis vn bel espoir qui me tient assouuy,
Le feu que m'ordonnez sera mon purgatoire,
Pour enfin arriuer à vostre heureuse gloire,
Et pour trouuer ressource en vostre Paradis,
C'est l'espoir où ie meurs, c'est l'espoir où ie viz.

Cc iiij

XXV.

Tant que Rome eut vne Cartage en teste,
En ce malheur, heureuse elle vesquit,
Mais en vainquant, ell'-mesme se vainquit,
Et fit de Rome, vne Rome conqueste.
 Bien que ie n'aye imprimé autre queste
Que celle-là qui en toy me rauit,
Mon cœur pourtant qui tant seulement vit
D'espoir de vaincre, à vaincre ne s'appreste.
 Pour n'assopir lentement mes esprits,
Et m'exercer en ce beau ieu de pris
Du Dieu d'Amours que i'ay pris en partage,
 Par vn souhait doucement inhumain,
Face le Ciel que ie sois ton Romain,
Et que tu sois à iamais ma Carthage.

XXVI.

Bien que l'Amour dedans l'ame produise
De celuy-là qui est de luy espoint,
Vn chaud desir d'atteindre au dernier point,
Et que ce soit le seul but où il vise :
 Bien qu'en mon cœur ton clair Soleil reluise,
Et l'ait rangé du tout à son appoint,
Pour tout cela ie ne souhaite point
Iouir d'vn heur malheureux qui me nuise.
 De mes souhaits le souuerain aueu
Est de mourir & viure dans le feu,
Et de n'auoir du dernier point, enuie.
 Point qui naissant par son estre prend fin :
Brulons, mourons, sans passer outre, afin
Que par nos morts l'Amour demeure en vie.

XXXVII.

Qu'il soit permis au folastre Poëte,
En recordant son amour passager,
Mille discours fabuleux ménager,
Et se trompant que son heur il trompette.
  De mes Amours iouïr ie ne proiecte,
Ie ne veux point si auant me plonger
Dedans les flots d'vn espoir mensonger,
Loin, loin de moy cet erreur ie reiette.
  D'vn bel obiect mon ame se repaist,
Vn doux baiser tant seulement luy plaist,
Ny pour cela ne doit estre reprise.
  Que si tu veux en sçauoir le pourquoy,
Ie te diray pauure amoureux : & quoy?
Mieux vaut la chasse en l'amour que la prise.

XXVIII.

Quand ie contemple en toy ta beauté rare,
Ton bel esprit, ce gracieux souris,
Mille doux traicts dedans tes yeux escrits,
Dont la nature aux autres fut auare :
  Ha (di-ie lors) ie serois trop barbare,
Si ie n'estois de ces beautez espris,
Sur tous les Dieux, Amour gaigne le pris,
Sage est celuy qui de luy se rempare.
  Mais quand ie saute yure du haut en bas,
Et que pippé d'vn furieux appas,
Le fol desir mes pensements deuore,
  Adonq contraint de quitter ce party,
Ie dy qu'Amour est vn corps mi-party,
Conclusion que c'est vn vray Centaure.

XXIX.

Tout me flatoit, Amour masqué en face,
Au lieu de fleche, vne fleur me dardoit,
Et en pitié ma Dame m'œilladoit
D'vn œil tenant sa contenance basse:
   Elle s'estoit parée d'vne grace
A l'auantage, & pinçant de son doigt,
Pour m'allecher, sur vn luth mignardoit
Tout ce qu'Amour à vn pauure amant brasse.
   Qu'eusse-ie fait? au son de ce fredon,
Je me laissay couler à l'abandon
Sous la faueur de si douce Sereine:
   Mais malheureux ie ne preuoiois pas,
Que tels accueils ne m'estoient qu'vn appas
Pour me nourrir en eternelle peine.

XXX.

Ie vous ay doncq' Damoiselle offensée?
Il n'en est rien, ie n'y pensay iamais,
Si ie l'ay fait, vraiment ie n'en puis mais,
Oncques peché ne fut sans la pensée.
   Auroi-ie bien l'ame tant insensée,
Moy malheureux? non, ie le vous promets,
Je ne voudrois vous seruir d'vn tel-mets
Pour estre trop dans mon ame enchassée.
   Si ie me suis oublié d'vn seul point
En vostre endroit, pardon ie ne quier point,
Mais bien ie veux qu'à mort on me punisse.
   Et pourquoy doncq ne voudroi-ie la mort,
Si le soupçon qu'auez empraint à tort
En-contre moy, m'est vn bien grand supplice.

XXXI.

Ell' est, & belle, & gaillarde, & bien duite,
Hé! ne seroit-ce à present nouueauté
De voir en femme vne extreme beauté,
Prendre le chaste auecq soy pour conduite?
   Je feray d'elle encor' si grand' poursuite,
Que me rangeant tout à sa volonté,
Et flechissant d'vn long traict sa fierté,
On la verra sous mon pouuoir reduite.
   Ainsi à part mes sottes passions
Subtilizants mille autres fictions,
Me chatouilloient le cœur de flaterie:
   Quand (ô malheur!) i'apperceu à la fin,
Qu'en ces discours que ie faisois peu fin,
Je me vendois la peau de l'Ours en vie.

XXXII.

Au feu rampant de la demangeaison,
A vne dartre, & autre telle engeance,
Madame sçait apporter allegeance,
Et en auoir promptement la raison:
   Elle moyenne à chacun guerison,
Mesme en a fait sur moy l'experience,
Qui ne viuois, ains languissois en transe,
Persecuté de ceste eschaufaison.
   D'auoir donné à mon mal refrigere,
D'auoir rendu ma chaleur passagere
Dessus mon corps, ce ne luy est que ieu:
   Mais las! au chaud qu'en mon ame ie couue,
Non seulement remede elle n'y trouue,
Ains prend plaisir, impiteuse en mon feu.

XXXIII.

En mes amours deux extremes ie voy:
Vostre beauté qui douce me transporte,
Qui me rauit, qui d'vne estrange sorte,
A captiué mon cœur sous vostre loy:
   De la prison plaindre ie ne me doy,
Si n'auiez mis pour garde de la porte,
Vn fier Honneur, qui ne veut que i'en sorte,
Et toutefois se bagne en mon esmoy.
   Vostre beauté rend mon ame hardie,
Mais cest Honneur l'a toute accouardie.
I'ayme, ie crain, ie balance entre deux.
   Ie veux prier, prier ie ne vous ose,
De tout espoir est mon ame forclose,
Et se repaist seulement en vos yeux.

XXXIIII.

Pour donner vie à l'enfant nouueau né,
Et pour en luy grauer le caractere,
Dedans les champs du sacré baptistere,
Qui du Seigneur fut aux siens ordonné,
   A l'impourueu tu m'as abandonné,
Et faut, helas! que ce riche mystere
Soit de mes maux le piteux ministere,
Dont maintenant ie suis enuironné.
   Dedans les champs faisant à Dieu seruice,
De faire icy de mon cœur sacrifice,
Comme tu fais, à qui en est le tort?
   Sans y penser tu frappes deux personnes
Par ton absence, & tout d'vn coup te donnes,
A l'vn la vie, & à l'autre la mort.

XXXV.

Me gouuernant le long de ces allées
Je contemplois mille petits oiseaux,
Qui degoisoient dessus les arbrisseaux,
Leur plein iargon par monts & par vallées.
  Icy estoient pallissades taillées,
Où trafiquoient Dames, & damoiseaux,
Mil' doux baisers l'orée des ruisseaux,
Pillants les fleurs richement esmaillées.
  Chacun estoit du chagrin esloigné,
Moy seul portant vn sourcil refroigné,
Ne repaissois de ces bayes mon ame.
  On s'en esmeut. Cela ne m'est nouueau,
Il n'y a rien (di-ie) qui me soit beau,
Que la beauté qui seiourne en ma Dame.

XXXVI.

Mon ame auoit en son centre tirez
Tous mes esprits, & ma triste pensee
S'estant dans moy en vn tas ramassée,
Vers soy tenoit tous mes sens retirez.
  Quand mes esprits en ce point esgarez,
Ie m'apperceu qu'illecq' estoit passée
Celle qui lors se monstra offensée,
Car ie n'auois ses beaux yeux reuerez.
  A l'impourueu elle m'auoit surpris
Dont i'oubliay l'acquit de mon homage,
Mais aussi-tost reprenant mes esprits,
  Ha' toy qui tiens (di-ie) mon cœur en gage
Pardonne moy, Dame, si i'ay mespris,
L'idolastrois en ta plus haute image.

XXXVII.

Tout aussi-tost, maistresse, que ie voy
Ton beau Soleil qui dans mon cœur delasche
Vn feu brillant, qu'Amour prodigue y cache,
Tout aussi-tost ie ne suis plus à moy.

Quand peu apres en m'esloignant de toy,
Ce mesme cœur qui harassé ie fasche,
Te veut quitter, mais en vain il y tasche,
Et plus il vit en vn penible esmoy.

Voyla comment de tes beautez esclaue,
Au plus profond de mes pensers i'engraue
Le vif pourtraict de tes perfections.

Comme present dedans mon cœur se couchent,
Et comme absent fichez ne se rebouchent
Les poignants traicts de mes affections.

XXXVIII.

Ie le pren vostre anneau, non point pour autre fin,
Sinon que comme il est d'vne ronde figure,
Aussi que cest anneau, maistresse, refigure
Mon amour qui est rond, & sans feinte, & sans fin.

Et ainsi que l'Orfeure, estoffant son dessein,
Y met vn diamant dont l'œil à tousiours dure,
Qu'ainsi ay-ie engraué vostre œil pour qui i'endure,
A cloux de diamants au profond de mon sein.

Au lieu de cest anneau, ie vous donne, ma Dame,
Ce mien cœur enchainé, qui à tire de rame
Veut au meillieu des flots surgir à port heureux.

Si craignez qu'il eschappe, accouplez y le vostre,
Iamais vn galiot n'est lié sans vn autre,
Pour rendre vn cœur esclaue aussi en faut-il deux.

Loyauté.
CHANSON.

Viuons, mon Tout, nourriſſons
D'vne flamme mutuelle
L'amour dedans nos mouëlles,
L'Amour que tant cheriſſons,
L'Amour, le pere de nous,
L'Amour qui de ſon eſſence
Fait eſtre, & donne croiſſance
Vnanimement à tous.

Que me profite de voir,
D'vn miniſtere publique,
Me rendre le corps etique?
Ou que pour vn peu d'auoir,
De mille à chaque propos,
Mille careſſes i'eſpreuue,
Si en priué ie ne treuue
Dedans ta faueur repos?

Qu'eſt-ce qu'vne ambition,
Ou vn bouillon d'auarice,
Fors vn eternel ſupplice,
Qui naiſt de l'opinion?
Quand au contraire l'Amour
Prenant ſa vraie paſture
De noſtre ſeule nature,
En elle vit nuit & iour.

Bien que ſous le firmament,
Rien ne ſoit icy durable,
Entre ce tout periſſable
L'Amour dure ſeulement:
L'Amour qui nous baſtit tels
En la vie que nous ſommes,
Qui rend en la mort les hommes
Par leurs enfans immortels.

Viuons doncq & nourriſſons

Dans vne ardeur mutuelle
Vne amour perpetuelle,
Amour que tant cherissons:
Que d'inuiolable loy
Ie loge dans ta pensée,
Et que tu sois enchassée
Eternellement en moy.

　Chacun dressera ses vœus
Où son cœur le sçait attraire,
Quant à moy de te complaire
C'est le seul point que ie veus:
Là ie fiche mon desir,
Là mon esprit ie desbonde,
N'ayant pour plaisir au monde
Autre but que ton plaisir.

　Pendant que le fauory
A profite à son mesnage
Du bien publicq le dommage:
Et que le peuple à haut cry
Dressant vers le ciel sa voix,
Autre chose à Dieu ne prie,
Sinon que la seigneurie
Tombe de son mesme poix.

　Pendant que le courtisan
Nourrit en soy la rancune,
Estant selon la fortune,
D'vn ou d'autre partisan:
Et que les champs sont ouuerts
A ceux qui pour nous deffendre,
Sont nez plustost pour offendre
Et nous & tout l'Vniuers.

　Pendant que sans contredit,
Le medecin sophistique

Loyauté.

Vn qui pro quo fantastique
Pur nous tuer à credit:
Et que sans aucun requoy
Vn tas d'auocats font rage
De prendre à leur auantage
L'eschantillon d'vne loy:
 Pendant que l'aspre marchand
Sous l'espoir qui luy fait voile
Arme sa nef d'vne toille,
Et dans les flots va cherchant
La mort hors de son manoir,
Lors qu'vne prompte tourmente
Luy desrobe, & son attente,
Et sa vie & son auoir:
 Pendant que le bon hommeau
Cognoist au vol de la grue
Le deuoir de sa charrue,
Ou bien que dessous l'ormeau
D'vn long ahan rebuté,
N'attend fors que la tempeste
S'esclatte dessus sa teste
Aux plus chauds iours de l'esté.
 Pendant que selon le cours
Des affaires chacun pleure,
Mourant cent fois d'heure à heure,
Moy ce pendant au rebours,
D'vn vers gayment labouré,
Vne Ode, vn Sonnet ie chante,
Ainçois folastre i'enchante
Mon esprit enamouré.
 Ny pour quoir aux Rois part,
Ny les cours, ny les trophées,
Ny loix qu'on iette à bouffées,

Ny de medecine l'art,
Ny le marchand, ou labour,
Ne sont de telle efficace
Que pour eux iamais s'efface
De mon souuenir, l'Amour.
 Sus aoncques de grace au lieu
De tout autre bien, Mignonne,
Qu'vn chauld baiser lon me donne,
Ca ces deux pommes, vray Dieu,
Ca ce crespe de fin or,
Ca ce marbre, ça l'albastre
Ca ce tout que i'idolastre
Au milieu de mon tresor.
 Sus mignonne encor' au lieu
De tout autre bien, Mignonne,
Qu'vn baiser l'on me redonne:
Ha! Dieu, ia ie voy le Dieu,
Le Dieu de nostre dessein,
Qui me rend glace, qui m'enflame,
Helas! ia ie sens mon ame
S'esuaporer dans ton sein:
 Pour contr'eschange, (ô douceur,)
Je sens la tienne estonnée
Que d'vne longue halence
Tu me soufles dans le cœur:
Par ton esgaré regard,
Par ta langue qui besgaie,
Par ton œil qui se hontoie,
Je ly que tu és sans fard.
 Heureux trois & quatre fois,
Heureux qui dans telle vie
Voit sa franchise asseruie,
Heureux qui sous telles loix

Loyauté.

En soy meurt & vit dehors,
Quand deux ames sont vnies,
Et vne ame en deux parties
Est en vn & en deux corps.

Que le hazard hardiment
Exerce sur moy sa force,
Soit que par plaisante amorce
I'espreuue vn doux traictement,
Ou que ialoux du grand bien
Qu'en toy ie fonde & espere,
Vueille rompre par misere
Le nœud de nous Gordien.

Si n'aura-il ceste loy
De pouuoir rendre offensée,
Encontre-toy ma pensée:
Toy seule Dame és mon Roy,
Toy ma cour, toy mon Palais,
Toy pour medecin i'implore,
Toy ma marchandise encore,
Toy mon labour à iamais.

ELEGIE.

Quand de toy ie parti ayant comme l'abeille
Pillé le miel des fleurs de ta bouche vermeille,
Et que d'vn bras glouton mil fois tu m'accolas,
Et que mil & mil fois tes leures tu colas
Sur les miennes, suççant d'vne haleine de basme,
Le peu qui me restoit encore de mon ame:
Adoncq gros d'esperance & enflé de faueur
Ie te laissay content pour ostage mon cœur,
Choisissant l'air des champs pour trouuer allegeance,
Non à ce mal d'amour qui me fait viure en transe,

Mal d'amour dont tu ès seule le medecin,
Mais pour tromper vn corps qui est à demi sain,
Tromper: car puis qu'il prend du cœur sa temperie,
De le vouloir guerir sans toy c'est tromperie.
  Si me iettay peu cault à la mercy de l'eau,
Et soudain que ie fus entré dans le basteau
Pour brosser contremont: ie voy chasque manœuure
S'affuter tout à coup diuersement à l'œuure,
Qui iouer de la rame, & qui du gouuernail,
Qui s'attacher au mast, & l'autre à l'attirail,
Moy cependant aux flots & vents ie m'abandonne,
Et rien que flots & vent autour de moy ne sonne,
Rien qu'vn Soleil ardent ne commande à mon chef,
Vn hurler, vn crier, vn braire dans la nef,
Lors que tous estonnez à la moindre rencontre
Se treuue vne autre nef qui se presente encontre,
Chacun à qui mieux mieux de cris se deffendant,
Quand ce vaisseau d'ailleurs peu à peu va fendant
Les vagues, qui luy font à ses desseins obstacle,
Et que moy ne bougeant, par estrange miracle,
Toutefois sans le voir ie voy que ie m'en vois.
  Or comme tout cecy de mes yeux ie voiois:
Helas! (ce di-ie lors) ce fascheux nauigage
Ne pourrait-il au vif de mes amours l'image?
Ce basteau où ie suis tant & tant tourmenté,
C'est l'amour dans lequel dés pieça me iettay,
Et ces vents que ie voy rouler dessus ceste onde,
Ce sont les chaulx soupirs que de moy ie desbonde,
Ces flots sont les ruisseaux que de mes yeux ie verse,
Quand l'amour ennemy de mon bien me trauerse,
Et mes paures pensers ce sont les matelots,
Qui pour estre agitez de pleurs & de sanglots,

Touſiours vont proiectans quelque belle entrepriſe
Pour conduire à bon port l'amour qui les maiſtriſe,
Ne chommants iour ne nuict, & ceſt ardant ſoleil
Ce ſont les clairs rayons qui flambent en ton œil:
Le chagrin nautonnier, craint le heurt de ſa naue,
Et moy non nautonnier, ains miſerable eſclaue,
Ie me ſens aſſiegè d'vne immortelle paour,
Craignant qu'à la trauerſe on heurte mon amour:
Ainſi comme ſur l'eau ie vois & ſi demeure
En vne place, auſsi ie m'en vois d'heure à heure,
Et finis lentement la route de mes iours,
Toutefois m'en allant ie demeure touſiours
Immuable, fichant au centre de mon ame
A cloux de diamants la beauté de ma Dame:
Bref ie remarque en moy que tout d'vn meſme cours
Comme ie vois ſur l'eau, ainſi vont mes amours:
Auſsi raconte lon que Venus la Cyprine
Prit iadis ſon eſſence aux flots de la marine.
 Pendant que ces diſcours en moy ie repaſſois,
Ce pendant peu à peu les vagues ie traçois,
Laiſſant derriere moy, ore mainte montagne,
Ores maint bois toffu, or' la belle campagne,
Iuſques à ce qu'en fin bon gré malgré l'effort
Des vents impetueux ie ſurgis à bon port,
Au port tant ſouhaité, port la ſeule recouſſe
Du pauure marinier quand le temps ſe courrouſſe:
Là ou gay & diſpoſt mes forces ie reprens, (prens
Non point pour l'air des champs, mais par ce que i'ap-
Que ſi en amour i'euz la fortune rebourſe,
Mon amour n'eſt pourtant ſans eſpoir de reſſource.
 Ie te ſaluë donq', ô port tant deſiré,
Port vnique ſecours de mon cœur martyré,
Port que ie n'ay attaint: mais comme en mon voiage

D d iij

Ie suis venu à port apres vn long orage,
Et qu'en ce nauigage est figuré en tout
Le cours de mes amours: semblablement au bout
De mes maux & tourments ie me veux faire accroire
Que de tous mes pensers en fin i'auray victoire:
Ie le veux croire ainsi: car ie l'ay merité,
Non point pour mon esprit, ains pour ma loiauté.

XXXVIII.

Sous le fanal de ta claire beauté
Ie hazarday au peril du naufrage,
Dessus les flots ce fascheux nauigage,
Dont ie me sens maintenant tourmenté
 Par ton motif ma barque i'affustay,
Pour faire voile en vne & autre plage,
Esperant bien qu'apres vn long voiage,
Ie surgirois au port tant souhaité.
 Le Ciel flateur pour tromper ma ieunesse,
M'entretenant d'vne belle promesse,
D'vn calme vent me rendoit empouppé:
 Quand (ô malheur) i'apperceu que la voile
Que tu tresmas, estoit la mesme toile
Qu'auoit ourdie vne Penelopé.

Loyauté.

XXXIX.

Ie le veux bien: or sus faisons partage,
Que chacun ait son lot à iuste pris,
Vous, vous aurez mon cœur, & mes esprits,
Ie vous en fay dés à present hommage:
  Vostres ils sont sans borne & mesurage;
Et moy i'auray vostre œil, vostre doux ris,
Vostre rets d'or dans lequel ie fus pris,
Et quelque cas s'il vous plaist dauantage.
  Dira-yie quoy? helas! pauuret ie sens
S'esuaporer en fumée mes sens,
Lors que ie veux plus ardent y entendre.
  Diray-ie quoy? non, mais ma Dame il faut
Que suppleez doucement ce deffaut,
Et sans parler vous me le laissiez prendre.

XL.

Le Ciel auoit pour monstrer sa puissance,
Tout en vn tas son plus beau ramassé,
Et puis l'ayant en ce point entassé,
Voulut bastir ta celeste influence:
  Le Ciel encor' au iour de ma naissance,
Aiant au beau tout l'amour compassé,
Me bastissant auoit en moy tracé,
Tout ce que peut vne amoureuse essence.
  Malheureuse est la planette, & le iour,
Que ie voulu faire en ton œil seiour,
Malheureux est le cœur qu'en toy ie fiche:
  Malheureux est l'astre distributeur
Qui assembla dedans ton corps tant d'heur
Pour le tenir obstinément en friche.

Dd iiij

XLI.

D'un œil fascheux elle me regarda,
Dont peu faillit que mon ame amortie
De sa prison ne fist une sortie,
Et si ne sçay qui pour lors l'en garda :
  Quand tout soudain un autre œil me darda
Accompagné de toute courtoisie,
Et lors mon ame (ô double phrenaisie)
A mesme issue encor' se hazarda.
  Puisque ma vie aux extremes ie dresse,
Ie ne veux plus qu'une ioye, ou detresse
Tiennent mon cœur desormais en leurs las.
  Non, non : Amour ce calme i'abandonne,
Si en aimant l'extreme ie me donne,
I'ay plus de mal, plus aussi de soulas.

XLII.

Ie ne sçaurois, quoy qu'en vain ie le tente,
De ma tristesse allambiquer tel heur,
Que du trauail d'une longue douleur,
La nuict en moy quelque repos ie sente.
  Telle est l'aigreur du mal qui me tourmente,
Que plus du iour i'espreuue la rigueur,
Et plus la nuict une estrange langueur
Dans mes esprits trouue nouuelle sente.
  Heureux amants, heureux qui dans les nuicts,
Enuelopez de ioye vos ennuis,
Heureux qui morts en la mort prenez vie.
  Ie ne quiers point de mes amours la fin,
Fay seulement, (ô Amour) que peu fin
Ie sois trompé de quelque flaterie.

XLIII.

Je voudrois bien, mais ie ne le puis faire,
Je voudrois bien estre si bon sonneur
Que tout d'vn coup ie chantasse ton heur,
Et le subiect qui pour toy tant m'altere.

Mais ie voudrois en chantant pouuoir taire
De mes Amours le desastre malheur,
Et que chacun cognoissant ta valeur,
Cogneut aussi qu'vn temps ie t'ay sceu plaire.

Pour n'obscurcir les raiz de ta beauté
Par vn soupçon d'ingrate volonté
Ma passion ne veut que ie lamente.

Mon Amour est en toy si vehement
Que pour couurir ton mauuais traitement,
Mon Amour veut qu'à mon esciant ie mente.

XLIIII.

Ie la voulois atoucher en cachette
Par le coulis d'vne secrette main,
Dedans son lit: mais elle tout soudain,
De ses deux mains les deux miennes reiette.

Elle voyoit non loin de sa couchette,
Vn esclaireur que comme elle ie crain,
Et qu'il falloit mettre en moy quelque frain
Pour paruenir à ce que ie progette.

Peuple soyez tant que voudrez ialoux,
Vous qui pensez que sans langue, de nous
Ne peut sortir parole, ny langage.

J'ay par tes mains le contraire aperceu,
Car sans parler, maistresse, elles m'ont sceu
Dire tout bas que ie n'estois point sage.

XLV.

Si telle fut ma fiere destinee
De te vouer vne ferme constance,
Pourquoy t'es tu d'vne ferme arrogance,
Contre mes vœux fierement obstinee?
　Tien ie me feis deslors que tu fus nee,
Et en prenant peu à peu ta croissance,
Aussi s'acrut d'vne mesme balance,
La loyauté dont ie t'ay estrenee.
　Si ie n'ay rien qui a m'aimer t'inspire,
Pourquoy vers toy prit mon destin adresse?
Si ton honneur t'est plus que mon martire.
　Pourquoy choisi-ie honorable maistresse?
Si pour tromper du monde le mesdire
Pourquoy à part me tiens tu en detresse?

XLVI.

Quand ie party d'auecq' toy de Paris
Pour prendre aux champs vne gaillarde course,
I'oubliay clefs, or, & argent, & bource,
Tant ié m'estois en ta memoire espris.
　Ha! (dy-ie lors) maintenant ay-ie apris
Et recognois que ma chance rebource
Veut que sans toy ie viue sans ressource,
Et que ie sois forclos de mes espris.
　J'oublie tout, ie m'oublie moy-mesme,
Tel est l'effort de mon Amour extreme,
Et de l'obiect qui me donne la loy,
　Qu'en quelque part où ie preigne ma voye
Parmy les champs, Amour veut que ie soye
Loin de Paris, & absent pres de toy.

Loyauté.

XLVII.

Veux-tu sçauoir de nos Amours la suite?
En premier lieu il faut vn bon vouloir,
Puis d'vn espoir & desir se pouruoir
Accompagnez d'vne longue poursuite.
　Mener son fait d'vne sage conduite,
Ny trop ny peu sa Damoiselle voir,
En tous endroits luy rendre le deuoir
A bien parler auoir la langue duite.
　Prendre le temps quand il est à propos,
Entretenir d'agreables propos
Celle qui est de nous la mieux aimee.
　Qui autrement l'Amour gouuernera,
Pauure idiot en fin il trouuera
Tous ses desseins se tourner en fumee.

XLVIII.

Si nous aimons d'vn desir sans espoir
C'est vn Amour en vain opiniastre,
Si d'vn espoir sans le desir folastre,
C'est vn Amour qu'on ne peut conceuoir.
　L'amant qui veut se mettre en son deuoir,
Doit du desir & de l'espoir combattre
Celle qu'il pense au long aller abatre,
Ce sont outils dont il se faut pouruoir.
　Apres ces deux la troisiesme scien
Est de s'armer de longue patience
Pour obtenir de l'Amour la raison.
　Et tout cela n'est rien comme il me semble,
Qui pour iouyr auecq' les trois n'assemble
A son apoint, le lieu & la saison.

XLI.

Celuy qui fit le ieu du Reuersi
Auoit d'Amour senty quelque trauersé:
Au ieu d'Amour on ioue à la renuerse,
Et Reuersy il nomma cettuy-cy.
   Le dernier a quelque aduantage icy,
Au ieu d'Amour, Cupidon qui nous berse
Souuent permet par coustume peruerse,
Que le dernier ait le dessus aussi.
   Vray que l'on fuit au Reuersi la prise,
Mais en l'Amour celuy qui prend on prise,
Et entre amants est iugé tres expert.
   Pareille fin les deux ieux accompagne:
Au Reuersy, qui moins en fait le gaigne,
Au ieu d'Amour qui plus en fait se perd.

L.

Bouche que i'ayme tant, bouche de corail fin,
Bouche que mille, & mille, & mille fois ie baise,
Pour tromper ma douleur, moins toutesfois s'appaise
Le feu qui dans mes os me consomme sans fin.
   I'imprime en vous baisant, sur vos leures le sin
De mes Amours, Maistresse, ains de ma chaude braize
Et prodigue de moy, me perdant à mon aise,
I'euapore à doux traits mon ame en vostre sin.
   Mais soudain qu'elle s'est dedans vous enuolée,
Tout aussi tost la vostre en moy prend sa volée,
Ainsi ie suis en vous & vous estes en moy.
   Baiser, qui de nos mains, tiens la clef & la porte,
O qu'heureux ie seray si par toy ie raporte
Ce qui donne en Amour, ie n'oze dire quoy.

Loyauté.

CHANSON.

O Cœur de mon cœur si tu veux
Entendre le comble des vœuz,
Que dans ma poitrine ie cœuure,
Il me faudroit du grand Romain
Emprunter la langue, ou la main,
Pour paruenir à ce chef d'œuure.

Je ne souhaite d'auoir part
A l'œil ny au deuis à part,
Ny à la bouche tendre & molle,
Ny l'atouchement ne me poingt,
Je ne veux encores le poinct
Qui tant follement nous affole.

Ie veux tout en vn coup auoir
Le deuis, le baiser, le voir,
L'atouchement, la iouyssance,
Que mon cœur, mon ame, mes os,
Par vn miraculeux chaos
Se transforment en ta substance.

Que Dieu iouant en nous ses ieux,
Face vne ame, & vn corps, de deux,
Et que la mort ne les depece,
Mais bien qu'au iour du iugement
Nous nous trouuions au firmament
Toy & moy d'vne mesme piece.

Que si estre autre ie ne puis
Que celuy la qu'ores ie suis,
Pour t'affranchir de tout reproche,
Au moins apres vn long rebut
Accorde moy pour dernier but,
Le Paradis qui en aproche.

ELEGIE.

IE t'ay mille & mille fois
Iuré d'vne basse voix,
Mon cœur, mon Tout, ma Belonne,
Qu'a toy seule ie me donne :
Qu'autre heur ie n'acueille en moy,
Que celuy que ie reçoy,
Tantost de ta belle bouche,
Tantost de ta main farouche.
Donne moy doncq vn baiser
Pour mon tourment apaiser,
Baiser qui comme vne vigne,
Mille autres baisers prouigne,
Baisons-nous à qui mieux-mieux,
Allambiquons dans nos feuz,
Moy en te baisant, ton ame,
Et toy d'vne mesme flame,
Par entremeslez accords
La mienne aussi de mon corps,
Que riens de nous ne respire
Qu'vn doux gratieux Zephire.
  Ha cruelle tu me fuiz,
Helas plus ie te poursuis,
Et faiz gloire de ma honte
Quand mes amours ie te comte:
I'appelle à tesmoins les Dieux
Qui seiournent dans tes yeux :
I'apelle à tesmoin felonne,
L'Amour qui l'Amour guerdonne,
Qu'ainsi qu'en ta ieune fleur
Tu te baignes dans mon pleur,
Ainsi estant gourmandee

Par la vieillesse ridee,
Tu regretteras en vain
Le temps que tu as en main,
Et diras d'une voix casse
Que maudite soit la grace,
Maudite soit la beauté
Qui logea sa cruauté.

Adoncq' sentant mille alarmes
Espandras autant de larmes,
Comme espand ores pour toy,
Cil qui t'aime plus que soy.
Iouyssons doncques, mignonne,
De l'heur que l'heure nous donne,
Celle qui le temps ne prend
Tout à loisir s'en repent,
Et fait à tard penitence
De sa gloire, ou innocence.

LI.

Ingrat Amour dont vient que tu te plais
De guerroyer d'une guerre immortelle
Cest vniuers, & que ta main bourrelle,
Bannit de nous ta bien heureuse paix.

Dont vient helas! traistre, que tu me fais
Poursuiure en vain l'obiect d'une cruelle
Qui dans son cœur vn autre amour recelle,
De toi, qu'aussi d'autre amour tu repais.

Certainement ie ne veux plus qu'on pense,
Que l'amour soit d'autre amour recompense,
Comme l'on a follement estimé.

Qui veut heureux auecque l'amour viure,
Qu'il quitte amour, amour le viendra suiure,
C'est le vray poinct qu'il faut pour estre aimé.

LII.

Elle s'enfuit de mon aise l'idole
Quand la cuidant tenir entre les bras,
Ie la voulois acoller de mes bras,
D'vn vain obiect trompant mon ame folle.
   Puisque dormant ton image s'enuole,
Qu'est-ce bon Dieu, que veillant tu voudras?
A Dieu cruelle, ores tu me perdras,
Il ne faut plus qu'à tes pieds ie m'immole.
   O sot desir, o ingrate beauté,
Pipeur espoir, farouche priuauté,
Destin piteux, o cruautez sans nombre!
   O malheureux, & malheureux tourments,
Si vn Pasquier seul entre les amants
Ne iouit point tant seulement de l'vmbre!

LIII.

A toy de toy, cruelle ie me plain,
Moy contre moy mesme instance t'intente,
Toy pour m'aimer d'vne Amour froide & lente,
Moy pour t'aimer si chaudement en vain.
   Fascheux procez, miserable ma main,
Esprit flouët, faconde malplaisante,
Puisque sans fin, mal-heureux ie te chante,
Ne raportant que perte de mon gain.
   Enten mon fait, ie te requiers iustice,
Cinq ans y a pour te faire seruice,
Que ie me suis dedans tes yeux logé.
   Il n'est meshuy plus temps que ie me flate,
Fay moy raison, contente moy ingrate,
Ou pour le moins donne moy mon congé.

LIIII.

LIIII.

De me donner congé, tu ne le veux,
Et moins encor' de te rendre propice
A mes souhaits, ce te seroit vn vice
De m'accorder le moindre de ces deux.
   O Ciel, o terre, o enfers, o vous Dieux,
Pour t'honorer faut-il que ie languisse,
Et que ma foy exposee au suplice
Serue à iamais d'exemple à nos veux?
   Pourquoy faut-il que mon ame obstinee,
Soit peu à peu dans ta prison brulee,
Non: ie cognois que ce mal m'est bien deu.
   De tant seruir sans auoir recompense,
C'est heresie, & falloit que l'offense
De cest erreur s'expiast par le feu.

LV.

Ie graueray dans la posterité,
Ton cœur ingrat, mon amour insensee,
Vn glas en toy, vn feu dans ma pensee,
De tout espoir vn cœur desherité.
   De t'aimer tant, ce m'est temerité,
Puisque ton ame en demeure offensee,
Vne autre Amour sera recompensee,
Qui ne l'aura comme moy merité.
   T'auoir cinq ans fait de moy sacrifice,
N'auoir de toy le dernier benefice,
C'est trop ioüer à l'Amoureux transi:
   Il faut ailleurs atacher ma fortune,
Chacun en fin retrouue sa chacune,
Tu le veux bien, & ie le veux aussi.

LVI.

Il n'y a rien qu'en mon ame i'imprime
Tant qu'vn souhait de me mettre en requoy,
Quitter l'Amour, & m'affranchir: mais quoy?
Plus ie le veux, plus i'y perds mon escrime.

Amour s'en moque, ainçois impute à crime
De felonnie, & dit qu'il est mon Roy,
Que de tout temps ie suis né sous sa loy,
Partant qu'en vain contre luy ie m'anime.

Pour empescher de la peste le cours,
Le medecin y employe tousiours,
Tost, loin, & tard, souueraine recette.

S'il faut d'Amour promptement se bannir,
S'absenter loin, & bien tard reuenir
Pour s'en garder, l'Amour est vne peste.

LVII.

Meschant Amour dont vient que tu m'as fait,
Vouer mon cœur à vne Damoiselle
Sans recompense, & que ta main cruelle
Ne nous blessa tous deux de mesme trait?

Tu me nourris, pipeur, d'vn doux atrait
D'vn franc accueil, d'vne parole belle,
D'vn long baiser, mais en vain ie querelle
De mes souhaits le bien heureux souhait.

Viure & mourir pour vne Dame en transe,
En bien aimant esperer iouyssance,
C'est exercer vn follastre mestier:

Ce doux soubris, ces yeux, ces courtoisies,
Ce sont autant de belles phrenaisies,
Il n'y faut rien que l'heure du chartier.

LVIII.

Il sera vray, & ma foy n'est point vaine,
Il sera vray, mieux que bien ie le sçay,
Que les discours que pour toy ie traçay
Ne te rendront à mes vœux plus humaine.
 Mais il viendra qu'vne moins inhumaine
Lisant le tort que tu m'as peurchassé,
Abhorrera de tenir terrassé
Vn sien amant d'vne semblable peine.
 Ainsi comblé de mille afflictions
Ie vay comptant mes chaudes passions,
A vne Dame, ainçois à vne idole.
 Ainsi deuot en toute humilité
Deuant les pieds d'vne ingrate beauté,
Pour mon prochain, non pour moy ie m'immole.

LIX.

Quelqu'vn sçauant en la Chiromantie
Sur tous les monts de ma main a passé,
Et curieux a aussi tracassé
Sur tous les poincts de la Geomantie.
 Il a craintif fureté la Magie,
Puis plus hardy au Ciel s'est adressé,
Et mil discours fantasque a dressé
Que nous aprend l'art de l'Astrologie.
 Rien que faueur pour moy n'a veu, mais vous
Me nourrissez en malheur contre tous:
De ces deux l'vn, Dame, ou monstre vous estes,
 Qui contre vn cours de nature viuez,
Ou quelque Dieu, qui souz vous enclauez
Et les esprits, & toutes les planettes.

E e ij

LX.

O nuicts, non nuicts, ains iournaliere peine,
O iours, non iours, ains tenebreuses nuis,
O vie en dueil eschangee & ennuis,
O triste dueil, non dueil, ains mort soudaine.
   O cœur, ains roch d'esperance incertaine,
Où de mon mal tous les flez sont reduits,
O yeux, ainçois de riuiere conduits,
O pleurs, non pleurs, ains coulante fontaine,
   O cieux, non cieux, ains meslange & chaos,
O Dieux, non Dieux, ains guidons de mes maux,
O dame en qui tout le cruel se cache!
   O nuicts, iour, vie, ô dueil, ô cœur, ô yeux,
O pleurs, ô cieux, ô dame, & ô vous Dieux,
N'auray-ie doncq' iamais en vous relasche?

LXI.

A toy Pallas, ô deesse aux yeux pers,
Et de prudence, & des arts source viue,
L'antiquité voüa la saincte Oliue,
A toy Bacchus le surrampant Lierre.
   A toy Phebus, flambeau de l'vniuers,
Qui mets en nous par ta chaleur natiue
L'esprit, le sens, & la vegetatiue,
On consacra les Lauriers tousiours verds.
   A toy Venus, ô Venus la meurtriere,
Venus qui es de meurtrir coustumiere,
Le Meurthre fut dedié puis apres.
   Que si le nom de ton tige est conforme,
Aux cruautez qu'impiteuse tu formes,
I'ordonne encor à Cypris le Cypres,

LXII.

Si transporté d'vne saincte fureur,
Enflé d'espoir dessus mon Luth i'acorde
Tout ce que peut vne amoureuse corde
Produire en nous de celeste vigueur,
   Si tout soudain harassé de langueur,
Loin de secours transi ie ne recorde
Que pleurs, que dueil, que guerre, que discorde,
Et ce qu'engendre vne fiere rigueur.
   Comme l'Amour cruel me caressoit,
Qu'il me gesnoit, me flatoit, me paissoit,
Ores de fiel, & ores d'Ambrosie:
   Brief comme i'euz mes esprits esgarez,
Ainsi mes vers vous ay-ie bigarrez,
Quel fut m'amour tel est ma poësie.

CHANSON.

Dv premier coup que ie vous vy
Ie fus de vos beaux yeux rauy,
Logeant l'Amour dedans mon cœur,
Et vous au vostre la rigueur.
   Ce petit Dieu victorieux
Nous fait iouer à qui mieux mieux,
Il veut que vous soyez mon but,
Et que ie sois vostre rebut.
   Il balance vos cruautez
Au contrepoix de vos beautez,
Pour me paistre de poix egal,
Ores de bien, ores de mal.

Cruelle plus à vous ie suis,
Cruelle plus ie vous poursuis,
Plus ie me plains, plus ie me deulx,
Et moins entendez à mes vœux:
 Mais las! plus vous me desdaignez,
Plus en mon mal vous vous baignez,
Et plus Amour tout au rebours,
Tyran exerce en moy ses tours.
 Dont vient que le Ciel ostiné
Vous auoit mon cœur destiné,
Si aussi de mesme lien
Il n'atacha le vostre au mien?
 Ie n'ay rien, dites vous, de bon
Qui vienne à vostre parangon,
Mais contre vos perfections
I'oppose mes affections.
 Ie sçay que vostre grand beauté
Vn grand obiect a merité:
Mon grand Amour pareillement
Merite vn beau parfaitement.
 Ie ne veux point croire qu'Amour
Soit enfant, qu'il naisse en vn iour,
Pour puis de plumes empané,
Fuir du lieu dont il est né.
 Aussi tost que le mien fut fait,
Il deuint grand & tout parfait,
Il se vint auecq' moy loger,
Pour à tout iamais n'en bouger.
 Il fit opiniastre vn vœu,
De ne desemparer le lieu,
Et vous opiniastre aussi,
De n'en auoir iamais mercy.
 Tout ainsi que mon aage creist,

Loyauté.

Auecq' luy mon amour s'acroist,
Cruelle permettez sans plus
Qu'il ne soit vn amour perclus.
 Ne souffrez que vostre valeur
Trionfe à tort de mon malheur,
C'est peu de terrasser celuy,
Qui est à vous, & non à luy.
 Il faut que d'vn œil sourcilleux
Vous combatiez les orgueilleux,
Mais ceux qui sont deuots à vous,
Il les faut batre d'vn œil doux.
 Que si d'vn esprit coniuré
Auez encontre moy iuré,
Dieux vangeurs faites qu'à son tour
L'amour me vange d'elle vn iour.

ELEGIE.

Il a rauy, de mes yeux ie l'ay veu:
Il a rauy le bien qui m'estoit deu,
Ce doux baiser, qu'vne crainte farouche
Me defendoit succer de vostre bouche.
Las s'il falloit que mon sort ordonnast
Que de si pres ce sot vous halenast,
Pour derober ce qu'Amour, ains nature
M'ont ordonné par raison & droiture,
Helas! dont vient, malheureux, que les Cieux
Ne m'auoient lors priué de mes deux yeux,
Pour ne voir point que ce cruel corsaire
Se feit en vous vainqueur de ma misere?
Ou s'il falloit que ie le veisse adoncq'
Pourquoy aussi ne deuin-ie arbre ou tronc,
A celle fin que de mesme rencontre

e iiij

Je fuſſe mort auecq' ma malencontre?
Il aura doncq' victorieux ce point,
Et moy chetif las ie ne l'auray point?
Non, non, il faut que cette ronde maſſe
En vn chaos peſlemeſle s'amaſſe,
Et que l'on voye, & la terre, & la mer,
Par vn conflit mutin nous abiſmer,
Plutoſt, plutoſt que l'amour que i'embraſſe
Vn long vanger contre luy ne me braſſe.
Et vous ma Dame, en qui i'ay toute foy,
A la vengeance ordonnerez la loy:
Quand par regards maſquez, & quand par mine
Coniurerez du tout à ſa ruine:
Et que moy ſeul, comme bon ſeruiteur,
Engrauerez au fond de voſtre cœur.
De ce ſeul poinct, Madame, ie m'aſſeure,
Et ce ſeul poinct ne permet que ie meure,
Bien que viuant ie meure autant de fois
En mon eſprit, que de vous ie m'en vois.

SECONDE PARTIE DES IEVX POETIQVES.

LIBERTE'.

I.

E ne suis plus d'vne ame ainsi rauie
Qu'ê vn seul beau ie termine mes yeux,
Je ne suis plus destiné par les Cieux
Pour conteter d'vn seul obiect ma vie,
    Ny pour si peu n'est ma flame assou-
uie,
Et si ne fais estat de trouuer mieux,
Que tournoier mes pensers en tous lieux,
Et celle part où mon œil me conuie.
    Un temps ie feus d'vne seule amoureux,
Mais le succès de mon amour heureux
Me decocha dans le cœur mille fleches:
    Amour qui tiens mes pensements espars,
Pourquoy m'as-tu brulé de toutes parts,
Si mes moitiez, comme moy tu ne seches?

II.

Tout est fondé sur l'instabilité,
Rien ne se voit en ce monde qui dure,
Ores vn chaud, ores vne froidure,
Ore vn Printemps, vn Automne, vn Esté.
  Si le trauail produit la volupté,
Si du pourry se fait la geniture,
Si ce qui naist se tourne en pourriture,
Si du beau iour prouient l'obscurité:
  Bref si rien n'est sur ceste terre ronde
Où la nature en tant de sens abonde,
Comme elle fait en la varieté,
  Hé! pauure Amour fils aisné de nature
Pourquoy quittant ta primogeniture
T'arrestes-tu à vne loyauté?

III.

Ce n'est pour toy, ny pour vne autre encore
Que mon cerueau d'vn amour ie repais,
Ny deux, ny trois ne me rompent la paix,
Ny pour vn cent ce venin ie deuore:
  D'vn infiny que mon esprit adore,
Pris de plus beaux ces discours cy ie fais,
Et mille, & mille engendrent les effects,
Et le subiect dont ma plume ie dore.
  Vn temps on veit amants si obstinez,
Que d'vn seul beau estoient martyrisez,
Et lors tenoient comme amour, rang d'enfance:
  Si mes pensers plus hagards ne sont nez,
Sous ce destin, ne vous scandalisez,
Ainsi qu'Amour de plumes ie m'eslance.

Liberté.

IIII.

Praticien comblé de passion
A vous la ieune, à vous maistresse antique,
Ie veux passer vn contract authentique
Seellé du seel de mon affection.

Executez ceste obligation
Contre qui n'a deffense, ny replique,
Pleust or à Dieu qu'en termes de pratique,
I'eusse sur vous mesme execution.

Par ce contract, Dames, ie vous oblige
Et corps, & biens, ie suis vostre homme lige,
Disposez-en iusques au dernier bout:

Ie vous declare encores, & annonce
Qu'à tous les droicts anciens ie renonce,
Pour estre vostre vn seul & pour le tout.

V.

Long temps y a, voire dés ma ieunesse
Qu'opiniastre en amour ie me fis,
Et que soldat sous son drapeau ie vis
Comme seul but où i'ay pris mon adresse.

Non pour seruir vne seule maistresse,
Ie ne me suis tant de bon heur promis,
Ains mille obiects deuant mes yeux ay mis,
Pour me conduire au port de ma vieillesse.

Et toutefois ie ne veux point qu'on pense
Pour tout cela, qu'vne sotte inconstance
Se soit venue en mon ame loger.

Celuy qui a tousiours reglé sa vie
Tout d'vn compas, & d'vne mesme enuie
Sans la changer, l'estimez vous leger?

VI.

Diuin Ronsard, de France le bon heur,
Qui as loué d'vne bien riche veine,
Ore Cassandre, or Marie, ore Heleine,
Et les aimants rapportas tant d'honneur.
 Permets, Ronsard, permets diuin sonneur
Ainsi que toy, que d'vne forte haleine
Ie puisse aussi galoper par la plaine
Du Dieu qui fut de tes maux guerdonneur.
 Ie ne pretens d'aconsuiure tes graces,
Ains pas à pas sans plus suiure tes traces;
Et toutefois qui n'en aime que trois,
 C'est amoureux proprement Ronsardise,
Mais qui par tout toutes Dames courtise,
C'est imiter, & les Dieux, & les Rois.

VII.

Pour descouurir en mes calamitez,
De mes amours les douleurs amassées,
Pour descouurir de mes plaintes passées,
Et le plus haut de mes extremitez:
 De mille, & mille, & mille cruautez,
De mille fleurs, & de mille pensées,
Sur mil' patrons i'ay mes amours tracées,
Et sur le cours de mille & mil beautez.
 Ainsi se fait de l'abeille le miel,
Ainsi voit-on la grand' voulte du ciel,
De mil flambeaux, & mille feux guidée:
 Ainsi voulant monstrer que dans vn cœur,
Iamais Amour ne logea tant d'ardeur,
D'vn vniuers i'ay tiré mon idée.

VIII.

Du plus pointu de cent & de cent traicts
Que l'Archerot dessus sa forge aiguise,
Ce traistre Dieu encontre mon cœur vise
Pour engrauer dedans mille portraicts.

Vous qui lirez de mes amours les traicts,
Si oncq' d'amour eustes l'ame surprise,
Dites: les pleurs que tout amant espuise,
De cettui-cy n'approchent loing ny pres.

Jamais du Grec vangeur, qui se fit voie
Pour saccager la grand' ville de Troye,
Tant de guerriers n'escloit le cheual:

Que dedans moy ie recelle de Dames,
Qui font bruler mon cœur de mille flames,
Et de mil' feus eternisent mon mal.

IX.

Jamais laideur de femme ie n'accuse,
Si cette-cy sur le dos porte vn mont,
Son bel esprit, & son entregent font
Qu'en l'accusant, toutefois ie l'excuse.

L'autre est peut-estre, ou boiteuse, ou camuse,
Mais l'entrelas crespelu du poil blond,
L'œil qui soustient la voute du beau front,
D'vn contrepois me sçait donner la muse.

Ce sont les ieus du grand Dieu qui a fait,
Que nul de nous ne puisse estre parfait
Par le conflit de diuerses natures.

Voila comment mes pensers i'entretien,
Et à peu dire, ainsi qu'vn bon Chrestien
Ie loüe en Dieu toutes ses creatures.

X.

Plus que celuy qui conquit la toison,
Ny que celuy qui sortant de Carthage,
A son Didon ne laissa pour ostage,
Que de douleur la mortelle poison :
 Dames, d'amour ie suis le parangon,
Et de ma foy estes vray tesmoignage,
Vous qui de moy feistes toutes partage,
Quand ie me mis sous vous à l'abandon.
 Ne pensez point qu'en mes discours ie trace
Vn seul Amour, ou vne seule grace,
Ainsi ne soy-ie aux autres tant ingrat.
 Pour à chacune en general complaire,
Grauant d'amour le diuin caractere,
Ie ne fay d'vne, ains de toutes estat.

XI.

En quelque endroit où mon vouloir me tire,
Soit que tout seul ie languisse à l'escart,
Soit au matin, au midy, soit au tard,
Soit au parler, soit aussi à l'escrire,
 Rien dedans moy, rien qu'amour ne respire,
Rien dans mon cœur ne trouue bonne part,
Qu'vn bel amour qui m'affolle, qui m'ard,
Qui me nourrit en vn plaisant martyre.
 Mille beautez dont ie suis en esmoy,
Mille flambeaux qui esclairent dans moy,
Et mille, & mil' maistresses que i'adore,
 Allambiquants mes pensers à leur feu,
Engendreront dans mes os peu à peu,
De tant de beaux la Deesse Pandore.

XII.

Puisque mon cœur en cire se transforme,
Ne t'esbahy, Iodelle, si mon ame
Imprime en soy le beau de chaque Dame,
Et si mon tout à leur tout se conforme.

Comme l'on voit la vigne embrasser l'orme,
Ainsi la Blanche, & Brune ie reclame,
Ainsi la Maigre, & la Grasse m'enflame,
En elles rien ie ne voy de difforme.

Si Cupidon est aueugle, ie pense
Que de vouloir prendre la cognoissance
Du laid, ou beau, c'est perdre sa police.

Iuge d'Amour, iamais ie ne me donne
Acception aucune de personne,
Ie fais à toute esgalement iustice.

XIII.

Que Laure soit de Petrarque le dard,
Que la Lesbie en mon Catulle viue,
Que pour Corine Ouide encor' escriue
Tout ce que peut luy enseigner son art.

Que la Cassandre ait honneur par Ronsard,
Que du Bellay mignarde sur la riue
Du petit Loir, les graces de l'Oliue,
Que Pasithée ait vogue par Thiart.

Pour ne tenir mes pensements en friche,
Ores la pauure, ores i'ayme la riche,
Ores la vieille, ores la ieune d'aûs.

Et pourquoy doncq' me sera-ce impropere,
Si nous voions en mesme temps vn pere
Royallement aimer tous ses enfans?

XIIII.

Je ne veux point qu'vne seule Cassandre,
Ou vne Oliue ait part à mon gasteau,
Je ne veux point qu'on pense qu'vn seul beau
Puisse mon cœur dedans ses rets surprendre.

Braue guerrier, ie suis vn Alexandre,
Qui vois cherchant vn monde tout nouueau,
Lors que i'auray conquis tout ce que l'eau
Dans ce contour general sçait comprendre.

De ne nourrir en Amour qu'vn dessein,
De ne loger qu'vn beau dedans son sein,
Ce n'est le trait d'vne grande victoire.

En mille obiects ie me veus limiter,
Comme faisoit l'ancien Iupiter
Pour à iamais eterniser ma gloire.

XV.

Pour illustrer à iamais son pinceau,
Et l'ennoblir d'vne gloire immortelle,
Zeuxis le grand sur vn sage modelle,
Voulut fraier vn chemin tout nouueau.

Car proiettant d'Helene le tableau,
Pour la monstrer des belles la plus belle,
Il emprunta de chaque Damoiselle
Ce qu'il pensoit y estre le plus beau :
Puis rehaussa d'vn si naif vmbrage,
Et d'vn tel iour ce peintre son ouurage,
Que longue vie il donna au portraict.

Ce que Zeuxis fit en morte peinture,
Si par effet au vif ie le figure,
Ne fay-ie pas vn plus excellent traict ?

XVI.

XVI.

Comme de nous estant l'ame partie
On voit souuent les medecins expers,
Monstrer au doigt, muscles, veines, & nerfs,
Et de nos corps mainte noble partie:
　Grand medecin ie fais l'anatomie
Du clair Soleil qui luit par l'Vniuers,
Et la faisant ie monstre par mes vers,
Que chaque Dame est ma douce folie.
　D'vne le chant, de l'autre le soubris,
De l'autre l'œil, & bon sens ie descris,
Or l'embonpoint, or ie loüe les Maigres.
　Si d'vn seul beau ma plume se plaisoit,
Et les beautez des autres mesprisoit,
Je trouuerois les confitures aigres.

XVII.

Qu'Amour ait fait de Iuppin vn oiseau,
Pour l'assouuir en la mere d'Helene,
Que pour iouïr pareillement d'Alcmene,
Il en ait fait vn ieune damoiseau.
　Qu'il l'ait aussi transformé en taureau,
Qu'vn beau Phœbus on voie par la plaine,
Qui pour aimer, troupeaux de brebis meine,
L'ayant changé en simple pastoureau.
　Qu'il ait baillé à Mars, ou à Mercure,
Diuersement vne & autre figure;
Ainsi fait-il de moy ce Dieu mignon.
　D'vn chaud amour ie t'auois estrenée,
Ma passion meurt soudain qu'elle est née:
N'a-il pas fait de moy vn Champignon?

XVIII.

De diuers biens chaque païs s'honore:
L'vn est en grains, l'autre est fertille en prez,
Autres, de fruicts, autres, de vins comblez,
Qui par les eaux, qui par bois se decore:
　BRIE, tu es de France la Pandore,
Qui donnes prez, & fruicts, & vins, & blez,
Dedans ton sein diuersement meslez
Ceinte de bois, & de fleuues encore.
　Mais le plus beau, c'est que dés le matin
D'vne saint Jan, & d'vne saint Martin,
Vous y changez, de valets & maistresses:
　Si nous changions ainsi dedans Paris,
Pauures amants qui sont allengouris
Ne viuroient plus, comme ils font, en detresses.

XIX.

J'ayme par tout pour n'en aimer aucune:
C'est la deuise où ie me veux ficher,
Qui en voudra la cause rechercher,
Qu'il la recherche au cercle de la Lune.
　Là il verra la demeure commune,
Où nous allons nos esprits attacher,
Dont nul de nous ne les peut arracher,
Chacun estant né sous cette infortune.
　N'accusez point mes amours de forfait:
Celuy qui ayme ainsi comme i'ay fait,
Bien qu'il soit fol est sagement folastre.
　En nostre vie apprenons vn secret,
C'est que celuy qui se croit plus discret,
Que la commune, est vn acariastre.

Liberté.

CHANSON.

ON ne veit oncq' si belle flame
Triompher d'vne amoureuse ame,
Que celle dont ie suis espris,
Dedans mes flancs deux feux i'assemble,
J'ayme deux Dames tout ensemble,
Mais l'vne en emporte le pris.

L'vne est Petite, l'autre Grande,
La Petite à mon cœur commande,
La Grande rauit mes esprits :
L'vne est blanche, l'autre vermeille,
L'vne & l'autre Dame m'esueille,
Mais l'vne en emporte le pris.

L'vne est d'vne façon pesante,
L'autre mignardement plaisante,
L'vne a bel œil, l'autre vn doux ris,
L'vne me plaist, l'autre ie prise,
L'vne & l'autre ie fauorise,
Mais l'vne en emporte le prix.

L'vne est comme la franche Rose
Que le poinct du iour a esclozé
Dans les temples verds de Cypris,
L'autre luit plus entre les belles
Que la Lune entre les estoilles,
Mais l'vne en emporte le pris.

Tout ce que la nature enchasse
De beau, de doux, de bonne grace,
Maistresses, en vous est compris,
Un entregent, vne faconde,
Vn œil qui à nul ne seconde,
Mais l'vne en emporte le pris.

Le Ciel amy de ma fortune
Ne veut que ie me passe d'vne,
Il m'a cette leçon appris
D'engrauer au fond de mon ame
Les traicts de l'vne & l'autre Dame,
Mais l'vne en emporte le pris.

J'ay vne affection puissante,
Qui peut loger, & vingt, & trente
Dames d'honneur dans mon pourpris,
Mais maintenant ie veux qu'on sçache
Que deux tant seulement ie cache,
Dont l'vne en emporte le pris.

Si en deux obiects ie suis stable,
D'estre en mes amours variable,
De vous ie ne seray repris,
Ne pensez point que ce soit vice
De faire à deux Dames seruice,
Quand l'vne en emporte le pris.

Petite vraiment ie vous ayme
Plus que ne vous aymez vous-mesme,
Vous tenez mon mieux, & mon pis,
A vos pieds grande ie m'immole,
Vous estes mon tout, mon idole,
Mais l'vne en emporte le pris.

Quand ie voy l'œil de ma Petite,
Quand de ma Grande le merite,
Mes sens demeurent entrepris:
A vous Petite, & à vous Grande,
Je fay de mon cœur double offrande,
Mais l'vne en emporte le pris.

Venez-ça Petite mignarde,
Que d'vne langue fretillarde
Vous bien-heuriez vos fauoris,

Liberté.

Helas ma Petite ie meure,
Si ie ne vous sens à cette heure
Emporter sur l'autre le pris.

Venez-ça que ie vous caresse
A vostre tour Grande maistresse,
Laissez-moy ce facheux mespris:
Ie meure si quand ie vous baise
Ie n'ay dans mes os si grand aise
Qu'emportez sur l'autre le pris.

Puis qu'en vos beaux yeux seuls i'habite,
Rendez Grande, rendez Petite,
Le cœur qu'auez en vos lacs pris,
Donnez moy de mesme balance,
Toutes deux telle iouïssance,
Que l'vne & l'autre en ait le pris.

ELEGIE.

Puis qu'il vous plaist sçauoir si i'ay rien fait absēt
  Digne de mes amours pour vous faire present,
D'autant que ne voulez, qu'il se passe semaine
Sans receuoir de moy quelque gaillarde estreine,
Non estraine d'argent, non ouurage de pris,
Ains estraine sans plus qui croisse en mon pourpris,
Maistresses, ie vous veux ore à toutes escrire
Si i'ay rien fait, ou non: i'ay vescu en martyre,
I'ay mille, & mille fois discouru vos beautez,
I'ay mille & mille fois couru vos cruautez,
Vos faueurs, vos rigueurs, & d'vne mesme haleine,
Mon amour, mon despit, mon plaisir, & ma peine,
Mon desir, mon espoir, ma crainte, mon esmoy,
I'ay discouru comment dans vn heur dont i'abonde,
Ie suis le seul pourtant malheureux de ce monde:

Le seul qui pour mourir dans vn iournel tourment,
Vis toutefois heureux en mon contentement.
Et vous pour estre aussi belles entre les belles,
Emportez le haut point dessus les plus cruelles,
Vous baignans en mon mal, & au vostre : en effet
Si le voulez sçauoir, voila ce que i'ay fait :
Mais voiant à part-moy tous ces discours ensemble
Ne reusir à rien, i'ay rien fait ce me semble.
Ainsi me pouuez-vous demander à present,
Si absent i'ay rien fait pour vous faire present.
Veu que tous ces pensers qu'en vain dans moy i'em-
  brasse,
Sont seulement voüez à vostre bonne grace.
Que di-ie rien ! vray-Dieu, ainçois i'ay beaucoup fait,
D'auoir fait tels discours, veu que le moindre trait
De vos perfections qui court dans ma memoire
M'est contre tous assauts vne grande victoire :
Et le mal qui pour vous me court de part en part,
Contre tous autres maux m'est vn certain rempart.
Parquoy humble & deuot ie vous donne, Maistresses,
Mes plaisirs, mes tourmentents, mes ioyes, mes detresses,
Ie vous donne mon tout, ne me riens reseruant
Sinon de demeurer vostre loyal seruant.
Et si pour tout donner sans aucune reserue
Ie n'ay iamais gagné chose qui rien me serue,
Pour paruenir heureux à cest extreme point,
Qui me mine, me mord, me consomme, me poingt,
Dames il est en vous de rompre cet obstacle,
Dames il est en vous par singulier miracle,
De faire que ce rien réuienne à quelque effect,
De faire que de rien vn miracle soit fait,
Diray-ie quoy ! nanny : ie vous pri' dans vous lire
Ce que mon cœur voudroit, mais ma main n'ose escrire.

XX.

Pour consoler ma pauure amie asseruie,
Et luy donner quelque esperance d'heur,
Banny de toy Duchesse la grandeur,
Qui dés ton estre auecques toy prit vie.
　Ou si tu n'as de la bannir enuie,
Detourne au moins d'allentour de ton cœur
Ces dous appas, & cette humble rigueur,
Qui m'ont cruels la liberté rauie.
　Ceste douceur me fait au ciel voler,
Ceste grandeur fait mon vol raualer,
Je couure vn feu, & dans mon feu ie tremble.
　Je vois, ie viens, & si n'oze bouger,
O Dieu qu'il est malaisé de loger
La Majesté, & l'Amour tout ensemble.

XXI.

D'vn ba-volet elle estoit attiffée,
Son corps vestu d'vn habillement gris,
Mais sa beauté me sembloit hors de pris,
Face & façons dans les bois d'vne fée.
　Chantant des airs, comme vn second Orphée,
A l'impourueu pres d'elle ie me mis,
A l'impourueu par elle ie feus pris,
Sous le couuert d'vne ormoye : O trophée,
　Soudain mon bras au fort du corps la prend,
D'vn court refus la pauurette se rend,
Vous iugerez quel butin ie feis d'elle.
　Je viens, ie vey, & de ce mesme pas,
Victorieux, ie mets la nymphe bas,
Fut-il iamais escarmouche plus belle ?

Ff iiij

XXII.

Comme la Lune au milieu des estoilles,
Rend sa clarté dans l'obscur de la nuict,
Entre ses sœurs aussi celle reluit,
Qui m'atrappa premiere dans ses toiles.

Pour paremens elles portent longs voiles,
Passent leur temps ensemble à petit bruit,
Le harenguer, le lire est leur deduit
Auecq' vn brin d'amour dedans leurs moiles.

En ce saint lieu m'estant acheminé
Mon bon heur veut que ie me sois donné
De ce troupeau, l'ame la plus deuote.

Puis vne, & vne, & vne autre à son tour
Face le Ciel, Dames, que quelque iour,
Comme Masset ie puisse estre vostre hoste.

XXIII.

3.Iournee de Bocca- ce, nou- uelle pre- miere.

Bien qu'en ton lict tu tiennes garnison,
Et que tu sois d'vn long mal assiegee,
Que de ton mal soit ma vie affligee,
Si attend elle en toy sa guerison.

Elle t'a fait de mon cœur liuraison,
Et au profond de ton obiect plongée,
Ne desire estre, ou courte, ou prolongée,
Que par la tienne, & à mesme raison.

Nourrir dans moy ceste passion sombre,
Est-ce vn Amour, ou bien d'vn Amour l'Umbre?
Venus s'en mocque, & Cupidon s'en rit.

Ie fay pour toy Sonnets, Rondeaux, Balades,
En peu de mots, nous sommes deux malades,
Tu l'és du corps, ie le suis de l'esprit.

XXIIII.

Tant m'est ton port, tant ton œil agreable
Que ie nourry dedans mes os vn feu,
Feu qui ne fut iamais en autre veu,
Feu qui n'eut oncq', & qui n'a son semblable,
  O sot espoir, o desir miserable!
Car aussi tost que le coup ie receu,
Tout aussi tost helas! ie m'aperceu,
Estre nauré d'vne playe incurable.
  Pour quelque peu ma douleur appaiser,
De toy ie cueille vn long & chaud baiser,
Et tout en toy ie me metamorphose.
  En te baisant plus heureux suis qu'vn Roy,
Mais, o malheur! retenu par la loy,
Souhaitant tout, souhaiter rien ie n'oze.

XXV.

Iadis on veit qu'vn Orphee de Thrace
Par son bien dire, & par sa douce voix,
Donnoit la vie aux citez & aux bois,
Qui le suiuoient en tous lieux à la trace:
  Mais maintenant c'est tout vne autre face,
Car si ie vy, si ie viens, si ie vois,
Si ie suis rien, tout cela ie le dois,
A vn seul Bois qui ce bien me pourchasse.
  O bois, non bois, ains chef d'œuure des cieux,
Bois qui combas la nature & les Dieux,
Bois vrayement miracle des miracles:
  Le bien parler, les graces, les beautez
Ne logent plus dans l'enclos des citez,
Les forests sont d'elles les receptacles.

XXVI.

Il est ainsi, ce n'est point mocquerie,
Quand au monstier prier Dieu ie te voy,
Et que d'ailleurs tu n'as pitié de moy,
Ie ne sçaurois que triste ie n'en rie.
 Ha, dy-ie lors, ingrate Brauerie,
Qui tiens mon cœur & mes sens en esmoy,
Tu vas priant au temple Dieu pour toy,
Et moy pour moy ma saincte ie te prie.
 Mais plus ie seme humble à tes pieds de vœuz,
Et moins, superbe, escouter tu me veux,
Tant tes beautez obstinement sont fieres:
 Or ça dy moy, Cruelle, estime tu
Ton oraison auoir au Ciel vertu,
N'exhauçant point en terre mes prieres?

XXVII.

Franc de pensers, libre de volonté,
Ainsi qu'vn Roy ie conduisois mon aage,
Guidé d'honneur, garny d'vn haut courage
Pour m'opposer à toute cruauté,
 Tout mon deduit n'estoit que Royauté,
Vn cœur pour faire à l'ennemy visage,
Cœur pour lancer vne beste sauuage,
Cœur pour mourir, ou n'estre surmonté.
 Mais tout soudain que mon ame t'eust veuë,
Tout aussi tost de force despourueuë,
Mon cœur guerrier à tes pieds consacra.
 Ne t'esbahi si tu vois mon cœur braue
De tes beautez s'estre rendu esclaue,
Car ton nom porte VN ROY m'obeyra.

Liberté.

XXVIII.

Maistresse, ie te veux trompeter par mes vers,
Affin que le renom d'vne belle Loinville
Ne soit enseuely dans l'encloz d'vne ville,
Ains vole esparpillé parmy cest vniuers.

Ie veux corner à tous, que dés ton premier vers,
Nature en ton endroit heureusement fertile,
Distilla sur ta langue, & encores distille
Vn fleuue de son miel dont ores tu nous pers:

Que par ton bien parler tu nous tournes & vires,
Ainsi qu'en mer les vents manient les nauires
Qui ne desirent rien que surgir à bon port!

Mais sur tout ie souhaite, ô cruelle, qu'on sache,
Que par toy mille morts dans ma vie ie cache,
Ainçois que ma vie est vne penible mort.

XXIX.

Ie ne veux point que la seule beauté
Tienne mes sens en ioye ou en detresse,
Moins veux-ie encor d'vne grande maistresse,
Si dans son cœur n'heberge loyauté.

Ie mets sous pieds l'ingrate pauureté,
Ie fuy bien loin les appas de richesse,
Et les accueils d'vne folle noblesse,
Et les grandeurs d'vne principauté.

Le beau, le grand, le loyal tout ensemble
Dans mon esprit peslemesle i'assemble,
Ce sont les trois que i'adore à part moy:

Voyla pourquoy ma saincte Gabrielle,
Ton nom portant, grande, loyale, belle,
Ie suis sur tous idolastre de toy.

XXX.

Dans le touffu de ces sombres destroits,
Mes pensemens d'vn à autre ie colle,
Pour t'aquoiser au son de mes abbois,
Cest œil meurtrier de ma volonté folle.
  O chesnes, foy d'vne ancienne Gaule,
Si oncq' pitié vous eutes d'vne voix,
Respondez moy, celle qui tant m'affolle
Prit-elle point son ame de vos bois?
  Si dans le creux de l'vne de vos souches
Elle nasquit de façons si farouches,
Helas! pourquoy se plaist-elle en mon pleur,
  Puisque poussé d'vne mesme influence
Ie pris aussi mon nom & mon essence,
Du bel esmail d'vne sauuage fleur?

XXXI.

Vaten, disoit Amour, Vaten braue guerrier,
Mets toy dessus les rangs, lasche à ton cœur la bride,
Le seul mot de Vaten te seruira de guide,
Mais auant que partir arme toy de laurier.
  Puisque du clair Soleil tu veux d'vn vol altier
Escheler la hauteur, ne te presente vuide,
Ains pren le verdoyant laurier pour ton aide,
Que le peuple voulut au Soleil dedier.
  Voila comment Amour me gouuernoit en songe,
Et moy qui ne voulois que ce fust vn mensonge,
Ie luy respons ainsi. He! qu'est-ce que i'enten?
  A ce mot ie m'esueille, & deslors plein d'audace,
En me flatant ces vers porte-lauriers ie trace
Pour atteindre au Soleil de ma chere Vaten.

Liberté.

XXXII.

A peine auoy-ie ouy cette parole douce,
Que voicy de rechef le mesme Cupidon,
Qui portoit en sa main son fouldroyant brandon,
Et sur le dos son arc, ses fleches & sa trousse.
Rebrousse, me dit-il, pauure idiot rebrousse,
Si tu mets plus auant ton cœur à l'abandon,
Tu seras (miserable) vn autre Phaeton
Bouleuersé d'en hault d'vne horrible secousse.
Il faut à nos desirs aporter quelque frein,
Et d'vn folastre espoir ne se repaistre en vain,
Ne doute point que c'est, c'est vraiment vn mensonge,
De te promettre rien sur la belle Vaten :
Et pourquoy donq' doubter ? ainçois asseure t'en :
Car aussi ton Amour est fondé sur vn songe.

CHANSON.

SI pour cempter son malheur
Nostre plus grand mal s'absente,
Dont vient qu'ouurant ma douleur,
Ma douleur tousiours s'augmente ?
 Tout martire par long trait
Perd sa vigueur & sa force,
Mais plus ie vy, plus s'attrait
En moy douloureuse entorce.
 Cruel destin qui de moy,
Feis l'Amour seigneur & maistre,
Pourquoy sous si dure loy
Me voulus-tu faire maistre ?
 Venez ô amans heureux,
Venez ouyr la complainte,

Qu'vn Dieu dans vn langoureux
A cruellement empreinte.
Et vous qui de liberté
N'eutes iamais cognoissance,
Et vous qui en loyauté
Auez plaine iouyssance.

Oyez la triste chançon
Que dedans ceste prairie,
Sous vn lamentable son
Ie chante, ie pleure, & crie.

Heureux amans qui suiuez
Les vertus d'vne, & la grace,
Heureux vous qui poursuiuez
La beauté d'vne à la trace.

Heureux qui d'vn seul obiect
Rendez vostre amour contente,
Heureux qui d'vn seul progect
Viuez en heureuse attente.

En vne fichez vostre œil,
En vne se paist vostre ame,
Vous entretenans sans dueil
D'vne reciproque flame.

Mais mon astre infortuné,
Ma desastree fortune,
Ne me permet estre né
Pour me contenter en vne.

L'vne m'a rauy le ris
Sans que plus auant i'y touche:
L'autre dont ie suis espris
Me depart sans plus sa bouche.

L'autre qui au vif m'attaint,
Prit mon meilleur en seruice:
Et l'autre pour son beau teint

Liberté.

Fis de mon œil sacrifice.

L'autre couure mon malheur
Et mon heur sous son esselle,
L'autre d'aussi grand valeur,
De mesme appas m'ensorcelle.

L'vne se renge a rigueur,
L'autre ma douce ennemie
Fait de moy & de mon cœur
Vne estrange anatomie.

L'vne d'entre elles ie voy,
Celle que tant i'ay prisee
Faire de moy, de ma foy,
Et de mon amour rizee.

Telle me tient en horreur:
Telle est vn peu moins hagarde,
Qui d'vn œil auancoureur
Le dessein de son cœur farde.

Toutes d'vn commun accord
En moy dressent vn trophee,
Estimans que de ma mort
Sera leur gloire estoffee.

Tant leur aigreur l'assouuit
De voir mes douleurs guidees
Vers cet amour qui rauit
Mon esprit en leurs Idees.

Plus me cognoissent captif
Sous vne & autre maistresse,
Plus est leur cœur ententif
A m'engloutir de detresse.

Et plus ie voy leur froideur
S'englacer sous loy seuere,
Plus ie sens en moy l'ardeur
D'vn amour qui perseuere.

Ainsi va donq' le decret
Des cieux, ô mon influence,
Qu'à ce Phœnix, le regret
Soit seul pour sa recompense?
　O prodigue de ton cœur,
Et de ta vaine pensee,
Faut-il qu'en telle langueur,
Ta foy soit recompensee?
　Vous Demons qui conduisez
Mon amour sous cette flame,
Plutost, plutost, reduisez
Ce mien corps sous vne lame,
　Ou bien en moy rebouchez
Cette trop viue pointure,
Ou aux Dames retranchez,
Leur froid en chaude nature.

ELEGIE.

Puis que le fier destin qui me donne la loy
　Veut que ie ne puisse estre auec toy ou sans toy
Damoiselle masquee, hypocrite, legere,
Qui nourris dans ton cœur vn amour mensongere,
Et puis que ie basti malgré moy à son tour,
Vn desdain immortel sur vn mortel amour,
Ie veux ore hazarder à credit cette lettre,
Affin qu'auecques toy & sans toy ie puisse estre,
Ie veux ore exposer ceste lettre en tes mains,
Lettre qui tombera sous l'œil de maints & maints,
Lettre dont penseras ta grandeur estofee,
Quand en tous les endroits pour marque de trophee
Tu diras en parlant de toy-mesme: Voyla
Celle qui triompha vn temps de cestuy-là.

Liberté.

Mais ie dis qu'vn vainqueur s'acquiert bien peu de gloire
Si vainquant il ne sçait poursuiure sa victoire.
Ie dis que si pipé ie fus pris en tes las,
Ce te deust estre autant comme à moy de soulas;
Et si de ton obiect mon ame fut esprise,
Pareillement du mien deuois-tu estre prise:
Car l'amour quant & soy apporte cest effect,
Que soudain qu'il est né, vn autre amour il fait.
 Ie recognois vrayment & veux bien que l'on sçache
Que le Dieu qui dans nous en nostre cœur se cache,
Exerça viuement sur moy sa cruauté,
Et que tant de pouuoir n'eust oncq froide beauté,
Comme la tienne fit sur moy d'experience:
Ie veux, ie veux vrayment que tout chacun le pense:
Aussi est cest escrit pour dernier monument
De mon extreme amour, & comme vn testament.
 Raconteray-ie icy les assaux, le long siege,
Les efforts de l'Amour, les embusches, le piege,
Comme deux ans entiers i'ay auec toy vescu,
De l'amour, non du tout, mais à demy vaincu.
Simple, loing des pensers qui au long aller rongent
Ceux qui par fols discours dans teste mer se plongent,
Mais cependant amour ce traistre, peu à peu
En cachette allumoit dedans mes os vn feu:
Las! chetif ie pensois voir quelques traicts de rare
En toy, dont la nature aux autres fut auare,
Ie me faisois aueugle accroire que ton œil
Estoit le seul seiour de ma ioye & mon dueil,
Et en ce pensement bizarrement follastre
Ie deuins tout à fait deslors ton idolastre,
Et mettant mon honneur à part à l'abandon,

Gg

De mon cœur ie te fiz, dedans mon cœur vn don,
Ne l'ozant bonnement descouurir, & t'appelle
Tous les cieux à tesmoings, qui fut celuy ou celle
De nous deux qui premier par vn pipeur dessein,
Ouurit ce qu'il feignoit cacher dedans son sein.
J'estois cloz & couuert, & pour tout tesmoignage,
Mon œil piteux faisoit de mon cœur le message,
Quand estant dans mon lict malade sans soupçon,
Tu me fis la premiere vne longue leçon
Du mal que tu voyois se loger dans ma teste,
Leçon pleine de miel, leçon douce & honneste,
Leçon qui me perdit, & dont le souuenir
Me fait presque vn amour dans la haine tenir,
Mais leçon qui couuroit sous vne belle escorce,
Vn venimeux apast, vne mortelle amorce.
    Comme l'oiseau au son de l'oiseleur, aussi
Je me laissay glicer adonc sous ta merci:
Et par ces beaux propos sans aucune reserue,
Je veiz tout à vn coup ma franchise estre serue.
Tout ainsi que l'on voit en vn plaisant festin
Le compagnon gaillard qui se gorge de vin,
Il le taste d'entree, il chauuit de l'oreille,
Et peu à peu gayment en buuant se resueille,
Il rit, il gausse, il boit, il redouble, il reboit,
Il pleige son voisin, & cependant ne voit
Que plus & plus de vin dans sa coupe luy verse,
Plus son entendement se tourne à la renuerse,
Toutesfois tant qu'il est d'vne chambre borné
Il ne s'aperçoit point que son sens est tourné,
Mais soudain qu'au saillir le plein air il haleine,
Il chancelle or deça, or delà par la plaine,
D'vn œil estincelant il voit les cieux ouuerts,
Et à peine le peut porter cest vniuers.

Liberté.

Et pour tout le loyer de son yurongnerie
Se va faisant de tout un but de mocquerie.
 Aussi tant que l'amour fut dans mon cœur enclos,
En ce travail caché ie vivois en repos,
Ne repaissant en vain alors ma conscience,
Ny d'un desir ardant, ny de sotte esperance,
Ains sans y mal penser ie humois à longs traicts,
Gay plaisant, & dispost ie ne sçay quels attraicts,
Et ne croyois pourtant qu'en cela ma pensee
S'enyurast doucement d'un amour insensee,
Mais quand ie t'euz ouuert mon gracieux torment,
Lors ie cognois confus un soudain changement,
Ie palis, ie rougis, pour une chere gaye
I'apperçoy quant & quant ma langue qui besgaye,
Au lieu d'une rencontre & d'un mot sans soucy,
Ie suis monsieur le sot & monsieur le transi,
A mes amis mon mal peu fin & caut ie cache,
Quand d'ailleurs il n'y a celuy qui ne le sache.
Miserable ie dresse en toy seule mes yeux,
Et d'un sens esgaré ie pense voir les Dieux:
Comme l'autre de corps, de discours ie varie,
Et cependant de moy n'y a cil qui ne rie.
 Voila comment estant d'astuce despourueu,
Ie fus par tes aguets surpris à l'impourueu,
Comme mon ame fut par ta poyson noyee,
Lors que d'un guet à pens à langue desployee
Tu la sceuz suborner: Toutesfois ne crois pas
Que i'aye esté sans plus pipé de tes apas,
Ny que ton beau parler, ny que ton artifice
M'ait seulement appris d'entrer en ceste lice,
Tu dresseras à tel mille fois cest estour,
Sans que pource il se rende esclaue de l'amour,
Ia par moy tu n'auras sur moy cet auantage:

Gg ij

Mais comme l'amour est nud, aueugle & volage,
Aussi ne puis-ie dire, ou si simplicité,
Ou si faute d'esprit, ou si legereté,
Auoient adonc de moy fait si ample conqueste,
Que rien de toy que beau, rien ne m'estoit qu'honneste.
Quand le ciel preordonne vne chose à venir,
Nous ne pouuons la bride à nos destins tenir,
Ceux qui les veulent suiure, auecques eux ils meinent,
Et ceux qui sont retifs, bon gré mal gré ils trainent:
Contre l'arrest d'enhaut nul ne peut contester,
C'est vn arrest qu'il faut en ce monde arrester.

 Ma liberté sous toy deuoit estre asseruie,
Aussi n'estoit qu'en toy ma pensee assouuie,
Et ne puis bonnement iuger si moy, ou toy,
Me desrobas alors premierement à moy:
Car qu'y a-il en toy ou de beau ou d'eslite,
Soit de corps ou d'esprit qui a l'amour inuite?

 Toutesfois ie fus pris, ô grossier animal,
Et des que ie fus pris pour comble de mon mal
De mille beaux discours ie discourus ta gloire,
De mille vers dorez i'embellis ta memoire,
Vers beaux, vers amoureux, vers ausquels la douleur
Auoit plus que la grace apporté de couleur.
Ces vers te sont donnez, & ces vers tu promeines,
Affin qu'à mes despens l'amour ailleurs tu meines.

 Il faut qu'en elle y ait quelque chose de bon
Puis qu'elle a telle part en cest homme de nom:
(Disoient les ieunes fols) non pas que tel ie soye,
Mais parce qu'estre tel enuers tous ie m'essaye.
Ainsi sous mon adueu plusieurs hommes de pris
Se mirent à te suiure au son de mes escrits:
Mais pendant que i'estois en ce point ta trompette,
L'autre estoit le cheri, moy i'estois le poëte.

Et pendant que pour toy plus mes sens i'aiguisois,
Cependant plus pour moy les tiens tu desguisois,
M'entretenant en vain de mainte courtoisie
Couuerte du manteau de ton hypocrisie.
  Ainsi comme la cire au feu ie definois,
Ainsi comme la cire aussi tu te tournois,
Grauant à tous obiects qui te faisoient hommage,
Dans ton entendement quelque nouuelle image:
Tout cela malheureux de mes yeux ie voyois,
Et rien de tout cela pourtant ie ne croyois
Tant ie t'estois voüé d'vne opinion fole,
I'estois ton immolé, tu estois mon Idole:
Ne voyant toutesfois qu'on ne peut nullement
Former de cœur de cire vn cœur de diamant.
  Mais soudain que i'ostay de mes yeux ceste taye,
Et que d'vn long despit ie rentray dans la voye
Dont ie m'estois (helas) trop long temps fouruoyé,
Soudain que dedans moy de moy ie m'esmoyé,
Sonnant à mes erreurs doucement la retraite:
Adonc à tes amours defaillant la trompette
Qui auoit ton renom tant sainctement corné,
Tu sentis que c'estoit de m'auoir escorné,
Quand laissee de tous tu cogneuz que ta suite
Ne procedoit de toy, ainçois de mon merite:
Frustree de par moy de maistre & de leçon,
Auec le precepteur, tu perdis la façon
De faire seruiteurs, & ceste contenance
Qui tenoit sur les rangs mille aubereaux en transe,
Ces propos qui t'auoient fait es masques monstrer,
Ces discours dont sçauois aux banquets t'accoustrer,
Comme vn estourbillon se tournerent en nue,
Demourant de propos, comme de façon nue.
  Malheureux precepteur qui pour tout mon guerdon

Gg iij

Exposay contre moy mon ame à l'abandon,
Malheureux precepteur. Mais braue entre les braues,
Seruiteur, qui seruant te faisois tant d'esclaues,
Et toy plus malheureuse ayant ores perdu
Celuy qui tant d'esprit a pour toy despendu:
  Tant d'esprit? mais ce n'est ie le voy la science
Par laquelle en amour l'homme amoureux s'auance
Qui desire l'amour à son vray point sonder,
Il faut au poix de l'or seulement le fonder,
Et si tu n'as du fonds, pour le moins que par mines
Et non par bien aymer ta maistresse tu meines.
La femme qui n'a rien en soy d'interieur,
Veut pour gouuernement le seul exterieur:
Qui autrement l'amour auec elle manie,
De sage il deuient sot, & de sot en manie.
Cil qui veut en amour demeurer en cerueau,
Il faut qu'auec sa Dame il discoure le beau,
Qu'vne fidelité gayement il harangue,
Mais que ce beau sans plus soit au bout de la langue:
Car qui se met en but de n'estre point loial,
C'est seruir sans seruir d'vn cœur braue & Roial.
  La nature forgea la femelle legere,
Inconstante d'esprit & de foy passagere,
Et pour en ce subiect de nous plus se mocquer,
La voulut en public d'vne honte masquer,
Si que tant qu'elle tient vn seruiteur en mue,
Rien qu'vne loyauté en deuis ne remue:
Car pour dire le vray le propos defaudroit,
Qui d'vne loiauté l'amour n'entretiendroit:
Mais elle qui souuent d'vne foy couche en chance,
Riens moins qu'à vne foy dedans son cœur ne pense,
Tout lui est de saison, mais que l'on soit discret:
C'est peu d'estre loyal, c'est tout d'estre secret:

Liberté.

Elle qui est & fine, & d'esprit variable,
Aime sur tous celuy qui plus luy est semblable.
  Celui qui d'Amadis escriuit le Romant
Nous figura au vray le portrait de l'amant:
Tant que cest autheur fut au printemps de son aage
Il nous fit en la Gaule vn tenebreux sauuage,
Vn Amadis pleurard de loyale façon:
Mais quand de son printemps il vint sur sa moisson,
Plus sage par le temps d'vne plus haute adresse
Il nous donna gaillard vn Amadis de Grece,
Non moins que le premier valeureux & hardi,
Mais moins que le premier en amour estourdi:
Cheualier qui prenoit brauement sa volee,
Ores dessus Lucelle, & ores sur Niquee:
Par ses œuures derniers chantant tout le rebours,
De ce qu'il auoit fait par ses premiers amours.
  S'il me souuient i'estois (il faut que ie raconte,
De mes folles amours encor ce sage conte)
Vn iour en ta maison où vne dame estoit
Qui de la loyauté de l'amour disputoit:
Lors ie luy dis riant: y a-il rien madame
Entre les instruments qui plus plaise à vostre ame?
Le Luth (dit-elle) Or çà faignons que Vaumenil
Vous ait vn an entier repeu de son subtil,
N'ayant qu'vn Vaumenil pendu à vostre oreille,
Ce grand sonneur Royal, & du Luth la merueille,
Et dea au long aller voudriez-vous point aussi
Pour le Luth l'espinette? elle respond que si:
Et si à vostre goust commande quelque viande,
La changeates vous onc en autre moins friande?
Elle me dit qu'ouy: de ce mesme discours
De propos en propos sur tous les sens ie cours,
La cheualant ainsi: & à chasque semonce

Gg iiij

Elle sans y penser me fait mesme responce:
Lors poursuiuant ma pointe: Est-ce donc chose estrange
Que la femme en amours aille par fois au change?
A ce mot i'apprestay à rire à vn chacun,
Et elle me respond que ce n'estoit tout vn.

Ces discours ie faisois d'vne pensee gaye
Ne pensant point adonc que la suite en fut vraye,
Mais à mes propres cousts i'ay du depuis apris,
Que bien souuent le vray se loge dans le ris.

L'amour est vn rameau que la nature gette,
Et comme la nature vn seul beau ne proiecte,
Ains va tousiours sautant d'vn à autre desir,
Dessus diuers obiects bastissant son plaisir:
Aussi l'amour son fils tout d'vne mesme sorte,
Bien que sans la beauté sa puissance soit morte,
En la diuersité de rencontres se plaist,
Et non moins que le beau, le changement luy plaist.

Ne pensez toutesfois (ô dames) que ie seme
Encontre vostre honneur c'est horrible blaspheme,
Plustost me voye-l'on mille fois abismer,
Que contre vostre nom d'vn seul poinct blaspemer,
Mes sens, mon cœur, ma main, mon esprit, ni ma plume,
Ne se plongerent onc dedans ceste amertume,
Et ia sur mon declin ne permette le ciel
Que ie souille mes mains ordement dans ce fiel:
Ce n'est point contre vous vertueuses maistresses
Que d'vn cœur bondissant ie vomis mes detresses,
Vous dis-ie en qui les cieux d'vn astre plus benin
Enchasserent vn Dieu sous vn corps feminin,
Vous qui menants l'amour sans fainte & ialouzie
Repaissez vostre amant d'vne double Ambroisie,
Et qui (comme vn grand Dieu de la lumiere autheur,
Immobile du tout est eternel moteur,

N'alterant ses desseins non plus que son essence)
Aussi vous conduisants d'vne diue puissance,
Immuables fichez à clouz de diamants,
Dedans vos cœurs, les cœurs de vos loiaux amants.
  Ce propos ie n'adresse à la femme d'Vlysse,
N'a celle qui iadis fit de soy sacrifice,
Et qui se forcenant d'vne meurtriere main,
Planta la liberté chez le peuple Romain :
Pour celles ie discours qui ne mettent la force
De l'amour dans le cœur, ains sans plus dans l'escorce,
Celles qui pour porter seulement vostre nom,
Sont nées pour destruire aussi vostre renom.
  C'est à toy que i'en veux Damoiselle traistresse,
Qui en mal an te fis de mon esprit maistresse,
Esprit qui ne m'auoit onc au besoin failli,
Fors quand à l'improuist de toy fut assailli,
Et laissé maintenant pour comble de ta ioye
Tu te vas pourchassant autre nouuelle proye,
Afin que t'en estant comme du mien repeu,
Tu la changes apres, comme moy peu à peu :
Et d'vn petit mignon tu fais ore fanfare,
Non que ne sçaches bien qu'au change n'y ait tare,
Mais parce qu'en ce trocq' tu ne veux autre gain,
Que de voir mon amour transformer en desdain.
Il l'est, vraiment il l'est, il l'est ie t'en asseure,
Et non en vn desdain, mais vne haine pure,
Et si me plaist pour faire à beau ieu beau retour,
Enclorre comme toy dans moy vn autre amour :
Ia ie sens en mes os vne flamme nouuelle,
Qui me mine, qui m'ard, qui brusle ma mouelle,
Vn desir plain d'espoir qui triomphe de moy,
Et plus que le despit me tient ore en esmoy.
Vien donc mignonne vien que cent fois ie te baise,

Vien que mon maltalent par ton object i'appaise,
Repais moy d'vn dous ris, & que ton bel accueil
Me soit contre la haine vn eternel cercueil:
Si l'amour & desdain sourdent d'vne fontaine,
Que l'amour à ce coup suppedite la haine.

 Car pourquoy desormais nourriray-ie en mon cœur,
Pour vne damoiselle, vne sourde rancœur,
Damoiselle qui oncq bien qu'elle fut aymée,
Ne tourna ses pensers qu'en grotesque ou fumée:
Laissant le merité pour prendre à son appoint,
Celuy qui à part soy ne l'aymoit d'vn seul point.

 Puis donc que l'amour vray qui tout noble cœur
  touche
Iamais ne fit chez toy ny chez les tiens de souche,
Il me plaist de bastir pour mon contentement,
Sur vn desdain volage, vn long contemnement,
Et nonchaloir de toy, me voulant faire accroire
Que ce contentement m'apportera victoire
De tout le temps passé, & comme quelque-fois
Me tenant en tes rets de moy tu triomphois,
Ainsi estant par moy à tout iamais laissée,
I'estime triompher ausi de ta pensée:
Toute Dame d'honneur plus aimée se sent,
Plus à vne amitié son esprit condescent,
Mais celle qui l'amour gouuerne par faintise,
Moins ayme de tant plus qu'elle se voit requise.

 Ne pense pas pourtant que ie vueille par art,
Gaigner par ce moien en toy meilleure part,
Ie serois bien vrayement forcené de grand rage,
De voguer dans ta nef apres vn tel naufrage:
Mais comme pour t'aymer pour tout dernier respit,
Se vint loger chez moy vn iournalier despit,
Et que ce despit là qui me tenoit en transe,

Liberté.

T'armoit encontre moy d'une haute arrogance,
Me brauant en tous lieux, aussi d'un mesme trait
Veux ie en ne t'aymant point t'apporter un regret,
Vn creuecœur mordant, un dueil, une amertume,
Afin que comme moy tu battes mesme enclume.
Ie veux qu'à ce coup cy l'on sçache que l'amour
Comme toute autre chose a sa fin & retour,
Qu'on sçache que le beau n'est qu'une image vaine,
Que de grande amitié prouient une grand haine,
Que plus le fol se rend de la femme amoureux,
Et moins il se rencontre en ses amours heureux,
Que l'amour n'est amour, ains vraie frenaisie,
Si l'amant ne se sçait masquer d'hypocrisie.
Qu'on sçache que le temps en nous deux aura faits
De diuerses humeurs, deux semblables effects,
Punissant l'un & l'autre ainsi qu'il le merite,
Mais aussi nous rendants toy & moy quitte à quitte.

TROISIESME PARTIE DES IEVS POETIQVES.

AMBITION.

I.

BIen ie te vœux, non point pour eschanger
Ma liberté en vn piteux seruice,
Mais pour me ioindre auecques toy sans vice,
Ainsi que Dieu permet de se ranger.
Et si ne feust vn espoir mensonger
Qu'ambition & l'ardente auarice
Ont mis dans moy pour eternel supplice,
Ie ne voudrois d'autre espouse songer.
L'ambition au soin d'argent m'attrait,
Le soin d'argent de l'amour me distrait,
L'amour ne veut qu'autre que toy i'élise:
L'Ambition, l'Auarice, & l'Amour,
Font en mon cœur si iustement leur tour,
Que te voulant, il faut qu'ailleurs ie vise.

II.

C'est trop crier, c'est trop paistre son ame
De sots propos, de fantasques amours,
De vains escrits, de folastres discours,
Fondez sans plus sur le glas d'vne Dame.
   Je veux ourdir vne plus sage trame
Pour rendre aisé de ma vie le cours,
A vn barreau du Palais i'ay recours,
C'est le desir qui maintenant m'enflame.
   O Dieu qui feus de ma naissance autheur,
Dieu de mon bien, non du mal promoteur,
Ressource vraie & seule de ma vie,
   Fay, ô Seigneur, qu'au chemin que i'ay pris,
Je ne sois point assiegé du mespris,
Ie ne sois point affligé de l'enuie.

III.

Il n'y a rien de si grande merueille
Que voir vn braue Aduocat qui bien dit,
Et a sur tous escoutans le credit
De leur succer les ames par l'aureille.
   Ce grand Demon à son point les resueille,
Ore assouplit, & ores les roidit,
Tantost eschauffe, & tantost refroidit,
Ny plus ny moins que sa langue les veille.
   Gagner les cœurs, trafiquer les esprits,
Estre honoré en ce beau ieu de pris,
C'est ce qui luit en toute republique.
   Ainsi ie veux foudroier & tonner,
Ainsi le ciel & la terre estonner,
Ainsi veux-ie estre vn Hercule Gallique.

IIII.

Celuy vraiment sçauoit bien la maniere
Comme il alloit de l'vn & l'autre estat,
Qui comparant l'Aduocat au Soldat,
Les fit loger dessous mesme banniere.
　L'vn va brauant d'vne lance guerriere,
L'autre bragard de sa langue s'esbat,
Tous deux vaillants, l'vn de ces deux combat
En vn barreau, & l'autre à la barriere.
　Tous deux hardis combattent pour l'honneur,
En combatant, il faut que le bon-heur
Soit ioint aussi auecques la prudence.
　D'vn point sans plus le Soldat est ialoux,
Pour ne gagner au combat que des coups,
Et l'Aduocat de l'or en abondance.

V.

Non, ie ne veux qu'vne si sotte estude
Forme en mon cœur cest Epicurien ply,
Que casanier on me voie acroupy
Pour menager ma vie en solitude.
　Ie veux (amy) que ma solicitude
Soit de me voir par ma langue annobly
De garentir mes escrits de l'oubly,
Et terrasser cette ignorance rude.
　Si quelquefois Sibilet, tu me vois
Allambiquer, ou ma plume, ou ma voix,
En des sujects plains de mordante cure.
　Viuant ainsi pour autruy en esmoy,
Ie ne suis pas pour cela moins à moy,
Mais ie ne vy ainsi qu'vn Epicure.

Ambition.

VI.

Je qui auois en lamentant chanté
De mes amours, & le desdain, & l'ire,
Dont ie viuois en vn plaisant martyre
Quand loin de moy mes sens ie transportay :
  De mon Printemps tombant sur mon Esté,
D'Ambition maintenant ie desire
Compter les maux que de mon cœur ie tire,
Et le malheur qui me tient enchanté.
  Ciel qui regis presque de mesme main,
Et de l'Amour, & de l'Honneur le train,
Si quelquefois mon Amour feut prisée,
  Fay que guidé de haute passion,
Voulant chanter de mon Ambition,
Ie ne sois point vne bute à rizée.

VII.

Moy qui vn temps aux flots de ma ieunesse,
Trompé d'Amour, esperdy mes espris,
Qui sous les flots escumeux de Cypris,
Vaguay ramant entre ioye & detresse :
  Or pour bastir vn port à ma vieillesse,
Vers vn barreau mon adresse i'ay pris,
Et pour guerdon de mes discours appris,
Que n'y l'Amour, ny l'Honneur n'est sagesse.
  Si le succés de tout espoir mondain
Est de tirer dommage de son gain,
Et si chaque aage a quant & soy son vice,
  Quand on verra mon pelage argenté,
Apres auoir de la grandeur chanté,
Que chanteray-ie hormis de l'auarice ?

VIII.

Iamais d'amour esquadron ne dreſſay
Bien que guidé d'vne prompte folie,
Sinon pour voir ma memoire annoblie,
Par les diſcours que de moy ie traçay.

Et ſi ſoldat ſous l'amour ié paſſay,
Tant ne me fut la volonté rauie,
Fors pour tirer de ma mort vne vie
Vengeant le tort que ie me pourchaſſay.

Mais que me ſert, ny ce braue renom,
Ny voir voguer par la France mon nom,
Dans le deſtin de ma dure influence,

Veu que ce bruit, ce voguer par la France,
Et ces appas maſquez ne ſont ſinon
Pour me fruſtrer de plus haute eſperance?

IX.

Soit-que ce ſoit, ſoit que la nouueauté
De ce Printemps dans mon eſprit verdoie,
Ou que ce verd mes penſers tienne en ioye,
Sous le couuert de ceſt arbre vouté,

Si voy-ie bien que ceſte cruauté,
Qui dans le clos des villes me guerroye,
Ne fait icy de mon cœur telle proye,
Comme ie ſuis d'elle ailleurs tourmenté.

Si dans les champs y a trop d'allegreſſes
S'il y a trop aux villes de detreſſes,
Pour à mes maux trouuer quelque moien

Et qu'en repos ie me puiſſe repaiſtre,
Faites moy Dieux, dans les villes champeſtre,
Ou que ie ſois des foreſts citoyen.

X.

X.

Ne souhaiter rien plus que son pouuoir,
Borner l'espoir, attremper son enuie,
Rendre de peu sa pensée assouuie,
C'est ce qui fait heureuse vie auoir.

A plus qu'on n'est attacher son vouloir,
De hauts desseins accompagner sa vie,
Voir iusqu'au Ciel sa pensée rauie,
C'est ce qui fait l'homme de cœur valoir.

Belle est vraiment l'opinion premiere,
Belle est encor l'opinion derniere:
A qui des deux est-ce doncq' que ie suis?

L'vne auecq' peu fait que content i'abonde,
L'autre de peu me fait grand en ce monde,
L'vne ie louë, & l'autre ie la suis.

XI.

Qui de l'Amour par ordre veut vser,
Le voir y est, puis baiser, ce me semble,
Le beau deuis nous met apres à l'emble,
Puis de la bouche on ne peut s'excuser.

Pour dans mon feu, ma femme t'embrazer,
Mille baizers, & mille, & mil i'assemble,
Paistrissons doncq' tant de baisers ensemble,
Que toy & moy ne soions qu'vn baiser.

En nous baisans tous deux de ceste sorte,
Il faut encor' que de nos baisers sorte,
Vne amitié Roine des amitiez:

Et que conduits par la main d'vn grand maistre,
Facions en nous l'Androgine renaistre,
Peslemeslans ensemble nos moitiez.

FIN.

XII.

Ie ne veux plus auare vser ma vie
En vn barreau touſiours tumultueux,
Je ne veux plus d'vn ſens preſumptueux,
Rompre ma teſte en la Philoſophie.
 L' Aduocat eſt vne bute d'enuie,
Le Philoſophe eſt vn ſot otieux,
Qui fait ſemblant de percer iuſqu'aux cieux,
Quand à ſes pieds ſa penſée eſt rauie.
 Moins veux-ie encor' dans ma plume amaſſer
Ce que i'ay veu par la France paſſer,
Pour l'engrauer au temple de memoire:
 Vers la grand cour de mon Prince ie veux
Dorenauant adreſſer tous mes vœux,
C'eſt mon barreau, mon diſcours, mon hiſtoire.

XIII.

Ie ſen d'amour encor vne eſtincelle
Qui me blueſte à l'entour de mon cœur,
Ie ſen d'ailleurs ie ne ſçay quelle humeur
D'Ambition qui court dans ma mouelle.
 De ces deux cy quelle eſt la plus cruelle,
Ou de ſentir d'Amour la chaude ardeur,
Ou d'eſtre eſpris d'vn eſpoir de grandeur,
De vains penſers repaiſtre ſa ceruelle?
 Ie veux à toy, Amour donner le pris,
Qui rauiſſant doucement mes eſpris,
D'vn bel obiect me feis eſtre folaſtre:
 Mais malheureux ſi pis qu'vn artiſan,
Ores d'vn ſot, d'vn pipeur courtiſan,
Pour eſtre grand me faut eſtre idolaſtre.

CHANSON.

OR que de plaisir forclos,
Amy Rebours tu desdaignes
Le doux air de ces campagnes,
Soit que ton ardente estude
Te tienne couuert & clos,
Ou que la male habitude,
De tes pauures langouris
Rauisse à soy tes esprits,
Malgré l'ennuy qui deschire
Tes pensements, ie te vueil
En contr'eschange descrire
L'aise de mon Argentueil.

En premier lieu i'ay pour loy,
Loy non iamais reuocable,
Mettre tout ennuy sous table,
Ce faisant ie m'habitue
N'auoir soucy que de moy :
Que sert que ie m'esuertue
Pour autruy, si ce pendant
Ie vois ma santé perdant !
Que me vaut viure en martyre
Si guidé d'vn espoir vain
Pour tout guerdon ie ne tire
Qu'vne perte de mon gain.

Ainsi seul à moy ie suis
Sans qu'vne crainte me tienne
Qu'au lendemain pis me vienne :
Du present ie me contente,
Les cours des princes ie fuis,
A plus haut bien ie n'attente,

Mais mon Rebours non pourtant
Viuant en ce point contant,
Le temps, ny la seigneurie,
Les pompes, ny les honneurs,
Ne font que ie ne me rie
Mesmes des plus grands seigneurs.
  Apres que d'vn long repos
Sur l'Aurore ie m'esueille,
Soudain mes pensers i'accueille
De quelque noble exercice:
Soit que mon esprit dispos
Quelque œuure nouueau bastisse,
Soit que ialoux de mon nom
Je me façonne vn renom,
Soit qu'en prose ie discoure,
Ou du passé curieux,
Qu'en Grecs ou Latins ie coure
La memoire des plus vieux.
  Ores d'vn habit mondain
Je voy s'esgaier la terre,
Or' deuisant vn parterre
Dont ma main seule est manœuure,
Joieux dedans mon iardin
Cent mille fleurs ie descœuure:
Si que mes yeux assouuis
Tiennent tous mes sens rauis,
Puis ça, puis là ie me meine,
Vsant mes humeurs au pas,
Ne gaignant de ceste peine
Autre profit qu'vn apas.
  Et si non content ie veux,
Qu'vn plus grand labeur encore
Ces exercements me deuore,

Ambition.

Sur tout Rebours ie pourpense
De iamais n'estre enuieux
D'vn trop, car le trop offense,
Ainçois que sur la moiteur
Se ferme ce mien labeur:
Pendant que pour la victoire
Au ieu nous rompons nos corps,
Nous n'auons de ceste gloire
Autre profit que cent morts.

 A l'issue de ces tours
Mon ventre affamé abaye,
Comme l'oisillon qui bée
Sous l'aisle de sa nourrice:
Adonc d'vn commun concours
Chasque membre a son office,
Les mains, la bouche, les dents,
Pouruoieuses du dedans,
N'apportent rien d'aduantage
Que requiert mon achoison,
Aussi le ventre est plus sage,
Que n'est la mesme raison.

 Et comme icy tout se suit
D'vne commune entresuite,
Le soleil qui d'vne fuite
Dedans l'Occean s'abaisse,
Fait place à ma courte nuict:
Là franc de toute tristesse
Ie tire de ma moitié
Le don de nostre amitié:
Ne defraudant ma nature
De son peculier pouuoir,
Sans faire pourtant iniure
Au reciproque deuoir.

Hh iij

Voyla comment en plaisir
J'endors sans aucune enuie
Les malheurs de ceste vie:
Ne souffrant que dans ma porte
Entrent espoir ou desir:
Ainsi Rebours ie rapporte,
Ores que non medecin,
D'vn esprit gay, vn corps sain:
Me commandant que mon viure,
Mon boire, ma nuict, mon soing,
Que ma Venus ne t'enyure
De plus que n'est de besoin.
 Quand toy dedans ton Paris
Te rongeant sans entrecesse
Vis despourueu d'allegresse,
Quand toy de ton industrie,
Pour vn perissable pris,
N'espuises que fascherie,
Quand toy ennemy de toy
Te denies tout requoy,
Quand toy dis-je te consommes
De mille ennuis & remors,
Ne t'aduisant que nous sommes
En huy viuant, demain morts.

Elegie a sa femme.

Pour t'enseigner comment, & de quelle façon,
Nous pourrons viure en paix, appren ceste leçon.
Ma femme puisque Dieu ensemble nous accouple,
Il faut qu'à mes vouloirs selon Dieu tu sois souple,
Non point pour exercer tyrannie sur toy,
Ains seulement pour estre en ma maison le Roy:
Roy qui en commandant apporte la police,
Qu'à mes commandements moy-mesmes i'obeïsse,
Roy qui en commandant ne me mette à l'essor,
Ains ioigne mon vouloir au tien, & qui encor
D'estre par toy vaincu quelquefois feray gloire,
Non pas pour en vser par forme de victoire,
De triomphe, ou trophée, ains seulement d'aduis.
Ma femme c'est ainsi qu'auecque toy ie vis,
Que tu sois la maistresse, & moy ie desire estre
Comme mary, sur toy, & sur les miens, le maistre,
Qui veut le mariage esgaler de tout point,
Il doit le mariage assortir en ce point.

Nous sommes mariez, part pour auoir lignée,
Part pour estre en nous deux nostre foy abornée,
De procreer enfans, c'est au monde vn grand heur,
De n'en auoir, ce n'est pour cela vn malheur.
Celuy qui a lignée a sur l'autre plus d'aise,
Si tu n'en as, tu as moins aussi de malaise.

Si Dieu nous fait ce bien d'auoir enfans, ie veux,
Suiuant leurs naturels accommoder mes vœus,
Et non leurs vœux aux miens: car la nature sage
Nous donne en nos instincts à tous quelque auentage,
Mais qu'ils soient gens de bien, ie n'ay acception
De leurs estats, cela gist en leur option:

Qu'eux tous diuersement courent les aduentures
Du bien qu'ils trouueront naistre de leurs natures,
Car quant à toy & moy qui voulons menager
Nos vies en ce monde instable & passager,
Il faut que mon esprit dorenauant choisisse
Vne charge d'honneur, vne noble auarice,
Non point pour esloigner de nous la pauureté,
Qui n'est qu'opinion, ains la necessité.
Bannissons ie te prie bien loing de nostre vie
Le mespris ennuieux, & la fascheuse enuie.
Il faut en chaque estat vouloir ce que l'on peut,
Quand on ne peut atteindre à cela que l'on veut.

QVATRIESME PARTIE DES IEVS POETIQVES.

VIEILLESSE AMOVREVSE.

I.

E grisonnois, & ia tous le pelage
Qui alentour de ma teste couloit,
Par vn instant de nature vouloit
Que plus heureux ie flechisse souz
    l'aage,
Quand i'aperceu vn petit Dieu volage,
Ains vn oiseau que l'on appatelloit
Dessus mon cœur, qui se renoueloit,
Pour ressentir en renaissant sa rage.
T'ay-ie doncq' peu Dieu vangeur despiter?
Ay-ie ton feu emblé, o Jupiter,
T'ay-ie voulu en tes amours surprendre?
Qu'ainsi des tiens soit mon cœur mal traicté,
Et que tremblant à demy radoté,
Je couure vn feu souz vne grise cendre.

II.

Je menageois mon vieil aage à propos,
Comme celuy qui rien plus ne progette
Que de passer d'vne opinion nette
Le demourant de mes ans en repos.
    Qui eust pensé qu'en ce ferme propos
De n'auoir plus l'ame à autruy subiette,
Cupidon eust decoché sa sagette
Contre vn vieillard iusqu'au fonds de ses os?
    Dedans tes yeux il estoit en embusche,
Le coup fut grand, car soudain ie trebuche,
Forclos d'espoir d'en iamais releuer.
    Si toy nonobstant Deesse, cest obstacle,
Tu ne me fais par vn plus grand miracle,
Dans mes vieux ans la ieunesse trouuer.

III.

En mon printemps seruiteur t'ay esté
D'vne beauté des beautez la plus belle,
Des cruautez aussi la plus cruelle
Qui oncques ait l'amant persequuté.
    Puis quand ie vins, plus fin sur mon Esté,
Mon cœur fasché de tant viure sous l'esle
De Cupidon, se fit à luy rebelle,
Las & fasché d'estre tant tourmenté.
    Mais ore Amour que l'Esté prend sa fuite,
Et que l'Autonne apres luy vient de suite,
Ton arc encor' encontre moy tu tens:
    Las! si l'Autonne est de fruicts la despoüille,
Fay pour le moins que mon Autonne cueille
Plus d'heur de toy que ie n'euz au Printens.

Vieillesse Amoureuse.

IIII.

Qu'est-ce qu'amour est-ce vne quinte essence,
Est-ce vn Demon, est-ce vn tyran, vn Roy,
Est-ce vne Idee, est-ce vn ie ne sçay quoy,
Est-ce du Ciel quelque sour de influence?

Que i'allambique, & qui me tient en transe,
Qui me rend serf, qui me donne la loy,
Qui me rauit, qui me derobe à moy,
Qui fait que vieil ie demeure en enfance.

S'il est sans yeux, dont vient qu'il vise droit?
Enfant, qui fait qu'en mon cœur on le voit?
S'il est eslé, pourquoy n'est-il volage?

Dont vient helas! que cest oiseau maudit,
Obstinément a fait dans moy son nid
Des mon Printemps iusqu'au froid de mon aage?

V.

Qui le croira, qu'vn sot amour foudroye
Le cœur gelé d'vn malheureux vieillard,
Qui le croira, que par vn vers mignard,
A la fureur il vueille donner voye?

Mais qui croira qu'il ait donné en proye,
Et plume, & cœur, & ame celle part,
Où la grandeur a basti son rampart,
Contre celuy qui en vain la guerroye?

Si oncq' pitié se logea dans ton cœur,
Si mon Apuril fut de toy seruiteur,
Pardon, Amour, pardon ie te suplie:

Vieillard qui aime, & qui trompette encor'
Son mal, & met ses pensers à l'essor,
Fait tout d'vn coup trois grands coups de follie.

VI.

C'estoit assez, croy m'en c'estoit assez,
Et ne falloit plus, Pasquier de trompette
Pour trompeter les plaisirs d'amourette,
Ny les plaisirs aux tourments compensez.
C'estoit assez : mais nos ans insensez,
Tousiours suiuants d'un amour la cornette,
Ne veulent point que sonnions la retraite
Tant que soyons vieux aux gages cassez.
Voila quel est du monde le langage,
Mais quant à moy ie ne voy point que l'âge
M'ait garenty de si furieux dard.
Ne cornez plus qu'amour soit une enfance
Vous qui en vers celebrez son essence,
Il s'est en moy transformé en vieillard.

VII.

Si tantost un, tantost un autre vice
Se change en nous selon que vont nos ans,
Si en la fleur de nostre gay Printans
L'amour se rend à nos souhaits propice,
Si plus aagez entrans dedans la lice
De nostre Esté, nous sommes bouillonnans
D'Ambition : & puis alons trainans
Dans nostre Autonne une longue Auarice,
Dont vient helas! qu'ores sur mon hyuer
Ie suis encor rongé du premier ver ?
Dont vient qu'amour de mon ame se iouë ?
De l'homme vieil l'Amour au monde put,
A sa maistresse il n'est rien que rebut,
Il fait l'amour, & on luy fait la mouë.

VIII.

Dy moy Pasquier qu'est devenu ce bruit
De tes travaux le noble & riche gage,
Quand terrasser d'un foudroyant langage,
Dans le barreau les monstres on te vit?
  Dy moy encor' ie te suply quel fruit
T'apportera ceste maudite rage,
De tes vieux ans le furieux orage,
Nouvel Hercul' par Omphale seduit?
  Aux yeux de tous appareiller à rire,
Mettre souz pieds du monde le mesdire,
C'est ne rien voir au beau millieu du iour.
  Vieil tu me paiz de ces belles rencontres,
Mais par cela, mon cher Loisel, tu montres,
Que tu es ieune au mestier de l'amour.

IX.

Si pour orner de recompense egale
Celuy qui fort defendoit le rampart,
On adiugeoit au vertueux soudart,
Chez le Romain la couronne murale:
  Helas, Amour moy qui sans interualle
Ay si long temps porté ton estendart,
Laissant pour toy tout autre espoir à part
Je meritois la couronne Royale.
  Moins conuoiteux, ie veux braue guerrier
Ceindre mon chef seulement de laurier,
Ou de Cipres pour embellir ma gloire:
  A celle fin, o cruel Cupidon,
Qu'à mes trauaux tu donnes pour guerdon,
Ou prompte mort, ou heureuse victoire.

X.

Je la baisois, & d'vne main hardie,
Je repassois sur son iumeau teton,
Cueillant de l'vn, & de l'autre bouton,
Tout ce que porte vne sage follie.
　En cest esbat, il faut que ie te die
(Fit-elle lors) vn folastre menton
Qui se reuest d'vn crespelu coton
N'auroit de moy ce que ta main mandie.
　Auparauant fasché de mes vieux ans,
Ie regretois de mon ieune printans
Les doux appas, ennemis de vieillesse:
　Mais maintenant que guidé d'vn bon heur,
Priuilegé, ie reçoy cest honneur
De te baiser, ie braue la ieunesse.

XI.

Bien que de moy soit ores triomphant
Le Dieu d'amours qui nos esprits esgare,
Qui de nos cœurs inuisible s'empare,
Qui des hauts Dieux se dit le plus puissant,
　Bien que mon ame il aille rauissant,
Que de mon cœur il sonne le fanfare,
Que ma vieillesse à ses fleches ne pare,
Si n'en est-il pour cela moins enfant.
　Ce n'est pas luy qui en moy se transforme,
Mais bien c'est moy qui de luy pren la forme,
Moy mille fois, & mille malheureux.
　O sot desir, ô maudite esperance!
Celui n'est-il reduit au rang d'enfance
Qui redeuient en vieillesse amoureux?

XII.

Ie m'esgayois en passant par la rue,
Quand par fortune Heleine i'aperçoy,
Qui gouuernoit ses pensers à part soy,
La saluant elle ne me saluë.
   Ha (dy-ie!) Helene as tu perdu la veuë,
Et oublié ton cher Pasquier chez toy?
Lors tout à coup elle reuient à soy,
Et me respond, comme toute esperdue.
   Pardonne moy, helas! ie m'en repen,
Et penitente vn baiser ie te ren,
Ne pouuant mieux expier mon offense.
   Las (reparti-ie!) Helene que fais-tu?
De baiser ieune vn vieillard malotru,
Comme tu fais, c'est double penitence.

XIII.

Ne pense point qu'Amour soit si estrange chose,
Qu'il ruine le cœur auquel il fait seiour,
Qu'il change en noire nuit la clarté de son iour,
Ne qu'il tienne en prison nostre franchise enclose.
   De lui cette machine humaine fut esclose,
Et moi quand ie nasquis ie feu fait par l'amour:
Parquoi si vieillissant i'ayme aussi à mon tour,
Ie fay ce que nature à tout homme propose.
   Pour aimer l'on n'est serf, mais comme toy & moy
Sommes francs, toutesfois seruiteurs de la loy,
Plus heureux que cellui, qui sans bride veut estre.
   Aussi m'asseruissant dessous vn bel obiect,
Ie suis plus franc vieillard, que cil qui sans subiect,
Par fantasques discours veut croire qu'il est maistre.

XIIII.

Tout amoureux recherche l'embonpoint
En la maistresse où loge sa follie,
Un œil riant, une belle saillie,
Vn doux soubris (espoirs du dernier point.)
   Ces traits mignards ne me commandent point:
Celle que i'ay pour ma douce ennemie
Est de la mort un autre anatomie,
Et d'autre amour, mon amour ne m'espoingt.
   Un œil piteux qu'en sa face elle porte,
Une douleur que sage elle supporte,
Sont les appas de mon cœur, ay-ie tort?
   Entre nous deux n'y aura nul reproché
Si comme vieil de ma fin ie suis proche,
Comme malade ell' est prés de sa mort.

XV.

Telle est l'ardeur du mal qui me terrasse
Que ie nourry au profond de mes os,
Non un amour, mais bien un vray Chaos,
Et aime un corps, ainçois une carcasse.
   Corps, qui au lit, allengoury tracasse,
Corps de plaisir, & de ioye forclos,
Corps lequel a ie ne sçay quoy de clos,
Qui malgré moy trouue dans moy sa place.
   Qu'amour qui est mis au rang des enfans,
Se soit venu loger dans mes vieux ans,
Nul, nul que moy oncq' ne le pourra croire.
   Et toutesfois ce traistre m'a surpris,
Et dans les rets d'une malade pris,
Pour exalter à ma honte sa gloire.

XVI.

XVI.

Nous ne dormons, toy pour ta maladie,
Moy pour sentir par vn nouueau dessein,
Vn chauld amour logé dedans mon sein,
Chaleur qui n'est pour ton mal refroidie.
  O sot desir, esperance estourdie!
De m'estre mis en bute vn corps mal sain,
Pour me seruir de medecine en vain,
Chercher secours du corps, qui le mandie?
  Et toutesfois puisque i'ay tant ozé,
Que ie me sois à tes pieds exposé,
Malgré le ciel, il me plaist de te suiure.
  Tu es mon tout, tu es mon dernier port,
Que Dieu t'ordonne ou la vie, ou la mort,
Apres ta mort ie ne te veux suruiure.

XVII.

Elle que i'ayme & chery fermement,
Dressant son ame au Ciel, pour dernier gage
De nos amours, par vn triste message
Me conuia d'estre à son testament.
  Fut-il iamais dessous le firmament,
Tel creuecœur? poulsé de viue rage,
Vers sa maison, forcené ie voyage,
Pour obeyr à son commandement.
  Là elle veut departir à largesse,
En ma faueur son or, & sa richesse,
Par des escriz entre nous deux, secrets.
  Helas, à moy de tes maux le collegue,
Il ne faut point que ta main rien me legue,
Fors que souspirs, que pleurs, & que regrets.

Ii

XVIII.

Ie t'ay chanté vis à vis de la Seine
Où des pieça i'ay assis ma maison,
Et t'ay chanté en ma vieille saison,
Bien qu'en ton lit ie te visse mal saine.
 La mort qu'en toy i'aperçeuois prochaine,
Ne m'affranchit iamais de ta prison,
Ny cette mort n'a esteint le tizon
Du chauld amour, qui me brule, & me geine.
 Ton bel esprit rauissant mes espris,
Me fit chanter ainsi qu'au ieu de pris,
En ton honneur maint Sonnet, & mainte Ode.
 Si or' i'entonne vn autre chant moins beau,
Cigne ie suis, qui chante au bord de l'eau
De mes vieux ans le dernier periode.

CHANSON.

Sous le nom d'vne ieune Damoiselle, contre
l'Amour du vieillard.

FY de l'amour, fy du vieillard
 Qui dessous vne barbe grise
Dedans son plein hyuer s'auise
De contrefaire le gaillard.
 Ce sot en vou ant bouffonner
Oubliant le rang de son aage,
Est comme l'oiseau dans la cage
Que l'on aprend à iargonner.
 Tout a diuersement son but,
L'Amour pour sien le ieune auoüe,
Mais au vieillard il fait la mouë,

Vieillesse Amoureuse.

Comme des Dames le rebut.

 L'vn a le crespelu coton
Dont gay il frise son visage,
L'autre mal plaisant & moins sage
Reuest de nege son menton.

 Le ieune d'vn œil gratieux
Mignarde doucement sa Dame,
Le vieil maulsade la reclame
Seulement d'vn œil chassieux.

 L'vn frisque, gaillard, & dispos,
En idolastrant il folastre,
En folastrant il idolastre
Le torment qui est son repos.

 L'autre fascheux & decrepit:
Au lieu de courtizer regente,
Et ne repaist sa dame gente,
Que de ialousie, ou despit.

 Au vieillard il faut l'esperon,
Le ieune sans bouche, & sans bride
Va par tout où son œil le guide,
Et sans derober est larron.

 L'vn est tout courbé, l'autre gent
Le vieil sans façon & sans grace,
Nous paye d'vne chiche face,
Le ieune de grace, & d'argent.

 L'vn est mal propre à escrimer,
Le ieune a feu, pistole, & mesche,
Pour entrer droict dedans la bresche
Ay-ie pas subiect de l'aimer?
Bref le vieillard est vn Monsieur,
Faignant de l'aimer ie l'honore:
Mais quant au ieune, ie l'adore
Comme celuy qui est mon cœur.

Ii ij

CHANSON.

Pour les Amours du vieillard sous le nom d'vne ieune Damoiselle.

Amour le grand Demon des Cieux
N'est point enté sur vn seul tige,
Ains à tatons par tout voltige,
Comme celuy qui est sans yeux.
　Doncques de penser qu'vn vieillard
Qui dans soy couure vne ieunesse,
Ne soit capable de maistresse,
C'est rendre l'amour trop hagard.
　S'il ne sçait decocher ses traits,
Tels que fait vn ieune pelage,
Cetuy toutesfois moins volage
A mille doux plaisans attraits.
　Luy entre les vieillards mieux né
Tousiours remue dans son ame
Quelque beau subiet pour sa Dame,
Dont il doit estre guerdonné.
　Luy qui à bien aimer s'entend
Voulant iouyr du don de grace,
Sçait choisir le tems & la place,
Pour sans scandale estre content.
　Le ieune pense qu'on luy doit
Ce qui est de l'amour le gage,
Le vieil retenu & plus sage
Auecq' tout honneur le reçoit.
　L'vn dans son printans ne produit
Que vaines fleurs dont il foisonne,
Et de l'autre dans son Autonne

Vieilleſſe Amoureuſe.

Nous ſçauons recueillir le fruit.

Si le ieune donne ſon cœur
A vne Dame, il ne le cache,
Le vieillard ſur tout craint qu'on ſçache,
Celle qui le tient en langueur.

Voyez le ieune d'vn œil coint,
Auſſi toſt il'en fera gloire,
Et voudra par tout faire à croire
Qu'il a de vous le dernier poinct.

Accordez au vieillard le don
Qui plus en ſon ame le touche,
Il dira qu'il n'a que la bouche,
Qu'elle eſt de ſes maux le guerdon.

Brief le vieil repute à honneur
De me ſeruir, & loyal m'eſtre,
Et moy de le choiſir pour maiſtre,
C'eſt le comble de mon bon heur.

QVATRAIN.

Le vieillard aux Damoiſelles.

Ie ments ſi ie ſuis tant hardy
De vouloir publier que i'aime :
Si le contraire ie vous dy
Peut eſtre auſſi fay-ie de meſme.

Reſponſe des Damoiſelles au vieillard.

D'aimer, ou non aimer en ſomme,
Nous en croyons ce que tu veux,
Mais nous croirions bien plus, bon homme,
Tes ans, ta barbe, & tes cheueux.

ELEGIE.

DAmoiselle, ie veux que l'on cognoisse encore
Ce que peut vn vieillard guidé d'vne Pandore,
Telle que toy, dans qui le ciel prodigue mit
Tout ce qu'en son espargne ordinaire il estit
De beau, de bien, de doux, de gentil & de rare
Pour aux autres en estre obstinement auare.
  Je veux malgré les ans, ie veux que ton bel œil,
Reluisant dessus moy, soit vn autre Soleil
Qui prodigue en mon ame vne belle verdure
Que mon Hyuer gelé couuroit dans sa froidure.
  Je veux corner à tous que lors que tu nasquis
Cest heureux nom d'aimer sur les fonds tu acquis,
Car Marie est aimer, & d'vne mesme trace,
Des Graces tu obtins le surnom de la Grace.
  L'amour fut ton parrein, & les Graces aussi
Espandirent sur toy le plus de leur soucy,
Chacun à qui mieux mieux industrieux maneuure,
Voulut en te faisant, façonner vn chef d'œuure,
De la mere d'Amour pour partage tu pris,
Le bel œil, le rets d'or, l'embonpoint, le soubriz,
Des Graces l'entregent, la douceur, la parole,
Brief vn ie ne sçay quoy qui nos ames afolle :
Ainsi belle tu feuz estrence des Cieux
Pour commander à tous, mais sur tout aux grands
  Dieux.
Dedans tes yeux Amour allume les flammesches,

Vieillesse Amoureuse. 455

Et de tes mesmes yeux il decoche ses flesches,
Ayant tousiours nourry au meillieu de tes ans,
Voire dans ton Automne vn gratieux Printans.
 Or sus, puisque l'Amour t'a ainsi establie
Pour produire en nos cœurs vne sainte follie,
Le vœu qu'entre tes mains deuotement ie fais,
C'est d'estre à tousioursmais Religieux profex
De tes rares beautez : ie te fay sacrifice
D'vn cœur qui est le cœur non d'vn ieune nouice,
Non d'vn simple aprenty, ains d'vn braue soudart,
Qui des pieça se meit dessous son estendart,
Soustienne toy sans plus, car ie veux qu'on le sçache,
Que des douze ans passez ce vœu dans moy ie cache,
Et sans aller chercher tesmoignage plus loin,
Toy seule, si tu veux en peus estre tesmoing,
Ma passion estoit dans ma poitrine enclause
Sans t'ozer visiter, & tu en sçaiz la cause,
Mais or' qu'auec le tems cest obstacle est osté,
Je te veux à l'ouuert quitter ma liberté :
Si l'amour fait dans toy, comme dans moy, son siege,
Jouyssons toy & moy de nostre priuilege :
Francs amis, & voisins nous pouuons desormais
Vnir ensemblement nos cœurs à tousiourmais :
Mon amour n'est point fait de deux ou trois iour-
  nees,
C'est vn amour de dix voire de douze annees
Qui pour auoir esté caché dedans mes os,
Et s'estre conserué merite plus grand los.
 " Toute chose qui prend naissance inopinee,
 " Elle meurt aussi tost que soudain elle est nee,
 " Et ce qui prend son ply & racine à longs traicts
 " Ne prend aussi sa fin que par mesmes progres.

        Ii iiij

Face doncques le Ciel, que comme la nature
Distribuant ses biens, ordonne la verdure,
Et les fleurs au Printans, a l'Automne les fruits:
Ainsi prenans tous deux ensemble nos deduits,
Et en nous entr'aimans d'vne volonté bonne,
Nous recueillions d'Amour le fruit en nostre Automne.

CINQVIESME PARTIE DES IEVS POETIQVES.

VIEILLESSE RECHIGNEE.

I.

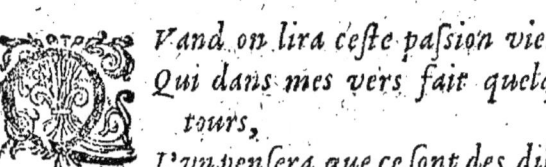Vand on lira ceste passion vieille
Qui dans mes vers fait quelquefois ses tours,
L'vn pensera que ce sont des discours
Dont gayement mes esprits ie reueille:
Que ie succote, ainsi comme l'abeille,
Les belles fleurs, pour illustrer mes iours:
L'autre visqueux dira tout au rebours
Qu'vn sot amour mes pensées accueille:
Que pour passer le reste de mes ans,
Ie me deuois choisir vn passetans
Loin de celuy que la folie tresme.
Si de l'amour ie chante les effects,
Sçache Thiard, qu'aux discours que ie fais,
Ie suis sans plus amoureux de moy-mesme.

II.

Ie ne sçaurois courtizer la Lesbie,
Ie ne sçaurois vne Laure adorer,
Et moins encor' me veux-ie enamourer
D'vne Corinne, ou bien d'vne Delie.
 Ie ne consacre à Neére ma vie,
Ie ne sçaurois la Cassandre honorer,
Ie ne sçaurois l'Oliue sauourer,
A nul amour, l'amour ne me conuie.
 Comme vn hermite, ou vn moine reclus,
Nulles beautez ie n'idolastre plus,
Ie contrefais le sage Grec Vlisse.
 Et toutefois si mes œuures tu lis,
Tu trouueras que dans l'amour ie vis,
Que suis-ie donq? vn furieux Narcisse.

III.

Dont vient Loisel, dont vient ie te supply,
Que lors que plus ie mesprise le monde,
C'est lors que plus mutin ie me desbonde,
Par ce mespris voulant estre annobly?
 Que plus ie mets cest honneur en oubly,
Philosophant sur ceste terre ronde,
Plus sur discours vainement ie me fonde,
Pour estre fort, plus ie suis affoibly?
 Fi de la Cour des Princes, fi des grands,
Fi de vouloir estre mis sur les rangs,
Ie vois criant par tout à son de trompe.
 Mais ce pendant que ie le crie ainsi,
Dans moy ie ronge vn plus mordant soucy,
Et le trompant, moy-mesme ie me trompe.

IIII.

Tout me desplaist, & la cour de nos Rois,
Et le parfum du courtizan esclaue,
Et le soldat piaffeur qui nous braue,
Et du prescheur la turbulente voix.

Du magistrat les fluctuantes loix,
De l'Aduocat le caquet plein de baue,
Et le marchand qui veut trancher du graue,
Et l'artizan qui traine le long bois.

Pendant qu'icy tout obiect me fait peine,
Moy-mesme i'ay ma propre vie en haine,
Tant sont mes sens peu contents, imparfaicts:

Qui me rend tel? ce n'est le peu d'office
De tous estats, ains seulement mon vice,
Tout me desplaist, & à tous ie desplais.

V.

Ne pense point, mon Pitou, que ce soit,
Ny vn deffaut nouueau de la iustice,
Ny du marchand la nouuelle auarice,
Dont mon esprit ce maltalent reçoit.

Sur mon printans iadis tout me plaisoit,
Tout me sembloit estre plain de police,
Et si ie croy que tout fait son office,
Ny plus, ny moins comme lors il faisoit.

Mais maintenant que ie passe l'Automne,
Ce chãgement nouueau tintoin me donne,
Et si me fait autre que ie n'estois.

Car tout ainsi que mes sens me deffaillent,
Ie pense aussi que toutes choses faillent,
Quand tout demeure, & moy seul ie m'en vois.

VI.

Estre en son cœur forbanni de soulas,
Haïr son bien, idolastrer sa peine,
Se rendre serf d'vn chagrin qui le gene,
Perdre chez soy, & repos, & repas,
  En vn public marcher à graues pas,
Et sourcilleux auoir le peuple en haine,
Pour vn mespris furieux qui le meine,
Auoir tousiours ses yeux fichez en bas :
  Ce sont les mœurs qui me tiennent en transe,
Et à me voir au premier œil on pense,
Que les discours ie couure d'vn Platon :
  Par le dehors vn Platon ie descœuure,
Mais par dedans miserable ie cœuure
Vn mesme esprit que la femme à Pluton.

VII.

Bien fut celuy remply de vitupere,
Bien malheureux fut-il cent & cent fois,
Qui violant de nature les loix,
T'alla rauir du sein de nostre mere :
  Bien-fut vraiment, bien fut sage le pere,
Qui le premier de nos anciens Rois,
Heureusement commandant aux François,
Graua sur toy la Croix pour caractere ;
  Argent pipeur, qui bannis de mes os
Sous vn faux heur, l'heur vray de mon repos,
Qui d'vn désir affamé nous affames :
  Car tout ainsi que tu portes la Croix,
Aussi tant plus que dans nos cœurs tu crois,
Tu fais tant plus vne croix dans nos ames.

Vieillesse Rechignée.

VIII.

Lequel des deux fut de plus grand' requeste,
Ou le payen qui d'vne basse main
N'ozant voler à discours plus hautain,
Graua sur toy pour figure vne beste:
　Ou le Chrestien qui de toy faisant feste
Feignant d'auoir son cœur au ciel enclin,
Planta la croix sur ce metal malin,
En t'honorant d'vn signe plus honneste.
　L'vn y graua cette Croix qu'il adore
Pour nous monstrer que chetif il honore,
Comme la Croix, ce malheureux metal.
　L'autre aussi fin que nous, voire plus sage
Nous enseigna sous vne lourde image
Que qui l'honore est vn lourd animal.

IX.

Heureux celuy qui loin de plaict & noise,
Se va loger au Paradis des champs,
Cettuy gaillard se nourrit aux doux chants,
Qu'vn Rossignol begayement degoise.
　Rien sur son cœur, du monde ne luy poise,
Il ne craint plus l'enuie des meschants,
Ny ceux qui vont leurs debtes recherchants,
Ny que chez luy le sergent s'appriuoise.
　De son labour il recueille le fruict,
Dans sa maison il vit à petit bruict,
Sa seule cour entretient sa famille,
　Si ie prens or' ma visee à ce but,
Ie ne suis point de fortune rebut,
Mais ie ne veux plus iouer à la pille.

X.

En mes profonds souspirs ie te reclame,
Repos d'esprit, non ce Somme otieux,
Somme trompeur qui glissant dans mes yeux,
Charme mon corps mi-mort sous vne lame.
   Mais toy Repos d'vne bien-heureuse ame,
Qui nous apprens par vn soin gracieux
De n'auoir soin du soin ambitieux,
Ny de ce soin que l'auarice trame.
   O doux Repos, ia ne soient mes esprits,
D'Ambition, ou d'Auarice espris,
Banny de moy ceste sollicitude.
   Mais fay Repos que viuant à requoy,
Loin de souhaits, ie sois sans plus à moy,
Sera-ce pas vne belle habitude?

XI.

I'ay cy deuant passé la plus part de mon aage
Auecq' mes compagnons au milieu du palais,
En procés, en escrits, en causes, & en plaids,
Pour agrandir en biens, & moy, & mon menage.
   Maintenant il me plaist prendre pour mon partage,
Vn franc repos d'esprit, & vne longue paix,
Dont sans oisiueté, oiseux ie me repais,
Sentant par ce moien vn bien grand aduantage.
   Mes liures auiourd'huy me seruent d'amusoir,
Ie deuise auecq' eux le matin & le soir,
Loin de l'ambition, loin de la ialousie.
   Et au lieu de mon gain passager & iournel,
Ie iouy doucement de mon bien paternel,
Mon vin m'est le nectar, mon blé vne ambrosie.

XII.

Quel coin faut-il Dieux, que ie me pourchasse,
Si le soucy, de mon heur enuieux,
Me talonnant çà & là en tous lieux,
A mes plaisirs ne veut octroyer grace?
 Si dans mes champs tout seulet ie tracasse,
I'y trouue trop pour tourmenter mes yeux,
Dans ma maison ie n'y trouue pas mieux,
Fascheux suiect tousiours m'y embarrasse.
 Ie voy perir presque tous mes cheuaux,
Mourir du tac mes brebis & agneaux,
De mon labour la recolte est fumée,
 Fay dans la ville, ou aux champs ton seiour,
Tu y verras par vn mesme retour,
Tous tes pensers se tourner en fumée.

XIII.

Pour esloigner la longue affliction
Qui m'assiegeoit dans l'enclos de la ville,
I'auois choisi d'vn iugement debile
Dedans les champs mon habitation.
 Ie croyois lors qu'il n'y eust passion
Qui s'y logeast, mais homme mal habile,
Ie cognois or' que mille, & mille, & mille
Y font seiour sans consolation.
 Dedans la ville vne langue gaillarde,
Vn bel esprit, vne ame non fetarde
Me consoloit gayement à souhait:
 Que ie sois froid maintenant plus que marbre,
I'ay seulement mon recours à vn arbre,
Ou à vn pré, plaisir qui est muet.

XIIII.

Tout le monde me put, ie vy de telle sorte
Que ie ne fay meshuy que tousser & cracher,
Que de fascher autruy, & d'autruy me fascher,
Ie ne supporte nul, & nul ne me supporte.

Vn mal de corps ie sens, vn mal d'esprit ie porte,
Foible de corps ie veux, mais ie ne puis marcher,
Foible d'esprit ie n'oze à mon argent toucher,
Voila les beaux effects que la vieillesse apporte.

O combien est heureux celuy qui de ses ans,
Ieune ne passe point la fleur de son printans,
Ou celuy qui venu s'en retourne aussi vite.

Non: ie m'abuze, ainçois ces maux ce sont appas,
Qui me feront vn iour trouuer doux mon trespas,
Quand il plaira à Dieu que ce monde ie quitte.

XV.

Ie ne nourry dans moy qu'vne humeur noire,
Chagrin fascheux, melancholic, hagard,
Grongneux, despit, presomptueux, langard,
Ie fay l'amour au bon vin & au boire.

De mon esprit toutefois ie fay gloire,
Pour le penser estre frisque & gaillard,
Et ne tenir nullement du vieillard,
Mais nul que moy ne le se fait accroire.

Pour trop me plaire, à chacun ie desplais,
De vains discours pauure sot ie me pais,
Ne pouuant rien, sans espoir ie desire.

Pour n'auoir plus de reste que ma voix,
Ie chante à tous mes anciens exploicts,
Mais les chantant, ie n'appreste qu'à rire.

Vieillesse Rechignée.

XVI.

Le vieillard porte vn baston dans sa main,
Qui le conduit, & pour flater sa vie,
Du temps passé sur les siens le renuie,
De son soulas, c'est l'vnique refrein.

D'ans, & de maux, & de caterres plein,
Par vn instinct d'vne vieille folie,
Ses ans il cache en toute compagnie,
Pensant tromper la mort, mais c'est en vain.

Tout autre mal trouue sa medecine,
Mais l'aage vieux qui peu à peu nous mine,
Du medecin ignore le support.

Que le vieillard fueillete Paracelse,
Et Hipocrat, & Galien, & Celse,
Malgré leur art, il est pres de sa mort.

XVII.

Tu penseras me voiant en ce point
Contrerouler les traicts de ma vieillesse,
Que ie le fais par vne gentillesse,
Accommodant ma plume à son apoint.

Non, mon Mangot, non, ne le pense point,
Long temps y a que ie sens ma foiblesse,
Moy seul ie sçay où mon souilier me blesse,
Seul ie cognois la douleur qui me point.

Mangot qui es en la fleur de ton aage,
Doux, gracieux, & vertueux, & sage,
Console moy, vien t'en me secourir.

Ores ayant le chagrin en partage,
Ce ne m'est pas vn petit aduantage
De le pouuoir auecq toy discourir.

XVIII.

Il n'en est rien, de cela ie m'asseure,
De vains discours Pasquier tu ne te pais,
Ton aage vieil ne ronge point ta paix,
N'y n'a changé ton iour en nuit obscure.
 Touſiours dans toy ta primeuere dure,
D'vn autre esprit que tu estois, tu n'és,
Aux doctes gens, aux gens d'honneur tu plais
Comme tu feiz en ta ieune verdure.
 Voila, Mangot, voila les doux propos
Que tu me fais, pour tenir en repos
Vn pauure cœur matté de desplaiſances.
 S'il est ainsi, Mangot, comme tu dis
C'est fait de moy, car! helas, mes ans gris
Font qu'estant tel, tel estre ie ne pense.

XIX.

Ie te ſalue, ô an climaterique
Que la nature ingenieuſe a fait,
De ſept fois neuf, nombre le plus parfait,
An de mes maux bute & reſſource vnique.
 Si de nos iours la fin ſe prognoſtique
Par ta venuë, & que le neuf fois ſept
Produiſe en nous ce merueilleux effect,
Braue ie fay à mes malheurs la nique.
 Vien hardiment, vien deſirée mort,
De ma tourmente & orage le port,
Par toy mon ame est iuſqu'au ciel rauie.
 Fay moy quitter ce monde paſſager,
Fay moy mignonne, auecque Dieu loger:
Fay qu'en mourant ie retrouue ma vie.

XX.

Si tu me vois, Lecteur, sous un chenu pelage
Representer tantost un vieil homme gaillard,
Puis tout soudain en faire un rechigné vieillard,
Je me joue en ce point glorieux de mon aage.

Je voy tel estre un sot qui contrefait le sage,
Un sage bouffonner pour un autre regard,
Qui fascheux, qui fasché, l'un doux, l'autre bagard,
Chacun diuersement iouer son personnage.

De l'Amour ie me mocque, & encores de moy,
Et m'en mocquant i'atten le semblable de toy.
Je ioue au mal content pour contenter ma vie.

Ayant mon pensement sur ce monde arresté,
Et voiant que ce Tout n'est rien que vanité,
Bien viure, & m'esiouir c'est ma Philosophie.

CHANSON.

Laissons Ronsard, les amours
Des humains la seule rage,
Laissons Venus & ses tours,
Sans que plus facions l'hommage
Que le sot monde pretend
Estre deu au Dieu qui tend
Et son arc & ses esprits,
Pour les nostres rendre espris,
Dieu qui prend droit sa visée
Au cœur pour à un instant
Le rendre le mal contant,
Et du monde la risée.
Lors que i'appelle Dieu,

Ronsard c'est la poesie
Qui l'a ainsi dit au lieu
De le nommer frenaisie,
Faisant son renom voler
Par la terre, puis par l'air,
Le haussant iusques aux cieux,
Voire par dessus les Dieux,
Encores qu'il n'ait essence
Que celle que luy donnons,
Quand nous nous abandonnons
Du tout dessous sa puissance.

  Par nostre folie il naist,
En elle il prend sa pasture,
Et sans elle iamais n'est:
Puis augmentant sa nature,
Petit à petit s'accroist,
Et de telle sorte croist
Que ny plus ny moins que l'œil
Ne peut attaindre au soleil
Quand vers le midy s'auance:
Ainsi tant plus haut le fol
Laisse à l'amour prendre vol
Plus en perd il cognoissance.

  Et mescognoit non point soy
(Qui est chose trop petite)
Ains le haut Dieu & sa foy,
Où nostre esperance habite:
Faisant conte seulement
Du motif de son tourment,
Et sans gouuerner son frain,
Ne peut tenir autre train
Que vers vne seule dame,
Ou tousiours tasche adresser

Vieillesse Rechignée.

Le meilleur de son penser,
Et tout son corps, & son ame.
  Ainsi permettant voler
Son esprit à la vanuole
Se laisse l'homme couler
Sous les aisles d'vne fole,
Qui n'ayant compassion
De sa sotte passion,
Ains se nourrissant au mal
De ce grossier animal,
Qui pas ne le peut cognoistre,
Luy fait faire mille escrits,
Mille bons jours, mille cris,
Comme s'il venoit de naistre.
  Tantost d'vn faint entretien
Le sçaura à soy attraire,
Puis d'vn offensif maintien
Ne taschera au contraire
Que le ietter des arçons,
Plus muable en ses façons
Qu'vn Prothée, se paissant
Comme l'oiseau rauissant,
En son douloureux martyre,
Pour puis estant en tourment
Sçauoir seulement comment
A soy elle le retire.
  Si que l'homme bien prudent
Si du haut Dieu ne se voile,
Tombe en naufrage euident
Lors qu'il met au vent la voile.
Où est ce grand Roy Dauid?
Où est celuy que l'on veit
A vn instant sans effort.

Auparauant le plus fort?
Où est ce sage parfait?
Où est ce vaillant Hercule,
Qui se rendit ridicule
Par le succez de son fait?
　Où sont vne infinité
Et vn million de braues,
Qui tant auoient merité,
Lesquels se rendans esclaues
A ce sot Dieu que lon dit
Auoir sur nous tout credit,
Se sentirent si surpris
Qu’où ils emportoient le pris,
Soit en science, ou aux armes,
Soudain retournants leurs ieux,
Adresserent tous leurs vœux
Aux pleurs, tristesses, & larmes.
　Tel bien n’est-ce le guerdon
Que lon trouue à la boutique
De ce vaillant Cupidon?
Quand vn subiect il practique
Ne promet-il tout plaisir?
Mais apres tout à loisir
Ne nous fait-il repentir,
Nous faisants par trop sentir
Sa venimeuse nature,
Quand sous la mercy du vent
Laisse floter bien auant
Nostre cœur à l’auenture?
　Amy ceste grand rigueur
Est seulement en vengeance
De ceux qui du bon du cœur
N’ont mis en Dieu leur fiance,

Vieillesse Rechignée.

Ains se laissants subjuguer
Laissent leur esprit voguer,
Sans contempler le Seigneur
Duquel depend tout nostre heur,
En qui seul nous deuons mettre
Nostre amour de part en part,
Sans que voulions autre part
Nostre pensée commettre.

Cupidon tende son arc
Et que sur nous il descoche,
Nous ne serons de son parc
Mais que luy coupions la broche:
Ne nous rendants otieux,
Mais haussâts nos cœurs aux cieux.
Supplions le Dieu puissant,
Que tousiours nous repaissant
De sa diuine parolle,
Ne nous permette y entrer,
Ains vueille nous sequestrer
De ceste opinion folle.

SVITE
DE LA IEVNESSE
D'ESTIENNE
PASQVIER.

PASTORALE DV VIEILLARD AMOVREVX.

A Monsieur Airault Lieutenant Criminel au siege Presidial d'Angers.

IL n'est pas dit qu'il faille auoir tousiours l'esprit tendu sur les liures, ou sur les sacs : Quant à moy ie menage ma vie tout autrement que plusieurs : Mon estude ne m'est qu'vn ieu. Pour le moins le veux-ie faire paroistre par cest eschantillon que ie vous enuoie. Il y a trois sepmaines ou enuiron que s'estant passée toute la iournée auecq' quelques honnestes Aduocats en consultations dedans ma maison, Madame de Rets me conuia à soupper, où se trouuerent plusieurs Seigneurs de marque. Toute la serée se passa sur vne infinité de bons & beaux propos concernans la calamité de ce temps, & sur les espoirs & desespoirs que chacun de nous apprehendoit selon la diuersité de ses opinions. Et comme c'est le priuilege des banquets de sauter de propos à autres, qui n'ont aucune liaison, sans sçauoir pourquoy ny cóment, aussi feimes nous le semblable sans y penser, & discourumes, tantost de nos menages particuliers, tátost du fait de la iustice, puis de la commodité du labour. Iamais ie ne vey pieces plus descouzues que celles là, ny de meilleure estoffe. Vn habille homme en eust fait vn liure tel qu'Athenée, ou Macrobe, dans ses Saturnales. En fin comme le discours de l'Amour est l'assaisonnement des beaux esprits, aussi ne le peumes nous oublier. Et moy qui en mes ieunes ans en auois composé deux liures sous le nom du Monophile, voulus auoir bonne part au gasteau. Qui fut cause d'vne nouuelle recharge entre nous. Car comme ceste honneste Dame est pleine d'entendement, aussi par vn doux coutraste commença elle de me guerroyer : Disant qu'il estoit mal seant à vn *bon-homme* comme moy d'é discourir. Ie m'attache à ce mot de *bon-homme*, que ie prenois à grande iniure, comme vn huictiesme peché mortel. Et croyez que ce fut à beau ieu beau retour : voire que cela nous apporta nouueau subiect de discours; sçauoir qui pouuoit mieux parler de l'Amour, ou le ieune homme, ou le vieillard : En quoy il y a assez pour exercer les beaux esprits qui sont de loisir. Le lendemain ie party de Tours pour m'acheminer à Blois, où i'ay quelque procés à demeler pour des mineurs dont ie suis tuteur ; & trouuant que les vacations estoient données aux procés, ie ne les voulus octroyer à ma plume: ou pour mieux dire, pendant que i'estois oiseux, ie voulus paracheuer mon voiage en vne autre oisiueté: qui fut de tracer vne Pastorale du vieillard Amoureux, & non content de ceste folastrie, encores vous en veux-je faire part: Mais à la charge que la lisant ne ferez le procez extraordinaire, ny à l'autheur, ny à l'œuure, emploiant ainsi que Sophocle, pour ma iustification, la mesme piece sur laquelle sera fondée l'accusation : Ayant par le moyen de la ligue perdu tout mō bien, pour le moins permettez moy que malgré elle ie iouisse de mon esprit. Ou si voulez estre Lieutenant Criminel implacable, ne m'imputez à faute, si auecques tout mon bien i'aye aussi perdu mon esprit. Mais à quel propos toutes ces excuses? Ie veux à face descouuerte qu'on sçache que ie fay le fol. Et pourquoy ne me le sera-il permis, si le grand Solon dans Athenes, ne douta de le faire, pour apporter vn grand bien à sa Republique: La Republique dont i'ay charge est ce petit monde, que Dieu a estably en moy, pour la conseruation duquel ie ne sçay meilleur moien que de tromper mes afflictions par quelques honnestes ieus d'esprit : Appellez les bouffonneries, si ainsi le voulez. Voiez doncques ce vieillard entrer maintenant sur le theatre, pour iouer son personnage, & monstrer, tant en prose, que vers, qu'il n'est gueres sage. A Dieu.

De Tours. 1591.

A MADAME
LA DVCHESSE DE RETZ.

IE ne vous pense point tant oublieuse des fautes par vous commises, qu'il ne vous souuienne de l'iniure que feites dernierement en vostre maison, à vn pauure innocent mien amy, quand de guet à pan, ou par hazard, l'appellastes Bon-homme, comme s'il eust esté vne piece de rebut. Et parce qu'il m'appartient de fort prés, i'ay pensé de prendre sa querelle en main, comme pour vn autre moy-mesme, & vous enuoier, par vne noble vengeance, ce cartel de deffy, sous l'image d'vne Pastorale. Vous aduiserez s'il vous plaist, en ce nouueau gage de bataille, de choisir quelque braue champion, qui entre en lice contre moy pour vous deffendre. Ou bien si par vn priuilege special de vostre sexe, voulez estre iuge & partie, pour le moins trouuerez-vous qu'il n'y a rien de Bon-homme, en celuy dont parlates. Grande pitié, qu'il faille que ne soyons seulement affligez pour la longueur de nos ans, promesse certaine d'vne courte vie, mais qu'encores on nous vueille auancer nos iours par maledictions, ou mocqueries, auant qu'ils ayent attaint à leur periode. Or voiez, ie vous prie, combien ie piafe en moy-mesme. Ie fay la figue à ces ieunes mentons, quand ie pense qu'ils ont a trauerser vne infinité de destours que i'ay passez, & dont ie suis à present garenty. Ils me iugent de peu d'effet, mais pendant qu'ils se font accroire cela (peut estre à fausses enseignes) ce temps pendant par vn passe-droit special de ma barbe grise, ie me dispense quelquefois de crocheter des baisers, où ils n'oseroient aspirer. Baisers (di-je) lesquels s'ils n'ont telle suite que ie desirerois, aussi n'est cette faueur accordée à tous. Voire à ceux là mesmes qui par vne opinion de leur poil follet, pensent estre de plus grand merite que nous. Les anciens nous ont figuré le Dieu d'Amours sans yeux. Et tout ainsi qu'en vne blancque, chacun y apportant du sien, l'aueugle distributeur des billets, donne tantost benefice à celuy qui ne le merite, tantost blanque à celuy qui meriteroit recompense : Ainsi est-il de l'Amour. Il communique souuent ses biens-faicts, non selon la valeur des personnes, ains comme le hazard le permet. Quant à moy, laissant toutes ces folastries à part, tout le benefice que ie souhaite de vous, est que cete Pastorale, que ie vous enuoie, vous soit agreable. Si la trouuez bien faicte, pensez, Madame, que c'est à vous seule à qui ie le dois pour auoir esté le Démon, qui a conduit, & mon esprit, & ma plume. Si au contraire mal faicte, vous l'imputerez seulement à ma lourdise, & neantmoins prendrez s'il vous plaist la bonne volonté pour l'effect, de la part de celuy qui est vostre tres-humble seruiteur.

PASQVIER.

A ELLE-MESME.

PEndant que seul dans la ville de Blois,
Sur vos vertus, les miennes ie moulois,
Fichant vos traicts au centre de mon ame:
Pour me tromper ce pendant ie dressay
De mes amours ce ieune coup d'essay,
Bien que d'vn vieil ie figure la flame.
  En le lisant, ne pensez pas pourtant
Q'vn ieune obiect m'aille ainsi tourmentant,
Comme i'en fay, par mes vers contenance:
Ie ne vy point en cest heur malheureux,
Ie suis de moy seulement amoureux,
Et autre mal en mon cœur ie ne pense.
  Quelque fascheux peut estre & mal apris
Se mocquera du subiect que i'ay pris:
Si ie me suis dispensé de l'escrire,
Chacun estant maistre de son bon temps,
Afin de rendre & luy, & moy contens,
Il se pourra dispenser de le lire.
  Si oncq' d'Amour receutes quelque accueil,
Esprit diuin, souguignez d'vn bon œil,
C'il qui vous a sa plume consacrée:
Sous vostre aueu cest ouurage fut fait,
Et ie seray amplement satisfait
Si tant soit peu ie voy qu'il vous agrée.

ENTRE-PARLEVRS.
TENOT.
CATIN.
PAN.

PASTORALE

PASTORALE DV VIEILLARD AMOVREVX.

LE POETE.

Vn iour Tenot cest ancien pasteur,
A sa Catin fidelle seruiteur,
Vn iour Catin la gente pastourelle,
A son Tenot aucunement rebelle,
Se gouuernoient chacun à qui mieux mieux,
Catin blasmant de Tenot les ans vieux,
Tenot loüant aucontraire son aage,
De ses amours obstiné tesmoignage:
Pendant que Pan auecq' ses chalumeaux
Gardoit seulet des amants les troupeaux,
Prenant plaisir aux honnestes aproches
Qu'ils se faisoient tous deux par leurs reproches.

Tenot.

Dont vient, folle, qu'en tous lieux
Tu me reproches mon aage,

Pastoralle

J'appelle à tesmoing les cieux,
Qu'il n'y a dans mes ans vieux,
Riens qui m'aporte domage.

Bien que la longueur des ans
Produise en nous mille entorces,
Toutesfois rien ie ne sens
Au corps, en l'esprit, aux sens,
Qui ait alteré mes forces.

Chacun fera iugement
De moy & de ma puissance
Comme il voudra, mais il ment,
S'il veut iuger autrement,
Par vne vaine creance.

Tel qu'au printans i'ay esté
D'vne amour non passagere,
Tel fut l'Autonine, & l'Esté,
Tel i'ay l'Hyuer aresté
Enuers toy ieune bergere.

Que tout aille perissant,
De moy, i'ay voué ma vie
Au Dieu d'Amours tout puissant
Par luy ie suis florissant
Malgré le temps & l'enuie.

Bien que l'on preigne à deffaut
Les blancheurs entremeslees
De mon poil, il ne m'en chaud,
Quand les neiges sont en hault,
Les torrents sont aux vallees.

Si mon aage a le deuant,
Ne t'en mocque, car en somme
Noz aages ne sont que vent,
Nous voyons aussi souuent
Mourir ieune, que vieil homme.

du Vieillard.

La mort tout d'vn mesme cours,
Heurte à l'vne & l'autre porte,
Doncques ne comptons nos iours,
Mais considerons tousiours
Comme tout homme se porte.

Celuy de nous qui fera
Premier à la mort hommage,
Bien que ieune vieil sera,
Le vieil qui demourera,
Sera le plus ieune d'aage.

Quand mes ans auroient du pis,
Ie mets en contrebalance
Mes bœufs, mes porcs, mes brebis,
Mes blez, mes vins, mes pastiz,
N'est ce prou de recompense?

Ne m'aime point à regret,
Petite mignardelette,
Ie suis vieillard, mais discret,
Moins volage, & plus secret,
C'est ce que l'amour souhaite.

Ainçois qu'il te vienne à grief,
D'aimer la ieunesse, comme
N'estant que sottie, brief
Le ieune n'est qu'vn relief
D'image taillée en homme.

Nature tout au rebours
Se rend par nous accomplie,
Plus nous allons au decours,
Et plus de braues discours
L'ame de nous est remplie.

Iouissons tous deux contans
De l'heur que l'heure nous preste,
Qui ne prend son passetans

Ll ij

Quand en main il a le tans,
En vain aprés le regrette.

Pendant qu'ores tu me fuis
Pour m'estimer mal propice
Au deduit que ie poursuis,
Pendant las! que tout ie puis,
Tu faiz que rien ie ne puisse.

L'aage peu à peu s'enfuit,
Rien n'est icy perdurable,
Nos iours couuent vne nuit,
Le tems perdu trop nous cuit
Comme chose irreparable.

Cueillons doncques ma Catin
Le fruit que l'amour ordonne,
Qui peut iuger au matin
Si par vn fascheux destin,
La mort au soir nous talonne?

Catin.

Tenot ne t'esbay pas
Si ie me plain de ton aage,
Tu n'y sens deschet, mais las
Peut estre qu'en nos esbas,
I'y sentirois du dommage.

Celuy qui t'haleine sçait,
Que tu iouës bien ton rolle
Par escrit, mais en effect
Ie souhaite plus de fait,
Et moins en toy de parole.

Quand ie ly ton vers mignard
Tu m'aparci'lles à rire,
Tout cela ce n'est que fard,

Il est permis au vieillard
De peu faire, & beaucoup dire.
 Le bien dont tu t'es vanté
Il n'est plus à ton vsage,
La ligue te l'a osté,
O que c'est grand pauureté
D'estre sans plus riche d'aage.
 Ny blé, ny vin, ny mouton,
Tout cela ie ne reclame,
Celuy qui porte au menton
Le plus crespelu coton,
C'est la bute de mon ame.
 Ie me mire en ses beaux yeux,
Luy aux miens en contr'eschange,
Je suis son pis & son mieux,
Il me courtize en tous lieux,
Quoy qu'il soit subiect au change.
 Que te sert la loyauté
Dont tu fais tant de trophée,
Si nature t'a osté
Ce que tant luy á cousté
Pour estre mieux estoffée.
 Ie n'atache mon soucy
En vn vieillard Philosophe,
Ores que loyal, aussi
Il y a tousiours du si,
Ie veux façon & estofe.
 Je m'asseure de tout poinct
Que ta volonté est bonne,
Mais tu n'as à ton apoint
Ie ne sçay quoy qui nous poingt,
Et qui l'amour assaisonne.

Icy ie mets à neant
Tes feuz, ains fumees gayes,
Il te seroit plus seant,
De te mettre en ton seant,
Que de nous paistre de bayes.

Quand tu veux dire le mot
Ou coucher de ta vaillance,
Bon Dieu, que tu fais le sot:
Celuy qui t'aime Tenot
S'en taist ores qu'il le pense.

Tu n'es plus ie te promés
Vn petit mignon de couche,
Contente toy desormais
D'auoir pour un tousiours mais
Sans plus la main & la bouche.

Ie ne trouue point nouueau,
Que toute personne s'aime,
Nous le tenons du berceau,
Mais il seroit bien plus beau
De se cognoistre soy-mesme.

Chaque chose a sa saison,
D'estre à son aage rebelle,
C'est par vne trahison
Combatre de la raison
L'entresuite perennelle.

Nous voyons le gay printans
Se reuestir de verdure,
L'Esté, l'Automne ont leur tans,
L'Hyuer pour son passetans
Se delecte de freidure.

Ainsi des aages l'obget,
Gist en diuerse harmonie,

L'vn a l'amour pour subiect,
L'autre d'vn autre progét
Plus foiblement se manie.
  Viuons doncques par escot:
Moy, i'auray pour mon partage
L'amour, & toy en ton lot,
Le vin, le verre, le pot.
C'est le propre de ton aage.

Le Poete.
Ainsi Catin, ainsi le bon Tenot,
S'entretenoient, quand Pan d'vn cœur deuot,
Voulant bannir des amants tout nuage
En peu de mots leur tint vn tel langage.

Pan.

Enfans oyez tous deux vne leçon
Qui n'est point mienne, ainçois de la façon
Du Dieu d'Amours, des pieça l'ay aprise
Quand de Siringue estoit mon ame esprise.
  Tant que Tenot ton loyal seruiteur,
T'honorera, Catin de tout son cœur,
Eust-il cent ans, son amour sera ieune,
Mais s'il t'aimoit d'vne amitié commune,
Tenot eust-il tant seulement trente ans,
Tu trouuerois ses amours languissans,
L'amour n'est point grand & petit par l'aage,
Il prend du cœur sans plus son aduentage.
Que Catin ieune, & Tenot ancien
S'aiment tous deux d'vn mutuel lien:
Il n'y a feu si ardent ce me semble,
Que d'vn bois sec, & d'vn verd tout ensemble.

Pastoralle

Le Poete.
A peine auoit prononcé cest arrest
Le grand Dieu Pan, quand l'vn & l'autre prest
De s'entr'aimer, d'vne belle concorde
Cette Chanson sur sa musette accorde.

CHANSON.

Catin.

Viuons mon Tenot, viuons,
Sans que des sots le mesdire
Bannisse de nous, le rire.

Tenot.

Viuons Catin, & suiuons
Les plaisirs que d'vne main
Plantureuse, amour procure
Sans que iamais ayons cure
Toy & moy du lendemain.

Tenot & Catin ensemble.

Les iours s'en vont & reuont,
Et d'vne eternelle suite
Chaque chose prend sa suite :
Des soleils les nuicts se font,
Et du mesme mouuement
Des nuicts, les iournées glissent,
Ny les hommes ne iouyssent
De riens que du seul moment.

Catin.

Tenot, qu'est-ce que du bien,
Qui ne vit en allegresse?

Tenot.

Celuy qui vit en detresse,
Ma Catin n'a du tout rien.

Tenot, & Catin.

Il faut prendre son deduit,
Puisque tout ce que l'homme œuure
En moins d'vn clin d'œil se cœuure
Sous vne impiteuse nuit.

Catin.

Ie ne veux tous les troupeaux
Qui naissent dans l'Arcadie,
Mais que ie passe ma vie
Auecques toy dans ces vaux.

Tenot.

Et moy ie ne veux aussi
Tout l'or dont la France abonde,
Mais que ie passe ce monde
Auecques toy sans soucy.

Pastoralle du Vieillard.

Tenot & Catin.

Baisons nous donq' & prenons
Un baiser de longue haleine,
Baiser qui mille en ameine,
Puis dix mille, prouignons
Tant de baisers desormais,
Que d'vne metamorphose
Nous ne soyons autre chose
Qu'vn long baiser à iamais.

A MONSIEVR
PITOV SIEVR DE SAVOYE ADVOCAT
au Parlement de Paris.

Eites vous iamais telle drolerie que cette cy? Que moy dans mon plein Hyuer, au milieu des troubles de la France, me soye donné nouuelle carriere, & amusé à faire vne Pastorale d'amour? Cecy me fait souuenir de ce que vostre Saluian racontoit des manans & habitans de Triers, ausquels ayant esté defendu de faire des ieuz publics pendãt que la Gaule estoit affligee par les nations estrangeres, ils enuoyerent des Deputez pardeuers l'Empereur, non pour luy demander secours contre les barbares, mais bien à ce qu'il luy pleust leuer les defenses qu'il leur auoit faites. Grande follie (dit ce bon Prestre) d'oublier leurs malheurs pour des theatres, qui ne gisent qu'en cingeries. Mais plus grande follie (veux-ie dire à Saluian) de ne vouloir qu'vn pauure peuple affligé trompe son affliction par quelque flaterie publique.

I'aimerois autant dire que pour n'estre point malheureux, il faut estre tousiours malheureux. Il n'y a remede: puisque la vieillesse apporte mille incommoditez de corps & d'esprit quant & soy, ie me veux chatoüiller pour rire, malgré la malice du tems, & de mon aage, & en ce faisant bannir le chagrin au moins mal qu'il me sera possible, & me resiouyr sans pecher. A la charge que si ie desplaiz à quelques vns, ie veux qu'ils sachent qu'aussi me desplaisent-ils, & si voulez que ie passe plus outre, leur desplaisir est mon plaisir. A Dieu, de Tours, dixiesme Ianuier 1592.

DIVERSES
POESIES SELON
LA DIVERSITE
du temps.

CONGRATVLATION AV ROY Charles neufiesme sur l'Edict de Pacification par luy fait entre ses subiects l'vnziesme iour d'Aoust 1570.

Par laquelle sont discourus, tous les malheurs que produisent les guerres ciuiles, & specialement celles qui sont entreprises sous le masque de la Religion.

Visque Dieu qui les cœurs des grands Rois illumine,
SIRE, vous a fait voir des vostres la ruine,
Et que nous regardant d'vn œil plein de pitié,
Auez dans vos pays replanté l'amitié,
Qui s'estoit quelque temps d'entre nous esgaree
Par vne passion follement bigarree,

Congratulation

Que vous par vn discours plus certain que vos ans,
Seul auez combatu la rage de ce tans,
Ayant pour premier trait de vostre aprentissage,
Fait entre vos subiects vn chef d'œuure si sage,
Chef d'œuure où le prudent ne vouloit aspirer,
Chef d'œuure que le bon n'ozoit presque esperer,
He! vraiment ie serois ingratement bien chiche,
Si ores ie voulois tenir ma voix en friche,
Pour n'entonner à tous d'vn magnifique arroy,
Par ce grand Vniuers, la gloire de mon Roy,
Et faire à l'estranger plus fin que nous entendre
Qu'vn Charles de Valois dés sa ieunesse tendre,
Aage propre à la lance, aage propre à l'escu,
A d'vn coup, & son âage, & soy mesme vaincu.
SIRE, tres-grande fut, & plus qu'on ne peut croire,
Et la premiere, & l'autre, & la tierce victoire,
Que par trois diuers ans, que par trois diuers iours
Vous obtintes de Dieu en trois cruels estours,
Quãd souz mots acharnez nous tous portions la picque,
Qui pour le Huguenot, qui pour le Catholique.
Grande fut la victoire auprés de Montcontour,
Mais s'il vous plaist peser chaque chose à son tour,
Bien que du ciel vous fust cette victoire offerte,
Si est ce que sur vous tomboit sans plus la perte,
N'ayant lors deuant vous autre but ou obiect,
Que de voir mettre helas, à sac vostre subiect:
Et en le ruinant, sur vne mesme tresme
Se filoit peu à peu vostre ruine mesme,
Donnant occasion au subtil estranger
D'ourdir encontre vous vn plus fascheux danger,
Pendant qu'il cognoissoit s'espuiser sans ressource,
Le sang de vos subiects & leur vie, & leur bourse,

au Roy Charles IX.

Estranger qui nous a dans la paix plus battu:
Que si à guerre ouuerte, il nous eust combatu.
 Et afin que sçachiez, SIRE, de quel effect,
Et de quelle suite est la guerre qui se fait
De subiect à subiect en vne Republique,
Ie vous veux figurer cette beste horrifique,
Et en peu de papier, comme sur vn tableau,
Vous pourtraire au naif, tout son bon & son beau.
 Ce Monstre hideux qui est vne beste allouuie,
Plein de feu, plein de sang, du masque prend sa vie,
Car rien de vray il n'a, mais pour tous ses parents,
Met le masque du bien public dessus les rangs:
De ce seul pere il prend sa premiere naissance,
De folle opinion s'allaite son enfance,
Qui pour lait le nourrit du vent de vain espoir,
L'emparant dés le bers d'aisles de haut vouloir,
Comme son pere est beau, & sa nourrisse belle,
Aussi dés son entrée est sa ieunesse telle:
Par elle ce glouton sçait surprendre en ses rets,
Grands, petits, sages, folz par mille doux attraits,
Qui courent à l'enuy, sous l'aisle de ce Monstre,
Tant les commencements en sont de belle monstre.
 Mais croissant peu à peu, par les ans il prend cœur,
Dedans l'ambition, l'insolence, & rancœur,
Et plus en le paissant de subiect on l'anime,
Plus contre ses suppoz luy-mesme s'enuenime,
Rongeant vne ruine enchaisnee en son sein
Redoree du miel d'vn specieux dessein.
 Comme vne autre Circé, au son de ses aubades
Tout homme qui le suit fait œuures retrogrades,
Car soudain qu'il nous a dedans ses lacs surpris,
Aussi tost il retourne à l'enuers nos espris:

Tout se guide a rebours d'vn iugement folastre,
L'on abhorre la paix, la guerre on idolastre,
L'vn court à l'estranger contre sa parenté,
L'autre prend la prison respit de sa seurté
La Maiesté des Rois estant enseuelie,
Souz le vil artisan tout l'Estat se manie,
Et n'y a ny de loy ny de Religion,
Sinon de tant que veut sa brusque ambition,
Les villes qui estoient de frontieres couuertes
Sont lors à la mercy des gendarmes ouuertes,
Et le pays qui fut limitrophe & frontier,
Franc & quitte du mal est à demy entier,
Le grand fait son profit de la perte publique,
Dessus le plat pays le soldat tyrannique
Se donnant tout tel lieu qu'il luy plaist à son tour
Va volant, rauageant & pillant le labour,
Et pendant que tout est ainsi sans discipline,
Nous humons à doux traicts, chetifs nostre ruine,
Ne sentants enyurer d'vn esprit esperdu
Que nous perdions sinon lors que tout est perdu.

 Le fruit que ce discord intestin nous apporte
Est d'ouurir au Barbare en nos pays la porte:
Et où en autre guerre il y vient à tatons,
Nous au doigt & à l'œil luy monstrons les quantons,
Le guidons à la main par les gaitz, & peu sages
Luy enseignons les lieux, les villes, les passages,
Par où mieux par où moins il nous peut assaillir,
Et par où il pourra, quand il voudra, saillir
En vn mauuais succes, le tout sous vue amorce
Qu'il vient pour nous tuer, ioindre auecq' nous sa
 force.

 Mais luy non aprenty de masques nous repaist,
Et rien que nostre perte en son cœur ne luy plaist,

Car

de la Paix. 497

Plus il est retenu & demeuré en ceruelle,
Se faisant spectateur seulement de nos ieux:
Quand nous à yeux bandez iouons à qui mieux mieux,
Et que chacun pippé d'vne vaine despoüille,
Luy mesmes dans son sang ses mains cruelles souille,
Combatant or son pere, ore son propre enfant
Pour se rendre de soy, non d'autre triomphant.

   Ainsi tandis que l'vn de tout point se conserue,
Et que l'autre s'expose à la mort sans reserue,
Faisant de sa victoire vn fantastique gain,
Nous enseignons la voye au barbare inhumain
De dresser vn Estat nouueau de nos ruines,
Luy qui ne s'estoit mis des nostres que par mines:
Ainsi le Got, l'Alain, le Lombard, le Germain
S'agrandirent iadis aux despens du Romain,
Ainsi le Turc prenant chez nous, par nous adresse,
Surprit à la parfin l'Empire de la Grece,
Ainsi prit Saladin nostre Hierusalem
S'armant encontre Guy Comte de Lusignem,
Bref ainsi preignent fin tous Estats, toutes villes
Par les diuisions de leurs guerres ciuiles.

   Nous eusmes de ce mal presque vn eschantillon
Lors que l'Orleannois, & le fier Bourguignon
Sous faux titre empruntans le nom du Roy leur Sire,
S'esbatoient à l'enuy de nous perdre & destruire,
Quand l'vn rendu plus foible introduisit l'Anglois
Qui dans Paris planta dixhuict ans ses loix,
Mais enfin fut chassé par la sage conduite
D'vn Roy de mesme nom, & de mesme merite
Que vous, SIRE, lequel restablit sous sa main,
Tous ses biens & pays, par œuure plus qu'humain.

   Grand fut vraiment le mal, voire quasi supreme
Qui lors courut, mais non si aigu ny extreme

M iii

Congratulation

Que le nostre, de tant que la Religion
Produit en nos esprits plus forte passion,
Elle fait que celuy qui sous elle s'enflame
Perd gayment le corps, cuidant sauuer son ame,
Qu'il espouse les feuz, les gibets, estimant,
Que mourant pour sa foy, il meurt heureusement,
Et ne veut s'enquerir si sa creance est vraye,
Si de Dieu, si du diable, ains luy suffit qu'il croye:
Si que soudain qu'on vient pour son opinion
De la parole aux mains cette desvnion
Est vn seur prognostic de fatale ruine:
Car plus vous surmontez, plus le vaincu prouigne,
Tout ainsi comme l'Hydre, & ne rend les abois
A celuy qui l'assaut pour deux cheutes ny trois,
Ainçois en se flatant tousiours se fait accroire
Que Dieu pour fin de ieu luy garde la victoire,
Soit que sa foy soit telle, ou que le desespoir,
Ne pouuant faire mieux luy cause tel espoir,
Souz cette opinion, chacun d'vn humeur acre
S'entretue, se perd, se noye, se massacre,
Se meurdrit se ruine, & plus de mal il fait,
Plus cruel il se plaist & baigne en son mesfait,
Et d'vne pieté teinte de sanglant vice,
Il estime en tenant faire à Dieu sacrifice.

Qui voudra balancer le profit au vray poix
Que raporte ou la paix, ou la guerre à nos Rois,
Cettuy la trouuera qu'en vne guerre ouuerte
Y a cent & cent fois plus qu'en la paix de perte:
Et qu'en la guerre aussi qu'on fait à l'estranger
Y a moins qu'en la guerre interne de danger.
Il trouuera encor' que la guerre ciuile
Est bien plus supportable, & s'il faut dire vtile,
Qui se fait par les grands pour leur ambition,

de la Paix.

Que celle qui se fait pour la Religion:
Car mesme outre la paix, cette cy souuent couue
Souz soy tout le venin qui dans l'autre se trouue:
Mais sur tout il verra qu'en vain c'est s'abismer
En discours, de cuider que pour bien escrimer,
Et iouer des cousteaux, nous ostrons la racine,
Des erreurs, il y faut tout autre medecine.

 Quand Dieu voulut iadis son peuple deliurer
Des mains des Pharaons tyrans, & le liurer
Lors pauure, lors chetif, sous la sage conduite
De Moyse, il voulut aussi tout d'une suite,
Que pour planter sa loy à dans le Palestin,
Chacun d'vn bras d'acier meurdrist le Philistin,
Qu'aucun d'eux n'espargnast en la cause commune,
Non plus le sang du vieil, comme le sang du ieune,
Et pour s'estre à pitié quelques fois attaché,
Des mains du Roy Saül, fut le sceptre arraché:
Car tel estoit le vœu, que ce grand chef Moyse
Auoit iuré à Dieu. Mais quant à nostre Eglise
S'il vous plaist repasser, quel a esté le cours
Depuis son premier plant, c'est tout autre discours.

 Quand Iesus-Christ, duquel, cõme d'vne grãd bonde,
Flue la vraye foy, vestit vn corps au monde,
Pour establir sa loy, & sa religion,
Il se pouuoit armer de mainte legion
D'Anges du Ciel pour faire aux mescreants la guerre,
Le fit-il? non vrayment: ainçois lors que sainct Pierre
Meu d'vn zele indiscret frapa de son cousteau,
Il le luy fit soudain r'engaigner au fourreau,
Et à l'instant faisant sa voix aux Iuifs entendre,
Par deux fois il fit cheoir ceux qui le venoient prendre,
Monstrant que ce n'estoit du glaiue temporel
Qu'il bat ses ennemis, ains du spirituel.

       M m ij

Et iamais sur la mort il n'eut tant d'auantage,
Que quand il prit la mort en la croix pour partage,
Tellement qu'à tous ceux qui luy ont succedé,
Il leur a pour leur lot, la mesme croix cedé,
Non croix flotant aux chams d'vne guerre ciuile,
Mais croix qu'on supportoit pour prescher l'Euan-
gile,
Et comme ce grand Christ doiue estre seul patron
De nos deportements, aussi depuis Neron
Iusques à Constantin le grand n'y eut preudhomme
Qui pour sa probité tint les clefs dedans Romme,
Lequel ne fut aussi par cruels iugements,
Pour le nom de son maistre exposé aux torments,
Et tant que fut ainsi leur vie languissante,
Tant fut entre Chrestiens l'Eglise florissante,
Croissant comme la palme, & par torments diuers
S'accreut, non en l'Europe, ains par tout l'vniuers:
Elle espandit ses fruits par toutes les Prouinces
Malgré l'ire des tems: mais soudain que les Princes,
Tournerent leurs propos impiteux en pitié,
Aussi tost s'altera l'Eglise de moitié,
Aussi tost se logea dans le Christianisme,
L'ambition, l'erreur, l'heresie, le Schisme:
Et pendant qu'on defend, non la foy, mais son bien,
Dieu, d'vn iuste courroux suscite l'Arrien,
Que l'on veut suprimer apres plusieurs Conciles,
Par le glaiue trenchant, & par guerres ciuiles.

   Mais comme en ces discours charnels on se promet
D'emporter le dessus par armes, Mahomet
Espiant son apoint se met à la trauerse,
Qui sur ce seul obiect en l'Orient renuerse
Tout ce que d'vn long trait en nostre affliction
Nous auions espandu de la Religion.

de la Paix.

Tout de ce mesme sens naguere en Allemagne
Nous veismes estendarts ondoyer la campagne,
Tout en feu, tout en sang, tout en combustion,
Tout se bouleuerser par double faction,
Pour cuider extirper la semence erronee,
Dont elle auoit esté par Luther estrenee,
Mil' meurdres desplaisans, & au monde, & à Dieu:
Mais apres longs combats pour closture du ieu,
Au lieu d'auoir banny le Lutherianisme
En tiers pied se planta chez eux l'Anabaptisme.

Aussi nous deuons tous tenir pour arresté
Que soudain que l'on s'est à la guerre aheurté,
Pour deux religions, aussi-tost la fortune
Qui estoit aux aguets, de deux en engendre vne,
De ces diuisions, d'effect si dangereux
Que celle qui premiere auoit produit ces feux:
Fille qui tuë en fin, & sans que l'on y pense,
Les deux religions dont elle prit naissance.
Et pour dire en vn mot, SIRE, oncques on ne veit
Que le Chrestien tirast de ces guerres profit,
Ou ce profit causoit cent fois plus de dommages
Et à l'ame, & au corps: tesmoins les longs voyages
Qu'entreprimes iadis à credit oultremer,
Quand à flotes nous tous apprenans à ramer
Pour recouurer deuots par croisades nouuelles
Ce que sur nous auoient conquis les Infidelles,
Feimes d'vn coup de pied sourdre de toutes parts
A cette grande emprise vn monde de soudarts.

Qui tous y accouroient de volonté non feinte,
Estant ce leur sembloit cette querelle sainte.
Mais quel en feut le fruict? non autre, fors qu'au bout
En gaignants aussi-tost nous reperdimes tout,
Et auecques les mœurs de ce Turc barbaresque,

Mm iiij

Nous veismes nostre foy se tourner en grotesque,
Lors que le faux Templier de venin infecté,
Le voulut transplanter dedans la Chrestienté.
Ainsi l'euenement de ces sacrees guerres
N'aporta au Chrestien, gain d'ames, ny de terres,
Mais fit que l'Orient apres maint exploit beau,
Deuint de nostre foy & de nous le tombeau,
Instruits par la que Dieu ne veut point que sa vigne
Par les guerres, ainçois par presches se preuigne,
Instruits que Dieu ne veut autre glaiue ou harnois
Pour combatre l'erreur, sinon l'homme de choix,
Qui ait exemple, sens, meurs, & litterature,
Auant qu'estre appellé à quelque prelature,
Que l'Euesque s'armant d'vne deuotion
Chasse bien loin de luy l'ardente ambition,
L'ignorance, l'erreur, l'auare hypocrisie,
Voila les vrais cousteaux meurdriers de l'heresie.
  Tous ces discours vous sont par vn grãd don des Cieux,
SIRE, en vos ieunes ans passez deuant les yeux,
Et autres non moins beaux, que ceux qui ont la force,
Ne gousterent iamais que par dessus l'ecorce.
Mais vous grand Roy guidé d'vn aspect plus benin,
Seul auez en vainquant descouuert le venin
Que couuoit dessous soy cette histoire tragique,
Vous auez descouuert que vostre Republique
Toute viuoit en vous, que les mesmes outils
Pour vaincre l'estranger, estoient les deux partis,
Qu'aueugles nous faisions heurter l'vn contre l'autre,
Et que l'vn d'eux perdant, la perte en estoit vostre,
Et que tant qu'en nos cœurs ce discord eust vescu,
Vous seul en surmontant estiez par vous vaincu
Qui voudra Reunir auecq' Ruiner mettre,
Il verra qu'il n'y a transport que d'vne lettre,

de la Paix.

Et qu'en Reuniſſant, vos villes Ruinez,
Et qu'en les Ruinant vous les Reuniſſiez,
Car dans vn, Reunir, le Ruiner ſe treuue
Dont vos pauures ſubiects ont fait derniere eſpreuue.
 Vous auez deſcouuert, que le hazardeux gain
Des batailles ne vient d'vn iugement humain,
Mais qu'il aduient ſouuent qu'aux plus belles iournees
Les petites deffont les plus grandes armees,
Et que le deſeſpoir qui commande en vn camp
Le fait iournellement maiſtre & ſeigneur de champ.
 Vous auez eſtimé que la force eſtrangere
Qui vous donnoit ſecours, n'eſtoit que paſſagere,
Meſme que ce ſecours eſtranger de ſoldats,
Pour en dire le vray, eſtoit vn vray appas
De plus ample ruine, & qu'vn ſeigneur qui regne
Prend de l'œil ſon conſeil: comme le tems le meine,
Que celuy qui vous eſt naturel eſtranger
Peut en vain ſa nature en autre inſtinct changer.
 Vous auez veu qu'ainſi comme la main prudente
Du ſage medecin par fois la veine eſuente,
Tirant tantoſt de l'vn, tantoſt de l'autre flanc,
Le bon, pour eſpuiſer auſſi le mauuais ſang,
Mais qui à tous propos, comme d'vne fonteine,
Vouldroit du patient euacuer la veine,
Ce ſeroit l'affoiblir de tant qu'à la parfin,
Au lieu de le guerir on luy donroit la fin.
Ainſi en eſtoit-il au Magiſtrat ſupreme,
Aux affaires d'Eſtat, & des ſiens tout de meſme,
Que tuer ſans reſpect le mauuais & le bon,
Tant de fois, c'eſtoit mettre vn ſceptre à l'abandon.
 Vous auez veu encor' que de donner voſtre Ordre
Pour recompenſe à tous, eſtoit vn grand deſordre:
Que creer tant d'eſtats nouueaux, & tant d'honneurs,

Mm iiij

Ce n'estoit faire autant de pilliers, ains pilleurs,
Et que d'vn estat neuf en vendre l'exercice
A vn ieune homme neuf n'estoit pas moindre vice.
  Que faire, que defaire, & refaire vng Loy,
Est aprendre au subiect de mespriser son Roy,
Et que tout ce qu'vn Roy doit en son cœur empraindre
Est d'estre respecté, & non pas de contraindre:
Aussi que d'establir en tous lieux Gouuerneurs
C'ettoit au long aller tout autant de seigneurs,
De Ducs, de Potentats, de Marquis, & de Princes,
Que vous establissiez par dessus vos Prouinces:
Qu'ainsi en Italie, autrefois le debat
Du Guelphe, & Gibelin altera leur estat,
S'estant de ces discords prouigné de la honte
De l'Empire Germain, là vn Duc, là vn Comte.
  Bref vous auez pensé que dedans le Chaos
De nos Troubles ciuils tout mal estoit enclos:
Parquoy d'vn bon enclin vous auez pensé, SIRE,
De nous rendre la Paix, que le bien ne desire,
Afin que dans la Paix nous peussions restablir
Tout l'heur que le discord nous auoit sceu tollir,
Et si auez voulu par Royale ordonnance
Que nostre mal-talent passast souz oubliance,
Estant peu de la paix, si aussi nostre dueil,
N'estoit enseuely d'vn eternel cercueil,
Ayant plus regaigné par vn seul trait de plume,
Que n'eust fait en dix ans Vulcain sur son enclume.
  O Roy vrayment vny à la diuinité,
Roy sage, Roy benin, qui auez merité
De voir d'vne main forte engrauer vostre gloire,
A iamais au plus haut du temple de memoire.
Je veux eternizant maintenant vostre honneur,
Prophetizer à tous de mesme poix vostre heur,

de la Paix.

Ny l'orage sur mer, ny la male fortune,
Qui court sur les maisons n'est à tous iamais vne,
Ny oncq' en son Prin-tems, Roy ne feut mal-traité
Qui n'ait apres senty vn tres-heureux Esté,
Pourueu qu'à l'auenir du mal il se souuienne,
Et que le souuenir en cerueau le retienne.
Et vous, SIRE, que Dieu à la paix a guidé,
De vous seul pouuez estre en ce subiect aidé:
Car si contre l'aduis, mesmement du plus sage,
Discourant nos malheurs, en vostre plus bas aage,
Par vn grand paradoxe, auez à l'impourueu,
Au plus chauld de la guerre, à nostre paix pourueu,
Que pouuons nous de vous, desormais nous promettre,
Fors vn heur, & reuoir toutes choses remettre,
Apres vn long desroy, en leur ancien train?
Quand vous, SIRE, tenant aux affaires le frein,
   Et reglant vos subiects d'vne mesme balance,
Ferez entretenir la paix en cette France,
Quand vous pour nettoyer de tout point le venin,
Serez autant aux vns, comme aux aultres benin,
Arrachant de leurs cœurs la malheureuse crainte,
Qu'vne sourde rumeur auoit dans eux emprainte.
Ainsi, ô Prince sage, ô Prince diligent,
Vous sçaurez faire espargne, & d'hommes, & d'argēt,
Ainsi tous deux vniz en vous leur Capitaine,
Ferez sourdre (ô miracle) vn amour de la haine,
Et chacun demeurant deuot enuers son Roy
Sera dans sa maison desormais en requoy,
Viuant selon sa foy, content en sa patrie,
Auec ses chers enfans, & sa douce partie,
Iusques à ce que Dieu regardant d'vn œil doux
Son peuple mi-party, estanche son courroux,
Et que las de nous voir floter en cette guise,

Nous reunisse enfin sous vne mesme Eglise,
Courroux qu'alentirons indubitablement,
Lors que d'vn cœur contrit, nous tous ardentement
En nous humilians deuant sa sainte face,
Deuots luy requerrons que son vouloir se face:
Quand nous à iointes mains pour trouuer guerison,
Par aumosnes, par dons, par frequente oraison,
Par pleurs, par charité, par ieusnes, & par larmes
Combatrons pour son nom, & non pas par les armes.
Et lors que ne verrons promeus aux dignitez
Les flateurs en l'Eglise, ains les mieux meritez,
Lors que les bons Prescheurs, moins entachez de vices
Seront recompensez des plus grands benefices:
Et que les Eueschez n'iront à l'abandon
En la main du mauuais, ains seulement du bon,
Brief lors que l'on verra renaistre en nostre Eglise
Les venerables meurs de l'antique Prestrise.
Ce sont les instruments, par lesquels en effect
Nous pouuons reparer tout ce qui s'est deffait,
Et non à couppe-gorge, entre nous introduire
Vn long mespris de Dieu, au lieu de nous reduire,
Ia la commune voix disoit que le soldat
Tant d'vn party que d'autre estoit du tiers estat,
Voulant dire que fol il eleuoit la creste
Contre son Dieu, lequel il n'auoit plus en teste,
Parquoy ce n'est assez, SIRE, que d'auoir fait
Vostre Edict de la paix, s'il n'est du tout parfait.

 On dit qu'ayant iadis le sage Athenien
Souuent senty l'effort du Salaminien,
Il fit paix auecq' luy, & pour la rendre stable,
Il ordonna par loy non iamis violable,
Que nul à l'auenir ne parlast d'annuller
Cette paix, & que cil qui viendroit pour parler

De faire à Salamine vne guerre nouuelle,
Celuy la fuſt de tous reputé pour rebelle:
Ne voulant ſur deſſeins fantaſques eſprouuer
Ce qu'autresfois le temps luy auoit fait trouuer.
 SIRE, que ceſte loy ſoit en France preſchee,
Qu'à clouds de diamants elle y ſoit attachee:
Que celuy qui voudra encontre voſtre Edict,
Par raiſon ſophiſtique apporter contredit,
Ou ſous mots partiaux de Papiſte, Fidelle,
Catholic, Huguenot, remuer la querelle,
Qui preſque a mis l'Eſtat de France en deſarroy,
Cettuy comme ennemy de France, & de ſon Roy
Bien loin à l'auenir de nous on extermine,
Et que chaſſé il ſoit rongé de la vermine,
Qu'enſeuely ſoit-il dans le ventre des loups
Ce ſophiſte pipeur, du commun bien ialoux,
Lequel pour vn repos menſonger qu'il trafique,
Troublera le repos de la choſe publique.

SONNETS DIVERS SELON LA DIVERSITÉ des temps.

Commencement des troubles pour la diuersité de Religions en l'an 1567.

Eux tu sçauoir quel est l'estat de nostre France?
Vn ieune Roy mené par vn peuple malduit
Mené d'vn Espagnol, d'vn caffard, d'vn faux bruit,
Mené par vne mere esperduë à outrance.
  Vn conseil bigarré qui cache ce qu'il pense,
L'artizan capitaine, vn camp sans chef conduit,
Vn pays du Papiste & Huguenot destruit,
L'estranger qui pour nous a nostre mort s'auance,
  L'ennemy qui fuyant se va mocquant de nous,
Le grand dans nostre camp contre le grand, ialoux,
Mille nouueaux Estats, mille emprunts sans trafique,
  La iustice sous pieds, le marchand fait les loix,
Paris ville frontiere: ô malheur! toutesfois
Qui parle de la paix est ennemy publique.

Mariage du Roy Charles neufiesme auecque Isabelle d'Austriche, 1571.

EN tous climats, ie suis le Roy des Rois,
Disoit Amour d'vne braue hautesse:
Tu ments (luy dit la Dame chasseresse)
I'ay tout pouuoir dessus toy dans mes bois.
 Lors eux picquez, iettent arcs & carquois,
Et se harpants, or de force, or d'adresse
A qui mieux mieux, chacun d'eux s'entrepresse,
Et ia ces Dieux estoient presque aux abois:
 Quand Isabel se met de la partie,
Et des carquois & traits s'est assortie,
Puis de deux traits sur Charles decocha:
 De ces deux coups dedans luy elle enchasse,
Ensemblement, & l'amour, & la chasse,
Et dans son cœur l'amour chaste ficha.

Entree du Roy Charles 9. dedans Paris l'an 1571.

NE pense point, passant que ce soit vne entree,
Que tous ces somptueux aparcils que tu vois,
Tous ces arcs triomphans, ces superbes arrois,
Dont Paris nostre ville est ores illustree.
 Ainsi que Rome on vit de lauriers tapissee
Embrasser le guerrier enflé de hauts exploits,
Ainsi a nostre Roy, au plus grand de nos Rois,
Pour rendre dans les ans sa memoire enchassee,
 Paris d'vn œil ioyeux, Paris sa grand Cité,

Luy dreſſant vn trophee à la poſterité
La voulu honorer d'vn triomphe ſupreme:
 Apres auoir eſté trois fois aux champs vainqueur,
 Apres auoir des ſiens ſurmonté la rancueur,
 Et que d'vn cœur plus fort il s'eſt vaincu ſoy-meſme.

Troubles de l'an 1575. ſous les noms des Huguenots & Malcontents contre le Roy Henry troiſieſme.

ILs iront, non feront, ces courtiſans gorriers,
 Ces mignons, ces minons, ces abateurs de filles,
Ces maſquez, ces muſquez, nouueaux muguets de ville
Ces taillants, ces fendants, & ces rudes guerriers,
 Lors que vous les verrez en œuure ces ouuriers,
Ils combatront hardiz de baſtons inuaſibles,
Ou pour mieux aſſaillir, de baſtons inuiſibles,
Ceignants leurs frōts de myrthe & non pas de lauriers.
 Pour entrer brauement au lict dans vne breche
Ils portent quant & ſoy, & le feu & la meſche,
Lance, piſtole, eſcus, & harnois accerez:
 Puis piaffans bragards au bal dans vne ſale,
Ils trouſſent Huguenots & Malcontents en male,
Tout cela n'eſt-ce pas pour nous rendre aſſurez?

Commencement des troubles de l'an 1585. ſous le nom de la ſaincte Ligue.

IE veux la paix, & la guerre ie corne,
 Ie hay la Ligue, & la Ligue ie ſuis,
 Les petits i'aime, & mes Princes ie fuis,
Mes amitiez ſans meſure ie borne,

Selon la diuersité des temps.

De mes subiects ie reçoy mainte escorne,
Roy deux fois Roy, Roy presque ie ne suis,
Pour donner plus cent fois que ie ne puis,
Je vy d'Edicts dont mon peuple s'ecorne.
  Tout mon conseil la verité me taist,
Autre conseil que le mien ne me plaist,
Absolument ie veux ce que i'ordonne:
  O pauure Roy Henry tu ne vois pas,
Que tout cela n'est autre chose, helas!
Qu'vn changement fatal de ta Couronne.

Congratulation sur la victoire & heureux succez du mesme Roy contre les Reistres à Aulnoy l'an 1587.

Qui voudra voir ce que peut la vaillance
  Dedans vn cœur remply de pieté,
Qui voudra voir la magnanimité
Conduite à l'œil par la mesme prudence.
  Qu'il voye Henry, nostre saincte esperance,
Qui d'vn bras fort & sage a surmonté
Cest Allemant iadis tant redouté,
Et maintenant le ioüet de la France.
  O Roy guerrier, qui as sceu menager
Le sang des tiens sans perte & sans danger,
En soustenant du grand Dieu la querelle:
  Poursuy ta pointe, & en guerre, & en paix,
Tu t'es acquis vne gloire à iamais
Et à ton ame vne vie immortelle.

Assemblée de trois Estats tenue en la ville de Blois 1588.

Pendant qu'icy d'vn magnifique arroy,
Chacun de vous à l'enuy sacrifie
(Docte Prelat) & sa mort & sa vie
Pour restablir nostre ancienne loy.

Moy cependant qui ne suis point à moy,
Poulsé du vent d'vne longue follie,
Ie me repais d'vne Philosophie
Qui tient mon ame, & mes sens en esmoy.

Bien que d'amour ie suiue le guidon,
Iamais (Thiart) ie ne tiray guerdon
De celle là qui est ma mieux aimee.

Face le ciel que tout ce beau trafic
Que remuez pour le repos public,
Comme mon feu, ne se tourne en fumee.

Aux deputez des trois Estats.

Quand ie vous voy chacun diuersement
Representer le mal de la Iustice,
Du Courtizan, du Gendarme le vice,
Du plat pays le cruel traitement,

Du Huguenot le trop d'auancement,
Du Financier, du Prelat l'auarice,
Brief que la France est du tout sans police,
Grand prognostic d'vn prochain changement.

Adoncq confus : tout suspens ie demeure,
Et nostre siecle, & nostre Estat ie pleure
Comme faisoit l'ancien Heraclit :

Mais s'il aduient que cette grande face
Des trois Estats sans rien faire déplace,
Ie deuiendray vn autre Democrit.

Suite

Suite sous le nom de la saincte Vnion.

IAmais ne fut telle diuision
Que celle là qui vogue par la France,
Tout nostre but, toute nostre esperance
Est faction, ou bien c'est fiction.
  Le peuple couue vne sedition,
L'vn reblandit le Roy par apparence,
L'autre de luy tout à fait se dispense,
Et tout cela est la sainte Vnion.
  Qui veut la paix, qui la guerre Huguenote,
Qui le Concil de Tarente, qui oste
La liberté de l'Eglise à nos Rois:
  On ne veit oncq' en France tel mesnage,
Chacun de nous ioüe son personnage,
Mais tel en ioüe à part soy, deux & trois.

Suite de mesme subject.

IE vous diray quel iugement ie fais
De nos Estats: C'est vne masquarade,
Où les plus grands s'entredonnent cassade,
Faignans vouloir du bien publi^c la paix.
  Les plus petits viennent aux entremés
Pensans guerir nostre France malade;
Mais pour refrain final de la balade,
Il faut argent à ce coup, ou iamais.
  Le Roy en veut, comme nerf & ressource
De son Estat, mais nul n'ouure la bource,
Quoy que la guerre il vueille aux Huguenots:
  On va, on vient, on s'accoute à l'aureille:
Bref dedans Blois, vous y voiez merueille,
Mais quant à moy ie n'y vay qu'vn cháos.

Sur la harangue du Seigneur Comte de Brissac quand à la clôture des Estats de Blois, il harengua deuant le Roy pour la Noblesse.

Non, ie ne puis ne trompeter ta gloire;
Car ie portois dans mon ame ta peur,
Quand te monstrant vn vertueux trompeur,
Tu m'as fait voir ce que ie n'ozois croire.

Ie graueray au temple de memoire
Tes diuins traicts, toy qui as eu cest heur,
De rapporter par ton braue labeur,
Du Roy, de toy, & de tous la victoire.

Dedans ton cœur la crainte ne loger,
De t'exposer sagement au danger,
Ceste vertu t'estoit hereditaire.

Mais qui eust creu, de moy ieune guerrier
Qu'il te falloit ordonner le laurier
Du bien parler, ainsi que du bien faire?

Rebellion de plusieurs villes de la France contre leur Roy Henry 3. l'an 1589.

Tout est perdu, la guerre est immortelle,
Il n'y a rien que voleurs par les champs,
Rien que desseins de toutes parts, meschans,
La grand' Cité de Paris est rebelle.

La plus grand part du peuple fait comme elle,
Nos ennemis à veuë d'œil puissants
Vont ça & là l'Estat bouleuersans,
Iamais ne fut vne desbauche telle.

Ce temps pendant que faisons nous en Cour?
On nous repaist vainement d'vn bon iour,

selon la diuersité des temps. 415

Le courtizan flateur nous accompagne,
Nous piafons dessus du parchemin,
Nous remettons la partie à demain,
Et ne voions que chacun nous desdaigne.

Reduction de la ville de Paris sous l'obeïssance du grand Roy Henry 4. l'an 1594.

Apres auoir esté forclos de mon Paris,
Et pourmené cinq ans ma barque dans l'orage,
Ie recueille auiourdhuy les ais de mon naufrage,
Ains le peu qui restoit encor' de mes esprits.
Combatans desormais à qui aura le pris
D'vne vraie vnion, bannissons cest ombrage
Qui auoit en nos cœurs pesle-mele la rage
Dont estions par la France aueuglément espris:
Qui eust oncq' estimé qu'vne si douce Entrée
Se feust pour nostre Roy dans Paris rencontrée,
Et que sans coup ferir on nous eust accueillis?
C'est vn vray coup du ciel, c'est du Seigneur la grace,
Qui l'heur du grand Henry, & sa valeur embrasse,
Pour faire prosperer plus que iamais le Lis.

Reduction de Paris.

,, O Peuple, où fait ton cœur forcené sa demeure,
,, Peuple qui t'es armé cruel contre ton Roy,
,, Et as bouleuersé d'vn furieux arroy,
,, La France qui par toy escheuelée pleure?
,, Donnāt vie au meschant, tu fais que le bon meure,
,, Et si ne nous sçaurois rendre raison pourquoy
,, Tu as ainsi troublé nostre ancien requoy?
C'est ce que ie croiois par tout & à toute heure.

Nn ij

Mais ayant veu depuis, que de ce grand Chaos,
S'estoit heureusement dedans Paris esclos
Le nœud inesperé d'union fraternelle,
  Par le pourchas sans plus de dix hommes, ou vingt:
,, Il falloit (di-je lors) que ce scandale aduint,
,, Pour loüer du grand Dieu la puissance eternelle.

Retour de Pasquier en sa maison.

IE te vien retrouuer mon ancien seiour,
  Maison qui as esté par mon trauail acquise,
Maison qui sur le bord de la Seine es assise
Dans Paris, où ie veux finir mon dernier iour.
  Tu seras mon Palais, & des Princes ma cour,
Ausquels i'auois iadis ma confiance mise,
Il faut or qu'en mon ame vn plus grand Soleil luise,
Sous la veuë du ciel chaque chose à son tour.
  J'ay souuent au barreau fait de ma langue gloire,
J'ay voulu releuer de la France l'histoire,
Pour releuer ma vie, & mon nom du tombeau.
  Maintenant ie veux dire à Dieu, non à la France,
Ainçois à la fortune, & à mon esperance,
Je trouue en ma maison mon port aupres de l'eau.

A Messire Achilles de Harlay, Seigneur de Beaumont, Conseiller d'Estat, & premier President en la Cour de Parlement, estant retiré à Stinx pour la contagion de la peste.

IE ne veux m'informer, mõ Beaumõt des delices
  Esquelles tu repais maintenant ton loisir,
Je sçay que de tout tems ton principal plaisir
  A esté de bannir de ta maison les vices.

selon la diuersité des temps. 517

Toutes Vertus, ce sont tes nobles exercices:
Ennemy des parfums, n'auoir autre desir
Que punir les meschants, le bien public choisir,
Sont outils par lesquels tu as les cieux propices.
 Ce n'est point ta grandeur, mais bien tes mœurs qui
  m'ont
Asseruy dessous toy, & encor' ce Beau Mont
Qui passe d'vn long traict les anciens Parnasses:
 Sur lequel tu logeas par œuure plus qu'humain,
Au milieu de nos flos, d'vne constante main,
Iustice, Pieté, les Muses, & les Graces.

Sonnet de Messire Anne d'Vrfé Conseiller d'Estat, sur les Recherches de la France de Pasquier.

Comme on voit le Printans en sa saison nouuelle,
De mille belles fleurs decorer les prez verds,
Et tant d'Astres roulez de mouuements diuers,
Parer le firmament de leur visue estincelle.
 Comme l'on voit orner vne ieune pucelle
De mille doux attraicts, suiect de tant de vers,
Et la varieté qui est en l'Vniuers
Tesmoigner les beautez de la Nature belle:
 En ce liure Pasquier (Pasquier dont les escrits
Sont par tout honorez entre les beaux esprits)
Par mille beaux discours se rend inimitable:
 Car Mercure & Python, verseret tout leur mieux,
Dans ces riches thresors qu'il emprunta des Cieux
Pour se rendre à iamais en la terre admirable.

A MESSIRE HONORE'
D'VRFE' COMTE
de Chasteauneuf.

Oyez si vostre influence a quelque commandement sur la mienne, tout ainsi que vostre Astre, ou pour mieux dire, vostre Astrée sur vous. Le dernier iour de l'an passé, vous me priates de vous donner quelques vers pour mettre sur le frontispice de la continuation de l'Astrée. Oeuure qui n'en a de besoin, pour trop se recommander de soy mesme, sans aucun bouchon. A quoy ie vous respondy que malaisément le feroy-ie, tant pour estre ce mestier aucunement disconuenable à mon aage, comme aussi que lors que ie faisois professió de l'estat d'Aduocat, ma plume obeissoit à ceux qui la mettoient en œuure, mais non en qualité de Poëte. D'autant qu'en ce subject ie n'obeiſſois qu'à moy-meſme. Excuſe que prites en payement, ſur laquelle ie pris congé de vous, & de l'année tout enſemble, toutefois la nuit ſuiuante, ceſte nouuelle ſemonce me ſeruit d'vn reſueilmatin, & vous dreſſay ſix vers, que ie vous enuoiay à mon leuer pour vos eſtreines, dont vous m'auez voulu paier, mais auecq' vne trop grande & exceſſiue vſure : La preſente eſt pour vous en remercier, mais ſous ceſte condition s'il vous plaiſt, que ne mettrez ſur voſtre Aſtrée, ny mon Sixain, ny autres vers de qui que ſoit. Ceſt vſage eſtoit incogneu à l'ancienneté. Adieu. Ce 3. Ianuier. 1610.

A MESSIRE HONORE' D'VRFE' Comte de Chasteauneuf, sur les discours de son Astrée.

Soit que dedans l'Honneur, Vertu preigne sa vie,
Ou bien que la Vertu soit de l'Honneur suiuie,
Le Ciel qui d'Honoré te donna ce beau nom,
Voulut qu'vn Honoré fust honoré d'Astrée,
Et que d'vn Honoré elle feust honorée,
Honorant ta Vertu, de l'Honneur parangon.

Responce à M. Pasquier.

Grand & docte Pasquier, des Muses le bon-heur,
Soit ou que la Vertu nous produise l'Honneur,
Ou que l'Honneur par tout la suiue comme sienne,
Tu seras à iamais de chacun honoré,
Doncques c'est toy qu'il faut que l'on nomme Honoré,
Et pour estre honoré, que Pasquier ie deuienne.

Honoré d'Vrfé Comte de Chasteauneuf, & Baron de Chasteaumorant.

EPITAPHES.

SVR LE TOMBEAV DE MESsire Anne Duc de Montmorency, Pair & Conneſtable de France.

D'Vne tremblante main, & d'vn œil plein de larmes,
Il faut qu'à mon eſprit ie dreſſe mille alarmes;
Ne pouuant deſcouurir ſans ineffable dueil
La perte de haut pris que couure ce cercueil:
Ce grand Montmorency que l'impiteuſe guerre
Nous a ialouſement rauy de cette terre:
Montmorency auquel, & la vertu, & l'heur,
Juſqu'au dernier ſouſpir, ont voulu faire honneur.
Car ſi (paſſant) en peu de ſçauoir as enuie,
En priué, ou public, tout le cours de ſa vie,
Iamais France ne vit François peut eſtre né,
Pour eſtre à ſi grand heur, que ceſtuy deſtiné.

En premier s'il te plaiſt repaſſer ſon meſnage,
Quarante ans l'ont lié à vne Dame ſage,
Sage s'il en feuſt oncq', dont il eut douze enfans:
Deux Mareſchaux de France, & les dix triomphans
Tant en biens, qu'en honneurs, encores plains de vie,
Fors deux, qui deuant luy ſont morts pour leur patrie,
L'vn gendre, & l'autre fils: Heureux vraiment remords,
Tant des dix ſuruiuans, que des deux qui ſont morts.

Et ſi de ſon priué, au public tu veux tendre,
Encor trouueras-tu dés ſa ieuneſſe tendre,
Que ſa fortune, ainçois ſa vertu de prinſault,
Le pouſſa entre nous au degré le plus haut.
L'ayant enſemble fait Conneſtable, & grand Maiſtre,

Afin de faire à tous de mesme fil paroiſtre,
Par ces deux, qu'il eſtoit tout auſsi bon ouurier
Des affaires de Paix, comme braue guerrier.

Or que ceſte grandeur en luy fut bien logée,
Sept fois il combatit en bataille rangée,
Faiſant aſſez ſentir aux Princes plus puiſſans,
Quels eſtoient ſes efforts, quel eſtoit ſon bon ſens.

De cinq Rois ſeruiteur, aux quatre il fit ſeruice
Et au cinquieſme il feit de ſon cœur ſacrifice,
Sur ſon octantieſme an, honoré & chery
De chaque en leur endroit, mais ſur tous de Henry.

Doncq' ceſt heureux Seigneur parfaiſant ſa carriere,
N'euſt oncq' en ſes deſſeins la chance trauerſiere;
Doncq' ce gentil cerueau, par un ſage diſcours,
Sans deſaſtre paſſa de ſa vie le cours?
Non il eſtoit né homme, & iamais la fortune
Ne ſe feit aux humains à touſiours opportune.

De l'enuie il ſentit un coup le deſarroy,
S'abſentant pour un temps de la cour de ſon Roy;
Et le hazard encor' qui les plus hauts tresbuche
Ialoux de ſon bon-heur luy liura double embuche,
L'un au iour ſaint Laurent, & l'autre deuãt Dreux;
Car bien qu'il combatit, comme vaillant & preux,
Si fut-il pourtant pris: mais toutes ces alteres
N'amoindrirent de rien ſes fortunes proſperes.
Celuy fut un malheur qu'une abſence de cour,
Mais ſon heur luy braſſoit un plus heureux retour,
Et pour dire le vray ce que malheur on penſe,
Le feit à ſon retour le premier de la France.

Celuy feut un malheur qu'une double priſon,
Mais luy qui oncq' ne feut pris que de la raiſon,
Monſtra que ce malheur n'auoit point ſur luy priſe,

Epitaphes.

Ourdissant prisonnier tousiours quelque entreprise.
Ainsi fit il deux paix en ce double danger:
L'vne auec le subiect, l'autre auec l'estranger,
Estant par tout le cours de sa vie si braue,
Que mesme la fortune il feit sous luy esclaue:
Aussi n'eust il oncq' rien plus cher en sa pensée,
Que voir sa nation sur toute autre aduancée.

Atant iusques icy tu as sa vie appris,
Or enten maintenant quelle fin il a pris.
Dedans Paris estoit le Roy, & son armée,
Et la Religion que l'on dit Reformée,
Au moins ses partisans estoient campez deuant,
Montmorency sema maints propos en auant
De paix, pour r'allier le subiect à son Prince,
Afin de garentir de degast la Prouince,
Craignant (comme plusieurs) qu'vn plus piteux destin
Ne nous eust apporté ce discord intestin.
Plusieurs fois il ietta, mais en vain, ceste pierre,
Car, & l'air, & le ciel ne souffloient qu'vne guerre:
Les Astres, les Deuins cornoient de tous costez,
Carnages, meurtres, morts, sacs, feus, & cruautez.
Parquoy voiant la France estre pleine de rage,
L'estat bouleuersé d'vn furieux courage,
La iustice, le bien, l'honneur, le droit banny,
Que par le vice estoit le vertueux honny,
Que le pere à l'enfant, & l'enfant à son pere,
Sous le masque de Dieu dressoit vn improperé,
Et que chacun pipé d'vn espoir mensonger,
Contre son propre sang appelloit l'estranger,
Pour courir à la fin qui nous est preparée,
Ainsi que le veneur se treuue à la curée:

Epitaphes.

Bref que le tout s'estoit en ce pays renclos
Peslemesle dedans vn abysme & Chaos
Sans espoir de concorde: adoncq' dit-il: Encore
Faut-il qu'à ceste fois ma memoire i'honore,
Et qu'on sçache à iamais que tout d'vn mesme poix,
Montmorency sceut faire, & la guerre, & la paix:
Et puis qu'à ceste fois vn chacun se machine
Par aueugle discours, à l'enuy sa ruine,
Ie veux vaincre, & mourir, ne pouuant voir deffait
De ses propres enfans, le pays qui m'a fait.

 Ce dit: soudain ses gens en bataille il ordonne,
De François à François l'escarmouche se donne,
Qui nauré, qui tué, l'vn tombé, l'autre pris,
Le ciel mesme eut horreur des lamentables cris.
O François genereux vous pouuez vaincre ensemble
Tout ce que le Leuant iusqu'au Ponant assemble.

 Là, ce noble vieillard monstra d'vn cœur hardy,
Qu'il n'auoit lors le bras vieillement engourdy,
Enfonçant escadrons, or' d'estoc, or' de taille;
Et ia certain estoit du gain de la bataille.
Ia du sang ennemy le champ estoit baigné,
Quand son heur, qui tousiours l'auoit accompagné,
En ce malheur public qui couroit par la France,
Luy voulut faire encor' à ce coup asistance.

 Car aussi que pouuoit mieux eschoir à cœur franc,
Tel qu'estoit cettuy-cy, que seeller de son sang,
Sa foy, sa preudhommie, & tesmoigner l'enuie
Qu'il auoit d'exposer pour son Prince sa vie?

 D'vn coup de coutelas il fut au chef blessé,
Et d'vn coup de pistole, il eut le dos percé,
Il cheut, mais luy craignant que ceste grande cheute
N'apportast à ses gens quelque douteuse esmeute,
S'enquit premierement de Sauzay si le champ,

Encor' qu'il feust blessé, demouroit à son camp:
Comme on l'eust asseuré que l'issue estoit telle,
Il commanda qu'on meist dessus son corps vn voile,
Afin de n'esloigner par sa blesseure ceux
Qui de vaincre & tuer n'estoient lors paresseux.
  Puis dit: A toy Seigneur, ô mon Dieu ie rens gloire,
De couronner ma fin d'vne telle victoire,
Beny sois-tu, Seigneur, dequoy si à propos
Ie mets, & mon bon Roy, & Paris en repos,
Sinon repos total d'vne guerre ciuile,
Faisant au moins leuer le siege de la ville.
  Sur ce mot on l'enleue, & comme on l'emportoit,
Vn gendarme passant demande qui c'estoit.
Montmorency (dit l'vn) mais luy de forte haleine,
Tu ments, Montmorency combat en ceste plaine.
  Ainsi fut ce guerrier dans Paris apporté
Où de ses maluueillans mesme il fut regreté,
Ainsi deux iours apres il termina sa vie,
Vaincqueur de l'ennemy, & vainqueur de l'enuie.
  Heureux Seigneur, heureux tant que tu as vescu,
Plus heureux qui mourant tout contraire a vaincu.
  Comme si le Demon qui garde ceste France,
Eust fait auecq' le tien eternelle alliance,
Et que pour tout iamais par compromis iuré,
Le tien se feust de luy, luy du tien asseuré,
Tant que la France s'est heureusement trouuée,
La fortune de toy a esté conseruée,
Et tant que ton bon heur t'a aussi conserué,
De la France l'Estat s'est tres-heureux trouué:
Comme si par commun entrelas, la fortune
De la France, & la tienne eust esté de deux, vne.
  Et ores que les cieux par vn iuste courroux,
Se sont ireusement liguez encontre nous,

Tu es mort, & mourant tout va de telle sorte
Que nostre France aussi auecques toy est morte.
La France florissant tu ne pouuois mourir,
Et la France toy vif point ne pouuoit perir.
　Tel estoit le destin, que d'vne mesme course,
La sienne estoit en toy, en elle ta ressource:
Partant pour tout tombeau (passant) sçache qu'icy,
Gist la France estendue auecq' Montmorency.

Complainte faicte pour vn grand Prince de France, sur la mort d'vne grande Princesse.

TV es doncq' morte, ô moitié de moy-mesme,
　Et en mourant sur vne mesme tresme
　Tu as rauy, maistresse, auecques toy,
Non la moitié, ainçois le tout de moy:
Ne delaissant qu'vne complainte vaine,
Vn long discours accompagné de peine,
Vn-desespoir, & vn profond Helas,
A moy qui suis forbanni de soulas.
　Le ciel m'auoit brassé vn long voiage,
Et lors mon cœur ie te laissay en gage,
Me promettant aussi tant d'heur vn iour
Que de iouïr du tien à mon retour.
Sous cest espoir, enflé d'vne allegresse,
Vers toy mes pas hastiuement ie presse,
Mais aussi tost que retourné ie suis,
Pour te reuoir, aussi tost tu t'enfuis,
Ingrate helas! & prens au ciel ta voie,
Afin sans plus que ie ne te reuoie:
Ingrate, non, mais ingrat le destin,
Qui contre moy fit ce cruel butin,

Epitaphes.

Quand tu viuois, le malheur qui talonne
Mes actions, vn long exil m'ordonne
En lieux lointains (de nom plus specieux
Ie ne le nomme estant loin de tes yeux)
Et quand chetif à mon retour ie pense
Iouir heureux de ta diue presence,
Tu te bannis ô cruelle à ton tour,
Mais c'est d'vn ban qui n'a point de retour.
  O ciel, ô mort, ô destin quelle enuie
Portates-vous à ma fatale vie:
Bien puis-je dire, & si le cognois or'
Que chacun met ses pensers à l'essor.
Las! que me sert de voir si grandes pompes,
Tant de tabours, de clairons, & de trompes,
M'enuironner d'vn magnifique arroy,
Si dans mon cœur ie nourry vn esmoy,
Si au milieu de la magnificence
Ie n'ay en moy, du bien que l'apparence,
Si au coucher, si encor' au resueil,
Se ramentoit l'obiect de mon trauail,
Qui me combat, me gesne, m'espoinçonne,
Et nul repos à mes esprits ne donne,
Si ce grand nom qui me tient en valeur,
Pour m'exercer de plus en mon malheur,
Veut qu'au public, miserable ie cache
Le maltalent qui iour & nuit me fasche.
  Comme l'on voit le torrent qui de front
Trouue en roulant pour barriere vn grand mons
Arrester court la fureur de sa course,
Mais plus luy est la rencontre rebource,
Qui pour vn temps le rend & foible, & lent,
Plus à la longue il se fait violent,
Et eaux sur eaux dedans son sein entasse,

Iusques à tant que le mont il surpasse;
A doncq' honteux tombant du haut en bas
Tout furieux il é'lance ses pas,
Et forcené, d'vne bruiante suite,
De plus en plus son cours il precipite,
Monstrant que plus il s'estoit arresté,
Plus il s'estoit en soy mesme irrité.

Ainsi tandis qu' vne hauteur farouche
Vient s'opposer à l'ennuy qui me touche,
Et que ie tiens hypocrite en mon cœur,
Pour prisonniere vne estrange langueur,
Bien que chacun par doux accueil me flate,
Il faut en fin que ma douleur s'esclate,
(Comme vn torrent) d'vne horrible roideur,
Et que mes pleurs surmontent ma grandeur.

Sus doncq' souspirs que d'vne forte haleine
Vous galopiez au meilieu de la plaine;
Que les deserts, les grotes, les forets,
Auecques vous ressonnent mes regrets:
Et que chacun à son de trompe sçache
Quel est le beau que ceste Tombe cache.

Iamais en l'air tant d'oyseaux esmaillez,
Ny en la mer tant de corps escaillez,
De tant de fleurs ne fut la verte prée
Au plus gaillard du Printemps diaprée,
Que de beautez, le ciel ample donneur
Meit en ma Dame, & de grace, & d'honneur.

Diray-ie icy ses deux yeux, deux soleils,
Ses arcs voutez, ses rozes, ses œillets,
Ce rang perlé, sa bouche coraline,
Ces tresses d'or, ceste gorge albastrine?
Mille doux mots, ains mille dous appas,
Dont ie fus pris tout d'vn mesme compas?

Epitaphes.

Car tout ainsi que ceste alme nature
Ne fit iamais plus belle creature,
Aussi mit-elle en moy des passions
Prises du seel de ses perfections,
Voire mil fois, & mille fois plus fortes:
Puis que l'on voit ces beautez estre mortes,
Et toutefois que mon amour plus fort
Se reuerdit dans l'hideur de sa mort.

 O sot desir dont mon ame est atteinte,
Languir encor' pour vne chose esteinte!
Ny pour cela ne pense ô sort cruel,
Quoy que l'esprit reside ores au ciel,
Son vray seiour, & que la terre auare
Du grand thresor de son corps se repare,
Que quant & soy madame ait emportez
Tous ses beaux traicts & ses rares beautez;
Que la terre ait le corps, & le ciel l'ame,
Tousiours viura dans moy sa sainte flame,
Tousiours sera enclos dans mon cerueau,
Malgré la mort, & son bon, & son beau.

 Pren doncq' ce don, ô ame bien-heureuse,
Qui t'est voué d'vne main langoureuse:
Pour vn iamais ie consacre ces vers
A ta memoire, en ce grand vniuers:
C'est ce que t'offre vne plume Royalle,
Encor' à toy, apres ta mort, loyalle.

Oo

Epitaphe de Ian Brinon Seigneur de Villene, autrefois Conseiller en la Cour de Parlement de Paris.

Brinon ie feus, & celuy
Qui en ce passage instable
Des humains, me feis d'autruy
En bien & en mal la fable :
Mais toutefois que m'importe,
Si oncq' chose ne se vit
Dont on n'ait fait son profit,
En l'vne, & en l'autre sorte ?

 Mon pere fichant en moy
Le tout de son esperance,
Amoncela sans requoy,
Or, bien, argent & cheuance,
Mais moy, né pour ma patrie
Voulus, n'ayant à moy rien,
Au peuple, de tout mon bien
Faire la plus grand' partie.

 Quelqu'vns sans fin amassans
Se rend bute de risee,
Et moy plus heureux pensant
Prendre en autre endroit visée,
Perdy de plusieurs la grace.
Ainsi rien ne fut iamais
Non accompagné d'vn Mais,
Sous ceste mortelle espace.

 J'ay comme mortel, espars
Mes biens, vn autre peut-estre
Les rauit de toutes parts,
Estimant par eux renaistre,

Tous deux patrons de folie:
De luy, le peuple mesdit,
De moy, mon heritier dit,
Que m'oubliant, ie l'oublie.
  Les Poëtes i'honoray,
Attendant d'eux recompense,
De celle ou plus i'aspiray,
Maintenant i'ay iouïssance:
Mais lors mon ame affamée
De leurs plumes, cognoist or'
Que telle gloire est encor',
Ainsi que les biens, fumée.
  Toutefois si tout mon heur
D'embas tu veux recognoistre,
Ieune ie feus en honneur,
Riche de mon premier estre,
Content ie passay ma vie
Sans à autre faire tort
Qu'à moy-mesme, puis suis mort
Quand plus i'en auois d'enuie.

Epitaphe de Messire Gille Bourdin Conseiller d'Estat, & Procureur General au Parlement de Paris.

Tousiours Bourdin dormoit, disent ses enuieux,
  Toutefois il porta d'vn esprit politique
Tout le fais du Palais, & de la Republique,
Comme vn Atlas soustient la grand' voute des cieux.
  Il dormoit, mais c'estoit d'vn dormir plain de vie,
Car dormant il apprit les thresors & secrets
Des Hebrieux, des Latins, de Chaldées, des Grecs,
Et tout ce qui ça bas à vertu nous conuie.

Il dormoit, mais dormant il monstra au barreau
De resueiller, gaillard, l'ancienne memoire
Des bons liures, & ioindre auecq' la loy, l'histoire,
Et succer des autheurs tout le bon & le beau.

En ce dormir Bourdin sceut sagement conquerre,
Et la faueur du peuple, & celle de son Roy:
Il sceut en ce dormir veiller pour nostre foy,
Contre les ennemis qui nous liurent la guerre.

En ce mesme dormir, guidé de son bon heur,
Fut par luy (si pourtant il en faut faire mise)
Maints grands biens, mainte terre & seigneurie ac-
quise,
Et eut tout ce qu'on peut au monde auoir d'honneur.

Bref, passant, ne croy pas que iamais y eust homme
Plus abondant en biens, en science, ou vertu,
Et qui plus de faueurs que mon Bourdin ait eu,
Bien que tousiours il fust assiegé d'vn fort somme.

D'vn fort somme? non, non: ou ie dors, ou ie croy,
Que ce somme ne fut à nos yeux qu'vn mensonge,
Vn fantosme, vn abus: & ne seroit-ce vn songe
Qu'vn dormir produisist effect contraire à soy?

Ou ce dormir estoit vne iournelle feinte
Dont sage il deguisoit de ses œuures le cours,
Par vn clin de ses yeux; lors que tout au rebours
Il veilloit pour donner à ses desseins atteinte:

Ou s'il dormoit sans feinte, ô miracle vraiment
Non iamais octroyé à nul autre du monde,
De voir vne fortune en Bourdin si feconde
Le combler, & de biens, & d'honneurs en dormant.

Conclusion des Epitaphes qui furent faicts en faueur de luy.

Vne forte vertu, vne constance ronde,
Et vn profond sçauoir dont tu feus annobly,
Te pouuoient garentir de l'eternel oubly,
Et donner à ton nom vogue par tout le monde.
 Mais la faueur du ciel qui en toy se desbonde,
Pour monstrer que tu feus de tout point accomply,
Veut que sur le dormir qui dans toy prit long ply,
Chacun à qui mieux mieux desploie sa faconde.
 Ainsi que le Timanthe, aussi tout le plus beau
De toy nous le tenons caché sous le rideau,
Ne le pouuant au vif de la plume aconsuiure.
 O combien fut le Bon de Bourdin excellent,
Si le mal qui viuant le rendoit mort & lent,
Le fait apres sa mort contre la mort reuiure?

Epitaphe du Seigneur de Sillhac, lequel blessé à mort en vne escarmouche contre les Huguenots, rendant l'ame à Dieu sur le champ enuoia par vn sien compagnon vn anneau à sa future espouse.

DE Dieu, de Roy, de Dame estant né seruiteur,
Mon ame ie donnay à Dieu pour sacrifice,
A mon Prince mon corps, tesmoin de mon seruice,
A madame vn anneau pour gages de mon cœur.
 Et si (Passant) tu veux cognoistre tout mon heur,
Vne ieunesse en moy triompha de tout vice,
D'elle vne braue mort à mes souhaits propice,
Et de ma mort l'amour, de mon amour l'honneur.

Auec mon sang estoit mon amour respandu,
Et mon honneur ainsi que mon corps estendu;
Quand Vaillant vaillamment brassant plus grand
victoir,
Contre les ans pour moy Colonnel se rendit,
Et dans l'eternité victorieux pendit,
Ma ieunesse, ma mort, mon amour, & ma gloire.

Vaillant sieur de Pimpont Conseiller au Parlement de Paris, fit vn recueil de ses Epitaphes.

Epitaphe d'Elizabeth de France femme de Philippe Roy d'Espagne.

Tout ce que l'õ peut voir, & de grãd, & de beau,
La fille d'vn grand Roy, d'vn grand Roy la
compagne,
Et d'vn grand Roy la sœur, qui conioignit l'Espagne
Auecques le François, gist dessous ce tombeau.
Elle planta chez nous de la paix le rameau,
Et voiant maintenant l'vne & l'autre campagne,
Qui par ses propres mains dedans son sang se bagne,
Irritée de voir ce spectacle nouueau;
Ne voulant à la guerre assister de presence,
Ne pouuant du destin forcer la violence,
Elle meurt, & mourant: O Dieu si tu te plais
De voir pour nos pechez tant de malheurs sur terre,
Fay (ce dit-elle) au moins que d'vne forte guerre
Reüssisse à ta gloire vne eternelle paix.

Epitaphe de Messire Sebastian de Luxembourg, Vicomte de Martigue.

AV sein des Luxembourgs, & de l'illustre race
Des Bretõs, dõt iadis sourdis tãt d'Empereurs,

Tant de Rois, tant de Ducs, tant de grands cõquereurs,
Glorieux ie trouuay dés ma naissance place.
Mais moy voulant passer d'vne bien longue espace,
Et l'vn & l'autre nom de mes premiers autheurs,
Du Dieu Mars i'empruntay le nom, & les valeurs,
Et l'heur qu'aux bons guerriers ce Dieu guerrier pour-
 chasse.
De ce grand Mars ie feus Martigue surnommé,
Du sang des ennemis de mon Prince affamé,
Qui d'vn bras foudroiant martelay l'heresie.
Martigue Martial, i'ay vaincu pour mon Roy,
Et Martire ie meurs pour mon Dieu, pour ma foy,
Trouuant, & mot, & mort conuenable à ma vie.

Epitaphe de Messire Anne Duc de Ioieuse, Pair & Admiral de France.

Ieune ie reluisois, comme le clair Soleil,
 Beau de corps, doux d'esprit, illustre de mon estre,
Agreable à chacun, mais sur tous à mon Maistre,
Marié par ses mains d'vn superbe appareil.
L'Auergnac estima que i'estois sans pareil,
Vaillant, prompt à la main, mais las! i'ay fait paroistre
Par mon obiect que nul dire ne se peut estre
Heureux qu'il ne soit mort, & clos sous le cercueil.
I'ay mille & mille fois d'vn cœur franc & sans
 doute,
Par tout où ie passay mis l'ennemy en route,
Puis ay senty de Mars le malheureux effort. (enuie,
 Mais pourquoy malheureux? moy qui n'euz oncq'
Que de paier mon Roy qui me donna la vie,
Que pouuoy-ie de moins que luy vouer ma mort?

Epitaphe de Messire Guy du Faur Seigneur de Pibrac, Conseiller d'Estat, & President en la cour de Parlement de Paris.

Puis qu'il a pleu à Dieu, Pibrac que nostre Cour
Eschange par ta mort en tenebres son iour,
Je veux que de trois vers ta tombe soit ornée:
Cy gist Pibrac qui eut en Polongne cest heur
D'estre du grand Henry fidelle conducteur,
Ainçois du grand Pyrrhus le fidelle Cinée.

Epitaphe de Pierre de Ronsard enterré en son Prieuré de saint Cosme pres la ville de Tours.

SI Cosme en Grec denote l'Vniuers,
Et que son nom embelli par tes vers,
Passe bien loin les bornes du Royaume,
Tu ne pouuois choisir manoir plus beau,
Pour te seruir, mon Ronsard, de tombeau,
Que ce saint lieu, ainçois que ce saint Cosme.

Epitaphe de la Roine Catherine de Medicis veufue du Roy Henry deuxiesme du nom.

CY gist la fleur de l'Estat de Florence,
Veufue de Roy, mere de Roy aussi,
Qui conserua d'vn merueilleux soucy
Tous ses enfans contre la violence.
Le ciel permeit que par vn coup de lance,
Nostre Soleil fut du tout obscurcy,
Et que le grand aux guerres endurcy

Nous allumast les feus dedans la France.
Mais ceste Dame armée d'vn haut cœur
Parant aux coups de la haine & rancœur,
Seule fermoit à nos Troubles la porte.
En fin est morte vne veille de Rois,
Et par sa mort ie crain peuple François,
Qu'auecq' la paix, la Roiauté soit morte.

Sur le recueil des Epitaphes, fait par le Seigneur de Brasch Bourdelois, en faueur de sa deffuncte femme, qui portoit le nom d'Aymée.

Quiconque te donna cest aimé nom d'Aymée
Des lors que tu nasquis, il preuoioit vraiment,
Que tu serois vn iour, non point comme l'aimant
Qui attire le fer, chose non animée.
Mais bien qu'obstinément d'vn bel esprit aimée,
De Brasch ton cher espoux accablé de tourmant,
Engraueroit icy à cloux de diamant
Son amour coniugal dedans ta renommée.
Que pour toy viue & morte, obiect de son soucy,
Il monstreroit à tous sur ton patron aussi,
Les feux qu'vn saint amour dans nos ames assemble.
Que morte il te feroit reuiure de nouueau,
Que viuant, il mourroit sous vn mesme tombeau,
Peslemeslant l'amour, & la mort tout ensemble.

Epitaphe de Messire Ponthus de Thiard, ancien Euesque de Chalon sur Saone.

Apres auoir chanté d'vn doux-vtile vers,
De ton ieune Printemps les erreurs amoureuses,

De là sur ton Esté par œuures planturueses,
Representé au vif tout ce grand vniuers:
Depuis creé Prelat, changeant de ton diuers,
Tu combatis, hardy, par armes genereuses,
De ce siecle maudit les erreurs malheureuses,
Grand Hercule meurtrier de nos monstres peruers.
Orateur nompareil, admirable Poëte,
Diuin Prelat tu feiz sur ton hiuer retraicte,
Choisissant successeur, honneur de nostre tans;
Voila comment Pontus tu menas vie calme,
Et comme des Prelats tu emportas la palme,
Aiant heureux vescu quatre vingts & trois ans.

Deux Epitaphes de Pierre Pithou, Seigneur de Sauoie, Aduocat en la Cour de Parlement.

LE docte Pithou né en la ville de Troye en Champagne, y estant mort, les Maire & Escheuins, pour l'honneur qu'il meritoit, decernerent à son conuoy certaine quantité de torches, arborées des armories de la ville. Ce qui n'auoit iamais esté par eux octroyé à autre personne priuée, subject sur lequel Pasquier, son intyme amy luy a voüé, la larme à l'œil, ces deux Epitaphes.

Ces torches, ces flambeaux, qu'en ce couoy l'on porte,
Des armes de la ville autour enuironnez,
Ne feurent pour Pithou seulement ordonnez,
Et pour qui doncq? la ville auecques lui est morte.

Epitaphes.

PETRI PITHOEI EPITAPHIVM.

SEu qui Troianam defédit Pythius vrbem,
　Siue tibi Pytho nomen amica dedit,
Hic Pithœe iaces, Troianæ gloria gentis,
　Atque etiam tecum Troia sepulta iacet.

STEPHANI PASCHASII EPITA-
phium.

QVæ fuerit vitæ ratio si forte requiris,
　Siste gradum, & paucis ista, viator habe.
Parisijs olim caussis Patronus agendis,
　Haud inter socios vltimus arte togæ,
Id solemne mihi statui, despectus vt esset,
　Et procul à nobis, & procul inuidia.
Inter vtrumque fui medius, miserique cliétis
　Suscepi in ditem forte patrocinium.
Tum ratiociniis allectus Regius Actor,
　Principe ab Hérico est hæc mihi parta quies.
Vixi, non auri cupidus, sed honoris auarus,
　Hei mihi, quàm vanus nunc ego præco mei!
Ingenium expressi variè prosáque, metroq;
　Fama vt post cineres splendidiore fruar.
Æquæuam thalamo iunxit trigesimus annus,
　Mascula quæ peperit pignora quinq; thoro.
Quatuor è quinis orbati matre fuerunt,
　Pro patria quintus fortiter occiderat.
Priuatos tandem iuuat, ô, coluisse penates,
　Contentum & modica viuere sorte mihi.
Annos bis denos, duodenáque lustra peregi,
　Robore corporeo firmus, & ingenio. (ponas,
At nihil hæc, animam nisi tu Deus alme re-
　In cœlumque tua pro bonitate loces.

VERSION.

Quel ie fus, quel ie suis, Passant, si tu fais doute,
Arreste toy un peu en ce lieu, & m'escoute.
Autrefois au barreau du Palais de Paris,
Entre les Aduocats estant de quelque pris,
Par un vœu solemnel i'ordonnay que ma vie
S'esloignast du mespris, s'esloignast de l'enuie.
Voguant entre ces deux, ie me mis sur les rangs;
La cause des petits ie pris contre les grans.
Puis d'Aduocat du Roy aux Comptes i'eus l'office,
Henry pour mon repos m'esleut à son seruice:
Du gain d'honneur ie fus plus que de l'or espris,
O sortes vanitez dont trompette ie suis!
De mon esprit en prose, & en vers ic fois gloire,
Pour à mon nom brasser sur les ans la victoire,
Femme à trente ans ie pris, de mesme âge qu'à moy,
D'elle cinq masles i'euz, gages de nostre foy,
Dont les quatre premiers suruesquirent sa vie:
Le cinquiesme estoit mort auant pour sa patrie.
Enfin, content de peu, dans ma vieille saison,
J'ay fait une retraicte honneste en ma maison.
Octante ans i'ay passez: ores ie me repose,
Fort de corps, fort d'esprit: mais las! c'est peu de chose
Tout cela, si toy Dieu, misericordieux
Ne loges, ô Seigneur, ma pauure ame en tes cieux.

ALIVD EIVSDEM.

MOribus antiquis viuo, vixique, viator,
    Et veteres ritus, & sacra prisca colo.
Nunc repeto superos, & cum descendere certum est
    In terram, æternum terra caduca vale.

PAsquier nasquit le 7. de Iuin 1529. vint au Palais en Nouembre 1549. se donna ces trois Epitaphes en Iuillet 1609. dedans lesquels il a compris quelques points de sa vie, en attendant qu'il plaise à Dieu faire sa volonté de luy.

VERSIONS FRANCOISES

DV LATIN, LES VNES vers pour vers, les autres par imitation.

Epitaphe de frere Adam Riligieux de sainct Victor à Paris, grauée en airin au cloistre du Monastere.

Æres peccati, natura filius iræ,
Exiliiq; reus nascitur omnis homo.
Vnde superbit homo, cuius conceptio culpa,
Nasci pœna, labor vitæ, necesse mori?
Vana salus hominis, vanus decor, omnia vana,
Inter vana nihil vanius est homine.
Dum magis alludit præsentis gloria vitę.
Præterit, imo fugit, non fugit, imo perit.
Post hominem vermis, post vermem fit cinis, heu! heu!
Sic redit ad cineres gloria nostra simul.
Hic ego qui iaceo miser, & miserabilis Adã,
Vnam pro summo munere posco precem.
Peccaui fateor, veniam peto, parce fatenti,
Parce pater, fratres parcite, parce Deus.

Version.

HEritier du peché, enfant d'ire & d'enuie,
Banni pour son forfait l'homme icy prend sa vie;
Dont vient l'orgueil en luy, qui de coulpe engendré,
Naist en riz, vit en peine, & meurt bon gré mal gré?
Vains espoirs, vains honneurs, tout est vain : mais en
  somme,
Entre les vanitez rien n'est si vain que l'homme:
Lors que plus il se flate, & dans sa gloire rit,
Elle se passe, ains fuit, ne s'enfuit, ains perit,
D'homme il se change en vers, de vers il deuient cen-
  dre:
Ainsi voit-on helas! sa gloire en rien descendre.
Moy pauure Adam qui gis miserable en ce lieu,
Vne oraison ie quiers pour mon dernier adieu:
J'ay peché, ie l'auoüe, he! pardon freres, pere,
Pardon Dieu, vueille moy loger en ton repere.

E. PASQVIER

In Tumulum D. Elisabethæ Philippi Hispaniarum Regis vxoris.

HEu fauor! heu superum quam proximus
    vsque moratur
  Inuidiæ! heu magnis alea quáta bonis!
Nam quæ summorum soror, & pia filia Regum
  Et summi coniux Regis amica fuit:
Nata quidem Henrici, Carli soror Elisabetha,
  Et coniux Regi chara Philippe tibi:
Nata piis, & nupta pio, virtutis & omnis
  Quæ teneris flores carpserat vnguiculis,
Quæ regna Europes duo lóge maxima quódá,
  Semper in alternam belligerata luem,
Tam firmo nubens nodo coniunxit, vt vnâ
  Hispanum Gallo nupserit imperium.

Tam generosa, toris & tam fœlicibus aucta,
   Infœlix periit nixibus in mediis.
Attamen illa viro linquens solatia mortis,
   Pignora bina; suæ pignus amicitiæ:
Fœmineum sexum, sed sponsi dulce leuamen
   Vxoris geminam cum videt effigiem:
Quarum tam fœlix genius populo sit Ibero,
   Et Gallo, matris quàm fuit ante suæ.
Vt pax pacta diu duret, nec prælia pugnent
   Vlla nisi alterius hostibus alterutri.

Version du Latin de Dorat.

Helas! helas, que l'heur loge pres de l'enuie!
Helas, que de hazards talonnent nostre vie!
Cette-cy qui fut sœur, & fille de grand Roy,
Qui à un Roy fut iointe, & d'amour, & par loy;
Qui eut Henry pour pere, & Charle pour son frere,
Qui de Philippe fut la compagne tres-chere,
Fille & femme de Rois, de pieté vestus,
Qui des le bers cueillit l'eslite des vertus,
Qui rompit la rancœur dont l'Espagne & la France
Batailloient à l'enuy tous les iours à outrance,
Vnissant ces païs de telle liaison,
Que de ces deux païs n'est plus qu'vne maison:
Bref cette-cy qui fut heureuse en toute sorte,
En enfantant (helas!) de malheur elle est morte:
Toutefois en mourant, pour gages d'amitié
Deux filles elle laisse à sa chere moitié,
A ce que la douleur de son mary s'efface,
Quand en elles il voit de leur mere la face.

O enfant

O enfans, puissiez vous pour l'Espagne & pour
 nous,
Auoir tant d'heur comme eut vostre mere pour tous,
Affin qu'vnis en paix, toute guerre soit clause
Fors en entreprenant l'vn de l'autre la cause.

E. PASQVIER.

Epitaphe d'Elizabeth de France, femme de
Philippe Roy des Espagnes.

Tout ce que l'on peut voir, & de grand, & de
 beau,
La fille d'vn grand Roy, d'vn grand Roy la compaigne
Et d'vn grand Roy la sœur, qui conioignit l'Espagne
Auecques le François gist dessous ce tombeau.
 Elle planta chez nous de la paix le rameau,
Et voyant maintenant l'vne & l'autre campaigne,
Qui par ses propres mains dedans son sang se baigne,
Iritee de voir ce spectacle nouueau,
 Ne voulant à la guerre assister de presence,
Ne pouuant du destin forcer la violence,
Elle meurt, & mourant: O Dieu si tu te plais
 De voir pour nos pechez tant de malheurs sur terre,
Fay (ce dit-elle) au moins que d'vne grande guerre
Reuscisse à ta gloire vne eternelle paix.

E. PASQVIER.

E Gallico Paschasij.

Pvlchri quicquid habet vel aula, magni,
Magni nata, soror, marita Regis,
Quæ Gallos sociauit atque Iberos,
Hic grata fruitur sepulta pace,
Sed quę paciferos vtrique genti
Ramos conseruit, simul natantem vt
Campum sanguine vidit hunc & illum
Per consanguineas manus refuso:
Spectacli nouitate tam nefandi,
Sic exhorruit, vt nec interesse
Bellis ipsa volens, valens nec ipse
Fati frangere bellici furorem,
Fato cesserit: & premente morte,
Si te, si Deus (inquit) hac nocentem
Mundum perdere clade iuuit: at da,
Bellum maxima maximum sequatur
Æternam tibi pax datura laudem.

I. Avratvs Poeta Regivs.

In Tumulum Annæ Mommoranti Franciæ Conneſtabilis.

Octo qui decies peregit annos,
Octo prælia qui cruenta gessit
Octo vulneribus iacet peremptus:
Septem dicitis esse vos, nec octo.
Septem vulnera fecit hostis extra:
Octauum sibi fecit, intus ipse,
Cæsum se patria dolens inulta.

Io. Avratvs.

Version.

Celuy qui a huict fois dix annees passé,
Qui combatit huict fois en bataille rangee,
De huict playes aussi gist icy trepassé,
Vous pensez que i'en aye vne de plus forgee:
De sept playes au corps l'ennemy l'a blessé,
Mais luy d'vne huictiesme au cœur s'est transpercé,
Que mourant il n'auoit la France en tout vangee.
    E. PASQVIER.

Othonis Turnebi, Adriani filij Tumulus.

Heu vos aduoco lacrymosi adeste
Turnebi duo, Christiane, Drace,
Audeberte pater, simulque fili,
Aureli, Bonesi, Vari, Binete,
Et quot lumina Gallicana nobis,
Isto Pierides dedere seclo:
Heu vos, vos iterum aduoco Poetas:
Hæc sit nænia, næniam canamus
Turnebo veteri pioque amico:
Ac istas veneres Catullianas,
Molles versiculos, sales, lepores,
Missos iam faciamus, ô amici:
Et cur id? nec enim sub hoc sepulchro
Turnebum videas, viator, vnum,
Gratiæ, veneres, sales, lepores,
Hac (illi comites) teguntur vrna.
    STEPH. PASCHASIVS.

Version.

Helas ie vous semon, venez plorer icy,
Vous mes deux Tournebus, vous mon Chrestien aussi,
Du Drac, du Vair, Binet, Audeberts fils, & pere,
Bonnefons, d'Orleans, & cette pepiniere
Arrousee de l'eau de ce ruisseau sacré
Que les ans ont iadis aux Muses consacré,
Là, ie vous, ie vous pry que chacun de nous corne
Maintenant à l'enuy vn chant piteux & morne,
Au pauure Tournebus nostre amy ancien.
Laissons ces vers mignards, cest air Catullien,
Ces graces, ces douceurs, ces fleurs, cette mollesse,
Brief ce ie ne sçay quoy plein de delicatesse,
Et pourquoy doncq cela? n'estime point, passant,
Que nostre Tournebus seul soit icy gisant:
Les graces, les douceurs, les fleurs, la courtoisie
Gisent sous ce tombeau, & luy font compagnie.
                              E. PASQVIER.

Ad Stephanum & Adrianum, Othonis Turnebi fratres.

Tartareo Alcides Ægidem soluit ab Orco,
   Hoc fratri, frater præstat vterque suo.
Is ferri, sed vos acie ingenij, ille sodalem,
   Vos fratrem, vestrum quis rogo maior erit?
Et Deus Alcides, vitam dum redditis vni,
   Vita in perpetuum panditur vna tribus.
                              STEPH. PASCHASIVS.

Version.

HErcule deliura des abismes Thesee,
Vous, vostre Tournebus, luy du fil de l'espee,
Et vous de vostre esprit, cettuy son compagnon,
Vous, vostre frere, & qui a de vous plus de nom?
Hercule est Dieu, vos vers rendants de mort deliure
Un Odet, vous feront tous trois à iamais viure.

Iosephi Scaligeri,

Ostendæ obsidio.

ARea parua ducum, totus quem respicit orbis,
Altior vna malis, & quam damnare ruinæ
Nunc quoque fata timent alieno in littore resto,
Tertius annus abit, toties mutauimus hostem,
Sæuit hyems pelago, morbisque fluentibus æstas,
Et minimum est quod fecit Iber, crudelior armis.
In nos orta lues, nullum sine funere funus:
Nec perimit mors vna semel: fortuna quid hæres?
Qua mercede tenes mixtos in sanguine manes?
Quis tumulos moriens hos occupet, hoste peremptо
Quæritur, & tenui tātum de puluere pugna est.

Version.

Siege d'Ostende.

PEtit nid de guerriers, du monde le theatre,
Par mes maux eleué, le Ciel craint de m'abatre:
Trois ans sont que regnant sur un bord estranger
I'ay veu autant de fois l'ennemy se changer,
Maladies l'Esté, l'Hyuer en mer, tempeste,
L'Espagnol faire peu au regard de la peste
Pire que le cousteau: de mille morts battu,
Corps estenduz à tas, fortune qu'attens tu?
Quel fruit, voir peslemesle une place ionchee
De morts, estant de peste, & du glaiue touchee:
Cil qui de mon tombeau sa gloire estofera,
Rien que d'une poulsiere il ne trionfera.

Ex Hieronimo Amaltheo.

LVmine Acon dextro, capta est Leouilla si-
 nistro,
Et potis est forma vincere vterque Deos.
Parue puer lumen quod habes concede sorori,
Sic tu cæcus Amor, sic erit illa Venus.

Version.

ACon a perdu son œil dextre,
Et Leouille son senestre,
Et peut toutesfois chacun d'eux
Effacer en beauté les Dieux.
O Acon petit enfant preste

A ta sœur c'est œil qui te reste,
Ainsi vous serez par ce don,
Elle Venus, toy Cupidon.

IMITATIONS.

Hieronimi Amalthei,

Clepsidra.

PErspicuus vitro puluis qui diuidit horas,
   Dum vagus angustum sæpe recurrit iter,
Olim erat Alcestus, qui vt Gailæ vidit ocellos,
   Arsit, & est subito factus ab igne cinis.
Irrequiete cinis miseros testabere amantes,
   More tuo, nulla posse quiete frui.

IMITATION.

Le Sable.

LA poudre qui dans ce cristal,
  Le cours des heures nous compasse,
Lors que dans vn petit canal
Souuent elle passe & repasse,
Fut Ronsard, lequel ayant veu
Les yeux de la belle Cassandre
Eut soudain transformé en feu,
Et de feu transformé en cendre.
O cendre qui es sans requoy,
Tu tesmoigneras vne chose,
C'est qu'vn pauure amant plein d'esmoy,
Comme toy, iamais ne repose.

INVENTION.

Ex primo Steph. Paschasij Epigrammatum libro.

De auro.

CAutior an Christi sectator, an Ethnicus iste
  Auro qui pecudem sculpsit, at ille Crucem?
Neuter crede mihi, vana ratione mouetur,
  Iudiciumque ambo, quo tueantur habent.
Nam qui sollicito se totum dedidit auro,
  Inde animo pecudem gestat, & inde crucem.

IMITATION.

Lequel des deux ie vous pry feut plus sage,
  Ou le premier de nos anciens Rois,
  Qui fit grauer sur l'argent vne Croix,
Pour de son cours estre le tesmoignage:
  Ou le Payen qui nous deuançant d'aage,
Sans s'arrester à la valeur du poix
Voulut aussi par ses communes loix,
Qu'on y grauast la beste pour image?
  Nul d'eux vraiment, chacun en sa saison,
Ne se trouua despourueu de raison:
L'un pour monstrer que qui a l'or en teste,
  Porte, auecq' soy, sa croix, & son tormẽt:
L'autre, qu'il est entre nous proprement
Vn pauure sot, voire vne lourde beste.

Inuention de Pasquier.

LEx & Amor vario dudum certamine pu-
gnant,
Arma eadem pugnæ sunt & vtrique sua.
Naturæ, lex se natam profitetur vbique,
Hanc etiam matrem vendicat vnus amor.
Lex sese toto regnare superbit in orbe,
Per freta, per terras regnat, & vnus Amor.
Quis tandem huic finem causæ dabit ? accipe,
Lector,
Vindice quam magno se tueatur Amor.
Sum primogenitus longo tibi, dixit, ab æuo,
Sic me lex legem vincere certa iubet.

IMITATION.

VN long procez, entre Amour, & la Loy
Des-ja depuis longues annees dure,
Mesmes moyens, & mesme procedure
Pour se defendre en leur cause ie voy.
Iamais ne fut vn si grand desarroy,
La Loy se dit fille de la nature,
L'Amour se vante estre sa creature:
Et disent vray tous deux comme ie croy.
Ie (dit la Loy) regne par tout le monde,
Ie (dit l'Amour) sur la terre & dans l'onde.
De ces plaideurs quel sera le succés ?
En fin Amour : Quittons toute finesse,
I'ay de tout temps sur toy le droit d'ainesse,
Et par ainsi doiz gaigner mon procés.

Invention de Pasquier.

Ver erat, & vario se terra ornabat a-
   mictu,
 Gutture & exili dulce canebat auis.
Tunc & odorato lætus spatiabar in horto,
 Addiderat comitem se mea Galla mihi.
Carpo rosas, & spargo rosas, nam mille
   rosetis
 Purpureisque rosis consitus hortus erat.
Floridulis, Gallæ, contexo tempora sertis,
 Esse & iam poterat tota puella rosa.
Has ego blanditias faciens, vidi ipse re-
   pente,
 Hic vbi flos roseus, fit modo spina fre-
   quens,
Ergo consilio mihi quod dictauit arena,
 Vtor: & ad Gallam talia verba dedi.
Vtere flore tuæ prudenter, Virgo, iuuentæ,
 Desinit in spinas, nam rosa tonsa, rudes.

IMITATION.

Sur le printans, auquel toute la plaine
Se reparoit de son habit mondain,
Je m'esbatois aux yeux de mon iardin,
Où l'oiselet chantoit à gorge pleine.
 Auecques moy Heleonor ie meine,
Et mille fleurs ie pille de ma main,
Dont i'enrichy, & son chef & son sein,
Faisant bouquets, & festons: mais à peine
 es eux ie fai⟨s⟩, qu'aussi tost ie ne voy

Imitations.

Rien que Haliers es enuirons de moy,
Tige premier de la rose Cyprine.
   Ha!(dy-ie lors) ô des Vierges l'honneur
Ne permets point que l'on cueille ta fleur,
Le Rosier n'est sans la Rose, qu'espine.

Inuention de Pasquier sur mesme subiect.

Absit: nolo etenim si qua est formosa puella,
   Vt sinat ætatis philtra perire suæ.
Tantaque, vel sterilis sit ei custodia formę,
   Vt calidis non det vela secunda Notis.
O quam præclara hęc duris documenta puellis
   Sunt quæ flore nouo, nos Rosa verna docet?
Nascitur è spinis, viuit spinosa per hortos,
   Et tunc scire voles quid Rosa? spina breuis.
Si tamen hanc carpas, eius potieris odore,
   Ostendet tonsam, spina nec vlla, Rosam.
Sic spinosus Amor, spinis curisue leuatur,
   Tum demum domina cum potietur amans.

IMITATION.

Non: ie ne veux que d'vne ame faillie,
   La Dame soit auare de sa fleur,
Ny qu'elle tienne en prison son honneur,
Pour l'empescher d'vne belle saillie.

La Rose née, auec l'espine lie
Son beau bouton, & sa souefue odeur:
Mais peu à peu esclose, par grand heur
S'en affranchit, estant de nous cueillie.
    Belle est vrayment, belle cette leçon,
Pour enseigner aux Dames la façon
De n'auoir point le long refus pour hoste.
    Comme la Rose, aussi quand l'Amour naist,
Tousiours d'angoisse espineuse il se paist:
Le seul iouïr cette espine luy oste.

Ex tertio Steph. Paschasij Epigrammatum libro.

Ad Sabinam.

VT primum lepidos tuos, Sabina,
    Vidi syderibus pareis ocellos,
    Binam purpurei rosam labelli,
Mammas turgidulas, genas rubentes,
Gratias, veneres, sales, lepores,
Totus dispeream nisi periui,
Et à me ratio impotens recessit,
Tuo carcere mancipanda cæco.
    Ast vbi hos oculos tuos procaceis
Torsisti tumidè, Sabina cruda,
Deprendique dolos quibus malignè
Nos omneis miseros viros inescas,
Fictas lacrymulas, querelulasque,
Mentitumque diu impudica amorem,
Totus dispeream nisi reuixi,
Et mei ratio, & sui miserta
Iampridem fugitiua me reuisit,

Vers mesurez rimez.

Et sese ad veterem domum recepit,
Ac vt quondam animus ferociebat
Noster, ossibus excoquens medullam,
Sic nunc frigoribus quietus alget.
 Ergo stulte vale, vale Cupido,
Quid commune mihi miselle tecum?
Si crudelis Amor tuos lacessis,
Cæco semita certa nulla cum sit,
Si pennatus Amor vagaris erro,
Si puer rationis omnis expers,
Te ne ego sequar, ô miselle, qui sis,
Sæuus, cæcus, & aliger, puerque?

IMITATION.

Vers mesurez rimez, Hendecasyllabes François.

Tout soudain que ie vei𝔷, Belonne vos yeux,
 Ains vos rai𝔷 imitans cet astre des Cieux,
 Vostre port graue doux, ce gratieux ri𝔷,
Tout soudain ie me vi𝔷, Belonne surpris,
Tout soudain ie quitay ma franche raison,
Et peu cault ie la mis à vostre prison.
 Mais soudain que ie veis, felonne, tes yeux,
 Ains tes deux basilics, estincelants feu𝔷,
Ton port plein de venin, ce trahistre soubriz,
Tout soudain ie conus de m'estre mespris
Tout soudain ie repris ma serue raison,
Et plus cault la remis dedans sa maison;
Et si comme ton œil premier me lança
Vn feu, aussi ton œil second me glaça,

Vers mesurez, non rimez.

Or adieu sot Amour, adieu ie m'en voy,
Si le chauld & le froid tu loges en toy,
En vain veux-ie du feu d'Amour me chauffer,
En vain vieil de l'amour ie veux triomfer,
En vain veux-ie mener l'amour à douceur,
En vain fay-ie voyage auec luy seur,
Et constant en Amour me veux-ie leger,
S'il est ieune, cruel, aueugle, leger.

Vers mesurez, non rimez.

ELEGIE.

Rien ne me plaist sinon de te chanter, seruir, &
    orner
  Rien ne te plaist mon bien, rien ne te plaist que ma
    mort,
Plus ie requiers, & plus ie me tiens seur d'estre re-
    fuzé,
  Et ce refuz pourtant point ne me semble refuz,
O trompeurs attraits, desir ardent, prompte vo-
    lonté,
  Espoir, non espoir, mais miserable pipeur!
Discours mensongers, trahistreux œil, aspre cruauté,
  Qui me ruine le corps, qui me ruine le cœur.
Pourquoy tant de faueurs t'ont les cieux mis à l'a-
    bandon,
  Ou pourquoy dans moy si violente fureur?
Si vaine est ma fureur, si vain est tout ce que des cieux,
  Tu tiens, s'en toy gist cette cruelle rigueur?
Dieux patrons de l'Amour bannissez d'elle la beauté,
  Ou bien l'accouplez d'vne amiable pitié.
Ou si dans le miel, vous meslez vn venimeux fiel,

Vers mesurez, non rimez.

Vueillez Dieux que l'Amour r'entre dedans le Chaos,
Commandez que le sec, l'eau, l'Esté, l'humide, l'ardeur,
Bref que ce Tout par tout tende à l'abisme de tous.
Pour finir ma douleur, pour finir cette cruauté,
Qui me ruine le cœur, qui me ruine le corps.
Non, helas, que ce tout soit Tout vn sans se rechanger,
Mais que ma sourde se change, ou de face, ou de façõs.
Mais que ma sourde se change, & plus douce escoute les voix,
Voix que ie seme criant, voix que ie seme riant.
Ainsi s'assopira mon tourment, & la cruauté,
Qui me ruine le corps, qui me ruine le cœur.

Sur le tombeau d'Odet Tournebus.

Doncq à la fleur de ton aage, ô gentil Tournebe, tu meurs,
Doncque la mort à ce coup, froide, trionfe de toy.
Elle trionfe de toy? ains malgré son furieux dard,
Tu viuras à iamais dans la memoire de tous.
Bien que de toy frustrez, nous orrons sans fin à l'enuy
Ton beau nom resoner parmy ce grand vniuers.
Les ans trompeteront à qui mieux mieux, Tournebe, ton los,
Tes vertus, ta valeur tant que le monde sera.
Noncque ne s'effaceront en nos cœurs, ta grace, tes fleurs,
Ny les pleurs tariront oncque de nos moites yeux.
Tournebe gist icy? non: ains il vit: mais qui le croit mort
Soit certain, que mourant il rauit aussi la mort.

Autre.

Va doncq' carme chetif, esclate en vn coup,
Va vers escheuelé, criant, lamentant,
Il faut or' que le pleur triomphe à son tour
De nous, puisque le ciel ialoux de nostre heur,
Nous ternit ceste fleur, rauit ce printemps.
Et pourquoy cela, si lauant ce tombeau
De nos pleurs, d'vne fleur, vne autre naistra?

Ode sur la mort d'Odet Tournebus.

Bien se doit vraiment l'homme plaindre des
  cieux,
Ennemis mortels de la noble vertu,
Puisque sans espoir de te voir desormais,
  Tournebe, tu meurs.
Puis que sans espoir de retour tu t'en vas,
Tournebe enfançon, du sçauoir, de vertu,
Toy mignard qui sceuz t'alleter du doux miel
  Des le premier bers.
Puis auecq' les ans echelas le sommet
Du seiour courtois de la Muse, y puisant
L'eau que tout cerueau genereux é bien né
  Appete y puiser.
Il n'y eut ny Grec, ny Latin, ny François,
Espagnol, Toscan, que tu n'eusses en main,
Tu menois les trois Graces & l'Appollon
  Par tout auecq' toy.
Tant d'accompliz traits, miserable, n'ont peu
Or' te dispenser de la mort, le destin
Veut que tout d'vn trait chaque vise à tel but,

Suit

Vers mesurez non rimez.

   Soit petit, ou grand.
Impiteux Destin si ne peux-tu pourtant,
Tellement forcer d'vn Odet le beau nom,
Qu'il ne soit par nous à iamais garanty,
   Braue du Tombeau.

Vers mesurez rimez.

1 *SI de bien seruir la fin est le guerdon,*
 Plus ne veux mon cœur retenir deuers moy,
Ains a tousiourmais ie le veux dessous toy
   Mettre à l'abandon.
2 *Hors la liberté de ma folle raison,*
Tout ce grand pourpris que ie voy de mes yeux
Fluctuer ça bas à la danse des Cieux,
   N'est qu'vne prison.
3 *Veux-ie l'or du fonds de la terre puiser,*
Veux-ie pres des Rois fureter le bon heur,
Mandier des grands idolastre l'honneur,
   Et mal en vser.
4 *Non: d'vn œil sans plus radieux ie suis pris,*
C'est le seul espoir, le desir de mon cœur,
Fy de ces parfums de la Cour: ma langueur
   N'est que de Cypris.
5 *Elle dans mes os me repaist de tourment,*
Mais ce doux tourment qui me fait tout effort,
Est de mes trauaux souuerain reconfort,
   Et medicament.
6 *Veux-tu donc sçauoir, que peut estre Pasquier*
Guerre, paix, trauail, ioye, crainte, & espoir,
Bref me contemplant vrayment tu peux voir

      Q q

Vn Chaos entier.

7 O amour des Dieux le miracle, qui fais
Viure, puis mourir tout à coup, or' vn glas,
Maintenant vn feu, ie te supplie hélas
Mets ma vie en paix.

LA PVCE
OV
IEVS POETI-
QVES FRANCOIS
& Latins.

COMPOSEZ SVR LA Puce aux Grands Iours de Poictiers l'an M.D. LXXIX. dont Pasquier feut le premier motif.

À PARIS,

Chez IEAN PETIT-PAS, ruë sainct Iean de Latran, au College de Cambray.

M. DC. X.

Auec Priuilege du Roy.

AV LECTEVR.

TV en riras ie m'asseure (Lecteur) aussi n'a esté fait ce petit Poëme, que pour te donner plaisir, & en riras d'auantage, quand tu entendras le motif. M'estant transporté en la ville de Poictiers, pour me trouuer aux Grands Iours qui se deuoient tenir sous la banniere de Monsieur le President de Harlay, ie voulu visiter mes Dames des Roches, mere & fille, & apres auoir longuement gouuerné la fille, l'vne des plus belles, & sages de nostre France, i'aperceu vne Puce qui s'estoit parquee au beau meillieu de son sein; Au moyen dequoy par forme de rizée, ie luy dy, que vrayment i'estimois cette Puce tres-prudente & tres-hardie, prudente d'auoir sceu entre toutes les parties de son corps, choisir cette belle place pour ce rafraichir: mais tres-hardie de s'estre mise en si beau iour: parce que ialouz de son heur, peu s'en falloit que ie ne meisse la main sur elle, en deliberation de luy faire vn mauuais tour, & bien luy prenoit qu'elle estoit en lieu de franchise: Et estant ce propos rejetté d'vne bouche à autre par vne contention mignarde, finalement ayant esté l'Autheur de la noise, ie luy dy, que puisque cette Puce auoit receu tant

Q q iiij

d'heur de se repaistre de son sang, & d'estre reciproquement honoree de nos propos, elle meritoit encores d'estre enchassee dedans nos papiers, & que tres-volontiers ie m'y emploierois, si cette Dame vouloit de sa part faire le semblable. Chose qu'elle m'accorda liberalement. Cette parole du commencement sembloit auoir esté iettee à coup perdu, toutesfois soigneusement par nous recueillie, meismes la main à la plume en mesme téps, pésant toutesfois chacun de nous à part soy, que son cōpagnon eust mis en oubly, ou nonchaloir sa promesse, & paracheuasmes nostre tasche en mesme heure, tombants en quelques rencontres de mots les plus signalez pour le subiect. Et comme vn Dimanche matin pésant la prendre à l'impourueu, ie luy eusse enuoyé mon ouurage, elle, n'aiant encores fait mettre le sien au net, le meist entre les mains de mon homme, afin que ie ne pensasse qu'elle se fust enrichie du mien. Heureuse certes rencontre & iouyssance de deux esprits, qui passe d'vn long entregét, toutes ces opinions follastres & vulgaires d'amour. Que si en cecy tu me permets d'y apporter quelque chose de mon iugement, ie te diray, qu'en l'vn tu trouueras les discours d'vne sage fille: en l'autre les discours d'vn homme qui n'est pas trop fol: Ayants l'vn & l'autre par vne bienseance de nos sexes ioué tels roolles que deuiōs. Or voy je te prie, quel fruict nous a produit cette belle altercation, ou pour mieux dire, symbolization de deux ames. Ces deux petits Ieus poëtiques

Au Lecteur.

commencerent à courir par les mains de plusieurs, & se trouuerent si agreables, que sur leur modelle, quelques personnages de marque voulurent estre de la partie, & s'employerent sur mesme subiect à qui mieux mieux, les vns en Latin, les autres en François, & quelques vns en l'vne & l'autre langue. Ayant chacun si bien exploité en son endroict, qu'à chacun doit demourer la victoire. Pour memorial de laquelle i'ay voulu dresser ce trophee, qui est la publication de leurs vers, laquelle ie te prie vouloir receuoir d'aussi bon cœur, qu'elle t'est par moy presentee. De Paris le dixiesme septembre 1582.

Sur la Puce.

NE nous tompetez plus vostre Troyen Cheual,
Dont vindrent tant de Ducs, ô trompeuses
 trompettes:
Vos superbes discours n'ont rien à nous d'egal,
Puisque vne Puce escloft tant de braues Poetes.

E. PASQVIER.

A MESSIRE ACHILLES DE Harlay seigneur de Beaumont, Conseiller d'Estat, & President en la grand Chambre au Parlement de Paris.

Pendant que du HARLAY de Themis la lumiere,
Pour bannir de Poitou l'espouuentable mal,
Exerçant la Iustice à tous de pois égal,
Restablissoit l'Astree en sa chaire premiere:
  Quelques nobles esprits, pour se donner carriere,
Voulurent exalter vn petit animal,
Et luy coler aux flancs les aisles du cheual
Qui prend iusques au Ciel sa course coutumiere.
  HARLAY, mon ACHILLES, relasche tes esprits,
Sousguigne d'vn bon œil tant soit peu ces escris,
Ils attendent de toy, ou la mort, ou la vie:
Si tu pers à les lire vn seul point de ton temps,
Ils viuront immortels dans le temple des ans,
Malgré l'oubly, la mort, le mesdire, & l'enuie.

E. PASQVIER.

Ad Achillem Harlæum Baumontium Præsidem.

Alcides quondam, quondam & celebratus Achilles,
  Græcus & Alcides, Græcus & Æacides:
Rursus & Alcides celebratus Gallicus olim,
  Et tu nunc nobis Gallicus Æacides.

STEPH. PASCHASIVS.

LA PVCE DE CATHERINE des Roches.

Petite Puce fretillarde,
Qui d'vne bouchette mignarde
Succotes le sang incarnat,
Qui colore vn sein delicat,
Vous pourroit-on dire friande,
Pour desirer telle viande?
Vrayment nenni, car ce n'est poinct
La friandise qui vous poingt:
Et si n'allez à l'aduenture
Pour chercher vostre nourriture,
Mais pleine de discretion,
D'vne plus sage affection,
Vous choisissez place honorable
Pour prendre vn repas agreable:
Ce repas seulement est pris
Du sang le siege des espris.
Car desirant estre subtile
Viue, gaye, prompte & agile,
Vous prenez d'vn seul aliment
Nourriture & enseignement.

On le voit par vostre allegresse
Et vos petits tours de finesse,
Quand vous sautelez en vn sein
Fuyant la rigueur d'vne main.
  Quelquesfois vous faites la morte,
Puis d'vne ruse plus accorte,
Vous fraudez le doigt poursuiuant,
Qui pour vous ne prent que du vent.
O mon Dieu de quelle maniere
Vous fuiez cette main meurtriere,
Et vous cachez aux cheueux longs
Comme Syringue entre les ioncs.
Ah! que ie crain pour vous mignonne
Ceste main superbe & felonne,
He! pourquoy ne veut-elle pas
Que vous preniez vostre repas?
Vostre blesseure n'est cruelle,
Vostre pointure n'est mortelle,
Car en blessant pour vous guerir,
Vous ne tuez pour vous nourrir.
Vous estes de petite vie:
Mais aymant la Geometrie,
En ceux que vous auez espoint
Vous tracez seulement vn point,
Où les lignes se viennent rendre.
Encor auez vous sceu apprendre
Comment en Sparte les plus fins,
Ne se laissoient prendre aux larcins,
Vous ne voulez estre surprise:
Quand vous auez fait quelque prise,
Vous vous cachez subtilement
Aux replis de l'acoutrement.
Puce, si ma plume estoit digne,

de Poictiers.

Ie deſcrirois voſtre origine:
Et comment le plus grand des Dieux,
Pour la terre quittant les Cieux,
Vous fit naitre comme il me ſemble,
Orion & vous tous enſemble.
Mais il faudra, que tel eſcrit
Vienne d'vn plus gentil eſprit,
De moy ie veux ſeulement dire
Vos beautez, & le grand martire
Que Pan ſouffrit en vous aymant,
Auant qu'on vit ce changement,
Et que voſtre face diuine
Prit cette couleur ebenine,
Et que vos blancs pieds de Thetis
Fuſſent ſi greſles & petis,
Puce quand vous eſtiez pucelle,
Gentille, ſage, douce & belle,
Vous mouuant d'vn pied ſi leger,
A ſauter & à voltiger,
Que vous euſſiez peu d'Atalante
Deuancer la courſe trop lente,
Pan voyant vos perfections,
Sentit vn feu d'affections,
Deſirant voſtre mariage:
Mais quoy? voſtre vierge courage
Aima mieux vous faire changer
En Puce, à fin de l'etranger,
Et que perdant toute eſperance
Il rompit ſa perſeuerance.
Diane ſceut voſtre ſouhait,
Vous le vouluſtes, il fut fait:
Elle voila voſtre figure

Sous vne noire couuerture.
Depuis fuyant touſiours ce Dieu,
Petite vous cherchez vn lieu,
Qui vous ſerue de ſauuegarde,
Et craignez que Pan vous regarde.
Bien ſouuent la timidité
Fait voir voſtre dexterité,
Vous ſautelez à l'impourueuë,
Quand vous ſoupçonnez d'eſtre veuë,
Et de vous ne reſte, ſinon
La crainte, l'adreſſe, & le nom.

LA PVCE DE
EST. PASQVIER
ADVOCAT EN
Parlement.

VCE qui te viens percher
Deſſus cette tendre chair,
Au milieu des deux mammelles
De la plus belle des belles:
Qui la picques, qui la poingts,
Qui la mors à tes bons poincts,
Qui t'enyurant ſous ſon voile
Du ſang, ains du nectar d'elle,
Chancelles & fais maint ſault
Du haut en bas, puis en haut:
O que ie porte d'enuie
A l'heur fatal de ta vie.
Ainſi que dedans le pré
D'vn vert émail diapré,
On voit que la blonde Auette
Sur les belles fleurs volette,
Pillant la manne du Ciel,
Dont elle forme ſon miel:
Ainſi petite Pucette
Ainſi Puce pucelette,
Tu volettes à taton
Sur l'vn & l'autre teton:

Puis tout à coup te recelles
Sous l'abri de ses aisselles,
Or panchée sur son flanc
Humes à longs traits son sang,
Or ayant pris ta pasture
Tu t'en viens à l'aduenture
Soudain apres heberger
Au millieu d'vn beau verger,
Ains d'vn Paradis terrestre,
D'vn Paradis qui fait naitre
Mille fleurs en mes espris,
Dont elle emporte le pris,
Paradis qui me reueille
Lors que plus elle sommeille:
Là prenant ton bel esbat,
Tu luy liures vn combat,
Combat qui aussi l'esueille,
Lors que plus elle sommeille:

   Las voulut Dieu que pour moy
Elle fut en tel esmoy!
Toy seule par ton approche
Fais esmouuoir cette Roche,
Que mes pleurs ains mes ruisseaux
Que mes souspirs à monceaux,
Quelque veu que ie remue,
N'ont iamais en elle esmeuë.

   Ha! mechante bien ie voy
Que i'ay ce malheur par toy.
Car quand folle tu te ioues
Maintenant dessus ses ioues
Puis par vn nouueau dessein,
Tu furettes en son sein,
Et que tu la tiens en transe,

Madame en toy seule pense,
Et luy ostes le loisir
De soigner à son plaisir:
Ou cette mesauenture
Pour laquelle tant i'endure,
Ce mal où suis confiné
Vient d'vn astre infortuné,
Qui est entre toy & elle,
Entre la Puce & pucelle,
Ayant par vn mesme accort
Toutes deux iuré ma mort.
En toy seule elle se fie
Comme garde de sa vie.
Car si en faisant tes ieux
Tu la piques, & ie veux
Te tuer, fascheuse puce,
Au lieu où tu fais ta musse,
Elle craint, pour ne rien celer,
Que c'est la depuceler,
Et bannir à iamais d'elle
Ce cruel nom de pucelle.
Ainsi par commun concours,
Vous iouez en moy vos tours,
Et faut que pour vn tel vice,
Mon ame à iamais languisse.
   Mais toy Puce cependant
Te vas, grasse, respandant
Dessus le Ciel de Madame:
Et de là tirant ton ame,
Tout autant que tu la poins,
Autant tu luy fais de poins:
Ains graues autant d'estoilles
En la plus belle des belles.

Je ne veux ni du Taureau,
Ni du Cyne blanc oyseau,
Ni d'Amphitrion la forme,
Ni qu'en pluie on me transforme:
Puis que Madame se paist
Sans plus de ce qu'il te plaist,
Pleust or à Dieu que ie pusse
Seulement deuenir Puce:
Tantost ie prendrois mon vol
Tout au plus beau de ton col,
Ou d'vne douce rapine
Ie succerois ta poitrine,
Ou lentement pas à pas
Ie me glisserois plus bas,
Et d'vn muselin folastre
Ie serois Puce idolatre,
Pinçottant ie ne sçay quoy
Que i'ayme trop plus que moy.
Mais las malheureux Poëte,
Qu'est ce qu'en vain ie souhaite?
Cest eschange affiert à ceux
Qui font leur seiour aux Cieux.
Et partant Puce pucette,
Partant Puce Pucelette,
Petite Puce ie veus
Adresser vers toy mes veus:
Quelque chose que ie chante,
Mignonne tu n'es méchante,
Et moins fascheuse, & ie veus
Pourtant t'adresser mes veus:
Si tu piques les plus belles,
Si tu as aussi des ailes,
Tout ainsi que Cupidon,

Je te requiers vn seul don,
Pour ma pauure ame alterée:
O Puce, ò ma Cytherée,
C'est que Madame par toy
Se puisse esueiller pour moy,
Que pour moy elle s'esueille
Et ait la Puce en l'oreille.

IN NÆVOLVM.

Ad Sceuolam samarthanum.

CVm Pulicem scripsi patrio sermone, ioca-
bar,
 Scilicet vnius Scæuola noctis opus.
I, fuge, nec vana pascaris imagine vitæ,
 Tam moriture orto, quam cito nate Pulex.

STEPH. PASCHASIVS.

A SCEVOLE DE SAINTE
Marthe.

Quand ie feis ceste Puce en langage François,
Comme œuure d'vne nuit, mocquer ie me pensois.
Va Puce, pren ton vol, mais aux ans ne te fie,
Tu mourras aussi-tost, que tost tu pris ta vie.

E. PASQVIER.

IN NÆVOLVM.

FOrte erit vt nostros corrodat Næuolus
ignes,
 Stulte tace, vel tu Næuole fac melius.

STEPH. PASCHASIVS.

Rr

Peut-estre aduiendra-il qu'vn babouin d'enieux,
Ronguonnera nos vers, tay toy, sot, ou fay mieux.

AD. CATHAR. RVPELLAM
S. PASCHASIVS.

SI qua vel Ausoniis vel mando carmina Gallis
Hæc animo mandas qualiacumque tuo:
Et recitas, saltem vt te sola teste probentur,
Tu mea cùm pereas, te, mea, non peream?

Soit que des vers Latins, ou des François ie trace,
Tu les chantes par tout, ores qu'ils soient sans grace:
Et si ne puis sçauoir d'où me prouient cet heur:
Si ce n'est que tu veux qu'ils viuent par ta bouche:
Ie le croy, mais helas! ô fortune farouche!
Tu fais viure mes vers, & mourir leur autheur.

A E. PASQVIER.

C. DES-ROCHES.

VOstre encre est de ce ius qui change l'homme en Dieu,
Dont Glauque se nourrist, quand il quitta son lieu,
Pour les ondes laissant nostre terre fleurie:
Comme le clair flambeau de ce grand vniuers
Ternit les moindres feus, la grace de vos vers
Fait mourir mes escrits, & me donne la vie.

LA MESME DES-ROCHES,
au mesme PASQVIER.

O Second Apollon, ie n'eus iamais l'audace
De penser honorer vostre excellente grace,
Ie sçay que vostre honneur est hors d'accroissement,
De vostre beau Soleil ie suis l'obscure nue,
Qui au lieu d'exprimer vostre gloire cogneue
Meurtris de vostre los le plus digne ornement.

A E. PASQVIER.

Tu dis, Pasquier, qu'en consultant,
Sur la Puce tu fais des vers,
Ne plain point le temps que tu pers,
Puis qu'en perdant tu gagnes tant.

ACH. D. H.

CL. V. BARN. BRISSONII, IN SAN-
ctiori Prætorio Consiliarij, Regij in Senatu
Parisiensi Aduocati, deinde vero in
eodem Senatu Præsidis.

PULEX.

FOelices meritò mures ranæq; loquaces,
Queis cæci vatis contigit ore cani.
Viuet & extento lepidus passerculus æuo
Cantatus numeris, culte Catulle, tuis.
Te quoq; parue culex nulla vnquá mutá silebit
Posteritas, docti suaue Maronis opus.
Ausoniúsq; Pulex, dubius qué códidit auctor,
Canescet sæclis innumerabilibus.

Pictonici at pulicis longè præclarior est sors,
  Quem fouet in tepido casta puella sinu.
Fortunate pulex nimiùm, tua si bona noris,
  Alternis vatum nobilitare metris.
Nam cuicuinque animum subit illius orbis
    imago,
  Quo tenerum corpus nocte diéque rotas:
Protinus huic vacuas percurrit flamma me-
    dullas,
  Fortunæque tuæ rumpitur inuidia.
Cui saltu peragrare vago, lustraréque cursu,
  Humanis fas est abdita luminibus.
Nec præter te alijs impunè, & vindice nullo,
  Virgineis adytis luxuriare licet.
Scinditur in varias species tua cæca voluptas,
  Exili & pleno quam satur ore capis.
Pungere namque modò radiantia virginis ora,
  Et leni morsu sollicitare iuuat.
Nunc roseas mordere genas, nunc lactea colla,
  Ipsáque Pæstanis æmula labra rosis.
Si libeat licet & placido perrepere flexu
  Pectora Bistonia candidiora niue.
Est etiam mammas liber per vtrasque meatus,
  Quas tu purpureo tubere sæpe notas.
Interdum lasciuè cauos tentare recessus,
  Et gaudes media quæ loca veste latent.
Femina tecta licet tu non intacta relinquis,
  Nec minus in niueo ludere crure soles.
Quandoque & leni dorsum decurrere gressu,
  Atque placet leuiter rodere molle latus.
Si delectet iter sursum conuertere versus,
  Protinus est spatiis orbita trita tuis.
Inuadis blando quoque lumina victa sopore,

Virginis & puncta rumpitur aure quies.
Quo te cúque animi rapit importuna libido,
 Huc celeri pinna férsque refersque gradum.
Quæcunque arridet tibi pars hanc tangis &
  angis:
 Cuncta tuo pungis, tingis & arbitrio.
Quacunque insistis morsu vestigia signas,
 Et carne in summa stigmata inuris acu.
Perpetuo motu saltúque volubilis erras,
 Et tantùm es constans in leuitate tua.
Gaudia quæ captas non velum aut vitta mo-
  rantur,
 Curriculísque tuis inuia nulla via est.
Quòd si sicca fames, vel te sitis horrida torret,
 Has explere datur nectare & ambrosia.
Pasceris epoto puro liquidóque cruore,
 Exprimitur fissa qui tibi sæpe cute.
Virgineum corpus mulges, velut vbera sugas,
 Non aliter flores sedula libat apis.
Hæc tua parue Pulex sunt commoda magna,
  sed illis
 Clarius accedit splendidiúsque bonum:
Fítque hoc propéso Phœbi Cliúsque fauore,
 Quorum te cœlo carmina dia beant.
Namque Palatinus tete veneratur Apollo,
 Quo caneret Veneris dulcia furta pede.
Palladiis etiam virgo te versibus ornat,
 Musarum in partem digna venire chori.
Atque ita carminibus, quæ postera sæcla requi-
  rent,
 Certatim in laudes fertur vterque tuas:
Te rupes, te saxa sonant, fora cuncta loquutur,
 Atque tuum cantant fœmina, vírque decus.

Rr iij

Et Pulicis, fixit qui spicula nigra puellæ,
  Inclyta & auctorum fama per ora volat.
Nam quis iuridicis cōuentibus aduena nostris,
  Cui non sis, vatum numine, note pulex?
Ac te his nominibus censemus iure beatum,
  Me sed habes aliud iudice præcipuum,
Quo tua conditio reliquas supereminet om-(nes,
  Dulce quod ex æquo viuere, dulce mori:
Nam si fors ferat vt digitis carpare Puellæ,
  Suaue genus lethi virginis vngue premi.
Seu fato moriare tuo, senióue fatiscas,
  Sarcophago haud condi nobiliore queas.
Næ mihi fatales Lachesis cùm neuerit annos,
  Optarim tumulo tam celebri ossa tegi.

IMITATION DV LATIN DE M. BRISSON, PAR ESTIENNE PASQVIER.

Vous grenouilles & souris
  Animées des escris
Du grand Prince des Poëtes,
Heureuses vraiment vous estes.
  Toy Passereau fretillard
Caressé du vers mignard
De Catulle, ô que ta vie
Est à iamais annoblie.
  En cas semblable voit-on,
Petit Coussin, ton renom
Eternisé par le stile
Du graue-docte Virgile.
  Et toy Puce dont la main
De quelque autheur incertain

Immortaliſa ta gloire,
Dans le temple de memoire.
 Mais cela n'eſgalle point
Noſtre Pucette, qui poingt
Ceſte charnure marbrine
De la docte Catherine.
 Si ton heur tu cognoiſſois,
Qu'heureuſe Puce ſerois,
De voir à l'enui ta vie
Par deux braues mains cherie.
 Que ſi l'on marque les tours
Que tu braſſes tous les iours,
Et ta petite pointure
Seul moien de ta paſture.
 Soudain l'on ſent dans ſes os
Vne flamme, ains vn Chaos,
On ſent ſon ame enuahie
D'enuieuſe jalouſie.
 Voiant, Puce, que tu peus
En mille beaus petits lieux
Bannis de noſtre lumiere
Seule t'y donner carriere:
 Qu'à toy il loiſt ſeulement,
S'il te plaiſt impunement
Prendre folle ton adreſſe
Dans le ſein de ma maiſtreſſe.
 O que tu as de beaus traicts
De plaiſir, dont tu te pais,
Et dont ſe diuerſifie
Le doux apas de ta vie.
 Car s'il te vient à propos,
Tu vas prendre ton repos,
Ainçois te mets en dommage

Dessus son tendre visage.
 Là tu piques son œil rond,
Voltiges sur son beau front,
Sur ses leures tu te poses
Pareilles aux belles roses.
 Ou s'il te vient à desir,
Tu vas tes esbas choisir
Dessus sa gorge albastrine
Ou sur sa large poictrine.
 De là tu viens suçoter
Deux tetons pour t'alaicter,
Et là petite friande
Se trouue aussi ta viande.
 Soulée d'vn bon repas,
Tu prens ton deduit plus bas,
Là part qui m'est, helas, close,
Et que nommer ie ne t'ose.
 Pres Pucette, s'il te plaist,
Rien d'elle caché ne t'est,
Quelque endroit où tu te porté,
Là t'est ouuerte la porte.
 Tu peus exercer tes tours
Par tout où tu prens ton cours:
Il n'y a voile ni robe,
Qui tes plaisirs te desrobe.
 Tu peus estancher sans fin
La soif & la longue faim,
Dont tu te trouues satsie,
De Nectar & d'Ambrosie.
 Voila, Puce, les presens
De fortune que tu sens:
Mais tu as pris en partage
Vn bien plus grand aduantage:

Estant celebré ton nom
D'vn Phebus, d'vne Clion,
Et que chacun d'eux te pousse
Au ciel, de sa plume douce,
　Estant celebré ton nom
Du Palatin Apollon,
D'vn vers gaillard dont il loüe
Les tours que l'Amour lui ioüe.
　Estant celebré ton nom
D'vne vierge de renom,
Qui merite d'auoir place
Au haut sommet de Parnasse.
　Ainsi, Puce, à qui mieux mieux
Ils te trompettent tous deux,
Se faisant chacun à croire
D'en rapporter la victoire.
　Vn homme chante ton heur,
Vne vierge ton honneur:
Les Roches encor te sonnent,
Et les palais pour toy tonnent.
　Et font courir iour & nuit
Par cet vniuers ton bruit,
Pour voir vne belle vierge,
Qui te serue de concierge.
　Est-il aux Grands Iours venus
Quelqu'vn qui ne t'ait cogneu,
Par les douces chansonnettes
De ces renommez Poëtes!
　C'est pourquoy chacun de nous
T'estime heureuse sur tous:
Mais il y a bien encore
Vn point qui plus te decore.
　C'est que doux t'est le plaisir

Soit de viure ou de mourir:
O point qui vraiment surpasse
Tout autre de long espace.

Car si le sort inhumain
Te fait mourir de la main
De nostre gente pucelle,
Veux-tu vne mort plus belle?

Et si par vn autre sort
Tu meurs de ta belle mort,
Y-a-t'il tombe plus belle
Que le sein d'vne pucelle?

Quand les Parques de mes iours
Auront deuidé le cours,
Vueillez, ô dieux, que ie tombe
Sous vne si noble tombe.

IN NÆVOLVM.

Næuole non dubito quin nostra hæc dente maligno
  Carmina mordebis seu minus apta foro.
Has nugas fingi Picta ridebis in vrbe,
  Deesséque clamabis Caussidicis quod agant,
Hæc sibi qui scribunt, alijs scribuntque cauentque,
  Voce reos trepidos, consilioque iuuant.
Contra, muta foro lingua est tibi, denique habes nil
  Quod scribas, dicas, Næuole, nec quod agas.

BARN. BRISSONIVS.

de Poictiers.

IE ne doute, enuieux, que d'vne dent maligne,
Tu mordras nos escrits, comme vne chose indigne,
Et diras que ces ieuz feurent pris pour obiect
Par nous dedans Poictiers, par faute de subiect.
La troupe qui battit par plaisir ceste enclume,
Consulte, & pour autruy met la main à la plume:
Quand ta langue est muette, & que tu n'as le don
D'escrire, de plaider, & faire rien de bon.

E. PASQVIER.

Aliud.

VErbis parce malis quisquis legis ista, mo-
 uebis
Si stomachum vati, Mus eris atque Pulex.

BARN. BRISSONIVS.

NE mesdy, nous lisant, ou ie veux que tu sçaches,
Que Puce deuiendras, & rat, si tu nous fasches:

E. PASQVIER.

Aliud.

ZOile cui lingua est ignaua manusque,
 quid audes
Mordere absentum seria mixta iocis?
Est alieni operis facilis censura sedenti,
Ni tibi nostra placent ede aliquid melius.

BAR. BRISSONIVS

TOy qui n'as main, ny langue, es-tu bien si osé
De mordre cil qui mesle à son estat ces ieus?

Le mesdire de nous absens, t'est bien aisé :
Si nous ne te plaisons, fay quelque œuure de mieux.

Aliud.

Fas nõ est epulis tetricas miscere camænas,
  Inferre & toruo digna supercilio.
Callirohen poscit liber post prandia vates,
  Postulat vrbanos nil nisi cœna iocos,
Hoc tépus captans Pulicis mea musa iocosa,
  Seu proprium, vestras audet adire dapes.
Odi lectores siccos, sobriosque, profanos
  Hos duco, & scriptis arceo ridicule.

BARN. BRISSONIVS.

Ie me veux gouuerner d'vn folastre caquet,
Et non estre vn Caton sourcilleux au banquet,
Que dedans nos repas la gaillarde franchise,
La rencontre à propos, soit entre nous permise.
Maintenant me iouant sur la Puce, ie viens
M'esiouir à ta table, auecq' toy & les tiens.
Ie te veux mal, Lecteur sobre, qui ne t'esgayes,
Et me mocque de toy par escrits pleins de bayes.

E. PASQVIER.

IO. BINETI BELLOVACI. J. C.
Amatoris & Pulicis Colloquutio. CL.
BINETVS *fratris filius, restituit.*

A M.

Qvid tibi cum niueis Pulex niger ore puellis,
　Vulnifico teneram pungis & ore cutem?
Lactea stigmatibus cur membra rubentibus vris
　Totum vbi te pauit virgo tenella sinu?
Tantum vbi suxisti quantum potes ore cruoris,
　Donec sit multo sanguine tenta cutis?
Hoc faceres blandè saltem haud essésque molestus,
　Cũcta memor quod sint peruia membra tibi.
Quod potes à niueis descendere ad ima papillis,
　Et longam in quauis nectere parte moram.
Quod licet hanc tibi nunc, nunc prendere mordicus illam,
　Quæq; placet magis hac quærere parte cibũ.
Verba etiam ac lusus sæpe interrumpis Amantum,
　Haud sinis optatis, colloquiisque frui.
His mihi pro factis meritas dabis improbe, pœnas,
　Si prensum potero te retinere manu.
Et tortore mei rumpam te pollicis vngue,

Compressum digitis sæpius ante meis.
PVL. Si tibi quæ pario posses bene commoda nosse,
  Et quanti tibi sint splendida causa boni:
Nullum animal toto me quicquã gratius orbe,
  Charius adfirmes vtiliúsve tibi.
Inter delicias Pulex foret vnus amatus,
  Méque tuum faceres mélque fauósque tuos.
Nonne ingrate suas aperit tibi virgo papillas,
  Dum morsu vrgetur saucia facta meo?
Non tibi palpandi datur has occasio multa,
  Dum me nudato quærit vterque sinu?
Dúmque meam in mortem vestrûm conspirat vterque,
  Et saltu effugio dum leuiore manus?
Candida dum per colla volo, aut me condo sub alas:
  Aureola nitor vel latitare coma?
Quid dicam? suras morsu dum figo procace,
  Non tibi crura aperit marmoreumque genu?
Altius & gaudes replicatam attollere vestem,
  Non tam quò capiar quàm loca nota petas?
Adque voluptates me cautus abuteris vno,
  Haud capis, & cùm me prendere sæpe queas,
Liberius possis quò membra optata videre,
  Et longam in quauis nectere parte moram.
Hoc si nullus erit Pulex non feceris vnquam,
  Lenoni saltem parcere disce tuo.

REN. CHOPINI I. C. ET IN
SVP. CVRIA ADVOCATI

PVLEX.

VErmiculum quanti facitis me (ex musca
   Elephantum)
   Vates, puluereo cretum quem semine
   spernunt
Mortales, sæuæque petunt miserum vngue
   Puellæ!
At muscas Lucianus, apes Maro laudib' ornat:
Insectum & Stagirita genus sophos omne
   probauit   (dotes.
Cuiusque ob proprias, lemora animalcula,
Sed mihi me nō tam, tenerae quā corpus amicæ
Quo lateo, exprimitis, vestrorū tegmē amorū.
Hinc de me vobis fert mutua carmina virgo,
Vobiscum placido luditque Poëtria versu.
Præda puellares animos oblectat inanis.(phęo
(De me ait ille) sed hoc minimè contenta tro-
Nympha sibi victrix in nos epinicia cantat.
Quos tamē interea modulos vtrinque parastis
De Pulice, ô vates, vel Phœbo digna loquuti,
Amplector, tantis celebris scriptoribus, etsi
Materiem superarit opus versúsque canori.
Iam Plautina viris Pulices culicésque perosos
Quæ referunt, tineas scripta experiátur edaces:
Lethiferum pariter qui in nos medicamen ad-
   ornat
Pro canib' pulicosis, hinc Columella facessat.
Mæonides quamuis ranas murésque bearit,
Dehinc veterē in limo ranæ cecinere querelā,

Degeneríque tremens animo propè ridiculus
 mus,
Sub terris posuítque domos atq; horrea fecit.
Nec toga, nec focus est, nec tutus cimice le-
 ctus,
Quem tamen historicus Naturæ prædicat au-
 ctor.
Ast genus humanum quadam nos parte iuua-
 mus,
Cui sit in aure Pulex, grauior de corpore tor-
 por
Excutitur, vigili & succedunt cuncta labore:
Virginitatis ego custos castæque puellæ,
Donec eam cupidus iuuenis Paphia duce ra-
 ptam
DEPVLICET, florémque ferat, soluátque pu-
 dorem.
Haud iam laudata Phauorinus febre colatur,
Caluitiíque Synesius, aut Thersitis Homerus
Præcones, etiam perdoctis addo Poëtis
Materiem vobis, sed quos mage diuite vena
Insignes, veluti noscas ex vngue Leones,
BRISSONIS Latiúmque melos, patriúmque
 Paqueti
Me decorant, ac Pictonica de Rupe Camilla.
Vndè sacro Genij trini vos numine diuûm
Cuiuis carminibus Pulicem misistis in aures,
Non modo Pictonicum moueat qui mente
 veternum,
Clara sed in reliquis etiam studia excitet oris.

IOSEPHI

IOSEPHI SCALIGERI

PVLEX.

PVlicelle niger, nigelle Pulex,
Incitatior hœdulis petulcis,
Delicatior hinnulis tenellis,
Docti passere nequior Catulli,
Stellæ blandior albula columba:
Qua te prosequar aurea camœna?
Quo te nomine prædicem, ô beate
Pulex pumile, pumilille Pulex?
An quod, cùm libet os meæ puellæ
Tuo purpureo ore suauiaris:
Mihi cùm libet, os meæ puellæ
Meo non licet ore suauiari?
An quod cùm subiit cibi voluptas,
Non in quadriuiis, neque angiportis
Plebeos auidus cibos liguris,
Sed in lacteolis latens papillis,
Tingens virgineo cruore rostrum,
Plenus nectaris & satur recedis:
Mox circunsiliens modò huc, modò illuc
Meras delicias, meros amores
Ludis ebrius in sinu puellæ?
Anne quod Veneris satelles audis,
Vindex falsidicæ malæque linguæ,
Cùm periura Deos puella læsit,
Atque vlciscere saucios amores,
Feris morsibus appetens lacertos?
Illa in insidiis morata soli
Vindictæ imminet, ac fauens doloris
Suspensa meditatur vngue mortem,

Tu cessim fugis, & fugis recessim,
Ac subsultibus hinc & hinc citatis
Vibras cruscula, & improbæ puellæ
Eludis digiti impetentis ictum:
Vt campis equa trima ludit olim
Motis aëra calcibus lacessens.
An quod legibus omnibus solutus,
Puellaria membra peruagaris,
Vsque Cypridis ad beata regna,
Impunè insinuans amoris almi
Secretis adytis, sacrúmque limen
Insistens, quod ab omnibus profanis
Et tangi scelus, & nefas videri?
Hic tu Ianitor excubas, & ipsam
Aureæ Veneris tueris aram,
Quam sanctè tibi tradidit tuendam
Et ridens Venus, & puer Cupido.
Téne propterea, ô venuste Pulex,
Téne prosequar aurea camœna?
Téne hoc nomine prædicem beatum,
Pulicelle niger, nigelle Pulex?
Non, sed quòd nimio tuo lepore
Tot solus facis & paris Poëtas,
Quorum cantibus, aureæque linguæ
Vena diuite, versibus canoris
Immortalis eris, diúque viues.
Nam dum pumile pumilille Pulex,
Hæres pendulus in sinu puellæ
Nouus Pegasus in noua Hippocrene,
E morsu tuo, vt vngula ex equina
Fluxerunt latices Poëtici, dein
Tot sunt carmina nata, tot Poëtæ.

IMITATION DES VERS DE IOSEPH DE L'ESCALE PAR IAQ. Courtin de Cisse.

Pucelette noirelette,
Noirelette pucelette,
Plus mignarde mille fois
Qu'un aignelet de deux mois
Et mille fois plus mignonne
Que l'oisillon de Veronne,
Comme pourra mon fredon
Immortaliser ton nom?
   Pucelette noirelette,
Noirelette pucelette,
Diray-ie que nostre bien
Est petit au pris du tien:
Lors que quand tu veux tu baise
La bouche de ma mauuaise,
Et moy ie ne sçaurois pas
En auoir aucun soulas,
Sans plus ie nourris ma vie
D'vne impatiente enuie.
   Diray-ie que nostre bien
Est petit au pris du tien,
Quand cachée sous l'enflure
De ceste belle vouture,
Qui esleue en rond son sein,
Tu rassasies ta faim,
Mordillant audacieuse
Sa gorge delicieuse:
Puis sautelant tout autour
De ce beau palais d'amour,

Plaine de delicatesses,
Plaine de douces liesses,
Tu fais mille & mille ieux
Dessus son sein amoureux;
Et elle sentant ta playe,
Tousiours en embusche essaye
De te prendre, & va iurant
Ta mort si elle te prent.
Mais d'vn saut promt & agile
Tu trompes sa main subtile,
Et tu t'enfuis droit au lieu
Où amour ce petit Dieu
Asseuré fait sa retraicte,
Sa retraicte plus secrette:
Et où vn autre ne peut
Arriuer s'il ne le veut,
Qu'oncques la main ny la veuë
N'ont ny touchée ny veuë,
Et dont le penser sans plus
Me fait deuenir perclus.

  Pucelette noirelette,
Noirelette pucelette,
Diray-ie que nostre bien
Est petit au pris du tien:
Quãd lors qu'vn doux sõme presse
Les beaux yeux de ma maistresse,
Seule tu cognois combien
L'archerot Idalien
Luy fait endurer de peine,
De peine douce inhumaine,
Seule tu sçais ses desirs,
Seule tu oys les souspirs,
Dont seule sous la nuit brune

Les astres elle importune.
Puis deçà de là courant,
Et sautelant & errant
Dessus les rares merueilles
De ses beautez nompareilles,
Tu cueille vn heur dont les dieux
S'estimeroient bien-heureux.
Lasse en fin tu te reposes
Sur ceste gorge de rozes,
Et entre cent mille appas,
Tu gouftes vn tel soulas,
Qu'yure de sa mignardise
Tu mourrois soudain éprise
Si ma belle te sentant
Ne t'alloit point poursuiuant.
Bien-heureuse sera l'heure
Quand il faudra que ie meure
Si comme toy ie me meurs
Entre ces douces douceurs.
 Pucelette noirelette
Noirelette pucelette
Si d'auenture ie veux
Baiser sa bouche ou ses yeux,
Pendant que le sommeil flate
Sa paupiere delicate,
Garde de la mordiller
De peur de ne l'esueiller.
Ainsi pucette noirette,
Noirelette pucelette,
Puisse tu dedans les Cieux
Luire entre les moindres feux,
Estoille guide asseurée
Des soldats de Cytherée

PULEX PICTONICVS. AD C. V.
Achillem Harlæum Præsidem.
aut lasellu.

Iam dudum ausculto, ac tacitus lego, & audio quæ vos
Certatim vario, multum sermone morati,
Cũcta super pulice, obscuro turba inuida vati.
Solus ego auditor tantum? sanctissime Præses,
Da veniam facilis: da libertate Nouembri,
Quando ita Martinus voluit pater optimus, vti.
Brissonius. Ecquis tam ferus est, aut ferreus vt teneat se?
Ecce ille eloquij princeps, Iuris coryphæus,
Cecropidum & Latij vindex, atque adsiduus præs
Subripit excelsos animos à rebus agendis,
Fortunam pulicis modulatis versibus implens.
Ille etiam genitus Mnemes, ideoque Renatus,
Regali, sacro, plebeio iure relictis,
Pallidus & docta quæ digerit Andibus arte,
Hunc vatem vates, oratoremque disertus
Effert. Nam de te haud miror, qui pulicis auctor
Paschasius. Hos animi motus nobis turbasque citasti:
Vt cui nascenti veneres Lucina, leporesque
Indidit, infantique admorunt mella Camœnę,
Phœbæamque sacro capiti implicuere coronam.
Sic nouus adueniens Pyctorum sedibus Orpheus
Solus flexisti Rupes, tibi Picta puella

Ceu noua comparibus numeris circumsonat
  Echo.
Vnde fremunt cuncti; Rapus, Otho, Pycta co-
  turnix,
Celsus filius, ac nouus Arbiter, alter & Andus:
Quemque tuum gemitu luges Benace marino,
Et queis sancta suum donauit Martia nomen,
Et cantare omnes, & respondere periti.
Ille Elegis melior, Cæis hic mollis Iambis
Hic fidibus dulcis Flacco inuidus, ille Maroni,
Doctior ille suum certans æquare Catullum,
Hi patrio, Graio multi, plerique Latino,
Nonnulli Hispano atque Italo sermone, ro-
  tundo
Ore omnes, tota Phœbus iam personat vrbe:
Pyctorum veluti Clio migrarit in oras,
Pythius & renuat dici iam Pyctus Apollo.
  Fallimur? An mentes falsa sub imagine ca-
  ptos,
Errantesue oculos species deludit inanis?
Non est hic pulex, non est mihi credite pulex,
  Qui pluteos vatum & consultorum atria pul-
  sans,
Cunctorum passim mentes ac pectora turbat.
Sed paulla ista, animi formam quæ sordibus æ-
  quat,
Fœda, tribas, frictrix, subigatrix, mascula Sap-
  pho,
Inuidia atque odiis Pictæ commota puellæ.
Huc procul ad placide labentis littora Clani,
Pyctorumque arces, à Lesbo dæmona fuscum
Fallacémque suum nigro sub tegmine misit,

Sf iiij

Dæmona, qui formam mentitus pulicis atri,
Virginis occultum venis inspiret amorem.
Nec mora, susceptæ genius mandata capessens
Fit leuis ac pullus pullo de dæmone pulex:
Atque puellares cœtus impune subintrans,
Incautam petit, inque sinum ac præcordia
 mordax,
Interque & vestes & læuia pectora crebro
Adsultu crepitans, pulchroque in corpore lu-
 dens,
Virgineos omnes aditus, omnesque recessus,
Quos nec fas homini in cesto contingere lu-
 strat,
Si cæcos fibris atque ossibus implicet ignes.
 Vidi, aderam, fateor, neque noxia lumina
 feci,
Sensit & erubuit virgo: ignitæ ipse fauillæ
Emotæque adeo agnoui vestigia flammæ.
At memor illa sui, sinceræ Palladis artes
Inuocat: & dextra calamumque, columque si-
 nistra
Arripiens, Ades ô Dea, tuque ô Delia virgo,
Dixit, & incepto mentem sermone mouetur,
Haud aliter quàm dura silex, aut Pyctea rupes.
Sicque leuis Sapphus victo de dæmone, virgo
Inuigilans chartis calathisque inuicta trium-
 phat.
Ac Pulex dæmon tenues euasit in auras.
 Aut hic si pulex fuerit qui virginis aures
Personat, & celsa Pyctorum saltat in vrbe;
Haud equidem humano credendus puluere
 cretus.
At canis ætherij æternus de sanguine sanguis

de Poictiers. 601

Decidit in terras, cum primum te duce, Præses,
Optima cælestum Pictos Astræa reuisens,
Sydereas procerum turres, & culmina præter
Summa volans, humiles, vno comitata mini-
    stro:
Pulice Meraso, Pyctæ diuertit ad ædes,
Palladiamque domum ambrosiæ perfudit
    odore.
Hospitio Erigonem materque & filia pronis
Vultibus excipiunt: præsto Phœbæius illi
Apparet chorus omnis ouans: Pax alma, Fidés-
    que
Germanæ addunt se comites, ac versibus auras
Certatim alternis pulsant, atque æthera com-
    plent,
Astreæ reduci lætum Pæana canentes:
,, Vt quondam prima nascentis origine mundi
,, Gentem hominum truncis ac duro robore
    natam,
,, Corporis & formæ dotes, virésque regebas,
,, Dein vt ab ætherio veniens Saturnus Olym-
    po,
,, Te dominam Erigone rebus præfecit agendis,
,, Ac genus indocile & dispersum montibus
    altis
,, Composuit, morésque dedit: quò mollia
    cuncti
,, Otia ludentes agerent: dum victa madentes
,, Cæde virum, terras linquens virgo astra pe-
    tisti,
,, Iam redis, ô iam diua redis, Pyctísque beatæ
,, Dat nomen numénque tuum bona gaudia
    pacis.

,, Salue vera Iouis proles, decus addita cælo?
,, Neu nos, néue tuos dea Pyctea desere Py-
    ctos.
Talia Pierio recinebant ore Camœnæ,
Cum circunsiliens cunctas cane natus anhelo
Icarij pulex, vt vidit & audiit illam
Quę sexum longè superans, virtutibus anteit,
Doctrinaque viros, hominem haud sonat, &
    dea certe est;
Vt cupiit, perijt, petijt, morsuque momordit,
Improbus, iracundus, inexorabilis, acer,
Oblitusque sui, cognatorúmque micantum,
Et domini, & dominæ, Pyctæ deceptus amore,
Mortalis cupit ærernum seruire puellæ.
Tum Dea subridens, Pyctam mirata, miserta
Pulicis ardentis, Pictos inuita relinquens,
Hunc iubet hospitio Pictæ inseruire puellæ,
Extinctos pariter donec noua sydera mundo
Iuppiter imponens, fiat Pycta altera virgo
Virginis Erigonæ comes, æternúsque satelles
Virgineus pulex, proprio iam lumine fulgens,
Exultet lucis Pyctarum præuius, index
Vertentis solis: saltu & prenuncius alto
Sublimes magni spes vatibus inchoet anni.
Et minimum in terris signetur Pulicis astrum.

IMITATION DES VERS D'AN-
THOINE LOISEL, PAR E.
Pasquier.

I'Escoute japieça, & si lis à part moy
La Puce qu'à l'ennuy trompeter ie vous voy,
Enialouzez du los de l'incertain Poëte.

de Poictiers. 603

Quoy me tairay-ie seul ? mon Beaumont ie souhaite,
Si tu le trouues bon, abandonner le frein,
Puis qu'ainsi le permet le bon Pere Martin:
Il n'y a nul si fier, ou si dur qui retiue.
 Ie voy ce grand torrent de l'elloquence viue,   Brisson.
C'est azile commun de l'ancienne loy,
Au milieu du public se desrober à soy,
Pour corner en tous lieux de la puce la gloire:
Ie voy ce deux fois né, RENE' fils de memoire,
Quittant le triple droit dont il s'est annobly,
Mettre de son Anjou la coustume en oubly,
Et faire d'une Puce vn bien grand orateur
Et Poëte. Car quant à toy premier auteur,
Qui as fait que voions la puce sauterelle,
Toy dis-je qui premier dressas cette querelle,   Pasquier.
Ce n'est rien de nouueau: d'autant que des neuf seurs,
Et Graces en naissant tu suças les douceurs,
Ayant du saint Laurier la temple couronnée:
Si qu'arriuant icy comme vn nouuel Orfée,
Tu flechis les rochers; fais que ta dame ainsi
Qu'vn Echo te respond, tu luy respons aussi.
Dont chacun estonné choisit ce mesme titre,
Mangot, Rapin, Tournebe, & ce nouuel arbitre,
Et celuy qui de Marthe emprunta le saint nom,
Celuy qui de l'Escale a encor le surnom,
Auquel Dieu octroya & l'esprit & l'vsage
De s'expliquer en trois manieres de langage:
Ia void on dans Poictiers Apollon le diuin
De tous estre chanté comme vray poiteuin,
Et prendre ce surnom quittant c'il de Pythic.
 Ie me trompe: vne image en mes sens mal bastie
D'vn obiect fantastic vainement me repaist:
Ce n'est point, croyez-m'en, vne puce, ce n'est,

Si de bien augurer i'ay le nom de mon pere.
  Cette saffre Sapphon du monde l'impropere,
Vilaine, infame, duite à tremousser son corps
Ingenieusement en mil honteux accors,
Ialouse des vertus qui logent en la belle,
Qui les hommes en meurs & doctrine precelle,
Non fille vrayement, mais vn Dieu Poiteuin,
Enuoya de Lesbos son Demon sur le Clin,
Qui se voulut voiler d'vne noire vesture,
De la Puce empruntant l'habit & la figure,
Pour d'elle practiquer quelque folastre amour.
Habile il obeit, & sans aucun seiour
Se fait leger & noir tout ainsi qu'vne Puce,
Et sous ce masque là dedans son sein se musse.
La prend à l'impourueu, & d'vn doux aiguillon
La pique doucement, ores sur le teton,
Or' sur tous les endroicts de son beau corps voltige:
Et peut estre se perche au plus pres du beau tige
(Que nul n'osa iamais, tant fut-il chaste, voir)
Pensant par ses attraicts la vierge deceuoir.
  Je le sçay, ie l'ay veu sans offenser ma veuë,
La fille fut espointe, & doucement esmeuë,
D'vn feu tout virginal, dont les traces ie vis.
Elle ne s'oubliant recourt aux deux deuis
De Pallas, à sa plume, ensemble à sa quenouille:
Ne permets, ô Pallas (dit-ell') que ie me souille.
Ce dit ses pensements restent aussi entiers
Comme font ces grands rocs, ou Roches de Poictiers.
Ainsi sur les papiers veillant & sur la laine,
Ell' vainquit le Demon de Sapphon la vilaine,
Et la Puce-Demon en l'air s'esuapora.
  Ou si c'est vne Puce, elle ne s'engendra,
Comme les autres font, d'vne vilaine ordure,

Ains est du chien d'en haut la vraie creature,
Descendue du ciel auec Astrée icy,
Astrée de Poictiers, & Poictou le soucy,
Laquelle auecq' Harlay par vn commun office,
Desirant restablir l'ancienne iustice,
Tout soudain le logis du grand Harlay a pris,
Et la Puce le sein d'vne sage Cypris.
L'vne & l'autre iouant diuersement son roolle,
A fait aux beaux esprits, renaistre la parolle,
Qui trompettent d'vn ton, & chant au ciel rauy,
La Puce, la Pucelle, & l'Astrée à l'enuy,
Tellement que la Puce & Pucelle sont prestes
D'estre au ciel par nos vers, deux beaux Astres ce-
   lestes.

CHANSON.

O! belle pepiniere,
La fidelle iardiniere
Des fleurs, & fruits d'Helicõ,
Chantons, brigade, la gloire
Des neuf filles de memoire,
Et de leur frere Apollon.

   Ainçois plustost de l'Astrée
Dedans le Poictou r'entrée
Sous Harlay, le grãd guerrier,
Lequel armé de iustice,
A exterminé le vice,
Ceignant son front de laurier.

   Chantons encor' la Pucelle
Qui toutes autres precelle,
Des vertus le parangon:
Et ceste Puce bien née

Qui, sage, s'est obstinée
De fureter son teton.
 Pucelle en qui la nature,
Aux autres, auare & dure,
A prodigué tout son beau,
pour puis apres l'ayant faicte
Une Pandore parfaicte,
En faire vn Astre nouueau,
 Iusques à ce qu'elle meure,
Fay Astrée ta demeure
En France au meillieu de nous:
Si sa mort te donne enuie
De reprendre au ciel ta vie,
Nous te prions à genoux,
 Que ceste vierge etherée
Soit vn Astre auecq' Astrée,
Et que tu loges aux cieux,
pres l'estoille Poussiniere
Vne estoille puciniere
Par vn soin deuotieux.

E. PASQVIER.

Nil rerum variat perennis ordo,
Et constant sibi Phœbus & sorores,
Nec Pulex modo tot simul Poëtas,
Sed Parnassia fecit ipsa rupes,
Rupis, aut Heliconia Hipocrenes.

PETRVS PITHŒVS.

Version.

D'Vne continue concorde
Phebus auecq' ses sœurs s'accorde,
Ny la Puce ne nous a fait,
Tant de poetes, mais la Roche,
Qui du Roch d'Helicon est proche,
A produit cest œuure parfait.

     E. PASQVIER.

IACOBI MANGOTII IN SE-
NATV PARISIENSI
Aduocati.

PVLEX.

PVlex ô Pictæ picte pictor virginis,
 Pulex rubelle, rupis hospes arduæ,
Tot eruditis expolite vatibus:
Feres vt ipse Liberis iambulis
Festiuitatis osculer lucem tuæ.
Poëta tantò pessimus, quantò optimi
Qui te priores & decus tuum sacris
Ad astra metris extulerunt æmuli.
 Salue ô animule, politule, bellule, blandule,
Beate animule, sorte quàm libens tua
Virilitatis lumen immutem meę,
Fiámque quod tu es, seu nihil nisi Pulex,
Seu quicquam es aliud, siue mas, seu fœmina,

Nam te Latinæ virgines ferunt marem,
Gallæ salutant fœminam : me iudice
Ille profectò verius, versutius
Istæ, pudori dulce quærentes suo
Sub fœminina tegmen innocentia.

Tu nempe verus mas es, & maritulus
Amœnus ille qui puellaris rosæ
Carpis venustos vere primo flosculos,
Mulcens tenellas mentula tenellula.

Tu sol es ille qui vagaris in loca
Ipsis negata solibus cœlestibus:
Vbi solutis arcularum zonulis,
Euoluis omnes inuolutas cellulas,
Rimaris omnes curiosus cellulas,
Hauris & omnes ebriosus guttulas.

Egressus inde, corculo tu cùm tuo
Lubet (lubétqué semper & semper licet)
Exosculari gemmulas genuellulas,
Mulgésqué molles mollicellas mammullas,
Dissuauiatus mille mille basijs.

Hinc est rubelle, quod licet, te candidum
Natura primo fuderit spiramine,
Rubes puellæ purpuratus hymene:
Dein cùm virilem virgo cessit in manum,
Iustos adulter polluis viri thoros:
Sed talionem, quippe cælebs, non times.

Verùm, ô sceleste, Rupis huius limina
Profanus intrans expiandum per scelus,
Fines modosve iuris excedis tui.
Nec enim profana ludis, vt soles, domo,
Mortalis hospes & tyrannus fœminæ:
Nouo sed ausu & impia proteruia

Ipsu

de Poictiers.

Ipsum profanas Palladis sacrarium,
Pictum relicto qua colit solum polo
Mentita Picta nomen osque virginis.
Ipsam lacessis filiam magni Iouis,
Magnam pusillus, & pusillis editus,
Mortalis immortalem, inermis & rudis
Armis tremendam, ac arte doctam bellica.
Ipsam superbè pungis audax Pallada,
Quam nec sagittæ, nec faces, nec spicula.
Auro corusca cælitis Cupidinis
Diuósque diuásque furiare crediti,
Læsisse flammis verioribus quærunt.
 Fallorne? an ipse es ille verus arciger,
Cupido verus, ille, versutus puer,
Qui, quos apertus non potest, tectus petit?
Non fallor ipse es: sic proteruis, sic volas,
Sic & venustus, sic leuis, sic mobilis,
Irámque facilis sumere & deponere.
Sic & sagitas tu geris, sic spicula:
Sed sub mamillis occuluntur alulæ:
Sic es pusillus, vulnus at magnum facis:
Sic & parentem ludis impius tuam:
Sed nec sorori parcis incestus tuæ,
Frater, maritus, filiúsque fœminæ
Eiusdem, & idem sanguinosus carnifex.
Sic & sonoras alites, & ortygas,
Rupes & ipsas & racemos & rubos
Animas iocosus ad iocos, cantus, choros.
 Quin & fidelem nuncium Iouis moues,
Facundiorem Prisco Atlantis filio,
Summum eruditæ principem eloquentiæ,
Summúmque iustæ præsulem prudentiæ,
Picti benignum lumen & decus chori.

Immò & tu Achillem prepotentem filium
Themidis supernæ non marynæ Thetyos,
Heroa victorem domitorémque hostium,
Picti stupendum restitutorem soli,
Ahæneúmque iustitiæ murum sacræ
Ipsum moueres: sola sed mouet Dice,
Sola hunc perurit, & potitur integro.

Quid ô proterue hîc quæris? an Psychen
tuam?
(Nam quæritantis ora certè gestitas,
Et sic vagaris, sic & incertus salis)
Psyche hîc Cupido est, nec Psyche tamen tua
Malæ sorores cui duces: sunt huic nouem
Doctæ bonæque, Diua Memoria & parens.

Erras amice, Pallas est in quam ruis,
Est ipsa Pallas, quæ Iouis de vertice
Virago fortis, pura, solers prodiit
Et erudita. Sed Cupido cæcus es.

Fuge ô miselle: nam hæc Minerua est for-
tis, &
Aduersus omnes dura morsus ignium:
Nec vulneratur, vulnerat sed duriter,
Et duriorem rupes ipsa reddidit.

Fallor, Cupido pelle non tectus tua,
Sciens Mineruam pelle non tectam sua,
Sed rupe amictam, versipellis impetis,
Et quam sagittis non potes tentas dolis.

Caue tamen tu: nam Minerua est cautior.
Nec te tenelle falle, quòd nudam feris:
Hac arma rupe certiora nulla sunt,
Et hoc pusille scire tu debes tamen,
Armata tota est, quando nuda Pallas est:
Quin ipsa tanto est fortior quo nudior.

At at ô animule iam tuos intelligo
Sensus, idipsum nempe prudens quæritas:
Huic Rupi animulam vis tuam collidere,
Vis vulnerari, vis mori hac à Pallade,
Hoc gloriosum mortis affectas genus.
Sed morere animule, morte quàm tali velim
Mutare vitam sideris detur mei.

LA PVCE DE CLAVDE BINET ADVOCAT EN LA COVR de Parlement.

Mignarde, vous auez grand tort
D'appeller Hercule à la mort,
A la mort d'vne pucelette,
Qui tant mignardement furette,
Comme vn petit furion d'Essain
Sur les roses de vostre sein.
Ie veux, ie veux qu'on vous appelle
Du nom de belle & de cruelle,
Qui pour si petit animal
Inuoquez Hercul chasse-mal.
Animal dont la petitesse
Passe des autres la grandesse:
Soit qu'on face comparaison
Des parcelles de la raison,
De la souplesse, ou de l'astuce,
Qui recommande cette Puce.
 Belle, si vous aimez le beau
Voyez quelle gentille peau:
Ne diriez-vous pas qu'elle est teinte
Ou des couleurs de l'Hyacinthe,
(Hyacinthe honneur des beaux mois)
Ou de pourpre, couleur de Roys?

Tt ij

Vrayment si la trouuez gentille,
Sa proportion plus subtile
Vous doit inciter à pitié,
Pour luy porter quelque amitié,
Si comme vous mignardelette
Elle est prompte, polie & nette.
　Laissez vous picquer vn petit,
Sus, la voila en appetit,
Voyez belle, voyez mignarde,
Comme vn éguillon elle darde,
Eguillon en long eguisé:
Et qui pourtant est pertuisé,
Pour couler la douce ambrosie,
Qu'en vostre sein elle a rauie.
Je ne le sçaurois accuser,
Sinon d'auoir l'heur de baiser
Si long temps ceste peau tendrette,
Qui vn tel bon-heur ne me prette:
Mais, puce, ie t'excuse bien:
Car par toy nous goustons le bien
De mille amoureuses delices,
Quand dans vn beau sein tu te glisses,
Et sçais les premiers fruits rauir
Des filles neuues au plaisir:
Tantost en baisottant leur face,
Or succotant en autre plate,
Aprenant à l'homme grossier
Comme il faut l'amour varier.
　Encore que Venus s'en fache,
Ie veux que tout le monde sache,
Que la Puce eut l'honneur premier
D'inuenter le mignard baiser,
Baiser qu'encor Amour farouche

N'alloit succant dessus la bouche,
Et que Venus n'eut sçeu sucrer,
S'elle n'eut veu la Puce encrer
Sa petite bouche ebenine,
Sur la moitte iouë Adonine.
Depuis la gentille Cypris,
Ayant le glout baiser appris
D'vne larronnesse languette,
Languette mutuelle & moëtte,
Sceut bien à l'enuie du Ciel
Coler deux bouchettes de miel.
 Que diray-ie de sa seignee
Qui par elle fut enseignee?
N'en déplaise à l'antiquité,
La Puce a l'honneur merité,
Et non le cheual qui se treuue
Aux bras de l'Egiptien fleuue:
Car la Puce, tant seulement
Auec vn doux chatoüillement,
Tire sans aucune ouuerture
Le sang ennemy de nature.
 O petit animant heureux,
Vtile aux hommes & aux Dieux,
Si or ie t'ay sauué la vie
Des mains de ma douce ennemie,
Et si ie t'ay fait tant d'honneur
D'estre de deux biens inuenteur,
Succe de ma maistresse belle
Ce gros sang qui la rend rebelle:
Si qu'ayant rapuré son sang
D'vn courage amoureux & franc,
D'vn œil semonneur, elle attise
Le deux feu de ma conuoitise,

T t iij

Et qui ne se puisse appaiser
Que par la langueur d'vn baiser.

CLAVDIVS BINETVS IN
suprema curia Aduocatus Stephano
Paschasio.

QVid vos Orphea, & arbores secutas
Lyræ mellifluæ sonum Poëtę
Laudatis veteres? refertur ille
Quid vobis numerosus ille Arion?
Quid Thebanę opifex canorus vrbis?
Quid & fœmineo negata sexu
Tu miracula vis referrę Saphus,
PASCHASI Ambrosiæ Deûm minister:
RVPELLA aut potius RVBELLA (si fas
Tam notum hac variare parte nomen)
Illa nobilis & sagax puella,
Nais docta Clani, Rubella bella,
Quidquid est hominum vetustiorum,
Quicquid est hominum, venustiorum,
Quicquid & muliebris est honoris,
Forma, moribus, eruditione,
Illa inquam vnica vel Rubella vincit.
   Sed me forma priùs, priúsque crines
Illi qui Assyrium exprimunt amomum,
Spirant balsama & Indicos odores,
Longis quicquid Arabs vehítque ab oris,
Quos vellet sibi contigisse Cypris,
Quos fila aurea censeas Mineruę,
Irretita meum cor atque ocellos,
Gratis nexibus & ligant & vrunt.

Illa frons niuea, æmula atque lactis,
Perfusa & Tyrio cutis colore,
Pętuli &, Veneris faces, ocelli
Totum me illicibus necant rapinis.
Isthæc labra fauis suauiora,
Hiblęisque Thimis, mihi roganti
Si dent oscula delibuta melle,
Dulci nectare dulciora longè,
Et spirantia verè odorem earum
Quas Pęstanus ager fouet, rosarum,
Sensim esflabo animam, meus migrabit
In os spiritus illius, vicissim
Reddet mi illa suum, simulque fiet
Permutatio spiritu ex vtroque.

Quid? menti bifidi decor venustus,
Et ceruix niueo superba luxu,
Me mihi eripit, & facit subinde
Vt tibi inuideam, beate Pulex,
O audacule, credo Amor nigelle,
Quem sępe in medio sinu patere
Rubella hinc patitur, tuo vt puellę
Mage appareat ex nigrore candor:
Qui nunc in teretes ruens papillas,
Bellas turgidulas atque elegantes,
Expertes licet, artamen capaces
Lactis, purpureum elicis cruorem:
Nunc pungis minimum canalem earum
Botri instar rosei aureæve glandis
Quiddam molliculi affatim rubentem:
Sed partes tacitas, pari sileri
Quæ quo veste tegi pudore debent,
Nefas tangere. At hac Mineruę in arcę

T t iiij

Quæ faces animę ingeníque dotes
Cunctis iniiciant bonis stuporem,
Tot cui docta dedit Minerua dotes,
PASCHASI, tibi fas sit adnotare:
Mi sat est nimio si adustum amore
Isthæc non potuisse tanta credat
Bella amabilis, & sagax puella.

IMITATION DV LATIN DE CLAVDE BINET A EST. PASQVIER, par François de la Couldroye.

Pourquoy loüez-vous tant Orphee?
Pourquoy d'vn si braue trophee
Honorez-vous, Poëtes saincts,
Le bruit de sa lyre sonante,
La voix aussi douce-coulante,
Qui le miel des picquans essains?
   Pourquoy vostre chanson sacree
Qui aux Rois & aux Dieux agree
Sonne tant le loz d'Arion?
Pourquoy vantez-vous le miracle
De l'Ogygien habitacle
Basti par la voix d'Amphion?
   Et toy PASQVIER, qui par tes carmes
Coulans de Permesse nous charmes
Arrosez du Nectar des Dieux,
Pourquoy d'vne docte faconde
Vas tu chantant à tout le monde
Saphon l'honneur des siecles vieux?
   Hé! pourquoy dis-tu que sa grace

Toutes autres dames surpasse
En beauté, vertu & sçauoir:
Puis qu'en cette belle ROCHETTE,
Ainçois cette belle Rosette,
Le Ciel ses tresors nous fait veoir?

 Cette Claniene Naiade,
Cette montaignere Oreade
En sagesse, en grace, en beauté,
En vertus, en mœurs, en doctrine
Surpasse la troupe plus digne
Du mont des neuf sœurs frequenté.

 Ha! mon Dieu! le teint de sa ioüe
Et la tresse d'or qui se ioüe
Sur son sein en flots ondoyans,
Et ses yeux deux flames iumelles,
Me font prendre dans leurs cordelles,
Et ardre en leurs rais flamboyans.

 Voy ses cheueux que l'Arabie
Ny le baume de l'Assyrie,
N'egalent en bonnes odeurs:
Cheueux dont Venus la doree
Voudroit sa teste estre honoree,
Et non des primeraines fleurs.

 O beaux filets d'or de Minerue,
Mon ame se plaist d'estre serue
De vos nœuds mignardement tors:
Il luy plaist bien d'estre contrainte
Par vous d'vne si douce estrainte
Quittant la prison de son corps.

 Sur tout la neige blanchissante
Sur son front bien poly m'enchante,
Et ce beau pourpre Tyrien,
Qui fait vermeiller son visage,

Et ce double flambeau volage
Du petit Dieu Cytherien.

Or si ces deux leures vermeilles
Plus douces que n'est des abeilles
Le miel, & le thim Hybleau,
Me permettoient vn baiser prendre
Plus sucré que la rose tendre,
Qui croist au champ Pestanean.

Incontinant ie rendroy l'ame
Dedans le beau sein de Madame,
Et par l'air de ce baiser pris,
Pasmé sur sa leure iumelle,
Nous ferions moy & ma rebelle
Vn doux change de nos esprits.

Mais que diray-ie de la Grace
Du reste de sa belle face,
Et de son fourchelu menton
Resemblant vne poire franche,
Qui va meurissant sur la branche,
Sous l'abry d'vn ieune bouton?

Ce beau col de marbre, où Zephire
Entre mille rameaux soupire,
Vn sang chaudement amoureux,
Par vne volontaire force
Desrobe mon cueur, & l'amorce
Sous l'apast d'vn mal doucereux.

Et fait que ie porte vne enuie,
O Puce, au bon heur de ta vie,
Mais non plus Puce, à mon aduis,
Ains Amour, qui par fine astuce
Dessous le teint noir d'vne Puce
N'agueres admirer te fis:
Quand d'vne subtile cautelle

Tu vins au sein de la Pucelle
Qui d'un ingenieux conseil
Te permit d'y faire retraite,
Afin que ta couleur noirette
Donnast lustre à son blanc vermeil.

Et par cette blanche campaigne,
Ou poingt une double montaigne
D'Agathe blanchement douillet,
Folastrement tu te promenes
Entre les beautez sur-humaines
De ce sein blanc & vermeillet.

Ore d'un plein saut tu te iettes
Sous les amoureuses cachettes
De ses esselles mignotant,
Et entre mille fleurs escloses
Tu flaires ces boutons de roses
Que tu mordilles sucçotant.

Puis d'une mignarde secousse
Ce lait qu'un Zephire entrepousse,
Tu humes à longs traits goulus.
O Puce que tu fus heureuse
Lors que d'un tel bien desireuse
Loger en ce sein tu voulus!

Ha Dieux! un enfant de sa mere
Ne peut avoir chose plus chere
Que le lait de ses deux tetins.
Iamais Venus dedans Gargaphe
N'en fit plus au mutin de Paphe
En ses tendres mois enfantins.

Mais puis que d'une pudeur vierge
De ses chastes beautez concierge
La robe ne doit à nos yeux

Permettre de voir, ny qu'on sache
Ce que ialouse elle nous cache
Compaigne du bon heur des Dieux.

Il ne faut, PASQVIER, que la plume
Represente dans ce volume
Ce que l'habit ne laisse hors:
Car la mesme pudeur honneste
Doit voiler le front du Poete
Comme l'habit couure le cors.

Quant à moy brulant de la flame,
Dont son bel œil mon cœur entame,
Ie n'en puis longuement parler:
Mais toy en qui le Ciel assemble
Les Graces & vertus ensemble
Pour les Dieux mesmes esgaller.

Tu peux mieux les Graces connoistre
D'elle, que Minerue a fait naistre
Merueille vnique de ce temps:
Il suffit, pourueu qu'elle entende
Que mourant d'vne amour trop grande
Ie n'ay peu alonger mes chans.

CATHERINE DES ROCHES,
SVR LES VERS LATINS
de Claude Binet.

Dy moy Rochette que fais tu?
Ha tu rougis, c'est de la honte
De voir vn portraict qui surmonte
Ta foible & debile vertu.
BINET a voulu dextrement

Representer vne peinture,
Qui est de celeste nature,
Et la nommer humainement.

Ayant pillé dedans les Cieux
Le pourtraict d'vne belle Idee,
Ne voulant comme Promethee
Irriter le courroux des Dieux.

D'vn artifice nompareil,
Il a voilé son beau visage
D'vn nom obscur, comme vn nuage,
Qui cache les rais du Soleil.

C'est afin de n'estre repris,
Rendant aux hommes manifeste
Vne beauté toute celeste,
Digne des immortels espris.

ROCHE, tu ne sçaurois vser
D'vn autre plus euident signe
D'estre de tant d'honneurs indigne,
Que ne pouuoir t'en excuser.

SONET DE MACEFER, A CLAVDE BINET.

NE croy pas, mõ BINET, qu'vn baiser de Charite
Face que son esprit laissant si beau seiour
Se place dedans toy, & que d'vn mesme tour
Ton ame s'enuolant dedans son cors habite.

Mais crain que ton esprit par vne sage eslite
Amorcé du baiser nourrisson de l'amour,
Choisissant ce beau cors sans espoir de retour
Pour mieux s'habituer sa demeure ne quitte.

Ou bien crain que l'esprit de l'vne des neuf Sœurs,
L'esprit de ma Charite aymé de tant de cueurs

N'attire à sa beauté ton ame enamouree:
  Ainsi mon cher BINET, l'aimant Magnesien
Attire à soy le fer d'inuisible lien,
Qui le suit amoureux de sa force admiree.

AMOVR PIQVE, CLAVDE BINET.

Amour ce méchant petit Dieu,
Un iour s'en vint aupres du lieu
Où les Poiteuines Nymphettes
Aux riues du Clain doux-coulant,
Chantoient de l'Amour nonchalant
Les presque inutiles sagettes.

  Si tost que Cupidon entend
Des Nymphes le plaintif accent,
Ha, dict-il, voicy belle prise:
Ainsi d'vn amoureux desir
La bergere de trop dormir
Son amy reprend & mesprise.

  Alors l'oiseau Cytherien
Oubliant son vol ancien,
Se vint parquer au milieu d'elles,
C'est icy dict-il, où il faut
Esprouuer si le cœur me faut
Et l'effet à mes estincelles.

  Les Nymphes l'aiant aperceu,
Comme vn enfançon l'ont receu,
Egaré de sa triste mere,
Ne cognoissant pas qu'il estoit
Chacune à tour le baisottoit
D'vne faueur non coutumiere.

  Amour s'appriuoise, & soudain

de Poictiers.

Il cache en sa petite main
Vne flamme viue & segrette,
Il se mire au sein le plus beau
Et range son petit flambeau
En vain, sur le cœur de Rochette.

De fortune entre le destour
De son teton franc de l'amour,
Vne Puce faisoit son giste,
Qui pour son hostesse vanger
Piqua le bras porte-danger
Y traçant sa marque petite.

Soudain Amour remply de dueil
La plaie au bras, la larme à l'œil,
S'enuolle au seiour de sa mere,
Disant, vn petit chose noir
M'a piqué, vous y pouuez voir
La flamme & la place meurtriere.

C'est, dict-il, c'est vn Serpenteau
Qui va sautellant sur la peau,
Puce est nommé par les Pucelles.
Las! ie n'eusse iamais pensé
D'vn si petit, estre offensé,
Si pres de mes flammes mortelles.

Lors Venus souriant, voy-tu,
Vois-tu, dit elle, sa vertu
A la tienne du tout semblable?
Sinon que petit aux grans dieux,
Et aux humains dardant tes feux,
Tu fais vne plaie incurable.

A ANTHOINE LOISEL.

I'AY dit que c'est Amour le plus rusé des Dieux,
Qui surpris des beautez de ma belle Charite,
Se vint loger au son sein, où la chaleur subite
Brula ses ailerons & son cœur Amoureux.

De fait sentant griller ses plumes & cheueux,
Et voyant basaner sa peau à demi cuite,
Petit Puceau prent forme en la Puce petite,
Par la mesme couleur voulant tromper nos yeux.

Las il estoit à nous sous vn ongle seuere,
Je me fusse vangé de ma longue misere:
Mais le finet sauta sur toy, Docte LOISEL.

Ainsi que Ganymede esleué dessus l'aile
De l'aigle genereux, par ta plume immortelle,
SOLEIL, tu l'as conduit auec toy dans le Ciel.

CL. BINET.

A MADAME DES ROCHES.

IE ne m'esbahi plus des murs de la Rochelle
Obstinez contre vn Roy, ni du Roc Melusin:
Puisque contre Amour mesme au pays Poiteuin
Vne autre Roche encor se declare rebelle.

La Rochelle à son Roy se monstre ore fidelle,
Lusignan a ployé sous le ioug du destin:
Et vous osez tenir encontre vn Roy diuin,
Deffiant iusqu'icy sa puissance immortelle.

Amour ayant en vain vostre Roc assiegé,
Ainsi qu'vn espion en Puce s'est changé,
Pour surprendre le fort de vostre tour iumelle:

Mais il fut descouuert par maints doctes esprits:

ROCHE

de Poictiers.

ROCHE ne craignez plus que vostre sort soit pris,
Quand les enfans des Dieux font pour vous sentinelle.

CL. BINET. B.

LA PVCE D'ODET TOVRNEBVS ADVOCAT EN LA COVR de Parlement.

Puce qui se fut aduisé
Que tu deusse estre tant redite
Par vn vers si fauorisé
Du troupeau qui Parnasse habite?
Et qu'vn animal si petit
Eut peu espoindre les courages
De tant de sçauans personnages
Qui de toy ont si bien escrit?
  C'est à bon droit que l'on peut croire
Que Poictiers est le vray seiour
Des Doctes filles de Memoire,
Du ieu, des Graces & d'Amour.
Si quelqu'vn ne le croit, qu'il voye
Ces deux ROCHES qui iusqu'aux Cieux
Eleuent leur chef sourcilleux
Qui comme deux astres flamboye,
  Qu'il oye l'armonieux chant
De leurs poësies diuines,
Et il cognoistra à l'instant
Que les Muses sont Poeteuines.
Il verra que les vers chantez
Des Muses qui Poictiers habitent
Plus que ceux la des Grecs meritent
Estre par dessus tous vantez.
  Il cognoistra que ceste troupe
De deux Muses vaut beaucoup mieux

Que celle qui loge en la croupe
De ce mont qui se fend en deux.
Que donques plus on ne s'estonne
Si l'on te chante volontiers
Puisque dans les murs de Poictiers
Les Muses logent en personne.

Je sçay bien que quelque enuieux
Voudra incontinant reprendre
Les Poëmes ingenieux,
Par lesquels on a fait entendre
Tes plaisirs & tes passetemps,
Disant que chose si petite
Comme vne Puce ne merite
Que l'on employe tant de temps.

Ce n'est d'auiourd'huy que l'enuie
Vomit sur les bons son venin:
Elle fit bien perdre la vie
A ce grand Socrate diuin:
Quand d'vne semblable imposture
Elle disoit qu'il employoit
Tout son temps lors qu'il mesuroit
Tes sauts & cherchoit ta nature.

Virgile l'ame, le soleil
Et l'honneur de la Poësie,
Auquel n'y a rien de pareil
Des mouches chanta bien la vie.
Belleau chanta le papillon,
Et Ronsard ce diuin Poëte
A chanté l'huitre, l'alouëtte,
Le fourmy, le chat, le freslon.

Petite puce ta fortune
Surpasse celle des oyseaux,
Des troupeaux nageäs de Neptune,
Et des terrestres animaux:

de Poictiers.

Pour auoir eu des Cieux la grace
De te loger en si beau lieu,
En ce sein le temple d'vn Dieu,
Ce sein qui tous les seins surpasse.
　As-tu bien peu sans te brusler
Fureter entre ses mamelles?
As-tu bien osé te couler
Dessus ces deux fraises iumelles?
Qui, comme charbons allumez,
Pourroient soudain reduire en cendre
La main qui voudroit entreprendre
De taster ses deux bouts aymez?
　As tu bien esté si osee
De te pendre à ses beaux cheueux,
Sans s'y prendre & estre enlacee
De mille las, de mille neus?
Veu que le plus braue courage
S'il veut tant soit peu s'hazarder
De les vouloir bien regarder
S'empestre en vn si beau cordage?
　As-tu approché de ses yeux,
Dedans lesquels amour se ioüe,
Et dont il emprunte ses feux?
As tu peu baiser ceste ioue,
Sans sentir vne viue ardeur
Approchant ses flammes cruelles,
Qui de leurs viues estincelles
Consument le plus braue cœur?
　Ha vrayment tu es amoureuse,
Car tousiours tu cherches les lieux
Que cache la vierge honteuse,
Et qu'elle ne monstre à nos yeux.
Tu as ce bon heur que de boire

V u ij

Du sang de ces membres polis,
De ce ventre plus blanc que lis,
De ces cuisses & flancs d'yuoire.

Tu as cet heur que de nicher
Sous les replis de sa chemise,
Quand tu veux tu te viens coucher
Dessus elle en toute franchise.

Las! que d'hommes souhaiteroient
De ces faueurs la plus petite:
Mais tel bien passe leur merite,
Car par là Dieux ils deuiendroient.

Puce ie me pers quand ie pense
A tes plaisirs, à tes esbas,
Lors que doucement tu offense
Cette Nymphe or' haut, ore bas.
Ie conçoi telle ialousie
Quand ie pense à la priuauté,
Que tu as à ceste beauté,
Que ie reste quasi sans vie.

Puce ie sens vn petit feu
S'eprandre au dedans de mon ame,
Qui tousiours croissant peu à peu
En fin me mettra tout en-flamme,
Par l'erreur de ce souuenir
Qui m'a si fort l'ame offensee,
Que ie n'ay plus d'autre pensee
Que vouloir Puce deuenir.

Mais ay-ie bien la hardiesse
De vouloir seulement songer
De voir à nu telle Deesse,
Qui encor pourroit bien changer
Ma forme en celle d'vne pierre,
Tout ainsi que Meduse fit

Au pauure Phinéqui la vit,
Eschangeant les noces en guerre?
　Vn party si auantageux
N'est pour creature mortelle,
Il appartient sans plus aux Dieux
De iouyr de chose si belle.
Anchise baisa bien Venus:
Mais aussi tost la repentance
Talonna de pres son offense,
Quand il se vit estre perclus.
　Puce tu as cet auantage
Que l'homme ne sçauroit auoir
De iouyr de ce beau corsage,
Et le regarder nu au soir:
Puis lors que plus elle sommeille
Estendue dedans son lit,
La pinçotant vn bien petit,
Tout doucement tu la reueille.
　Sous silence de la nuit
Lors que reposent toutes choses,
Et que l'on n'entend aucun bruit,
Tu tastes ces lis & ses roses.
Puis te coulant d'vn pas larron
Sur sa poitrine & sur ses cuisses,
Enyuree de ces delices,
Tu t'endors dedans son giron.
　Et puis quand l'Aurore vermeille
Encourtine le Ciel de feux,
Et que cette Nymphe s'eueille,
Tu ne pers pour cela tes ieux.
Mais si l'obscurité nuitale
A esté propre à tes desirs
Le iour tu sens mesmes plaisirs

Vu iiij

Et vne volupté egale.

Pleut à Dieu que i'eusse la voix
Assez forte pour entreprendre
De te chanter, ie ne craindrois
Apres tant d'autres faire ontendre
Quel est ton plaisir & ton bien,
Quelles les douceurs de ta vie,
Qui font que ie te porte enuie,
Pour n'auoir tel heur que le tien.

Mais aurois-ie bien telle audace,
Serois-ie bien si mal appris,
De vouloir imiter la grace
Des vers de ces braues espris,
Lesquels par leur muse diuine,
Et par leurs vers plus doux que miel
T'ont esleuee iusqu'au Ciel,
Pour t'y faire luire vn beau signe?

Serois-ie bien tant hors du sens,
Serois-ie bien si temeraire,
De vouloir par mes rudes chants
Les belles chansons contrefaire,
Que tant de chantres plus qu'humains
Ont à qui mieux mieux fait rebruire,
Dessus vne plus douce lyre
Que celle des sonneurs Thebains?

Qui oseroit suiure les traces
Du grand BRISSON, en qui les Cieux
Ont respandu toutes leurs graces
Iusqu'à rendre ialoux les Dieux?
Et toy belle & docte pucelle
Qui estonnes tout l'vniuers,
Qui oseroit suiure les vers
Que nous trace ta main si belle?

de Poictiers.

Oserois-ie suiure les pas
D'vn PASQVIER honneur de la France?
Oserois-ie d'vn stile bas
Imiter la graue cadance
Des doctes chansons de CHOPIN?
De LOYSEL honneur de nostre âge
Qui a les Muses en partage?
Et du SAINTE MARTHE diuin?

  O Puce que tu es heureuse
Si tu pouuois sentir ton heur!
Que tu dois estre glorieuse
D'auoir L'ESCALE pour sonneur,
Et mon BINET, ausquels la Muse
A donné ses riches presens,
Qui vaincront l'enuie & les ans,
Et le temps qui toute chose vse.

  Je ne suis pas si glorieux,
Ni outre cuidé que ie tente
Imiter les vers doucereux
Que MANGOT si doctement chante.
Ie laisse à vn meilleur que moy,
Comme à ce gentil LACOVDRAYE,
Dire d'vne chanson plus gaye
L'heur de ta maistresse & de toy.

  Et moy cependant en silence
I'ecouteray les doux accors
Que ces doctes maistres de France
Chantent pour vn si petit corps:
Puis que mes chansons ne sont dignes
De mesler leurs sons discordans
Parmy les tons si accordans
De ces belles gorges diuines.

ALLA SIGNORA CATHA-
rina des Roches.

Donna gentil che con leggiadro viso,
Con vaghe luci, doue alberga amore,
Abbagli gl'occhi e fai stupir il core
Di quel che ti riguarda intento e fiso.
   Donna gentil che con soaue riso,
Con vn dolce parlar, col tuo valore,
Con le rime che fan al sesso honore,
Fai parer la tua casa vn Paradiso.
   Donna gentil, del cui candido petto
Cupido essendo preso, fu costretto
Pigliar la sembianza di Pulce audace:
   Riuolge gl' occhi tuoi verso gli scritti
Di questi che da te morti & trafitti
Non han ne di ne notte o tregua o pace.
O. D. T.

A LA MISMA SEÑORA.

Duros peñascos, aspros y ertos calles,
Rios corrientes, que teneis cercada
D'esta gran Nympha la bella posada,
Che d'hermosura vence las mortales:
   Verdes prados, hondas y lindas valles,
Que cingeys esta gran ciudad dichada,
Esta gran ciudad bien auanturada,
Por la presenza d'hermosuras tales.
   Como poteys esuchar sin espanto
Sus rimas mas dulces qu'el dulce canto
D'Amphion que os die sentidos pies y orejas:
   Peñas vn sol ver los lindos cabellos
D'esta Peña viua, y sus ojos bellos,
Di peñas muertas os hiziera viuas

LE MESME A LA MESME DAME.

I'Ay cent fois contemplé les beaux yeux amoureux
De cellé qu'on iugeoit en France la plus belle,
I'ay veu les bors pourprez de sa leure iumelle,
Qui eut de son baiser mesme tenté les Dieux.

J'ay veu mille beautez dont l'appas doucereux
Eut peu ensorceler l'ame la plus rebelle:
Mais iamais ie n'en vi qui fut égale à celle,
Qui rend de ses vertus Poictiers si orgueilleux.

J'ay ouy les propos d'vne Dame sçauante,
J'ay gousté les accors d'vne voix qui enchante:
Mais iamais ie n'ouy rien qui peust approcher

Des discours excellens & de la voix mignarde
De DES ROCHES qui peut transformer en rocher
Celuy la qui l'escoute, ou bien qui la regarde.

RESPONSE AV SONNET PRECEDENT FAITE sur le champ.

COmme la lumiere brillante
Du soleil ornement des Cieux
Nous rend toute couleur plaisante
Eclairant promptement nos yeux:

Si bien que cette splendeur viue
Penetrant doucement vn œil
Fait que l'obiet qui luy arriue
Luy resemble vn autre Soleil.

Ainsi vostre ame sage & belle
Ayant tourné long temps vers soy

Pour voir sa beauté immortelle,
La pense voir encore en moy.
   Mais des graces & vertus rares
Qui vous font admirer de tous
Les dieux m'en ont esté auares
Pour les prodiguer dedans vous.
                C. DESROCHES.

AD CONSVLTISSIMOS SVPREMI
   senatus Gallici patronos in Rupeæ Puli-
            cem ludentes.

ABdita causarum si vis responsa referre,
   Hos tam perspicuos consule causidicos:
Qui iuris callent apices, vestigia morsu
   Metiri pulicum carmine certa sciunt.
Ecquid eos latuisse putas, dum seria tractant
Qui dum nugantur, tam benè parua canunt?

RAPHAEL GALLODONIVS
   in curia Paris. Aduocatus.

Causidicos habuit vigilantes Curia, namque
   Illis perpetuus tinnit in aure Pulex.
           NIC. RAPINVS.

LA PVCE DE MACEFER.

PVce qui as entamé
   D'vn petit bec affamé
Le teton de ma Charite,
Pour y puiser la liqueur
Nourrice du petit cœur

Qui ton petit corps agite.

Du sang que tu y as pris
Sont animez les espris,
Qui donnent vie à Madame:
Du sang que tu as succé
Ores dans ton corps musse,
Tu t'es composee vne ame.

Promethe vola le feu
Qui anima peu à peu
Le corps de l'homme de terre
Du sang que tu as osé
Derober, est composé
L'esprit que ton corps enserre.

Mais vn vautour rauissant
Va tous les iours punissant
Le larcin du vieil Promethe:
Tu veux par vn tel forfait
Que de ton corps il soit fait
Vne huitiesme Planete.

Di moy qui eust peu penser
Qu'on voulut recompenser
D'vn loyer si honorable
Le larcin qui odieux
Et aux hommes & aux Dieux
Leur a semblé punissable?

Entre le nombre infini
Des hommes qui ont puni
Vne si cruelle offense,
Vn Lycurge s'est trouué
Qui ce vice a approuué,
Et l'a passé en souffrance.

Qu'il n'appelle cette fois
Le Dieu autheur de ses loix

Fauteur de sa volerie,
Qui hait encor ce dit-on
Cét ingenieux larron,
Qui vola sa bergerie.

Et bien si tu veux vser
Pour ton vol authoriser
De la regle Laconique,
Puce au moins contente toy
De ce que la douce loy
Ne punit ton fait inique.

Et ne crois que dans les cieux
D'vn courage ambitieux
Ores ton petit cors saute:
Car le celeste pourpris
Ne peut estre iuste pris
D'vne si iniuste faute.

Tu peux bien pour t'excuser
De ce tien vol accuser
Ceste marastre nature:
Qui veut qu'vn sang rougissant,
Lequel tu vas rauissant,
Soit ta seule nourriture.

Nature qui t'a donné
Ton estre, a bien ordonné
Que tu viurois de rapine:
Mais pour punir ton peché
Ell' veut qu'vn ongle fasché
Creue ta foible poitrine.

L'effort de ton petit saut
Ne te peut guinder si haut
Comme l'on te fait accroire:
Ni des beaux vers le monceau
Qu'apprend ce docte trompeau.

Au temple de la Memoire.
 Que si tu veux emprunter
Des aisles pour y monter,
Ie crains que la cire en fonde:
Et que cherchant vn bon heur,
En desastre & en malheur
Icare tu ne seconde.

LA PVCE DE RAOVL CAILLER
POITEVIN.

Bien que plusieurs doctes espris
 T'ayent vanté en leurs escris
Loüans ta vie tant heureuse,
On n'a point encor toutesfois
Chanté, comme tu meritois,
Ce qui te rend plus merueilleuse.
 Puce ie te veux donc chanter,
Puce ie te veux donc vanter,
Si ie puis, selon ton merite:
Puis te donray t'ayant chanté,
A celle qui a merité
Vne loüange non petite.
 Mais Puce pour te bien vanter,
Mais Puce pour te bien chanter,
Il faut entendre ta naissance:
C'est la corde qu'il faut sonner
Auparauant que d'entonner
Tes mignardises on commence.
 Ceux là qui te veulent blasmer,
Ceux qui te veulent diffamer,
Reprochent que tu prens naissance
D'vn puant & sale sujet,

Et que tel est souuent l'effect
Que la cause qui deuance.

Mais ce n'est parler contre toy,
C'est reprendre l'ordre & la loy,
Et le reglement de ce monde:
Tout ce qui prend commencement
S'engendre par corrompement,
En l'air, en la terre & en l'onde.

Si tousiours demeuroient entiers
Du monde les corps semanciers,
Tout cherroit en vn piteux estre:
Mais de leur putrefaction
Ressort la generation
De toutes choses qu'on fait naistre.

Dieu veut que d'vn corps le tombeau
D'vn autre corps soit le berceau
Telle est ça bas sa pouruoyance:
Ces loix à nature il donna,
Quand de ses doits il ordonna
Les Cieux, & leur nombreuse dance.

Aussi tout ce grand vniuers
Ce beau bastiment tant diuers
Est sorti du goufreux desordre,
Du chaos en soy mutiné,
Et dedans le rien d'vn rien né,
Sans pois, sans mesure, & sans ordre.

Le petit monde qui comprend
Toutes les parties du grand,
De qui prend-il son origine?
D'vn excrement surabondant,
Petit à petit s'amassant,
Semblable à l'escume marine.

Il ne te faut doncques blâmer,

Il ne faut-pas te diffamer,
Ores que tu fois engendree
De quelques fales excremens:
Petis font les commencemens
De l'œuure bien elabouree.

   Mais pluftoft loüer ie te veux,
Et l'on deuroit eftre enuieux
De ta naiffance fi foudaine,
Veu que les autres animaux,
Prefageant leurs futurs trauaux,
Naiffent auec fi grand peine.

   De peur que par vn mouuement
En vn fi long retardement
Leur matiere foit difformee,
Dans le ventre d'vn vaiffeau neuf
Ou dans la coquille d'vn œuf,
Elle a befoin d'eftre enfermee.

   Toy te haftant de veoir le iour
Tu ne veux faire long feiour
Dedans ta bourbeufe matiere:
Aufsi t'eft aifément acquis,
Puce, tout ce qui eft requis
A te faire voir la lumiere.

   Sans plus du Soleil la chaleur,
Et de la terre la moiteur,
Sont requifes à ta naiffance,
Aufsi la nature fe plaift
A ramener fans autre appreft
En effect foudain ta puiffance.

   Pour ton efpece conferuer
Tu n'as la peine de couuer
Mille petits œufs fous ton ventre:
Et fi n'es fujette à la loy,

Des autres bestes: car en toy
La semence du masle n'entre.

　Comme sans l'aide de Cypris
Ton premier estre tu as pris,
Tu te peux bien passer encore
(Sans faire hommage à cet enfant,
Qui des hommes va triomfant)
De celle qu'en Paphe on adore.

　Heureuse puis que le flambeau
Qui brule mesme dedans l'eau,
N'attrape ta petite masse:
Puis que le froid qui sans repos
Nous va penetrant iusqu'aux os,
Ta chair tendrelette ne glace.

　Il est bien vray qu'un autre yuer
Qu'une grande froideur de l'air,
Esteint la chaleur qui t'a-vie:
Mais ce n'est à toy seulement
Que la froideur d'vn element
Si penetrant rauit la vie.

　Le chaud de nature est amy,
Mais le froid est son ennemy
Contraire à toute bonne chose,
Aux herbes ostant la vigueur,
Aux bois rauissant leur honneur,
Et reserrant la fleur esclose.

　O Puce qu'heureuse tu es
De naistre ainsi comme tu nais!
Mais encor es-tu plus heureuse
De viure ainsi comme tu vis,
Succant le sang dont tu nourris
Ta petite ame vigoureuse.

　T'accrochant sur vn arbre blanc,

Tu en fais decouler le sang,
Dont tes leures sont enyurees :
Ou bien tu baises quand tu veux
La bouche, le nez, & les yeux
Des pucelettes empourprees.

Tu mors & remors le beau sein,
Les blanches mains & le tetin
De la pucelle qui s'amuse
A filer, coudre ou s'attifer :
Et quand sa main te veut gripper
Soudain tu descouures sa ruse.

Ja desia preste à t'escacher
Elle te roule sur sa chair :
Mais si bien tu sçais te deffendre,
Que d'vn tremoussement diuers
Dans sa chemise tu te perds
Où tu n'es pas facile à prendre.

SONNET DV MESME A MAD.
DESROCHES.

SI d'vn vers mal-coulant i'ose ennuyer vos yeux,
Et vous faire present de chose si petite,
Je prie que vostre œil contre moy ne s'irrite,
Et supplie vos doits de m'estre gracieux.

Madame, vn iour viendra que ma main sçaura
   mieux
Coucher sur le papier la loüange non dite,
Que vostre noble esprit sur tout autre merite,
Quand m'auront esclairé vos Soleils gracieux.

Ou si i'ay merité vous sentir rigoureuse,
Embrazez ce papier d'vne œillade flammeuse,
Vos yeux seront vangeurs du tort qu'on leur a fait.

X x

Mais ce n'est au papier que vous vous deuez prendre:
Puniſſez moy d'auoir oſé tant entreprendre,
Pardonnant au papier qui ne vous a forfait.

PVLEX AD CLAVDIVM
Binetum.

NOn ſi id ſacerdos ipſa dicat Pythia,
Vlla eſt, BINETE, in Pulicem Cupidinis
Mutatio hæc, ſolos in ignauos parat
Amor ſagittas, dęmon haud fictitius,
Aut quòd Puellę encomiaſtæ & Pulicis
Efferre doctis moliuntur verſibus,
Viris negata ſunt Bonę ſacra hęc Deæ.
NARRA ô PVELLA Pulice ICTA quid ſiet
Sic cùm iugali te alligaſſit nodulo
Mater tenellorum Cypris Cupidinum,
Morſu procaci dormientem vellicet
Pulex maritum, atque ore nigello excitet,
Ignés ſepultos, blandulè carpens cutim.
Muteſcis ehodum? peream ego funditus
Ni cauſſa Pulex huius eſt ſilentij.

Amore quondam percitum fama eſt Iouem
Cęli relicto protinus palatio
Mortalibus ſe immiſcuiſſe fœminis:
Mutuata oloris vel niuata imagine,
Auriue ſpecie factus Acriſii eſt gener,
Nunc innocentem taurus Europam rapit,
Forma haud ſorori ſuſpicaci incognita:
Candore dum ſe aut prodidit nimio Iouem,
Rutilo colore ſtringit aut mortalium
Aciem, & papillas afficit vehementior,

de Poictiers.

Mero aut meridie fucus apparet bouis.
 Hunc cautiorem sed vetustas reddidit,
Nam dum vnicè Pictam Puellam deperit,
Vt & sorori fucus & mortalibus
Fiat pusilli Pulicis formam induit,
Quo tutiorem pusa recipiat sinu,
Angustiores facilis & rimas petat,
Et ne vt corusca pelle possit conspici,
Puellæ tenebras noctis induxit super,
Fuscam coruscus antedhac, pellem induens.
 Quò tendis ô summe, ô Panomphe Iupiter,
Pusille Pulex Iupiter? Nymphas tuis
Deuirginari fraudibus? Fata hęc sinunt?
A page. Beatus virgini adstabat chorus
Acie oculorum Lynceo valentior,
Solem tenebris in opacioribus
Potens videre: Pulici tum indicitur
Certamen: hic Heroico incędit pede,
Alter Phaleuco adulterum versu impetit.
Hic vnguibus tenax premit, Scalas gerit
Alter valentior, alter at pugnantibus
Archilochi Iambos prȩparat. Canit interim
Puella rara classicum, certantibus
Animos adaugens. Tandem adulter Iupiter
Frustra pudicam fallere orsus virginem
Facessere illinc cogitur, nec antea
Vanus deorum petiit æternas domos,
Quàm huius puellæ duritatem vindicans,
Mærore rupem in duriorem vorterit.

L. BOCHELLVS.

Xx ij

LA PVCE DE MADAME DES ROCHES P. DE LOM-
meaud Saumurois.

Qve vous estes bien abusez
Poëtes qui vous amusez
A descrire cette pucette,
Qui trauaille cette Rochette.
Que sous vn petit animal,
Qui iour & nuit luy fait du mal,
Remplis de fureurs poetiques,
Vous honorez de vos cantiques.
Deuriez-vous ô bons esprits,
Grauer en vos diuins escris
La Puce, qui sans fin mordille
Cette belle pucelle fille?
Ell' se musse dans ses cheueux,
Frisez retors de mille neus:
De ses cheueux elle saute elle
Sur son sein vermeil qui pommelle:
Puis ell' s'ecoule bondissant
Sur vn petit rond fleurissant,
Rond vermeillet comme vne rose
Où la puce souuent repose.
Cessez donques de loüanger
Cette Puce, qui veut manger
D'vne charneure si doüillette.
Que d'entre vous quelque Poete
S'efforce, sans nous le celer,
Cette dame depuceler,
(Cette dame toute diuine
Ornée de rare doctrine)
Si d'elle il a quelque pitié,
Ou luy porte quelque amitié.

DE PVLICE.

Vm spirant dominæ in sinu papillę,
Lęui marmore quę politiores
Sunt, prima niue liliove candent
Intacto magis, addit & nitorem
Hîc rosa in medio rubens mamillæ,
Tentabam digitis micare, ludens
Pulex prosiliit niger vagúsque,
Suxit æthereo sacrum cruorem
Diuûm nectare delicatiorem.
Sorti me subitò inuidere fecit
Fortunatæ equidem ac nimis beatæ.
Quid felicius est beatiúsve
Te, pusillum animal minutulúmque:
Mordes colla modò vagans eburna,
Artus marmoreos procáxque pungis,
Lactis monticulos celer pererras,
Conualle in niuea sedes superbus
Mammarum, & dominæ magis magísque
Candorem eximium facis nitere,
Membris candidulis notas rubentes
Imprimens: te etenim potest latere
Nil, quæ sunt meliora habes, paténtque
Hæc tibi: similis fero latroni
Per siluam insidianti opaciorem,
Grassaris tenui in leuique pube
Flaua, mollicula: hîc plagæ parantur
Amanti, dominæ excitas tenellos
Ad cædem digitos, necémque iustam
Tu tandem ipse paras tibi, es beatus
Vnguis quòd dominæ tibi sit ara,
Nec tam supplicium nigelle Pulex

Est crudele tuum, terat feritque
Te quamuis digitis, atrox ferenda
Quàm mors assiduè est mihi misello,
Quòd non tangam ea, quæ tibi licebat
Tangere, exiguo ac notare morsu.

PETRVS SVLFVREVS IN SENATV
Parisiensi præses.

NIL PARVVM Magni Soles, nil vile dedêre,
 Testis erit paruus missus ad astra Pulex.

Aux Grands Iours n'y a rien d'égal,
Et rien de petit ne s'y treuue:
La Puce vn petit animal
Logee au Ciel nous en fait preuue.

QVID Magni peperêre dies? res mira canenda est,
 Vera tamen: Pulicem progenuêre breuem.
Quicquid id est, tamen est magnum: Magnisque diebus
 Non sine diuino numine progenitum.
Ille vtero potuit plures gestare poëtas,
 Quàm tulit audaces techna Pelasga duces.

TROS equus heroës tantos non fudit ab aluo,
 Dulcisonos vates quot tulit iste pulex.

A LA PVCE.

PVCE tu t'es bien abusee,
 De te prendre à vn tel morceau:
Où penses-tu estre posee
Volant sur ce tertre jumeau?
 Tu ressemble à ce taon champestre
Qui droit dessus la peau vola,
Pour y cuider son bec repaistre,

Du taureau que Myron tailla.
　L'airain pur & non la chair viue
Luy repouſſa ſon petit ſoc,
O Puce la blancheur naïue
Que tu picotes c'eſt vn roc.
　Vn roc de marbre que la Muſe
A baſti loin de Cytheron,
D'autre artifice & plus grand' ruſe
Que n'eſt le Taureau de Myron.
Musca quod in Tauri tetauerat ære Myronis,
　Auſus es in gemino marmore paruè Pulex.
Idem error quòd non tetigiſtis Βρῶσιμα: ſed tu
　Ἀμβροτα dum carpis factus es ἀμβρόσιος.

CE que la mouche fit au Taureau de Myron,
Toy petit animal tu l'as fait au giron,
Ou quelque peu plus haut au ſein d'vne Deeſſe:
Tous deux eſtes trompez d'vne meſme ſimpleſſe.
L'vn s'eſt pris à l'airain: l'autre s'abuſe au roc.
Mais toy plus auiſé, pouſſant ton petit ſoc
Sur l'yuoire poli de ſa chaſte mamelle,
En touchant l'immortel tu te rens immortelle.

　　　　　P. D. Soulfour Preſident.

APOLLON EN PVCE.

O PVCE vien donc mon eſprit
　De ta viue fureur attaindre,
Afin que par le mien eſcrit
Ton loz en mon vers puiſſe empraindre.
　Puce Muſe, ô Puce Apollon,
Je te reclame, il n'y a ame
Qui n'ait ſenti ton aiguillon,
Et ton puiſſant entouſiaſme.
　Apollon iadis en tirant
L'oreille de ce grand Virgile,
Luy donna le ſtil doux coulant,

Pour chanter Chromis & Mnasile.
Ta vertu est certainement
A celle de Phœbus pareille,
Tu nous eschaufe également :
Chacun a la Puce à l'oreille.

O Puce des Puces l'honneur,
Puce des pucelles compagne,
Tu as mis en rut & fureur
La France, l'Itale & l'Espagne.

Moymesme qui suis de bien loin,
Et qui cloche aprés la grand' bande
Si suis-je atteint du mesme soin,
Qui me violente & commande.

Un Elephant & un Grifon
Sont plus grands que toy de corsage :
Mais si nous posons ton renom,
Tu as bien sur eux l'auantage.

Un Elephant si grand soit-il
Ne peut musser sa grandeur vaine
Au beau sein, où toy plus subtil
Puce tu caches ton ebene.

Un Elephant ne pourroit pas,
Comme l'oyseau porte-tonnerre,
Par l'air subtil guider ses pas,
Sans se laisser tomber à terre.

Mais toy tu fais encore mieux,
Que cest oyseau qui son œil darde
Vers le plus clair flambeau des cieux
Car seulement il le regarde.

Toy tu as trop mieux regardé,
Puis franchi d'un braue courage,
Du plein vol, & puis possedé
Le plus bel astre de nostre âge.

Volans droit tu sçeuste percher
Sur cette colline iumelle:
Où deuant toy se vint nicher
La Muse & la Grace auec elle.

Icarus ainsi ne vola
Auecques sa plume ciree:
Mais en trebuchant il bailla
Le nom à la mer Icaree.

C'est pourquoy ie ne pense pas
Que comme vne Puce commune
Tu nous apparoisse icy bas,
Ton vol ne despend de fortune.

Tu es quelque Demon mussé,
Finement là, si dire i'ose,
Tu es Apollon deguisé
Dessous cette Metamorphose.

Apollon a iadis hanté
Son Helicon & son Parnasse,
Et s'en est long temps contenté,
Fuyant le bruit du populace.

Car tousiours a hay les lieux,
Où ce sot peuple l'accompagne,
Et suiui les rocs sourcilleux,
Et les costaux & la montagne.

Estant seul vn iour s'apperceut
Que la Muse auoit fait eschange
De la roche où le cheual beut
Auec vne autre Roche estrange.

Et que mesme elle auoit laissé
La double roche Parnasine,
Et son nouueau temple posé
Dans vne Roche Poiteuine.

Alors droit en Poitou tira,

Et se formant en vne Puce,
Sur ce double yuoire vola,
Sur lequel à present se musse.
O Puce n'est-ce pas cela?
Je l'ay trouué, c'est par ta grace.
Ne puisses tu bouger de là,
A vn tel hoste telle place.

P. D. S.

DE PVLICE PICTAVII DECAN-
tato, Nic. Rapinus.

Dicta dies Pulici, quòd erat temerarius au-
　sus
　　Virginis intactos dilacerare sinus.
Stabat amans actor læsæ pro iure puellæ,
　　Iudex de lepida lite sedebat Amor.
At reus vt causæ diffidens huc modò & illuc
　　Dissilit, & modò adest, & modo rursus abest.
Tandem desertis vadibus bis térque vocatus
　　Defuit, & tota iam statione latet:
Illum seu terret grauitas augusta Senatus,
　　Seu mage brumale frigori terret hyems.
Excitat interea patronos vndique, & illos
　　Quos scit supremi lumina prima fori.
Hinc Pascalis & hinc Chopinus, Osellius, & tu
　　Mango patris doctas nate sequute vias:
Absenti Pulici facundo carmine adestis,
　　Et vestra crimen diminuistis ope.
Dulce patrocinium, sine quo reus ille misellus
　　Inter proscriptos annumerandus erat.

DE EODEM.

PARVE Pulex, nunc magne pulex, tot versibus aucte,

Nequitiis etiam nobilitare tuis.
Iam tu per medias audax graſſare puellas,
  Nec timeas nitido pollicis vngue premi.
Tu ſolus referes laudem pro crimine, ſolus
  Sons ſine vindicta publicus hoſtis eris.
Ipſa tot exilio proflictis Curia monſtris,
  Dat tibi ſecurum vere nouo reditum.

LA CONTREPVCE DE N. RAPIN

PVCE que tant de bons eſpris
  Pour ſuiet de leurs vers ont pris,
Qui t'ont trouuee ſi habile
Que la Muſe les échaufant,
Ils t'ont fait vn grand Elefant,
Par leur inuention gentille.
  Tu as eu cet heur aux Grans iours,
Auſſi c'eſt volontiers touſiours
Le temps que tu te fais conoiſtre,
Quand le Soleil plus haut monté,
Des moites chaleurs de l'eſté
Dans la pouſſiere te fait naiſtre.
  Mais s'il ſe falloit amuſer
A la verité deguiſer
D'vne flateuſe couuerture,
I'aymerois mieux chanter le poux,
Qui s'engendre & ſe paiſt de noux
Plus amy de noſtre nature.
  Ie dirois la punaiſe auſſi,
Et le morpion racourſi,
Qui s'attache à noſtre ſubſtance:
Mais ie ne ſceu iamais traiter
Vn ſuiet, où il faut vanter
Le mal contre la conſcience.

Ceux qui t'eleuent iusqu'aux cieux
Toutesfois ne t'ayment pas mieux
Que moy qui te blasme & despite:
Et quand visiter les voudras,
Ils te chasseront de leurs dras,
Pour belle qu'ils t'ont descrite.

Encor dit-on que l'argument,
Où ils ont pris le fondement
De te loüer par artifice,
Meritoit mieux d'estre vangé,
Et à ces Grans jours corrigé
Par les voyes de la Iustice.

On conte que de guet à pend
Peu à peu glissant & rampant
Du bas où tu fais ta retraite,
Tu t'estois perchee en vn lieu,
Duquel Prince ni demidieu
N'aproche la main indiscrette.

Entre deux tertres arrondis
Tu acrochois tes pieds hardis
Au fonds d'vne campagne belle :
Et apres mille petits sauts
Et mille cauteleux assauts,
Tu osois poindre vne pucelle.

Ainsi que dans vn large estang
A plain gosier tu beus son sang
Et pour reste de ton audace,
Comme les taons veneneux font
Tu fis encor d'vn pourpre rond
Marqueter & rougir la place.

Pour vne telle cruauté
Puce, tu auois merité,
Qu'entre deux presses cristallines.

On te fit le ventre creuer,
Qui s'estoit osé abreuuer
De belles liqueurs nectarines.

L'assasinat qualifié,
Par deux tesmoins verifié,
Te conuainquoit d'estre coulpable:
Mais ceux qui te deuoient punir
Les premiers osent maintenir
Que ton fait estoit excusable.

He! sangsue du cors humain,
Les deux premiers doits de la main
Comme sergens te deuoient prendre,
De saliue vn peu preparez
Et les deux pouces acerez
Par beau millieu te deuoient fendre.

Le Prince fort bien ordonna,
Qui vn gros salaire donna,
Au page qui t'auoit surprise
Dessus sa robe sautelant,
Et secrettement te coulant
Dans le colet de sa chemise.

Mais il trompa l'espoir de ceux
Qui prirent le poux paresseux
S'atendans à plus grosse somme :
Car, comme il respondit, tu viens,
De la sale ordure des chiens,
Et le poux ne vient que de l'homme.

On conte que quand Iupiter
Se voulut vn iour despiter
Contre ses fermiers de la terre,
Au lieu où son foudre arriua
Mille vermines on trouua
Future domestique guerre.

Les taons, les guespes, les cheussons,
Qui ont des plus picquans fissons,
Et les Aragnes y nasquirent,
Les punaises, les morpions,
Les souris & les scorpions
Aupres de toy, puce, en sortirent.

Mais entre tous ces animaux
Qui sont nos plus familiers maux,
Puce, tu nous fais plus de peine:
Les autres sont pris aisément,
Et tu as un fretillement
Qui empesche qu'on ne te prenne.

L'ennemy plus lourd & pesant
Encores qu'il soit malfaisant,
Et toutesfois est moins à craindre:
A toute heure on le peut domter:
Mais on doit celuy redouter,
Qui est plus difficile à ioindre.

Tu nous fais éblouir les yeux
Te remuant en divers lieux,
Tant tu és agile & rusee:
La main qui te pense écacher
Te tournoyant dessus la chair
Bien souuent se trouue abusee.

La Pucelle qui ne sçait pas
Les lieux où tu prens tes repas,
S'y trompe une serée entiere:
La vieille ne fait que iouër
T'attendant à l'abreuuoër
Où elle dresse sa panthiere.

Quantefois i'ay veu au matin
De ma maistresse le tetin,
picoté de tes noires traces:

de Poictiers.

Et si là i'en voyois l'effet,
Dieu sçait si tu n'auois point fait
Encores pis en d'autres places.
 Ceux qui t'ont fait par fiction,
Estre la fille d'Orion
Ont bien trouué ton origine:
Car Orion est vn pisseur,
Et tu nais de l'orde espesseur,
Qui se detrampe auec l'vrine.
 Puis ce qu'on faint que Pan t'ayma
Quand Iupiter te transforma
En cette petitesse noire,
Si Pan n'estoit qu'vn vieil bouquin,
Salle & ord, puant & faquin
Cela n'est pas fascheux à croire.
 Quant à moy ie ne te crains rien,
Car Dieu mercy i'ay le moyen
D'euiter ta salle morsure:
Ie me sçay tenir nettement
Au linge & en l'accoustrement,
C'est la recepte la plus seure.
 La chambre souuent balloyer,
Le haut & le bas nettoyer
S'esloigner de tous lieux infames
Est le moyen de s'exempter
De toy, qui ne veut adiouter
Ne coucher point auec les femmes.
 Et quand cela ie n'aurois point,
Encores sçay-ie vn autre point,
Pour brider ta gueule alteree:
Dés le soir ie m'enyureray,
Et toute la nuit dormiray
Sans sentir ta pointe acceree.

NICOL. RAPINI AD PAS-
chasium, Epig.

TEne dicere Paschasi licebit
  Amicum optimum, vt optimum patro-
  num?
Nam si lis mihi mota sit de agello,
Si me creditor aut malignus vrget,
Si rem pignore debitam reposco,
Cautè consulis, & meo experiri
Cum discrimine non sinis clientem,
At si quos recito tibi mearum
Testes versiculos ineptiarum,
Suades edere, publicisque chartis
Mandare illepidum iubes libellum,
Quantouis quoque nominis periclo.
Hem, tam bene qui caues clienti,
Cur & tam bene non caues amico?

STEPH. PASCHASII AD
Nicolaum Rapinum.

QVos das sponte lego, relegoque, Rapi-
  ne, Phaleucos,
O animę, ô animi blanda rapina mei.
At mihi quamtumuis te polliceris amicum,
  I tamen, alterius quære patrocinium,
In ius te rapio, plagij te Flauia damnat,
  Qui me surpueris culte Rapine mihi.

IVL.

IVL. CAESARIS BVLENGERI Juliodunensis in Pulicem Catharinæ Rupeæ Pictauiensis.

NOn fueras sola facie contenta nocere,
 Ni videare nouis ingeniosa malis.
Ecce pulex prodit tenero qui mordicet ictu
 Ingenia, & somnos non sinat esse leues.
Sitne igitur mirum, cùm nos tua forma, pulexque
 Excrucient, tremula quod sonat aure pulex?

F. COLDRAII PROPEMpticon carmen.

ERgo agite ô Phœbi & Musarum diua propago,
 Quam mihi coniunxit non moriturus amor
Ergo age Brissoni lumenque decúsque Senatus,
 Vnica Pictonici gloria laúsque soli.
Ergo age Paschasi sociorum clara tuorum.
 Laus, & amicitiæ gloria prima meę.
Túque nouem sacræ cui admorunt vbera Musæ
 Turnebe Aonij laúsque decúsque chori.
Túque Iouis summi præpesque volatilis ales,
 Tu quoque Leucadio Mangote chare deo.
Vos quoque quos patriæ visédę sustulit ardor
 Pictonicis Nymphis, pectora chara mihi:
Tu quoque Bellouacis dilecte Binete camœnis,

Et reliqui vates coquista turba mihi.
Amboſi, Loërique ſimul, quos Muſa tenellis
 Virgineo in gremio fouit ab vnguiculis.
Caſtalio dilecta deo pia turba valete,
 Alitibus fauſtis ſyderibuſque bonis.
Seu vos Pariſiis oblectet Sequana Lymphis,
 Seu vos poſſideat curia rauca patrûm:
Seu veſtro aduentu crebreſcat principis aula,
 Seu vobis tumeant templa ſacrata deûm:
Seu vos per ſyluas & deuia luſtra ferarum,
 Inter ſemideos ruſtica vita iuuet:
Seu vobis libeat defendere iura clientum,
 Seu trepidos docta voce iuuare reos.
Siue ſinu in niueo tenerę ſpirare puellę,
 Dulce vbi ſit multum viuere, dulce mori.
Denique quę tellus, quę vnquam vos fouerit
 aura,
 Nolite immemores viuere quęſo mei.
Certè ego (ſi poſſunt aliquid pręſagia vatum)
 Auguror has aliquod pondus habere preces.
Ipſe equidem vobis coeleſtia numina juro,
 Quos & Auernalis proluit vnda Deos:
Hanc animam paſſuram extrema pericula fati,
 Antè ego quàm veſtrûm non memor eſſe
 velim.
Ergo agite ô Phœbi & Muſarum ſancta pro-
 pago
 Quam mihi coniunxit non periturus amor.
Vtque ſolebamus longo ſermone iocari,
 Dum Clani ad ripas degeret alma Themis.
Sic licet abſentes, dent mutua carmina Muſæ,
 Et peragat linguæ littera ſcripta vices.
Caſtalio dilecta Deo pia turba valete,
 Artibus & fauſtis ſyderibuſque bonis.

QVATRAINS DE CATHERINE DES ROCHES AVX Poëtes chante-Puces.

LA Puce sauteloit au sommet d'vne Roche,
D'où premiere elle vid le soleil radieux:
Puis dressant vers le Ciel son vol audacieux,
Plus son pouuoir l'elogne & son desir l'aproche.

Lors elle recognoist le danger qui s'apreste,
Pensant au vol d'Icare, au cours de Phaeton,
L'vn mal-heureux oyseau, l'autre mauuais charton,
Se repent & reprend d'auoir haussé la teste.

O le digne ornement de la parfaite bande
PASQVIER de qui le nom, l'oraison & les vers
Volent par la rondeur de ce grand Vniuers,
La Puce maintenant vostre secours demande.

Haussez la grand CHOPIN, de qui la voix
   exquise
A souuent contenté ce fils de Iupiter.
Ce DV HARLAY qu'on void les hauts Dieux imiter
Que tout le monde admire, estime, honore & prise.

Le Pillier, le miroir, l'oracle de la France,   M. Brisson
Qui soutient, represente, & anime sans fin,
Peuples, Princes & loix, brise l'air Poiteuin,
Pour conduire la Puce auec plus d'asseurance.

MANGOT le verd printemps à la vertu chenue,
Le fauory des Dieux, le Mercure facond,
Qui est premier de tous & n'a point de second,
La sousleue, & luy fait outrepasser la nue.

Que diray-ie ô ESPRIT ORNE' DE BEAVTE' Tournebus
   DINE.
De vos vers doux-coulans, sinon que les neuf Sœurs

Ont versé dedans eux leurs mielleuses douceurs
Pour attirer au Ciel la Puce Poiteuine.

Celuy qui la reprend d'estre iniuste & cruelle
L'honore en la blasmant: il ne fait voir sinon
Qu'elle est Puce fameuse & digne de renom
Et la faisant mourir il la rend immortelle.

Ell'a pour son flambeau l'agreable lumiere
Des deux freres germains par les Muses élus,
Plus diuins mille fois que Castor & Pollus:
Car ils ne changent point leur lampe iournaliere.

Cet excellent rameau de la noble racine
Qui commandoit Verone, a voulu prendre soin
De la petite Puce: aussi elle a besoin,
Pour monter dans les Cieux, d'vne ESCALE diuine.

Ainsi qu'elle approchoit du throne de sa gloire,
Amour la vint saisir, ce petit affeté
En vain en est ialoux: car il est arresté
Que les vers de BINET luy donnent la victoire.

Qui seroit negligent à si loüable peine
Pour donner à la Puce vn gentil ornement?
Le sçauant LA COVDRAYE l'habille proprement,
Ores à la Françoise & or' à la Romaine.

Courage, ma mignonne, il faut prendre la place
Du meurtrier d'Orion, il faut prendre ce lieu,
Qui vous est preparé d'vn homme, mais d'vn Dieu,
Qui vous y fait guider par les mains de la Grace.

L'oyseau fauorisé de l'archer du tonnerre,
Oeilladant cette Puce auec vn doux regard,
Luy veut prester son dos pour luy seruir de char,
Et de ses ailerons mignardement l'enserre.

Elle est placée au Ciel, & le fourier Hygin
N'a marqué son logis: mais cest oyseau sacré,
Qui fait entre les Dieux ce qui luy vient à gré

de Poictiers.

A voulu qu'elle fut vn fauorable signe.
Bien-heureux qui l'aura au point de sa naissance
Pour son astre ascendant, & bien-heureux aussi
De qui elle prendra vn gracieux soucy,
Faisant couler sur luy sa celeste influence.
Mais qui luy a donné cette chesne dorée?
Vrayment c'est LE CLAIR OR, qui par l'eclair luysant
De ses beaux vers dorez luy a fait ce present,
Et par l'honneur de luy la Puce est honorée.

IN PASCHASII ET RVPEL-
la Pulicem.

Terrigenas, Ossan, ne quis miretur Olympo,
  Astraque Peliacis supposuisse iugis,
Culmina cum pulex scandat sublimia Rupis,
  Summus, quam summo cum Ioue iunxit apex.
Par factum, dispar fatum premit ecce Typhœum
  Inarime, pulex clara per astra micat.
Magnus vtrisque author, punit Iouis ira gigantas,
  Paschasij, cœlum Pulice musa beat.

VERSION AV LECTEVR.

NE t'eſtonne d'Oſſan endoſſé ſur l'Olympe,
Ny du Gean, qui fol, vers les eſtoilles grimpe,
Puis qu'on voit vne Puce eſcheler les Rocher,
Qui peut de Iupiter la hauteur approcher.
Pareils faits, non effetz : la terre encloſt Typhee,
La Puce piafant, fait des aſtres trophee,
Grands parreins : les Geans bouleuerſez des Dieux,
Puce, qui par Pasquier prend ſon vol iuſqu'aux cieux.
E. PASQVIER.

A PASQVIER.

SVR le teton iumeau, ie vy la Puce prendre,
Et riant depucer la pucelle de pris.
Puce & pucelle enſemble, en tes diuins eſcris,
Pasquier, tu veux, & peux immortelles les rendre.
FR. D'AMBOISE ADVOCAT.

RESPONSE.

TV t'abuſes, amy, la Puce ne feut priſe,
Et pourquoy doncq' ? d'autant, que ſage elle ſautoit
Sur le ſein de Madame, & là, le ſuçotoit
Sans crainte, comme eſtant en vn lieu de franchiſe :
E. PASQVIER.

CE n'eſt point par ma main que la ſage pucelle
De Poictiers, doit atteindre à l'immortalité :

de Poictiers.

Son sçauoir, sa vertu, ses meurs, & sa beauté,
La rendront à iamis de soy-mesme immortelle.
    E. PASQVIER.

VOEV PASTORAL EN FAVEVR DES POETES CHANTE-PVCES.

Celuy qui du PASCAGE emprunte le surnom,
Celle qui aux ROCHERS donne tant de
 renom,   *E. Pasqu.*
Furent premiers motifs de cette Puce gaye: *M. des*
Celuy qui a la Puce encor' a bonne part,   *Roches.*
Et qui d'Amaryllis chante le sainct regard,
Trouua dans les forests le nom de la COVLDRAIE. *F. de la*
 Icy maint bon pasteur diuersement voit-on *Coudraye.*
Grauer dans le sainct Roch sous L A B R Y, son sainct
 nom,   *M. Brisson.*
Icy le bel OYSEL degoiser son ramage,   *An. Loisel.*
Et le pastre TOVRNEVR chanter mil beaux *Od. de*
 couplets,   *Tournebu.*
Et tous abandonner la Deesses Palés
Pour faire à qui mieux mieux à vne puce hom-
 mage.
 Icy voit-on le mont de parnasse ESCHELER. *Ios. de la*
Icy le forgeron painctement MARTELER, *Scale.*
Icy pour bien BINER, les riches fruicts renaistre *De Saincte*
Au dessous des CHAVX PINS, & le ieune *Marthe.*
 berger,   *Cl. Binet.*
             R. Chopin.
Et AMBOISE des Dieux l'ambrosie MANGER, *Fr. d'Am-*
Et du mielleux nectar souëfuement se paistre. *boise.*
 Vous qui hantez les Rochz, les pastiz, les forez, *I. Mangot*
Satyres cheurepieds & Faunes, quand orrez
De voz humbles pasteurs la deuote musique,

       Yy iiij

Receuez dans vos monts, dans voz pres, dans vos
 bois,
D'vn fauorable accueil, leurs doux sonantes voix,
Mais gardez que comme eux la Puce ne vous picque.
               E. PASQVIER.

IN STEPHANI PASCHASII
         Stephanoplocon.

PAusiæ, vt & glyceræ tabulas, variasque co-
   ronas,
 Ardorumque iocos secula prisca canunt:
Sic Stephani, & castos Catharinæ Rupis a-
   mores,
 Puliceosque sales, postera suspicient,
Quos tanta Stephanus noster contexuit arte,
 Vt Stephanoplocon hunc dicere iure
   queas.

ANTONIUS OISELLIUS IN SENA-
       tu Parif. cauf. patronus.

Stephanoplocon, c'est à dire Couronne de fleurs.
Rencontre & histoire tiree du vingtvniesme liure de
Pline chap. 22.

AD STEPHANVM PASCHASIVM
       superius Epigramma.

PVlicem varij canunt Poetæ
  Rupella ac Stephani nouum poema,
Manum Oisellius addidit supremam,

Nobili, in Stephanum, ioco reperto:
Finis, istud opus tuum coronat.

VERSION.

Sur la Puce maint manœuure
S'est ioué: Loisel icy,
En fin sur ton nom descœuure
Une couronne, & ainsi
La fin couronne ton œuure.

Fin des Jeus Poetiques de la Puce.

QVELQVES AVTRES POEMES FAICTS A LA suite des Ieus Poetiques de la Puce.

IOSEPHVS SCALIGER IN proscriptos.

PRoscripsit tua, teque quod citatus
Non respōderis, optimus Senatus,
Non assis facis, & grauem tremēdi
Legem carminis, ac seuera iussa
Tantum verba putas, notas honoris,
Famæ stigmata, nominis lituras
Speras olim abolere posse? frustra.
Cum vulnus coijt, manet cicatrix,
Vtque infamia vulnus est honoris,
Sic ignominia eius est cicatrix.

VERSION.

LA Cour, pour ne vous estre à droit representé,
A confisqué vos biens, & vous par coutumace

Mais vous n'en faites cas: & pour rien ne contez
Des seueres arrests l'effroyable menace,
Estimans que ce soient des mots sans efficace:
Mais vous estes trompez: car bien que par faueur,
Vous effaciez l'amende, & la honte, & la peur,
Tousiours le coup paroist apres la playe vnie,
Et comme l'infamie est playe de l'honneur,
La cicatrice aussi en est l'ignominie.
          NICOLAS RAPIN.

BARNABÆ BRISSONII
SERMO.

QVI modo voluebam quæ Graio è fonte
    Decemvir
Transtulit in Latium tabulis bis reddita senis,
Iuraque honoratus quæcumque Quiritibus
    albo
Prescripsit Prætor, vel que referente verendo
Consule priscorum decreuit Curia patrum:
Terrarum aut domini Ausonium sanxere per
    orbem:
Vel quæ prudentes dubio responsa dedêre
Sub galli cantum pulsanti limina ciui,
Nunc alio transuersus agor, nunc percitus
    æstro,
Parnassi rapiente Deo, iuga cogor adire.
Agnosco Phœbi numen, qui molliter aurem
Vellens, iure suo quondá sua castra sequutû,
Nunc emansorem longéque diúq; vagatum
Nititur antiquo renuentem includere vallo,
Torpentes etiam PASQVASIVS excitat artes
Consultus iuris, causarum nec minus actor

Egregius, qui non merita me laude lacessens
Rumpere nolentem diuturna silentia cogit,
Insuetum & calamum trepidanti sumere dextra,
Dum respondendi vires dat grata voluntas,
Vinci in amicitia quando mihi turpe videtur:
Prouocat & versu memet CHOPINVS amico,
Pungítque exemplo librorum fasce suorum,
Tot fundens viuo manantia flumine scripta,
Sit licet assiduè causis addictus agendis,
Aut etiam arbitrio resecandis litibus æquo.
Addunt & stimulos longo mihi cognitus vsu
OISELLVS, nec non PITHEVS, naris vterque
Emunctæ, quos non tenui complector amore
Et facio magni, faciam & dum vita manebit,
Cum propter summam Romani iuris ad vnguem,
Exactam & rerum reliquarum cognitionem,
Tum propter morum candorem & pectus apertum.
Nec tete quamuis renuas, BINETE, tacebo,
Cuius docta meum præscribit pagina nomen,
Quo sessore nouo in numeros nupérque relato,
Doctorum exultant subsellia causidicorum.
  Sed quid agam? incertus studia in contraria scindor,
Hinc Astræa vocat, superûm quæ sede relicta,
Ad terras celeri & prono est demissa volatu
Pictonica indictis conuentibus adsit vt vrbe:
Inde Thalia rapit, strepitúque remota forensi,

Otia Pieridum suadet captare sororum.
Illa iubet queruli causas audire clientis,
Et geminas aures ambos partirier inter,
Queis res abteritur longo sufflamine litis,
Desertæ viduæ, pupillo in iura vocanti
Circumscriptorem, miseræ, & succurrere
    turbę,
Et patrocinio Cordos Irósque tueri:
Munera militiæ reliqua exercere togatæ,
Atque animo curis grauido, impallescere sac-
    cis.
Cunctanti palmas proponit, præmia, laudes,
Atque auræ vanos miscet popularis honores:
Sunt qui præterea peccare in publica clament
Commoda, si Musis impendam rebus agen-
    dis
Obstrictas, longè auspiciis melioribus, hora.
Adserit hęc contra iustis contendere prompta
Vindiciis, iurisque sui proclamat alumnum
Vnguibus à teneris, gremióque sinúque re-
    ceptum:
Hęc monet ad libros missis transire libellis,
Excolere ingenium scabra rubigine læsum,
Abdere me studiis, vulgus vitare profanum,
Et procul esse iubet lites & iurgia rauca:
Quippe frui placida recinit dulce esse quiete,
Laxato interdum neruo perduret vt arcus.
Hoc etiam astra peti cursu, sic vertice tangi
Sydera sublimi, & nomen famámque parari.
    HAEC inter dubio rationum fluctuat æstu
Nescia mens: partem potius se vertat in vtram.
Namque manu iniecta nunc hæc, nunc vin-
    dicat illa,

Addit & illecebras, nec desunt Philtra monenti,
Queis animus dubius nunc huc, nunc fluctuat illuc.
  PACE tua liceat Phœbe componere lites,
Ex compromisso sumptus velut Arbiter essem,
Summa quidem pietas Diuæ debetur vtrique:
Ambę namque Iouis summi sunt sanguine cretæ,
Diuersæ matres, genitor communis at illis,
Et superas habitant arces, mortalibus ægris
Ambæ præcipuo sunt semper honore colēdæ:
Sed natu alma Dice maior, cui docta Thalia,
Cedere te par est meritis æuóque minorem:
Atque ita numinibus fas me inseruire duobus,
Tempora prima Dice ferat, vt postrema Thalia.
Ergo volens facilísque sequar te, Astręa, benignè
At dabis hanc veniam depenso Marte Forensi,
Otia vt ingenuis tribuantur mollia Musis,
Déque die solido concedes demerę partem,
Artibus vt fessum ingenium releuetur amœnis.
Nam si aliis volupe est, vitióque haud vertitur vlli,
Fallere talorum fugientia tempora iactu,
Reticulóve pilas teretes iactare per altum,
Nubibus obductos ludendo condere soles:
Si quosdam variis discurrens tessera punctis
Discolor, aut tabula deductus calculus æqua,
Siue latrocinij motus sub imagine scaccus

Oblectat, vel charta notis distincta quaternis:
Si iuuat & latos indagine claudere saltus,
Clamosis ceruos & apros agitare Molossis,
Aut timidos lepores canibus terrere petulcis:
Cur mihi non liceat gestis quæcunque supersunt
Rebus, ea in libris felici ponere sorte
Tempora non ingrata? Trahat sua quemque voluptas,
Nunquam erit in studiis insuauis vel mora vel mors.

S. PASCHASIUS CL. V.
B. Brissonio.

Mirantur cunctis animum te intendere causis
  Cùm tot peruoluas nocte diéque libros,
Queis ego sic balbus: nihil est mirabile factu:
  Plurima nam dicit, plurima qui didicit.

B. BRISSONIUS PASCHASIO.

Prædicor vt causis ex tempore natus agendis,
  Duráque verbosi ptomptus ad arma fori,
Has ego si agnoscá laudes, mihi blandiar: ergo
  Non laudor, numeris ludor at ipse tuis.

R. CHOPPINUS C. V. B. BRISSONIO.

Nostra tuis numero, mensura, pondere cedunt

Carminibus, tanto quæ fœnore grata rependis,
Regius orator verè princépsque poëta.
Pugnantes alius vix quisquam iunxerit artes:
Tulliumvt eloquio, Nasonem versibus æquas,
Quem tecum & videor Flaccúmque audire canentem.
Cùm numeros igitur doctrinę impleueris omnes,
Quid ni abs te patiar numeroso carmine vinci?

IDEM EIDEM.

OTIA Melpomene, strepitus Astræa forenses,
Diuersum votis vtraque captat opus.
At coeunt ambæ, & te conciliantur in vno,
Quem simul illa libris excolat, ista foro.
Cura tibi in studiis & litibus ęqua secandis,
Nec minus ipse domi peruigil atque foris.
Patronum inde suum pariter cum Rege salutant
Communem, & sociæ Musa Themisque ducem.

CL. V. B. BRISONIO CL. BINETVS.

VT vastus rapidis fluens adauctus
Liger cornibus, insolenter audax,
Flauentes mouet hinc & inde arenas,
Andinásque superbus ambit oras,
Victo littore & alueis relictis:

Sic

Sic amne irriguo elocutionis
Vis B R I S S O, ingenij tui perennis,
Arcto nulla potis teneri in alueo,
Neglectóque sinu arduum vagatur
Per legum ac sapientiæ cacumen.
 Sed vt fluminis æstuantis vndæ
Arua depopulantur, & coloni
Tota spes subitis perit sub vndis,
Fame ponè sequente, quæ repostis
Per vicinia sola crescit aruis,
At non sic mala, damna nec sequuntur
Æterna ingenij tui fluenta:
Quin quanto vberius fluent, beatos
Nos tanto efficies magis, magísque
Flauescet seges elocutionis.

A MESSIEVRS TENANS LES
grands Iours.

Action de graces de Catherine des Roches
pour vn arrest par elle obtenu
à son profit.

Messieurs offrant des vers à vos sages bontez,
C'est vous faire vn present de legere fumee:
Mais l'encens fume ainsi brulant sur les autez,
Et du souuerain Dieu sa vapeur est aimee.
 Ie vous voy ressembler à la diuinité,
Comme luisans Soleils esclairans nostre terre:
Vous faites les grans Iours, & auez merité,
Qu'on vous nomme sans fin dieux de paix & de
 guerre.
 Car vous faites la guerre aux hommes deprauez,

Z z

Bornant par vos grands iours leurs dernieres iournees:
Et conseruez les bons pource que vous sçauez,
Que pour garder les bons les loix sont ordonnees.
　Ie vous salue donc Soleils de nos Grans iours,
Et vous rends les mercis de vos recentes graces
Excusez de mes vers le trop foible discours,
Ils sont humbles-hautains en regardant vos faces.
　O combien ie desire vne faueur du Ciel,
C'est que lisant les vers que ie vous viens d'escrire,
Vous les puissiez trouuer aussi coulans que miel:
Car ainsi ie rendrois du miel pour de la cire.

CATHERINE DES ROCHES A E. PASQVIER.

AV Printemps de vostre ieunesse,
Espoint d'vne douce allegresse,
Vous serrastes dans vos espris
Toutes les flammes de Cypris:
Puis d'vne plus seure embrassee,
En enserrant vne espousee,
Vous enserrastes bonne part
Des biens que fortune depart:
Ores vous serrez la pratique
Du droit Romain & de l'Attique,
Et vous monstrez fort diligent
Pour enserrer l'or & l'argent.
Vous enserrez la courtoisie,
Vous enserrez la poësie,
Vous enserrez les saintes lois,
Et mille beautez à la fois.
Vostre ame sans fin Amoureuse,
Deserrer est tant desireuse

de Poictiers.

Que plustost que de ne serrer
On vous pourroit vif enterrer.
Encore estant dessous la terre,
Ie ne croy point qu'elle vous serre,
Que vous espris de son Amour
Ne la serriez à vostre tour:
  En faisant de vos amourettes
Naistre les belles Pasquerettes,
Qui viendront esmailler nos champs,
Comme les graces font vos chans.

Au mesme Pasquier.

Vous m'auez commandé, vous qui m'estes oracle,
De vous donner des vers, que i'ay fait promptement:
Cedant ma conscience à vostre iugement,
Dont la diuinité m'est vn nouueau miracle.

RESPONSE A MAD. DESROCHES
PAR E. PASQVIER.

DE tant serrer ie n'auray le reproche,
  Comme en François m'en donnez le blason:
SERRE en Gascon est vn mont, vne roche,
Et il me plaist vous respondre en Gascon.
Si ie tenois toutes choses en SERRE,
I'enserrerois, & vos affections,
Et grauirois (ô ma Roche) à la serre,
Et au sommet de vos perfections.

SONNET A LA MESME DAME
DES ROCHES.

QVand tu nous recitas ton bel hymne de l'eau,
Dans lequel hardiment ta sage main nous trace
Mil discours, mille mots, mil traits de bonne grace,

Zz ij

Dignes tant seulement d'vn si digne pinceau.
Ha! dis-ie lors, adieu, adieu pauure ruisseau,
Qui flues perennel du sommet de Parnasse:
Adieu saint mont aussi, ma chere Roche efface
Tout ce qui est en vous & de bon & de beau.

Je ne veux desormais des eaus d'Helicon boire,
Ni engrauer mon nom au temple de Memoire,
N'entortiller mon front du Laurier immortel.

Ie boy de ta saincte eau, mais (ô cruel mystere)
Helas! tant plus i'en boy, & tant plus ie m'altere,
Et m'embrase ton eau d'vn feu perpetuel.

E. PASQVIER.

RESPONSE DE LA MESme dame.

Le feu est le premier de tous les elemens
Illustre, pur, & beau, qui par sa viue flamme
Esclaire, agite, emeut, les yeux, le cœur, & l'ame,
C'est l'esprit des esprits cause des sentimens.

Vulcan maistre du feu ardoit le Dieu des
    Dieux
Quand sa teste enfanta la celeste neuuaine,
Sa mesme deité honorant vostre peine,
Vous fait chanter des vers qui volent iusqu'aux
    Cieux.

Comme cét element vous tenez vn haut lieu,
Diuin vous éloignez ceste masse de terre,
Ni la terre, ny l'air, ny l'eau ne vous font guerre,
Et ne pouuez bruler vous qui n'estes que feu.

REQVESTE AMOVREVSE.

VN pauure seruiteur frustré de ses amours
Presente humble requeste à messieurs des
    Grands Jours
Pour demander iustice, accusant sa maistresse
De leze maiesté, d'estre à son Roy traistresse,
D'auoir forgé monnoye, & marqué faucement,
De meurtre, de larcin, de vol, de faux serment,
Il dit qu'elle est encor magicienne, sorciere:
Il veut prouuer qu'elle est picoreuse guerriere,
Atciste, sans Dieu, qu'elle vse de poison,
Que n'ayant Roy ny loy, iustice ny prison,
Elle a contre l'Amour impiteuse & cruelle
Armé son cœur mutin, insolent & rebelle:
Elle a trahi son Roy, quand suiette à l'Amour
Au desdain ennemi, elle rendit vn iour
Ses beaux yeux amoureux, les regards plains de ioye
Dont elle m'a deceu, estoient fauce monnoye.
Elle a meurtri mes sens, furtiuement volé
La douce liberté de mon cœur affolé:
Et luy ayant iuré bonne guerre à l'entree,
Mon ame vint piller, courir la picoree
En mes pensers secrets: Et puis en m'ayant pris
Elle a de charmes feints fasciné mes esprit,
Empoisonné mon goust, & la cruelle Alcine
Blasphemé contre Amour, & sa force diuine,
Brisé ses doux liens, mesprisé son courrous,
Brisé les diamans & l'or des beaux verrous
De sa douce prison, & elle d'elle esclaue
N'a loy que son vouloir, tant elle est fiere & braue.
Elle a blecé à mort tant de regars loyaux
Des iustices d'Amour les vrays Sergens Royaux.

Et pour tout reuolter par vn mauuais exemple,
La sacrilege a mis le feu dedans le temple,
Qu'amour auoit basti dans mon sein affligé,
Qui de fer & de feu souspire saccagé.
  A ces causes (Messieurs) qu'il vous plaise contr'elle
Prononcer comme elle est coulpable & criminelle,
L'adiourner en personne, à fin qu'en trois brefs iours
Elle soit condamnee à payer mes amours:
S'elle ne comparoist bruslez sa pourtraicture.
Car autrefois amour l'a brulee en figure
Au tableau de mõ cœur. Mais pour la prẽdre au corps
Qu'vn Rapin vigilant n'y face ses efforts:
Faites que ce soit moy, qui l'embrasse & saisisse,
Et vous ne ferez rien qui ne soit de iustice.

GAYETE' A MONSIEVR D'AM-
BOISE ADVOCAT AV PARLE-
ment de Paris.

MEmoire d'intenter procés
En cas de nouueauté d'excés:
Il faut que la complainte on dresse,
Pour mes seruices retenus,
Et demander a ma maistresse
Le quint du nectar de Venus.

  S'elle vouloit tomber d'accord,
Ie luy pardonnerois ma mort:
Ie n'ayme ny procés, ny noise,
Bien qu'on m'ait fait beaucoup de tors:
Accorde mon amy d'Amboise
Pourueu que ie la prenne au cors.

  Mais s'il est force de plaider,
Pour Dieu ie te prie m'aider
De quelque iuge pour ma vie

Ie n'espere qu'vn bon succez :
Mais si elle est iuge & partie,
Ma foy ie perdray mon procez.

Mon amy ie ne t'instrui point,
Du fait qui me ruine & poingt.
Il ne faut pas que l'on te die
Que c'est que d'vn procez d'Amours,
Non plus qu'a la plus grand partie
De tous ces messieurs des Grans Iours.

Ils ont esté tous amoureux,
Qu'ils en iugent comme pour eux :
Pourtant mon amy ie t'auise,
Auant ma maistresse accuser,
S'il y a quelque barbe grise,
Ne faus pas à le recuser.

Pour choisir i'estois en esmoy,
Quand Cottel m'auisa de toy,
Pour te faire plaider ma cause :
Et en ma procuration
Ie ne t'astreins à autre chose
Qu'à plaider comme pour Clion.

Tu pourras consulter auant
Auec Pasquier sage & sçauant :
C'est toy qui feras la harangue.
Sur tout mon bon amy ie veux
L'aduis de Pasquier, & ta langue,
Et vn raporteur amoureux.

I'auois oublié à t'escrire,
Si Madame pour repliquer
Me contraint à communiquer
Mes pieces, ie les veus produire.
Ie veux, ainsi qu'elle des miennes,
Communication des siennes :

Pour descharger les Aduocas
D'vn amas de sacs, il me semble
Qu'il est mieux d'accorder ensemble,
Et mettre en son sac tout mon cas.

AV MESME D'AMBOISE.

D'Amboise, nous t'auons esleu pour le secours
D'Aubigné mal mené, charge toy de sa cause,
Ne reposant en soy, sur toy il se repose,
De sa vie, & de plus, car c'est de ses amours.
Tout droict est violé : il a eu son recours
Au Senat, qui a l'œil, la main, l'aureille close,
Au beau, à l'or, au doux, & c'est pourquoy il ose
Hardiment appeller sa Rebelle aux grands iours.
Il voit chaque affligé, qui comme luy appelle
Du Poictou mutine la Noblesse rebelle,
Qui, folle ne vouloit recognoistre son Roy.
Mais il craint grãdement (ô malheur trop estrãge !)
Que sa partie, helas ! se transformant en Ange,
Elle mesme ne donne à ses iuges la loy.

FRANCOIS DE LA COVDRAYE
à mes Dames des Roches, mere & fille.

Vn clair iour de l'Esté le pasteur de Menale,
Son Caducee en main, ses esles aux talons,
Fendoit l'air d'vn long vol és azurez sillons,
Puis las de son trauail sur Poitiers il deuale.
Il y veit deux soleils que le Soleil n'egale
Lors qu'il espand ses rais, au plus creus des vallons,

de Poictiers.

Sur les hauts monts chenus, sur les noirs tourbil-
   lons
Des eaux où se noya le sot fils de Dedale.
  C'estoient deux beaux rochers, ainçois deux dia-
   mants,
Deux perles, deux rubis, deux riches ornemens,
Du monde où les neuf Sœurs faisoient leurs habita-
   cles.
  Ha! dit-il qu'à bon droict les neuf Pucelles ont
Pour ces Roches d'aymant quitté leur double mont,
Pour faire sur le Clain desormais leurs miracles.

LE MESME LA COVDRAYE
à Madame Catherine des Roches.

VJergedont les escrits, le sçauoir & la vie,
  Et les sages discours à bon droict tant van-
   tez,
Estonnent tout le rond des cercles argentez,
Où les Dieux immortels leur demeure ont choisie.
  O Vierge astre luisant au Ciel de ta patrie,
Vnique parangon de tes rares beautez,
Que la muse, la grace, & les saintes bontez,
Chacunes de leur mieux ont ornee à l'enuie.
  Entre tous ces esprits lumiere de ce temps,
Qui en lieu d'vn Hyuer font renaistre vn Prin-
   temps
Par les fleurs de leurs vers, chantres de vostre gloi-
   re,
  Receuez mon present, s'il vous reuient à
   gré,
C'est mon cœur humblement à vos pieds consacré,
Estant vaincu par vous il aura la victoire.

LE MESME LA COVDRAYE
A E. PASQVIER.

PAsquier, l'oracle saint du grand Senat de France
Vos graces qui n'ont rien au monde de pareil,
Tiendront ell' a mespris qu'au iour de leur Soleil
I'oze aprocher l'obscur de ma foible ignorance?
　Si le flambeau du Ciel en sa claire apparance
Librement monstre à tous les rayons de son œil,
Et si d'vn antre vmbreux cauerne du sommeil,
On peut voir la clarté du iour en asseurance:
　Vous que le Ciel forma sur le pourtrait de Dieu,
Si la facilité trouue en vous quelque lieu,
Permettez-moy de grace œillader vos lumieres:
　Et ne soyez fasché si de vostre beau nom
I'honore mes escrits, la perle de renom
S'enchasse bien souuent en moins riches matieres.

Fin de la Puce.

Thomas *   ** De Leu F.*

LA MAIN
OV
OEVVRES POE-
TIQVES FAITS SVR
LA MAIN D'E. PASQVIER
aux Grands Iours de
Troye 1583.

A PARIS,

Chez IEAN PETIT-PAS, ruë sainct
Iean de Latran, au College de
Cambray.

M. DC. X.

Auec priuilege du Roy.

A MESSIRE BERNARD PRE-
VOST SEIGNEVR DE MORSAN,
Conseiller du Roy au Conseil d'Estat,
& second President en la Cour de Parlement de Paris.

PEndant que d'vne main heureusement propice,
  Mon PREVOST combatoit dedans le champ
    Troyen,
Pour asseurer, hardy, le pauure citoyen,
Encontre la fureur de l'indontable vice,
  Maint bel esprit piqué d'vne sainte auarice,
Maint bel esprit poulsé de l'esprit Delien,
Voulut auecq' ses mains contribuer du sien,
Pour faire à vne Main ce superbe edifice.
  Ne vous esmerueillez si ce diuin troupeau
Vous fait ores present de ce rare tableau,
PREVOST qui le patron de la grand Themis
    estes.
  Car chez qui sçauroit-on loger plus nettement
Cette Main que l'on a louée saintement,
Que chez celuy qui a les mains saintes & nettes?
                  E. PASQVIER.

APOLOGIE DE LA Main par Pasquier.

'ON DISOIT anciennement que l'Affrique produisoit tousjours quelque chose de nouueau: quant à moy, il me plaist de dire que ce sont les Gráds iours: Tesmoins ceux de Poitiers de l'an 1579. tesmoins ceux de Troye n'agueres passez en l'an 1583. Ceux-là ayans produit vne infinité de belles inuentions sur le sujet d'vne Puce, ceux-cy sur vn obiet qui n'estoit point, ie veux dire sur vne main non peinte: & l'vn & l'autre d'vn mesme motif. Au regard de la Puce ell'a pris son vol par la Fráce: quant au Tableau dont est question l'histoire merite d'estre racōtee. La fortune a voulu que Pasquier Aduocat au Parlement de Paris estāt aux Gráds iours de Troye, sous la conduite de Monsieur le President de Morsan, personage de tel merite & recommandation que chacun sçait, ayant rencontré vn excellent Peintre Flameng, delibera de se faire pourtraire par luy. Et comme il dressoit le premier crayon, Pasquier ne sçachant comme il estoit peint, dit au Peintre qu'il luy fit tenir vn liure en ses mains, & non des gans.

A quoy luy fut respondu par le Peintre qu'il y venoit à tard, & que le coup estoit ja frapé d'autant qu'il l'auoit representé sans mains. Et comme l'esprit de celuy qu'on portrayoit n'est gueres oiseux, mais né pour faire son profit de tous argumens qui luy viennent à gré, il dit lors à ceux qui estoient presents, que ce defaut luy auoit sur le champ apporté l'inuention d'vn Distique: & de fait dés l'instant mesmes, le peintre le tenant encores arresté, il feit ces deux vers, qu'il pensa deuoir faire compagnie à son tableau.

Nulla hic Paschasio manus est, lex Cincia quippe
Causidicos, nullas sanxit habere manus.

Tellement qu'il representa aussi-tost la naïfueté de son esprit, comme le peintre celle de son visage. Là quelques-vns ayans veu ce crayon representer au vif celuy que l'on auoit pourtrait, dirent au Peintre qu'il auoit si heureusement rencontré, que si ce tableau estoit mis en monstre, il y en auroit plusieurs autres ausquels il prendroit aussi enuie d'estre peints. Luy soucieux de son gaing & de son honneur tout ensemble, ayant adiousté la derniere main à ce Tableau, l'expose vn iour à sa boutique aux yeux de tous. Ce pourtrait est veu par quelques passants : On y recognoist Pasquier au visage, & son esprit par ses deux vers. Il se fait (si ainsi voulez que ie le die) vne procession l'espace de vingt & quatre heures: Aux vns agreant le visage, aux autres, le Distique. Et com-

Et comme les esprits des hommes sont diuers, tout ainsi que Pasquier s'estoit dispensé de se iouer sur son pourtrait, aussi chacun diuersement se donna loy & loisir de le blasonner. Entre autres Maistre Antoine Mornac Aduocat, homme docte & d'vne belle promesse, grand amy de Pasquier donna le premier carriere à son esprit sur ce tableau par vn Epigramme dont la teneur s'ensuit:

Paschasio pictis manus est occulta tabellis,
 Vt nec eget sterili, muta tabella, manu:
Sed qui Paschasium dubia de lite moratur,
 Causidicos binas discit habere manus.

Cest Epigramme est apporté à Pasquier par Mornac, toutesfois parce que la beauté d'iceluy despendoit d'vne conclusion qui estoit à deux ententes, & qu'en matiere d'Epigrammes, de deux sens, celuy qui picque le plus est tousiours plus soigneusement recueilli, Pasquier ne voulut pas aisément laisser dormir sa debte sur le Soleil, mais comme il est homme qui ne craint rien tant que de se voir couché sur le papier iournal des marchands, aussi ne voulut-il demourer redeuable à Mornac que d'vne nuit. A maniere que le lendemain au matin il le salua de quatre autres vers, qui sont tels,

Esse manus nobis, verum non esse tabella,
 Carmine dum Mornax ludit in ambiguo,
Luserit an Mornax, an mordax laserit, hercle
 Nescio, sed tales vellet habere manus.

Ces carmes ne sont pas si tost veuz que chacun en prend la copie, & comme si par eux on eut sonné le tocsin, il y eut vne infinité de beaux esprits qui commencerent à qui mieux mieux de iouer des mains pour Pasquier. Il n'est pas que le mesme Mornac ne s'y soit aussi enroulé, comme les autres, ayant fait vne belle monstre de leurs esprits en vers Latins, & quelques vns en Grec ie n'ay voulu suprimer. Tellement qu'il semble qu'en la ville de Troye se soit retrouué le Cheual Troyen, non pour produire des capitaines à sa desolation & ruine, mais plusieurs braues Poetes à son exaltation & honneur, lesquels il semble qu'Apollon qui fauorisa tousiours le parti Troyen, eust couué iusques à huy, pour les esclorre à poinct nommé. Et qui est chose esmerueillable & qui ne doit estre escoulee sous silence, c'est qu'entre six ou sept vingts qu'Epigrammes, que Sonnets, Odes, & Elegies, vous y en trouuerez bien peu qui simbolizent en inuétions, ores que leurs autheurs ne se soient mis en bute qu'vne Main. Que si peut-estre vous y en trouuez, ne pensez pas pour cela que ceux qui ont escrit les derniers, ayent rien emprunté des autres, dont ils n'auoient veu les ouurages: N'ayans les premiers sur eux autre auātage que d'vn certain droit de preuention. A maniere que les derniers peuuent icy faire le souhait qu'a fait autrefois le mesme Pasquier au cinquiesme de ses Epigrammes sur vn propos sinon en tout & par tout semblable, pour le moins non du tout dissemblable, parlant des anciens auec lesquels de fois à autres, il s'estoit peu rencontrer en quelques pointes,

— Dij male perdant
Antiquos, mea qui præripuere mihi.

Ie sçay bien que quelques esprits sombres & visqueux trouueront icy assez de subject: pour se iouer sur la main d'vn Aduocat: & me semble desia voir quelque sot qui voudra contrefaire l'habile homme, lequel dira qu'il ne faut point trouuer estrange que toute cette compagnie se soit liguee pour blasonner vne main comme estant matiere qui luy est assez familiere & dont elle se sçait mieux aider: Et que encores ceux qui ont icy escrit ne tomberont iamais en l'accessoire du Cordonnier, lequel apres auoir controulé les souliers representez dans vn tableau d'Apelle, voulant outrepasser ce qui estoit de son art, fut arresté court par ce grand Peintre, luy disant qu'il ne falloit point qu'vn Cordonnier iugeast d'autre chose que du soulier : Car au contraire les Aduocats sçachans combien vaut la main, auront peu rendre certain iugement du Tableau, si la main y a esté à bonne raison oubliee. Mais à ces Misanthropes & Lutons s'ils estoiét dignes de nostre colere, ie respondrois volontiers qu'il n'y a rien qu'ils doiuent tant craindre que la colere d'vn Aduocat: d'autant qu'il a, cõme lon dit en cõmun prouerbe, bec & ongles pour se defendre. Et cõbien que telles taulpes cachees ne le meritent,

AAa ij

si est-ce que par vne charité Chrestienne, ie les veux exhorter de prendre conseil de Platon, lequel aduertissoit tout homme de ne s'atacher aisémét à celuy qui auoit l'esprit en main pour se ressentir d'vn outrage. Disant que ce fut la cause pour laquelle Minos Roy de Crete fut apres sa mort representé pour iuge des enfers à la posterité. Parce que comme ainsi fut que de son viuant il eust affligé par guerres continuelles la ville d'Athenes qui abondoit en grands Orateurs & Poëtes, aussi les Atheniens ne pouuans recognoistre de mieux l'obligation qu'ils auoiét à luy que par leurs plumes, soudain qu'il fut decedé, ne le peurent honorer de plus beau titre que de le faire iuge des ames damnees. Et le semblable feirent presque nos Ecclesiasticz, contre la memoire de ce grand Aduocat du Roy Maistre Pierre de Congneres, qu'ils logerent en vn petit recoin de leur Eglise, sous le nom de Maistre Pierre du Coignet: pour auoir esté le premier autheur de reduire leurs iurisdictions au petit pied. A quel propos tout cecy? Pour aprendre à ceux qui pour ne pouuoir rien de bien, ne sçauent autre mestier que de mal parler, qu'ils examinent trois & quatre fois leurs consciences auant que de s'aheurter mal à propos contre la main des Aduocats. Le Poete a la main seulement pour rediger ses conceptions par escrit: Le Prescheur a pour son lot & partage la langue: Mais l'Aduocat par vne prerogatiue speciale a l'vne & l'autre pour s'en preualoir. C'est pourquoy il faut apporter de gran des circonspections & regards, auāt que de le vouloir ataquer. Au demeurant apres auoir remué toutes sortes d'aduis à part-moy, ie ne voy nul en nul estat qui ne soit bié aisé d'exercer sa main à son aduantage. Soyez prés des Rois, Princes & grands Seigneurs, soyez gendarme, tresorier, medecin, marchand, artisan, chacun diuersement est bien aise de faire sa main, les vns plus, les autres moins. Et ne voy point pourquoy on doiue plus-tost faire mal son profit de la Main, au preiudice de l'vn que de l'autre. Car pour parler franchement & sans aucune hypocrysie, la Main est proprement vn Polipe qui se transforme en autant de couleurs en nous, comme sont diuers nos esprits. D'autant que nous vsons de nos mains comme de nos esprits. Qu'elles soient accompagnees d'vn noble entendement, de quelque estat, qualité & condition qu'il soit, il exercera noblement les functions d'icelles : si d'vn esprit vilain & auare, tout le contraire. Et le semblable se trouue en elles és loüanges ou improperes, qu'elles peuuent receuoir. Parce que le noble esprit trouuera tousiours prou d'argument & sujet pour la solemniser, & le sot pour la vilipender par ses escrits. C'est comme vne espee qui non seulement tranche des deux costez, mais qui peut rapporter autāt de bien que de mal. Ce qui est presque commun à toutes choses de merite. Es grandes Citez esquelles abōdent les vertus, aussi s'y trouuent les grands vices. Y a il rien au mōde qui aporte plus de profit que le langue? Y a il rien qui procure plus de nuisance? Et sans m'arrester à vn seul membre de l'homme, prenons cest homme en son general, y a-il animal au monde qui produise ny de meilleurs, ny de pires effects que luy? Chose qui occasionna mesmement les anciens de dire, que l'Hõme estoit à l'homme vn Dieu : puis tout à coup que l'Homme estoit à l'homme vn Loup. Aussi ne faut-il point trouuer estrãge que la Main soit en nous vn outil qui produise du bien & du mal en extremité, puis que ses operations sont extremes. Et neantmoins si faut-il que l'on m'accorde qu'entre tous les mẽbres de l'Homme, il n'y en a point de tant vtile & necessaire que cettuy. La Main est celle qui prend les armes offensiues & defensiues pour nous, celle qui est archer des gardes de nostre corps ; & que nous oposons deuant le chef pour le garder de mesprendre, quand dans les tenebres de la nuit nous allons à tatons, celle qui enseigne à l'aueugle les chemins à l'aide d'vn bastõ. Par elle l'on bastit les maisons, par elle on cultiue les champs & les vignes : elle nous fournit de vestemens tant en estofes que façons, nous administre le boire & le manger pendant nostre santé, & en nos maladies, les medecines. Sans elle les loix & les sciences liberales demeureroient enseuelies dans le cercueil d'oubliance. Par le seul objet de la Main, nous trouuames la premiere cognoissance des nombres : & sur ce mesme modelle nous apprenons les premiers rudiments de la Musique. Afin cependant que ie ne face estat de ceux qui pensent que dans noſtre Main comme dans vn mirouër nous pouuons conſiderer nos fortunes tant paſſees qu'à venir. Dont s'eſt inſinué entre nous ceſt art de Chiromantie. Le Preſcheur ou Aduocat ſeroit vne peinture releuee en boſſe ſeulement, ſi auec le fredon de ſa langue il ne iouoit auſſi des mains. Et certainement non ſans cauſe. Car la main a ie ne ſçay quels geſtes, par leſquels elle repreſente toutes les paſſions de noz ames, ores vne affliction & douleur, ores vn aiſe & contentement, tantoſt vne menace & colere, tantoſt vne ſoubmiſſion & obeïſſance: Brief elle ſeule en nous parle ſãs parler. C'eſt à mon iugement pourquoy ce grand Orateur Ciceron ſe reputoit à grand honneur de pouuoir rendre en autant de façons de bien dire, tout ce qui eſtoit diuerſement repreſenté par ce grand Comedien Roſcius: Celluy-là vſant de ſa langue, & cettuy principalemẽt de ſes mains. C'eſt auſſi pourquoy Demoſthene attribuoit les premieres, ſecondes & troiſieſmes parties de l'Orateur à l'action, comme ſi le principal air de l'oratoire deſpendoit ſingulierement des mains. Ie n'ay pas preſentement dit ſans cauſe qu'elles parloient ſans parler. Car s'il vous plaiſt conſiderer ce qui tombe en commun vſage, ſans fouiller ſi auant dedans l'art de ceux qui haranguent au public, vous trouuerez que par le miniſtere d'elles nous pouuons appeller ſans mot dire, ceux que voulons venir à nous : & au contraire faire arreſter tout quoy celuy qui s'y acheminoit : par le meſme aide

A Aa iiij

l'homme qui a quelque asseurance de soy, se sent estre loué, & celuy qui en a defiance, vituperé, le tout sans l'vsage & entremise de la langue, lors que l'on le monstre au doigt. Et les anciens par l'aplaudissement de leurs mains donnoient à cognoistre le contentemét qu'ils auoient receu des ieus representez deuāt eux. Quoy plus? Le muet ne se rend pas moins entendible par les signes de ses deux mains, que celuy qui par vn caquet affilé nous rompt la teste & les aureilles. I'adiousteray à tout cecy que non seulement és choses temporelles la main produit effects esmerueillables mais aussi aux spirituelles : esquelles nous requerons l'imposition de la Main pour la promotion à la dignité Episcopale. D'elle nous receuons interieurement les benedictions exterieures de nos Prelats. Et encores que la seule parole de Dieu fust suffisante, pour effectuer ses miracles, si y voulut-il aporter à plusieurs, l'atouchement de la main. Il n'y a celuy de nous qui ne sache de quelle puissáce est le cœur, és prieres qui se font en l'Eglise. Et neantmoins encores y auons nous voulu aporter les mains iointes. Voire que sans icelles il sembleroit que nos prieres fussent de peu de merite, comme nous aprenons de ce grād amy de Dieu, Moïse, lors qu'au meillieu des afflictions publiques de son peuple, il luy faloit soustenir ses bras las, affin de les tenir tousiours esleuez au Ciel, pour ne rendre l'oraison qu'il faisoit à Dieu, sans effet. Et en cette miraculeuse guarison des escrouëlles, octroyee par Dieu de tout temps & ancienneté par vne singuliere prerogatiue à nos Rois, qui est celuy qui ne voye que l'interposition de la main y fait la principale operation? Dont s'est insinué ce commun parler entre nous, par lequel nous disons nos Rois deuoir toucher les malades, lors qu'ils se vouent à les guarir. Il faut vraiment que nous tous vnanimement confessiõs que la langue est de grande efficace en nous, mais non de telle que la main. Car ses effects sont passagers, & se passent (si ainsi le faut dire) au tour de l'oreille. Mais quant à la main c'est le vray instrument par lequel nous enchassons nos œuures au temple de l'immortalité. Aussi a elle telle simbolizatiõ auec l'esprit, qu'ordinairement nous confondons les fonctions de l'vne & l'autre ensemblement. Voire qu'il seroit fort mal-aisé de iuger lequel des deux est plus redeuable, ou de la main à l'esprit, ou de l'esprit à la main: s'entretenans d'vne telle liaison ensemble comme les rouës d'vn horloge auec les contrepois de plomb. Et qui est vne chose qu'il ne faut passer sous silence, c'est que la main a esté trouuee de telle recõmandation qu'en nos plus belles actions, nous les y auõs de toute ancienneté employees. De là vient que pour asseurer de nostre foy celuy auec lequel nous contractons, nous mettons nostre main dans la sienne. Aussi trouuons nous aux plus anciennes histoires de Rome, que le Roy Numa ayãt basti vn tẽple de la Foy, voulut que les ministres de ce lieu officiassent les mains toutes enuelopees iusques aux extremitez des doigts. Denotans par là (si nous croyons à Tite Liue) que la foy se deuoit tres-estroitement garder, & que son vray siege estoit establi en la main. De là que les anciens en leurs gonfanons par l'entrelas des deux mains signifioyent la concorde: & auiourd'huy les amants, l'amour qu'ils ont à leurs maistresses: de la qu'en la solemnization du mariage l'on met l'anneau coniugal en l'vn des doigts de son espouse: de là à peu dire que quãd le iuge veut assermenter vne partie ou tesmoin, pour tirer d'eux vne verité, il leur fait leuer la main, & ailleurs que l'on la fait mettre sur les Euãgiles. De sorte que si (tout ainsi que l'Egiptiẽ) il nous estoit permis de mettre en vsage quelques lettres Hieroglifiques, ie pése qu'il n'y en eut iamais de plus celebre que la main, par laquelle on peut refigurer la Foy, la Concorde, l'Amour, la Verité, & encores la Liberalité tout ensemble. Chose que noz ancestres cognoissans, & specialemét cõbien elle estoit necessaire à l'vsage cõmun, tout ainsi que ie vous ay presentemét discouru en cõbien de manieres se diuersifioit sa vertu, aussi la diuersifierent ils en vne infinité de formulaires de parler. De là est venu que nous disons. Tenir la main à vne entreprise pour la fauoriser: auoir les mains nettes, pour, estre hõme de bien faire: sa main, pour s'érichir: lauer ses mains de quelque faute, pour s'en excuser: venir aux mains, pour venir aux prises: iouer des mains, pour se battre: donner conforte main, pour aider: adiouster la derniere main, pour, perfectiõ d'vn œuure:

tenir vne chose sous main, pour cachee: estre en la main de quelqu'vn, pour, en la puissance: mainmise, pour saisie: manumissiō, pour afranchissement: gens mainmortables, pour serfs & esclaues: & encores gens de main-morte condition, cōme sont les Ecclesiastics, qui ne peuuent prendre immeubles sans le congé de leur Prince, ny les rendre sans l'authorité de leur superieur: mettre la main à l'œuure, pour s'employer: aller contre vn ennemy à main forte, pour, à grande puissance: mettre la main sur le colet d'vn homme, pour le constituer prisonnier: tout d'vne main, pour, tout d'vne suite: baiser la main, pour, saluer. Le temps mesmes ne s'est peu passer sans emprunter d'elle quelque chose, lors que nous disōs, de lōguemain, & encores tenir vne chose de main en main, c'est à dire, d'vne longue traite de temps, ores qu'elle ne soit escrite, cōme sont les anciennes Traditiōs de l'Eglise. Et s'il faut passer plus auant, les chemins luy sont redeuables, quand nous les enseignons par la main droite ou la gauche. Brief le Ciel mesmes y a voulu auoir part lors que nous recognoissons qelques vns sētir la main de Dieu, voulās exprimer son courroux. Adiousteray-ie que les trois parts de tout le monde, dont les quatre font le tout, mandient les exercices des mains, quand nous appellōs les artizās manœuures, ce qui est sorti de leur art, Manufactures: voire que la Medecine qui fait part & portiō des arts liberaux ne s'en est peu exempter: D'autant que nous appellons vne partie d'icelle, Chirurgie, parce qu'elle gift en l'operation de la main. Brief il n'y a riens qui soit destiné a exercer entre nous, tant de liberalitez, soit à bien faire, ou bien dire, comme la main. Qui fait que nul ne doit trouuer de mauuaise grace que tant de personnages d'esprit se soient ingerez à celebrer vne main. Ie ne diray point si celle pour laquelle on s'est employé le meritoit ou non: car il y a trente ans passez que la France a peu cognoistre ce qu'elle peut faire en diuers subgets. Bien vous diray-ie que toutes ces nobles inuentions estans tombees entre mes mains, i'ay pensé de vous en faire part: non tant pour fauoriser la main pour laquelle on a escrit, que pour ne faire tort à toutes ces braues mains qui l'ont voulu honorer. Et atãt tu estimeras (Lecteur) que ie te les represente en ce lieu non selon le rang & degré des personnes (n'estant entré en nulle cognoissance de cause de leurs grades & qualitez) mais selon l'ordre que ces gayetez ont esté donnees, ou que i'en ay fait le recueil. T'aduisant au surplus que ie n'entends te les presenter sinon de tant & entant qu'il te viendra a gré de les lire.

AD STEPHANVM PASCHA-
sium clariss. Iurisconf. & in Senatu
Parisiensi Patronum.

PAschasi accipe rem nouam & stupendam,
Quam vix credere prę stupore possis:
Quotquot carmina, de tuis, Poetæ,
Non pictis manibus tibi dicarunt,
De te promeruisse quos fateris,
Obstricti tibi sunt & obligati,
Vt qui quottidie tuam salutem
Commendent superis, necesse ne sit
Imis carmina Manibus sacrare,
Sanctis quæ manibus tuis sacrarunt.

    ADRIANVS TVRNEBVS
    Adriani Magni filius.

AVX INGENIEVSES MAINS QVI ONT HONORÉ LA MAIN DE Pasquier de leurs vers.

E Peintre qui dans son tableau
Cacha mes doigts sous le rideau,
Traßant seulement mon visage,
Bien qu'il ait apresté à maints
Subjet de parler de mes mains
Ne fit onc un si bel ouurage.

Il ne m'a pas ainsi retrait,
Pour ne pouuoir par ce pourtrait
Figurer vne main trop rare
(Comme aucuns ont voulu toucher)
Moins encor voulut-il cacher
La pudeur d'vne main auare.

Tout cela sont vains escrits
Dont se paissent les beaux esprits
Aux despens de ma pourtraiture:
A l'vn attaindre ie ne puis,
L'autre noblement ie le fuis
Comme vne detestable ordure.

Oeuure Poetique sur la Main. 703

Mais bien d'vn braue iugement
Ce peintre voila sagement
Mes mains flouettes & non dignes,
Ne les voulant representer,
Afin de ne les confronter
Encontre tant de mains diuines.

Ou bien peut estre le hazard
Mille fois plus sage que l'art
Le reduisit en ceste faute,
Pour sur le tableau de voz vers
Faire courir par l'vniuers
Quelque pourtraiture plus haute.

C'est pourquoy tant de bons espris
Ainsi comme en vn ieu de pris
Poinçonnez d'vne saincte flame,
Voulurent par leurs beaux desseins
Donner à mon pourtrait des mains,
Ainçois à mon pourtrait vne ame.

Ainsi l'vn se donna la loy
De loüer la fieure à part soy:
Et l'autre d'vne plume riche
Peut estre prendra le loisir
De trompeter à son plaisir
Quelquesfois vne face chiche:

L'autre d'vn carme triomphant
Feit d'vne mouche vn elephant:
Si premier autheur ie ne fusse,
Je vous raconterois qu'ainsi
Aux Grans Jours de Poictiers aussi
On voulut celebrer la Pusse.

Ainsi d'vn rauissant discours
Voulants honorer nos Grans iours

(De Troye la saincte seance)
Auez pris d'vne forte main
Par vn non vsité chemin
De ma foible Main la defence.
　Vous tous par vn loüable ieu,
Vous tous par vn loüable vœu,
Attachez à ma main des esles,
Pour luy faire prendre son vol
De l'vn iusques à l'autre pol,
Ainsi qu'à vos mains immortelles.
　Comme par le heurt de l'acier
Encontre le caillou grossier
On tire vne courte flammeche,
Laquelle croissant peu à peu
Espand puis apres vn grand feu
Quand elle tombe en bonne meche,
　Heurtans vos delicats esprits
Encontre le mien mal appris,
Vous alambiquez des bluettes,
Dont vos beaux papiers alumez,
Voz cœurs chaudement enflammez
Produisent vn feu de Poëtes.
　Qui d'vn meilleur enclin guidez,
Qui en soy hautement guindez,
Pendant qu'ils feignent de pourtraire
La Main qui ne l'a merité,
Grauent dans l'immortalité
De leurs mains le vif caractere.
　Ainsi que la main de Zeuxis
Pour peindre vne beauté de pris
Vers mille beautez fut guidee:
Vous aussi d'vn mesme discours
A mille mains auez recours,

sur la Main.

Pour former d'vne main l'Idée.

Ce n'est point sans plus mon pourtrait
Qui à ce subget vous attrait,
C'est le dieu, c'est le dieu Cynthie,
Pere des esprits les mieux nez,
Qui vous à vers moy retournez,
Soubz le nom de la loy Cintie.

Heureux vraiment, heureux troupeau
Qui au mont à double coupeau
Puisates cette belle enuie,
Pour puis au giron de Themis
Faire teste à ses ennemis,
Et à la mal-gisante vie.

De Phebus genereux guerriers
Vous ceignez voz frontz de lauriers,
Terrassans soubz voz piedz le vice,
Monstrans que le braue aduocat
Ne fait point de l'argent estat,
Ains d'vne plus noble auarice.

Que de soy-mesme guerdonneur
Il fait estat de son honneur,
Qu'à ce but riens ne le conuie
Sinon l'amour qu'il a de soy,
Et non cette fantasque loy
Que lon appelloit la Cincie.

Peintre ainsi comme tu me peints,
L'aduocat doibt estre sans mains,
Non pas pour du tout rien ne prendre,
Ainçois par honnestes moiens
En bien defendant ses Cliens
De la pauureté se deffendre.

E. PASQVIER.

Nulla hic Paschasio manus est, lex Cincia
    quippe
  Caussidicos nullas sanxit habere manus.
            STEPH. PASCHASIVS.

Pasquier n'a point cy de mains, car la Cincie
Veult que les aduocats, sans mains passent leur vie.
            E. PASQVIER.
Paschasij faciem exprimit ista tabella, sed vnus
  Paschasius binis versibus ingenium.
            NICOLAVS VIGNIERIVS.

Le Peintre exprime icy de mon Pasquier la face,
Mais Pasquier par ces vers, de son esprit la Grace.
            NIC. VIGN. Autheur de la biblio-
                stotiale.

Nulla hic Paschasio manus est, lex Cincia
    quippe
  Caussidicos nullas sanxit habere manus.
Sed qui Paschasij doctissima scripta reuoluet,
  Paschasio cultam sentiet esse manum.
            NIC. VIGNIERIVS.

Paschasio pictis manus est occulta tabellis,
  Vt nec eget sterili muta tabella manu.
At qui Paschasium dubia de lite moratur,
  Caussidicos ambas discit habere manus.
            ANTONIVS MORN.

Esse manus nobis, verum, non esse tabellæ,
  Carmine dum Mornax ludit in ambiguo,
Luserit an Mornax, an Mordax læserit, hercle
  Nescio, sed tales vellet habere manus.
            STEPH. PASCHASIVS.

Mornaci eripuit duplicem qui carmine palmam,
   Paschasium nullas credis habere manus?
                HIERON. SEGVIERVS.

Ambas dico manus, non vt te carmine lædam,
   Musa tibi fœtus obtulit ante meos.
Sed quem tanta quatit cupidissima turba
   clientum,
   Cur ambas refugis quas tibi fingo manus?
                ANTON. MORN.
Tuus Vulcotius comes forensis
Grauatur numeros meos priores,
Quod vulgi subeant forensis aurem,
Atque in caussidicos vibrentur omneis.
Sed cur Scæuola tantus inuideret
Musæ rusticulæ ac ineptienti?
Quæ solers mouet aduenas forenses
Ne quæ Cincia tandiu sepulta est
Reuixisse putent tua tabella,
Mercedémque suo auferant patrono,
Vt si Cincia denuo vigeret.
                A. MORNAC.
Paschasio non ficta manus, nam picta fatiscūt
Sed iuri, historiæ, caussis, Musisque dicatur
Vera manus, quam non potis est abolere ve-
   tustas.
             PETRVS LACTEVS.
Quidnam opus est pictura manus vt reddat
   inertes,
   Si modò picta manus munera nulla capit?
Qui lingua & ratione potest subducere num-
   mos

E Loculis, nunquam substrahat ille manu.
Paschasio dedit hoc linguæ facundia, nummos
 Elicere, ergo illi tolle manum è tabula.
Sic quod Cincia lex prohibet, facundia reddit,
 Porrigat vt digno munera digna cliens.

PHILIB. GILOTVS.

Parcite patroni, pictorem Cincia nulla
 Absque manu monuit pingere Paschasium.
Cùm dulces oculi, velutique loquentis imago,
 Cùm reddenda fuit vera figura viri.
Protinus id facilem manus est imitata per artem,
 Redditáque est mêbris gratia quæque suis.
Ast vbi diuinas & grandia scribere doctas
 Paschasij pictor venit ad vsque manus,
Hærens: Rebar, ait, mortales pingere palmas,
 Diuinas frustra cur ego tento manus?

IANVS IACQVERIVS.

Pictor Paschasium vafer tabella
Dum vult exprimere, & parentis artem
Naturæ eximia æmulatur arte,
Seu durum fugit, aut malignus vltrò est,
Subduxit geminas manus tabellæ, &
Extremam hanc adimens manum labori,
Binas Paschasio manus ademit.
Dij quantum salis & facetiarum!
Nam qui Paschasio manus negarat,
Patronum lepida iocatus arte,
Mercedem petit, & patente dextra
Pictor postulat, vt det æra pictus.

sur la Main.

Iam manu careo (reclamat ille)
Mecum desine: quid manu carentem
Nec quicquam premis, vt petita soluat?
Non dat qui manibus caret negatis.
Sic tu Scæuola summoues agentem,
Et fraudem artificis retundis arte.
Quis suum tibi calculum negarit?
Quo sub iudice non solutus ibis?

HIERON. SEGVIERIVS.

Opprimar indicta sub iniquo iudice cauſſa,
   Nil nisi Paschasium pingere pactus eram.
At quas nostra, man? non est cõplexa tabella,
   Asseruit dudum Calliopeïa sibi.

FRANC. DVCATIVS.

Qualis Atlãtæo quódã est data forma nepoti,
   Quem truncare manu voluit veneranda vetu-
   stas,
Virtus facundæ quia conficit omnia linguæ:
Talis Paschasio est hodie, qui Gallicº Hermes,
Interpresque Deûm, immortalibus abdita
   chartis
Exeruit, numerisque fauos aspersit Hymeti,
Qui legum latebras, doctus qui nouit & artes;
Omnia Mercurio similis, corpusq;, manusque.
Omnis in Herculea, stat fortis dextera, lingua.

HIERON. SEGVIERIVS.

Paschasij effigies manibus viduata disertis,
   Cunctorum doctas mouit in arma manus.
Nec tamen vt manibus caruit, sic viribus illa,
   Centimani tabulam dixeris esse Giæ.
Nam quot in insontem torserũt tela figuram,
   Tot sensere habiles Paschasio esse manus.

Idem SEG.

Pictor fingere dum cupit Patronum,
Ambas cauſſidico manus ademit:
Iſtud non male ſi cliens fuiſſet.
> IAC. PINCÆVS.

Hidram quis neget hanc manum? reciſa eſt
Vulnus centimanum facit poëtam.
> Idem PINCÆVS.

Paſchaſium mihi iam credas tu carmine vin-
  ces,
Zoile, non animos res noua terruerat.
Cauſſidicum tua vis ſternet, non fortia pugnæ
  Pectora Phœbææ fert ſua canities.
Temporibus dare ſe formidat viuida canis
  Gloria, nec pugnax eſt ſenis ingenium.
> PINCÆVS.

Iure tibi duplices palmas quod pictor ademit,
  Iure tibi quod dat Muſa togata manus.
Iure illinc duplices referes me iudice palmas,
  Quod tibi nulla manus, quod tibi docta
  manus.
> PINCÆVS.

Inter mille tibi datos honores,
Si te ſcommate molliter repungunt,
Æqui conſule Paſchaſi, triumphos
Inter, Iulius audiit benignè
Quæ dicteria milites ferebant.
> PINCÆVS.

Paſchaſium moneo timeatis adire clientes,

sur la Main.

Pro demptis varias mille habet ille manus.
Cauſſidicos potius dubia de lite poëtas
 Cõſulite, hi Stephano quippe dedere manus.
      P I N C Æ V S.
Non pictor, tibi dant manus Patroni,
Peſtis, pernities, ruina legum:
Cur non vos ita nominem Patroni?
En cui Cincia lex manus negabat,
Omneis cauſſidici manus dederunt.
      P I N C Æ V S.

Ad Ianum Boneſium.

Et tu mi Boneſi ſilebis ergo,
Nec fictam tabulam voles amici
Veris blanditiis ſuauiari,
Qui te plus oculis ſuauiatur?
Vah mihi pereat tabella tota.
Hanc volo celebres, & oſculeris,
Iſtis molliculis tuis phaleucis,
Iſtis mellifluis tuis labellis,
Huic addas animam manúſque binas,
Quin addas potius manum ſupremam,
Hoc tu mi Boneſi tenelle faxis,
Vah mihi pereat breuis tabella,
At tibi pereat Neæra bella.
    S T E P H. P A S C H A S I V S.
Deſine mirari, Lector, cur dempſerit ambas
 Paſchaſio patri picta tabella manus.
Des aliam, pictor, qua prodet filius amplas,
 Nempe agit hic iuuenis, conſulit ille ſenex.
     C L A V D I V S D E L I V S.

      B B b iiij

Quas non vult pictor temere indulgere tabellæ,
　Intererat certe, hanc non habuisse manus.
Scilicet huic ambas tanto cum fœnore palmas,
　Redditis, vt centum nunc gerat illa manus.
Agnouit pictor (nec eum spes vana fefellit)
　Artis id esse, manum tollere de tabula.
　　　　STEPH. PASCHASIVS.

Picturam mutam, quis iam neget esse poësim,
　Cum noua mille nouos pariat pictura poëtas?
　　　　ANTONIVS ARNALDVS.

Oblatos vltro quæ spernit sumere nummos,
　Verè est caussidici prodigiosa manus:
Ergo manum pictor merito substraxit inanem,
　Quæ quia nil caperet prodigiosa foret.
　　　　IDEM ARNALDVS.

Ta main dont les doigts hardis,
Pasquier, ozerent iadis
Dessus la gorge diuine
D'vne Dame Poiteuine
Punir la temerité
D'vn animal tant chanté,
Et qui de ceste victoire
Prenant la premiere gloire,
Ecit renommer en ses vers
La Puce par l'vniuers,
D'vne façon plus nouuelle,
Se rend ores immortelle,
Et dans vn simple tableau

Acquiert vn honneur plus beau,
Honneur lequel ie m'asseure
Viura plus que ta peinture.
Pasquier en somme ta Main
A double titre diuin,
Titre bon & authentique.
Brief en termes de pratique
Ell' a comme ton esprit
L'immortalité prescrit.

GILLES DVRANT.

Le Peintre qui si bien a tiré ton visage,
Mon Pasquier de ces traits s'est voulu contenter,
Pour seulement au vif à tous representer
Tes yeux, ton nez, ton port, ta bouche & ton corsage.

Il a bien fait & mieux quand il n'a voulu sage
Sur tes diuines mains aucun trait attenter,
Sachant combien de tous elles se font vanter
Assez peintes és traits de leur disert ouurage.

Qu'eut aussi fait ce peintre à te donner des mains
Telles que peut auoir tout autre des humains,
Si par elles Pasquier on ne t'eut peu cognoistre.

Non, il iugeoit accort que d'vn crayon plus beau
Ta main se tireroit au bas de ce tableau,
Et se feroit trop mieux en tes doux vers paroistre.

NICOLAS DEGLISSENAVVE.

De qui est ce tableau, de qui est ce visage,
De qui est ce sourcil brauement eleué,
De qui est ce beau front où l'on voit engraué
Le semblant plus qu'humain d'vn tres-noble courage.

Vrayment voilà Pasquier, ouy, voilà son image,
Ie recognois ce front, & ce docte œil caué,
Voilà tout son maintien si proprement graué,
Qu'on pense que c'est luy voyant ce bel ouurage.

Mais il n'a point de mains : Quoy? sont elles cachees?
Non, elles n'y sont pas, elles sont empeschees
A conduire vn troupeau de mille beaux esprits,
  Qui d'vne saincte ardeur nouuellement espris
Tirent vers Helicon pour aller à la suite
Des neuf sœurs de Phœbus sous sa seure conduite.
GILLES DVRANT.

Pasquier lon t'a pourtrait de deux crayons diuers,
Ta face est au tableau viuement animee,
Ta main diuinement est pourtraite en tes vers,
Pasquier ta main sans doute est la mieux exprimee.
Le mesme DVRANT.

Pictori frustrà querimur licuisse sagaci
  Paschasio nullam pingere velle manum.
Præuidit cunctis id nempe licere poëtis,
  Huic operi doctas post adhibere manus,
O quàm pictori licuit bene, quámque poëtis,
  Non picta vt tales mille det vna manus.
NICOL. GLISSENAVVEVS.

Hic quod Paschasio manus absit, desine Lector
  Mirari, non hanc Gallia tota capit.
Abdita quæ Gallis totóque recondita pandit
  Orbe, hanc vis teneat parua tabella manum?
RENATVS BELLVS.

Sed quid id esse potest quod te malè Zoile torquet,
  Si nullas habeat picta tabella manus
In mentem veniat, Pictoribus atque Poëtis:
  Paschasius vates, pictor & alter erat.
IANVS VITELLIVS SENATOR

sur la Main.

Ha pauures abusez, qui vous peut esmouuoir
De chercher au tableau les mains tant renommees,
Et en prose, & en vers, par tout tant estimees,
De mon Pasquier : ô fols pensez-vous les y voir ?
 Pouuez-vous ignorer que de tout leur pouuoir
Elles sont maintenant iour & nuit employees,
Fueilletans les papiers des plaintes desployees,
De tant de pauures gens pour la iustice auoir ?
 Tout ainsi que le fol qui cherche des freslons,
Pource qu'il ne les voit, les poignants aiguillons,
Ressent à leur regret leur cuisante pointure :
 Ainsi trouuerez-vous les mains que vainement
Irritez par vos vers, mains lesquelles vraiment
Vous feront ressentir n'estre pas en peinture.
I. VEAV CONSEILLER.

Cygne gentil des volages amours
Lors que plus gay de ta gorge diuine
Tu nous chantas la Puce Poiteuine,
Pour mieux t'ouyr le Clain retint son cours.
 Cygne sans tache honneur de nos grands Iours,
Sacré buueur de l'onde Cheualine,
Ore la Seine à entendre s'encline
De ta candeur les plus graues discours.
 Le Clain mignard, la Seine trionfante,
Portent ta voix gratieuse & sçauante,
Et t'ombrageants de Mirte & de Laurier,
 Icy Phœbus, là, Venus te renomme,
Mais par accord l'vn & l'autre te nomme
Docte, gentil, & doux-graue Pasquier.
IACQVES DE PINCE.

Tolle manus, Pictor, qui non mortalia fingit
Carmina, mortales non habet ille manus.
 I. Fayvs Spessevs Regius in Senatu Parisiensi Patronus.

IMITATION SVR LES VERS DE
Monsieur d'Espesse.

Cettuy là fut vraiment bien sage,
Lequel en peignant ton visage,
T'osta mon Pasquier les deux mains:
Ce peintre cognoissoit en somme
Que celuy n'a point des mains d'homme
Qui fait des escris plus qu'humains.
     I. Sannon.

AD TABELLAM PASCHASII AB
altero Parrhasio expressi.

Ergo sic bene vixeris, tabella,
Vt te viuere tot volunt Poëtæ,
At ô pulcra cohors, boni ô poëtæ,
Qui iam quæritis altiore versu.
Cur hic Paschasio manus recondit
Pictor ille recens nouæ tabellæ,
Vos inquam lepidi & cati poëtæ,
Quid tot funditis hinc & hinc camœnas?
Quid vos sic ruitis calente penna
In artem celeres viri immerentis,
Ac si nescius ille reddidisset
Nostrum Paschasium alterum tabella?
Quæso auertite nunc manus profanas,
Pictò à Paschasio manu carente,
Manus Doisij præstuantis

Illum tam bene pinxit & repinxit.
  Paulum cernite ponat vt loquentis
Ora Paschasij sacro in Senatu,
Surgátque in tabula breui sacratum
Quicquid Paschasius gerit labellis?
Illa est Parrhasij manus Venúsque,
Quid in tot Veneres manus mouemus?
  Pictæ nil retinent manus ocellos,
Et quotquot veterum stupemus artes,
Vix spectare etiam manus auemus.
  Manus Paschasio suas relinquo,
Nefas quærere rursus in tabellis;
Quippe effusa breui manus tabellæ
Pictor detereret tuos honores,
Hæc me cura priùs nimis fefellit,
Ago Stesichorum, valete versus,
Si qui de manibus priùs fuistis.
  Vultum suspicio modò, ô sodales,
Patroni, quibus accinunt camœnæ,
Adeste, & tabulam, virúmque amemus,
Nunquam Paschasio cadet tabella,
Illa & Parrhasij manu virebit,
Ope & Paschasij virebit illa,
Vterque & pretium feret tabellæ.
               ANTON. MORN.

GAYETE AV SEIGNEVR
DE MARNAY.

Ores que tant de plumes belles
Desployent à l'enuy leurs esles,
Que mille & mille beaux esprits
D'vne saincte ardeur sont espris,

Et que chacun son feu allume
Pour rebatre vne mesme enclume,
Tu chommes Marnay & ne veux
Allumer pour moy tes beaux feux,
Ains d'vne excuse mal bastie
Tu te mets hors de la partie
Pour auoir l'esprit embroüillé
De ton valet qui a foüillé,
Comme tu dis, dedans ta bource,
Et puis a pris au vent sa course.
He vraiment ie le croy ainsi,
Puis que tu le veux, mais aussi
Je veux que pour contrebalance
Ayes en moy, mesme creance.
  Si nature eut fait ton valet
Sans mains ainsi qu'est mon portrait,
Ou bien que la mesme nature
Luy eut fait des mains en peinture,
Croy moy Marnay, car i'en suis seur,
Tu fusses franc de ce malheur :
  Cependant ton larron est digne
D'vne punition insigne,
Pour ne t'auoir pas enleué
L'argent sans plus qu'il a trouué,
Ains que tout d'vne main il t'emble
L'or, la main, & l'esprit ensemble.
                    E. PASQVIER.

Soudain que l'on eut veu le portrait de Pasquier
Et sans langue, & sans mains despourueu de defense,
Aucuns mal-aduisez entrerent en la dance,
Voulants sur ce pourtrait sottement s'esgayer.
  Mais comme les lapins qu'on a veu tournoyer

Atirasser le poil, brauer la patience
Du Lion endormy, perdent toute asseurance,
Et fuyent dans leurs trous, le sentant esueiller.
 Tels ceux que l'on a veu n'agueres souz faux gage
S'estre mal à propos iouez dessus l'image
De celuy qu'ils pensoient dormir, en vn moment,
 Sont tous esuanouys, sans que pas vn d'eux ose
Recognoistre pour siens, ny ses vers, ny sa prose,
Depuis qu'ils l'ont senty remuer seulement.
CLAVDE MARCEL Secretaire du Roy.

 Ces Poetes de nom qu'on lit à la passade,
Ces Colosses de mots, vuides par le dedans,
Ces Paons eceruelez qui se vont panadans,
Ces ioüeurs d'instrumens qui n'ont qu'vne tirade,
 Ces empoules de vent enflees de brauade,
Ces soldats bien armez & de langue & de dents,
D'vn effronté babil vont sans cesse mordants
Le Genie d'vn liure animé sans parade.
 Ces monts enfante-ras, ces hableurs enfumez,
Ces fantosmes sans corps, ces corbeaux emplumez
Medisent de nos vers dont la grace distille.
 Laissons diuin Pasquier, laissons-là ces vanteurs,
Ces iuges Phrigiens, ces Marsiens chanteurs,
C'est trop peu que de vaincre vne chose si vile.
IACQVES DE PINCE.

 Cette Venus qui d'Apelle fut faite,
Et à son peintre aporta tant de nom,
Cette qu'on bruit d'vn immortel renom,
Si estoit elle en son tout imparfaite.
 Ce fut vraiment vne moitié complete,
Portant de l'art sur le front tout le bon:

Mais si moitié, c'estoit vn demy don,
N'estant Venus tout de son long pourtraite.

   Peignant mes vers, & sans mains mon pourtrait
Le peintre a fait cent fois vn plus beau trait,
Trait non encor' iamais veu ce me semble.
   C'est peu que cil qu'il a representé,
Mais vn Enigme il vous a presenté,
Mes mains y sont, & n'y sont tout ensemble.
E. PASQVIER.

   Ie l'aduoüe Pasquier, le peintre est admirable
D'auoir mis & caché dans vn mesme tableau
Des mains qu'il nous fait voir par vn art tout nou-
    ueau,
En peignant tes escrits (ton vers inimitable.)
   Son defaut accompli sans excuse est loüable,
Car en laissant tes mains au bout de son pinceau
Il nous fait voir tes mains & ta Muse agreable,
Qui ja volante au Ciel trionfe du tombeau.
   Pasquier on ne veit oncq' vne telle peinture
Que celle qui sans mains icy ta main figure,
Et peint auecques toy ton sçauoir plus qu'humain.
   Ce n'est point vn enigme, & si tu la dis telle,
C'est la Sphinx d'industrie en vn tableau d'Apelle,
Qui nous monstre sans doigts vne parfaite Main.
IACQVES DE PINCE'.

   Si ce n'est vn Enigme, & bien dy moy de grace,
Dy moy Pincé que c'est, d'autant que tout ainsi
Comme tu le voudras, ie le voudray aussi,
Et gay ie te suiuray pas à pas à la trace.
   Le peintre voirement d'vne meilleure grace,
Couuant dans ses desseins quelque plus haut soucy,

Nous feit non vn Enigme, ains vn miracle icy,
Que la posterité bruira de race en race.
C'estoit vn Dieu caché qui guidoit son pinceau,
Quand il cacha les mains de Pasquier au tableau,
Pour esclorre de vous ceste celeste enuie,
Qui par vos mains fait viure vne main qui n'est pas,
Qui fait que ceste main tout d'vn mesme compas,
La receuant de vous, donne aux vostres la vie.

E. PASQVIER.

Le grand pere Ocean qui s'abisme en son onde,
Departant les tresors de son immensité,
Bien qu'il passe tout autre en liberalité,
Ne diminue en riens de sa riue profonde.
Vn floflotant tribut de tous lieux se debonde
Des fleuues nourrissons, dont le cours limité
Retourne vers sa source, où d'vn loz merité
Chacun prise ce Dieu qui le fait voir au monde.
Pasquier nostre Ocean, nous sommes les ruisseaux
Qui sourdent empruntez du plus profond des eaux
De ceste docte mer qui dedans toy se range.
Tu loues nostre azur qui homage tes floz,
Nous accordons l'honneur qui nous vient de ton loz,
On ne peut nous priser sans croistre ta louange.

IACQVES DE PINCE.

722   *Oeuure Poetique*

Εἰς εἰκόνα Στεφ. Πασχασίου.

Ἄλλοι μὲν πολλοὶ κρατερὰς ταῖς χείρας ἔχουσι,
Πασχάσιος κεφαλῆς μένος ἔχει στέφανον.
ΛΟΔΟΙΚΟΣ Ο ΣΕΡΒΙΝΟΣ

Versio dist. L. Seruini.

Præualidis pollent manibus plerique, sed vni
Paschasio capitis docta corona quadrat.
   Iac. Faverellvs Cognia-
    censis Santo.

Nulla manus tabulæ (nodum hunc mihi sol-
 uat Apollo)
Attamen innumeras hæc habet vna manus.
   Steph. Paschasivs.

Peintre qu'as tu pourtrait? Pasquier. Tu n'as riens
 fait,
Il n'y a riens semblable entre tous les humains:
Je ne diray donc pas, cest œuure est imparfait,
Car c'est n'auoir riens fait qu'vn Aduocat sans
 mains.
   Ach. D. H. P. P.

IMITATIO SVPERIORIS EPIGRAM.

At ne Paschasium tua tabella
Pictum dixeris, ô inepte pictor.
Ecquis Caussidicum manu carentem, &
Lingua, Caussidicum putarit esse?
   Petrvs Nevelletvs.

sur la Main. 723

Quæ vacat historiæ, quæ iuri, quæve poesi,
  Cur vobis Πάσχερ non erit ista manus?
Totus Paschasius manus est, nec fingier vlla
  Parte potest, qua non sit quoque picta manus.

ACH. H. P. P.

ELEGIE.

Quiconque te peignit sans mains en ce tableau
Ne fit pas sans raison l'ouurage ainsi nouueau:
Il voulut enseigner que le sens plus terrestre
Et celuy que tu fais moins en acte parestre,
Employant ta belle ame & tes plus nobles sens
A mille beaux concepts l'humain discours passans.
  Aussi comme Timante autresfois n'eut puissance
De peindre la douleur & triste contenance
Du Roy de qui la fille aux vents on immola:
Pource d'vn voile noir la face luy voila:
Ainsi ne se pouuant auec deux mains pourtraire
Combien d'excellens vers tes mains ont voulu faire,
Combien de beaux escrits à qui cent autres mains
N'eussent iamais fourny, telles qu'ont les humains,
Le peintre à ceste fin te les oste en peinture,
Afin que mille mains de sçauante escriture
Meissent toutes la main à ce diuin pourtrait,
Si bien que iusqu'au Ciel en volera le trait.
  Mais est-ce point aussi que les Dieux le rauirent,
Et au huictiesme Ciel pres la Lyre le mirent,
Pour auoir composé mille docte escrits
Qui d'estre bien chantez meriteront le pris?
Les Dieux certainement alors te les ostèrent,
Et encor' icy bas ton bel esprit laisserent

CCc ij

Pour le besoin qu'icy les mortels ont de luy,
Assez, assez de mains se trouuent auiourd'huy,
Mais peu de beaux esprits, à ton esprit semblables.

Quelques vns mesdisans se rendroient agreables
S'ils disoient que le peintre à l'instant auisé
Voulut signifier qu'il est plus mal-aisé
De faire bien les mains, que non pas le visage
D'vn gentil Aduocat, lequel vend son langage:
Ma Muse magnanime oncques ne mesdira
Des genereux amans qu'Apollon aimera,
Puis ie sçay que les loix Cintie & Cinthienne
Rendent sous leurs filets captiue l'ame tienne.

Sçais-tu que ce beau peintre encore imaginoit
A l'heure qu'au tableau des mains ne te donnoit?
Il pensoit que tes mains sont du tout comparables
A celles des Heros qu'on appelle intouchables:
Homere en mille endroits des Heros a chanté
Qu'en vain dessus leurs mains il estoit attenté:
Au meillieu des combats les plus vaillans gendar
N'auoient prise dessus, ny mesmes sur leurs armes.

Ainsi trop folement celuy presumeroit
Qui te donner atteinte impuny penseroit.
Voylà ce que i'auois de tes mains à escrire,
Et d'elles gentiment encores se peut dire
Que si tu n'eusses point perdu tes mains expres,
Tu les eusses perdu possible pour iamais.

AMADIS IAM

Cum iam Paschasio manus ademptas
Tot manus celebrauerint bonorum
Vatum, gloria, quos manet perennis,
Nec iam sit manibus meis relictum
Quod super manibus nouùm referri

sur la Main.

Paschasi queat, ô manus iniquas,
Tot vatum, immerito mihi manus quæ,
Dum præcurritis, abstulistis ambas:
Per vos Paschasius manus recepit,
Per vos sentio mi manus abesse.
   PETRVS NEVELLETVS DOSCHIVS.

O fœlix quater & quater tabella!
Quam tibi inuideo tabella bella,
Hæc tot carmina delicata, blanda,
Docta, suauia, culta, mollicella,
Blanda, quæ cupiat Catullus ipse
A se condita tam fauente Phœbo
Quàm sunt à varijs fauente Phœbo
Lusa vatibus: ô canenda seclis
Venturis nimium, ô tabella fœlix,
Tot vatum memorabilis propago.
   Idem NEVELETVS.

Cum plagij damnata manus mihi clepserit
 olim
 Nostra quod in libris scripserat ante manus,
Et nostros pictor vellet modo fingere vultus,
 An bene nos nullas finxit habere manus?
   Idem NEVEL.

Te manibus sine qui pinxit, næ pictor ineptus
 Debuerat nullas ipse habuisse manus.
   Idem NEVEL.

Cum patris ante oculos crudelis staret ad aras
 Victima barbaricis Iphigeneia sacris,
Optarétque sibi constantem dextra Timantis

CCc iij

Pingere, quam cuncti suspicerent, tabulam,
Hincque superstitio retineret vana parentis,
Inde autem pietas eliceret lacrymas,
Atreidæ caput obscuro velauit amictu,
Saluus honos tabulæ posset vt esse suæ.
Sic tua diuinos ausa est effingere vultus
Paschasij, pictor, cum tremebunda manus,
Paschasiique sacram nullo corrompier auro,
Diuina & scires scribere scripta manum,
Quam manus est à te Stephani subducta tabellæ
Sollerter, tua quam est ingeniosa manus?

Idem NEVEL.

Cur lingua manibusque caret, cui lingua manúsque
Immortale olim constituere decus?
Cum linguæ manuúmque haud posset pictor honorem
Exprimere, obmissa est lingua manúsque homini.

Idem NEVEL.

Ne populo mancam, Pictor, propone tabellam,
Ecce tot armatas in' tua damna manus,
Isto sed tamen est fœlix errore tabella,
Erroris pretium quæ male picta refert.

Idem NEVEL.

Nev. Dis-moy peintre gentil pourquoy la pourtraiture
De mon sçauant Pasquier as tu tiré sans mains,
Veu que ses mains luy ont par ses escrits diuins
Tracé contre les ans vne victoire seure?

Peint. Mon art n'ayant oncq' peu imiter la nature,
I'ay caché mon defaut: car aussi mes desseins

sur la Main. 727

Eussent esté autant ridicules que vains,
De penser faire voir ses mains en ma peinture.
  Si ne peux tu nier que ne luy faces tort *Neu.*
Pour n'y auoir au moins mis sa langue, dont sort
Maint docte & beau discours, mainte belle harengue.
  Va pauure sot tu prens à rebours mon tableau, *Peint.*
Ne cognoissant, lourdaut, que d'vn mesme pinceau,
Tout ainsi que la main, ie luy cache la langue.

PIERRE NEVELET Seign. Dosch.

ELEGIE.

LE peintre a bien preueu faisant ta pourtraiture
Que pour bien de tes mains exprimer la figure,
Il falloit vn pinceau plus mignard que le sien:
Pourtant à il choisy du tout n'en faire rien,
Et cacher de tout point derriere la courtine
Le pourtrait trop hardy de ceste main diuine.
Aussi presumptueux en vain eut-il tenté
De nous representer vne diuinité.
Autant en fit iadis le bon peintre Timante
Qui ne pouuant attaindre à la douleur poignante
Du pere desolé par vn foible pinceau,
Eut contraint de voiler sa face d'vn rideau:
Et ne le peignant point se monstra plus habile
Que s'il eut entrepris œuure si difficile.
Il ne faut, mon Pasquier, d'autre raison chercher,
Le peintre a mille fois mieux fait de les cacher,
Que de monstrer à l'œil en si haute entreprise
De sa presomption l'indiscrette bestise.
C'estoit trop entrepris, si comme ouurage humain
Il eust voulu pourtraire en vn tableau ta main,
Ta main dont les escrits honorent nostre France,

CCc iiij

Ta main qui des François a banni l'ignorance,
Ta main qui a pourtrait à la posterité
Une peinture au vif de son antiquité.
Non, non, Pasquier, ta main (si seur est mon au-
    gure)
Doit estre peinte vn iour de plus haute peinture,
Et au ciel estoilé, comme dans vn tableau
Se faire reclamer des humains feu nouueau.
Ie voy ia la Pucelle au Rocher atachee
Qui l'appelle vers soy pour estre son Persee,
Et pour la garentir du serpent dangereux
Qui sur forme de Puce en deuient amoureux.
Prés de ta main luira ceste petite beste
Dont tu feis sur son sein si gentille conqueste.
LA PVCE, LA PVCELLE, ET LA ROCHE
    ET TES MAINS
Feront vn astre entier qui luira aux humains,
Dont la douce lueur sainctement venerable
Reclamee, sera aux amans fauorable.

GILLES DVRANT.

Si tant de bons esprits voyans ta pourtraicture,
Pasquier, n'eussent tous mis la main à ton portrait,
Tu fusses demeuré sans tes mains imparfait;
Vn Aduocat sans mains est vn homme en peinture.

G. DVRANT.

Les trois iadis cause du sac de Troye
    Paris, Minerue & le cheual farcy,
    Ores pour Troye estans venus icy
Sont son honneur, & son bien & sa ioye.
Paris en tout pour son honneur s'employe,
    Et pour son bien Minerue est en soucy,

sur la Main.

Pour son plaisir le cheual que voicy
S'ouurant à coup mille Heros desploye.
Nostre Paris, est ce Paris sans pair,
Nostre Minerue est ce fameux esclair
Du sainct Senat qui pour Troye s'amuse.
Nostre cheual en Heros foisonnant
C'est toy, Pasquier, dont le luth resonnant
A mis au iour mille enfans de la Muse.

IAC. DE PINCE.

Puce qui prise sur le sein
De la pucelle Poiteuine,
Soudain excitas vn dessein
De te chanter comme diuine,
Puce ne te guindes si haut
Desormais d'vn si braue saut.

Voicy bien vn autre subiect
Que Phœbus de sa main nous dresse,
Pour manifester par effect
Qu'il peut donner meilleure adresse
A faire vn vers quand il le veut
Que ce Dieu d'Amours ne le peut.

Aussi pourquoy toy petit Dieu
Qui te transformas par astuce,
T'allois tu vantant en tout lieu.
Que toy pris souz forme de puce
Fus à Poitiers pere du vers
Qui ores court par l'vniuers?

Pourquoy t'oubliant derechef
Te donnois tu cest auantage
Que sans recognoistre autre chef,
Les neuf Sœurs te faisoient homage?
Et que toy seul de bien sonner

La grace aux vers pouuois donner?
  Le pere du sacré troupeau
N'a peu supporter ceste honte,
Et pour monstrer qu'vn dieu nouueau
Qu'vn petit enfant se mesconte,
Voicy que par l'œil d'vn pourtrait
Ses vers il prodigue à souhait.
  Car pensez-vous qu'vn seul crayon
De ceste peinture muette
Vous eust produit vn million
De vers, sans quelque ame secrete
Mise au dedans qui donne à tous
Sur vn rien trouuer chans si doux?
  C'est Apollon qui sçait chanter,
C'est le Dieu du vers, ie vous iure,
C'est luy que voyez emprunter
De Pasquier les traits en peinture,
Et tout le champ de ce tableau
C'est le lieu de son sainct troupeau.
  Les deux mains qu'il ne monstre point
Font d'Helicon la double cime,
Et ce trait tiré si à poinct,
Ce distique qui nous anime,
Sort de l'Hipocrene liqueur
Dont s'abreuue tout le sainct chœur.
  Vous qui vous estonnez pourquoy
Sur vn rien la Muse est ouuerte,
Iettez vos yeux ainsi que moy,
Sur ceste deité couuerte,
Et vous sentirez vos esprits
Sainctement d'vne verue espris.
  Les vers qui vous sont cy chantez
Ne prennent point d'amour leur vie,

Sur la Main.

Mais ils vous sont representez
Sous Apollon le Dieu Cinthie:
Dont Pasquier dedans son pourtrait
Nous a donné le premier trait.

IAN IACQVIER.

Binæ conueniunt Deæ sorores,
Pictura atque poësis, ars vt huius
Germanæ alterius iuuetur arte:
Vultum vt pingeret illa penicillo,
Dextram carmine fingeret poësis.

SIMON VIGOREVS SENATOR.

Dicitur arte Theon summa finxisse tabella
Confertos, equitem rueret qui solus, in ho-
stes.
Quā populo cū forte Theon ostenderet, ante
Conduxit tristi caneret qui bellica cantu,
Vt quod depictæ tabulę natura negabat,
Aspicientum oculos aliena falleret arte.
Sed qui Paschasium pictor Trecensis arauit,
Pictorem longè superauerit arte Theonem:
Qui cum fœlici dextra, depicta videret
Ora viri, auxilium peregrinum non tulit arti,
Verum vt Paschasij picturam prodidit ipse,
Non vnus pretio cecinit conductus, at vltro
Innumeros, centum, versus cecinere poëtæ.
Ora, manus, pingit, fingit, pictura, poësis.

Idem VIGOREVS.

Encores que tous les Dieux
De leur Nectar precieux
Me promissent pleine couppe,

Pour de la mort m'affranchir,
Ia ne me pourroient flechir
Pour n'estre de vostre troupe.
　Ie prise plus tes deuis,
Mon Pasquier, & m'est aduis
Que toute leur bande mesme,
Si ton sçauoir cognoissoient
Pour t'ouïr ils descendroient
Tous de leur siege supreme.
　Ce Nectar delicieux
Les Dieux ne nourrit pas mieux,
Que du Nectar de ta bouche
Se repaissent nos esprits
Qui demeurent tout espris
Quand quelque propos tu touche.
　Brief il ne se trouue point
Qu'ils different d'vn seul poinct:
Car ceux-là qui peuuent boire
Du Nectar, sont immortels,
Toy Pasquier tu nous rends tels
Par tes discours plains de gloire.

　　　　VIGOR Conseiller
　　　au grand Conseil.

Fallunt nos oculi, aut imago nostri
Hæc est Paschasij, en benignus iste est
Vultus Paschasij, en benigni ocelli.
Salue ô delitiæ meę, meum mel,
Salue ô militiæ decus togatæ:
Amplexu fruar ô, tuæque figam
Et dextrę oscula, pectoríque: Sed cur,
Cur dextram fidei fidele pignus,
Amico tua surpuit fideli,

sur la Main.

Pictor dexteræ cur tenelli Amoris
Quæ dudum explicuit dolôsque & arteis,
Hanc celat populo manum tabella?
Cur quæ Francica iura, Originésque
Ornauit patrias, negat tabella?
Sed nos forsitan hoc docebit ipse,
Totum, Paschasius, videtur ipse
Velle Paschasius loqui. Sed heus tu!
Linguam non video: at Proterue dic cur
Et linguam abstuleris viro innocenti,
Quæ quondam dominæ in sinum ferebat
Molli, blanditias meras, susurro,
Spargebátque suis iocos salésque?
Qua rursus medio foro Patronus
Tanquam Gallicus Hercules tonabat.
In ius te rapio sceleste Pictor,
Qua culpam potes expiare pœna?
Nos vt iudiciis regat Senatus,
Et Tricassibus vt Dice sacretur,
Suos deseruit lareis, sedétque
Nostris in laribus, sed iste
Frustra erit labor, aut seuerus à te
Pœnas expetet impotentis ausi,
Qui manum Historico, manum Poëtæ,
Qui linguam simul optimo Patrono,
Quin lucem patriæ rapis perennem.

PETRVS NEVELLETVS.

Quid collo trahis, impotens doloris,
Obtorto immeritum, mináxque vultu?
Et me Paschasius probátque, amátque,
Ipse & Paschasium colóque, amóque.
Sed si Paschasij manum, tabella,

Et linguam occuluit, memento nostræ
Hoc artis vitium esse, nec diserti,
Aut linguam, aut animum viri, manúmve,
Vllo penitus exprimi, vel ære, aut
Cera, aut marmore, posse penicillo.
Nam quod ars potuit, tibi tabella,
Oris, & decus, & decus genarum,
Blanda lumina, corporísque quicquid
Humanum est nitido colore monstrat,
Mortalis manus est mihi, nec vllam
Mortalem nisi concipit figuram.
Idem NEVELLETVS.

La main traçant du corps la demy pourtraiture
Voulant peindre vos mains n'y oza pas toucher,
Pensant que le pinceau ne pourroit aprocher
A la perfection de si haute figure.
De l'art ell' est ministre, & singe de nature,
Il luy auroit suffy de vous refigurer
La face par laquelle on peut coniecturer
Ce qui est le parfait de toute creature.
Damoiselle MARIE DE VILLECOQ.

A MAISTRE IEAN DOVY FLA-
meng Peintre en faueur de Madamoiselle
de Bragelonne, Marie de Villecoq.

Pour reparer le tort fait à ma pourtraiture,
Je te veux mon Douy choisir nouueau subjet,
Il me plaist maintenant t'ordonner pour objet,
Ce qui est le parfait de toute creature.
Pein moy, mais hardiment, & d'une main plu
seure,

sur la Main. 735

Pein moy, ma Villecoq, & que dans son pourtrait
J'y voye les deux yeux son gratieux atrait,
En la representant tu vaincras la nature.
                              E. PASQVIER.

Douy si tu voulois dans l'enclos d'vn pourtrait
Representer au vif ceste belle ame & pure
De mon docte Pasquier miracle de nature,
Tu serois vn ouurier diuinement parfait.
Mais puis que tu n'as peu figurer en effect
Le subjet d'vne main, serf de la creature,
Que ta main ait la main pour bute en ta figure
Riens de plus elegant ne peut estre retrait.
              Damoisl. MARIE DE VILLECOQ.

Paschasium picta vidit quicunque tabella,
  Miratur geminis quod careat manibus.
Non eget is manibus, quem nouimus artibus
     olim
  Extremam summis imposuisse manum.
              CAROLVS CARLOMAGNVS.

Qui varias sanctis manibus tractauerit arteis,
  Iuraque, & eloquium, carmen & historiam,
Paschasius quidni longas credatur habere
  Quales dicuntur Regibus esse manus?
At pictor nullas effinxit: Nempe tabella
  Tam longas breuior non capit vna manus.
              Idem CARLOMAGNVS.

Cur Pictor, nec enim sine arte factum est,
Fingis Paschasium manu carentem?
Ne me, si videas manum in tabella,

Oeuure Poetique

Dum summos cupide illius labores
Percontaberis, eneces rogando,
Ipse te cupidè enecem loquendo.

Idem CARLOMAGNVS.

Quand tout rauy ie pense à ceste viue source
D'eloquence, de loix, de tout autre sçauoir,
Qui par dessus les grands, grand te font apparoir,
Je dresse brusquement vers toy Pasquier ma course.

Mais aussi tost craintif mon chemin ie rebourse,
Que ie viens à iuger priué de tout espoir,
Mon defaut naturel, & crain de ne pouuoir
Trouuer en mes desseins, ny effect, ny ressource.

Toutesfois de tes yeux l'agreable douceur,
Tes propos plains de miel me font reprendre cœur,
Et ta franche amitié r'entrer en esperance.

Asseure moy, Pasquier, permets qu'en tes ruis-
seaux
J'estanche de ma soif l'ardeur, & qu'en leurs eaux,
De mon ieune printems ie noye l'ignorance.

P. NEVELET.

Ce n'est point le pinceau, ô genereux Poëtes
Qui ait caché la main à ce demy pourtrait:
Quand de vostre Pasquier le visage fut fait,
Ceste main estoit lors cachée dans vos testes.

E. PASQVIER.

Ce ne sera Pasquier, ta manque pourtraiture
Qui fera remonter du sepulchre oublieux,
Ton nom franc de la mort, des ans victorieux,
Et qui par l'uniuers tousiours florissant dure.
Je l'accompare aussi à la vaine figure

sur la Main.

Que forma de Iapet le fils audacieux,
Auant qu'il desrobast le sacré feu des cieux,
Duquel il l'anima depuis à sa mal-heure.

Mais les doctes escrits que tes mains nous font voir,
Mains dont nulle autre main n'egale le sçauoir,
Voire n'en peut le peintre imiter le modele,

Seront le vray esprit de ton vuide pourtrait,
L'ame, & le feu diuin, qui le rendront parfait,
Et par tout icy bas ta memoire immortelle.

D. LE BEY.

Quæ manus innumeras mira superauerat ante
  Arte manus, soli, par sibi sola manus,
Quid mirum huic etiam pictoris si modo visa est
  (Nil non ausa prius) cedere victa manus?

DIONYS. LEBEVS TRICASSINVS.

Pascimus ecce nouo mentes ænigmate, qui fit
  Hanc tabulam vt pictor fecerit absque manu?

STEPH. PASCHASIVS.

Debita Paschasium si quis sibi munera poscat
  Sumere, eum centum cogat habere manus.

I. TAXEVS BAFONTANVS.

DDd

AD ACHILLEM HARLÆVM Baumontium, in Senatu Parisiensi primum Præsidem.

Has tibi dono manus, præses clarissime, verum
 Quî tibi dono manum, si mihi nulla manus?

STEPH. PASCHASIVS.

Æmula quid frustra tentas pictura poësim,
 Atque infausta tibi sæpius arma moues?
Mirificum fateor ludit tua picta tabella
 Monstrum, caussidico dum negat esse manus.
Quas pictura manus scidit, diuina poësis
 Versibus ad cœlum sustulit innumeris.
Sic quondam cœlo fertur fixisse poëta
 E Berenicæo vertice cæsariem.

IO. FAYVS SPESSEVS, Regius, in Senatu Parisiensi Patronus.

Εἰς τὴν τῶ Παςασίου εἰκόνα ἄχρον.
Στφ. τῶ Παςασίου ἀναχαραμαπσμός.
Ὁ Στέφανος ὁ Γαχιέλος, Σοὶ φάος ὅςιν ἀπὸ χερός.

Τοῦ ψύμου διὰ λῆψιν, ἔπη τε, ἄχρεα τε μορφῶ,
Ἱστείαν τε, φάος σοὶ χρός ὅςιν ἀπο.

N. ΔΕΝΕΠΟΣ.

Ψύμος, ἄχρ εἰκων, ποιήματα, ἱστείητε
Τέσσαρα σοὶ χρῶν λαμπρὰ ἐπαχα πάδε.

Idem.

Versio.

Historia, absq; manu effigies, versúsq; pulcxq;
Quatuor hęc manuum clara trophæa tibi.

NICOL. DENETIVS.

sur la Main.

Εἰ τὸ πάλαι γραφέες δίχα χείροιν ἔγλυφον ἄμφοιν
  Ἑρμῆν τῆς Μαίας τὸν θεὸν εὐφραδίας.
Πασχασίου δὲ γραφεὺς δικαίων λογιώτατον, Ἑρμοῦ
  Αἰτῇ ἀχείροτου, γράψιν ἄχερα θεόν.
Idem DENET.

Πασχασίου εἰκὼι, ὡς ἢ πάλαι Ἑρμοῦ, ἄχηρος
  Εὐφραδίας ἔσται πᾶσ' ἱερογλυφικόν.
Idem DENET.

Versio.

Paschasij manibus, velut Hermis, trunca figura
  Eloquij cunctis est hieroglyphicum.
Idem DENET.

Χείρεσιν ἀξείνοις Τροίαν Πάρις αὐτὸς ἔπερσε
  Χείρεσι δὲ Τροίαν αὖτις ἴσως γραφεύς.
Idem DENET.

Versio.

Diruit vt Troiam manibus Paris incola, Troiam
  Incola sic pictor suscitat ecce manu.
Idem DENET.

Diruit vt quondam Paridis manus impia Troiam,
  Hanc Parisina manus sic pia restituit.
Idem DENET.

AD PETRVM NEVELETVM
Tricassinum, Doctissimi Petri Pithei sororis filium.

Mulciber in Troiam, pro Troia stabat Apollo:
  Scilicet hoc verum fama probauit anus.

Delius inde animos populorum fascinat, ortum
  A Teucro vt repetat quælibet ora suum.
Sic pius Æneas Romanę conditor vrbis,
  Sic Venetę Antenor creditur esse parens,
Sic & Priamidem Francum dare nomina Francis,
  Sic quoque & à Brutio nomen habere Brito,
Sic Turcum, Turcus, Teucrum sibi vendicat olim,
  Vendicat & Paridem gens Parisina suum.
Vt quamuis Danai Teucros vicisse putentur,
  Quilibet à victis schema genúsque petat.
Nimirum hoc falso Phœbus reparauit honore
  Quicquid in Hectoreos sparserat ira Deûm.
Pabula vana licet sint, sint & hæ Apollinis artes,
  Ast ego crediderim, nec mihi vana fides,
Crediderim Phœbú post diruta mœnia Troiæ
  Hic verè Troiam constituisse nouam.
Hinc Tricassinis Pitheorum nobile stemma,
  Híncque tuis, Pythij nomen & omen inest.
  STEPH. PASCHASIVS.

AD STEPH. PASCHASIVM, Superioris Epigrammatis imitatio.

ELEGIA.

Mulciber in Troiam, pro Troia stabat Apollo,
  Nasonis si non est male certa fides.
Certè Troianis intonsus semper Apollo
  Fauit & in Danaos tela parata tulit.

Luctatúsque diu fatis vincentibus, ante
  Adflixit dira, castra inimica, lue.
Et postquam in cineres inimicos Troia resedit
  Nobile dat profugis ciuibus exsulium;
Nam dū in Troianos Diuorum vlciscitur iras,
  Scriptorum occulta fascinat arte manus.
Certatim vt repetant ortus primordia, claræ
  A Teucris, gentes, exsulibúsque Phrygum.
Hinc Venetos fama est Antenoris esse nepotes
  Hinc Latio Æneadas iura dedisse solo,
Hinc à Troianis sumpsisse exordia Francos,
  Nomine & hinc Paridis Parisios celebres,
Fortibus hinc Brutium tribuisse insigne Britannis
  Nomen, & Hectorei sanguinis esse viros.
Denique nulla opibus vel bello est nota virísque,
  Gens, quæ Troianos non referat proauos.
Nempe nouē Musas semper Troianus Apollo
  Præcones Troum laudibus esse iubet.
Vtque noua, veteris tandem repararet honore,
  Vrbe vrbis, Troiæ nec decus occideret,
Æmula Troianis hæc mœnia Apollo superba
  Ipse sua fertur constituisse manu,
Et tutelares Troianis arcibus olim,
  Huic rediuiuæ vrbi restituisse Deos.
Palladiúmque vrbi, intemeratæ & Palladis artes,
  Quin & Apollineos intulit inde modos.
Transtulit huc tripodas, sanctíque oracula iuris,
  Transtulit huc Laurum, transtulit & citharam.

Quæ tenero vates plurimus ore canit.
Nempe Palatinus dici gaudebat Apollo,
　Quùm leges orbi Roma superba dabat.
Sed modò Tricassas cùm demigrauerit ipse,
　Se Tricassino nomine iactat ouans.
Præsentem sensere Deum, tot nomina, vates,
　Nobilia, hinc tota cantus in vrbe sonat.
Ecce Caballino quam Sequana fonte tumescat,
　Misceat ytq; suas alter & alter aquas.
Respice ad hæc etiam sacri donaria templi,
　Plurima quæ versu picta tabella notat.
Non Troiam qui cœpit, equus tot gessit in aluo
　Ductores, vates quot modo Troia dedit.
Tot iam Troia nouos noua vates imputat, at quos,
　Ipse suas artes Delius edocuit,
Qui modò cum claros cuperet generare Poëtas,
　Paschasij vultus induit atque habitum.

　　　PETRVS NEVELLETVS Doschius.
Quàm male te manibus mancum facit ista tabella,
　Castalidum plena qui metis arua manu:
Tam male te manibus mancum facit ista tabella,
　Qui plena impertis dona, manu, Aonidum.

　　　　　　　P. NEVELETVS.
Quod tentare manu licentiore
Pictæ virginis ausus est papillas,
Iure Paschasium Cupido vindex,
Vel picta voluit manu carere.

　　　　　　　IANVS BONEFIVS.

sur la Main. 743

Ecquid vos iuuat in manu iocari,
Intactæ quasi virginis sit ausa
Sinum tangere? Vel quid in papillas?
Nec manus tetigit sinum puellę,
Nec manum tetigit sinus puellæ,
Innocens manus, innocens papilla est.
Quare desinite hos iocos iocari.
Qui faxit secus, en Cupido vobis,
En linguas merito amputabit, vt qui
Et linguas geritis licentiores.

STEPH. PASCHASIVS.

Tu quoque cum vultu poteras effingere mentem:
   Ipse voles mentem pingere, pinge manum.

STEPH. PASCHASIVS.

An sine Paschasius manibus tibi pingier, an cum,
   Debuerit, plureis lis mouet vna viros.
Præbeat vtramuis efficta tabella figuram,
   Conueniet nostro sat bene Paschasio.
Nam manus, auxilium quęrentibus extat amicis,
   Mercedis cupidas non habet ille manus.

CHRISTOPH. TANERIVS.

Permetz Pasquier que ie baise tes mains,
   Diuin Pasquier ie leur veux faire hommage,
   Ny plus ny moins qu'à vne saincte image,
   Ou comme aux os & reliques des Saincts.
Et ce faisant ie ne doubte ny crains,
   Comme pecheur faire à mon ame outrage,
   Puis que tes mains ont receu tesmoignage
   De saincteté par cent mille escriuains.

DDd iiij

D'oresnauant me voulant faire croire,
Ie veux iurer seulement par la gloire
De tes deux mains, c'est le veu que i'esliz :
  Heureux Pasquier tes mains sont immortelles,
L'Aube vraiment ne les a pas si belles,
Bien qu'elles soient de roses & de liz.
             ADRIAN DE TVRNEBVS.

Ayant cest heur d'estre en ta compagnie
On ne sçauroit qu'on ne face grand gain,
Puis que l'obget de ta non peinte main
Nous instruit mieux que le Dieu d'Aonie.
  Ta seule main maint bel esprit manie,
A son plaisir elle nous met en train.
Elle nous picque, elle nous tient le frein,
Elle nous paist d'vne douce manie.
  Ta main ainsi que la main des grands Rois
Abonde en biens, mais biens d'vn autre poix,
Biens de l'esprit qu'à tous tu abandonnes.
  Ainçois sans mains tu fais que nos esprits
Enfantent mille & mille beaux escrits
Pour nous orner d'immortelles couronnes.
             ADRIAN DE TVRNEBVS.

Stasicrates montem humana donare figura
  Pellæo iuueni posse ferebat Athon,
Per mediámque manum tumidum deducere
  flumen,
Cuius sufficeret millibus vnda decem.
Ordine quod primum est fieri potuisse nega-
  tur,
Quod sequitur fieri sed potuisse puto.
Quam tibi peniculum nuper pictoris ademit,

sur la Main.

Quamque tibi vates restituere manum,
Non manus est, sed mons cuius de vertice manat
   Alma Poëtarum quæ leuat vnda sitim.
        ADRIANVS TVRNEBVS
           Adriani filius.

Terminus ambarum manuum spoliatus ab vsu est,
   Cedere quem fama est nec voluisse Ioui.
Constante idcirco iuris legúmque perito
   Paschasio, pictor iussit abesse manus.
           Idem TVRNEB.

Paschasio in tabula manus à pictore negata est
   Seu metus artificis, seu fuit artis opus.
Hoc magis audaces non sustinuere Poëtæ,
   Et tabulæ innumeras restituere manus.
           Idem TVRNER.

Agnouisse iuuat veros in imagine vultus,
   Ista vicem speculi ferre tabella potest.
Fronti maiestas, oculis decor, addita labris
   Gratia, testudo leta superciliis.
Hanc equidem haud dubitem priscis æquare tabellis,
   Quæ magni magnum vincat Apellis opus.
At manus hic nulla est: quidni? illam scilicet vnus
   Expressit bino carmine Paschasius.
Nec potuit manus vlla manum hanc, nitidúmque leporem,
   Quam manus eiusdem reddere Paschasij.
           Idem TVRNEBVS.

Ex Ariadnæa tranflatam fronte coronam
  In cœlum, vates rurfus in aftra ferunt.
Virgilius diadema auro gemmifque corufcum
  Prædicat, Ilione quod Priamæa tulit.
E cafia Corydon aliifque fuauibus herbis
  Iactat Alexidio ferta dicata fuo.
Iudice fed Phœbo, Phœbíque fororibus, vnus
  Omnibus eft pluris πᾶς καινὸς στέφανος.

Idem TVRNEBVS.

Omnia peniculo poterat mihi membra referre
  Pictor, fed mentem nulla tabella poteft.
Mirarífne manus noftræ non effe tabellæ?
  Nil mens abfque manu, nil fine mente manus.

STEPH. PASCHASIVS.

Pictoris manui egregie ceffura tabella eft,
  Quæ bene Pafchafium reddidit abfque manu.
Cautus erat pictor, ceffuram viderat omnem
  Materiam, omnéque opus Pafchafij manui.

C. DAVID.

Εἰς ζωγράφον εἰκόνα ἄχρεα γράψαντα.

Ἀνδρὸς ἐν ἀνθρώποις ἤδη μέγα κῦδος ἔχοντος,
  Ἤκελέ τις μορφὼ ζωγραφέειν σελίδι·
Τοῦ πρὶν γλῶσσα λόγοις, ᾧ χεὶρ πολλαῖς κάμε βίβλοις,
  Τούνεκα πὰρ γλώσσης, ἢ χερὸς ἔργον ἔω.
Ἀλλ' ὡς εἶδε γραφεὺς γλώσσης χάριν οὐκ ἐπιδείξας
  Εἰκόνα, τῆς χρῶν ἐλπίδ' ὄλεσσε γραφεύς.

sur la Main.

Εἰς τὸν αὐτόν.

Ὅς ποτε τὴν θυσίαν γράφ᾽ ἐν αὐλίδι ἰφιγενείας,
  Οὐδὲν τῆς τέχνης εὗρεν ὑπὲρ δύναμιν.
Γνοὺς παῖδος ἀτρείδου γοερὰς καταγράφε μὲν ὄψις,
  Τούνεκα τῆς τέχνης εὗρε σόφισμα, νόον,
Καὶ γὰρ ἔκρυψε ῥάκει παῖδος ὄψις, ὡς ὁ θεατής,
  Τῷ νόῳ εἰκάζοι, τὸ γραφῇ ἀδύνατον,
Ἦ κ᾽ οὕτως ὁ γραφεὺς λόγχην τὴν χεῖρ᾽ ὑποδείξαι
  Οὐχ οἷος, κείνην ἔργον ἔλειπε νόου.

            NICOL. VALLA.

E Græco Nicolai Valla.

Laude virū insigné pictor cùm pingere vellet
  Cuius vox linguam, scripta manum decorat.
Commissum esse suę super omnia credidit arti,
  Illius vt linguam pingeret atque manum.
Mox tabulam vt vidit linguæ cælare leporem,
  Pingendę abiecit spem studiúmque manus.
            ADR. TVRNEBVS.

Ex eiusdem Valla Græco.

Tantalidis quondam qui pinxit in Aulide sa-
  crum
  Nil non vincendum repperit arte sua,
Quam patris Atridæ lacrymosos pingere vul-
  tus,
  Subsidio mentem repperit ergo sibi.
Quippe patris vultus velo cælauit, vt omnes
  Mente, quod arte nefas pingere, coniiceret.
Sicne manū doctā graphice describere pictor
  Haud potis, ad mentes transtulit istud opus?
            ADR. TVRNEBVS.

Quem manibus truncum parua expressisse ta-
bella
  Nititur artificis ingeniosa manus,
Ille est Paschasius quo non præstantior alter,
  Seu dicit, scribit, consuliturque foro.
Mirum cur speciem pictor curtauerit, aptam
  Non bene caussidicis, sed mage iudicibus?
Patronum vt doceat caussis debere secandis
  Fungi incorrupti iudicis officio.
             NICOL. RAPINVS PICTO.

Ista Paschasium refert imago,
Magnum caussidicum, optimum Poëtam,
Ambabus manibus tamen minutum:
Forsan ridiculum hoc queat videri.
Atqui Paschasius tabella in ista est
Non vt caussidicus, sed vt Poëta.
Quid prosunt patulę manus, nihil si
Istis temporibus datur Poëtis?
                    Idem RAPINVS.

Iam nihil est generose pulex, sate virgine pi-
cta,
  Quod timeas magnos, iuridicósque dies:
Nam tibi si nuper stabat quia Iuppiter idem,
  Frigus, & Auernæ non nocuere niues:
Te quoque nunc non vngue teret Trecensis
imago,
  Prouida cui nullas fata dedere manus,
                    Idem RAPINVS.

Fato contingit optimo, ô tabella,
Campanis modo suscitata Trecis:

sur la Main.

Ars quod te manibus carere fecit,
Ne tu conterere vngue pullicellum
Posces, Pictonidi sacrum puellæ.
      Idem RAPINVS.

Quanto muta sacræ cedit pictura poesi,
Hæc reliquis tanto manibus manus vnica præ-
 stat,
Quam non pictores, sed sacrauere poëtæ.
    CLAVD. REBVRSIVS Medicus.

Traduction du precedent.

Tout autant que le peintre au bon poete cede,
Tout autant cette main les autres mains precede,
Pour n'estre du pinceau du peintre consacree,
Ains par les doctes mains de la troupe sacree.
    CL. REBOVRS Medecin.

Peniculo nequiit quas dignè ostendere pi-
 ctor,
 Has ex arte manus occuluisse fuit.
Sic vultum Atridę velauit & ora Timantes,
 Eius quod luctum fingere non poterat.
    CL. REBVRCIVS.

Ainsi comme le grand Caton
Ne voulut qu'en marbre ou leton
On representast sa figure,
Ne pouuant de ce Senateur
Estre exprimee la grandeur
Sous vne simple pourtraiture,

Le Peintre d'vn mesme deſſein
Ne voulut auſſi que la main
De Paſquier fuſt icy pourtraite,
Eſtimant que dans ſon tableau
Il ne pourroit atteindre au beau
D'vne main qui eſt ſi parfaite.
　　Ny de Lyſippe le ciſeau,
Ny d'Apelle encor' le pinceau,
Il ne faut point que tu ſouhaites,
Mon Paſquier, il faut que ta main
Soit faite d'vn art plus certain,
Par les mains de mille poetes.
　　　　　　　Le meſme REBOVRS.

Tant que le Palladion
Fut dans les murs d'Ilion,
Troye ne peut eſtre ſerue:
Gardez doncques, ô Troyens,
Ce pourtrait par tous moyens,
Dedans lequel eſt Minerue.
　　　HIEROSME CHANDON
　　　　　Secretaire du Roy.

Les mains de ce pourtrait doncq' cachées ſeront,
　Mains qui ont mis à ſac le monſtre d'ignorance,
　Par vn beau Monophil, Recherches de la France,
　Par mille vers Latins qui l'eterniz eront?
Ceux qui des grands Romains les mi pourtraits verrõ
　Ou bien des doctes Grecs peres de l'eloquence,
　Ou bien des Chaldeens parrains de la ſcience,
　Tronquez par la moitié ſans mains les trouueron
Sans mains on ne croit pas, bien que ſans main on vo
　Le tableau de celuy qui ſe trace vne voye.

sur la Main.

Par ses divins escrits à l'immortalité,
Pasquier industrieux qui (comme les abeilles)
Succas des anciens les fleurs & les merueilles,
On te doit vn pourtrait tel qu'à l'antiquité.

Ierosme CHANDON Secretaire du Roy.

Qui præsto vsque fuit, nec amicis defuit vn-
quam,
Quique sua miseris præstitit arte manum,
Extremamque manum cui contigit addere
Musis,
Hunc nullas pictor iussit habere manus,
Desine mirari: nam cunctis qui solet esse
Auxilio, alterius non eget ille manu.

PETRVS LESCOTIVS Lissius Paris. Senator.

Quid? manus hic nulla? at multa est. quod manus vlla
Haud patuit, scatet hinc plurima docta manus.

Idem LESCOTIVS.

Victor vbique manus vlli qui non dedit vnquam,
Huic nullas pictor donat habere manus.

ALEXANDER POGESIVS.

Paschasium truncum manibus videre patroni,
Atque patronorum condoluere patri.
Nam cur non doleant tam lamentabile dam-
num?
Heu cæsis iterum Tullius est manibus.

Idem POGESIVS.

Tota manus vatum conuenerat vndiq, posset
Paschasio amissas vt reparare manus.
Omnes officiis cupidè certare videres,
Nulla tamen tantis fit medicina malis.

Vestra quidem pedibus, diuini multa poetæ,
 Musa mouet, sed nil promouet illa tamen.
Paschasio nihil hæc, licet optima carmina pro-
 sunt:
 Huic opus est manibus, cur datis ergo pedes?
Idem POGESIVS.

Paschasij manibus præferri nouerat artes,
 Inde manus pictor prouidus occuluit.
Nam qui dissimulat, qui celat, qui tegit artem,
 Esse bonum quis non dixerit artificem.
Idem POGESIVS.

Iacturam interdum facere expedit, author in
 hanc rem
Armatæ splendor Scæuola militiæ,
Cuius nobilior surrexit gloria, postquam
 Eius in accensis dextra cremata rogis.
Tu quoque: qui Martem exerces cum laude
 togatum,
Atque es iuridicæ Scæuola militiæ.
Nam simulatque manus pictor conductus
 ademit,
Certatim plausum dant tibi mille manus.
ADR. TVRNEBVS.

Cur tabula absque manu sit, belle cætera picta,
 Si quæris, pictor noluit actum agere.
An pingenda fuit tot consignata libellis,
 Quorum Paschasio fida ministra fuit;
Æternis, viuis, verisque coloribus istic
 Paschasij à multo tempore picta manus.
Idem TVRNEBVS.

Artu-

sur la Main.

Artubus è cunctis humerus qui defuit olim
  Tantalidi, diuûm cum renouatus ope est,
Iisdem à cœlicolis humero est suppletus
    eburno,
  Iussaque res viuæ mortua inire locum.
Non ita tecum actum, palmas pictura negarat,
  Flebat & abscissas trunca tabella manus:
Non tulit Aonidum chorus, & Grinæus A-
    pollo,
  Nec tantum vates sustinuere nefas.
Ergo pro fluxis quales pictura dedisset,
  Semper victuras composuere manus.
En quanto melior tua sors, animata camœnis
  Membra tibi data sunt, mortua Tantalidi.

Idem TVRNEB.

Lingua Paschasius manuque suetus
Ingentes populi excitare plausus,
Seu causas agat & tonet disertus,
Seu chartæ calamum admouere malit,
Lingua proh facinus! caret manuque.
Quodque impensius & magis dolendum,
Author nam solet eleuare damnum
Si virtutibus, aut honore præstet,
Pictoris manus hoc patrauit audax.
Quis hoc ferre queat, patiue possit?
Pictor væ tibi, væ tibi sceleste,
Non hoc sic scelus aufferes inultum,
Sed mi supplicium dabisque pœnas.
Sic pingam colaphis tuum os proteruum,
Sic reddam variúmque liuidúmque,
Sint minus variæ vt tuæ tabellę.
  Nam quæ te mala mens, malúmve numen,

E E e

Pictor impie, parricida pictor,
Quæ væcordia te impulit, furórve,
Tam dirum scelus aggredi nefasque?
Túne Paschasio manum abstulisti,
Tún' linguam? scelere improbo reuinxit
Se olim Popillius, manum secare
Linguam & qui potuit patri Latinę
Linguæ, sed superat tuum furore,
Et pœna grauiore vindicandum:
Insultauit enim ille iam necato.
At tu proch scelus & nefas! videnti,
Et viuo, improbe, Gallicæ parenti
Linguæ Paschasio manum attulisti,
Linguam scilicet & manum abstulisti.

                Idem TVRNEB.

O factum nimis impium & proteruum,
O manus nimium licentiosas!
Pictorísne manus fuisse credam
Quæ tantum scelus & nefas adortæ
Tortoris potius manus fuere.
Sed frustra queror, æstuóque frustra,
Nimirum ille fuit poeta verax
Pictori omnia qui licere dixit.

                Idem TVRNEB.

Paschasij veneres manus in se quæ tenet om-
   nes
  Pertulit audaces, non temeranda, manus.
Non Veneri ista recens iniuria, Troica læsam
  Conspexit tellus, nunc quoque Troia videt.
Tydidis sed culpa minor, lęsa huic Venus vna
  est,

sur la Main.

Pictori at nulla est non violata Venus.

Idem TVRNEBVS.

Quas potuit nostri, tabula tibi pictor in ista,
  Paschasij palmas, fingere non voluit.
Fecit vt haud pictæ maior sit laurea palmæ,
  Hanc si fecisset, fecerat ille minus.

RENATVS PASCHASIVS
Steph. Paschasij filius.

Patroni & vatis tabulę miraris omissas
  Palmas ? æternis vtraque sculpta typis.

A. PREVOTIVS Breuanius Secretar.

Aurea scribenti cui vena est, suada loquenti
  Aurea, inauratas quis vetat esse manus?

Idem PREVOST.

Non Phœbum Latona, manus genuere diserti
  Paschasij, è cerebro, nata Minerua Iouis.

Idem PREVOST.

Vous esprits qui ceignez voz tempes de laurier,
  Et vous grands Orateurs nourrissons de Mercure,
Ne vous estonnez plus de voir cette figure,
  Façonnee sans langue & sans mains par l'ouurier:
Quand le peintre nous feit le pourtrait de Pasquier,
  En le voulant tirer au plus pres de nature,
  Les Dieux lors s'en seruoient comme de chose pure,
  Fidelle, saincte & propre à leur loz publier.
Mercure par sa langue embellissoit sa gloire,
  Le Dieu pere des ans, des mains monstroit l'histoire,
  Et d'elles l'Archerot, de ses dards les effects,
Et de ses mains encor', ô lumiere diuine,
  Tu puisois, ô Phœbus, dans l'onde caballine
  La saincte eau dont icy les poetes tu faits.

ANGE COVGNET.

EEe ij

Seu tabulæ pictor, pictori siue tabella
  Hoc dedit, egregium surgit vtrique decus.
Pictor Apellæa, se, non vincendus ab arte,
  Vicit, Paschasij dum dedit effigiem.
Nam dum Paschasium palma truncauit vtraque,
  Fecit vt hinc palmas is ferat innumeras.
              DIONYS. LVCANVS.

Paschasium, pictor forsan cùm pingeret, ambas
  In tabula palmas fuderat ille suas.
Sed cùm spectaret, deceptus imagine falsa,
  Expositis, pictas credidit esse manus.
              Idem LVCANVS.

  Docte Pasquier, si le peintre Troyen
Tirant au vif les traits de ton visage,
T'eust peint les mains, pour cela son ouurage
N'eust pas acquis l'honneur Aonien,
  On l'eut vraiment nommé Apellien,
Mais quand son art eut voilé d'vn vmbrage
Tes belles mains, chacun prit le courage
De rendre lors ce tableau Delien.
  Il ne faut point penser que la peinture
Oncques eut peu, ny mesmes la nature
Rendre à tes mains vn si noble guerdon.
  Comme ie voy qu'vn haut brasier allume
Dix mille mains, qui battans mesme enclume,
Forgent icy d'Apelle vn Apollon.
              DENIS LVCAIN.

sur la Main.

Quid non debeat hæc tabella fatis?
Plureis edidit ocyùs poetas,
Plureis parturit indies tabellas.
ANTON. MORNACIVS

Hîc mihi numen eras, téque auspice tutus ab-
ibam,
Si quæ caussa mihi maior agenda foret.
Cur ergo vlterius caussas mihi necto mo-
randi?
Dico vale caussis, dum tibi dico vale.
ANT. MORNACIVS.

STEPH. PASCHASIO, TRICASSIB.
Lutetiam reuertenti.

Cur caligine, cur malis tenebris
Cœlum Iuppiter inficit diemque?
Huius Paschasius recedit vrbis
Lux, Sol, Phosphorus, illius recessu
Pristinæ remeant malæ tenebræ.
PETRVS NEVELETVS.

Tu præsens mihi qui manus dedisti,
Absens eripies mihi manus: sed
Cur linguam eripias? nec ille linguam
Pictor eripuit tibi, manum qui
Audax eripuit. Manus valete,
Soli Paschasio manus dicatæ.
Valete ô: mihi lingua dum supersit
Quæ desiderium tui, meósque
Exprimat querulo sono labores.
Idem NEVELETVS.

Mon Pasquier laisse les grands iours,
Ainçois les grands iours il me laisse,
Grands en regrets, grands en detresse,
Que sa presence rendoit cours.

PIERRE NEVELET.

A MONSIEVR DE LA CHAVLT
Procureur general du Roy en la Cour de Parlement de Paris.

La Chault qui en la fleur de vostre prime vere,
 Emportant sur vostre aage vn spatieux deuant,
Faites or' resplendir, comme vn Soleil leuant,
Par ce grand Vniuers vne grande lumiere:
Affin que cognoissiez la seruitude entiere
 Que i'euz à vostre tige, & que i'ay à present
Enuers vous, il me plaist de vous faire vn present
Des fleurs & fruits produits par vne pepiniere.
Ce sont mille beaux vers que mille beaux esprits,
 De la saincte fureur du Dieu Phœbus espris,
Ont voulu engrauer au bout de ma figure.
Qu'ainsi soy-je cloué à cloux de diamens,
 La Chault, d'vn chaud amour dedans vous sain-
   ctement,
Et d'vne saincte ardeur qui à tout iamais dure.

ESTIENNE PASQVIER.

Hunc qui non oculis, manibus sed priuat
  vtrisque,
 Expressit veram iudicis effigiem.
Nam quod Thebanus, manibusque oculisque
  reuulsis
 Effinxit cęcas Iuridicum facies,

sur la Main.

Hoc falli docuit versu sacrata vetustas.
  Ὄμμα δίκης καθορᾷ πάντα τὰ γινόμενα.
    Antonius Loiselius
     apud Aquitanos Patronus.

Hic qui Paschasiū, manibus sine pinxit, acutus
 Pictor, facundo pinxit in ore manus.
Quin & præsago expressit velamine Gallis,
 Thebanam veri Iudicis effigiem.
      Idem Loiselius.

Fingere Heracleotes Zeuxis, vel curta tabella,
 Tam doctas nequiit sola referre manus.
Nā docto doctas dederit cum docta Minerua,
 Ad viuum palmas pingere sola potest.
    Io Hamellus Rector
     Parisiensis Academię.

Plurima cum egregiè, neruosè & scripserit idē,
 Paschasio cur hæc sustulit vmbra manus?
Non opus huic manibus, nimirum amplissi-
  mus ordo,
 Multas, Paschasium quæ tueantur, habet.
   Carolus Perrotus Præses.

Κήδετο κ̀ φίλεεν μέγα Τρῶας φοῖβος Ἀπόλλων,
 Καὶ Τρῶας φθονερὰν γαῖαν ὄτρυνε λιπεῖν.
Ἰταλίωδε μέρος πρῶτ' ἤγαγεν, ὖ χρόνῳ ἤρθη
 Μακροτέρῳ κόσμου παντὸς ἄνασσα πόλις.
Εἷσε μέρος Κελτῶν εἰς ὀμφαλὸν, ὥς φασ', ἀρούρης,
 Οὗ κεῖνη Γαλιδὸς σιγαλόεσσα πόλις.
Στῆσε δ' ἄγων τὸ μέρος πολυπύρῳ ἐνθάδε γαίῃ,
 Τροΐλον τ' ἀπὸ Τροίης κλῆσε κ̀ εἶπε πόλιν.

Τεὶς μάκαρ οὖν Τροίη, θεῖον ῥίζωμα παλαιᾶς
  Τροίης, ἐκ θείας θεῖον ἔχουσα γένος.
Χαῖρ', ἰδὺ οὐκ ἀθεεὶ Τρώων γένος ἦλθε παλαιῶν,
  Οὐκ ἀθεεὶ Τροίη Τρῶες ἀθροιζόμεθα.
Σήματα πολλὰ φέρεις ἁπλῶς, ὧν ἡγεμόνες σοῦ
  Καμπανιεῖς ἔτεκον ταῖς ποτὲ πανοπλίαις,
Ἤματα Καμπανίης ἀνὰ Κελτὶς ᾔεσε σαυτὴν,
  Καὶ φασὶ Κελπῖσιν τότε σε δεῖξαι ἔθης.
Ἀλλὰ πολὺ κρείσσον Φοῖβος τῶν κῦδος ὀπάζει,
  Καὶ δὴ ἀμυδρὰ ἰδεῖ πάντα σὰ πρόσθε κλέη.
Φοῖβος ἔπεμψε Δίκην, πολλοὺς τε Δίκης ὀαριστάς,
  Ἐν τῆς Μορσαίνου τάξιν ἔχει ὑπάτιμον,
Μορσαῖνος τὰ εἴσα ἐν ἡμῶν λαοῖσι δίκαια,
  Σὺν τῇ βουλευτῶν ἀγοπάτῳ κεφαλῇ.
Ἑπόμεθα βοτρυδὸν ἱερὰν Θέμιν ἀμφιχυθέντες,
  Ἡμετέραν σέβομεν πάντες ὁ μαγκιστεμίαν.
Τίπτε, ἀπελίσκεπτον σε ὁρώμεν πάντες ὁμῶς μοι,
  Πιμπλαμένην τε Δίκης, Πορφυρέων πεθέων,
Κόλπῳ ἔχεις ἡμᾶς Ῥωμαίοις, Παρισίους,
  Κόλπῳ ἁπλῶς γε ἔχεις παντοδαποὺς ἀνέρας.
Αὐτὸς ἰὼ Φοῖβος, σε θέλει τῇ Ῥώμῃ εἴσκειν,
  Λουτεκία τε πόλει εὐρυχόρῳ Γαλειδὸς.
Ἴλιον ὧδε νέον κοσμεῖ, πατέρα δέλτῳ ἀκτινος,
  Γοιητῶν δέ τε οἱ πλήθης ἔπη προχέει.
Ναὶ ὁ δὴ Κωδίος ἰὼ, ἢ τῷ ἐνηλίκιος ἥρως,
  Οὐκ ἄλλος κυδίοις κυνέει αὖ ὧδε πόσις.

ANT. MORNACIVS.

IMITATION DES VERS
Grecs de Mornac.

O Troye heureusement née
De la Troye ruinee

sur la Main.

Par le fier courroux d'vn Dieu,
Qui de sa triste ruine
Reprenant ton origine
La fais renaistre en ce lieu.
Par sa fin tu pris naissance,
Conduite soubs la puissance
D'Apollon qui te guidoit,
Et qui t'ayant en tutelle,
Dessoubs sa dextre immortelle,
Soigneux te contregardoit.
Tes peres en tant de sortes
Ont esprouué les mains fortes
D'vn Dieu contre eux irrité,
Qui par vne dure guerre
Leur a fait quitter leur terre
En leur antique Cité.
Quand la Cité fut destruite,
Apollon soubs sa conduite,
Loing de leur pays natal,
Apres cent mille trauerses
En trois contrees diuerses
Leur trouua vn lieu fatal.
Ainsi Romme fust bastie
Par la premiere partie
De ces Troyens fugitifs,
Romme dont les destinees
Ont fleury par tant d'annees
Sur mille peuples captifs,
L'autre s'arrestant en France
En ce beau lieu de plaisance
Où l'on veoit ores Paris,
Y prenant son domicille
Donna le nom à la ville

Du mignardelet Paris.
    La tierce bande fuitiue
En fin dans Champagne arriue
Au lieu qui a retenu
De sa naissance premiere
Le nom mesme originaire
Du lieu dont il est venu.
    He! Troyes doncq' tu es celle
Qu'Apollon tient en tutelle
Et dont il est protecteur,
O Cité vrayment diuine
Puisque de ton origine
Un Dieu si grand est autheur.
    Dure fut la destinee
De la Troye ruinee
D'auoir des Dieux ennemis,
Mais tout au contraire il semble
Qu'ores tous les Dieux ensemble
Soient deuenus tes amis.
    Voicy vne bande heureuse
De ton repos desireuse
Qui te vient chercher icy,
Et ce Preuost de Iustice
Seuere ennemy du vice
Te vient visiter aussi.
    Ainsi la Deesse Astree,
Vient habiter ta contree,
Quittant mille autres citez,
Qui te porteront enuie
Te voyant ores cherie
De tant de diuinitez.
    Et nous enfans de ta race
Sommes venus à la trace

Pour te visiter aussi,
Suiuant la diuine adresse
De ceste sainte Deesse
Qui nous a conduits icy.

Ceux de Rome & ceux de France
Ioyeux de ton alliance
Pour te voir y sont venus,
Et les Grecs tes aduersaires
Par destinees contraires
Sont tes amis deuenus.

O Cité d'autant heureuse
Que l'autre fut malheureuse,
D'où vient que de tes vaincueurs
Tu as auiourd'huy victoire,
Et qu'eux-mesmes de ta gloire
Sont les plus certains autheurs?

Ha! c'est la diuine force
De quelque Dieu qui les force,
C'est Apollon, ie le croy,
Un autre comme ie pense
N'auroit semblable puissance,
C'est luy, c'est luy ie le voy.

C'est luy qui sous la figure
D'vne mortelle peinture
Anime ces beaux esprits,
Et qui de sa sainte rage
Fait debonder vn rauage
De vers doctement escrits.

Voy doncq' Cité fortunée,
Cité fatalement née
Sous vn augure si beau,
Ce Dieu qui t'a en tutelle
Te puisse rendre immortelle

Dans cest immortel tableau.
G. DVRANT.

Κάτων οὐ θέλει ἀνδριαῖθ᾽ ἑαυτῷ,
Ὥστε Ῥωμαϊκοὺς, τί νῦν᾽, ἐρωτᾶν·
Οὕτω Πασχάσιος γ᾽ ἀφεῖλε χεῖρας
Οὗ ἀγαλματίου, ἐφ᾽ ᾧ προτρέψαι
Ἀλφησὰς δικανοῖς Τρέκαζ᾽ ἰόντας
Παντοίοις ἔπεσιν, τί νῦν, ζητεῖν.

A. MORNACIVS.

EX GRÆCO ANT. MORNACII
ijsdem versibus & verbis redditum.

Poni signa sibi Cato vetabat
Vt cur hoc faceret Cures rogarent,
Sic & Paschasius manum tabellæ
Non vult esse suæ, sed hac peritos
Vates exstimulat Trecas euntes,
Vt cur fecerit hoc metris recantent.

Iac. Faucrellus Congnia-
censis Xanto.

Πασχάσιος δέλτῳ δικανικῇ τὴν χεῖρα καλύπτει,
Κωφὰ ἐπεὶ δέλτῳ μηδὲ τι χρός ἐδυ,
Ἀλλ᾽ ὃς Πασχασίῳ βουλῆς νομίμοιο πρόνοια,
Τὰς χεῖρας δικανοῖς μανθάνει ἄμφω ἐδυν.

Idem MORNACIVS.

Εἰς εἰκόνα Πασχασίου.

Πασχάσι᾽ ἥρωας φασὶν ἀπόδας ὥσπερ ἀχείρας

sur la Main.

Τὸ ςόμα & ςῖονον σώματης οἷον ἐχῑ
Ἱρωος δὲ φάσιν τῦ εἶπειν πύτομα, πάντα
Οὐ φυγῆ, οὐτὲ μάχῃ νικᾶον, ἀλλὰ λόγῳ.
Ἱρώων ἥρος οὖν οὐχι Πασχάσι᾿ ἰσί, ἄχιρος
Δειότατης τ᾿ εἶπειν ἥδε πάντα πνίων.

       Ιερ. Σεγ.

È GRÆCO HIERON. SEGVIERII

Os tantum & pectus, pedibus manibúsque
 diremptis,
 Ex toto heroas corpore habere ferunt.
Quippe & ab eloquio deducunt nomē, & ore
 Non pede, nec manibus, vincere cuncta so-
 lent.
Ergo, o Paschasi, merito vocitaberis Heros,
 Facundus, simul & mancus vtraque manu.
     Iac. Fauerellus Cogniacensis.

IN PASCHASII IMAGINEM.

Dædalus Icariæ casum cum fingeret alæ,
 Fama refert patrias bis cecidisse manus.
Sic modo Paschasij pictor cum pingeret ora,
 Attonitæ artificis bis cecidere manus.
Scilicet intentis oculis dum singula lustrat
 Articulata suis tam bene membra locis,
Seque dolet mores, animum nec fingere posse
 Deciduæ tabulam destituere manus.
I nunc, & mirare manu caruisse tabellam,
 Pictorem videas cum caruisse manu.
      G. CRITONIVS.

Nulla cui belli captatur adorea, sola
  Cui placet innocuæ laurea sacra togæ:
Hunc manibus vacuum pictor cum pingeret, illi
  Ingenij palmam credidit esse satis.
O vtinam posset vocem expressisse loquentis,
  Et reliquis membris orba tabella foret.
Idem CRITON.

Arma manu gestent alij, tu corpore inermi,
  Absque manu, armata, plus facis ore, manu.
GRITONIVS.

Quæque manu tradenda breui, longaque docebant
  Hunc cui tam solers estque perita manus?
Iudicis an quia mens, Thebani fingere vultum
  Nullius effigiem Chironomontis erat?
CRITON.

Paschasium medium manibus qui stare resectis
  Cernis, & ora viri sola loquentis habes:
Disce in Pascasio non os clausisse clienti,
  Aut aures, clausas ast habuisse manus.
GRITON.

Si cupio vlcisci pictorem, qui tibi fertur
  Peniculo doctas occuluisse manus:
Stringe celer calamum, paruaque include tabella
  Ingenij tantum carmina pauca tui.

sur la main.

Sic simul vltus eris pictoris crimina, formę
  Atque fidem faciat muta tabella tuæ.
                              CRITON.

Aliud, in Paschasij carmen imagini appositum.

Forma caret quoniam manibus, caruisse vel
  vno
  Versiculus pariter debuit iste pede.
Claudicat at nullo quoniam pede versus, v-
  tramque
  Artifici tanto monstrat inesse manum.
                              CRITONIVS.

Paschasij versus bene castigatus ad vnguem,
  Auctori geminas arguit esse manus.
Adde manus igitur tabulę, vel carmina dele,
  Obloquitur formæ carmen vtrumque tuæ.
                              CRITON.

Te manus artificis manibus quę pinxerat or-
  bum,
  Inuidit manibus suspicor illa tuis.
                              CRITON.

Aliud ad Pictorem.

Cur manibus truncum facis hunc, quem corpore pulchrum?
  Tam bene quem pingis, cur male fingis
  eum?
                              CRITON.

Aliud ad eundem.

Adde manum tabulę pictor, tibi charior omni
  Personæ membro debuit esse manus.
Errat enim manus hæc, pingit quæ cætera membra,
  Nube sub obscura se tamen ipsa tegit.
CRITON.

Pictor Alexandrum quondam cum pingeret, eius
  In valida statuit fulmina sæua manu.
Non ita Paschasium pictor cum pingeret, ambas
  Cui vafra, occuluit subdolus, arte manus.
Attamen eloquij fulmen dum vibrat ab ore,
  Plus tonat hic lingua, quàm tonat ille manu.
A. CRITONIVS.

AD PICTOREM.

Arte, manus tabula celas, & promis eadem,
  Nulla tamen tabulæ creditur esse manus.
Ingeniose aciem Pictor qui fallis ocelli,
  Et qui tot crucias ingeniose viros.
Desinite aduersam lusi spectare tabellam,
  Occulit aduersa fronte tabella manus.
N. MICHAEL.

Le Peintre prenant ebat
sur la belle pourtraiture

De Pasquier

sur la Main.

De Pasquier, vn grand debat
S'emeut par cas d'auenture
Entre ses deux mains, & luy,
Lors que prest à les pourtraire,
Elles l'ataquent de faire
De beaux pourtraits à l'enuy.

Sus, dirent-elles, prenon
Vn subject pour faire viure
Tousiours de Pasquier le nom,
Apres que du corps deliure
Nos tableaux plus estimez,
Donneront l'ame à sa gloire,
Que gardera la memoire
Sus ses autels enfumez.

De ce pas s'alans loger
Dans l'ouuroüer de sa ceruelle,
Elles vont toutes forger
D'vne inuention nouuelle,
Tous ces excellens pourtraits
Et ces diuines images,
Qui sont l'escole aux plus sages
Oracles de noz palais.

Leur feu c'est son bel esprit,
Et leur marteau c'est sa plume,
Dont ses doux vers il escrit,
Le papier luy sert d'enclume,
Où tousiours remartelant
Pour quelque argument de rare,
Toute la France se pare
De leur labeur excellent.

Lors le peintre ingenieux
Les voyant tant atachées
A vn ouurage des cieux,

FFf

Et dans Pasquier empeschees,
Va quitter là son pourtrait,
Et des couleurs le melange,
Aimant mieux pour sa loüange
Laisser son œuure imparfait.
   Christophle du Pré Passy.

Εἰς ἄγαλμα τοῦ Πασχασίου.

Χρὴ μὲν χρωδίκας ἢ θεράποντας Άρηος,
Ῥήτορι δ' αὐταρκεῖ γλῶσσα δικαιολόγῳ.
  ΝΙΚ. ΓΕΩΡΓ. ΠΑΒΙΛΛΙΩΝ. ΠΑΡΙΣ.

Reddere iura manu licet his qui castra sequuntur,
 Iuridico satis est lingua diserta viro.
  NIC. GEORG. Pauillonius Parif.

Parcite certatim causas inquirere picti
 Paschasij, in promptu reddita causa mihi est.
Nempe vt opem miseris bonus afferat, vnica linguæ
 Gratia Paschasio sufficit absque manu.
  NIC. GEORG. Pauillonius Parif.

Paschasij vultus tabulę dum cernis apertos;
 Paschasio quæris, cur sit operta manus?
Paschasius vetuit pingi nisi pectora, namque
 Qua melior quisque est viuere parte cupit.
  NIC. GEORG. Pauillonius Parif.

sur la Main.

SONNET.

LE peintre ne pouuoit en peignant ton image
Exprimer dignement la beauté de tes mains,
Pasquier. Car les traçant auec des doigts humains,
Il eust tout peruerti le beau de son ouurage.

S'il se fust essayé de faire d'auantage,
Comme de les orner de quelques traits diuins
Surpassant son mestier, ses efforts estoient vains,
Et s'il eust encouru le bruit de n'estre sage.

Adonc s'aperceuant le tableau presque fait
Par faute de ses mains demeurer imparfait
Et son art ne baster pour les faire assez belles,

S'abstint de les pourtraire, inspiré d'Apollon,
Qui desia bastissoit, au millieu d'Helicon,
Les beaux vers qui depuis les ont fait immortelles.

     IEAN CAIGNET.

STEPH. PASCHASIO IN
supremo Senatu Patrono clariss. Io.
Rochenus S. D.

NVdiustertius Claudio Rebursio, tum occurri, cum tabula ea tantopere commendata quę te graphicè pictum reddebat, à puero ferebatur. Ille de elogio suo quod meditabatur vt amicè mecum egit: ita vicissim de symbolo aliquo meo conferendo cogitaui. Seriùs fortasse. Sed mihi post tabulâ, & post eximios artifices tam multa latere tutius fuit. Lusimus anno & superiore pauculis aliquot versibus in tumulos Ægidij Magistri, &

FFf ij

Christophori Tutei, summorum Præsidum, &
Achillis Harlęi amplissimi quoque Præsidis
inaugurationem. Hanc mitto animi mei tibi
deditissimi testificationem, quam spero, ęquo
animo accipies, & boni consules. Sed quod
peccatum erit, tuæ censurę ferulæque submis-
sum esto. Vale.

DE EICONE STEPHANI PAS-
chasij Patroni in summo Senatu clariss.
ad Pictorem.

Reddita quid pictor, Genuinæ gratia formæ
 Paschalij prodest dimidiata tui?
Redde sonos viuos, animatáque verba re-
  porta,
 Dum complet summi pulpita docta fori.
Si neque vox, neque mens humana pingitur
  arte,
 Non opis humanæ est pingere Paschasium.
     Io. ROCHONVS Medicus.

Tota fatiscebas, concussáque tota Magistri
 Funere nutabas Curia summa tui.
Fortia sed Tuteus, magnus vir, colla cadenti
 Subdit, & assiduo stare labore iubet.
Ergo quia oppressum tam vasto pondere,
  annis
 Tam multis fessum, fata beata vocant,
Hoc quid præsagit? tibi curia summa timend
 Collapso Tuteo ne male tuta ruas.
Ne male tuta ruas! absit. Durare timenti
 Dat magni soceri magnus & ipse gener.

sur la Main.

Ecquis enim duce sit casus metuẽdus Achille?
Dum stetit Æacides Græcia tuta fuit.
Io. ROCHONVS.

Haud alia ratione manum tibi demit vtráque
Pictor, dum in tabula nobile ducit opus,
Paschasi, ingenio nisi quod male sisus & arte,
Hîc imitatrices nolit adesse manus.
LVDOVICVS CARRION.

ECHO.

Pendant que seul dans ces bois ie me plains,
Dy moy Echo, qui celebre mes mains? *Mains.*
Y a il point quelque autre gentille ame
Qui à loüer autres mains les enflame? *Ame.*
Si moy viuant de mon loz ie iouy,
Ay-ie argument d'en estre resiouy? *Ouy.*
Et si ma main est iusqu'au Ciel rauie,
Que me vaudra ce bruit contre l'enuie? *Vie.*
N'y aura-il nul homme de renom
Qui en cecy soit ialoux de mon nom? *Non.*
Mais si qu'elqu'vn mal apris en veut rire,
Que produira dans mes os ce mesdire? *Ire.*
Contre ce sot, contre ce mal apris
Ne rongeray-ie en moy que des despis? *Pis.*
O sot honneur d'vne main mal bastie,
Quel humeur doncq' vainement me manie? *Manie.*
Las pour le moins, Echo, si tu peux rien,
Fais que les bons de mes mains parlent bien. *Bien.*
Si tu le fais, riens plus ie ne demande,
Or sus, à Dieu, va, ie me recommande. *Commande.*
E. PASQVIER.

FFf iij

ECHO AD LECTOREM.
PARERGON.

Vox ego? non: saltem vocis sum nata? nec istud:
   At soleo vocem, corpus vt vmbra, sequi.
Vmbra igitur vocis? minime: sed vocis imago
   Quam manus artificis fingere nulla potest
De me hoc iudicium facio, lex ista perennis
   Naturæ, penitus me nihil esse iubet.
Tu tamen adscribis nobis vitamque, genusque,
   Id tu cum facias, cur ego velle negem?
Mi pater est aër, mater sine corpore, vita
   Tam breuis, vt simul & nascar, & interream.

        STEPH. PASCHASIVS.

DE ECHO STEPHANI PASCHAsij, Echus Ausonianæ æmula.

Dextram, Paschasium qui nuper habere negabas,
   Cerne Deam manibus, quam facit ille suis.
Hæc erat ante, nihil poterat nec pingere Pictor:
   Sed quæ iampridem Vox, modo corpus adest.
Versibus in nihilum multi cũ multa reducant,
   At nihilo miris ille dat esse metris.

        IANVS NAVÆVS Chinonius.

sur la Main. 775

Trunca manus, & trunca pedes tua cum sit
  imago,
  Vt nulli cedis, Terminus esse potest.
            Nic. Avdebertvs Senator.
Tantū quî caperet tā parua tabella Patronum,
  Cum totus toto non queat orbe capi?
              Idem Avdeb.

Εἰς γραφὴν τοῦ Παρασίου εἶδος.
        ἐννεάς. α.

Στῖχε πιερίων παλαίσας
μοῖσα, καὶ περ ἄπειρος οἶσα,
ἀλλ' οὐ τὸ βένθος ζήτει
ἀνέρος ἀειγνώτου ἀρετᾶν·
τὺ δ' ἀλλ' ὅτι ῥηχμῖνι πλέοισα,
φθέγξου ἐρχμάτων ἐν παντῶν,
ἀδδῖς ὅτι κεῖνος φαεννᾶ
ταῖς κασιγνῆτα παλαιᾶς
τᾶς Ἰλίου εἶδον πόλι.

        ἐννεάς. β.

ἔνθα φῶς ὁ φέρταθος, καὶ
ἱερὸν δεδαὼς δίκαιον,
βουλᾶς δίδωσκεν τοιῶν κατ'
ἴδμονα νόμων βουλευομένοις.
ἴδρις δὲ γραφᾶις γραφόμενος νιν
σκέψ' ἐνὶ φρεσὶν πῶς κ' εἶδος
ποιοῖ χαρίεν πῶς τ' ἀλαθε-
ίᾳ τε μορφᾷ εὖ ἐοικός.
ἀλλ' οἶδ' Ἀπόλλων ἐκ μυχῶ

        ἐννεάς. γ.

Δελφικοῦ ὄροις, ὅπου κα-
θήδρυος γλυκὺ δουπέοντι
σιωπέσκε μουσάων χορῷ·
τοιῶν δὲ θεὸς οἱ δῶκεν φανερὸν

FFf iiij

τέχναί τ' ἀγαθαὶ, ὄφρα πρόσωπα
χρώμασιν πηλοῦ δήλοισι.
κλειταῖς δὲ ποτὶ χεῖρας ἐλθών,
πράγος ὁρμάσης μέγιστον
ἁπλῶς, ὀθείων τ' ἰθύος.

   ἀντεᾶς. δ'.

κ' ἰδοὺ φάος κατ' ὄμμα-
σιν δέδορκε, θαητὸν εἰπεῖν,
τηλαυγές, ἐκπυρεᾶτο δὲ
τῶν βλεφάρων πυρὶς αἴρει ἄπο.
πὰρ δ' ἴσκε πυρὶς οἱ φέγ̓γος ὅμοιον,
ᾗ βίαν τὰν ἔμῳ φοίβῳ
τῶν Λαπίδα τ' ἄφαρ γρα-
φᾶς ἀπέχων χεῖρε κρύψας,
λοιπὰς ἐοίσας φαιδίμας.

   ἀντεᾶς. ε'.

ὦ Ἄπολλον ὑὲ Λατᾶς
ἀγλααῖς τὶν ἔπη νάσω,
φθίζεισα Πυθῶνος χόλον
τεθ τὸ μὲν ἕκαθ' οὕτω πεποίη-
ται, κ' κελαδεῖ Γαλασίῳ πᾶ-
σ' αὖθις ἀδύφωνος μολπὰ
καττὰς σέο βουλαί· χεεᾶς γὸ
μὴ γραφείσας πῶ ἐπ' οὐρα-
νῷ δόξ' ἀεὶ πρὸς ζώω ἔμμεν.

   ἀντεᾶς. ς'.

φωτὸς ἀφθόνου χεροδε-
ρός τε ἡμῶν. ἐπεὶ δὴ ὑπὲρ γᾶς
αἴθρωπος ὅζιν σάμερον
ὅς, βρωτὸς ἐών, τᾷ δ' ἄνειον οὐ-
δεὶς ὅπι ἀπὸς ῥα χαμαιπε-
τῶν. πέλοιτο δ' ὕμνοι μοισᾶν
πολλ' ἀθανάτοις, τὺ πρὸς ἄκρον

ἦλθες, ἠλακάτας ἀμοιβάν,
ναὶ ἄμμι μολπᾶς παίζοιδυ.

Ἰω. Καίμετος.

EXPLICATIO SVPERIORIS ODÆ.

Enneas 1.

Prodi ex limitibus ᵐaris Musa, & licet infinita sis tamen fundum ᵛⁱrtutum viri clarissimi non tenta, sed tantum in littore natans, ex omnibus illius operibus vnum hoc loquere, canens quomodo ille cum staret in splendida vrbe sorore antiquæ Troiæ.

Enneas 2.

Illic vir præstantissimus, & sacri peritus iuris, consilia dabat consulentibus se, iuxta mentem legum intelligentem. Expertus verò pictor cũ pingeret cum cõsiderauit apud se quomodo effigiem & venustè faceret, & genuinæ eius formæ consimilem. verùm vidit Apollo ex intimo secessu

Enneas 3.

Delphici montis, vbi sedens intererat dulcè obstrepenti Musarum choro, mentémque dedit ei præclaram & artem egregiam, vt faciem coloribus efficacibus perficeret. Cùm autem venisset ad manus inclytas, opus maximum & excedens suas vires simpliciter pręterg ressus est.

Enneas 4.

Et ecce lumen è longe lucens ob oculos vidit, admirãdum dicere, tentauitque ter ab illo palpebras auertere, ter autem illi adstitit vox similis, & tunc vim Phæbi Latonigenæ agnouit, & extemplo à pictura abstinuit, manus abscondens reliquo existente claro.

Enneas 5.

O Apollo fili pulchræ Latonæ, quem peperit in insula fugiens Pythonis fauorem, hoc quidem longè à te sic peractum est, & rursus omne carmen suauiloquum Paschasium celebrat iuxta tuam voluntatem: manus enim nuquam pictas voluit vt semper viuerent in cælum tollere

Enneas 6.

Hominis illius sine inuidiâ, & cui robur est in manibus, si quidem super terram homo est hodie aliquid, mortalis existens, cras verò nihil, veluti flos in terram prociduus: sunt vero hymni musarum plerumque immortales, tu ad summum venisti, capiens remunerationem, quam nos carminibus ludentes quærimus.

IACOB. FAVERELLVS.
Cogniacensis Xanto.

HENRICVS STEPHANVS AMICIS Stephani Paschasij, ab ipso versus de illius effigie manibus carente flagitantibus.

QVEM colo Paschasium, semper coluíque colámque.
Nostro etiam dono vultis habere manus.
Siccine, quem tantùm bimanum natura creauit,
Centimanum cupitis reddere posse Gyen?

sur la Main.

Quid tot opus manibus? sed si tamen est opus, at cur
  Quæritis & factas arte videre mea?
Quas pictura manus certa ratione negauit,
  Vestra poesis ei satque superque dabit.
Me mea (quod doleo) nõ est comitata camœna
  Hanc & nunc sine me noster agellus habet.
Nam patria versor veluti peregrinus in vrbe,
  Et peregrinatur mens quoque sæpe mihi.
Attamen experiar, scriptis absente camœna
  Carminibus, genij sitne vel vmbra comes.

*Idem, iisdem, de versibus ab alijs eodem argu-
mento iam scriptis.*

Iisdem de manibus iam carmina multa vagantur:
  Omnia sed fama sunt mihi nota tenus.
Si qua ergo mea sint simili ludentia sensu,
  (Quum potius proprio ludere more velim)
Illorum ne tu quædam esse imitamina crede,
  Sed similem è simili mente venire iocum.
Et quod laudabas, dictúmque placebat ab vno
  Dupliciter, gemino quòd sit ab ore, proba.

Quæ noua pictoris, picturæ aut quæ noua tandem ars
  Paschasio nostro est ausa negare manus?
Ad tempus voluit manibus catus ille carere,
  Vt dono innumeras posset habere manus.

           Idem STEPHANVS.
Paschasij è manibus tam multa profecta duabus,

Non poterit quisquam credere: pictor ait,
Quadrimanum tamen hunc trimanúmve
　haud pingere fas est,
Nam monstrosi aliquid nostra tabella daret.
Nodum hunc pictori prius ergo soluat opor-
tet
　Qui vult Paschasij posse videre manus.
　　　　　　　　Idem STEPH.

Paschasio decus esse manus sat nouimus in-
　gens:
　Paschasium decorat sed sua lingua magis.
Linguã ergo in tabula vobis præbere videndã
　(Pictor ait) cupio, non minus atque manus
Sed quum se nulla hoc vidit ratione valere,
　Lædere turpi oculos dum nouitate timet:
Haud saltem maiore manus dignabor honore
　Quàm linguam: dixit, occuluitque manus.
　　　　　　　　Idem STEPH.

Lingua Paschasij decus meretur
Maius quàm manus: hoc fatentur omnes.
Quum tot ergo manus poesis addit,
Vt mox centimanum rear futurum:
Cur linguas quoque non poesis addit
Vt plusquam queat esse centilinguis?
　　　　　　　　Idem STEPH.

Pictori & vati quiduis audere potestas:
　Nec minus hic iure hoc, vel minus ille tu-
met.
Multa per antiphrasin vates dixisse vetustos,
　Et nostros itidem dicere multa vides.
Causidici quæ trunca manus offertur imago,
　Hoc (reor) exemplo est picta per antiphrasin.
　　　　　　　　Idem STEPH.

sur la Main.

DIONYSII LUCANI AD PROXI-
mè præcedens Epigramma responsum.

Qui manibus linguáque iuuat Patronus ege-
  nos,
  Anne per antiphrasin non habet ille manus?

Paschasij mirata manus pictura recessit:
  His arcana est ars, cui mea cedit:ait.
              Idem STEPH.

Paschasij egregius pictor iam pinxerat ora:
  Ecce, manus renuit pingere: sic & ait,
Artificem his manibus mirum me cedere non
  est:
  Nemo manus vsquàm tam videt artifices.
              Idem STEPH.

Ictum causidicus sæpe hosti intentat : & idem
  Ictum hostis trepidis sæpe fugit pedibus.
Hæc in eo pictor cernens connexa, manúsne
  Pingam (inquit) tabula non capiente pe-
  des?
              Idem STEPHANVS.

JOCVS AD IPSIVS PASCHASII
distichum tabulæ adscriptum, quo dicit legem
Cinciam sanxisse, causidicos non
habere manus.

Cincia de manibus si sanxit talia pictis,

Pictum proposuit tunc sibi causidicum.

Idem STEPH.

Magnos vocamus more Gallico dies,
Quum conuocantur iudices solenniter,
Areopagitæ qui velut sunt Gallici.
Paschasius, hos qui nil timebat iudices,
Sed (quæ timetur ab omnibus) calumniam.
De manibus (inquit) nil meis queremini:
Pictore teste, sunt manus nullę mihi.

Idem STEPH.

Areopagitas nouimus quondam Atticos
Acerrimè illos persequutos & diù,
Truncata quibus Hermarum erant agalmata.
Hermes forensis Paschasius hos Gallicos
Areopagitas experiri quòd velit,
Truncata queritur quòd sit & imago sua.
Nostro sed Hermæ hæc pauca nostri iudices,
Non fit volenti (vt ipse nosti) iniuria.

Idem STEPH.

Paschasio tabula hæc an plus quæsiuit honoris?
An plus quæsiuit Paschasius tabulę?
Nempe manus illi tabulam inuidisse videmus:
Inuidia illustres reddit at ista manus.
Sed minor intereà tabulę sua gloria non est,
Ausa quòd est oculis hasce latere manus.

Idem STEPH.

sur la Main. 783

Mecum hac de tabula lector fortasse quere-
  ris:
Paschasij at dispar tota querela tuæ,
Namquæ manus tabulæ non vult imponere
  pictor
Ipse manum nequeo ponere de tabula.

Τοῦ αὐτοῦ Ἐρρίκου τοῦ Στεφάνου περὶ τοῦ αὐτοῦ πίνακος,
  ἐν ᾧ ἄχειρ ὁ Παρράσιος ἐγέγραπτο.

Οἴ μοι ἄχειρα ὁρῶ Παρράσιον, ὅσπερ ὅμοιος
  Ἔσκε, δίχειρ περ ἐών, τεσσαράκοντα χέει.
Οἴ μοι, ἄχειρα ὁρῶ τὸν πρὶν πᾶσιν ὀλβιόχειρα,
  Καὶ οὐ πᾶν διδύμαις χείρεσιν εὐχερὲς ἦν.
Φεῦ, τί παθὼν ὁ γραφεὺς τοίων νόσφισεν ἐχειρῶν;
  Ἆρ᾽ ἕτερον ταύταις ἤθελεν ἀγλαΐσαι,
Ἢ μᾶλλον γ᾽ ὁ γραφεὺς (οἶμαι) τεχνάσατο πάντα
  Ὡς τὴν εὐχείην εὐχερίη ἰσάσαι·
Ἀλλὰ μάτην μοχθῶν, ἀτελὲς τὸ ὂν ἔργον ἔλειψεν,
  Ἐν τέχνῃ τέχνης τῆς δ᾽ ἀπολειπομένης.

HOC EPIGRAMMA LATINE
  sic reddidit Iac. Faucrellus.

Hei mihi cur mancum video, cui dextera
  compar
Innumeris quondam sedulitate fuit?
Hei mihi cur manibus mutilari cerno patronum,
Cui facilis, fœlix, cui vigil ante, manus?
Nunquid eam furtim voluit subducere Pictor,

Atque alium tanta nobilitare manu?
Non ita (Pictor ait) sed vt eius cognita dex-
 træ
Dexteritas esset dexteritate meæ.
Siccine, Pictor iners, nos ludere niteris? arte
Pictor iners, media, lusus ab arte tua?
IAC. FAVERELLVS.

Zoile, Paschasium manibus simulatque ca-
 rentem
Cernis, Paschasium nunc (ais) agrediar.
At si damnatur quicunque agressus inermem,
Non pudet, agredier, qui caret & manibus?
HEN. STEPHANVS.

Bien que le sort ingrat, quand le ciel me feit naistre,
  D'vn malheureux presage ait voulu atacher
  A ma vie ce nom ennuyeux de Gaucher,
  Comme si mes desseins tiroient tous à senestre,
Si veux-je de ma gauche honorer ta main dextre,
  Je veux tirer à droict, & diligent archer
  Sans gauchir à costé mes fleches decocher,
  Vers ta main qui se monstre à tous subjets adextre.
Pasquier si ton pourtrait est maintenant autheur
  De faire devenir Poete l'Orateur,
  Les vnissant tous deux d'vne concorde estroite,
Quoy qu'entre tant de mains, ma main soit vn rebut,
Je ne craindray Gaucher de le prendre pour but,
Car il trasformera ma main gauche en main droite.
GAVCHER DE SAINTEMARTHE,
autrement dit SCEVOLE, Treso-
rier general de France.

Soit que d'vn vers Latin sur ta Lyre tu ioües
  L'Epigramme gaillard, ou d'vn plus haud discours
Tu vueilles

sur la Main.

*Tu vueilles desguiser de ses tours & retours
L'Ode, dont les grands Roys & Monarques tu loües,
Soit qu'à autres desseins tes pensemens tu voües,
Ou vueilles au Sonnet mignard donner son cours,
Tu passes d'vn long trait nos entendemens lourds,
Et toutesfois matin le ciel tu desaduoües.*

*Tu t'abuses Gaucher, ainçois le ciel hautain,
(Pour se mocquer de nous) par vn discours certain
Se ligua auecq' toy d'vne amour tres-estroite:*

*Car si auecq' ta gauche entre tous les humains,
Mon Gaucher, tu faiz honte à toutes autres mains,
Quoy doncq? que feras tu besongnant de la droite?*

ESTIENNE PASQVIER.

Ad Scæuolam Sammarthanum.

Seu Latios scribat, seu Gallos, Scæuola, ver-
    sus,
  Nil præstantius hoc Gallia nostra tulit.
Roma suum iactet, miretur Gallia nostrum:
  Cur ita? pro patria vouit vterque manum.

Ex Epigr. STEPH. PASCHAS.

Quantus io thyasus vatum! quot carmina fun-
    dit
  De non effictis Paschasij manibus!
Condere Vlyssæam poterant leuiore labore,
  Historiámque iterum texere Pergameam.
Quid si Paschasium totum, laudare fuisset
  Consilium, & dotes enumerare viri?
Materies laudum quàm se dabat ampla Poë-
    tis!
  Quàm seges ingeniis ampla futura fuit!
E solo quantus leo sit dignoscitur vngue:

GGg

Paschasius quantus, noscitur è manibus.
ADR. TVRNEBVS.

Seu quid amor, seu quid pulchrum, aut quid
  turpe docendum,
    Quóve modo palmam quisquam in amore
      ferat:
Carmina seu molli, seu forti voce sonanda,
    Seu libeat Latio tingere lemma sale:
Seu luci reddenda situ monumenta sepulta,
    Iuráque priscorum restituenda patrum:
Seu pro decepto dicenda est caussa cliente,
    Siue opus est trepidos voce iuuare reos:
Denique seu bellè, seu doctè quicquid agen-
  dum,
    Omnes concedunt, dántque manus Ste-
      phano
I nunc & Stephano quas nemo non dedit,
  arte
    In quacunque manus pictor inepte, nega.
Idem TVRNEBVS.

AD VENEREM.

Apelli Venus inchoata tantum
Esse diceris, artifex nec vllus
Vllo tempore postea repertus
Qui te absolueret: inchoatus ecce
Noster Paschasius, paríque tecum
Læsus vulnere, quindecim Poetæ,
Picturæ sed opem ferunt labanti,
In partemque operæ diis vocatis,
Musa, Apolline, Gratiisque iunctis,

sur la Main.

Opus patribus omnibus politum
Reddunt, & tabulę manum supremam
Imponunt: Venus inuidere noli,
Tu cum Paschasio absoluta nostro es.
ADR. TVRNEBVS.

IMITATION DV PRECE-
dent Epigramme.

Venus d'Appelle encommencee
Fut par luy à moitié tracée,
Et depuis ne se veit ouurier
Qui oz ast acheuer cest œuure?
Le mesme presque je descœuure
Au tableau de nostre Pasquier.
   Mais voyant vne troupe sainte,
Sa pourtraiture à demy peinte,
Du peintre suplea le trait:
O Venus ne luy porte enuie,
Car donnant à son tableau vie,
C'est paracheuer son pourtrait.
Le mesme TVRNEB.

Imperfecta Venus sed enim permansit Apel-
  lis,
  Illi dum quod abest nemo quod addat ha-
    bet.
At tabula hæc contra nunquam perfecta fere-
  tur,
  Quandoquidem quod abest quisque quod
    addat habet.
Idem TVRNEB.

CLOSTVRE DE L'OEVVRE
AV PEINTRE.

Peintre, ce beau pourtrait que sans mains tu nous peins
Nous aprend qu'il est temps d'oster d'icy nos mains.
Nic. Avdebert Conseiller
au Parlement de Bretagne.

In eamdem sententiam.
Trunca manu facies, innexaque pectore solo,
Tollendam è tabula denotat esse manum.
Idem Avdeb.

At tu perfide quò libelle pergis:
Dum non vis dominum, manum à tabella,
Summam tollere fis liber, libelle,
Libellum dare, non librum spopondi:
Ex lib. 6. Epigr. Steph. Paschas.

Crescere in immensum potuit labor iste, sed author
Scribendi tandem maluit esse modum.
Adr. Tvrnebvs.

IMITATION DV PREcedent Distique.

Lecteur, cest ouurage diuin
Pouuoit prendre infinie traite,
Mais l'autheur pour y mettre fin
Veut que l'on sonne la retraite.
Le mesme Tvrneb.

sur la Main.

Lusistis, satis est, satis est hinc inde iocorum?
Claudite iam riuos, manibus iam plaudite
 vates.
Steph. Paschasivs.

IMITATION DV PREcedent Distique.

N'auez vous pas assez, ô gentils escriuains,
Defié par vos vers, & France, & Rome & Grece?
Bouchez le pas, touchez maintenant de vos mains,
Pour faire à tous paroir quell' est vostre allegresse.
Est. Pasqvier.

FIN.

AVGMENTATIONS sur la Main.

Visque par vn sort deplorable
Troye couua dedans son sein
Paris dont la perfide main
La rendit en fin miserable,
Pour vanger ce tort execrable,
Paris deuoit esclorre vn iour
Celuy dont la main à son tour
Rendroit l'autre Troye admirable.

Iacques Fauereau de Congnac
en Saintonge.

Inclyta Pellæi quamuis sibi palma, coronas
  Mille, & mille sibi clara trophæa dedit,
Hanc tamen è multis Vnus qui pingere digne,
  Vnus qui digne fingere posset, erat.
Verum tot Stephanum palmis sua palma coronat,
  Pingere vt hanc nemo, fingere nemo queat.

IAC. FAVERELLVS
Cogniacensis Xanto.

Maiugenam mancum fertur pinxisse vetustas,
  Quem summum eloqui censuit esse Deum:
Mercurius vetere lingua Galli- Paschasium, Pictor manibus truncauit vtrisque,

Teutatem Gallis quem putat esse nouum. ca, Teuta-
    IACQ. FAVEREAV. tes diceba-
              tur.

Le vieux Mercure fut pourtrait
Sans mains, & tout d'vn mesme trait,
Proclamé Dieu de l'eloquence:
Sans mains le peintre a imagé
Nostre Pasquier, l'ayant iugé
Le nouueau Mercure de France.
     IAC. FAVEREAV.

Les peintres de l'antiquité
Sans mains nous ont representé
Hermes, Dieu de l'art oratoire:
Pour monstrer que les Aduocats
Ne doiuent de l'art faire cas,
Ains sans plus d'vne belle gloire.
     IAC. FAVEREAV.

Vana suum cantet quantūuis Græcia Zeuxim,
 Vnica, qui Zeuxim, Gallia vincat habet.
Zeuxis aues quondam pictis pellexerat vuis,
 At nos haud picta pellicit iste manu.
    IACOB. FAVERELLVS.

Que la Grece follastre chante
Tant qu'elle voudra son Zeuxis,
Nostre France auiourd'huy se vante
D'vn qui sur luy gaigne le pris.
L'œil de l'oisillon fut espris
De la grappe du raisin feinte,
En ce tableau, la main non peinte.
Rauit des hommes les espris.
     IAC. FAVEREAV.
    GGg iiij

Dextera Parrhasij Zeuxim velamine picto
Impulit vt veram posceret effigiem.
Dextera Paschasij velamine tecta, coegit
Mille homines, veram cernere velle manum.
IAC. FAVERELLVS.

Le peintre fut industrieux,
Pasquier, lors qu'il feit ton image,
Imitant ta bouche & tes yeux,
Et tous les traits de ton visage:
Mais il le fut bien dauantage
En feignant d'oublier ta main,
Qui t'a d'vn pinceau plus qu'humain
Trop mieux peint des ton premier aage.
Nuisemant.

Bern.
Peint.

L'as tu fait à dessein, ou si c'est ignorance
Qui ta fait acheuer ce tableau sans la main?
I'accorde tous les deux, ie l'ay fait à dessein,
Et si l'ay fait encor' à faute de science.
Si i'eusse fait la main i'eusse priué la France
De la main de Pasquier, qui d'vn esprit hautain
Par vn seul trait de plume, a forcé tout d'vn train
Mille mains à loüer de sa main l'excellence.
Et preuoyant d'ailleurs que pour bien figurer
Les beaux traits de sa main qu'on ne peut mesurer,
Il faudroit qu'vn pinceau feust conduit par vn Ange
I'aduisay de couurir mon inhabilité,
Sous l'artifice feint d'vne incapacité,
Et luy donner par là, beaucoup plus de loüange.
B. Bernard Aduocat au Parle-
ment de Prouence.

Sur la Main.

Gayeté Prouençale.

Perque as tu penchz senso man l'Auocat? *Boyer.*
Per lou gardar de tant peccar a prendre. *Peint.*
Seou pren escut, donne double ducat.
Qu'v donne pren, non al pas a reprendre. *Bo.*

P. Boyer Aduocat au
mesme Parlement.

La main d'vn beau pourtrait a le plus merité
Qui sur le point qu'il est prest de voir la lumiere,
Y met les derniers traits, & y demeure entiere
La gloire de l'ouurage à la posterité.
Moy, ie n'ay mon dessein à ce but arresté,
Ma main de tant de mains la pire & la derniere
Ne souhaite le nom d'vne si bonne ouuriere:
Loin de moy, soit bien loin cette temerité.
Et vous pourriez-vous bien permettre cest ou-
  trage,
Saintes sœurs d'Helicon, qu'vne si foible main
Sur tant de fortes mains vouluft prendre aduan-
  tage?
Non: en ce ieu de pris où ie m'esbas en vain,
Je couche de ma reste, & d'vne douce rage,
D'vn malheureux ioueur c'est la derniere main.

Iean frere Lionnois Lieutenant
general de la Principauté
de Dombes.

sur la Main. 795

fruicts de nostre Parnasse, afin de luy rendre l'honneur que tous bons iugemens recognoissent meriter: Si vous me faisiez quelquefois part de vos œuures, ie me tiendrois plus asseuré de l'affection que m'auez tousiours promise, & n'en sçauriez faire distribution à personnes de qui elles soient mieux receues & prisees. Ie vous en prieray doncques, & de faire estat de mon amitié, comme vous en pourrez faire preuue en toutes occasions. Suppliant en cest endroit, Monsieur Pasquier, le createur vous auoir en sa saincte & digne garde, d'Aix ce 8. de Iuillet 1585.

Monseigneur le grand Prieur.

Cette immortelle Main qui bastit l'Vniuers,
Se cachant à nos yeux, en ses œuures se monstre:
Ta main qui ne se voit d'vne mesme rencontre,
Se fait plus dignement apparoir en tes vers.

Le seigneur de Malherbe.

Il ne faut qu'auecq' le visage
L'on tire tes mains au pinceau:
Tu les monstre dans ton ouurage,
Et les caches dans le tableau.

M. Mazzei gran Vicario del Serenissimo Seignore gran Prior de Francia.

L'accorto depintor a voi ben noté,
Gran lopere Pasquier, de la man vostra,

Al arte anzi l'afcoufe, & quindi moftra
Quanto piu che belta, la virtu puote.

LETTRES DE PASQVIER A Monseigneur le grand Prieur de France, Lieutenant general du Roy au pays de Prouence.

I'Ay receu les lettres qu'il vous a pleu m'enuoyer, & vos beaux vers dont ie vous remercie tref-humblement, cela s'appelle tyranniser par courtoifie vos anciens feruiteurs. Ie ne penfois pas que l'on deuft donner de fi fortes efles à ma Main, qu'ell'euft peu prendre fon vol iufques à vous, ny que vous luy en euffiez voulu bailler d'autres pour la faire voler iufques au Ciel: Ce n'eft pas peu difoit vn ancien Romain, d'eftre loué d'vn homme loué, mais c'eft chofe fans comparaifon de plus grande recommandation & merite d'eftre loué par vn grand Prince tel que vous accompagné de toutes les bonnes parties que l'on peut defirer en ceux qui tiénent les grãds & premiers lieux pres des Rois. Vous me faites ceft honneur de vous plaindre, que ie ne vous fay part de mes œuures. Ie ne les penfois pas dignes de vous: mais puifque ie m'aperçoy que les fouhaitez ie dõneray ordre d'amender la faute pour l'auenir. Et pour premier trait de l'amendement, ie vous enuoye mes Epigrammes Latins que i'expofay pour la premiere fois en lumiere il y a enuiron deux ans, & que l'on a r'imprimez depuis cinq ou fix mois en ça.

C'est en quoy ie passe le temps, quand ie veux donner relasche à mes heures plus serieuses. Si i'ay le moindre sentiment qu'ils vous ayent pleu, ie n'estimeray le temps que i'y ay mis mal employé, & me serez vn autre Phœbus, ou Soleil pour rechaufer mes esprits qui commençoient à se refroidir en ce subiect. Vous sçauez Monseigneur que dés pieça ie suis couché au nombre de vos bons & anciens seruiteurs, ie vous prie m'y continuer: comme celuy qui s'estimera tousiours tresheureux de vous faire tres-humble & agreable seruice. A dieu.

A MONSIEVR IVRET CHAnoine en l'Eglise de Langre.

COmbien que ie n'aye iamais eu cest heur de vous cognoistre de face, si pensé-ie vous auoir veu ces iours passez plus à propos. Vous sçauez ce que dit Socrates à vn ieune homme qu'on luy presentoit. Mon enfant parle, affin que ie te voye. Les beaux vers François & Latins qu'auez faits sur mon pourtrait lesquels i'ay receus par les mains de Monsieur le Conseiller Gilot, m'ont fait cognoistre qui vous estiez, ie veux dire vn bel esprit doué de toutes les graces, gentillesses, courtoisies & rondeurs que l'on peut souhaiter, vray qu'en leur lecture, vous m'auez fait reuenir en memoire ce que fit autresfois le Philosophe Carneades, lequel estant enuoyé des Atheniens, ambassadeur en la ville de Rome, auant que d'auoir audience du Senat, voulant faire monstre publique de son esprit, comme il vouloit, & qui par vne parole persuasiue eust peu surprendre le Senat s'il luy eust donné audience. Ainsi vous en est-il presque pris. Car representant fort dextrement & hardiment sur vn mesme subiect deux personages contraires: L'vn en haut loüant ma Main en son particulier, l'autre en la blasonnant sur le general de nostre profession, le malheur a voulu qu'ayez esté chastié comme celuy la : Pour le moins que vos beaux vers n'ayent esté enchassez, auecques les autres, pour estre ia le liure cloz, & dés pieça exposé en lumiere auecq' vne vente assez plausible. Or quant à ce qu'ils vous a pleu me celebrer, ie vous en remercie: ce n'est pas tant me trompeter, que vous tromper. Et quant au demeurant de vos vers, par lesquels vous estes plus voulu esgayer sur la Main d'vn Aduocat en general, que particulierement sur la mienne, & dont vous excuser par vos lettres, il ne faut plus vous excusez puis qu'on ne vous accuse plus. Ie mets quelquesfois la main à l'œuure, & sçay combien il est fascheux à vne main plantureuse telle que la vostre, de la vouloir retrancher quand quelque belle conception se presente. C'est pourquoy ie vous supplie en cas semblable, ne trouuer mauuais le distique, que ie feiz, & escriuy sur le champ à monsieur Tabourot vostre cousin, lesquels ie condamne comme Champignons : voulant que leur mort soit aussi prompte, que leur naissance, A quelque chose malheur est bon, & auions tous deux interest que cette sotte inuention tombast de ma plume. Car autrement n'eusse-ie iouy de toutes les belles fleurs de vostre iardin : lesquelles ie transplanteray dedans le mien, & à la charge de leur donner air auecques les autres, si on les imprime pour la seconde fois : & cependant vous ferez estat de moy s'il vous plaist : comme de celuy qui desire estre enregistré au nombre de vos bons seruiteurs & amis. Adieu.

 Ces vers pendant les Troubles derniers, & absence de Pasquier de sa maison ont esté perdus auecq' plusieurs autres siens papiers.

Fin des Jeus Poetics de la Main.

www.ingramcontent.com/pod-product-compliance
Lightning Source LLC
Chambersburg PA
CBHW070715020526
44115CB00031B/1093

IN STEPHANI PASCHA-
sij manum.

Inter tot celebres, minus celebrem
Hanc admitte manum, manus celebris,
His quæ se tibi dedicat Phaleucis,
Quod si tarda nimis, minusque compta,
Quid tum? post alias adibit omnes.
Sed admitte tamen locumque præbe,
Illi dum locus inter infimas sit,
Vah superba negas, tibique cum dem
Me manumque meam, repellis at si
Munus vt mihi porrigas rogarem,
Quid peius facias mihi petenti?
         IANVS FREREVS LVGDVNENSIS.

TOVT CE QVI EST ICY DESSOVS est tiré du huictiesme liure des lettres de Pasquier.

LETTRES DE MONSEIgneur le grand Prieur de France à Pasquier.

ENcores que n'ayez plus de souuenance de vos meilleurs amis, tel que ie pense vous estre de long temps, si est-ce qu'ayant icy trouué vostre liure de la main, ie l'ay caressé de tout le bon accueil qu'il m'a esté possible, estimant tout ce qui procede de son autheur digne de loüange & d'estime. Et moy, & quelques vns qui sont prests, auons contribué quelques